Kein Kinderkram!

Die Erzieherinnen- und Erzieherausbildung in Lernfeldern

Band 2

Entwicklung, Bildung, Professionalisierung

von

Kurt-Helmuth Eimuth
Volker Fischer
Andrea Friedhofen
Gabriele Holler
Anita Hüseman
Margret Kern-Bechtold
Michael Ott
Anja Schomacher
Prof. Dr. Almut Seidel

winklers®

96121

Vorwort

Liebe Leserin, lieber Leser,

herzlich willkommen bei Band 2 von „Kein Kinderkram!“

Als angehende Erzieherinnen und Erzieher* gehen Sie nun in den letzten Teil Ihrer Ausbildung zur staatlich anerkannten Erzieherin bzw. zum staatlich anerkannten Erzieher.

Wahrscheinlich kennen Sie mittlerweile die Struktur dieses Lehrbuches. Sie haben sich bisher mit unterschiedlichen Lernfeldern auseinander gesetzt und hatten Einblick in verschiedene Arbeitsfelder und Teams. Sie haben also die Praxis und die Theorie kennen gelernt. Beides gehört zusammen. Erzieherinnen müssen in den unterschiedlichsten Bereichen „fit“ sein. Sie sollen einfühlend, wirklichkeitsnah und akzeptierend sein, Eltern- und Teamgespräche führen, gezielt und durchdacht planen und Spiel- und Arbeitsprozesse koordinieren. Diesen Anforderungen wird man durch ein ausgewogenes Verhältnis von theoretischer Auseinandersetzung und praktischem Handeln am ehesten gerecht.

Das vorliegende Lehrbuch unterstützt Sie auf diesem Weg, denn „Kein Kinderkram!“ hat den Anspruch, die wesentlichsten Inhalte für den Beruf der Erzieherin übersichtlich zusammengestellt zu haben. Es stellt eine Sammlung dessen dar, was eine Erzieherin heute in der Ausbildung mindestens gelernt haben sollte. Nicht mehr und nicht weniger. Insofern kann sich jede Studierende am Ende der Ausbildung selbst prüfen, ob sie fit für den Beruf ist. Und sicher eignet sich dieses Buch auch als Nachschlagewerk für Einrichtungen.

„Kein Kinderkram!“ wurde von einem Autorenteam aus Fachschulen verschiedener Bundesländer erarbeitet. Es ist ein Buch aus der Praxis für die Praxis. Deshalb freut sich das Autorenteam auch über Rückmeldungen aus der Praxis.

Die Autoren danken allen Schülerinnen und Kolleginnen, die in fruchtbaren Diskussionen die Arbeit an diesem Buch unterstützt haben, und unserer Lektorin Frau Gabriele Holler für ihre zielorientierte Koordination, ohne die dieses Buch vermutlich nicht entstanden wäre.

Für die Autoren
Volker Fischer und Kurt-Helmuth Eimuth

* Da dieser Beruf überwiegend von Frauen ausgeübt wird, verwenden wir im Folgenden meist die weibliche Form der Berufsbezeichnung. Männliche Erzieher sind aber, wenn es nicht ausdrücklich anders betont wird, immer mit einbezogen.

1. Auflage, 2006

Westermann Schroedel Diesterweg
Schöningh Winklers GmbH
Postfach 11 15 52, 64230 Darmstadt
Telefon: 06151 8768-0 Fax: 06151 8768-61
www.winklers.de

Koordination und Lektorat: Gabriele Holler
Fachliche Beratung: Katrin Leonhardt
Druck: westermann druck GmbH, Braunschweig
ISBN 3-8045-**9612**-6

Anita Hüseman, Diplomsozialpädagogin und Spiel- und Theaterpädagogin; freiberufliche Referentin an verschiedenen Fach- und Fachhochschulen sowie Weiterbildungseinrichtungen in **Hamburg und Schleswig-Holstein.** Mitgründerin von KALEIDOSKOP – Theater und Kommunikation, Hamburg; Themenschwerpunkte: Spiel, Bewegung, Theater, Erlebnisorientiertes Lernen, Konflikttraining. Sie ist Mutter von zwei Kindern und lebt in Hamburg.

Andrea Friedhofen studierte in Würzburg Elementare Musikpädagogik und Pädagogik. Sie unterrichtete an mehreren Musikschulen, leitete unterschiedliche Projekte mit Kindern und Jugendlichen und ist seit Jahren in der Fortbildung für Erzieherinnen und Musiklehrer und -lehrerinnen tätig. An der Fachhochschule Würzburg hatte sie 13 Jahre einen Lehrauftrag für das Fach Elementare Musikpädagogik im Bereich Sozialwesen. 1993 baute sie an der jetzigen **Hochschule für Musik Nürnberg-Augsburg,** Abt. Augsburg, den Diplomstudiengang Elementare Musikpädagogik auf, den sie heute auch leitet. Mit ihrem Mann und ihren zwei Kindern lebt sie in Memmingen.

Kurt-Helmuth Eimuth, ehem. Schulleiter an der Evangelischen Fachstätte für sozialpädagogische Berufe im **Frankfurter** Diakonissenhaus. Dozent für sozialpäd. Grundlagen, Religion und Religionspädagogik. Nach dem Studium der Theologie und der Erziehungswissenschaften Redakteur bei der Kirche, Weltanschauungsbeauftragter des evangelischen Regionalverbands Frankfurt, anschließend Leiter der Öffentlichkeitsarbeit und Pressesprecher. Publizierte u. a. „Die Sekten Kinder“ und „Sekten-Ratgeber“, beides Herder, Freiburg. Herausgeber der Reihe „Forum-Streifzüge durch die Welt der Religionen“, Gemeinschaftswerk der evangelischen Publizistik.

Almut Seidel, Prof. Dr., Studium der Schulmusik, Musikwissenschaft, Romanistik, Pädagogik, Psychologie, Soziologie. Diplompädagogin, Musiktherapeutin BVM, Supervisorin DGSv. Vortrags-, Publikations- und Forschungstätigkeit (Musiktherapie mit Kindern, mit Sucht- und Krebserkrankten sowie mit alten Menschen). Seit 1971 tätig an der **Fachhochschule Frankfurt,** seit 1988 als Leiterin der Weiterbildung bzw. des jetzigen Masterstudiengangs Musiktherapie. Berufspolitisch aktiv im Berufsverband der Musiktherapeutinnen und Musiktherapeuten in Deutschland e. V. im erweiterten Vorstand.

Michael Ott, Diplompädagoge, Beratungslehrer (Lernberatung), Realschullehrer. Mitbegründer der Kinder- und Jugendkunstschule „Klecksel“ in Freiburg. **Dozent an der Evangelischen Fachschule für Sozialpädagogik, Freiburg** und freiberuflicher Künstler. Mitglied der Lehrplankommission „Förderung von Entwicklung und Bildung“ in Baden-Württemberg.

Volker Fischer, Diplomsozialpädagoge mit Zusatzqualifikation in Team- und Organisationsentwicklung, Gestaltpädagogik, NLP (Master-DVNLP), psychotherapeutischen und gruppendynamischen Verfahren. Leiter des Bereichs Weiterbildung beim Verein Pädiko in **Kiel.** Pädiko e. V. ist staatlich anerkannter Träger der Weiterbildung und Träger der freien Jugendhilfe. V. F. organisiert, koordiniert und leitet Fort- und Weiterbildungen für Erzieher/-innen und Sozialpädagog/-innen. Er ist Vater von zwei Töchtern.

Margret Kern-Bechtold, Diplompädagogin. Arbeitete viele Jahre in der Erzieherausbildung in Hessen. Heute unterrichtet sie an der **Fachschule für Sozialpädagogik in Lörrach,** Baden-Württemberg, die Felder Sprachförderung, Sprachentwicklung, Deutsch, Kinder- und Jugendliteratur und Kommunikation mit Eltern. Zusatzausbildung als Montessori-Pädagogin. Sie lebt an der deutsch-schweizerischen Grenze.

Anja Schomacher studierte an der Universität Dortmund das Lehramt Fachrichtung Sozialpädagogik und Deutsch. Als Studienrätin am **Berufskolleg Michaelshoven in Köln** unterrichtet sie in der Erzieherausbildung Sozialpädagogische Theorie und Praxis, den Bildungsbereich Spiel, Sprache und Medien, Deutsch/Kommunikation und betreut die Studierenden in der Praxis und bei der Projektarbeit. Weiterhin ist sie im Bildungsgang Kinderpflege und Motopädie tätig.

Lernfeld 4 Entwicklung und Bildung fördern

96124

Lernfeld 5 Professionalisierung des Berufsbildes

961210

Was bisher geschah …

Zirafeta, Renate, Olga, Laura, Ercan, Oliver, Nadine und Susanne sind in der Ausbildung zur Erzieherin bzw. zum Erzieher. Die Ausbildung begann vor einem Jahr in einer Schule irgendwo in den alten Bundesländern. Sie sind Teil einer Klasse angehender Erzieher und berichten auch in diesem Band immer wieder von ihren Erfahrungen aus der Praxis.

Laura hat in der Ausbildung ihre kreative Ader entdeckt. Sie bastelt wie ein Weltmeister mit den Kindern, aber auch zu Hause für sich allein. Nach der Lektüre des Buches „Weltwissen der Siebenjährigen" nimmt sie die Kinder viel intensiver wahr. Sie interessiert sich für einfache physikalische Experimente, mit denen sie Kindergartenkindern Naturwissenschaften näher bringen will.

Susanne und Nadine haben sich richtig gut angefreundet. Sie träumen beide von einem Auslandsaufenthalt – vielleicht einem praktischen Jahr in einem französischen Kindergarten.

Sie haben gemeinsam im Kindergarten „Unter dem Regenbogen" hospitiert. Als praktische Arbeit haben sie dort das Projekt „Bilderbuchkino" für die 3- bis 6-Jährigen einmal pro Monat aufgebaut.

Olga war zu Beginn der Ausbildung schwanger. Dank der Unterstützung ihrer Familie konnte sie die Ausbildung fortsetzen. Tochter Mia ist jetzt ihr Lebensmittelpunkt. Trotz mancher schlafloser Nacht lernt Olga leicht und ist mittlerweile Klassenbeste. Sie wünscht sich noch zwei Kinder – nach der Ausbildung.

Renate hat einen neuen Freund, schwebt auf Wolke 7 und vergisst hin und wieder, dass sie eine Ausbildung macht. Ihr Sohn kommt bald in die 2. Klasse, fordert viel Aufmerksamkeit von ihr und weiß noch nicht, ob er mit dem neuen Mann in Renates Leben einverstanden ist.

Zirafeta hat ein Praktikum in einer integrativen Einrichtung gemacht. Sie blüht durch die ihr so sinnvoll wirkende Tätigkeit mit den kleinen teils entwicklungsverzögerten Kindern richtig auf. Die Liebe des vierjährigen Paul, der noch nicht sprechen kann, und der kleinen halbseitig gelähmten Marie geben ihr die Überzeugung, mit ihrer Berufswahl auf dem richtigen Weg zu sein.

Oliver ist immer noch hin und her gerissen zwischen seinem Leben als Musiker in einer Band und der Ausbildung. Er ist ein mittelmäßiger Schüler, genießt aber die Praxis, sobald er mit Jugendlichen Musik machen kann. Er hat sich auf einen Praktikumsplatz in einer Kinderkurklinik beworben, die ausdrücklich einen Musikbegeisterten suchte.

Ercan tut sich schwer mit der Ausbildung. Er fühlt sich in der Frauenwelt der Erzieherausbildung, dem Kindergartenalltag, geprägt von Müttern und Erzieherinnen, oft fehl am Platz. Ein Gespräch mit seinem Klassenlehrer ergab, dass es ihm an männlichen Vorbildern im sozialen Bereich fehlt. Er hat sich eine Hausarbeit über Loris Malaguzzi ausgesucht. Er wird sein praktisches Jahr in einer Jugendsozialeinrichtung machen, die in einem türkischen Viertel einer deutschen Großstadt liegt.

Einführung in Lernfeld 4:

Entwicklung und Bildung fördern

Inhaltlicher Überblick:

Die Förderung von Entwicklung und Bildung gehört zu den wichtigsten Aufgaben, die Erzieher und Erzieherinnen leisten. Bildungs- und Erziehungsarbeit in Einrichtungen für Kinder und Jugendliche bedeutet, diese in der Entwicklung ihrer gesamten Persönlichkeit zu unterstützen. Der Begriff der Bildung umfasst also nicht nur die Aneignung von Wissen und Fertigkeiten. Es geht in mindestens gleichem Maße darum, Kinder und Jugendliche in allen ihnen möglichen Entwicklungsbereichen zu begleiten, zu fördern und herauszufordern. Dazu zählen sensorische, ästhetische, kognitive und sprachliche, emotionale, motorische und auch naturwissenschaftliche Entwicklungsbereiche. Zudem müssen die Entwicklung von Selbstbewusstsein und Identität sowie soziale Kompetenzen gefördert werden.

Im Lernfeld „Entwicklung und Bildung fördern" geht es schwerpunktmäßig darum, wie Entwicklungs-, Bildungs- und Lernprozesse eröffnet und begleitet werden können. Es handelt sich dabei um ganzheitliche Prozesse. Das heißt, sie betreffen den ganzen Menschen in den unterschiedlichsten Bereichen gleichzeitig. Förderung geschieht auch nicht in kleinen Zeitfenstern, sondern ständig. Sie reicht von einer vorbereiteten Umgebung über viele Spielsituationen, Bewegungserfahrungen, Beobachtungen und Wahrnehmungen, Gespräche und Körperkontakt, Konflikte und Versöhnungen hin zu gezielten Angeboten zu den unterschiedlichsten Themen und gezielten Fördermaßnahmen. Den größten Teil der Zeit im Kindergarten verbringen die Kinder zusammen mit ihren Erziehern. Es liegt viel an ihnen, wie sinnvoll diese Zeit für die Kinder ist.

Für ihre Arbeit brauchen die Erzieher daher neben praktischen Fertigkeiten fundierte Sachkenntnisse und theoretische Grundlagen, die es ihnen ermöglichen, die vielen individuellen Situationen, in die sie mit den Kindern kommen, sinnvoll interpretieren und weiter gestalten zu können.

Auch wenn in diesem Buch die unterschiedlichen Bereiche wie Spiel, Bewegung oder Kreativität und Sprache in getrennten Kapiteln dargestellt werden, müssen sie schließlich als eine Einheit gedacht werden. Bildungsarbeit gleicht der Gestaltung eines großen Mobiles: Veränderungen an einer Stellen haben Auswirkungen in allen anderen Bereichen ... und manchmal ist es nicht leicht, alles im Gleichgewicht zu halten.

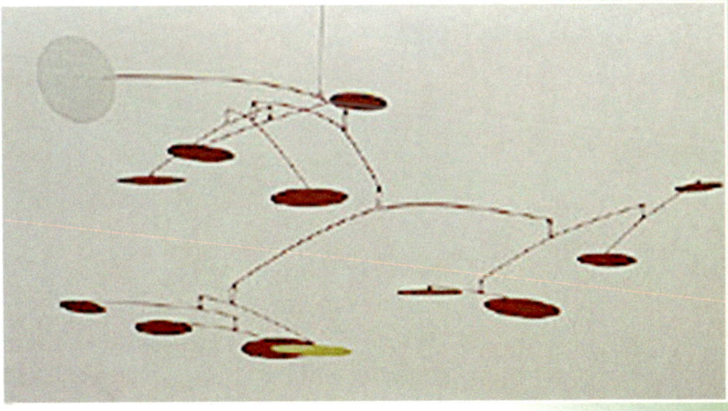

1 Spielpädagogik – Spiel und Spaß und sonst noch was?!

1.1 Theorien über Spiel und ihre Bedeutung für die pädagogische Praxis

Einstiegssituation

Eltern-Infotag im Kindergarten. Zirafeta ist seit drei Wochen hier im Praktikum und von der Einrichtung ganz begeistert. Es gibt zwei Elementargruppen, die jeweils einen eigenen Gruppenraum haben und ein Außengelände, ein Atelier, einen kleinen Toberaum im Keller und eine Tunnelrutsche dorthin. Es wird nach einem offenen Konzept gearbeitet: die Kinder haben im Tagesverlauf zweimal kurze Einheiten in ihrer Gruppe, ansonsten sind die Gruppenräume offen und die Kinder suchen sich ihren Platz. Dabei machen die Erzieher und Erzieherinnen immer verschiedene Angebote, oft auch auf Anregung der Kinder hin. Da werden Wassergräben von der Pumpe zum Sandkasten hin angelegt, dort liest eine Kollegin ein Buch vor, auf dem kleinen Bolzplatz spielen drei Schulkinder mit einigen der Elementarkinder Fußball und aus dem Gruppenraum ertönt wildes Geschrei – denn dort wird gerade die Geschichte von den „Wilden Kerlen“ nachgespielt.

Auch heute Nachmittag ist es so. Die Kinder haben ihren Spiel-Platz gefunden und sind so sehr bei der Sache, dass sie sich auch von den fremden Erwachsenen nicht ablenken lassen. Die Leiterin führt mit Zirafeta gemeinsam die interessierten Eltern durch Haus und Garten und Zirafeta ist auch ein bisschen stolz hier dazuzugehören. Sie beschreibt einer Mutter den Tagesablauf und berichtet begeistert von den vielen eigenständigen Aktivitäten der Kinder.

„Na ja“, wird die Frau etwas ungeduldig. *„Aber sagen Sie mal, spielen die denn bei Ihnen nur? Die sollen doch was lernen!“*

FRAGEN

- ✔ *Was ist eigentlich „Spiel“? Und was geschieht beim Spielen?*
- ✔ *Welche Bedeutung hat „Spielen“ für die Entwicklung von Kindern?*

Was ist eigentlich „Spiel“?

INFO 1

Sehr selbstverständlich wird in pädagogischen Arbeitsfeldern von Spiel und Spielen geredet – na klar, das tun Kinder eben. Aber was kennzeichnet eigentlich diese Tätigkeit, die mit „Spielen“ bezeichnet wird? Wann ist eine Tätigkeit „Spiel“, wann nicht? Schon die ersten Assoziationen zum Begriff „Spiel“ sind vielfältig: Kleine Kinder im Sandkasten, das Monopolyspiel mit 14, der gespielte Ehestreit der Barbiepuppe oder das ferngesteuerte Auto, das ein Geschenk zum Schulbeginn war.

Im Folgenden sollen sechs Merkmale dargestellt werden, um zunächst theoretisch das Wesen des Spiels zu beschreiben.

Spiel ist zweckfrei.

1. Merkmal: Spiel ist seinem Wesen nach zweckfrei. Es ist nicht notwendig (im Sinne von „Not wendend“), d. h., niemand muss spielen, um sein Geld zu verdienen, gute Zensuren zu bekommen oder gar sein Leben zu retten. Es ist gekennzeichnet durch die innere Haltung des „Ich muss ja nicht“. Kinder spielen von sich aus, sie tun es, ohne einen über das Spiel hinausgehenden Zweck zu verfolgen. Das heißt nicht, dass sie im Spiel selber keine Ziele hätten: es kann durchaus darum gehen, etwas Bestimmtes zu erreichen, zum Beispiel einen Turm zu bauen, der höher ist als der Tisch, zu gewinnen oder zu beobachten, wie sich Wasser und Sand langsam vermischen. Aber all diese im Spiel gesteckten Ziele sind nur dazu da, das Spiel selber in Gang zu halten; sind sie erreicht, ist entweder das Spiel beendet oder ein neuer Zweck wird gefunden. Das heißt aber auch, dass niemand zum Spielen gezwungen werden kann und darf, ohne damit das Wesen des Spiels zu zerstören.

Menschen spielen freiwillig – oder es ist kein Spiel mehr.

Im Spiel eignen sich Kinder die Welt an.

2. Merkmal: Spielen bedeutet „tun“ – es ist ein konkretes, aktives Handeln mit dem Teil der realen Welt, in dem sich die Spielenden gerade befinden. Spiel setzt also ein reales Gegenüber voraus; es bedeutet, „dass immer auch ‚etwas‘ mit dem Spieler spielt“ (Heckhausen, a. a. O., S. 145). Der Ball, den das Kind wirft, landet in einiger Entfernung – er antwortet quasi mit einer neuen Position, auf die das Kind durch hinterherlaufen, wieder auffangen, weiterschießen usw. reagiert. Es entsteht eine Folge von wechselseitiger Aktion und Reaktion, nicht nur ein Spiel **mit** dem Ball, sondern ein Spiel **zwischen** Ball und Kind. In diesem „mit etwas spielen“ macht das Kind also sehr konkrete Erfahrungen, gewinnt Erkenntnisse über seine Umwelt und eignet sich die Welt in spielerischer, handelnder Weise an.

Spiel bedeutet Wechsel von Anspannung und Entspannung.

3. Merkmal: Im Spiel erleben Menschen einen Wechsel von Anspannung und Entspannung, der für sie angenehm ist. Die Pole, zwischen denen sich An- und Entspannung befinden, sind totale Langeweile auf der einen Seite und überwältigender Affekt auf der anderen Seite – in diesem Extrem beides Zustände, die als äußerst unangenehm empfunden werden. Im Spiel findet ein Pendeln um einen mittleren Spannungszustand statt: Ausgangspunkt ist, dass etwas – ein Gegenstand, eine Situation – Aufmerksamkeit und Interesse auf sich zieht, d. h. für Spannung sorgt. Gemeint ist eine angenehme Spannung, dieses leichte Kribbeln, eine kleine Ungeduld, Erwartung, Hoffnung, dass etwas gelingt. Das Kind, das auf dem Klettergerüst balanciert. Ein Jugendlicher, der nur noch eine Fünf würfeln muss zum Sieg. Erwachsene, die einen Begriff pantomimisch darstellen.

Info 1
Fortsetzung

Dann verändert sich die Situation: Das Ende des Klettergerüsts ist erreicht. Die Würfel sind gefallen. Der Begriff erraten. Entspannung, Erleichterung – bis zum nächsten Versuch. Schon bei kleinen Kindern ist dieser Wechsel von Spannung und Entspannung im Spiel zu beobachten. Die eineinhalbjährige Lena zieht sich ein Tuch über den Kopf, wird ganz aufgeregt, wenn sie die Stimme ihres Vaters hört, *„na, wo ist denn Lena? Das gibts doch nicht, ich finde sie nicht …“*, bis sie es schließlich kaum noch aushalten kann, das Tuch wegzieht, vor Erleichterung und Freude juchzt über die erstaunte und freudige Reaktion des Vaters, nur, um sich dann sofort das Tuch wieder über den Kopf zu ziehen …

Diese Folge von Anspannung und Entspannung bezeichnet Heinz Heckhausen als Aktivierungszirkel. Im Spiel werden die Rückwirkungen des eigenen Handelns unmittelbar erwartet und geben ihrerseits Anlass zu neuem Handeln. So wird eine schnelle Periode von Aktivierungszirkeln erst möglich, nämlich das Gegenteil von Langeweile: Kurzweil. Im Freispiel suchen sich Kinder Spielsituationen, die ihrem Bedürfnis nach einer solchen positiven Spannung im Sinne von Gefordertsein, Anregung, vielleicht auch Aufregung einerseits und Entspannung und Sicherheit andererseits entsprechen. Im angeleiteten Spiel kann es eine Hilfe sein, sich genau danach zu fragen: Welches Kind oder welche Jugendliche braucht welche Anregungen und Anforderungen, um sich nicht zu langweilen, aber auch, um sich nicht überfordert und damit total angespannt, hilflos oder panisch zu fühlen?

> *„Das Spiel bindet und löst. Es fesselt. Es bannt, das heißt: es bezaubert.“*
>
> (Johan Huizinga)

Spiel findet „hier und jetzt“ statt.

4. Merkmal: Spiel findet „hier und jetzt“ statt. *„Komm, wir spielen!“* heißt: jetzt und nicht erst in zwei Stunden. Das Spiel „spielt“ sich innerhalb bestimmter Grenzen von Zeit und Raum ab. *„Sie ist völlig in ihrem Spiel versunken“*, lautet manchmal die Beschreibung eines spielenden Kindes. Das beschreibt aber gerade nicht eine Art Entrücktseins, sondern im Gegenteil die völlige Konzentration, das Sicheinlassen auf diese Tätigkeit in diesem Moment und damit eine große Präsenz. Pausen wie Mahlzeiten oder Nachtruhe kann es in solchem Spiel nicht geben. Für die Arbeit pädagogischer Fachkräfte heißt das, dass den einzelnen Spielsituationen ein großer Respekt zusteht und sie möglichst nicht unterbrochen werden sollten – denn dieses Spiel gibt es nur hier und jetzt.

> *„Spiel verlangt, dass man sein ganzes Selbst hineinlegt. Innerhalb der geltenden Regeln wird gefordert, dass man mit ganzem Herzen dabei ist. Das erzeugt das Gefühl von Lebendigkeit.“*
>
> Sutton-Smith, B. und S., zitiert nach Fritz, Jürgen. Theorie und Pädagogik des Spiels, Juventa, Weinheim, München, 1. Auflage, 1991, 2., korrigierte Auflage, 1993, Seite 19

Im Spiel entsteht eine eigene Welt – Spiel ist nicht das „richtige Leben“.

5. Merkmal: Im Spiel erschaffen sich Kinder eine andere Welt, eine Quasi-Realität. Damit schaffen sie einen Zustand des Erlebens, der sich vom so genannten „Ernst des Lebens“ unterscheidet. Sie tun so, als ob … Häufig wird dabei die Realität handelnd abgebildet, nachgeschaffen. Aus Bauklötzen werden Autos, in der Puppenecke spielt sich der Familienstreit des Vortages ab. Dieses „So-tun-als-ob“ bedeutet aber nicht, dass das Spiel unernst sei – im Gegenteil, gerade Kinder verfolgen ihre Spiele in der Regel mit großem Ernst. Dennoch wissen sie im gleichen Moment, dass sie „bloß so tun“, dass es ja nur aus Spaß, „aus Spiel ist“. Johan Huizinga, ein niederländischer Historiker, gibt dafür in seinem 1938 erschienenen Buch über die Bedeutung des Spiels ein wunderbares Beispiel.

961216

„Wie tief dies Bewusstsein in der Kinderseele haftet, wird m. E. besonders schlagend deutlich durch den Fall illustriert, den mir seinerzeit der Vater eines Kindes mitgeteilt hat: Er trifft sein vierjähriges Söhnchen an, wie es auf dem vordersten einer Reihe von Stühlen sitzt und „Eisenbahn" spielt. Er hätschelt das Kind, dies aber sagt: „Vater, du darfst die Lokomotive nicht küssen, sonst denken die Wagen, es wäre nicht echt."

Huizinga, Johan. Homo Ludens, Vom Ursprung der Kultur im Spiel, Originalausgabe 1938, Rowohlt, Hamburg 1956, 18. Auflage, 2001, Seite 16 f.

Aber Spiel bildet die Realität nicht nur ab, sondern geht auch über die Wirklichkeit hinaus. Kinder spielen nicht (nur) das, was ist, sie erspielen sich auch das, was sein könnte. Damit erschaffen sie eine Welt neuer Möglichkeiten. Philosophisch betrachtet stellen sie damit die bestehenden Wirklichkeitsvorstellungen infrage, bestreiten deren Anspruch auf Allgemeingültigkeit und zeigen Alternativen auf.

„Spiel ist der Jubel über das Mögliche."
Martin Buber

Zum Erfinden solcher „Als-ob-Realitäten" brauchen Kinder schon eine gute Portion Fantasie. Ihr Spiel wird von ihrer Fantasie vorangetrieben, gleichzeitig fördert das Spiel auch die Fantasiefähigkeit der Kinder. Die im Spiel entwickelte Fähigkeit zum schöpferischen Denken ist eine Voraussetzung sowohl für künstlerisch-kreative Prozesse wie auch für konstruktive Problemlösungen, sei es im technischen oder auch im zwischenmenschlichen Bereich. Laut Huizinga ist Spiel der Ursprung von Kultur überhaupt.

Quasi-Realität oder der „Als-ob-Charakter" des Spiels ist nach Heckhausen das einzige Merkmal, das nicht für alle Spiele gilt. Es gibt z. B. Material prüfende, experimentierende oder Bewegungsspiele, bei denen dieses Merkmal nicht zutrifft.

Spiel ist, wenn alles Mögliche passiert und das Unmögliche wahr wird.

6. Merkmal: Im Spiel erleben Kinder Freude und innere Befriedigung – sie spielen, weil es ihnen Spaß macht; es wird – in der Regel – nicht als Mühe und Belastung empfunden. Auch wenn bis zur Erschöpfung gespielt wird, wird es als lustvoll erlebt.

Spielen macht Spass.

Spiel und Entwicklung des Sozialverhaltens

Info 2

Die Entwicklung des Sozialverhaltens von Kindern steht im Focus mancher psychologischer und soziologischer Studien. In der Entwicklung von Kindern lässt sich eine typische Abfolge erkennen, in der Kinder soziales Spiel lernen und ausbilden. Die Entwicklung des sozialen Spielverhaltens hängt dabei aber nicht nur vom Alter ab, sondern besonders davon, wie viele und welche Art von Sozialkontakten ein Kind hat (z. B. Geschwister, Alleinsein mit Eltern oder im Kindergarten u. Ä.).

Bei sehr kleinen Kindern gibt es das **Nebeneinander- oder Parallelspiel,** zum Beispiel beim Spielen im Sandkasten, dem Bauen, Kneten, Malen. Hier sind Kinder beieinander, können einander zugucken, sind aber nicht aufeinander als Spielpartner angewiesen. *„Sie können das eigene Spiel nach ihren spontanen Impulsen und Fantasien lenken und die Sozialkontakte nach Belieben aufnehmen und wieder beenden"* (Flitner, a. a. O., S. 98).

Erst später, ca. ab 2–3 Jahren, sind Kinder in der Lage zu so genannten **Miteinander-Spielen.** In Kreis- und Reigenspielen machen sie die Erfahrung von Gemeinsamkeit und Zugehörigkeit. Sie müssen

INFO 2
Fortsetzung

aber auch hier schon eigene Bedürfnisse zurückstellen. Eine andere Form der Miteinander-Spiele sind solche, in denen einzelne Mitspieler verschiedene Tätigkeiten ausführen: Hier gibt es neben den größeren Kindern als Hauptakteuren kleinere in Rollen „zweiten Ranges“: kleinere Kinder sind Publikum, Ballholer, Schafe, … Diese Spielform eignet sich gut, um Kinder mit unterschiedlichen Fähigkeiten miteinander ins Spiel zu bringen.

Und schließlich folgen die **organisierten Spiele,** häufig in Form von Wettbewerbs- oder Konkurrenzspielen, aber auch als Kooperationsspiele (s. 1.3., Info 3, Spielformen in der Entwicklung von Kindern). Hier erfordert das soziale Spielverhalten, ein gemeinsames Spiel zu haben, darin aber entweder gegensätzliche Interessen zu verfolgen oder die eigenen Interessen dem gemeinsamen Ziel im Kooperationsspiel unterzuordnen.

Viele Untersuchungen haben gezeigt, dass sich Sozialisationsdefizite von Kindern in ihrem sozialen Spielverhalten zeigen. Sie können aber auch durch Förderung der Spielfähigkeit positiv beeinflusst werden. Gerade in der Arbeit in integrativen Einrichtungen spielt die Unterstützung sozialer Spielformen eine große Rolle. Um Kinder mit unterschiedlichem Entwicklungsstand, unterschiedlichen Fähigkeiten und Vorlieben (sei es aufgrund ihres Alters, unterschiedlicher sozialer oder ethnischer Herkunft, körperlicher oder geistiger Behinderungen o. Ä.) miteinander ins Spiel zu bringen, können folgende Anregungen helfen:

- Spielformen anregen, in denen unterschiedliche Rollen erforderlich sind
- Kinder im Aufbau von Kontakten fördern
- Mitspielerfunktion übernehmen
- besonders große Spielmaterialien anbieten (etwas, das ein Kind nicht alleine tragen kann; ein Riesenkarton, in den mehrere hineinpassen usw.)

- von attraktivem Spielzeug nur wenig anbieten – das erfordert Kontakt, Absprachen usw.
- klare Funktionsräume schaffen – hier treffen sich Kinder mit der gleichen Spielvorliebe, bilden schon dadurch eine Gruppe

INFO 3

Spiel und Rollentheorie

Gerade die Rollenspiele von Kindern sind in verschiedenen sozialwissenschaftlichen Forschungen Gegenstand von Beobachtungen und werden unterschiedlich gedeutet. Aus der Perspektive der Rollentheorie findet im Rollenspiel der Kinder schon die Übernahme künftiger Erwachsenenrollen der Gesellschaft statt.
Zunächst einmal beschreibt die Rollentheorie, wie in der Gesellschaft verschiedene soziale Funktionen festgelegt sind, die als „Rolle“ bezeichnet werden. Jeder Mensch übernimmt verschiedene Rollen und muss diese in seinem Leben miteinander in Einklang bringen, z. B. Mutter, Berufstätige, Partnerin, Freundin, Tochter. An jede Rolle sind bestimmte Erwartungen gerichtet – als Berufstätige soll man pünktlich, fleißig, zuverlässig sein; als beste Freundin verständnisvoll, als Nachbarin höflich, usw. Abweichungen von diesen Rollenerwartungen werden sanktioniert – das Rollenverhalten ist durch positive und negative Folgen eingegrenzt und in seiner Spielbreite festgelegt.

Rollenspiele sind eine wesentliche Ausdrucksform von Kindern: Sie übernehmen darin häufig Erwachsenenrollen, imitieren erwachsene Handlungsweisen, kosten etwas von deren Macht und Möglichkeiten. Ihr Spiel ist somit ein Spiegel dessen, welche Rollenverteilungen sie in ihrem direkten Umfeld erleben, und zeigt auch etwas über die Werte, die gesellschaftlich gelten. Während das „klassische“ Mutter-Vater-Kind-Spiel den Vater zur Arbeit fortgehen lässt – das Kind, das den Vater spielt, hat zwar einen hohen Status, ist dann aber weg und leider nicht mehr so richtig am Spiel beteiligt – und sich die Mutter ausgiebig mit ihrem Baby beschäftigt, können durch die zunehmend veränderten Aufgabenteilungen zwischen Männern und Frauen heute auch die Familienrollenspiele der Kinder vielfältiger sein.

Durch ihre Identifikation mit bestimmten Rollen erfahren und verstehen Kinder im Rollenspiel etwas über die Möglichkeiten und Anforderungen der Rollenträger: Wer eine Verkäuferin nicht nur bei ihrer Arbeit beobachtet, sondern sich im Spiel mit ihr identifiziert, weiß mehr über sie, sowohl über die faktisch notwendigen Tätigkeiten wie im Laden Bescheid wissen, Produkte kennen, Geld zählen und zusammenrechnen können, usw. wie auch über die psychischen Anforderungen, die an sie gestellt sind: höflich sein, mit schlecht gelaunten Kunden umgehen usw.

Neben den Rollenspielen, die Kinder im Freispiel alleine entwickeln, ist die Form der angeleiteten sozialen Rollenspiele entstanden. Das Rollenspiel wird hier eingesetzt, um vor allem ältere Kinder oder Jugendliche andere als die für sie üblichen oder von ihnen erwarteten Rollen erspielen zu lassen. Mit diesem emanzipatorischen Anspruch sollen ihnen neue Handlungsmöglichkeiten eröffnet werden.

Spiel kann somit Probehandeln für gesellschaftlich erforderliche Rollen oder Aufgaben wie auch für alternative, neue Rollenmöglichkeiten sein – es bewegt sich damit zwischen Einübung und Festlegung bestimmter Rollen oder emanzipatorischem Erproben alternativer Rollen und Handlungsmöglichkeiten. Beide Seiten bergen, wenn sie von Erzieherinnen gezielt eingesetzt werden, die Gefahr der Manipulation:

- Einübung in notwendige Rollen = Mädchen **sollen** schon mal Hausfrau spielen.
- Übernehmen alternativer Rollen = Mädchen **sollen** schon mal Technikerin spielen.

Wer aber um die Gefahr der Manipulation weiß und damit achtsam umgeht, kann durch die Anleitung von Rollenspielen viele persönlichkeitsfördernde Entwicklungsprozesse in Gang bringen und unterstützen (siehe Kap. 2.4, Info 1: Wozu das Theater?)

Rollenspiele fördern die Sprachfähigkeit von Kindern.

Ganz unabhängig vom bewussten Einsatz des Rollenspiels oder dem freien Rollenspiel von Kindern – immer hat Rollenspiel eine starke sprachfördernde Wirkung. Denn die Spielform des Rollenspiels fordert und fördert das sprachliche Vermögen durch sich selbst, *„indem sie immer wieder Situationen hervorbringt, in denen Anlass zur Sprachimitation, zur Verständigung oder Mitteilung über den Fortgang des Spiels hervorgerufen wird, in dem also die Spielspontaneität des Kindes den sprachlichen Ausdruck benötigt und selbst sucht“* (Flitner, a. a. O., S. 111).

Spiel aus psychoanalytischer Sicht **Info 4**

Sigmund Freud, der Begründer der Psychoanalyse, deutete das Spiel als eine Ausdrucksform des Unbewussten und ordnete es den Fantasieleistungen des Menschen zu. *„Man sieht, dass die Kinder alles im Spiele wiederholen, was ihnen im Leben großen Eindruck gemacht (…) hat“* (S. Freud, zit. nach J. Fritz, a. a. O., S. 21).

Im Spiel wiederholen Kinder, was ihnen im Leben grossen Eindruck gemacht hat.

Während Freud seine Deutungen auf eher zufällige Beobachtungen gründete, vertieften seine Schülerinnen wie zum Beispiel Anna Freud und Melanie Klein die psychoanalytische Spieltheorie bis zur Entwicklung von Kinderspieltherapieverfahren weiter. Die psychoanalytische Sicht des Spiels geht davon aus, dass das Kind im Spiel seine Erlebnisse und Gefühle, gerade auch die negativen, schweren oder unverständlichen, be- und verarbeitet. Diese Ereignisbewältigung und Selbstheilung durch das Spiel passiert demnach auf unterschiedliche Weise:

Spiel als Trieb- oder Ersatzbefriedigung

Eine Möglichkeit ist die, dass sich Kinder im Spiel eine für sie lustvolle Realität erschaffen. Dieser Ansatz entspricht Freuds Auffassung, dass menschliches Verhalten durch das Streben nach individueller Bedürfnis- und Wunschbefriedigung gesteuert werde; er nennt dies das „Lustprinzip". Im Spiel haben Kinder die Möglichkeit, ihrem Luststreben nachzugehen und für sie besondere Ereignisse in Szene zu setzen: sie spielen ein großes Fest, bei dem nur Eis und Pudding serviert wird. Oder aber sie wählen für sie attraktive Rollen und bekommen beispielsweise als König oder Prinzessin große Bewunderung und Anerkennung. Vielleicht schaffen sie sich damit im Spiel ein Gegengewicht zu einer im „richtigen Leben" als frustrierend erlebten Situation, in der ihnen Aufmerksamkeit und Wertschätzung z. B. durch ihre Eltern gefehlt hat.

Spiel als Angstabwehr und Verarbeitung unbewältigter Erfahrungen

Häufig aber finden sich im Rollenspiel von Kindern auch unangenehme oder spannungsvolle Situationen. Hier bekommt das Spiel die Funktion, verletzende oder unfassbare Situationen durch Wiederholungen allmählich zu verarbeiten. *„Das Kind versucht im Spiel seine übermächtigen Lebenseindrücke psychisch zu bewältigen, indem es das übermächtige Erlebnis durch „Neuinszenierungen" in kleine Stücke zerlegt, die es dann nach und nach assimilieren kann. Durch die Tatsache, dass das Kind eine passiv erlebte (und erduldete) Situation in einem Spiel neu inszeniert, schafft es einen Übergang von der Passivität zur Aktivität"* (Fritz, Jürgen, Theorie und Pädagogik des Spiels, Juventa, Weinheim, München, 1. Auflage, 1991, 2., korrigierte Auflage, 1993).

Eine solche Situation kann zum Beispiel der Zahnarztbesuch sein. Eventuell übernimmt das Kind dann im Spiel sogar die Rolle des Zahnarztes und behandelt eine Puppe; es macht sich so im Spiel zum „Herren der Situation", die es in der Realität nur über sich ergehen lassen und erleiden konnte.

Spiel als Regression oder Flucht vor der Wirklichkeit

In manchen Spielen fallen Kinder hinter ihren bereits erreichten Entwicklungsstand zurück. Sie brechen aus den von ihnen erwarteten Verhaltensweisen aus und suchen sich Rollen, in denen sie nicht so groß, vernünftig oder klug sein müssen –

und spielen Babys, Kuscheltiere oder auch Clowns. Erzieher oder Eltern, die das beobachten, sollten sich fragen, ob die Erwartungen an und der Druck auf diese Kinder vielleicht zu groß und ihnen zu schwer sind und diese Kinder in ihrem Spiel ihren Wunsch nach Verwöhntwerden und Klein-sein-dürfen zum Ausdruck bringen. Es ist aber zunächst einmal positiv zu bewerten, dass die Kinder diesen Weg im Spiel finden und sich die liebevolle Aufmerksamkeit holen, die sie brauchen.

Spiel als Spiegel der Gesellschaft

INFO 5

Untersuchungen über die Spiele in verschiedenen Kulturen machen deutlich, dass im Spiel nicht nur die individuelle Entwicklung oder das direkte familiäre und soziale Umfeld von Bedeutung ist, sondern die „ganze Gesellschaft" Einfluss auf das Spiel hat. So ergeben diese kulturvergleichenden Studien deutliche Unterschiede, die darauf schließen lassen, dass in den in einer Gesellschaft häufig gespielten Spielen oder Spielformen Fähigkeiten erprobt werden, die innerhalb der jeweiligen Gesellschaft erforderlich sind. In Kulturen tropischer Regionen, die ihr Überleben durch Fischen oder Jagen sichern, findet man auffallend viele Geschicklichkeitsspiele. Dagegen zeigen Kulturen, die starken Naturphänomenen ausgesetzt sind, die sie selber nicht beeinflussen können, wie Klimaschwankungen usw., eine besonders große Zahl an Glücksspielen. In den so genannten komplexen Industriegesellschaften schließlich kommen Strategiespiele wesentlich häufiger vor als in anderen Kulturen.

Ebenso spiegeln sich im Spiel die in einer Gesellschaft herrschenden Werte und Normen wider. So zeigt sich die kapitalistische Wirtschaftsordnung mit ihrem Konkurrenzprinzip in der großen Zahl von Wettbewerbsspielen in westlichen Industrienationen. Bei den Eskimos und australischen Ureinwohnern dagegen überwiegen die auf Zusammenarbeit basierenden Spiele. Es handelt sich um Kulturen, deren Überleben von der Kooperationsfähigkeit ihrer Mitglieder abhängt.

Welche Werte gelten in unserer Gesellschaft ? Welche Werte werden Kindern bei uns schon im Spiel vermittelt?

- Wer eine 6 würfelt, darf noch mal.
  Wer viel hat, kriegt noch mehr?
- Einer gewinnt, viele verlieren.
  Vorbereitung auf eine Gesellschaft, in der die Zahl derjenigen, die wenig Chancen haben, ständig steigt, während einige wenige Macht und Reichtum innehaben?
- Nicht abgucken! Du musst es alleine schaffen.
  Jeder gegen jeden. Jeder muss für sich selbst sorgen. Und jeder ist nur für sich selbst verantwortlich?

WELCHE GESELLSCHAFTLICHEN WERTE LERNEN KINDER IM SPIEL?

Info 5
Fortsetzung

Im Spiel zeigt sich aber nicht nur, was in der Gesellschaft sowieso schon da ist oder gilt. Spiel kann auch und gerade ein Gegengewicht bilden und zu Weiterentwicklung und positiver Veränderung der Gesellschaft beitragen. Spiele können den herrschenden Normen etwas entgegensetzen. So wurden in den Siebzigerjahren in den USA als Gegenbewegung zum starken Konkurrenzdruck und Einzelkämpfertum die so genannten „New Games“ entwickelt: Das sind Spiele, die mit großen Gruppen gespielt werden können und in denen es keine Sieger gibt. Im Gegenteil: Die Gruppe soll und kann als tragendes Netz erlebt werden, im wahrsten Sinne des Wortes.

Spiel „Vertrauenssprung“

Zum „Vertrauenssprung“ oder auch „Sprung in die Gasse“ stellen sich die Spieler in zwei Reihen gegenüber auf, mindestens 5 auf jeder Seite. Sie stehen Schulter an Schulter und bilden mit ihren Armen ein „Netz“, um die Springer aufzufangen. (Alle sollten vorher Uhren und Schmuck ablegen, um Verletzungen daran zu vermeiden.) Die Spieler in den Reihen halten ihre Arme nach vorne, mit den Handflächen nach oben, und bilden eine Art Reißverschluss. An einem Ende der Gasse steht ein Tisch. Darauf steht der Springer und lässt sich mit gestrecktem, angespanntem Körper in die Gasse hineinfallen.

Bei der Auswahl von Spielen ist also immer auch zu fragen, welche Bewertungen die Spielenden darin erleben: zählt vor allem Leistung, Gewinnen, individuelles Vorwärtskommen oder stehen Fantasie, Freiwilligkeit, Sinnlichkeit, Spass, Aktivität und das Miteinander im Vordergrund? Spiel kann Mittler des Neuen in einer Gesellschaft sein.

Fazit

Spiel ist eine freiwillige, zweckfreie Tätigkeit, die zeitlich und räumlich begrenzt ist und ihren Sinn in sich selbst hat. Es ist aktives, konkretes Handeln, das in einem Wechsel von Anspannung und Entspannung verläuft und den Spielenden Vergnügen bereitet.

Je nachdem, durch welche „wissenschaftliche Brille“ man das Spielen der Kinder betrachtet, kann man unterschiedliche Funktionen des Spiels feststellen, z. B.:

- Im Spiel entwickelt sich das Sozialverhalten und kann seinerseits durch Spiel gefördert werden;
- im Spiel erkunden und erproben Kinder verschiedene gesellschaftliche Rollen;
- im Spiel verarbeiten Kinder unbewältigte Eindrücke oder Erlebnisse;
- im Spiel spiegeln sich gesellschaftliche Werte und Normen; es können im Spiel aber auch neue Werte für eine Kultur ausgebildet werden.

961222

Aufgaben und Anregungen

1 Gestalten Sie eine „Spiel-ist …“-Karte.

2 **Assoziationen zu Spiel:**
Falten Sie ein A4-Blatt zweimal, sodass Sie 4 Flächen erhalten. Schreiben Sie in jedes Feld ein Wort, das Ihnen zu „Spiel“ einfällt. Vergleichen Sie, welche Begriffe insgesamt in der Gruppe da sind. Fügen Sie nun jeden Ihrer Begriffe in einen Satz über Spiel ein (Beispiel: Begriff Spaß – im Spiel sollen alle Spaß haben), sodass Sie nun 4 Sätze über Spiel auf ihrem Zettel haben. Tauschen Sie in Kleingruppen Ihre Sätze aus und versuchen Sie gemeinsam eine Definition des Begriffs Spiel zu formulieren.

3 Beobachten Sie zwei bis drei Kinder in Bezug auf ihr soziales Spielverhalten. Nehmen Sie folgenden Beobachtungsbogen zur Hilfe.

U. HEIMLICH: SPIELKOOPERATIONSSKALA		Name, Vorname		Alter (J; M)	Beobachter(in)	
Kooperatives Ziel	**Ausprägungsgrad**					S
	1	2	3	4	5	
INITIATIVE	passive Kontakt-aufnahme ❑	eigene Kontaktversuche misslingen ❑	Kontaktaufnahme nur kurz ❑	nimmt selbst Kontakt auf, Spielfluss aber noch störanfällig ❑	intensiver, dauerhafter Kontakt ❑	
ZIELSETZUNG	nur egoistische Ziele ❑	verfolgt eigene Ziele, toleriert aber gemeinsame Ziele ❑	verzichtet ab und zu auf eigene Ziele ❑	verfolgt gemeinsame Ziele ❑	Identifikation mit gemeinsamer Zielsetzung ❑	
SOZIALE ORIENTIERUNG	Hilfe für andere wird abgelehnt. ❑	verbale Hilfe auf Anfrage ❑	demonstriert Problemlösung, aber keine aktive Hilfe ❑	gibt Hilfestellung, achtet auf eigenen Vorteil ❑	aktive Hilfe mit Verzicht auf eigenen Vorteil ❑	
SELBSTKONZEPT	konform, keine eigenen Ideen ❑	passt sich an, äußert aber eigene Ideen ❑	macht Spielvorschläge, aber kein Durchsetzungsvermögen ❑	setzt eigene Ideen durch, lässt sich dann aber wieder umstimmen ❑	setzt eigene Ideen durch, überzeugt auch andere ❑	
KOMPLEXITÄT	nur ein Partner ❑	nur ein Partner, andere werden einbezogen ❑	spielt in Kleingruppen, aber nur an einem Partner orientiert ❑	spielt in Gruppen und nimmt mehrere Kontakte auf ❑	spielt nur in Gruppen, unterhält mehrere intensive Kontakte ❑	
Bemerkungen:						

nach: Ulrich Heimlich, Behinderte und nicht behinderte Kinder spielen gemeinsam, Klinkhardt Verlag, Bad Heilbrunn 1995

AUFGABEN …
Fortsetzung

4 Standpunkte zur Funktion des Spiels: Legen oder zeichnen Sie eine Linie durch den Raum und versehen Sie ihn mit den Punkten 0–50–100. Sie können diese Achse natürlich auch an die Tafel malen und Ihre Aussagen dann durch Klebepunkte markieren.
Dies ist eine „Meinungsachse" von 0–100 %, auf der Sie zu folgenden Aussagen Stellung nehmen sollen.

- Kinder haben von Natur aus einen gesunden „Spieltrieb". Man sollte sie deswegen so spielen lassen, wie sie wollen, und nicht „pädagogisch" eingreifen.
- Die meisten Kinder und Jugendlichen können gar nicht mehr richtig spielen. Sie müssen es erst wieder lernen.
- Kinder sollen im Spiel das tun können, was sie sonst nicht dürfen.
- Spielen soll zuallererst Spaß machen. Es ist schädlich, wenn man Kinder oder Jugendliche im Spiel mit Alltagsproblemen konfrontiert.

1.2 Zum Verhältnis von Spielen und Lernen

Kinder spielen nicht, um zu lernen. Aber sie lernen immer durch ihr Spiel.

FRAGEN

- ✔ *Lernen Kinder im Spiel? Und wenn ja, was?*
- ✔ *Was sind und wie funktionieren „Lernspiele"?*
- ✔ *Müssen Kinder „spielen" lernen?*

INFO 1

Durch Spielen lernen?

Das Nachdenken darüber, ob Spiel denn für irgendetwas nützlich sei bzw. ob und wie man es nutzbringend einsetzen könne, ist alt. Schon in der Antike gab es Spielzeug, das bewusst eingesetzt wurde, um Kindern bestimmte Erfahrungen und Kenntnisse zu vermitteln. Im 17. Jahrhundert war dies durchgängige pädagogische Auffassung, vertreten durch den englischen Philosophen John Locke (1632–1704). Er sprach sich dafür aus, dass der im Spiel von Kindern auftretende *„Eifer auf etwas gelenkt werde, das ihnen nützlich wäre"* (J. Fritz, a. a. O., S. 14). So wurde schon damals versucht, das Spiel zum Zweck des Lernens einzusetzen.

SPIEL ALS DAS UREIGENSTE RECHT DES KINDES

In der Zeit der Aufklärung wurden allerdings die noch von Locke vertretenen Ansichten über das Spiel schon nicht mehr von allen geteilt. Der französische Philosoph Rousseau (1712–1778) sah das Spiel als das ureigenste Recht des Kindes an und betonte, dass Spiel Spiel bleiben müsse und sich nicht in Arbeit verkehren dürfe. Er wies allerdings auch schon darauf hin, dass das Spiel an sich bereits eine Fülle an Lernmöglichkeiten bereit hält auch ohne dass es auf bestimmte, festgelegte Ziele und Inhalte ausgerichtet worden sei (vgl. Info 3, Spiel in der Entwicklung des Kindes).

Das bedeutet, dass Spielen in jedem Fall Sinn macht für die Entwicklung von Kindern und nicht weniger für Jugendliche und Erwachsene. Im Spiel machen Menschen Erfahrungen, die sie in ihrer geistigen, emotionalen und körperlichen Entwicklung fördern. Man kann hier von indirektem Lernen sprechen, dessen Ausmaß oft unterschätzt wird.

An dieser Stelle soll aber noch einmal auf den Begriff des Lernens und die kritische Frage der Mutter am Anfang des Kapitels eingegangen werden. Während der Be-

961224

griff des Lernens in der Psychologie sehr weit gefasst ist, gibt es eine sehr viel engere Erklärung von Lernen im Alltagsverständnis der meisten Menschen. Was hat die Mutter, die im Beispiel am Anfang des Kapitels die Kindertagesstätte besichtigt, unter Lernen verstanden?

Im alltagssprachlichen Gebrauch des Wortes ist mit „Lernen" in der Regel sehr eng gefasst die Aufnahme und Verarbeitung von Informationen gemeint. Lernen heißt hier soviel wie *„die Realität abbilden und verstehen können"*. Und vor allem: Lernen ist zielgerichtet – ein determinierter Prozess, in dem in der Regel Erwachsene bestimmen, welches Lernziel Kinder erreichen sollen.

Wenn man diesem Verständnis von Lernen das Wesen des Spiels gegenüberstellt, versteht man die Ungeduld der Mutter. Denn Spiel ist nicht (nur) die Verarbeitung von Informationen, sondern ihre Verwandlung. Im Spiel wird nicht hingenommen, wie die Realität ist, sondern sie wird, je nach Wünschen und Bedürfnissen, verändert, benutzt, … Und während das beschriebene Lernverständnis zielgerichtete, festgelegte Ergebnisse erwartet, ist das Spiel spontan und offen; es lässt sich nicht vorhersagen, wohin es führen und welche Erfahrungen und Erkenntnisse dem Kind darin begegnen werden. So gesehen wirken Spielen und Lernen als Widerspruch; Spiel bekäme höchstens die Bedeutung von Ablenkung und Entspannung, um dann wieder Zeit und Konzentration für das Eigentliche, das Lernen, zu haben.

Lernspiele

INFO 2

Während der Bildungsbegriff ein weites Verständnis von Lernen und in Bezug auf Spiel dessen indirekte Lern- und Erfahrungsmöglichkeiten in den Vordergrund stellt, werden die so genannten Lernspiele oder auch didaktischen Spiele dem zielgerichteten, eher schulähnlichen Lernen gerecht. Grundgedanke ist hier die Intensität des spielerischen Tuns für konkrete Lernziele zu nutzen.

In diesem Sinn ist schon früh didaktisches Spielzeug entwickelt worden, mit dem Kinder spielend lernen sollen, quasi ohne dass sie merken, dass sie lernen. Klassisches Beispiel für ein solches Spielzeug ist das Puzzle, das etwa 1760 entstand.

Lernspiele oder auch „didaktische Spiele" werden vor allem im Vorschulalter eingesetzt, um Kinder zur Schulreife zu führen bzw. diese zu überprüfen.

„Die Tätigkeit eines Kindes bei diesen Spielen ist direkt oder indirekt auf den Erwerb bestimmter Fähigkeiten, Fertigkeiten oder Erkenntnisse gezielt, die das spätere Erfassen unserer Kulturtechniken ermöglichen:

- *Formen und Gestalten erkennen, sinnvoll aufgliedern und wiedergeben;*
- *Farben und Formen kennen und kombinieren;*
- *Aneignung von Kenntnissen der Umwelt- und Sachbegegnung,*
- *Entwicklung der Sprache und der Denkschulung/Erweiterung des aktiven Wortschatzes/Verbesserung der Ausdrucksmöglichkeiten."*

Baer, Ulrich. Wörterbuch der Spielpädagogik. Lenoz, Basel 1981, 1. Auflage, Seite 53 f.

INFO 2
Fortsetzung

Lernspiele geben Kindern die Möglichkeit, ihre Kenntnisse anzuwenden und zu überprüfen. Auch die Erzieherinnen, die das Spiel beobachten oder begleiten, erhalten Informationen über das Wissen und Können der Kinder. Diese Spiele können außerdem dazu beitragen, bestimmte Fähigkeiten zielstrebiger auszubilden, z. B. Beobachtungsgabe, logisches Denken usw.

SPIEL ALS METHODE DES LERNTRAININGS

Lernspiele zeichnen sich aber durch relativ starre Regeln aus, ein bestimmter Umgang mit Material ist festgelegt, der Verlauf immer gleich, es gibt klare Maßstäbe von richtig und falsch. Dabei werden alle Spieler auf gleiche Art mit gleichen Regeln und Inhalten in Kontakt gebracht und müssen optimalerweise damit auch gleich umgehen. Lernspiele sind geeignet Kenntnisse zu wiederholen, sie zu üben und zu sichern – in der Regel geht es nicht darum, neue Kenntnisse zu erwerben. Mit diesem Ansatz wird Spiel zu einer Methode des Lerntrainings.

Das birgt die Gefahr, dass die schöpferischen, fantasievollen Initiativen der Kinder unterdrückt werden oder sie sich manipuliert fühlen. Außerdem können didaktische Spiele den Blick für reale, alltagsnahe Lernsituationen verschlechtern: Formen oder Farben werden im Spielkasten erkannt, aber in der Natur nicht wiederentdeckt.

Deshalb sollten sich pädagogische Fachkräfte, wenn sie diese Spiele einsetzen – entweder, weil sie selbst es für sinnvoll halten oder weil Kinder es sich ausgesucht haben – folgende Aspekte beachten:

- Grenzen Sie die Freiheit der Kinder im Umgang mit didaktischem Spielmaterial nicht ein: Wer sagt denn, dass man aus Farbtafeln keinen Turm bauen darf? Oder haben Sie schon mal ein Puzzle von der Rückseite her gepuzzelt?
- Respektieren Sie auch, wenn Kinder auf andere als die vorgesehene Lösung stoßen – gerade darin zeigt sich die kreative Kraft der Kinder. Und nur so machen sie daraus, was für sie gerade wichtig und interessant ist. Das bedeutet nur, dass die Kinder nicht in jedem Fall das lernen, was das beabsichtigte Lernziel des Spiels war – es heißt nicht, dass das Spiel schlecht ist oder die Kinder es schlecht gespielt haben.
- Lassen Sie Kinder selbst Regeln aufstellen: Sie machen darin die Erfahrung, dass sie den Leistungsanforderungen nicht hilflos ausgesetzt sind, sondern das Risiko von Erfolg und Misserfolg selber steuern können. Ansonsten besteht die Gefahr, dass Lernspiele Leistungsdruck produzieren und im schlimmsten Fall Angst vor der Schule machen.

INFO 3 Spielformen in der Entwicklung des Kindes

Menschen spielen von Anfang an. Und so lernen sie von Anfang an. Es ist ihre Form, sich mit sich selbst und der Welt um sie herum auf vergnügliche Art zu beschäftigen. Dass und wie sie dabei sich, die Dinge und andere Menschen erfahren und kennen lernen, ist ein Lernen mit allen Sinnen, ein ganzheitliches Lernen.

KINDER EROBERN SICH DIE WELT IM SPIEL.

In der Entwicklung von Kindern lassen sich verschiedene Spielformen beobachten, die in einem bestimmten Lebensabschnitt überwiegen und besondere Funktion für die Entwicklungsthemen in der jeweiligen Phase für das Kind haben. Die folgende Übersicht über Spielformen gibt Altersabschnitte an, in denen eine Spielform überwiegt – das kann in der individuellen Entwicklung aber abweichend sein und heißt auch nicht, dass diese Spielform danach völlig verschwunden wäre (vgl. Bd. 1, LF 2, Kap. 4.2).

„Im Spiel verfügt der Mensch vor allem über sich selbst. Er ist von allem Anfang an sein eigenes Instrument."
Jean-Louis Barrault

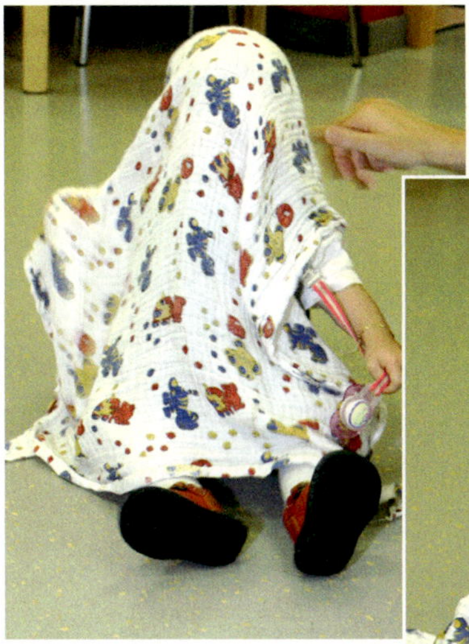

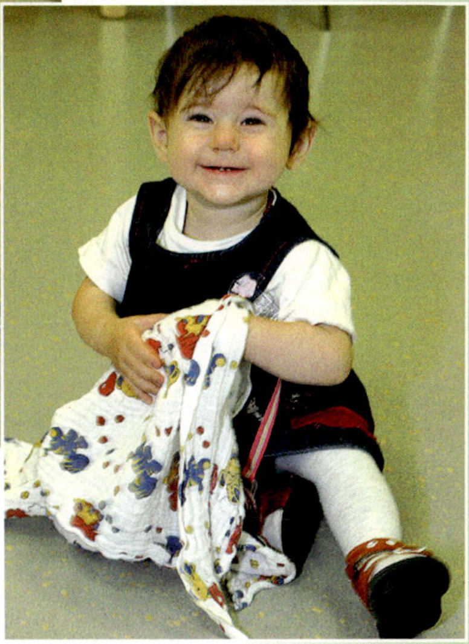

Am Anfang: Freude am eigenen Körper

Die erste Spielform des Menschen ist das **Funktionsspiel.** Säuglinge und Kleinkinder im Alter von 0 bis ca. 2 Jahren spielen mit ihrem eigenen Körper, mit ihren Bewegungsmöglichkeiten und mit Gegenständen. Dabei gewinnen sie mehr und mehr Sicherheit in der Koordination ihrer Bewegungen wie z. B. greifen, festhalten, loslassen usw. und lernen, ihren Körper gezielt zu gebrauchen. Durch scheinbar unzählige Wiederholungen lernen sie die eigenen Möglichkeiten, das „Funktionieren" ihres Körpers sowie die Eigenschaften von Gegenständen kennen.

Aus den Dingen etwas schaffen …

Aus den **Funktionsspielen** entwickeln sich die Konstruktionsspiele, die bei den 2–4-Jährigen dominieren, aber auch später stark vertreten sind. Das Kind erforscht nicht mehr nur den einzelnen Gegenstand, sondern beginnt planvoll, sachgerecht und schöpferisch damit umzugehen. Da werden z. B. Kartons gestapelt, zusammengesteckt, aneinander gereiht … Probleme, die sich dabei stellen, werden zunächst vor allem praktisch, d. h. durch Probieren, zu lösen versucht. Mehr und mehr spielen aber gezielte Beobachtung, Vorstellung und Überlegung eine Rolle.

… oder sie verwandeln

Parallel dazu, also auch im Alter von 2–4 Jahren, treten auch die **Fiktions- oder Symbolspiele** auf. Die Kinder nehmen Gegenstände oder Material nicht so, wie sie sind, sondern deuten sie um: Sie *„backen einen Kuchen"* aus Sand, essen ihn auf, ohne wirklich den Sand zu essen. Sie lassen den Bauklotz als Auto zum Parkplatz fahren, der Türmatte, oder schieben ihn unter dem Stuhl durch – es ist soeben durch einen Tunnel gefahren. Die Dinge bekommen einen Symbolcharakter. Auch hierin zeigt sich die Entwicklung der Vorstellungskraft, die einen wichtigen Schritt auf dem Weg zum abstrakten Denken bedeutet.

Rollenspiele als Spiegel des Alltags

Im Kindergartenalter kommt das **Rollenspiel** als Spielform hinzu. In der Regel stammen die übernommenen Rollen aus dem Alltag der Kinder. Eltern, Erzieher oder der Verkäufer im Supermarkt, aber auch Tiere oder Fahrzeuge werden gespielt. Manchmal schaffen sich Kinder aber auch eine Fantasiewelt und spielen mit der fiktiven Freundin oder einem fremden Wesen. In Rollenspielen können einerseits alltägliche Erlebnisse einfach nachgespielt, das heißt gespiegelt werden; es ist aber auch möglich, darin unbewältigte Eindrücke und Emotionen auszudrücken (s. Kap. 1.1, Info 3 und Info 4).

Spielregeln – den Umgang mit Vereinbarungen lernen

Ab dem 5. oder 6. Lebensjahr gewinnt das **Regelspiel** an Bedeutung. Hier gelten klare Formen des Miteinander- und Zusammenspiels. Die Regeln sind Kindern in diesem Alter sehr wichtig – was nicht heißt, dass sie sie immer einhalten. Oft werden sie auch von älteren an jüngere Kinder weitergegeben. Spielregeln einfach so mal zu verändern, stößt in diesem Alter häufig auf starken Widerstand. Es ist für sie dann leichter, sich darauf einzulassen, wenn das Spiel einen ganz anderen Namen bekommt. Regelspiele sind häufig Wettspiele, sodass das Thema Gewinnen/Verlieren und sich miteinander messen eine große Bedeutung bekommt. Erzieher sollten in dieser Phase darauf achten, dass Wettspiele nicht immer die gleichen Kinder zu Gewinnern und Verlierern machen, dass sie also Spiele anregen, in denen ganz unterschiedliche Fähigkeiten erforderlich sind (mehr zu Wettspielen in Kap. 1.4., Info 3).

Spielregeln sind soziale Vereinbarungen und Kinder lernen mit dieser Spielform den Umgang mit Verabredungen – sie erfahren darin Sicherheit (*„ich weiß, woran ich bin“*) aber auch Frustration (*„die Regel richtet sich nicht nach mir“*).

Fazit

Kinder spielen nicht, um zu lernen, aber sie lernen im Spiel. Das spielerische Lernen ist dabei kein auf abfragbares Wissen ausgerichteter Prozess, sondern ein Erfahren der Umwelt mit allen Sinnen. Da Kinder mit Freude und all ihrer Aufmerksamkeit spielen, macht Lernen so außerdem Spaß.

In den ersten Lebensjahren von Kindern treten nacheinander unterschiedliche Spielformen auf, die den jeweiligen Entwicklungsstand spiegeln und die Weiterentwicklung des Kindes fördern.

Spielformen in der Entwicklung des Kindes

Dominierend im Alter von	Spielform
✘ ca. 0–2 Jahren	Funktionsspiele
✘ ca. 3–4 Jahren und später	Konstruktionsspiele
✘ ca. 2–4 Jahren	Fiktions-/Symbolspiele
✘ ca. 4–6 Jahren	Rollenspiele
✘ Ab ca. 5/6 Jahren	Regelspiele

nach: Zimmer, Renate. Handbuch der Bewegungserziehung, Herder, Freiburg 1993, 8. Auflage, Seite 86

Aufgaben und Anregungen

1 Was meinen möglicherweise Eltern, wenn sie sich von der Kindertageseinrichtung wünschen, dass ihre Kinder dort „was“ lernen sollen? Stellen Sie eine fiktive Eltern-Lernzielliste zusammen. Überprüfen Sie Ihre Vorstellungen, indem Sie verschiedene Eltern danach fragen.

2 Welche didaktischen Spiele oder Lernspiele kennen Sie? Welche Lernziele ha-

ben diese Spiele? Wie könnten diese Themen auch in anderen Situationen vorkommen, erfahren, erprobt und reflektiert werden?

3 Die Frage, ob und wie das Spielen der Kinder den pädagogischen Zielen nützlich sein könne, hat in vielen pädagogischen Arbeitsbereichen dazu geführt, jedes einzelne Spiel mit einem ganzen Lernzielkatalog zu versehen.

Wird nicht das Spiel in seinem Wesen zerstört, wenn pädagogische Fachkräfte es für ihre Zwecke dienstbar machen wollen? Andererseits: Ist es nicht sinnvoll, Förderung und Lernsituationen spielerisch zu gestalten, wenn man bedenkt, dass Lernen so außerdem Spaß machen kann?

Diskutieren Sie diese Fragen und finden Sie eine eigene Position.

4 Spiel fördert Kinder ganzheitlich, das heißt in allen Entwicklungsbereichen. Welche Funktionen kann Spiel haben für die einzelnen Entwicklungsbereiche von Kindern (motorische, kognitive, sprachliche, emotionale, soziale und psychische Entwicklung)? Überprüfen Sie, inwiefern folgende Spiele die einzelnen entwicklungspsychologischen Bereiche berühren und unterstützen.

- Fußballspielen
- Rollenspiele
- Reise nach Jerusalem
- Gummitwist

Finden Sie Spiele, die mindestens vier der genannten Entwicklungsbereiche gleichzeitig ansprechen.

5 Erarbeiten Sie ein Konzept für einen Elternabend, an dem Sie etwas über das Lernen im Spiel darstellen, die Eltern dies aber auch praktisch erleben lassen.

1.3 Welche Bedingungen beeinflussen das Spiel?

Einstiegssituation

Laura, Oliver und Renate gehen nach der Schule zusammen zu Renate nach Hause. Auf dem Weg durch eine Wohnsiedlung sehen sie zwei Kinder an einem Mülleimer spielen. Ein Mädchen liegt bäuchlings auf dem Mülleimerrand und versucht offensichtlich mit lang gestrecktem Arm etwas herauszuholen. Endlich hat sie es und hält es triumphierend in die Luft: ein alter Fahrradschlauch!

„Äh, wie ekelig“, findet Renate. *„Wieso, den beiden gefällt es doch,“* erwidert Oliver. Während die zwei fast in einen Streit geraten, beobachtet Laura die Kinder. Die beiden haben inzwischen ein neues Spiel gefunden. Nun steht der Junge mit einem langen Stock auf dem Mülleimer und versucht damit, den Fahrradschlauch zu *„angeln“*. Sobald er ihn hat, schleudert er ihn so weit wie möglich weg. Dann ist Wechsel.

„Da sieht man mal wieder, wie kinderfeindlich unsere Stadt ist.“ Renate ist

wirklich ärgerlich. *„Da müssen sich die Kinder an Mülleimern vergnügen“*, *„Ich weiß nicht, ob sie das müssen“*, entgegnet Oliver. *„Bestimmt gibts doch hier in der Gegend auch Spielplätze. Ich hab den Eindruck, dass sich die Kinder diesen Platz ganz freiwillig ausgesucht haben!“* *„Na, dann guck dir doch mal die Spielplätze an: Die sind doch total öde!“*, mischt sich jetzt Laura ein, die bis dahin kaum etwas gesagt hat. *„Habt ihr mal geguckt, wie oft die total verlassen sind – kein Kind weit und breit.“*

„Jedenfalls bietet dieses ‚Spielgerät‘ offensichtlich viele Möglichkeiten.“ Laura zeigt auf den Mülleimer. Die Kinder springen abwechselnd herunter und versuchen dabei, so weit wie möglich zu kommen. Der jeweilige Rekord wird mit einem kleinen Stock markiert. *„Also, was ist das: Es ist ein Bootssteg an einem fischreichen Ufer. Es ist eine Schatzkiste mit geheimnisvollen Schätzen. Es ist ein Weitsprungturm. Und manche Leute halten es für einen Mülleimer …“*

Fragen

- ✔ *Welche Plätze haben Kinder heute zum Spielen? Wie unterscheiden sich die Plätze zum Spielen auf dem Land und in der Stadt?*
- ✔ *Was macht einen Spielplatz für Kinder attraktiv?*
- ✔ *Womit spielen Kinder gerne? Was ist gutes, was schlechtes Spielzeug?*
- ✔ *Welchen Einfluss hat die Umwelt auf das Spielverhalten von Kindern?*

Info 1 Spielplätze und andere Orte zum Spielen

Immer weniger Spiel-Räume für Kinder in der Stadt

„Früher sagte man: ‚Geh auf die Straße‘, heute heißt es: ‚Geh auf dein Zimmer‘.“

G. Reichel, a. a. O., S. 155

Der Lebensraum Stadt zeichnet sich mehr und mehr durch den Verlust von Freiflächen aus – Baulücken werden durch neue Häuser geschlossen, Brachland als Parkplatz zubetoniert. Gelände ist oft „privat“ und deshalb nicht zugänglich. Freiflächen in Stadtteilen, die sich Kinder selbstständig und unbeobachtet erobern und gestalten können, sind äußerst selten geworden. Wo können Kinder innerhalb der Stadt noch unbeobachtet in einem Schuppen oder einer Garage kramen, ein Waldstück entdecken oder in einen Bach fallen, in einer Werkstatt unter eine Motorhaube schauen?

Die Zunahme des Autoverkehrs führt außerdem zu einer starken Gefährdung für Kinder, die sich in diesem öffentlichen Raum bewegen oder gar spielen wollen. Das führt dazu, dass die Stadt den Charakter einer Insellandschaft bekommt: Für jedes Bedürfnis gibt es einen bestimmten, zugewiesenen Platz, „eine Insel“. Ausgangspunkt ist die „Wohninsel“, von dort gelangt man zu den anderen Inseln, zum Kindergarten, zum Spielplatz, zur Freundin, zum Sportverein. Diese Inseln sind aber für Kinder alleine in der Regel nicht oder nicht ohne große Gefahren zu erreichen. So sind Kinder entweder in ihren Zimmern gefangen oder werden von ihren Eltern von Insel zu Insel gefahren. Der Raum zwischen diesen Inseln wird gar nicht mehr wahrgenommen. Er wird nur noch überbrückt, aber nicht mehr zum Spazieren, Schlendern, Entdecken oder Spielen genutzt.

LF 4

„Bis zum Beginn der Industrialisierung war das Spiel des Kindes in das Leben von Stadt und Dorf einbezogen (trotz vieler Spielverbote).“

J. Fritz, a. a. O., S. 108

(vgl. auch LF 2, Kap.1, Info 1 und Info 5)

Weil die Stadt aber so eng und so gefährlich geworden ist, werden Kindern eigens zum Spielen gestaltete Plätze zur Verfügung gestellt. Die ersten öffentlichen Spielplätze sind in London um 1800 entstanden, in Deutschland etwa ab 1835. Schon diese ersten Spielplätze zeigen die typischen Merkmale: Umzäunung und Spielgeräte wie Sandkasten, Schaukel, Wippe. Damit geben sie Kindern zu manchen elementaren Bewegungsbedürfnissen Möglichkeit: Klettern, wiegen, schaukeln, schwingen, drehen, ... Dennoch sind die Möglichkeiten traditioneller Spielplatzgeräte relativ begrenzt.

Spielplätze regen nicht an zu intensiven Gemeinschaftsspielen wie zu Rollenspielen oder Wettspielen.

Die durch die Spielgeräte schon gegebenen Einschränkungen werden häufig von Eltern oder Erzieherinnen noch verstärkt: Wenn Kindergartengruppen auf öffentlichen Spielplätzen sind, lässt sich das leider immer noch oft beobachten. Da dürfen Kinder nicht im Stehen schaukeln, weil das zu gefährlich sei. Da sollen Kinder „richtig rutschen“ (heißt auf dem Po sitzend). So wird der sowieso schon eingeschränkte Spielraum noch weiter eingeschränkt und das Spielen außerdem den Wertungen von „richtig“ und „falsch“ unterworfen.

Spielplätze – Plätze zum Spielen?

Ein weiterer Mangel von Spielplätzen liegt darin, dass hier schon alles fertig ist. Es gibt kein bewegliches Material wie Äste oder Baumstümpfe zum Tragen, Bauen, Schleppen usw. Kinder und Jugendliche finden keine oder kaum eigene Gestaltungsmöglichkeiten vor.

„Der Standardspielplatz spiegelt die Haltung zu Kindern wider. Es wird etwas bereitgestellt, was nützlich ist und Kinder „pflegeleicht“ macht. Die Folge ist Langeweile. Kinder und Jugendliche erkennen die Alibifunktion dieses Ersatzangebotes und beginnen sich dagegen aufzulehnen.“

Renner, Michael. Spieltheorie und Spielpraxis, Lambertus Verlag, Freiburg im Breisgau 1995, 2., korrigierte Auflage, 1997, Seite 104

Dies kann ein Grund für die häufige Zerstörung auf Spielplätzen durch Kinder und Jugendliche sein.

In den letzten Jahren mehren sich die Versuche, dem etwas entgegenzusetzen und Kinder und Jugendliche in Planungen und Gestaltungen miteinzubeziehen. So erhöht sich die Identifikation mit dem „Spielraum“, er wird wirklich zum eigenen.

Bau- und Abenteuerspielplätze

Andere Alternativen zu Standardspielplätzen sind schon älter. So gibt es seit den Siebzigerjahren Bau- oder Abenteuerspielplätze, auf denen Kinder und Jugendliche ihre Spielmöglichkeiten selbst wählen und den Platz selbst gestalten können – das geht vom Bau von Hütten und Baumhäusern über Feuer machen, Werken, Gartenbau und Tierhaltung. Da es sich hierbei um pädagogisch betreute Spielplätze handelt, gibt es nur relativ wenige davon, und das bedeutet nur für wenige Kinder in der direkten Wohnumgebung mit eingeschränkten Öffnungszeiten.

Spielmobile: bewegliche Spielplätze

Eine weitere Alternative sind die so genannten Spielmobile, in der Regel große Busse, ausgestattet mit vielfältigen Spiel- und Sportgeräten und pädagogischem Personal. Diese Busse kommen an bestimmte Plätze – Markt, Schulhof, Parks – und stellen Kindern Material und Fachkenntnis in Form von Anleitung und Animation zur Verfügung. Möglicherweise führen die Mitarbeiter des Spielmobils auch thematische Projekte durch wie z. B. Zirkus, Herstellung einer Zeitung o. a.

Spielplätze sind Treffpunkte für Kinder und Eltern.

Bei all den kritischen Anmerkungen zu Spielplätzen darf aber ein positiver Aspekt nicht vergessen werden, der unabhängig von der Gestaltung des Spielplatzes besteht: Spielplätze sind soziale Treffpunkte, sie sind Orte, an denen Kinder Spielpartner finden und Eltern Gesprächspartner.

„Als wir ein Kind bekamen, entschlossen wir uns an den Stadtrand zu ziehen. Wir fanden eine Wohnung in einem Haus mit großem Garten, nur wenige Minuten vom Wald entfernt. Das Paradies, dachten wir. Und dann war der Alltag so anders. Mein Mann fuhr morgens früher zur Arbeit und kam abends später wieder – der Fahrtweg war ja viel länger. Und ich saß da mit meinem Kind in meinem Garten – allein. Es war unglaublich schwer, Kontakt zu bekommen. Und einen Spielplatz gab es nicht, wozu auch – alle hatten ja einen eigenen Garten mit ihrem eigenen Sandkasten und ihrer eigenen Schaukel. Irgendwann habe ich es nicht mehr ausgehalten. Ich bin mit der Kleinen mit dem Auto in die Stadt reingefahren, in unseren alten Stadtteil, um dort mit ihr auf einen Spielplatz zu gehen. Inzwischen wohnen wir wieder hier.“ (Anja S., 30 J., aus Hamburg)

Kinder brauchen Spielpartner – und da viele Kinder heute kein oder höchstens ein Geschwisterkind haben, sind sie auf Orte angewiesen, an denen man andere Kinder treffen kann. Ähnliches gilt für Eltern. Der Elternteil, der die Betreuung des Kindes übernimmt, hat häufig eine sehr einsame Aufgabe. Da kann der Spielplatz der Ort sein, an dem man endlich mal wieder „ein erwachsenes Wort“ wechseln kann.

Info 2 Sachen zum Spielen: Spielsachen

„Spielzeug ist alles, was man in die Finger bekommen kann und was einem von den Erwachsenen nicht gleich wieder weggenommen wird.“

Hoffmann´s Comic Theater (in Reichel, Gusti. Lebendig statt brav, Handbuch für das Leben und Arbeiten mit Gruppen, Ökotopia Verlag, Münster 1988, 3., überarbeitete Auflage, 1995, Seite 129

Spielmittel: alle Gegenstände, die Menschen zum Spielen benutzen

Oberbegriff für alle Gegenstände, die Menschen für verschiedene Spielformen benutzen, ist der Begriff **Spielmittel.** Alle Spielmittel übernehmen quasi eine Mitspielerfunktion: Sie fordern zum Spiel auf, sie spielen selber mit. Denn sie haben ihre eigenc Qualität, die sie in das Spiel einbringen: das Wasser fließt und versickert, der Ball rollt und springt, der Klotz steht oder fällt um, die eine Ente aus Holz und auf Rädern lässt sich schieben, die andere aus Stoff oder Plüsch streicheln und lieb haben. Spielmittel laden zu einer bestimmten Tätigkeit ein und reagieren auf das, was mit ihnen gemacht wird. Im Spiel erhalten die Spielenden Informationen über die Beschaffenheit und die Eigenarten ihres Spielmittels; mit allen Sinnen vermittelt sich ihnen eine kleine Materialkunde. Aber das geschieht wie nebenbei, es ist nicht der Zweck des Spiels.

961232

„Der Mensch und die Dinge. *Ich berühre etwas und erfahre, wie warm es ist. Ich erfahre, wie rauh es ist oder wie glatt. Ob trocken oder feucht. Trocken vor Wärme oder vor Kälte. Pulsierend oder still. Ob es dem Druck meines Fingers nachgibt oder sich mit seiner Oberfläche wehrt. Wie es wirklich ist. Bevor ich es nicht berührt habe, weiss ich nichts.“*

Magdalena Abakanowicz, Quelle unbekannt

Um die Spielmittel näher zu beschreiben, kann man drei Kategorien unterscheiden. (Vgl. Renner S. 113 ff.)

Spielmaterial sind Stoffe wie Naturmaterialien ohne festgelegte Funktion.

Spielmaterial sind Materialien, die im Alltag meist vorhanden sind, aber nicht speziell für den Zweck des Spielens hergestellt wurden. Dies sind vor allem Naturmaterialien wie Erde, Pflanzen, Wasser, Ton, Sand, Steine, aber auch Papier, alte Zeitungen, Kartons, Farbe, Wolle, Stoffe usw.

Spielmaterial gibt nur seine Beschaffenheit und seine physikalischen Eigenschaften vor – die Freiheit, was und wie es benutzt wird, ist bei Spielmaterial am größten.

„Sand ist zum Spielen mehr als ‚praktisch‘: Er kommt der Körperlust entgegen, lässt die Materie auf der Haut spüren und lädt zum Greifen und Formen ein. (…) Angefeuchtet erlaubt der Sand nicht nur zu schmieren, sondern zu formen und zu bauen mit unscharfen und vergänglichen Konturen, die für die Fantasie alles offen lassen: Kuchenbacken, Waren anbieten, einen Brunnen bohren, einen Tunnel wölben, eine Murmelbahn glatt klopfen, auch ein Haus bauen, eine Mauer errichten – das alles steht den Sandspielern zur Verfügung.“

Flitner, Andreas. Spielen – Lernen, Praxis und Deutung des Kinderspiels, Piper, München, 1. Auflage, 1972, 10., überarbeitete Auflage, 1996, Setie 151

Sand- oder Wasserspiel ist für viele Kinder auch eine Möglichkeit, sich ein wenig zurückzuziehen und nur in das eigene Spiel zu versenken. Zunehmend versuchen Kindertageseinrichtungen deshalb auch innerhalb ihrer Räume ein Sand- oder Wasserzone einzurichten.

Spieldinge sind Dinge, die eine bestimmte Alltagsfunktion haben und für das Spiel verwandelt werden.

Spieldinge sind Dinge, die für eine bestimmte Alltagsfunktion hergestellt wurden, zum Beispiel Geschirr, Werkzeug, Einrichtungsgegenstände, und diese Funktion entweder immer noch innehaben oder sie inzwischen verloren haben wie zum Beispiel ausrangierte Kleider, Hüte, Schirme, aber auch Abfall. Diese Dinge sind aber nicht zum Zweck des Spielens hergestellt worden.

Mit diesen Spieldingen passieren große Verwandlungen, sie bekommen im Spiel der Kinder einen neuen, anderen Sinn. So kann es dem Inhalt der Besteckschublade so ergehen, dass er sich als Inventar des „Puppentheaters“ wiederfindet. Die Spagettizange wird in diesem Stück zum Kro kodil, der Teigschaber zum Polizisten und der Schneebesen zur Prinzessin.

Diese Umdeutung von Alltagsgegenständen zeigt die großartige Vorstellungskraft und Fantasie von Kindern. Sie ist gleichzeitig für deren Weiterentwicklung sehr wichtig. Gegenstände werden hier nicht nur nach ihrer Materialbeschaffenheit, sondern nach ihrem Wesen, ihrem „Charakter“ eingesetzt. Welche Rolle könnten zum Beispiel die Suppenkelle oder der Nussknacker übernehmen?

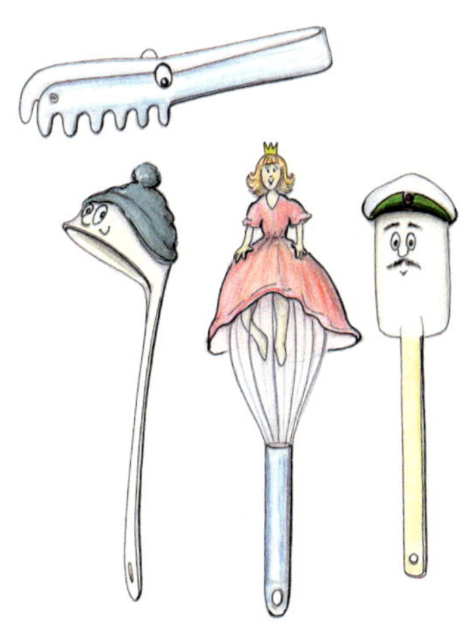

Spielzeug sind Dinge, die zum Zweck des Spiels hergestellt wurden.

Spielzeug sind all die Dinge, die ausdrücklich zum Zweck des Spiels produziert werden, zum Beispiel Bälle, Spielzeugautos, Puppen, Brettspiele, Bauklötze usw. Spielzeug ist auch Teil unserer Kultur. Im Spielzeug bilden sich aktuelle Lebensverhältnisse und der Stand der Technik ab. War die Kasse im Einkaufsladen lange ein Kasten mit Zahlentasten, mit deren Hilfe der Preis eingetippt wurde, so haben die modernen Spielkassen längst einen Scanner.

Die Beurteilung von Spielzeug ist bei dem großen Angebot eine schwierige Aufgabe für Eltern, aber auch für pädagogische Fachkräfte, wenn es um die Wahl von Spielzeug für ihre Einrichtung geht.

Eines muss klar sein: Spielzeugproduktion ist ein Wirtschaftszweig, dem es nicht vorrangig darum geht, Kindern etwas Gutes zu tun, sondern mit Produkten Geld zu verdienen. Die Spielzeugindustrie will möglichst viele Bedürfnisse bedienen, beziehungsweise diese Bedürfnisse überhaupt erst wecken, ob sie nun pädagogisch sinnvoll erscheinen oder nicht. Viele Spielzeuge sind zu einem Prestigeobjekt geworden – es ist wichtiger, sie zu besitzen, als mit ihnen spielen zu können. Unabhängig von der Frage, ob ein Spielzeug gut zum Spielen ist, sollte also die Frage gestellt werden, ob es gerade wirklich noch ein neues Spielzeug sein muss oder ob das Kinderzimmer oder der Gruppenraum nicht eh schon überfüllt sind (s. auch Bd. 1, LF 3, Kap. 2.1, Info 3 [illegible] Kindergarten).

Kriterien zur Beurteilung von Spielzeug

Es ist nicht möglich, einen allgemein und für alles Spielzeug gültigen Bewertungskatalog aufzustellen. Bei der Auswahl muss natürlich zunächst gefragt werden, für wen und welche Situation das Spielzeug gedacht ist. Dennoch helfen folgende Hinweise:

- Spielzeug sollte sicher und haltbar sein; gerade bei kleinen Kindern auf mögliche Verletzungs- oder Verschluckungsgefahr achten. Allerdings sollte man Kinder auch nicht unterschätzen.
- Kinder interessieren sich für das „Innenleben“: gut ist es, wenn man Spielzeug auseinander- und wieder zusammenbauen kann.
- Lieber von einer Sorte viele als von vielen Sorten wenig – das gilt besonders für Bau- und Konstruktionsspielzeug wie Bauklötze, Legosteine, Eisenbahnschienen usw.

961234

- Spielzeug soll dem Entwicklungsstand des Kindes entsprechen (Altersangaben der Hersteller sind hier nur begrenzt hilfreich, da die Kinder sich in ihrer Entwicklung daran oft nicht so genau halten), soll also genug Herausforderung enthalten, aber nicht zu kompliziert sein.
- Spielzeug soll möglichst verschiedene Handhabungen ermöglichen und verschiedene Sinne ansprechen.
- Spielzeug soll Kinder nicht nur kurzfristig anregen und Spielraum lassen für die Fantasie der Kinder.

Spielsachen selbst gemacht

INFO 3

Häufig entsteht der Bedarf an einem bestimmten Spielzeug aus dem Spiel heraus und um das Spiel weiterführen zu können, wird es jetzt gebraucht. In solchen Situationen können pädagogische Fachkräfte anregen die benötigten Spielzeuge selbst herzustellen, wenn Kinder es nicht schon von alleine tun. Der Straßenbau im Sandkasten ist abgeschlossen, sämtliche Spielzeugautos fahren schon herum, da fällt einem Kind auf, dass man nun eine Ampel braucht, ein Stoppschild, ... Mit den Kindern zusammen zu überlegen, aus welchem Material und wie man diese Schilder herstellen kann und es dann auch tun, fördert Fantasie und Eigeninitiative.

Während das Spielzeuggeschäft Kindern vermittelt, dass es alles zu kaufen gibt, was sie wollen, erfahren sie beim Selberbauen, dass sie es mithilfe ihres eigenen Einfallsreichtums, ihrer Spontaneität und ihrem handwerklichen Geschick selbst in der Hand haben.

SUCHEN, FINDEN, BEGREIFEN, GESTALTEN

In anderen Situationen beginnt das Spiel mit dem Finden von Dingen: sammeln, begreifen, fantasieren, zusammenstellen, gestalten – was könnte daraus werden?

FUNDSTÜCKE FÜR DIE SINNE

„Fundstücke für die Sinne“ – drei Beispiele

- **zum Fühlen:** Auf ein langes Brett werden verschiedene Materialien geklebt: Schmirgelpapier, Frottee, Samt, Plüsch, geknüllte Alufolie, ..., und dieses Brett an der Wand befestigt. Mit geschlossenen Augen gehen Kinder daran entlang, fühlen und ertasten, ...
- **zum Sehen:** Alte Schallplatten werden mit verschiedenen grafischen Mustern angemalt und so an einem Brett oder einer Wand befestigt, dass sie sich drehen lassen ...

- **für den Bewegungssinn:** Aus Stoffresten, alten Servietten, Zeitungspapier lassen sich leicht Wurfbälle herstellen: ein Stück Stoff mit zerknüllter Zeitung oder Servietten füllen, Ecken zusammenführen und mit Paketschnur fest zubinden; dann noch aus Krepppapier ca. 30–50 cm lange Bänder wie Drachenschwänze einbinden; wenn man die Paketschnur nicht zu kurz abschneidet, sondern etwa 20 cm lange Enden lässt, kann man daran den Ball wunderbar schleudern.

Das Erlebnis, dass unnütz gewordenes Material wiederverwendet werden kann, ist nebenbei ein wichtiger Beitrag zur Umwelterziehung.

INFO 4 Zur Ökologie des Spiels

WER ALLES EINFLUSS AUF DAS SPIELEN NIMMT …

In den letzten Jahren ist man in der Spielpädagogik dazu übergegangen, den Einfluss, den das soziale und gesellschaftliche Umfeld auf das Spielverhalten von Kindern hat, genauer zu betrachten. Viele Autoren sprechen dabei von der **„Ökologie des Spiels“** (vgl. Renner, S. 86, Flitner, S. 121). Mit diesem Begriff geht es um die Frage, wie *„die Umweltbedingungen das Spielen ermöglichen, verändern, infrage stellen und wieweit sie auch künftig noch die nötigen Voraussetzungen dafür bieten werden“* (Flitner, a. a. O., S. 121).

Dabei unterscheidet man unterschiedliche Ebenen bzw. Systeme der Umwelt: mit **Mikrosystem** wird der Kern, also das Spiel des Kindes mit Gegenständen oder Personen, gemeint, es betrifft so die gewählte Spielform und die Qualität des Spielverlaufs.

Ökologische Vernetzung des Spiels

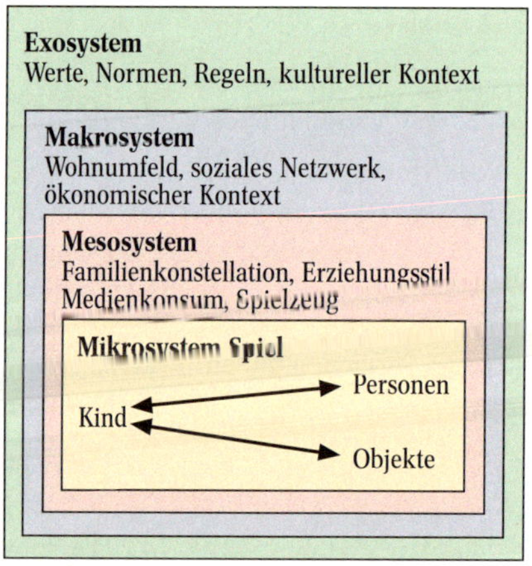

nach: Wolfgang Einsiedler, Das Spiel der Kinder, Klinkhardt, Bad Heilbrunn, 2. Aufl, 1994

Der nächste Umkreis, das **Mesosystem,** bezieht sich auf die Familiensituation, Erziehungsstil, Wohnung, Spielzeug usw. Hier ist für das Spielverhalten und die Entwicklung der Spielfähigkeit des Kindes das Verhalten der Eltern maßgeblich: beachten und anerkennen sie das Spiel? Bieten sie dem Kind die emotionale Sicherheit, die es braucht, um sich auf Neues einzulassen? Und welche Spielumwelt hat das Kind mit der Wohnung und mit den Dingen, die ihm zum Spielen zur Verfügung gestellt werden? Was darf es, was darf es nicht?

Deutlich wird dieser Aspekt zum Beispiel an Fragen zum Spielverhalten von Mädchen und Jungen und dem Verhalten der Eltern in dieser Hinsicht: Darf der Sohn mit der Kinderküche spielen, kochen, backen, vielleicht sich als Prinzessin verkleiden und vor dem Spiegel stehen und sich schminken? Oder versuchen Eltern, ihn davon abzubringen, deutlich oder nur sanft manipulativ? Wie ist das mit der Tochter: Sind die Eltern froh, wenn sie sich Barbiepuppen wünscht und sich hübsch anziehen möchte, oder versuchen sie sie schon früh „zu emanzipieren“ und schenken ihr reihenweise Matchboxautos oder überreden sie zum Cowboykostüm zum Fasching, obwohl sie lieber als Fee gegangen wäre? An diesen Fragen wird deutlich, dass das Thema nicht allein in der Familie abgehandelt wird. Hier kommen die Einflüsse der weiteren Systeme sehr deutlich zum Tragen.

Das **Makrosystem** bezieht sich auf das Wohnumfeld, die sozialen Verbindungen und die ökonomische Situation. Konkret: Nicht nur, wie groß ist die eigene Wohnung, sondern auch, wie dünn sind die Wände zu den Nachbarn? Nicht nur, wie viel Zeit wollen Eltern mit ihren Kindern im Spiel verbringen, sondern auch, wie viel Zeit können sie aufgrund ihrer eigenen Arbeitssituation mit ihnen verbringen? Und schließlich nicht nur, was *Eltern* denken, erzieht das Kind – Nachbarn, andere Eltern, der Kindergarten, andere Kinder – sie alle nehmen Einfluss auf das Spielverhalten. Bleiben wir bei dem Beispiel der geschlechtsspezifischen Spiele. Selbst, wenn die Eltern ihren Sohn in seinem Prinzessinnenspiel unterstützen oder gewähren lassen, wird er, je älter er ist, von anderen Kindern oder Erwachsenen wahrscheinlich sehr schnell damit aufgezogen *„Was, du hast ja 'n Kleid an! Äh, du bist ja 'n Mädchen! …"*

Hier machen sich gesellschaftlich-kulturelle Zusammenhänge, das **Exosystem,** bemerkbar. Dieses drückt sich aus in den kulturellen Formen und gängigen Werten und Normen. Was gerade gesellschaftlich angesagt ist, bildet sich in unserer Gesellschaft stark in den Medien ab, die Werbung macht klare Vorgaben.

Drückt man diese Ebenen in Personengruppen aus, kann man feststellen, dass Nachbarn und Politiker, Werbefachleute und Großeltern, Erzieher und Stadtplaner, Spielwarenhersteller, Arbeitgeber und Spielfreunde und viele, viele mehr das Spielverhalten von Kindern und Jugendlichen beeinflussen. Auch um diese generellen Einflüsse der gesellschaftlichen Umwelt müssen Spielleiterinnen wissen.

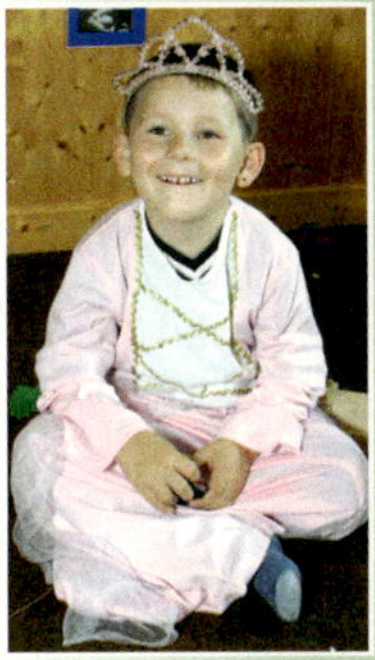

Fazit

Die Bedingungen, unter denen Kinder spielen, sind besonders bestimmt durch die Orte und die Dinge, die ihnen für ihr Spiel zur Verfügung stehen. Außerdem wirken die sozialen und gesellschaftlichen Umweltbedingungen auf das Spielverhalten von Kindern und Jugendlichen.

Spielplätze:

- In den Städten haben Kinder wenig Möglichkeiten zum unbeobachteten, freien Spiel.
- Die „klassischen" Spielplätze bieten mit ihren Spielgeräten wenig Bewegungsarten an, sind in der Benutzung relativ einseitig und regen kaum zu Kooperations- und Rollenspielen an.
- Spielplätze sind wichtige Treffpunkte für Kinder und Erwachsene.

Spielmittel:

Unter dem Oberbegriff „Spielmittel" fasst man drei Kategorien zusammen:

- Spielmaterial wie z. B. Naturmaterialien (Sand, Wasser, Holz usw.);
- Spieldinge, d. h. Dinge, die eine bestimmte Alltagsfunktion haben (wie Besteck, Werkzeug, Hüte usw.) und im Spiel verwandelt werden;
- Spielzeug, d. h. Dinge, die zum Zweck des Spielen hergestellt wurden (Puppen, Spielzeugautos, Brettspiele usw.).

Aufgaben und Anregungen

1 Untersuchen Sie einen Spielplatz in Ihrer Nähe: Welche Spielgeräte gibt es? Zu welchen Aktivitäten fordern diese auf? Wird der Spielplatz genutzt und von wem? Finden Sie für jedes der dort vorhandenen Spielgeräte mindestens zwei andere Arten, es zu benutzen, und bringen Sie diese jemandem (einer Freundin, einem Kind, Ihrer Studiengruppe) bei.

2 Suchen Sie in Ihrem Umfeld (z. B. in einem Radius von 500 m um Ihre Wohnung herum) nach Freiflächen, Nischen, Spielmöglichkeiten für Kinder außerhalb der Spielplätze. Fertigen Sie einen Mini-Spiel-Räume-Stadtplan an.

3 Jede von Ihnen soll drei verschiedene Spielzeuge mitbringen, ein „gutes", ein „schlechtes" und ein persönliches Lieblingsspielzeug.
Stellen Sie sich gegenseitig das mitgebrachte Spielzeug vor und begründen Sie Ihre Wahl; sammeln Sie dabei für die ganze Gruppe die Argumente für gutes bzw. schlechtes Spielzeug.

4 Beurteilen Sie das mitgebrachte Spielzeug (oder das Ihrer derzeitigen oder letzten Praktikumsstelle) nach folgenden Fragen:

- Wie viel Beziehung und Zusammenspiel ermöglicht es bzw. regt es an?
- Wie sehr regt es die Sinne an – riecht es, ist es hart, weich, wie unterschiedlich sind die Oberflächen?
- Wie natürlich ist das Material?

AUFGABEN ...
Fortsetzung

- Wie körpernah ist das Material, welche Bewegungen regt es an – kann man es an sich nehmen, halten, schwer tragen, ziehen, zerren, seine Kraft oder seine Zartheit erproben?
- Fordert es Auseinandersetzung durch Bearbeitung (Holz sägen, Ton formen, ...)?

Finden Sie weitere Fragen.

1.4 Umstrittenes Spielzeug – umstrittene Spiele

„Er hat sich die Pistole doch so sehr gewünscht. Seit Wochen liegt er mir in den Ohren ...“ Die Mutter ist sichtlich etwas beschämt und unsicher, als sie ihren dreijährigen Sohn am Morgen in den Kindergarten bringt. Der hingegen ist stolz bis über beide Ohren. Mit lautem *„Peng, peng, du bist tot!“* präsentiert er seine neue Errungenschaft, eine Spielzeugpistole mit *„echten“* Knallpatronen.

Da kommt auch schon seine Freundin Rebecca hereingestürzt und hält die neueste Babypuppenprinzessin in wallendem Rosa wie einen Pokal in die Höhe. *„Guckt mal, was meine Omi mir gestern geschenkt hat!“* Die Erzieherin seufzt einmal tief ...

FRAGEN

- ✔ *Ist Spielzeug nur Geschmackssache?*
- ✔ *Oder werden Werte und Einstellungen durch Spielzeug und Spiele vermittelt?*
- ✔ *Welche pädagogischen Positionen gibt es zum Beispiel zu Kriegsspielzeug, Computerspielen und Wettkampf- und Konkurrenzspielen?*

INFO 1

Kampf- und Kriegsspielzeug

Maschinenpistolen, Nahkampfmesser, Panzerspähwagen – alles als Spielzeug zu haben. Was tun, wenn Kinder ihr kleines Waffenarsenal mit in den Kindergarten bringen? Und: Wo fangen Kriegsspiele an? Was ist mit den Räuber- und Gendarmspielen, was mit Pfeil und Bogen, Holzschwert oder Tomahawk?

Eine Meinung ist: Das brauchen Kinder. Wie sollen sie sonst fertig werden mit dieser Welt voller Aggression, Gewalt und Krieg? Im Spiel spiegeln Kinder wider, was sie erleben. Und sie geben ihren eigenen Gefühlen Ausdruck. Dazu gehören auch Aggression und Feindseligkeit. Wenn wir verbieten, dass diese Gefühle im Spiel ausgelebt werden können, *„so würden sie bloß ins Innere, ins unsichtbare verbannt; wir nähmen den Kindern selbst und uns als ihren erwachsenen Partnern die Möglichkeit, mit diesen Aggressionen hilfreich und mäßigend umzugehen.“* (Flitner, Andreas, Spielen – Lernen, Praxis und Deutung des Kinderspiels, Piper, München 1972, 10. Aufl, 1996, S. 161)

961238

Aber: Brauchen Kinder für das Nach-außen-Bringen aggressiver Gefühle realistische, abbildungsgenaue Waffennachbildungen? Kinder ernennen Spielfiguren aller Art, auch Feuerwehrleute oder Polizisten, zu Soldaten. Sie nehmen Stöcke und „schießen" damit in der Gegend herum. Die kriegerische Ausstattung bekommt demgegenüber eine zusätzliche Bedeutung. Denn sie ist von Eltern oder anderen Erwachsenen geschenkt. Das erleben Kinder nicht nur als Duldung ihres Spiels, sondern als Anerkennung und Unterstützung. Das gilt auch für entsprechende Computer- oder Videospiele.

Solange es Waffen und Gewalt gibt, werden Kinder auch entsprechende Szenen spielen. Hilfreich ist hier weder Verbieten noch grenzenloses Erlauben, sondern Auseinandersetzung, sei es verbal oder durch Grenzen, die für Kinder und Erwachsene aushaltbar sind. Ob dabei das Kinderzimmer einer Waffenfabrik ähnelt oder phasenweise Spielzeugwaffen verwendet werden, macht einen wesentlichen Unterschied.

Im Spiel mit Spielzeugwaffen oder kriegerischen Spielfiguren, mit denen man sich identifizieren kann, erleben Kinder außerdem Macht. Sie können sich ganz anders durchsetzen und erleben, dass andere Respekt oder Angst vor ihnen haben. Gerade für Kinder, die sonst wenig Bestätigung erhalten, kann das Spiel mit Kampfspielzeug ein Weg zur Aufwertung ihres Selbstwertgefühls sein. Hier ist ein Mittel gegen Kriegsspielzeug, diesen Kindern besonders Anerkennung und Wertschätzung entgegenzubringen und Spielformen zu finden, in denen sie eine hervorgehobene Position haben dürfen wie Schiedsrichter, Vormacher, Bestimmer.

Interessante Alternativen zum Kriegsspielzeug entwickeln

Wer also Kindern das Spiel mit Kampfspielzeug nicht einfach nur verbieten, sondern interessante Alternativen anbieten will, muss sich zunächst einmal klar machen, was dieses Spielzeug für Kinder so attraktiv macht und durch welche Spiele und Spielsachen der gleiche Effekt erzielt werden kann.

Starke Motive für das Spielen mit Kriegsspielzeug sind u. a. das Erleben von Macht, Action, Abenteuer und Risiko. Es gibt viele Möglichkeiten, diese Erfahrungen auch in anderen Spielen zu ermöglichen.

„Statt mit einem Panzer kann man Abenteuer auch mit einem Range-Rover auf einer gefährlichen Urwaldexpedition erleben. Oder: Statt Menschen mit Kanonen zu vernichten (...) kann es auch sehr aufregend sein, mit einem Rettungshubschrauber Leute aus großer Gefahr zu befreien. (...) Statt mit Pistolen auf jemanden zu zielen, kann man auch mit Schaumstoffrohren herrlich fechten."

Baer, Ulrich, Spielpraxis, Kallmeyer-Verlag, Seelze-Velber 1995, S. 180 f.

Computerspiele

Info 2

Als „Computerspiele" oder „elektronische Spiele" werden sehr verschiedene Spiel- und Lernmittel bezeichnet, die man nach Technik, Inhalt und Spielqualität unterscheiden kann.

- Geschicklichkeitsspiele, z. B. Sportsimulationen, Autorennen, Flugsimulationen usw.;
- Schießspiele, vom so genannten „Ballerspiel" bis hin zu komplizierten Strategien der Kriegsführung;
- System-Simulationen, z. B. Konstruieren von Städten usw.;
- Adventure-Spiele, z. B. Fantasygeschichten, die mit vielen Entscheidungsmöglichkeiten durchgespielt werden;
- spielerische Musik-, Text- und Grafikprogramme, z. B. Karaoke usw.;
- Wissensspielsoftware, z. B. Quizspiele, interaktive Info- oder Edutainmentprogramme.

INFO 2
Fortsetzung

Computerspiele sind für Kinder und Jugendliche aus verschiedenen Gründen interessant. Sie sind spannend, weil – oder wenn – es ständig wechselnde Konstellationen gibt, auf die immer neu und schnell reagiert werden muss. Das vermittelt ein Gefühl von *„Action"*. Außerdem übt die Technik eine starke Anziehungskraft auf viele Kinder aus: Sie ist geheimnisvoll, nicht vollständig zu begreifen und dennoch hat man beim Spiel das Gefühl, *„Herr des Apparates"* zu sein – kann man doch mit so wenig Knopfdrücken so viel bewirken. Schließlich sind es Spielgeräte auf der Höhe unserer technischen Entwicklung. Kinder wollen Zugang zu diesem in unserer Gesellschaft so selbstverständlichen Medium. Das ist auch ein starkes Argument, mit dem in Kaufhäusern Computerspiele und -programme für Kinder angepriesen werden und weswegen Eltern sie ihren Kindern schenken.

BEWERTUNG VON COMPUTERSPIELEN

Die Bewertungen von Computerspielen aus pädagogischer Sicht fallen sehr unterschiedlich aus.
Es gibt empfehlenswerte Software, bei der visuelle Wahrnehmungsfähigkeit und feinmotorische Reaktionsfähigkeit sowie Gedächtnis-, Kombinations-, Denk- und Strategiefähigkeit gefördert werden. Allerdings haben viele dieser Spiele den Charakter einer Folge von Aufgabenlösungen, können also im Sinne der Spieldefinition (vgl. 1.1 Info 1) ebenso wenig als *„Spiel"* gelten wie etwa die Lösung von Rechenaufgaben oder von Kreuzworträtseln (vgl. Flitner, a. a. O., S. 186).

Wie für alles, was Kinder in ihrer Umgebung erleben und aufnehmen, so gilt natürlich auch für Computerspiele, dass durch ständiges Wiederholen Verhaltensweisen gelernt und Werte, Normen und Gewohnheiten vermittelt werden. Deswegen müssen Computerspiele nach ihren Inhalten, aber auch nach ihrer Ästhetik beurteilt werden. In vielen elektronischen Spielen geht es um Gewalt, einziger Inhalt und Logik der Spielabfolge ist die Simulation aggressiver Handlungen.

> *„Die Wirkung dieser Spiele besteht nicht unbedingt in einer Steigerung des Aggressionspotenzials beim Spieler, sondern in der Vermittlung und Gewöhnung an aggressive und destruktive Wertvorstellungen."*
>
> U. Baer, Spielpraxis, a. a. O., S. 129

Aber auch bei anderen Spielen ist nach den in ihnen enthaltenen Werten und Bewertungen zu fragen. Welche Bilder von Männern und Frauen, von Mädchen und Jungen liefern die Spiele? Welches Rollenverständnis liegt ihnen zugrunde? Welche Charaktereigenschaften haben die *„Helden"*? Taugen sie als Vorbilder oder verkörpern sie Klischees starker, muskelstrotzender und kämpferischer Superstars? Wie oder wer sind die *„Feindbilder"* in den Spielen? Welche Übertragungen in die Realität bieten sie an? Und schließlich ist – wie bei Spielzeug oder Kinderbüchern – auch nach dem Stil bzw. der Ästhetik der Bilder zu fragen. Welche Eindrücke, Fantasien und Darstellungen werden den Spielern hier vermittelt?

Da sich der Markt hier sehr schnell verändert, ist man auch bei der Bewertung von Computerspielen auf aktuelle Kommentare angewiesen. Hier gibt es Material u. a. vom Jugendamt der Stadt Köln und dem Berliner Senat (vgl. Tipps zum Weiterlesen).

Neben der Frage, ob und welche Computerspiele inhaltlich zu empfehlen sind, muss es darum gehen, was beim Computerspiel generell **nicht** erlebt wird. Denn auch, wenn nur „gute" Computerspiele gespielt werden, ist es ein Problem, dass mehr und mehr Kinder und Jugendliche unglaublich viel Zeit mit dem Computerspiel verbringen und kaum vom Bildschirm wegzubekommen sind. Sie machen die aufregenden Erfahrungen allein mit dem Gerät, aber nicht im sozialen Kontext mit anderen. Und der Computer ist ein Spielpartner ohne Gefühle: er lacht nicht, mogelt nicht, ärgert sich nicht, er ist nicht abgelenkt – höchstens mal kaputt.

961240

Im Spiel mit ihm kommen direkte Interaktionen, kooperatives, soziales Verhalten, sinnlich-haptisch vermittelte Erfahrungen, Umgang mit und Veränderung von Material, Körperlichkeit und Emotionalität immer zu kurz.

Die Aufgabe pädagogischer Fachkräfte zielt hier in zwei Richtungen: Zum einen geht es darum, die konstruktiven und kreativen Möglichkeiten des Mediums „Computer“ zu kennen und in die pädagogische Arbeit einzubringen (vgl. ausführlich Kap. 8 „Medienpädagogik“). Zum anderen gilt es, solche Aktivitäten anzubieten, die dramatischere, sinnliche Erfahrungen ermöglichen, als es das Computerspiel je könnte, und für eine Atmosphäre in der Gruppe zu sorgen, die das Miteinanderspielen zu einem so positiven Erlebnis macht, dass Kinder merken, dass ihnen die anderen beim Computerspielen fehlen.

Wettkampf und Konkurrenz im Spiel

Info 3

Kräfte messen, wetteifern, sich vergleichen – das gibt es in den Spielen von Menschen seit jeher. Der Wetteifer beim Spiel und die Liebe zum Siegen seien natürlich und ein allen Menschen innewohnendes Bedürfnis, ist ein Argument der Befürworter von Wett- und Konkurrenzspielen. Es gibt psychologische Untersuchungen, die darauf hinweisen, dass Wettspiele für die Entwicklung der Leistungsmotivation von Kindern wichtig seien. Nur eine realistische Selbsteinschätzung, die Einsicht in das *„besser“* oder *„schlechter“*, sei ausschlaggebend für die Entwicklung. Sie bestimme die „Motivation“ und führe damit zu vermehrter Anstrengung und zur Verbesserung der eigenen Leistung (vgl. Flitner, a. a. O., S. 177). Und schließlich wird häufig angeführt, man dürfe Kinder nicht mit Samthandschuhen anfassen, sie müssten auch der Realität ins Auge sehen und da gehöre Verlieren nun einmal dazu. *„Kinder müssen auch verlieren lernen“*, ist die getroffene Schlussfolgerung.

Die Frage, die sich aus spielpädagogischer Sicht aber stellt, ist, was bedeutet das Wettspiel für die Spielenden, was für die Sieger und was für die Verlierer.

Ich will siegen,

- weil ich von euch bewundert werden möchte.
- weil ich mich dann stark fühle.
- weil ihr mich sonst gering einschätzt.
- weil ich mich für vieles rächen muss.
- weil ich mich dadurch wieder wohler fühlen kann.
- weil der Sieger immer Recht erhält.
- um nicht verlieren zu müssen.

Wenn ich verliere,

- fühle ich mich erniedrigt.
- bin ich schwach.
- habe ich versagt.
- mögen mich die anderen nicht.
- empfinde ich von den anderen Schadenfreude.
- bin ich sauer; auf den Sieger – und auf mich.
- verliere ich mehr als nur das Spiel.
- verliere ich etwas von mir.

In den traditionellen Wettspielen führt der Vergleich zwischen den Spielern dazu, dass die Leistung des Gewinners nur deswegen besonders ist, weil jemand anderes schlechter ist – Leistung wird hier nur im sozialen Bezugsmaßstab gemessen.

Was „macht“ das Wettspiel mit den Siegern und was mit den Verlierern?

Wer also mit Kindern, Jugendlichen oder auch Erwachsenen Wettspiele spielt – und Gruppen wünschen sich häufig diese Spiele –, sollte die kritisch bemerkten Aspekte im Blick behalten und in der Spielplanung berücksichtigen:

- In Wettspielen möglichst verschiedene Anforderungen und Fähigkeiten berücksichtigen, sodass möglichst viele Spieler mal gewinnen.

Spiele ohne Sieger

- Nicht über einen langen Zeitraum Punkte sammeln, sondern immer nach kurzen Sequenzen Gewinner bekannt geben und dann für alle neu beginnen.
- Gruppierungen oft wechseln, damit nicht die ständige Gewinner- oder Verlierermannschaft entsteht.
- Wettkampfstimmung nicht durch große Preise o. Ä. anheizen.
- Rituale für den Umgang der Spielenden miteinander einführen, z. B. der Sieger verneigt sich und bedankt sich für das Spiel o. Ä.

Es gibt aber auch Alternativen zu Wettspielen: Spiele ohne Sieger. Hier stehen Interaktion und Kooperation der Spielenden im Vordergrund, aus ihnen entsteht die Dynamik des Spielverlaufs und der Spaß am Spiel. Es geht nicht ums Gewinnen, sondern ums Spielen. Wer Sorge hat, die kooperativen Spiele könnten zu langweilig sein, muss sie spannender machen. Denn die meisten Wettspiele lassen sich verändern; sie können eine gute Anregung sein aus ihnen ein konkurrenzfreies Spiel zu entwickeln.

Beispiel: Aus der „Reise nach Jerusalem" wird eine „rettende Insel".

„Reise nach Jerusalem"

Für „Die Reise nach Jerusalem" werden Stühle mit den Sitzflächen nach außen aufgestellt – einer weniger als Spieler mitspielen. Diese laufen zu Musik um die Stühle herum. Stoppt die Musik, versucht jeder sich auf einen Stuhl zu setzen. Der Spieler, dem das nicht gelingt, scheidet aus. Nun wird wieder ein Stuhl weggenommen und die nächste Runde mit Musik beginnt …, so lange, bis einer als Sieger übrig bleibt. Um bei diesem Spiel zu gewinnen, muss man reaktionsschnell sein, ein bisschen Glück haben und vielleicht ein wenig Entschlossenheit, einen anderen Spieler wegzudrängen.

„Die rettende Insel"

Für „Die rettende Insel" braucht man ebenfalls Stühle, auch hier zu Beginn einer weniger als Mitspieler. Die Spieler bewegen sich zur Musik durch den Raum und sollen sich, wenn die Musik ausgeht, auf die Stühle stellen. Die Aufgabe ist es, dass alle einen Platz auf der Insel bekommen. Auch hier wird nach jedem Musikstopp ein Stuhl weggenommen, das heißt, die rettende Insel wird kleiner. Wie lange schafft es die Gruppe, alle Mitspieler auf der Insel unterzubringen?

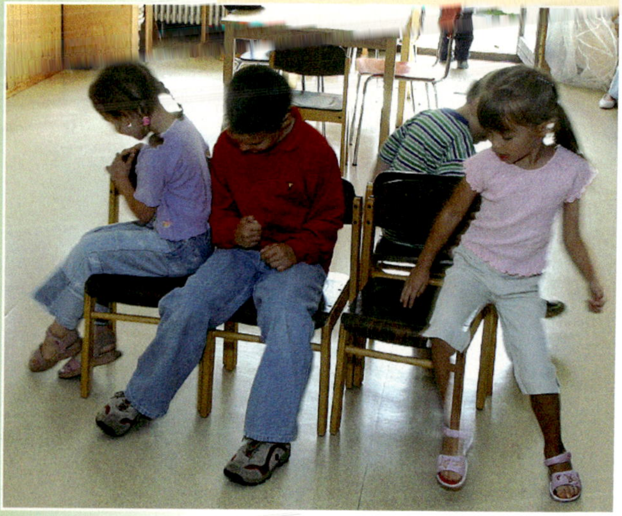

961242

Fazit

Alle Spielmittel und Spiele vermitteln Werte, Normen und Gewohnheiten und üben durch häufiges Wiederholen Verhaltensweisen ein. Pädagogische Fachkräfte müssen diese Wirkung von Spielen beobachten und analysieren können und daraus für ihre pädagogische Haltung Konsequenzen ziehen. Wenn Spielmittel oder Spielformen aus fachlichen, ethischen oder persönlichen Gründen abgelehnt werden, sollten attraktive Alternativen entwickelt werden.

Aufgaben und Anregungen

1 Wie sollte Ihrer Meinung nach

1.1 in einer Kindertageseinrichtung,
1.2 in einer Wohngruppe für Kinder und Jugendliche und
1.3 in einem Jugendzentrum

mit Kampf- und Kriegsspielzeug (auch als Computerspiel) umgegangen werden?

2 Stellen Sie sich – praktisch, nicht theoretisch – gegenseitig sehr verschiedene Computerspiele vor. Spielen Sie sie und finden Sie heraus, was Ihnen, ganz subjektiv, Spaß macht an einem Spiel. Versuchen Sie dann gemeinsam Kriterien für die Bewertung dieser Spiele zu entwickeln.

3 Erzählen Sie sich in Zweier- oder Dreiergruppen von Ihren Erfahrungen mit Wett- und Konkurrenzspielen. Welche Gefühle haben Sie in solchen Spielen erlebt?

4 Spielen Sie in Ihrer Lerngruppe drei klassische Wettkampfspiele und versuchen Sie dann diese in ein Spiel ohne Sieger zu verwandeln – spielen Sie auch diese Variante und verändern Sie die Regeln so lange, bis es Ihnen wirklich Spaß macht.

1.5 Spiel für die pädagogische Arbeit nutzen

Einstiegssituation

Oliver wirkt genervt. Oder still. Jedenfalls anders als sonst. *„Hey, was ist denn los?“* will Susanne in der Pause wissen. *„Ach nichts. Ich soll bloß morgen im Kindergarten mit den Kindern spielen.“* Susanne bricht in schallendes Gelächter aus, sodass sich jetzt auch alle anderen umdrehen und wissen wollen, was los ist. *„Er soll morgen mit den Kindern spielen“*, gibt Susanne lachend bekannt und kann sich kaum wieder beruhigen. *„Hey Oliver, das ist der Beruf, den du dir ausgesucht hast.“*

„Jetzt hör doch mal auf! Natürlich nicht einfach so spielen. Ich soll 'ne halbe bis Dreiviertelstunde mit 12 Kindern Spiele machen. Am besten noch zu einem Thema!“ *„Ach komm, Oliver, das machst du doch ganz spontan,“* wirft Renate ein, und man merkt, dass sie Oliver um diese Spontaneität beneidet. *„Na eben nicht spontan.“* Olivers Laune wird nicht gerade besser. *„Ich soll mir was überlegen und dann soll ich es morgen früh mit meiner Anleiterin besprechen, und morgen Nachmittag ist sie dabei, wenn ichs mit den Kindern durchführe.“*

FRAGEN

- ✔ *Wie kann Spiel in der pädagogischen Arbeit eingesetzt werden?*
- ✔ *Welche Spiele gibt es für welche Zielgruppe?*
- ✔ *Was muss man bei der Planung einer Spieleinheit beachten?*
- ✔ *Und wie leitet man Spiele so an, dass dann auch alle Lust haben mitzumachen?*

INFO 1 Was bedeutet eigentlich „Spielpädagogik“?

In allen pädagogischen Arbeitsfeldern ist „Spiel“ sowieso da, es ist ein Phänomen, das sich nicht ausklammern lässt.

„Ganz gleich, ob sich Pädagogen oder Psychologen theoretisch mit dem Spiel auseinander setzten oder nicht, ganz gleich auch, ob sich Lehrer oder Erzieher seiner bedienen und aus welchen Gründen sie dies tun, das Spiel ist immer bereits Bestandteil des tatsächlichen Geschehens, bestimmt die erzieherischen Zustände, Eigenschaften und Prozesse mit.“

Karl Josef Kreuzer, in: Fritz, Jürgen. Theorie und Pädagogik des Spiels, Juventa, Weinheim, München, 1. Auflage, 1991, 2,. korrigierte Auflage 1993, Seite 93

Die Frage ist also nicht, *ob* Spiel in der pädagogischen Arbeit eingesetzt wird, sondern *wie* es beobachtet, bewertet und wie seine vielen Möglichkeiten genutzt werden.

SPIELFÄHIGKEIT IST NICHT SELBSTVERSTÄNDLICH.

Einerseits ist Spiel ein Phänomen, das es zu allen Zeiten gegeben hat und zumindest im Alltag von Kindern eine selbstverständliche Tätigkeit zu sein scheint. Andererseits sind die Bedingungen des Spiels, was Räume zum Spielen, Zeit zum Spielen und Erfahrungen mit Spielen angeht, nicht immer förderlich. Es gibt Kinder, die schlechter ins Spiel finden als andere, es gibt Kinder, die kaum bei einem Spiel bleiben können; es gibt Kinder, die nicht in ein Spiel mit anderen integriert werden können. Die Spielfähigkeit ist nicht selbstverständlich. Sie kann behindert, abgewöhnt, klein gehalten und unterdrückt werden.

Dann wird es gerade zur spielpädagogischen Aufgabe, das Spiel in seinem Wesen zu schützen, Kindern, aber auch Jugendlichen und Erwachsenen Raum und Gelegenheit für ihr Spielen zu schaffen und das Spielen in seiner großen Bedeutung für die Entwicklung von Kindern, aber auch in seinen Erlebnismöglichkeiten für Jugendliche und Erwachsene ernst zu nehmen. Spielpädagogik will

1. die Spielfähigkeit erhalten, wecken und stärken,
2. Spiel durch Schaffung entsprechender Bedingungen ermöglichen und
3. durch Spiel vielfältige positive Erfahrungen initiieren.

Spielpädagogik will Spielfähigkeit fördern, Spielräume schaffen und durch Spiel positive Erfahrungen ermöglichen.

Um das gut leisten zu können, beschäftigt sich die Spielpädagogik mit

- den Rahmenbedingungen von Spiel, mit Spielräumen, Spielmitteln …
- den Bedeutungsmöglichkeiten und Funktionen, die Spiel in der Entwicklung von Kindern hat.
- den Wirkungen des Spiels, sei es die Vermittlung von gesellschaftlichen Werten wie auch gruppendynamische oder emotionale Effekte bei Einzelnen.
- den Möglichkeiten, Spielfähigkeit und Spielfreude zu fördern.
- den Anforderungen, die dadurch an Spielleiterinnen gestellt sind.

Vor diesem Wissenshintergrund müssen Spielleiterinnen

- wissen, welche Spiele es gibt und welche Wirkungen sie haben;
- wissen, wie man eine Spieleinheit sinnvoll aufbaut;

- gruppendynamische Prozesse erkennen, aufgreifen und beeinflussen können;
- Spiele anleiten, motivieren und begeistern können;
- die eigene Anleitungstätigkeit und den Verlauf von Spieleinheiten reflektieren;
- Beobachtungskriterien für Kinder in Spielsituationen entwerfen und anwenden.

Für Freispielsituationen in der Arbeit mit Vorschulkindern ist es die Aufgabe der pädagogischen Fachkräfte, *„Situationsgestalterinnen"* (U. Heimlich) zu sein:

- Den Raum – drinnen wie draußen – so zu gestalten und bereitzuhalten, dass Spielen hier nicht nur möglich ist, sondern dass er zum Spielen auffordert;
- Material anzubieten, das Kinder zum Tun einlädt und verschiedene Tätigkeiten ermöglicht (Basteln, Werken, Bewegen, Ruhe, darstellende Spiele, Bauen und Konstruieren, ...);
- Zeiten zu gewährleisten, in denen Spiele sich entwickeln können und nicht durch anderes unterbrochen werden;
- Kontaktaufnahme zwischen Kindern zu unterstützen, um Kindern den Weg ins gemeinsame Spiel zu bahnen; das kann zum Beispiel durch eigenes zeitweises Mitspielen geschehen, durch die räumlich dichte Platzierung von Kindern beieinander, sodass sie sich zunächst einfach nur wahrnehmen können, ohne aufeinander bezogen zu spielen; Funktionsbereiche wie Bauteppich, Kaufmannsladen usw. fördern ebenfalls die Kleingruppenbildung, da sich hier schon einmal die Kinder mit dem gleichen Interesse zusammenfinden;
- das Spiel der Kinder zu beobachten – und dabei die Themen der Kinder, Vorlieben, aber auch Konflikte wahrzunehmen und für die Kinder ansprechbar zu sein; diese Anteil nehmende Präsenz von Erzieherinnen gibt den Kindern in ihrem Spiel Sicherheit;
- unbeobachtetes Spiel zu ermöglichen – den Kindern Räume und Zeiten zuzugestehen, in denen sie ganz ohne den pädagogischen Blick für sich und mit sich spielen können;
- mitzuspielen – das fördert die Beziehung zwischen Kindern und Erzieherinnen, verstärkt soziales Miteinanderspielen der Kinder und lässt Kinder erleben, dass Spiel eben nicht nur „Kinderkram" ist, sondern auch Erwachsene mit Lust und Begeisterung, mit Ehrgeiz und Initiative dabei sind.
  (ausführlich dazu Bd. 1, LF 3, Kap. 5)

Im Freispiel „Situationsgestalter" sein

Welche Spiele gibt es?

Info 2

Bewegungsspiele, Kennenlernspiele, Gesellschaftsspiele, Machtspiele, Puppenspiele, Liebesspiele, Vor- und Nachspiele, ...?! Bei der Fülle von Spielen und Spielarten ist es nötig, aber nicht leicht, eine gute Ordnung von Spielen zu entwickeln.

In Spielebüchern oder -sammlungen sind dazu verschiedene Versuche gemacht worden. Dort geschieht die Einteilung von Spielen

1. nach dem Entwicklungsstand der Kinder (Funktionsspiele, Konstruktionsspiele, Fiktionsspiele ...) vgl. Kap. 1.2, Info 3.
2. nach sozialer Funktion: Kennenlernspiele, Vertrauensspiele, Kooperationsspiele, Wettspiele, ...

3. nach Zielgruppen: Spiele für Vorschulkinder, Schulkinder, Jugendliche, altersgemischte Gruppen, Menschen mit und ohne Behinderung, …
4. nach Aktivität: Entspannungsspiele, Wahrnehmungsspiele, Tobespicle, Ratespiele, …
5. nach Themen: Zirkusspiele, Friedensspiele, Naturspiele, …
6. nach Ort und Zeit: Spiele für drinnen, für draußen, für Ferienfreizeiten, fürs Krankenbett, …
7. nach Gruppenorganisation: Einzelspiele, Paarspiele, Kreisspiele, Mannschaftsspiele, Großgruppenspiele, …
8. nach Spielcharakter: lebhaft, ruhig, lustig, ernst, spannend, …
9. nach Spielform: Bewegungsspiele, Brettspiele, Planspiele, Theaterspiele, …

Egal, welche Ordnung man sich dabei näher ansieht: es wird immer Überschneidungen und unklare Zuordnungen geben. In den meisten Spielebüchern oder Spielkarteien ist jedes Spiel mit Hinweisen zu mehreren dieser Überbegriffe versehen. Hinzu kommt die Frage des Titels. Dasselbe Spiel läßt sich unter verschiedenen Titeln in unterschiedlichen Spielebüchern finden. Jede sollte hier für ein Spiel eigene Eselsbrücken in der Namensgebung finden.

Auch für das Anlegen einer eigenen Spielkartei empfiehlt sich eine mehrdimensionale Zuordnung. Hilfreich kann dafür auch eine eigene Bewertung des Spiels sein, wie sie zum Beispiel mit dem „Spieltest" nach Ulrich Baer vorgenommen werden kann.

Spieltest			**Das Spiel heißt:**	**und ist von:**
Bei diesem Spiel kommt es				
hauptsächlich	auch	nicht	darauf an, dass einer oder eine Partei **gewinnt.**	
hauptsächlich	auch	nicht	darauf an, dass man sich **gegenseitig unterstützt.**	
hauptsächlich	auch	nicht	darauf an, dass man **Glück** hat.	
hauptsächlich	auch	nicht	darauf an, dass man **bestimmte Fähigkeiten** (z. B. Geschicklichkeit) besitzt.	
Dieses Spiel verlangt				
viel	auch	kein(e)	Konzentration, Gedächtnis	
viel	auch	keine	Geduld, Ausdauer	
viel	auch	keine	körperliche Geschicklichkeit	
viel	auch	keine	sprachliche Ausdrucksfähigkeiten	
viel	auch	kein	Wissen über bestimmte Sachgebiete	
viel	auch	kein(e)	taktisches Geschick, Übersicht, Kombinationsfähigkeit	
viel	auch	kein	spontanes, ungewöhnliches Verhalten	
viel	auch	kein(e)	Rücksichtnahme auf andere, Bereitschaft zur Zusammenarbeit	
viel	auch	kein	Nachdenken, über Dinge, die einen selbst betreffen	
Dieses Spiel hat mir	viel	teilweise	wenig	Spaß gemacht
Dieses Spiel würde ich	gerne	unter Umständen	nicht	häufiger spielen
Dieses Spiel ist	für Kinder ab __ Jahren	für Jugendliche und Erwachsene	für die ganze Familie	geeignet
An diesem Spiel ist mir besonders aufgefallen:				
Ich gebe dem Spiel die Gesamtnote:	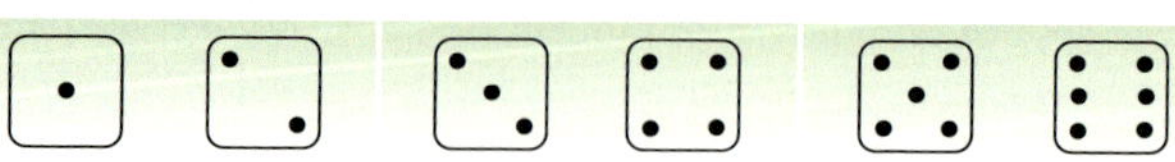			

Baer, Ulrich, Wörterbuch der Spielpädagogik, Lenoz, Basel 1981, 1. Auflage, S. 20

Spielregeln als Rahmen für angeleitete Spieleinheiten

INFO 3

Damit Spiele gelingen und die Spielenden an ihrem Spiel Spaß haben können, müssen Spielleiterinnen einen Rahmen schaffen; das sind einerseits die äußeren Bedingungen, wie Bereitstellen von Raum, Zeit, Material usw., andererseits der „innere Rahmen", also die Atmosphäre, in der Spiel erst möglich wird. Dieser „innere Rahmen" wird durch spielübergreifende Spielregeln gewährleistet, also die Grundsätze, die insgesamt für das Miteinanderspielen gelten sollen. Diese Regeln geben den Spielenden Sicherheit und nehmen oder vermindern die Angst vor neuen Erfahrungen bzw. stärken die Lust auf neue Erfahrungen.

- **Spiel ist freiwillig. Wer nicht spielen mag, muss nicht.** Bei Vorschulkindern ist es generell sinnvoll, nicht viele Regeln anzukündigen, sondern sie im Tun deutlich zu machen. So kann es, um die Freiwilligkeit deutlich zu machen, immer eine Ruhezone geben, eine „Pausendecke", wohin sich ein Kind, das gerade nicht mitspielen mag, zurückziehen kann. Weil die Pausendecke als eine Möglichkeit miteingeführt wird, gehört sie quasi noch zum Spiel, sodass dieses Kind auch nicht ganz draußen ist. So bleibt die Möglichkeit, wiedereinzusteigen, erhalten.

- **Niemand soll im Spiel verletzt werden.** Das gilt sowohl für körperliche Verletzungen (Hauen, Schubsen, Kratzen, Beißen usw. sind verboten.), aber auch für emotionale Grenzüberschreitungen (Auslachen, Hänseln, ...). Das bedeutet für die Auswahl der Spiele, dass es keine Spiele geben kann, bei denen sich die Gruppe auf Kosten eines Einzelnen amüsiert, wie das bei vielen so genannten Partyspielen (Blamierspielen) der Fall ist.

- **Spiel braucht Risikobereitschaft und die Lust, sich einzulassen.** Dies ist eine Regel eher für Jugendliche und Erwachsene, die häufig größere Spielhemmungen haben als Kinder. Ihnen ist bewusst, dass sie im Spiel ganz andere Seiten von sich preisgeben, als die anderen vielleicht kennen und erwarten. Sie ahnen, dass sich im Spiel wichtige Aspekte des menschlichen Zusammenlebens zeigen: Konkurrenz, Macht, Anerkennung und Selbstbestätigung, Leistungsdenken, Niederlage und Erfolge, Ängste und Stärken, ... Die Aufgabe der Spielleitung ist es deshalb, einen geschützten Rahmen für das Spiel zu gewährleisten. Jeder Einzelne muss aber seinen Teil beitragen. Manchmal hilft es, Teilnehmenden das auch zu sagen, ihnen also sowohl den Aspekt der Freiwilligkeit zuzugestehen, aber gleichzeitig an ihren Mut und eine Verantwortung der Gruppenaktivität gegenüber zu apellieren.

- **Jeder kann jederzeit „STOPP" sagen.** Es kann sein, dass sich ein Spieler verletzt hat und deswegen nicht weiterspielen kann; es kann sein, dass sich jemand unwohl fühlt in einer Spielsituation. Egal aus welchem Grund: Damit das Spiel für alle Spiel bleibt, muss auch jederzeit für alle Spielenden möglich sein, es zu unterbrechen.

Jeder Spieler darf eigene Grenzen setzen und muss die Grenzen anderer wahren.

Es geht bei dieser Regel darum, die eigenen Grenzen wahrzunehmen und sich schützen zu dürfen. Dies kann als Regel angesagt werden. Besser ist jedoch, es auch durch Spiele ganz praktisch erlebbar zu machen. Dazu ein praktischer Vorschlag:

Beispiel: Im Spiel STOPP sagen lernen.

„STOPP vom Stuhl“

Dieses Spiel wird ähnlich gespielt wie Stopp-Tanz: In der Mitte des Raumes steht ein Stuhl. Alle Spielenden bewegen sich zu einer lebhaften Musik durch den Raum, bis ein Spieler auf den Stuhl steigt und laut „Stopp“ ruft. Dann frieren alle sofort in der Bewegung ein. Der Stoppsager kann sich die eingefrorenen Spieler von seinem Stuhl aus ansehen, bis er das Signal „weiter“ ruft und den Stuhl wieder verlässt. Die Bewegung im Raum geht weiter.

Gerade das laute Stopprufen ist für Kinder wie auch für Jugendliche eine wichtige Erfahrung. Die eigene Stimme einsetzen, selber hören und ihre Macht erleben, kann auch in anderen Situationen des Alltags wichtig sein.

Variationen: Man kann das Stoppsagen vom Stuhl verstärken oder ersetzen durch ein optisches Signal wie ein Tuch schwenken oder ein rotes bzw. grünes Ampelzeichen hochhalten. Das ganze Spiel bekommt einen thematischen Rahmen, z. B. alle sind Autos und eine Verkehrspolizistin, alle sind Zirkustiere und einer ist der Dompteur usw.

Beobachtungen:

- Wer steigt gerne und vielleicht auch mehrfach auf den Stuhl, wer gar nicht? Es kann Sinn machen, ganz schüchterne Kinder zu unterstützen, indem sie mit einem anderen Kind oder auch der Spielleiterin selber auf den Stuhl steigen und gemeinsam rufen. Gut ist es, wenn alle Kinder einmal die Erfahrung gemacht haben, dass sie das Stoppsignal geben und dass die Gruppe darauf reagiert.
- Wie reagiert die Gruppe auf das STOPP? Halten alle sofort inne oder verzögert sich das „Einfrieren“? Wird auf manche Kinder besser gehört als auf andere? Hier muss der Spielleiter sehr genau darauf achten, dass beim Stoppsignal wirklich alle stehen bleiben und niemand das Spiel mit der Erfahrung verlässt *„Ach, hab ichs ja gewusst, auf mich hört eh keiner!“*

Info 4 Planung von Spieleinheiten für verschiedene Zielgruppen

Die wichtigste Frage bei der Planung ist: *„Für wen plane ich ein Spiel oder eine Spieleinheit?“*.

Das ist die Frage nach den Einzelnen – Alter, Geschlecht, vielleicht auch Herkunft, Interessen, Vorlieben und Abneigungen, Spielerfahrungen – und der Gruppe als ganzer – Gruppengröße, Ziel und Dauer der Gruppe, welche Spielerfahrungen hat die Gruppe miteinander, welche Stimmung herrscht gerade? Hinzu kommt außerdem der Blick auf die Rahmenbedingungen der Gruppe, also in welchem institutionellen Zusammenhang (Kindergarten, Sportverein, kirchliche Kinder- und Jugendarbeit, …) findet die Gruppe statt, wie ist sie finanziell ausgestattet usw.

961248

Für die konkrete Planung für eine bestimmte Zielgruppe lassen sich weitere Vorüberlegungen machen. Schon jede Altersgruppe bringt verschiedene Ausgangsbedingungen für das Spielen in der Gruppe mit.

Spielplanung für eine Kindergruppe

Kinder haben häufig einen großen Bewegungsdrang. Auf ruhige Spiele können sich kleinere Kinder nur für einen relativ kurzen Zeitraum einlassen. Es ist gut, diese entweder im Wechsel mit sehr bewegten Spielen oder als Abschluss nach einer intensiven Tobephase einzubauen. Spielregeln müssen gerade für jüngere Kinder in kurzen, einfachen Sätzen erklärt werden und durch sichtbares Tun, zum Beispiel Vormachen, visualisiert werden. Kinder lieben Wiederholungen – für sie müssen es nicht immer neue Spiele sein. Sollen verschiedene Spiele nacheinander gespielt werden, ist es gut, diese in eine Spielgeschichte einzubauen; das schafft einen Rahmen, der das Ganze zusammenhält und für Spannung sorgt.

Spielen mit Jugendlichen

Viele **Jugendliche** empfinden Spiel als *„Kinderkram"*. Häufig haben sie auch schon schlechte Erfahrungen mit Spiel gemacht. Es gibt immer noch viele Spiele in Gruppen, deren Struktur so ist, dass dabei *„einer der Dumme ist"*; das finden für den Moment vielleicht alle – bis auf einen – komisch. Es bleibt aber für alle bei dem Grundgefühl, dass man im Spiel nicht davor sicher sein kann, sich zu blamieren oder schlecht dazustehen. Für Spielleiterinnen heißt das, dass solche Spiele auf alle Fälle tabu sein sollten und dass sie dieser Erfahrung etwas entgegensetzen müssen. Es muss für alle deutlich sein: das passiert mir hier nicht!

Aber auch, wenn es in Spielen um sehr spezielle Fähigkeiten geht, kann das für manche eine sie unter Druck setzende Erfahrung gewesen sein. Bei einem Quizabend in einer Gruppe, in der sowohl Gymnasiasten als auch Hauptschüler teilnehmen und dieses bei der Auswahl der Fragen nicht berücksichtigt wurde, kann von vornherein eine Gruppe unterlegen sein, und – im wahrsten Sinne des Wortes – die Erfahrung machen: *„Wir sind hier die Dummen."*

Bei Jugendlichen kommt es besonders darauf an, für das Spielen zu werben, sie dafür zu gewinnen. Das ist einmal eine Frage der persönlichen Beziehung zum Spielleiter, eine Frage an dessen eigene Spiellust und Begeisterungsfähigkeit, aber auch an die Auswahl der Spiele.

Damit Spiel nicht Kinderkram ist, müssen Spiele für Jugendliche eine Herausforderung beinhalten, die aber nicht so hoch sein bzw. wirken darf, dass sie Angst haben sich dabei zu blamieren oder als Versager dazustehen. Gerade viele Kooperationsspiele eignen sich sehr gut, weil die Herausforderung an das Team geht, nicht an Einzelne. Die Erfinder der so genannten *„New Games"* haben die Betonung auf Kooperation statt Wettbewerb und Einzelsieg gelegt und dabei viele Spiele entwickelt, die für große Gruppen geeignet sind und eine hohen Erlebniswert haben.

Oft ist es für Jugendliche auch hilfreich, den Sinn eines Spiels zu verstehen (ohne dabei alles vorwegzunehmen, was sie ja im Spiel erst erleben sollen); wenn eine Spielleiterin z. B. mit Jugendlichen Theater spielen will, ist es für sie wichtig, den Sinn des Warm-ups zu verstehen, um sich überhaupt darauf einlassen zu können (vgl. Kap. 7.4).

Erwachsene und Spiel

Viele **Erwachsene** haben besonders große Hemmungen, zu spielen. Wenn schon, dann sind es häufig Spiele mit sehr klaren Regeln und Strukturen wie Skat, Doppelkopf, Schach, Monopoly, Volleyball usw. Die Regeln schaffen hier den Rahmen, innerhalb dessen man sicher sein kann, richtig, also angemessen zu handeln, sie ermöglichen es den Erwachsenen, sich auf Spiel überhaupt einzulassen und es zu genießen. Freiere Spiele werden schnell als kindisch und albern abgelehnt.

„Die Fähigkeiten,

- *sich seinen Ideen und Gefühlen zu überlassen,*
- *nicht alles durch den Kopf zu „filtern",*
- *spontan und fantasievoll zu handeln,*
- *nicht immer ängstlich auf die anderen zu schielen,*

sind bei Erwachsenen in unserer ‚Kopfkultur' sehr verschüttet und können nur mühevoll freigelegt werden."

Bundesjugendwerk der Arbeiterwohlfahrt (Hrsg.), Praxismappe: Spiele für Kinder, Jugendliche und Erwachsene, Bonn 1982, überarbeitete (3.) Auflage, 1990, S. 17

Diese Ängste und Unsicherheiten müssen ernst genommen werden und für Erwachsene wie für Jugendliche ist die Herstellung eines angstfreien Klimas besonders wichtig.
Folgende Bedingungen können zu einem solchen spielfördernden Klima beitragen:

- Es gibt keine Zuschauer, da ein solches Sich-beobachtet-Fühlen zusätzlich verunsichert.
- Die Gruppe ist beim Spielen ungestört – ein Rein- und Rausrennen anderer in den Raum verhindert es für viele, sich wirklich einlassen zu können.
- Eine freundliche Atmosphäre des Raumes und evtl. Musik unterstützen die Spielfreude – ein Raum, in dem die Tische nur mal eben an die Seite geschoben werden und alles Mögliche herumsteht, lenkt ab und gibt dem Spiel keine Wertschätzung.
- Die Spielleiterin spielt möglichst oft mit – sie ist das beste Beispiel dafür, dass Spielen nicht nur Kindern Spaß macht!

Info 5 Aufbau von Spieleinheiten

Beim Theater spricht man von der Dramaturgie eines Stückes – dem speziellen Aufbau der Geschichte, bei dem in – im klassischen Drama – 5 Akten verschiedene Themen/Situationen berücksichtigt werden müssen, um die Zuschauer in das Geschehen einzuführen und sie für die Geschichte zu interessieren, Spannung zu erzeugen und zum Schluss den Konflikt zu lösen. Auch bei der Planung von Spieleinheiten sind verschiedene Phasen zu berücksichtigen. Was brauchen Menschen, um sich auf ein Spiel in der Gruppe einlassen zu können? Was brauchen sie, um dabeizubleiben? Und was, um mit einem guten Gefühl das Spiel abschließen und sich verabschieden zu können? Was können Spielleiterinnen tun, um die speziellen Phasen eines Gruppenverlaufs (vgl. Bd. 1, LF 2, Kap. 2.4 Info 2) konstruktiv nutzen und unterstützen zu können?

---

1. Phase: Ankommen, Auflockern, „ins Boot holen"

Redewendungen wie *„Aller Anfang ist schwer"* oder *„Wenn der Anfang erst einmal gemacht ist …"* weisen auf die besondere Bedeutung der Anfangssituation hin. Ausgangspunkt sind die Menschen, die hier zum Spielen versammelt sind. Sie kommen von unterschiedlichen Orten und unterschiedlichen alltäglichen Situationen, sie haben Verschiedenes erlebt, bevor sie hier angekommen sind, und das beeinflusst ihre Stimmung. Und sie haben unterschiedliche Gefühle und Erwartungen bezüglich der Situation, die sie hier nun erwartet.

In der ersten Phase geht es deshalb darum, ein gutes Ankommen in der Situation zu ermöglichen und die etwas angespannte Stimmung aufzulockern. Dazu gehören Spiele, die zur Orientierung im Raum und in der Gruppe beitragen und Kontakte einzelner untereinander herstellen. Außerdem geht es hier um die Motivation zum Spielen überhaupt. Ist der An-

LF 4

fang spannend, verlockend genug, dass die Teilnehmer Lust haben, mitzumachen? Und wie kann ein Anfang so gestaltet werden, dass genau das gelingt?

Eine Möglichkeit ist, der gesamten Spieleinheit einen Rahmen zu geben, sie in eine Spielgeschichte einzubauen. Das hilft außerdem für den ganzen Verlauf, dass man nicht einzelne Spiele einfach hintereinander hängt, sondern sie in einen gemeinsamen Sinnzusammenhang einbaut (vgl. 6.6).

2. Phase: Sicherheit aufbauen

In dieser Phase geht es nun darum, die gelockerte Atmosphäre so auszubauen, dass die einzelnen Teilnehmer sich in der ganzen Gruppe wohl und gesehen fühlen. Für manche Gruppen ist es wichtig, Informationen über die anderen Teilnehmer zu bekommen, Gemeinsamkeiten zu entdecken.

Dazu eignen sich besonders Spiele im Kreis. Das Kennzeichen des Kreises ist, dass jeder jeden sehen kann. Deswegen sollten Spielleiterinnen darauf achten, dass ein Kreis wirklich ein Kreis und kein Ei ist, dass niemand herausgerückt oder gar in der zweiten Reihe ist.

Über den Kreis

„Für Versammlungen und Zusammenkünfte saßen wir immer im Kreis. Im Kreis können wir uns alle ansehen. Wir können die anderen Menschen verstehen. (...) Der einzige Weg des Verstehens aber ist, wenn wir dem anderen Menschen ins Gesicht blicken können."

Der Indianer Philip Deere in einem Vortrag 1978 in Zürich

Der Kreis ist eine geschlossene, vollkommene Form und schafft deswegen ein starkes Empfinden von Gemeinschaft. Er erlaubt keine Unterschiede zwischen den Einzelnen, niemand ist hier vor den anderen bevorzugt. Die gegenseitige Wahrnehmung ist im Kreis besonders groß – sehen und gesehen werden gilt für alle gleichermaßen. Das kann Menschen aber auch stark verunsichern, sie würden sich gerne ein wenig verstecken. Deswegen muss die Spielleiterin dafür sorgen, dass dieser Kreis für alle dennoch ein sicherer Raum ist und niemand zu stark unter Druck gerät. Die Situation im Kreis kann auch dafür genutzt werden, Spielregeln oder Rahmenbedingungen des Spiels für alle anzusagen. Die verunsichernde Wirkung des Kreises soll möglichst wenig, die Gemeinschaft stärkende Möglichkeit des Kreises möglichst viel Bedeutung bekommen. Dies kann die Spielleiterin durch die Auswahl der Kreisspiele beeinflussen.

3. Phase: Vertrauen und Kooperation in der Gruppe stärken

Die Grundlage für ein konstruktives Miteinander in der Gruppe ist gelegt. Durch Vertrauens- oder Kooperationsspiele kann der Zusammenhalt der Gruppe gestärkt werden. Dabei muss berücksichtigt werden, welche Spielerfahrungen die Gruppe schon miteinander hat, wie nah oder vertraut sich die einzelnen Mitspielenden schon sind. Das ist immer besonders **dann wichtig,** wenn es in Spielen um Körperkontakt oder das gegenseitige Aufeinanderangewiesensein geht. Welche Herausforderung ist für die Einzelnen und das Gruppenklima gut? Was wäre eine

Überforderung für den Einzelnen oder die Gruppe? Diese Frage kann man bei der Spielplanung natürlich nur fiktiv beantworten; es geht auch darum, das im Spielprozess selbst einzuschätzen und einen Spielverlauf dann gegebenenfalls zu verändern.

4. Phase: Höhepunkt, Herausforderung und Spannung

Nun hat die Gruppe schon einiges miteinander erlebt. Die Teilnehmer wissen, dass sie sich aufeinander verlassen können und dass sie sich hier nicht nur mit ihren Glanzseiten präsentieren müssen, sondern dass auch vermeintliche Schwächen gezeigt werden können, ohne dass jemand ausgelacht oder fertig gemacht wird. Damit das Spiel nun nicht langweilig wird, braucht die Gruppe eine weitere Herausforderung. Der Spielverlauf braucht einen Höhepunkt. Was für eine Gruppe eine gute Herausforderung ist, ist sehr unterschiedlich: das kann eine weiter gehende Kooperationsaufgabe sein, ein Wettkampfspiel oder auch ein darstellendes Spiel. Es hängt außerdem von den Vorlieben und Stärken der Spielleiterin ab, was sie hier einsetzt. Das gilt zwar für die gesamte Spieleinheit; gerade an dem Punkt, wo die Gruppe oder Einzelne besonders gefordert sind, vielleicht mehr Mut brauchen als in den ersten Spielen, sollte sich die Anleiterin sehr sicher fühlen und die Aufgabe mit Überzeugung vertreten können.

5. Phase: Abschluss und Abschied

Je nach Gruppe und Art der Spieleinheit beinhaltet die Abschlussphase ein Spiel zum „Cool-down" und eine Reflexion durchgeführter Spiele und gemachter Erfahrungen. Es kann sinnvoll sein, die sozialen Erfahrungen noch einmal abzufragen und zu benennen,

- damit niemand mit einer unguten oder nicht verstandenen Erfahrung nach Hause geht,
- weil es zum besseren Kennenlernen viel beiträgt, wenn die Spieler voneinander wissen, wem was gefällt und was nicht;
- weil es das individuelle Kommunikationsverhalten stärkt, eigene Erfahrungen und Gefühle zu benennen und in einer Gruppe dazu zu stehen;
- weil es für die Spielleiterin eine Hilfe für die Planung weiterer Spieleinheiten ist.

Zum Abschluss gehört aber auch, dass alle sich voneinander und dem Spielgeschehen verabschieden, dass ein klarer Endpunkt gesetzt wird – unabhängig davon, ob die Gruppe nach dem Spiel noch länger zusammenbleibt oder sich gleich auflöst.

Fazit

Spielpädagogik will

- ✘ Die Spielfähigkeit von Menschen fördern,
- ✘ gute Rahmenbedingungen für das Spielen schaffen und
- ✘ durch Spiel positive Erfahrungen ermöglichen.

Grundsätze, damit Spiel gelingen kann:

- ✘ Spiel ist freiwillig. Wer nicht spielen mag, muss nicht.
- ✘ Niemand soll im Spiel verletzt werden, weder körperlich noch emotional.
- ✘ Spiel braucht Risikobereitschaft und die Lust, sich einzulassen.
- ✘ Jeder kann jederzeit „STOPP" sagen.

Aufgaben und Anregungen

1 Erarbeiten Sie eine Checkliste oder ein Gerüst für die Planung von Spieleinheiten: Was muss alles bedacht und getan werden, bevor es losgeht?

2 Stöbern Sie in der Bibliothek oder in Einrichtungen nach Spielebüchern. Versuchen Sie eines zu finden, das Sie gut finden, und stellen Sie sich diese Bücher in der Gruppe gegenseitig vor.

3 Erinnern Sie sich an Ihre persönlichen Lieblingsspiele und an Ihre *„Horrorspiele"*. Vergleichen Sie in der Gruppe.

4 Welche Bedingungen brauchen Sie persönlich, um sich gerne auf ein gemeinsames Spiel einzulassen, und welche Bedingungen hemmen Ihre Spiellust? Tragen Sie diese spielhemmenden und -fördernden Faktoren in der Gruppe zusammen.

5 Stellen Sie sich diese Frage auch für verschiedene Zielgruppen: Was sind die spielhemmenden und spielfördernden Faktoren für eine Gruppe von

- Vorschulkindern,
- Schulkindern,
- Jugendlichen,
- Erwachsenen,
- Kindern aus verschiedenen Ländern,
- Menschen mit körperlicher und/oder geistiger Behinderung?

1.6 Anforderungen an Spielleiter

Fragen:

- ✔ *Was muss ein Spielleiter mitbringen, um eine gute Spieleinheit zu planen?*
- ✔ *Welche Rolle spielen die eigenen Erfahrungen und die eigene Spielfreude für eine Anleitungstätigkeit?*
- ✔ *Welche Voraussetzungen braucht eine Spielleiterin, um Menschen ins Spiel zu bringen, sie zu begeistern und bei der Sache, also im Spiel, zu halten?*
- ✔ *Was ist notwendig, um aus den Erfahrungen einer durchgeführten Spieleinheit lernen zu können?*

Es fängt an, bevor es anfängt: die Planung

Info 1

Zur Planung gehört zunächst sich Klarheit über die Rahmenbedingungen zu verschaffen. Dazu gehören Fragen nach Gruppengröße, Alter, Geschlecht, Herkunft der Teilnehmenden sowie nach ihren Spielerfahrungen, ihren Wünschen, Vorlieben und Abneigungen. Was brauchen diese Teilnehmenden, um gerne und mit Freude spielen zu können, und was hemmt sie in ihrem Spielverhalten? Die Einschätzung bestimmter Altersgruppenspezifika (s. 1.5, Info 4) sowie die Reflexion der eigenen Spielerfahrungen helfen pädagogischen Fachkräften, auch bei Gruppen, die sie noch nicht kennen, darüber Vorstellungen und Fantasien zu entwickeln. So können sie mögliche Schwierigkeiten und Widerstände im Vorhinein im Kopf *„durchspielen"* und darauf schon in der Planung reagieren.

Rahmenbedingungen

Aber auch der äußere Rahmen muss bedacht werden:

- Welches ist die übergeordnete Institution? Es macht einen Unterschied, ob eine Spieleinheit im Rahmen einer Veranstaltung eines Sportvereins, eines Jugendzentrums oder der Kirchengemeinde durchgeführt wird.

- Welche Erwartungen haben die Institutionen an Inhalt und Form, welche Werte sind ihnen wichtig?
- Wie viel Geld stellen sie für die Gruppe zur Verfügung? Kann Material gekauft werden oder muss der Spielleiter dafür auf eigene Rechnung sorgen?
- Wie ist der Raum, in dem das Angebot stattfindet: welche Möbel, welches Spielmaterial, welche Bewegungsmöglichkeiten bietet er?
- Welches ist der zeitliche Rahmen: Haben die Teilnehmenden schon einen vollen, anstrengenden Tag hinter sich oder ist es ein Angebot für Menschen, die viel freie Zeit haben?

Neben diesen äußeren Rahmenbedingungen ist die Frage, was die Teilnehmenden erwarten. Ist das Angebot schon mit einem festen Thema angekündigt, z. B. Theater oder Bewegung, dann ist Bedingung, dass der Spielleiter in diesem Feld auch die entsprechenden Fachkenntnisse mitbringt. Wer mit einer Gruppe ein Theaterstück erarbeiten will, braucht theaterpädagogische Grundkenntnisse über Warm-up, Rollenarbeit, Improvisation und Stückentwicklung. Wer mit einer Gruppe ein Baumhaus bauen will, muss die nötigen Werkzeuge und Verarbeitungstechniken für Holzarbeiten kennen. Natürlich kann es auch Konzept sein, eine Gruppe das alles selber herausfinden zu lassen. Dann ist die benötigte Sachkompetenz die, in diesem Prozess ein guter „Lernbegleiter" zu sein, also die Gruppe auch durch Krisen und Konflikte zu begleiten und in konstrukitven Problemlösungen zu unterstützen.

Die Auswahl der Spiele muss also all diesen Voraussetzungen entsprechen. Die Spiele sollen für die Gruppe interessant sein, unterschiedliche Tätigkeiten erfordern, in Komplexität und Regeln den Spielern entsprechen, einen Wechsel von Aktivität und Zurruhekommen ermöglichen (vgl. 6.5, Info 5 Aufbau von Spieleinheiten).

Spielgeschichten als roter Faden

Geht es um ein Angebot, bei dem die Art des Spielens nicht festgelegt ist, sondern nach den Bedürfnissen der Gruppe entsprechend gestaltet werden soll, dann ist es hilfreich, der Spieleinheit ein eigenes Thema zu geben. So wird verhindert, dass einfach verschiedene Spiele mehr oder weniger logisch aneinandergereiht werden. Der Spielverlauf bekommt so einen roten Faden. Die einzelnen Spiele werden in einer Spielgeschichte zusammengebunden. Das kann eine Reise nach Venedig, ein Dschungelspaziergang, das kann aber auch ein Thema wie Freundschaft, Gefühle o. Ä. sein. Häufig erleichtert ein solches Thema sogar die Vorbereitung, weil es die Spielauswahl begrenzt bzw. hilft, Spielideen dem Thema entsprechend zu verändern.

Spielfluss = gute Übergänge schaffen

Innerhalb der Spieleinheiten sollte den Übergängen zwischen den Spielen besondere Aufmerksamkeit gelten. Es lähmt den Spielverlauf, wenn Spiele sehr getrennt voneinander „abgespielt" werden. Für die Übergänge ist einerseits der rote Faden durch eine Spielgschichte oder das Thema hilfreich, andererseits sollten auch die Formen der Spiele (Kreisspiel, Kleingruppen, Wettkampf, …) nicht zu abrupt wechseln. Die Frage in der Spielplanung lautet hier *„Wie kommen wir von diesem Spiel ins nächste?"*. Dabei ist es für die Vorbereitung insgesamt gut, sie nicht am Computer sitzend zu machen, sondern auch darin in Bewegung, im Ausprobieren sein zu können. Das ist ein Plädoyer für ein *„Durchspielen"* nicht nur im Kopf, sondern auch im Arbeitszimmer.

Neben all diesem Nachdenken über die anderen muss die Spielleiterin in ihrer Planung natürlich auch sich als Person berücksichtigen: ihre eigenen Möglichkeiten, Vorlieben und auch Grenzen, ihre eigenen Werte und Ziele, aber auch ihre Erfahrungen und ihr Repertoire sind für die Planung einer Spieleinheit maßgeblich. Für Spiele, die eine Erzieherin selbst gerne spielt, wird sie auch viel leichter andere begeistern können, während sie die Spiele, die sie selbst nicht mag, nicht in Gruppen einsetzen sollte – die eigene Abneigung lässt sich in der Regel nicht verbergen und schwächt die Spielfreude in der ganzen Gruppe. Außerdem gibt es so viele Spiele: es wird sich eine gute Alternative finden lassen!

Zur Selbstreflexion gehört an dieser Stelle neben der Kenntnis der eigenen Vorlieben und Abneigungen auch die Frage der persönlichen ethischen Bewertung von bestimmten Spielarten (Umgang mit Computerspielen, Konkurrenzspiele, ausgeprägt geschlechtspezifisch angelegtes Spielmaterial usw.). Auch hier müssen die eigenen Grenzen wahr- und ernst genommen werden.

Das Spiel beginnt: die Durchführung

INFO 2

Welche Voraussetzungen braucht eine Spielleiterin, um Menschen ins Spiel zu bringen, sie zu begeistern und bei der Sache, also im Spiel, zu halten?

DIE EIGENE SPIELFREUDE KENNEN UND NUTZEN

Als Allererstes: selber gerne spielen. Die eigene Spielfreude und die Fähigkeit, selber zu spielen, also im Spiel zu versinken, ausgelassen zu sein, konzentriert, entspannt, berührt – eben das, was das Spiel gerade auslöst, das ist eine wesentliche Voraussetzung dafür, mit Menschen spielen und Spieleinheiten anleiten zu können.

DIE EIGENE SPIEL-BIOGRAFIE REFLEKTIEREN

Die eigene Spielfähigkeit ist aber auch für pädagogische Fachkräfte keine Selbstverständlichkeit. Auch sie haben als Kinder und Jugendliche Erfahrungen mit Spiel gemacht, die die Freude am Spiel entweder gefördert oder gehemmt haben. Auch sie haben Vorlieben und Abneigungen, Lieblingsspiele und solche, die absolutes Unbehagen und Unlust auslösen. Und genau darüber müssen sich pädagogische Fachkräfte bewusst sein: Was sind meine Erfahrungen mit Spiel? Welche Art von Spielen mag ich und welche nicht – und was sind dafür die Gründe? Mit welchen Menschen spiele ich gerne und unbefangen, mit welchen gerate ich beim Spielen unter Anspannung. Die Selbstreflexion der eigenen Spielgeschichte und der eigenen Vorlieben und Abneigungen in Bezug auf Spiel dient als Erstes dazu, auch die eigene Spiellust wiederzuentdecken und zu fördern.

SIND SPIELLEITER SOZIALE „ALLROUND"-TALENTE?

Nur so ist authentisches, ehrliches Auftreten möglich, was eine weitere Anforderung an die Spielleitung ist – übertriebene Motivationsversuche, nicht ehrlich gemeintes Lob oder überspannter Aktivismus wirken dem freien Spiel entgegen.

Neben einer gründlichen Planung brauchen Spielleiter während ihrer Spieleinheit Einfühlungsvermögen und Wachsamkeit, ein gutes Gespür für das, was **jetzt** bei Einzelnen und in der Gruppe da ist. Nur so können sie Unsicherheit oder Widerstände aufnehmen und den Spielverlauf daraufhin verändern. Die gründliche Planung ist wichtig für die eigene Sicherheit und ist eine Wertschätzung der Gruppe gegenüber. Im Spielverlauf selbst ist es aber auch nötig, von der Planung abweichen und auf Anregungen und Stimmungen reagieren zu können. Ist eine Gruppe bei einem Spiel mit großer Begeisterung dabei, sollte vielleicht ein Spiel mit ähnlichem Charakter oder ähnlicher Dynamik eingefügt werden. Gibt es in einer Gruppe bei einem Spiel offene oder verdeckte Abwehr, kann das entweder thematisiert oder durch ein anderes Spiel aufgefangen werden. Das ist je eher möglich, umso größer das Repertoire an Spielen ist, über das ein Spielleiter verfügt.

Die Spielleitung braucht also die Bereitschaft, Leitung und Verantwortung zu übernehmen – unentschlossenes Verhalten kann leicht zu Unsicherheit in der Gruppe führen und die Spiellust bremsen. Andererseits sollte sie auch der Gruppe ihr Spiel überlassen können – und dazu können auch mal „Stimmungstäler" gehören. Spielleiter sind nicht für alles verantwortlich, und manchmal ist es für eine Gruppe wichtiger, die eigene Dynamik wahrzunehmen und damit umzugehen, also selber einen Weg zu finden, als immer für jede Pause oder jedes Problem sofort eine Lösung präsentiert zu bekommen.

Eine wichtige Frage für Spielleiterinnen ist außerdem, in welchen Situationen sie mitspielen und in welchen sie das Spiel von außen anleiten und beobachten sollten. Beides hat seine Bedeutung für Gruppen. Mit dem Mitspielen stellt sich die Spielleiterin als Modell zur Verfügung; ihre sichtbare Spiellust gibt allen anderen Spielenden Erlaubnis und Freiraum für das eigene Spielverhalten. Eine besondere Anforderung im eigenen Mitspielen liegt darin, dass die Spielleiterin dennoch die Gruppe und das Spiel im Blick behalten muss, sie muss also gleichzeitig innen und außen sein.

In anderen Spielsituationen kann es sinnvoll sein, das Spiel zu beobachten und wirklich am Rand zu bleiben. Zum Beispiel in solchen Spielformen, bei denen manche oder alle Teilnehmenden die Augen geschlossen haben, muss die Spielleiterin sie offen halten, um für die Sicherheit der einzelnen Spieler zu sorgen. Aber auch für die emotionale Sicherheit kann diese Position wichtig sein. Wenn Spieler sich darauf verlassen können, dass die Spielleiterin auch Stimmungen, brenzlige Situationen mitbekommt und sich nicht selbst im Spiel verliert, ermöglicht auch das den Spielerinnen, sich wirklich auf das Spiel einzulassen. Schwierigkeit hier kann sein, dass manche Spieler sich von einer beobachtenden Spielleitung kontrolliert und damit eben in ihrem Spiel nicht mehr frei fühlen könnten.

Hier kann Humor als Spielleitungsqualität weiterhelfen. Wenn auch die Spielleiterin mit Humor und Gelassenheit dabei ist, unterstützt sie den Abbau von Spielhemmungen und eine gute Atmosphäre in der Gruppe.

„Es heißt, dass wir alle die Samen von dem, was wir tun, in uns tragen, aber es schien mir immer so, als wären diese Samen bei jenen, die Humor haben, mit besserer Erde bedeckt und besser gedüngt."

Ernest Hemingway

Und schließlich sollten Spielleiter ihre eigenen Stärken und Schwächen kennen. Denn niemand entspricht dieser Liste – sie soll nicht als Leistungskatalog verstanden werden, der abgehakt werden müsste, bevor man mit dem Spiel beginnen darf, sondern soll als idealtypische Orientierung dienen, die auch zur Reflexion hilfreich ist.

LF 4

Wenn es „zu Ende" ist, kommt noch was: die Reflexion

INFO 3

Reflexion eines Spielverlaufs bedeutet Planung und innere Vorstellung des geplanten Spielverlaufs mit der tatsächlichen Durchführung zu vergleichen:

- Wie ist die Spieleinheit verlaufen? Wo waren Abweichungen von der Planung und warum?
- Ist das angedachte Ziel erreicht worden? Welche Anzeichen gibt es dafür?
- War der Verlauf für die Mitspieler befriedigend? Was hat ihnen Spaß gemacht, was nicht und was sind jeweils die Gründe?
- Wie war mein Verhalten als Spielleiter? Wie erging es mir mit der Spielleitung? Habe ich mich wohl gefühlt oder war es für mich anstrengend? Hatte ich guten Kontakt zu den Mitspielenden? Welches Bild habe ich ihnen von mir vermittelt? Bin ich damit zufrieden? Möchte ich etwas ändern?
- Was hat sich bewährt? Was will ich beim nächsten Mal anders machen, neu ausprobieren?
- usw. (nach AWO Praxismappe, Bonn 1990, S. 57)

Gerade, wenn eine Spieleinheit nicht gut verlaufen ist, stellen sich die Auswertungsfragen umso drängender. Es ist wichtig, hier auch das eigene Gefühl in der Gruppe oder dieser Situation genauer zu betrachten und für sich zu klären, um nicht genau damit wieder in die nächste Spieleinheit hineinzugehen. Folgende Fragen können dieser Selbstreflexion eine Struktur geben:

- Wie fühle ich mich als Spielleiterin (Erzieherin, Praktikantin, usw.) in der Gruppe (akzeptiert, beobachtet, abgelehnt, gemocht)?
- Was bedeutet es für mich, wenn die Gruppe mein Spielangebot nicht annimmt (Ablehnung, Verunsicherung, Boykott, das Gefühl, nicht kompetent zu sein)?
- Wen beachte ich in solchen Situationen am meisten? Um wen kümmere ich mich, nach wem richte ich mich am ehesten (nach denen, die Spaß haben, oder nach denen, denen es nicht gefällt, die stören, sich langweilen)?
- Was steckt dahinter, wenn
  - jemand stört (Wunsch nach Beachtung, Geltungsdrang)?
  - jemand keine Lust hat (Müdigkeit, Lust auf was anderes, Unsicherheit)?
  - jemand nicht mitmachen will (Angst, Scham, Desinteresse)?
- Sind die Rahmenbedingungen für die Spielsituation geeignet? (Wie viel Ablenkung ist im Raum? Gibt es Störungen von außen?)

Diese Fragen können helfen auch die eigenen emotionalen Fallen zu entdecken, um nicht jedesmal wieder hineinzutappen. Wer im Team arbeitet, hat mehr Möglichkeiten, diese Fragen, gerade die zum eigenen Anleitungsverhalten, gut beantworten zu können, weil es immer noch die zweite Perspektive gibt.

Natürlich stellen sich in einer Teamarbeit weitere Fragen, wie zum Beispiel:

- Bin ich mit unserer Aufgaben- und Rollenverteilung zufrieden?
- Hatte ich in der Teamarbeit Raum, eigenen Impulsen zu folgen?
- Haben wir uns unterstützt oder haben wir uns in der Arbeit behindert oder ausgebremst?
- usw.

Häufig wird in einer Reflexion das Augenmerk vor allem auf das gelegt, was nicht oder nicht so gut geklappt hat. Wichtig und unterstützend ist aber auch die gelungenen Anteile und Momente näher zu betrachten. Denn dort hat etwas geklappt, aus dem man positiv lernen kann. Also sollten Spielleiter immer auch die Highlights einer Spieleinheit benennen und sich fragen, was in diesen Momenten funktioniert oder gestimmt hat und wie sie diese Anteile in künftiger Arbeit weiterentwickeln können.

„Spiel bleibt Spiel. *Nachdem du nun all diese Ratschläge gehört hast, kannst du dich erst mal entspannen. Ich habe schon gesehn, wie Leute so gut wie alles ‚falsch' gemacht haben und das Spiel trotzdem gut gelaufen ist. Und auf die Frage an die Teilnehmer, ob sie das Spiel verstanden hätten, kam die Antwort: ‚Nein, aber es hat Spaß gemacht.'"*

Dale le Fevre, Das kleine Buch der neuen Spiele, Oberbrunn 1985

Fazit

Wer Spiel in der pädagogischen Arbeit einsetzt, sollte die Bedürfnisse, Fähigkeiten und Grenzen der Spieler sowie die eigenen Vorlieben und Stärken kennen, die Spielplanung daran ausrichten und in der Durchführung flexibel auf die Gruppe und den Spielverlauf reagieren können.

Aufgaben und Anregungen

1 Wie schätzen Sie Ihre persönlichen Spielleitungsqualitäten ein? Erstellen Sie eine Liste Ihrer persönlichen Fähigkeiten (mindestens 10) und berücksichtigen Sie die Bereiche Planung, Durchführung und Reflexion. Tauschen Sie sich mit einem Mitstudierenden Ihrer Wahl darüber aus und geben Sie sich gegenseitig ein Feedback.

Tipps zum Weiterlesen

Spielpädagogik:

Baer, Ulrich, Spielpraxis, *Eine Einführung in die Spielpädagogik,* Kallmeyer'sche Verlagsbuchhandlung, 1995

Flitner, Andreas, *Spielen – Lernen, Praxis und Deutung des Kinderspiels,* Beltz, 2002

Reichel, Gusti, *Lebendig statt brav, Handbuch für das Leben und Arbeiten mit Gruppen,* Öktopia, 2002

www.praxis-jugendarbeit.de

Spielplatzgestaltung:

Natur-Spiel-Räume für Kinder, Arbeitshilfe zur Gestaltung naturnaher Spielräume an Kindergärten und anderswo, Bezug über NUA NRW, Postfach 10 10 51, 45610 Recklinghausen.

Lange, Udo/Stadelmann, Thomas, *Spielplatz ist überall. Lebendige Erfahrungswelten mit Kindern planen und gestalten,* Verlag Herder, 1998

Pappler, Manfred, *NaturErlebnisRäume, Neue Wege für Schulhöfe, Kindergärten und Spielplätze.* Kallmeyer'sche Verlagsbuchhandlung, 2001

Video *„Ein Garten und Erlebnisraum für Kinder"*, Bezug: Ev. Kindergarten St. Trinitatis in Selm-Bork, Humboldtstr. 1, 59379 Selm-Bork, Tel. 02592 02827, Laufzeit ca. 20 Min.

www.nua.nrw.de bzw. www.natur-kindergarten.nrw.de

Computerspiele:

Search & Play Datenbank für Computerspiele, www.bpb.de

Amt für Kinder, Jugend und Familie, Fachstelle Medienpädagogik, www.jukebox.de

Siehe Kap. Medienpädagogik

Spielebücher

Baer, Ulrich, *666 Spiele für jede Gruppe für alle Situationen,* Kallmeyer'sche Verlagsbuchhandlung, 2003

Bundesjugendwerk der Arbeiterwohlfahrt, Praxismappe: *Spiele für Kinder, Jugendliche und Erwachsene,* Bonn, Neuauflage 2005

Fevre, Dale le, *Das kleine Buch der neuen Spiele,* Oberbrunn, 1985

Fluegelman, Andrew und Tembeck, Shoshana, *New Games – Die neuen Spiele,* Ahorn 1979

Siehe auch Kap. 2.

2 Bewegung, Tanz und Theater

2.1 Körpererfahrung und Bewegung

Einstiegssituation

Tobias erzählt nach dem Kindergarten begeistert von einer Praktikantin, die seit einer Woche in seiner Gruppe ist: *„Die Andrea, die ist vielleicht nett, mit der kann man immer rumtoben."* Auf die Antwort, dass doch die anderen Erzieherinnen auch nett seien, entgegnet er: *„Ja, aber die Andrea, die ist ja noch keine richtige Erzieherin, die lernt das ja erst, und in der Schule, wo man das lernt, da sagen die Lehrer denen bestimmt, dass sie nicht so mit den Kindern rumtoben dürfen, und das weiß die Andrea noch nicht."* (Zimmer, Renate, Handbuch der Bewegungserziehung. Herder, Freiburg 1993, 8. Auflage, S. 177)

FRAGEN

- *Welche Bedeutung hat Bewegung für die Entwicklung von Kindern?*
- *Welche Rolle nehmen Erzieherinnen dabei ein? Sollen sie mit Kindern toben und kuscheln oder eher Distanz halten?*
- *Wie können pädagogische Fachkräfte Kindern unterstützende Bewegungsangebote machen?*
- *Welche Rolle spielt Bewegung in der Arbeit mit anderen Zielgruppen wie Schulkindern, Jugendlichen oder Behinderten?*

Ziele der Bewegungspädagogik

INFO 1

Lange Zeit wurde Bewegungserziehung in Kindertageseinrichtungen nur unter dem Gesichtspunkt der Förderung der motorischen Entwicklung betrachtet. Mit dem zunehmenden Wissen um die Bedeutung von Bewegung und Körpererfahrung für alle Entwicklungsbereiche des Kindes veränderten sich auch die bewegungspädagogischen Konzepte: Bewegungserziehung wird nicht mehr als „Fach" verstanden, das abgearbeitet werden muss, wenngleich viele Einrichtungen feste Bewegungsangebote z. B. in Sporthallen machen. Diese sind aber Bestandteil von oder Ausdruck eines weiter verstandenen Bewegungskonzeptes. Die Qualität der Bewegungsmöglichkeiten der Kinder ist auch im „normalen Kindergartenalltag" wesentlich – er berührt Fragen der Raumgestaltung, des Außengeländes, auswärtiger Aktivitäten wie Waldtage, Schwimmangebote usw.

Bewegungserziehung mit Kindern muss auch im gesellschaftlichen Zusammenhang gesehen werden. Welchen Stellenwert haben körperliches Wohlbefinden und Bewegungsdrang in der Gesellschaft? Unsere Kultur ist geprägt von einer Trennung von Geist, Seele und Körper, bei der das Denken höher bewertet wird als körperliche Tätigkeiten. Die Entwicklung zur bürgerlich-industriellen Gesellschaft hatte ebenfalls Auswirkungen auf das Verhältnis zum Körper. Körperliche Bedürfnisse werden zugunsten beruflicher Notwendigkeiten abgewertet und verdrängt.

Im beruflichen Kontext kommen häufig sehr einseitige Belastungen auf den Körper zu wie langes Stehen, Gehen oder Sitzen, Bildschirmarbeit usw. Einen Ausgleich soll dann der Freizeitbereich schaffen. In den letzten Jahren hat der so genannte Wellnessbereich enormen Zulauf gewonnen. Alles, was der Körper während der Arbeitszeit entbehren muss, soll hier nachgeholt werden. Daneben gibt es einen ausgeprägten Anteil sportlicher Betätigung in der Freizeit.

In einer Zeit, in der die Medien die Maßstäbe bezüglich körperlicher Attraktivität und Leistungsfähigkeit vorgeben, geht es aber auch bei Wellness und Freizeitsport nicht nur um Erholung für den Körper, sondern darum, ihn den Maßstäben entsprechend fit oder schön genug zu halten. Auch ein „Körperkult" kann also zur Entfremdung vom eigenen Körper beitragen, wenn er sich nicht an den individuellen Möglichkeiten und Bedürfnissen orientiert, sondern an von außen gesetzten Idealen.

Auf den ersten Blick scheinen Vorschulkinder von diesem Umgang mit Körper und Körperlichkeit weit entfernt. Aber sie erleben es an Eltern und Bekannten und sie sehen die gesellschaftlichen Maßstäbe auf Werbeplakaten und im Fernsehen. Und mit Hinweisen wie *„Du bist zu dick"* oder *„Bist du aber hübsch"* oder *„Beweg dich doch mal etwas schneller"* begegnen auch ihnen körperliche Bewertungen, die Einfluss auf ihr Selbstbild haben werden.

Im eigenen Körper zu Hause sein

Deshalb geht es bei Bewegungserziehung mit Kindern darum, ihnen ein gutes Gefühl zum eigenen Körper zu ermöglichen. Kinder sollen sich in ihrem Körper zu Hause fühlen, ihn kennen und einschätzen können – sowohl seine Grenzen, wie auch seine Vorlieben und Fähigkeiten. Wer dafür eine sehr feine Wahrnehmung entwickelt, kann die Signale des Körpers hören und sie einordnen. Es ist für Kinder ein Erlebnis, den Herzschlag zu hören, langsame Bewegungen bewusst zu verfolgen, ihre Muskeln zu spüren – (was passiert bei welcher Bewegung, wo spannt, wo löst sich etwas, …), Knochen zu kennen.

Bewegungspädagogik leistet damit einen wichtigen Beitrag zur Gesundheitserziehung von Kindern. Neben gesunder Ernährung, viel frischer Luft, einer emotional unterstützenden Umgebung brauchen Kinder auch ein vielseitiges Bewegungsangebot. Das Toben und Sichverausgaben unterstützt die körperlichen Wachstumsreize, regt das Herz-Kreislauf-System an, trainiert die Muskulatur und verbessert die Koordinationsfähigkeit. Untersuchungen über den Gesundheitszustand von Kindern haben bei vielen Kindern Haltungsschwächen gezeigt. Diesem Sachverhalt kann in Bewegungsspielen entgegengewirkt werden – allerdings ohne daraus eine „Haltungsschule" für Kinder zu machen. Bei allen Spiel- und Bewegungsangeboten für Kinder ist Voraussetzung, dass sie spielen, weil sie Lust an der Bewegung oder der Aufgabe haben. Hierfür ist zuallererst eine vertrauensvolle Atmosphäre Bedingung, in der Kinder ihre Tätigkeit selbst bestimmen und an selbst gewählten Aufgaben Erfolgserlebnisse haben können.

Die Sprache des Körpers verstehen

Aber auch den Körper als Ausdrucksmittel zu verstehen, ist Ziel der Bewegungspädagogik. Denn während Säuglinge und Kleinkinder sich komplett über ihren Körperausdruck mitteilen und auch die Körpersprache anderer Menschen, Erwachsener wie Kinder, verstehen, scheint diese Fähigkeit mit dem Erwerb der gesprochenen Sprache verloren zu gehen. In der Erziehung wird ab diesem Zeitpunkt großer Wert darauf gelegt, dass Kinder ihre Wünsche, Gefühle und Gedanken in Worte fassen. Das ist berechtigt im Sinne der Sprachentwicklung, birgt aber die Gefahr, Körpersprache als minderwertig zu betrachten und sie nicht mehr zu nutzen. Wenn Kinder die Erfahrung machen, dass nur auf ihre ausgesprochenen Worte reagiert wird, nicht aber auf ein erstauntes Gesicht, mutlos gesenkte Schultern o. Ä., hören sie auch auf bei anderen diese Signale wahrzunehmen und zu beachten.

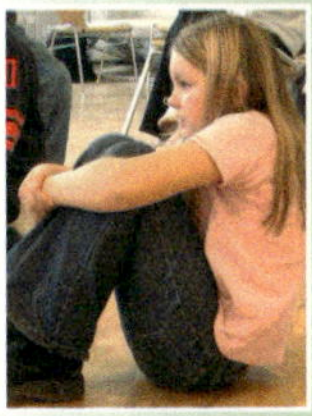

Körperkontakt

In der ersten Phase des Lebens ist emotionale Zuwendung und Berührung für den Menschen lebensnotwendig. In jeder Familie gibt es eine spezifische Berührungskultur, die für das weitere Leben von großer Bedeutung ist. Denn auch später haben alle Menschen ein elementares Bedürfnis nach Berührung, nach Zärtlichkeit und Körperkontakt. Ob und wie sie dieses ausdrücken und ausleben können, wird maßgeblich von den Erfahrungen beeinflusst, die sie als Säugling und im Kleinkindalter gemacht haben.

Pädagogische Arbeit ist immer Beziehungsarbeit und Beziehung wird unter anderem durch verschiedene Qualitäten von Körperkontakt ausgedrückt und erlebt: der wilde Klaps auf den Rücken zur Begrüßung, zum Trösten in den Arm genommen werden, sich beim Vorlesen anschmiegen, beim Überqueren der Straße eine Hand nehmen oder beim Rangeln und Toben Kräfte messen. In den körperlichen Aktionen – oder manchmal auch Attacken – drückt sich ein Beziehungsbedürfnis aus, welches Erzieherinnen wahrnehmen und beantworten sollten.

Dabei kann Körperkontakt – egal in welcher Form – nicht verordnet werden. Sowohl Erzieherinnen müssen ihre eigenen Grenzen und Bedürfnisse diesbezüglich kennen und respektieren wie es auch ein Ziel ist, die Wahrnehmungsfähigkeit der Kinder in Bezug auf ihr Bedürfnis nach Nähe oder Distanz zu stärken. *„Die Berührungen vom Erwachsenen zum Kind müssen kindgemäß sein, d. h. respektvoll auf die kindlichen Bedürfnisse reagieren und nicht missbräuchlich dem Zärtlichkeits- oder Sexualbedürfnis des Erwachsenen dienen. Ein erwachsener Erzieher, der seine Grenzen kennt und seine Bedürfnisse erwachsen erfüllt, wird dazu nicht verführt sein.“* (Reichel, Gusti, Lebendig statt brav, Handbuch für das Leben und Arbeiten mit Kindern in Gruppen. Ökotopia Verlag, Münster 1988, 3., überarbeitete Auflage 1995, S. 59)

In Bewegungsarbeit mit Kindern und anderen Zielgruppen kann der Umgang mit dem eigenen Körper und der Körperkontakt zu anderen bewusst gestaltet werden. Bewegungsspiele, in denen verschiedene Formen des Körperkontaktes vorkommen, verhelfen Kindern dazu, ihren eigenen Körper mit seinen Vorlieben und Möglichkeiten kennen zu lernen und einen respektvollen Umgang mit anderen Kindern zu üben. Das können ebenso sehr dynamische Spiele sein wie auch solche zur Entspannung. Hier ein paar Beispiele (vgl. auch Kap. 2.2, Info 6 Beziehungsorientierte Bewegungspädagogik):

BEISPIEL „Zauberkleber“
Da hat doch wieder irgendjemand den Kleber liegen lassen, den Zauberkleber. Immer zwei Kinder tun sich zusammen und stellen sich vor sie haben den Zauberkleber. Dann geben sie einen Tropfen Zauberkleber auf ein Knie und kleben das Knie an das Knie des anderen Kindes. Achtung, der Kleber klebt wirklich gut. Können sich die zusammengeklebten Kinder so bewegen? Schließlich ziehen die Kinder ihre Knie mit den Händen wieder auseinander und geben den Zauberkleber auf ein anderes Körperteil, auf das Ohr zum Beispiel, oder den Bauchnabel, oder den Ellbogen … Es ist

INFO 1
Fortsetzung

auch möglich, dass die Spielleiterin den Kleber hat und nacheinander allen Kindern einen Tropfen auf ein Körperteil drückt. Dann muss sie natürlich auch dabei helfen, die zusammengeklebten Körperteile wieder auseinander zu bekommen.

BEISPIEL „Popcorn“
Heute machen wir Popcorn. Die Kinder stellen sich vor, sie seien alle Maiskörner. Nun stellt die Spielleiterin die große Pfanne auf den Herd: Die Kinder sitzen oder liegen bequem „in der Pfanne“ herum. Langsam wird es wärmer und alle werden dicker und beginnen in der Pfanne herumzuspringen. Jedes Maiskorn entscheidet selbst, wann es richtiges Popcorn geworden ist und ganz leicht in der Pfanne herumhüpft. So richtig gut schmeckt Popcorn aber erst, wenn es süß ist. Deswegen gießt die Spielleiterin Zuckersirup in die Pfanne: Davon werden alle ganz klebrig. Und immer, wenn zwei Popcornkinder zusammenstoßen und sich berühren, kleben sie genau an der Stelle aneinander fest und springen jetzt zusammen herum.

BEISPIEL „Autowaschanlage“
Heute ist Waschtag – aber Autowaschtag. Dafür knien sich die Spielerinnen in zwei gleich langen Reihen mit dem Gesicht zueinander auf den Boden, sodass zwischen ihnen eine Gasse von etwa zwei Armlängen Abstand entsteht. Das ist die Waschanlage. Jetzt muss nur noch ein Auto kommen. Ein Spieler geht an das eine Ende der Reihe und erklärt, welches Auto er ist. „Ich bin ein schmutziger alter VW-Käfer.“ Dann bewegt er sich auf allen vieren als Auto durch die Reihen und wird von der „Waschanlage“ gewaschen, gebürstet, eingeseift, abgespült und schließlich trockengeblasen. Dann kommt das nächste Auto, vielleicht ein nagelneuer Mercedes? Die Spieler sollten daran erinnert werden, dass ihre Waschanlage sich auf die Wünsche der einzelnen Autos einstellt und vorsichtig mit dem Lack umgeht – es soll ja keinen Ärger mit dem Besitzer geben.

Bei allen Massagespielen sollten diejenigen, die die Massage empfangen, ermuntert werden, „wählerisch zu sein“, also der Partnerin zu sagen, welche Berührung ihnen gefällt und welche nicht, wann ihnen etwas wehtut oder wovon sie gerne noch mehr hätten … Mit kleinen Kindern kann die Erzieherin mit mehreren anderen Kindern um eines herumsitzen – sie erzählt und zeigt so gleichzeitig die Art der Berührung. Und dann natürlich den Wechsel nicht vergessen.

INFO 2

Die Bedeutung von Bewegung und Körpererfahrung für die Entwicklung von Kindern

„Habe ich meinen Körper verloren, so habe ich mich verloren.
Finde ich meinen Körper, so finde ich mich selbst.
Bewege ich mich, so lebe ich
Und bewege diese Welt.
Ohne diesen Leib bin ich nicht, und als mein Leib bin ich.“ V. Iljine

zitiert nach: Reichel, Gusti, a. a. O., S. 57

Die motorische Entwicklung

Mit der Bewegung fängt alles an. Sie beginnt schon im Mutterleib, kennzeichnet die Entwicklung des Säuglings vom Erkunden des eigenen Körpers (Strampeln, Greifen, Hände und Füße befühlen, …) bis zum Begreifen der Umwelt durch den Körper (in den Mund nehmen, mit Händen und Füßen fassen und wegstoßen, Erfühlen durch die Haut). Die Bewegungen in diesen ersten Lebensmonaten wirken manchmal unkoordiniert. *„Tatsächlich sind jedoch in keiner Altersphase die Veränderungen so gravierend und schnell, wie während der ersten 18 Lebensmonate. (…) Die wichtigsten motorischen Funktionen, die das Kind bis zum Ende des Säuglingsalters erwirbt, sind das Erlernen des gezielten Greifens, der aufrechten Haltung und der ersten selbstständigen Fortbewegung.“* (Zimmer, a. a. O., S. 71 f.)

Die motorische Entwicklung im Kleinkindalter, also von 1–3 Jahren, ist durch zunehmende Selbstständigkeit gekennzeichnet. Das Kind gewinnt mehr und mehr Sicherheit im Gehen und Laufen, entwickelt aber auch zahlreiche neue Bewegungsformen wie Springen, Kriechen, Schieben, Rollen, Hängen, Balancieren, Klettern und auch erste Formen des Werfens und gegen Ende des 3. Lebensjahres Versuche des Fangens.

Diese Bewegungsgrundformen werden im Kindergartenalter verfeinert und verbessert. Kinder entwickeln in dieser Zeit vor allem ihre feinmotorischen Fähigkeiten weiter. Eine weitere deutliche Entwicklung betrifft die Koordinationsfähigkeit der Kinder. Sie lernen verschiedene Bewegungsformen miteinander zu kombinieren, was ein gutes Gleichgewichtsgefühl voraussetzt, zum Beispiel Laufen und Schießen, Springen und Werfen usw. Viele Kinder lernen zwischen dem 4. und 5. Lebensjahr das Fahrradfahren.

Bewegung ist der Weg des Kindes, sich die Welt aktiv und mit allen Sinnen anzueignen. Die Erfahrungen, die Kinder in Bewegung machen, gehen dabei weit über den Bereich der körperlich-motorischen Entwicklung hinaus. Körpererfahrung und Bewegung beeinflussen die Entwicklung des Kindes auf allen Ebenen, sie sind ein ganzheitlicher Prozess mit Auswirkungen auf den ganzen Menschen. Die Körper- und Bewegungserfahrungen von Kindern sind von großer Bedeutung auch für ihre psychische, soziale und kognitive Entwicklung.

Selbsterfahrung durch Bewegung

In der Bewegung und durch sie erfährt das Kind sich selbst. Die ersten Erfahrungen über die eigene Existenz macht das Kind über seine sensorischen Systeme und seinen Körper. Das Kind macht sich ein Bild vom eigenen Körper – das „Selbst-Konzept“. Dieses ist die Grundlage für das Bewusstsein der eigenen Person, für die Unterscheidung zwischen Ich und Umwelt (vgl. Bd. 1, LF 2, Kap. 4.2).

Auch aus der Beobachtung, dass das eigene Tun Auswirkungen hat, speist sich das entstehende Bild der eigenen Person. *„Im Umgang mit Dingen, Spielsituationen und Bewegungsaufgaben rufen sie eine Wirkung hervor und führen diese auf sich selbst zurück. Das Handlungsergebnis verbinden sie mit dem eigenen Können – und so entsteht ein erstes Konzept eigener Fähigkeiten. Sie lernen im Experimentieren und Ausprobieren: Ich bin der Urheber einer Wirkung, ich kann etwas – und dieses Gefühl ist die Basis für das Selbstvertrauen bei Leistungsanforderungen.“* (Zimmer, a. a. O., S. 26)

Körper- und Bewegungserfahrung sind also maßgeblich für den Aufbau von Selbstbewusstsein und Selbstvertrauen. Deshalb ist es wichtig, Kindern viele Möglichkeiten zu bieten selbst aktiv zu sein. Positive Bewegungserfahrungen können vor allem bei jüngeren Kindern wesentlich dazu beitragen, dass sie ein realistisches, aber zuversichtliches Selbstbild aufbauen.

Soziale Erfahrungen durch Bewegung

In Bewegung und Aktion erfährt das Kind Kontakt zu anderen Menschen. Die soziale Entwicklung wird weniger durch bewusste Erziehungsmaßnahmen und verbale Belehrungen beeinflusst als vielmehr durch die alltäglichen Erfahrungen im Zusammenleben und -spielen mit anderen. Offene und angeleitete Bewegungsangebote beinhalten besonders viele Situationen, in denen Kinder sich mit anderen auseinander setzen, Konflikte lösen, Rollen übernehmen, Absprachen treffen, Spielregeln aushandeln und einhalten müssen. Sie erleben sich im Spiel in ihrer Unterschiedlichkeit, den verschiedenen Bedürfnissen und Stärken, aber auch in ihrer Gemeinsamkeit, dem gleichen Spielinteresse und dem Spaß miteinander.

Grundqualifikationen sozialen Handelns, die im Spielen zum Tragen kommen, sind

1. soziale Sensibilität, also die Fähigkeit, die Gefühle und Bedürfnisse anderer wahrzunehmen und sich in sie hineinversetzen zu können;
2. Regelverständnis, also die Fähigkeit, Regeln (entwicklungsgemäß) verstehen und einhalten zu können, selber Regeln aufzustellen usw.;
3. Kontakt- und Kooperationsfähigkeit, also Kontakt zu Mitspielerinnen aufnehmen zu können, gemeinsam nach Lösungen zu suchen, eigene Gefühle ausdrücken und mitteilen zu können usw.;
4. Frustrationstoleranz, also die Fähigkeit, eigene Bedürfnisse zurückzustellen und mit Misserfolgen umgehen zu können, nicht immer im Mittelpunkt stehen zu müssen usw.;
5. Toleranz und Rücksichtnahme, also Respekt vor den anderen Spielern, ihren Leistungen und ihrer Andersartigkeit, die Fähigkeit, andere, auch Schwächere, ins Spiel zu integrieren usw. (Zimmer, a. a. O., S. 33)

Diese sozialen Fähigkeiten sind nur langfristig lernbar und stellen hohe Anforderungen nicht nur an Kinder, sondern an alle Menschen dar. Für die Arbeit mit Kindern ist außerdem wichtig, dass gerade kleinere Kinder zwar schon Gefühle anderer erkennen können, sie aber noch nicht in der Lage sind sich in die andere Person in der Weise hineinzuversetzen, dass sie das eigene Handeln danach ausrichten.

Umwelterfahrung durch Bewegung

In Bewegung entdeckt das Kind die Welt. Kindliches Lernen ist ein Lernen mit dem ganzen Körper und mit allen Sinnen. Das Kind eignet sich die Welt über seine Sinne, seine unmittelbaren Handlungen und seinen Körper an. Dazu gehört zunächst das erprobende und experimentierende Umgehen mit Gegenständen und Materialien, durch das das Kind die Eigenschaften der Dinge erfährt. Nach den Entwicklungstheorien von Piaget sind diese einfachen Tätigkeiten die Grundlage für jede weitere Erkenntnisgewinnung (vgl. Bd. 1, LF 2, Kap. 4.2).

Obwohl das kleine Kind noch nicht sprechen und noch nicht abstrakt denken kann, gewinnt es auf diese Art viel physikalisches Wissen: Es macht Erfahrungen mit den unterschiedlichen Qualitäten von Sand und Wasser, erfährt, welche Gegenstände rollen, hüpfen oder in Scherben gehen, wenn man sie fallen lässt, es lernt etwas über Schwerkraft und Gleichgewicht, wenn es über eine Mauer balanciert oder auf einem Wackelbrett steht. *„In den ersten beiden Lebensjahren besteht eine besonders enge Verbindung zwischen Wahrnehmungsvorgängen und motorischen Handlungen. Piaget nennt daher die Bewältigung von Problemen in dieser Zeitspanne ‚sensomotorische Intelligenz'. Sie basiert ausschließlich auf Handlungen und Wahrnehmung der Dinge im Umgang mit ihnen, nicht aber auf Vorstellung und Denken."* (Zimmer, a. a. O., S. 41 f.).

Inwieweit Kinder solche Erfahrungen machen können, hängt einerseits davon ab, ob es in ihrer Umgebung Dinge und Material gibt, das sie zum Handeln und Ausprobieren anregt, und andererseits davon, ob Eltern und pädagogische Fachkräfte ihnen genügend Raum, Gelegenheit und die „innere Erlaubnis" zum Erforschen und Experimentieren geben.

Bewegung und Lernen – kein Gegensatz

Info 3

In Info 1 wurde ausführlich dargestellt, wie sich das Lernen von Kindern in ihren ersten Lebensjahren hauptsächlich über Körpererfahrung und Bewegung, über ihr aktives Tun, Ausprobieren, Erforschen vollzieht und wie die kognitive Entwicklung von den sinnlichen Anreizen der Umgebung abhängt.

„Was ich unter Lernen verstehe, ist, dass alles, was du weißt, auf drei, vier oder fünf verschiedene Arten gewusst werden muss – mindestens." Moshe Feldenkrais

Wie auch Spiel häufig als Gegensatz zum Lernen empfunden wird (s. Kap. 1.2), so gerät auch der Bewegungsdrang von Kindern je näher die Schule rückt, umso mehr in Verruf. Spätestens in der Vorschule wird der Ruf laut, die Kinder müssten nun endlich – als Vorbereitung auf die Schule – das Stillsitzen lernen und längere Phasen der Konzentration durchhalten. Darin drückt sich die Ansicht aus, dass man nur im Sitzen richtig lernen könne und dass Konzentration und Inbewegungsein im Widerspruch zueinander stehen. Oder aber diese Forderung trägt einfach der Realität in vielen Schulen Rechnung, in denen Lernen eben nur im Sitzen geschieht.

Die Wandelhallen und Gänge der Klöster, in denen schon vor Jahrhunderten im Gehen meditiert wurde, aber auch die Alltagserfahrung vieler Menschen, dass die zündende Idee, auf die man am Schreibtisch stundenlang vergeblich gewartet hat, dann bei einem Spaziergang kam, oder dass Vokabeln lernen beim Auf- und Abgehen im Raum am besten funktioniert, weisen in eine andere Richtung. So zeigt zum Beispiel die Gedächtnisforschung auf, dass Wörter, Zahlen und Inhalte leichter behalten werden können, wenn sie durch Gesten, rhythmische Bewegungen und sprachliche Wiederholungen begleitet werden, Grund hierfür sei die doppelte Codierung der Lerninhalte, die so motorisch und kognitiv gespeichert würden und dadurch schneller und sicherer im Langzeitspeicher des Gehirns wiederauffindbar seien (vgl. Zimmer 2004, S. 25).

Ein Tipp aus der Mnemotechnik: Zahlen werden leichter erinnert, wenn man sie sich bildlich vorstellt, z. B. die 4 als Segelboot.

Bewegung steigert die Konzentration

Wenn es so ist, dass gerade Kinder mit allen Sinnen, mit Körper, Geist und Seele lernen, dann muss es gegen jede Vernunft sein, dass sie beim Lernen stillsitzen sollen. Gerade das Sitzen ist von allen Dauerhaltungen die ungesündeste, die der Mensch auf Dauer einnehmen kann. In empirischen Studien über die Aufmerksamkeitsleistung von Kindern in verschiedenen Schulklassen wurde deutlich, dass die Aufmerksamkeit der Kinder in den Klassen am größten war, in denen in der Pause intensive Bewegungsmöglichkeiten angeboten wurden, die auch während des Unterrichts kurze Bewegungspausen einlegten, bei denen Unterrichtsinhalte auch durch Bewegung vermittelt wurden und die mit ergonomischen Arbeitsplätzen ausgestattet waren, die ein dynamisches Sitzen z. B. auf Sitzbällen, Sitzhockern usw. ermöglichten (vgl. Zimmer 2004, S. 49). Bewegung fördert die Durchblutung des Gehirns und sorgt für eine gute Versorgung mit Sauerstoff. Außerdem werden durch Bewegung hormonelle Prozesse beeinflusst, die zum Abbau von Stress und zu einem größeren Wohlbefinden führen.

INFO 3
Fortsetzung

Für pädagogische Fachkräfte gerade im Vorschulbereich, in betreuten Grundschulen oder in Angeboten der offenen Kinder- und Jugendarbeit, in denen auch Hausaufgabenhilfe geleistet wird, ergeben sich daraus wichtige Hinweise:

- Wenn Kinder sich nicht konzentrieren können, helfen keine Ermahnungen zum Stillsitzen, sondern eher eine „Tobeeinheit".
- Unruhigen und „zappeligen" Kindern sollten bewegte Lernmöglichkeiten angeboten werden, sei es eine dynamische Sitzgelegenheit oder ein Arbeitsplatz im Stehen, das Abfragen von Wissen im Gehen usw.

MOTIVATION STÄRKEN DURCH BEWEGUNG

Kinder sind von Natur aus neugierig; sie wollen selbst aktiv sein und sind bereit sich anzustrengen, wenn sie etwas interessiert. Je mehr sie dabei ihren Körper und alle Sinne einsetzen können, umso mehr sind sie bei der Sache. Welche Erfahrungen Kinder in ihren ersten Lebensjahren mit ihrem Drang, Dinge selbst zu tun und zu erkunden, machen, hat einen starken Einfluss auf ihr späteres Lernverhalten.

Von sich aus gehen Kinder auf den Bordsteinkanten statt auf dem Bürgersteig, lassen keine Treppe aus, klettern mal kurz auf jede Mauer, um wieder herunterzuspringen, nutzen im Wald jeden Baumstamm zum Balancieren und gehen keiner Pfütze aus dem Weg. Wenn es nach ihnen geht, ist der Weg von hier nach da der reinste Lehrpfad: Kann ich den großen Stein alleine heben und was ist darunter? Welchen Weg nehmen die Ameisen? Was bedeutet das Autokennzeichen HR? Wie funktioniert das Eingangstor der Tiefgarage? Wie viele Kastanien kann ich auf dem Weg sammeln? Mit welchem Stock kann ich werfen, um noch mehr zu kriegen? Wie tief muss die Pfütze sein, bis das Wasser von oben in meinen Gummistiefel läuft? …

Im Alltag werden Kinder in diesem Entdecker- und Bewegungsdrang aber oft gebremst, weil es Erwachsenen zu gefährlich erscheint, sie es eilig haben oder sie die Kraft einteilen wollen im Hinblick auf den Rückweg. … Die Erfahrung, die Kinder dabei machen, ist, dass ihr eigenes Interesse nicht so wichtig ist, dass andere Ziel und Weg bestimmen, dass Erwachsene es „besser wissen" und „richtig machen" und dass erst viele Bedingungen stimmen müssen, um etwas Bestimmtes zu tun – Sicherheitsvorkehrungen, die richtige Kleidung, der richtige Zeitpunkt usw. –, aber dann ist das Interesse schon verloschen.

DER KÖRPER BELOHNT SICH SELBST.

Der dem Kind innewohnende Tätigkeitsdrang, seine Motivation, kann so schon früh unterdrückt werden. Lässt man Kinder hingegen ihrem eigenen Interesse folgen, so ist oft keine weitere Unterstützung nötig: Kinder wenden sich den Dingen und Aufgaben zu, von denen sie sich angezogen fühlen, sie wollen sich um der Sache selbst willen damit beschäftigen. Der Körper hat dabei ein eigenes „Beloh-

LF 4

nungssystem": Wenn Menschen eine neue, positive Erfahrung machen, wird im Gehirn der Botenstoff Dopamin ausgeschüttet. Er bewirkt ein Gefühl freudiger Erregung und führt zu dem Wunsch, weiterzumachen.

„Etwas geschafft zu haben, Neues in bereits bestehende Erfahrungen und Erkenntnisse einordnen zu können, neue Informationen wie ein Puzzleteilchen in das vorhandene Wissen integriert zu haben, löst ein beglückendes Gefühl aus."

Renate Zimmer

Zimmer, Renate, Toben macht schlau, Herder Verlag, Freiburg 2004, 1. Auflage, S. 56 f.

Wenn die Aufgabe selbst bzw. die Beschäftigung damit sich für das Kind also von sich aus lohnt, ist es dafür nicht auf besonderes Lob angewiesen. Lob ist für Kinder wichtig, sollte aber nicht zu oft und nur situationsspezifisch ausgesprochen werden.

Umwege sind auch Wege.

Für die Motivation der Kinder ist wichtig, dass sie in ihrem Tun unterstützt werden, sich Aufgaben von verschiedenem Schwierigkeitsgrad suchen können und sie die Möglichkeit haben ihren eigenen Weg zu finden, auch wenn das aus Erwachsenenperspektive wie ein Umweg oder „Fehler" erscheinen mag. Positive Erfahrungen, ihrem eigenen Interesse folgen zu dürfen und immer neue Herausforderungen meistern zu können, ermöglichen offene Bewegungsangebote wie die so genannten Bewegungslandschaften, in denen vielseitige Anreize angeboten werden, die Kinder sich aber ihre Betätigung jeweils selber auswählen (s. Kap. 2.2).

Bewegung macht schlau.

„Wer nicht rückwärts gehen kann, kann nicht rechnen." Dieser Satz weist – allerdings sehr verkürzt – auf den Zusammenhang von Bewegung und kognitiven Fähigkeiten hin. Und zwar geht es hierbei um die Fähigkeit der Raumwahrnehmung und das Orientierungsvermögen. Sie bilden die Basis für die Bildung von Begriffen und den Umgang mit Zahlen. Raumwahrnehmung – das heißt, eine Vorstellung von Entfernungen und räumlichen Beziehungen zu entwickeln, Objekte, sich selbst und die Raumbegrenzungen zueinander in Bezug setzen zu können. Es geht um Raumbegriffe wie oben – unten, vor – hinter, neben, auf, über, … Kinder gewinnen solche Informationen über den Raum mit allen Sinnen, besonders aber durch die eigene Bewegung: nach vorne laufen, nach hinten umdrehen, nach oben klettern, unter etwas hindurchrutschen usw. Die Raumrichtungen werden sinnlich erfahren, Begrenzungen wirklich gespürt und der Raum in allen drei Dimensionen erfasst.

In Bewegungsspielen kommen die Raumdimensionen häufig wie selbstverständlich vor. Um die Raumwahrnehmung der Kinder zu unterstützen, kann es hilfreich sein, die Raumbegriffe auch zu benennen.

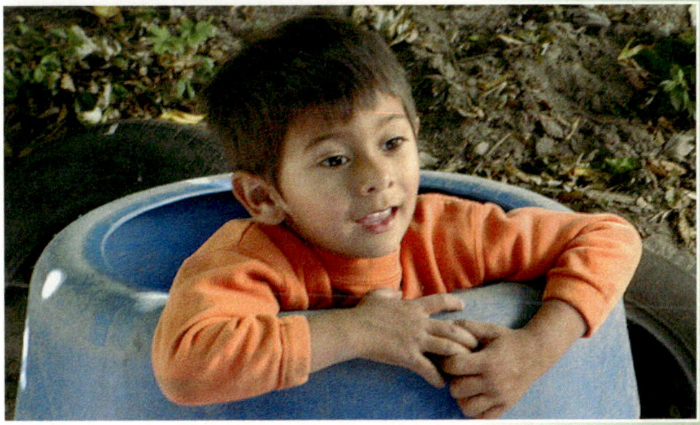

INFO 3
Fortsetzung

BEISPIEL „Rette sich, wer kann“ – eine Bewegungsgeschichte
Während die Kinder sich durch den Raum bewegen, erzählt die Spielleiterin eine Geschichte: Ein starker Regen kommt auf und alles wird überschwemmt. „Rette sich, wer kann“ – die Spielleiterin gibt die Rettungsinseln mit klarer Raumposition an, zum Beispiel auf dem Tisch, im Karton, unter der Decke, hinter der Tür, zwischen den Stühlen, …

AKTIVES PROBLEMLÖSEN

Es gibt viele Möglichkeiten, ein Problem zu lösen. Durch schulisches Lernen und das Bestreben, möglichst schnell und effektiv zu handeln, suchen Erwachsene in der Regel nach dem „richtigen“ Weg für ein Problem. Da Lernen aber subjektiv ist, das heißt, jeder Mensch unterschiedliche Fähigkeiten, Wahrnehmungs- und Denkstrukturen hat, gibt es auch häufig nicht den für alle richtigen Weg. Im Spiel können Kinder unterschiedliche Problemlösungsstrategien ausprobieren und Kreativität und Eigeninitiative entwickeln. Hilfreich ist es dabei, wenn pädagogische Fachkräfte fragen: *„Wie kann man …?“* Das fordert alle Kinder zu eigenem Denken auf und fragt ausdrücklich nach individuell verschiedenen Lösungsmöglichkeiten. *„Wie kann man einen Ball fangen?“* setzt ein Experimentieren frei: Man kann den Ball werfen, aufprellen lassen und erst dann fangen, man kann einen gerollten Ball mit den Armen oder den Beinen auffangen und man kann ihn auch frei in der Luft fangen.

„WIE KANN MAN …?“

Die häufig gestellte Frage „Wer kann …?“ bewirkt hingegen sofort eine Teilung der Gruppe in diejenigen, die es können, und diejenigen, die es (noch) nicht können. Es geht bei dieser Fragestellung nur um das Ergebnis, nicht um den Prozess. So kann schon die Fragestellung das Gefühl auslösen, der Aufgabe der Erzieherin nicht gerecht werden zu können, weil sie keine unterschiedlichen Lösungen und Schwierigkeitsgrade offen lässt. Die Frage nach dem „Wie“ lässt demgegenüber die Situation offen für viele Formen des Umgangs mit dem Ball, also materiale Erfahrung, mit dem Körper und den eigenen Bewegungsmöglichkeiten und für ein mögliches Zusammenspiel der Kinder. Und jedes Kind wird eine Lösung der Frage vorschlagen können, weil es unendlich viele gibt (vgl. Zimmer, a. a. O., S. 160).

INFO 4 Anregung für alle Sinne

ENTWICKLUNG DER WAHRNEHMUNG

Unter Wahrnehmung wird das Aufnehmen und Verarbeiten von Reizen über die verschiedenen Sinnessysteme verstanden. Dabei sind für die Entwicklung des Kindes zunächst die „körpernahen Sinne“ von größerer Bedeutung: das taktile System (das Tasten und Berühren), das vestibuläre System (Gleichgewichtssinn), das kinästhetische System (die Bewegungsempfindungen) sowie das gustatorische System (der Geschmackssinn) und das olfaktorische System (der Geruchssinn). Die körperfernen Sinne, das auditive System (Hören) und das visuelle System (Sehen) spielen demgegenüber in späteren Jahren eine größere Rolle (vgl. LF 4, Kap. 9).

SINNESREIZE SIND NAHRUNG FÜR DAS GEHIRN.

Die Art und Häufigkeit der Sinnestätigkeit beim Säugling und Kleinkind unterstützt maßgeblich die Entwicklung des Gehirns. Die Reize, die durch die Sinnesorgane zum Gehirn gelangen, sorgen hier für eine Verknüpfung der Nervenzellen und nur dadurch werden diese funktionsfähig. Jede Berührung, jede Bewegung, jede sinnliche

Wahrnehmung wird in elektrische und chemische Aktivität übersetzt, die zur Bildung neuer Verbindungen und damit zur Differenzierung beiträgt. Und auch wenn die Verbindungen (Synapsen) zwischen den Nervenzellen erst einmal bestehen: Ihre Effizienz hängt davon ab, wie häufig sie genutzt werden. Zu wenig genutzte Synapsen baut das Gehirn wieder ab. Je häufiger demgegenüber eine solche Verbindung genutzt wird, umso schneller arbeitet das Gehirn.

ALLE SIEBEN SINNE BEISAMMEN?

Die Wahrnehmungssysteme

	System	Sinnesorgan
körpernahe Sinne	taktiles System (Berühren, Fühlen)	Haut
	kinästhetisches System (sich bewegen)	Reizempfänger in den Muskeln und Gelenken
	vestibuläres System (Gleichgewichtsempfinden)	Innenohr, Gleichgewichtsorgan
	gustatorischer Sinn (Schmecken)	Zunge
	olfaktorischer Sinn (Riechen)	Nase
körperferne Sinne	auditives System (Hören)	Ohren
	visuelles System (Sehen)	Augen

Gerade die körpernahen Sinne sind heute in Gefahr, aus der Übung zu kommen. Deshalb ist es eine besondere Aufgabe pädagogischer Fachkräfte, zu beobachten, welche Sinne von Kindern besonders gebraucht werden und durch das Zurverfügungstellen von Material und Geräten eine vielseitige Wahrnehmungsfähigkeit zu fördern.

SPIELE FÜR DIE SINNE

„Kim lernt einen indischen Händler kennen, der ihm und dessen Sohn ein Tablett mit Juwelen zeigt. Nachdem die beiden einen kurzen Blick auf die Edelsteine geworfen haben, stellt der Händler das Tablett weg und fordert seine beiden Zuschauer auf die Juwelen aufzuzählen und zu beschreiben. Kim muss feststellen, dass der Sohn des Händlers die Steine viel besser beschreiben kann …“

(Szene aus dem Dschungelbuch von R. Kipling)

zitiert nach: Baer, Ulrich, Wörterbuch der Spielpädagogik, Lenoz Verlag, Basel 1981, S. 107

Von dieser Szene haben Kim-Spiele ihren Namen erhalten. Kim-Spiele sind Wahrnehmungs- und Gedächtnisspiele. In ihnen werden das Sehen, das Hören, das Tasten, das Schmecken und das Riechen beansprucht. Selbst wenn aber eine bestimmte Funktion, in diesem Fall die Sinneswahrnehmung, im Vordergrund steht, haben auch diese Spiele Wirkungen auf die soziale, kognitive und emotionale Entwicklung.

BEISPIELE:

„Schuhsalat“ – zum Fühlen

- Alle Spieler sitzen im Kreis, ziehen ihre Schuhe aus und legen sie in die Mitte auf einen Haufen. Wenn alle die Augen geschlossen haben, kann die Spielleiterin den Salat noch einmal umrühren und dann versuchen alle – mit geschlossenen Augen –, ihre eigenen Schuhe wiederzufinden.
- Wieder gibt es in der Mitte einen Schuhsalat. Diesmal ist aber die Aufgabe nur ein Paar – auch wenn es nicht das eigene ist – zu finden.

INFO 4
Fortsetzung

„Gewürzbasar" – zum Riechen und Schmecken

- Gewürze, Kräuter, Früchte liegen auf einem Tisch bereit. Ein Kind – oder mehrere – hat die Augen geschlossen und bekommt nun nacheinander Geruchsproben zum Riechen unter die Nase gehalten (Achtung: Ganz vorsichtig sein, für manche Menschen sind bestimmte Gerüche sehr unangenehm – also langsam nähern und keinen Pfeffer o. Ä. nehmen!). Entweder kann das Kind den Geruch zu bestimmen versuchen oder es sagt, woran es dieser Geruch erinnert (*„Riecht wie bei meiner Oma zu Weihnachten"*, ...).
- Entsprechend kann man das Spiel natürlich auch zum Schmecken machen.

Neben den Kim-Spielen, in denen es um wahrnehmen, erkennen und erinnern geht, gibt es natürlich noch viele andere Spiele, in denen die aktive Sinneswahrnehmung angeregt wird.

„Heiße Knödel" – zum Gleichgewichthalten

- Auf einem Frühstücksbrettchen oder – für kleinere Kinder – auf einem Pappteller sollen heiße Knödel serviert werden. Die sind so heiß, dass sie auf gar keinen Fall angefasst werden dürfen. Wie gelingt es, sie von einem Platz, zum Beispiel dem Herd, zum anderen Platz, z. B. dem Esstisch, zu bringen, ohne dass sie herunterfallen? Die Knödel können auch von einem Kind zum nächsten weitergegeben werden oder ein zweites Kind läuft mit einem Teller nebenher, um den Knödel gegebenenfalls aufzufangen.

„Spinnennetz" – für alle Bewegungssinne

- Vorsicht, Spinne! Die Spieler sitzen im Kreis auf dem Boden und rollen sich ein Wollknäuel (dicke Wolle oder besser noch dünnes, glattes Tau) zu. Dabei hält jeder den Faden fest, bevor er zum nächsten Spieler weiterrollt, sodass sich zwischen den Spielern ein Spinnennetz ergibt. Der Letzte kann nun durch die Löcher des Spinnennetzes steigen, darunter durchkriechen, versuchen mit einem Bein in einem, mit dem anderen in einem anderen Loch zu stehen, ... Geht das auch, ohne die Fäden zu berühren?

vgl. Zimmer, Renate, Toben macht schlau. Freiburg 2004

FAZIT

Ziel und Inhalt einer um die ganzheitliche Entwicklung bemühten Bewegungspädagogik ist es,

- ✘ Menschen vielseitige Körper- und Bewegungserfahrungen zu ermöglichen, durch die sie eine gute Wahrnehmung körperlicher und emotionaler Empfindungen entwickeln, in ihren motorischen Fähigkeiten gestärkt werden und sich in ihrem Körper zu Hause fühlen.
- ✘ Körper und Bewegung als Ausdrucksmittel zu verstehen und zu stärken, durch die Beziehungen zu anderen Menschen aufgenommen und gestaltet werden können.
- ✘ alle Sinne zu aktivieren und mit ihnen die Umwelt zu begreifen.
- ✘ Vertrauen in die eigenen Fähigkeiten zu gewinnen und Lust an der Bewegung zu haben.

Um das zu erreichen, sollten

- ✘ vielseitige Bewegungsmöglichkeiten Bestandteil des alltäglichen Lebens (im Kindergarten und in anderen Einrichtungen) sein.
- ✘ Gruppenräume wie Außengelände durch ihre Gestaltung Möglichkeiten zum Toben wie auch für Ruhe und Rückzug ermöglichen.

- spezielle Bewegungsangebote wie offene Bewegungslandschaften oder angeleitete Bewegungseinheiten diese Ziele unterstützen.
- pädagogische Fachkräfte nicht nur mit Geist und Seele, sondern auch mit ihrem Körper zur Verfügung stehen.

Aufgaben und Anregungen

1 Welches Verhältnis haben Sie selbst zu Bewegung? Nehmen Sie einen leeren Zettel und schreiben Sie auf die eine Seite Bewegungsarten, die Sie mögen, auf die andere diejenigen, die Sie nicht mögen. Suchen Sie sich eine Partnerin, mit der Sie sich darüber austauschen. Überlegen Sie gemeinsam, welchen Einfluss das auf Ihr Verhalten in der Arbeit mit Kindern oder Jugendlichen hat.

2 Wie viel Körperkontakt dürfen/sollten Erzieherinnen Ihrer Meinung nach mit Kindern haben?

3 Entwerfen Sie ein Konzept für eine Bewegungseinheit zu einem der folgenden Themen und probieren Sie sie, wenn möglich, während Ihres Praktikums oder in Ihrer Lerngruppe aus:
- Toben und Entspannen
- Abenteuer im Dschungel
- Mein Körper
- Gemeinsam sind wir stark

Wenn Sie diese Konzepte in Ihrer Lerngruppe vorstellen und füreinander kopieren, haben Sie gleich eine gute Sammlung!

2.2 Das Konzept der Psychomotorik

Einstiegssituation

Montagmorgen. Susanne kommt in den Kindergarten, in dem sie zurzeit ihr Praktikum macht. Im Mitarbeiterraum stolpert sie fast über ein merkwürdiges Gerät und auf dem Tisch stapeln sich Kataloge und Broschüren.

„Hallo, Susanne. Das musst du dir ansehen. Du machst doch Tanz mit Kindern. Dann gefällt dir das hier bestimmt auch. Sieh mal." Maike, Susannes Anleiterin, kommt herein und überschlägt sich fast vor Begeisterung. Sie war in der letzten Woche nicht da gewesen, weil sie an einem Bildungsurlaub teilgenommen hatte. Irgendwas mit Bewegung, weiß Susanne nur.

In den Katalogen auf dem Tisch entdeckt sie viele weitere Bewegungsgeräte. Außerdem Bilder von Turnhallen, in denen Kinder wild durcheinander auf irgendwelchen abenteuerlichen Konstrukten herumklettern. *Na, bei mir im Jazztanz geht es aber geordneter zu,* denkt sich Susanne, sagt aber nichts dazu. Außerdem ist Maike schon wieder draußen. *„Hey, Susanne, guck mal"*, wird sie gerufen. Im Eingangsflur rauscht Maike auf dem merkwürdigen Ding, über das sie fast gefallen wäre, an ihr vorbei. *„Ein Pedalo. Komm, probier mal."*

Fragen

- *Ist Psychomotorik nicht eine Therapiemethode? Kann man sie in der pädagogischen Arbeit überhaupt einsetzen?*
- *Braucht man nicht sehr spezielle Geräte und große Bewegungsräume dazu? Wie kann man psychomotorisch arbeiten, wenn man das alles nicht hat?*

INFO 1

Psychomotorik = Entwicklungsförderung durch Wahrnehmung und Bewegung

Der Ansatz, die psychische, soziale, kognitive und emotionale Entwicklung von Menschen als Einheit zu verstehen, in der jeweils ein Bereich immer Auswirkungen auf den anderen hat, liegt auch dem Konzept der Psychomotorik zugrunde. Die Psychomotorik ist ein Konzept der Entwicklungsförderung, das zwar ein spezielles Medium – die Bewegung – in den Vordergrund stellt, über dieses Medium aber zur Stabilisierung der ganzen Persönlichkeit beitragen will.

In der Bundesrepublik prägt Ernst J. Kiphard seit Mitte der 50er-Jahre die Psychomotorik: Er setzte Bewegung in der Therapie behinderter, verhaltensauffälliger und entwicklungsgestörter Kinder ein, weil er feststellte, dass das körperliche Erleben einen guten Zugang zum Psychischen eröffnete. *„Das Bewegungsverhalten eines Kindes gibt uns auch Aufschluss über seine psychische Befindlichkeit, über Prozesse, die es u. U. nicht sprachlich ausdrücken kann oder will, die aber zum Verständnis der beim Kind sichtbaren Probleme von wesentlicher Bedeutung sind."* (Zimmer, a. a. O., S. 186)

Psychomotorische Erziehung geht davon aus, dass erst durch vielseitige Bewegungs- und Wahrnehmungserfahrungen die Grundlage für eine harmonische Persönlichkeitsentwicklung geschaffen wird. Im Mittelpunkt stehen also nicht bestimmte Bewegungsfertigkeiten, die ein Kind jetzt lernen soll, wie zum Beispiel Geschicklichkeit, Feinmotorik o. Ä., sondern das eigenverantwortliche, aktive Lernen und Probieren entsprechend der eigenen Neigungen und der momentanen Bedürfnisse. Aufgabe der pädagogischen, psychomotorisch orientierten Fachkräfte ist es hier, durch Spielgeräte, Geräteaufbauten oder Spielangebote möglichst vielseitige Bewegungsqualitäten zu ermöglichen.

Die Bewegungsarten, um die es geht, sind zum Beispiel:
- Schaukeln und Schwingen
- Rollen und Sichdrehen
- Steigen und Klettern
- Gleichgewicht
- Springen
- Gleiten, Fahren, Rutschen
- Kriechen und Krabbeln
- Schieben, Ziehen, Tragen

PSYCHOMOTORISCHE SPIELGERÄTE

Die Psychomotorik hat verschiedene Spielgeräte und Geräteaufbauten entwickelt, mit denen die oben genannten Grundbewegungsformen besonders gut erfahren werden können:

Pedalo

Das Pedalo ist eines der bekanntesten psychomotorischen Spielgeräte. Es erfordert eine gute Gleichgewichts- und Koordinationsfähigkeit von seinem Benutzer. Um sich damit fortzubewegen, muss das Gewicht auf den Trittbrettern ständig von einer Seite auf die andere verlagert werden.

Rollbrett

Rollbretter sind bei Kindern sehr beliebt und bieten sich für sehr verschiedene Spielaktivitäten an. Kinder können damit
- in verschiedenen Körperhaltungen fahren und rollen;
- Gegenstände transportieren;
- im Raum drehen und schleudern (Rollbrett am Seil, die Erzieherin zieht oder schleudert es durch den Raum);

- andere Geräte beweglich machen: Ein umgedrehter kleiner Kasten auf einem Rollbrett wird zum Auto, eine Bank auf zwei Rollbrettern zum Bus, eine Matte auf vier Rollbrettern zum Schiff.

Das letzte Beispiel macht deutlich, dass Rollbretter nicht nur eine motorische Herausforderung sind, sondern dass sie kreative Spielideen hervorrufen und das Miteinander der Kinder fördern. So kann eine Auto(renn)strecke im Raum mit Hindernissen, Tunneln, Kurven, … entstehen. Vielleicht sogar eine ganze Stadt mit verschiedenen Verkehrsmitteln, Transportunternehmen, Straßen und Verkehrsregeln.

Schwungtuch

Schwungtücher sind große, meist runde leichte Tücher aus Kunstfaser. Verwendbar sind auch Fallschirme – deswegen sind die Spiele häufig auch als Fallschirmspiele bekannt. Wer kein Schwungtuch hat, kann aber etliche Spiele auch mit einem großen Bettlaken probieren. Das Spiel mit dem Schwungtuch braucht viele Mitspieler – denn nur, wenn es von vielen gehalten wird, lässt es sich gut hochschwingen und bewegen. Schwungtuchspiele sind somit immer Kooperationsspiele.

Es gibt sehr viele Spielideen für Schwungtücher und wenn eine Einrichtung eines hat, dann lohnt es sich, in entsprechenden Büchern oder Spielkarteien zu stöbern und weitere Ideen auszuprobieren.

Aufbau von Bewegungslandschaften

INFO 2

Bewegungslandschaften oder -baustellen sind der Versuch, nach psychomotorischen Gesichtspunkten großräumige und vielseitige Bewegungserfahrungen in einer offenen Spielsituation zu ermöglichen. Räume (Turnhallen, Bewegungsräume, ausgeräumte Gruppenräume oder Eingangshallen) werden wie Landschaften (oder eben Baustellen) gestaltet. Dazu werden Geräte, Möbel oder andere Materialien wie Kartons, Kissen usw. so miteinander kombiniert und aufgebaut, dass sie Kinder zum Ausprobieren vielfältiger Bewegungsformen anregen.

Ähnlich wie in der Natur gibt es

- Gräben zum Überspringen (zwei Matten, die im Abstand von ca. 1 m nebeneinander auf dem Boden liegen),
- Berge und Hügel zum Raufklettern und Herunterspringen (Kästen, Matten und aufeinander getürmte Schaumstoffelemente),
- Abhänge zum Rutschen und Klettern (schiefe Ebenen aus einer Bank, die an einer Sprossenwand oder einem Kasten eingehängt ist),
- Tunnel, unter denen man hindurchrutschen oder -kriechen kann (eine Matte zwischen zwei Kästen gewölbt oder ein Tisch),
- Schaukeln und Seile zum Schwingen und Ausruhen (Matten an Seilen oder in mehrere Reifen eingeschoben, Seile).

INFO 2
Fortsetzung

Diese Landschaften schaffen nicht nur Bewegungsanreize, sondern regen häufig auch zu einer Spielidee an: ein Autorennen mit Hindernissen, eine Schiffsreise usw. So werden gleichzeitig Fantasie, Kreativität, selbstständiges Handeln und Kooperation herausgefordert (vgl. Zimmer, a. a. O., S. 165).

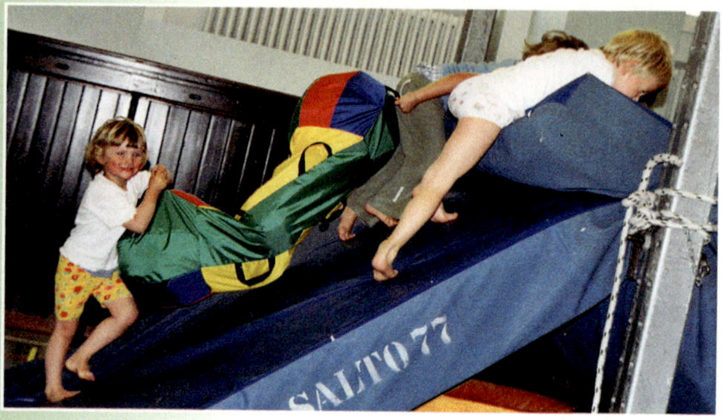

Dabei wählen die Kinder Aufgabe und Platz im Raum immer selbst und finden auch ihren individuellen Umgang mit einem Gerät oder einem Aufbau. Es gibt kein „richtig“ oder „falsch“ – jedes findet seine eigene Form der Bewältigung eines Problems.

Beim Aufbau von Bewegungslandschaften in einer Halle oder einem Bewegungsraum soll neben der Vielfalt an Bewegungsarten auch berücksichtigt werden, dass unterschiedliche Möglichkeiten hinsichtlich der Dynamik bestehen: Es sollte Rückzugs- und Pausenmöglichkeiten ebenso geben wie Raum für schnelle, ausladende Bewegung. Außerdem können Kinder sowohl in die Planung „Was möchtet ihr heute aufbauen?“ wie auch in das Abbauen und Aufräumen einbezogen werden.

INFO 3 Psychomotorik im Wald

Was sich die Psychomotorik von natürlichen Landschaften abgeguckt hat und nun aufwändig in Räumen nachzubilden versucht, kann natürlich draußen, z. B. im Wald, „einfach so“ stattfinden.

- Baumwurzeln, Erdlöcher, Laub, Sand, Matsch und Blätter – der Waldboden ist uneben und fordert Gleichgewicht, Wahrnehmung und Aufmerksamkeit heraus.

- Abhänge und Schluchten laden zu Rutschpartien und Kletteraktionen ein – dazu braucht es nicht nur Koordinationsfähigkeit und Geschicklichkeit, sondern auch Mut und Kraft.
- An einem Wasserlauf werden Staudämme gebaut, Wassertiere beobachtet oder Hexensuppen gekocht – der Wald hat für jedes Kind die richtige Aufgabe.
- Regenwürmer finden und Frösche fangen, Steine schleppen und Matschkuchen backen, leichtes Feuerholz oder große Balancierstämme ranschaffen – Kinder be-greifen und erfassen den Wald mit all ihren Sinnen.
- Für ein Feuer müssen Steine geholt und zu einem Steinwall gebaut werden; mit trockener Birkenrinde gelingt es fast immer, ein Feuer zu entfachen. Und dass man ein Streichholz immer vom Körper wegstreichen muss, weiß jeder Feueranzünder. Die Tätigkeiten im Wald stehen in einem Sinnzusammenhang.

- Passendes Material wählen, ranschaffen und daraus etwas bauen – neben dem körperlichen Einsatz, Geschicklichkeit und Konstruktionsfähigkeit erfordert das auch Fantasie und Eigeninitiative.
- Eine Schaukel an einem hohen Ast mitten im Wald – das ist fast wie Fliegen!
- Und schließlich: Nach einem Tag im Wald kann jedes Kind stolz sein auf seine Kraft und Ausdauer! (vgl. J. Stellbrink, 2002, S. 15)

„Ich freue mich auf den Herbst. Da können wir wieder in die Blätter springen!"
(Philip, 4 J.)

Aufsichtspflicht

Info 4

Abhänge, Berge, Schluchten, Riesenschaukeln – das klingt auch gefährlich und so stellt sich die Frage nach der Aufsichtspflicht der pädagogischen Fachkräfte bei solchen Bewegungsangeboten. Da ein wesentliches Ziel von Kindertageseinrichtungen die Erziehung zu Selbstständigkeit und Eigenverantwortlichkeit ist, stehen Erzieherinnen hier oft in einem Konflikt.

Sicher müssen Geräte und Geräteaufbauten auf mögliche Gefahrenquellen untersucht und möglichst gut abgesichert sein. Andererseits macht gerade das Risiko den Reiz vieler Situationen aus. Und nur in nicht 100 % sicheren Bewegungssituationen erleben die Kinder die Fähigkeiten und Grenzen ihres Körpers. Kinder brauchen Grenzerfahrungen, um die eigenen Fähigkeiten einschätzen zu können und dadurch auch zu mehr Sicherheit über ihren Körper zu gelangen. Diese Sicherheit und Selbsteinschätzung schützt sie auch vor größeren Unfällen.

Ein wesentliches Kriterium ist das Verhältnis, das Erzieher selbst zu Bewegung und Risiko haben. Wer sich sowohl in der eigenen Bewegung wie auch in der Einschätzung der Fähigkeiten der Kinder sehr unsicher fühlt, sollte diesem Gefühl Rechnung tragen. Es ist immer hilfreich, zunächst selbst auszuprobieren, die eigenen Vorlieben und Unsicherheiten zu kennen und die eigenen Grenzen bewusst auszuloten und außerdem gezielt die motorischen Fähigkeiten der Kinder zu beobachten. Fortbildungsveranstaltungen geben Raum für eigene Erfahrungen mit dem Körper und Sicherheit in der praktischen Umsetzung von Gelerntem.

Zu viel Sicherheitsvorkehrungen erhöhen das Unfallrisiko.

Es gibt in der Psychomotorik sehr spektakuläre Aufbauten, von tiefen Schluchten und hohen Bergen über frei schwingende Brücken und Riesenschaukeln. Für solche Aufbauten ist ein fundiertes Wissen Voraussetzung, sei es eine psychomotorische Ausbildung, wie man sie inzwischen an vielen Instituten in Deutschland machen kann, oder ein Übungsleiterschein, den etliche Sportvereine für Leiter von Sport- und Bewegungsangeboten anbieten.

Beziehungsorientierte Bewegungspädagogik

Info 5

Eine spezielle Richtung der Psychomotorik wendet sich dem Aspekt der Beziehung und Kommunikation in der Bewegungspädagogik zu. Veronica Sherborne, die in England von 1922 bis 1990 gelebt und vor allem mit behinderten und entwicklungsverzögerten Kindern gearbeitet hat, hat diesen Aspekt in der Arbeit mit integrativen Gruppen besonders hervorgehoben. Das Besondere an ihrer Unterrichtsmethode ist, dass sie häufig Partnerarbeiten verwendet, bei denen die Partner jeweils sehr unterschiedliche Aufgaben übernehmen. So arbeiten z. B. Eltern mit ihren Kindern, aber auch ältere Kinder, darunter auch Kinder mit Verhaltensauf-

INFO 5
Fortsetzung

fälligkeiten, mit jüngeren behinderten Kindern. *„Die älteren Kinder erfahren in ihrer verantwortungsvollen Rolle eine Aufwertung ihres Selbstwertes und die jüngeren Kinder werden in ihrer Bewegungsentwicklung gefördert.“* (Sherborne, Veronica. Beziehungsorientierte Bewegungspädagogik, Ernst Reinhardt Verlag, München 1998 , 1. Auflage, S. 17) Ziel der Bewegungspädagogik ist es nach diesem Ansatz, die Fähigkeit, Beziehungen zu gestalten, zu unterstützen.

Dabei beschreibt Sherborne drei unterschiedliche Beziehungsdimensionen, die zwischenmenschliche Kontakte charakterisieren und als Beziehungsmöglichkeit für jeden Menschen wesentlich sind:

1. Umsorgende oder „Füreinander“-Beziehungen (caring)
   In der Bewegungsarbeit bedeutet „Caring“ den fürsorglichen Umgang mit einem oder mehreren Partnern (to care – sich kümmern).
2. „Miteinander“-Beziehungen (shared)
   „Shared“-Beziehungen sind durch wechselseitige, symmetrische Kontakte gekennzeichnet (to share – teilen).
3. „Gegeneinander“-Beziehungen (against)
   Bei „Against“-Beziehungen setzt man seine Kraft gegen die Kraft oder den Widerstand eines Partners oder einer Fläche ein (against – gegen).

Die drei von Sherborne beschriebenen Beziehungsqualitäten spiegeln sich in der Entwicklung von Kindern wider: In der ersten Zeit erlebt das Kind eine symbiotische Phase, in der es von einer Bezugsperson, in der Regel Mutter und/oder Vater, umsorgt und behütet wird. Getragen und geschaukelt zu werden, sind für das Baby körperlich und seelisch besonders bedeutsame Erfahrungen. Danach folgt eine Phase der Ablösung, in der das Kind sich selbst als unabhängig von seinen Eltern wahrnimmt und dadurch ein eigenes Selbstverständnis aufbaut. Die Abgrenzung und das Weggehen von der Bezugsperson sind dafür nötig. Und schließlich folgt eine Phase des Teilens und der Gegenseitigkeit, in der das Kind Einsicht in soziales Verständnis gewinnt.

Sherborne betont die Bedeutsamkeit für Kinder, alle drei Beziehungsdimensionen zu erleben und sich darin auszuprobieren. Erzieherinnen sind für Kinder immer Bezugspersonen – also Menschen, auf die sie sich beziehen. Dabei ist es für pädagogische Fachkräfte wichtig, um die Bedeutung dieser unterschiedlichen Beziehungsarten zu wissen und sich Kindern dafür auch zur Verfügung zu stellen. Das kann auch durch die von Sherborne entwickelten Partnerübungen geschehen. Im Folgenden werden verschiedene Übungen beschrieben, in denen jeweils eine der drei Qualitäten besonders zum Ausdruck kommt.

IN BEWEGUNGSARBEIT FÜRSORGLICHKEIT ERFAHREN.

„Ohrensessel“

Manchmal ist das Leben anstrengend, auch für Kinder, und da ist es gut, einen weichen warmen Ohrensessel zu haben. Dafür setzt sich die Erzieherin (oder ein größeres Kind) auf den Fußboden, stützt sich mit den Händen nach hinten ab und öffnet die Beine, sodass dazwischen Platz ist. Das ist der Ohrensessel. Nun kann sich ein Kind hineinsetzen: Es setzt sich zwischen die Beine der Partnerin, lehnt sich an und der Ohrensessel beginnt sanft zu wiegen und zu summen.

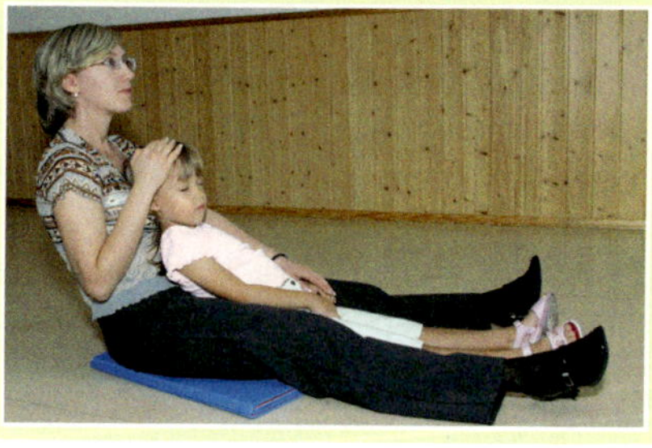

„Auf dem Rücken balancieren“

Wirklich von einem anderen Menschen getragen zu werden, zeigt wörtlich, dass es eine „tragfähige“ Beziehung ist. Diese Übung ist für Kinder mit größeren Kindern oder Erwachsenen als Partnern geeignet; sie kann aber auch gut mit älteren Kindern und Jugendlichen eingesetzt werden, da sie eine gewisse Herausforderung bedeutet.

Dafür begibt sich ein Partner auf den Boden in den Vierfüßlerstand. Die Knie sollten unter den Hüften, die Hände unter den Schultern sein, sodass sich ein wirklich stabiler Stand ergibt.

Die Partnerin beginnt zunächst auf unterschiedliche Weise, ihr Gewicht auf dem Partner abzulegen: sich über den Rücken legen, auf den Po setzen, … Schließlich kann sie sich ebenfalls im Vierfüßlerstand auf den Partner stellen oder tatsächlich aufrecht oben stehen – dazu entweder beide Füße auf den Kreuzbeinbereich des tragenden Partners oder einen Fuß zwischen die Schulterblätter, den anderen auf das Kreuzbein. Bei dieser Übung sollte jemand dabei sein und Hilfestellung geben. In der Arbeit mit Jugendlichen oder Erwachsenen ist es für beide Partner eine positive Erfahrung, sowohl das Getragenwerden wie auch das Tragen zu erleben.

Ein partnerschaftliches Miteinander in Bewegung erleben.

„Ruderboot“

Um ein Ruderboot zu bauen, setzen sich zwei Partner mit gegrätschten und ausgestreckten Beinen gegenüber. Die Beine des einen Partners sollten dabei über den Beinen des anderen Partners liegen, sodass die beiden nicht zu weit auseinander sitzen und sich bequem an den Händen halten können. Abwechselnd legt sich der eine Partner zurück bis auf den Boden und zieht damit seinen Partner in den aufrechten Sitz, dann lehnt sich dieser zurück und zieht wiederum den Ersten hoch. Wichtig ist, dass in Rückenlage wirklich ein Moment der Entspannung da ist und auch der Kopf wirklich auf dem Boden abgelegt wird. Wird diese Übung mit zwei ungleich großen Partnern durchgeführt, zum Beispiel einem Erzieher und einem Kind, dann ist es für das Kind eine aufregende Aufgabe, den Erzieher hochzuziehen (dieser wird das Kind dabei unterstützen).

In Bewegung gegen jemanden sein dürfen.

In diesen Übungen testet das Kind seine Kraft gegenüber einem Partner, besonders gegenüber einem älteren und stärkeren Partner. Für das Kind ist es wichtig, seine Kräfte zu entdecken und zu lernen, damit umzugehen. Es ist daneben eine wesentliche Erfahrung für Kinder, dass sie sich zwar im Spiel mit aller Kraft gegen ihren Partner wenden dürfen, aber ohne damit die Beziehung aufs Spiel zu setzen. Das ist auch für den Umgang in Konfliktsituationen eine wichtige Grundlage: Ich darf meine Interessen engagiert vertreten, ohne dass es das Ende einer Freundschaft bedeuten muss. Gerade für sehr angepasste Kinder ist diese Erfahrung ein bedeutsamer Schritt. Das Ergebnis von „Gegeneinander-Spielen“ ist in der Regel eine Vertiefung des Kontakts.

„Fest wie ein Stein"
Ein Partner ist der Stein: Dafür ist wieder der Vierfüßlerstand die Grundposition – wichtig ist Füße und Knie mehr als hüftbreit auseinander zu stellen und die Hände mit gespreizten Fingern fest auf den Boden zu drücken. Wenn der Stein da so liegt mit all seinem Gewicht, versucht der Partner, erst vorsichtig, dann mit immer mehr Kraft, den Stein zu schieben. Ziel ist es, dem Kind ein Gefühl seiner Kraft und Entschlossenheit zu vermitteln.

Fazit

Psychomotorik ist ein Ansatz der Bewegungspädagogik, der über das Medium Bewegung die körperliche, geistige und seelische Entwicklung fördern will. Anreize zu vielfältigen Bewegungsformen werden über spezielle Geräte und gestaltete Bewegungslandschaften geschaffen. Kinder wählen dabei die Bewegungsart wie auch den Grad der Herausforderung selbst.

Die **beziehungsorientierte Bewegungspädagogik,** ein spezieller Ansatz der Psychomotorik, entwickelt Übungen und Bewegungsspiele, die die Fähigkeit zur Gestaltung zwischenmenschlicher Kontakte in den Mittelpunkt stellen.

Aufgaben und Anregungen

1 Zu welchen Bewegungsformen regen Gruppenräume und Außengelände an? Beobachten Sie im Praktikum das Bewegungsverhalten der Kinder drinnen wie draußen. Welche der in Info 1 genannten Bewegungsarten erleben Sie häufig, welche wenig oder gar nicht?

- Schaukeln und Schwingen
- Rollen und Sichdrehen
- Steigen und Klettern
- Gleichgewicht
- Springen
- Gleiten, Fahren, Rutschen
- Kriechen und Krabbeln
- Schieben, Ziehen, Tragen

2 Versuchen Sie Ihren Klassenraum umzugestalten und möglichst vielseitige Bewegungsanreize zu schaffen mit dem, was gerade da ist. Finden Sie verschiedene Bewegungsmöglichkeiten in diesem Raum.

3 Gibt es in für Sie erreichbarer Nähe einen Bewegungskindergarten oder ein psychomotorisches Angebot für Kinder? Versuchen Sie dort einmal zu hospitieren und die Bewegungsangebote dort selbst auszuprobieren.

4 Bringen Sie verschiedene, möglichst große Kartons mit. Was kann man alles damit tun? Finden Sie mit Ihrer Studiengruppe möglichst viele verschiedene Aktivitäten.
Jede von Ihnen sollte zum Schluss sagen, was davon ihr persönlich am besten gefallen hat.

5 Wählen Sie aus Ihrer Studiengruppe eine Partnerin und probieren Sie gemeinsam einige der Bewegungsübungen der beziehungsorientierten Bewegungspädagogik – mindestens zu jeder Beziehungsqualität eine – aus. Werden die unterschiedlichen Beziehungsdimensionen für Sie darin deutlich?

6 Wie schätzen Sie die Möglichkeit ein, die Kommunikations- und Beziehungsfähigkeit von Menschen durch Bewegungsspiele zu fördern?

961278

2.3 Kreativer Tanz

Einstiegssituation

Susanne muss sich beeilen. Direkt vom Kindergarten aus fährt sie zum Vereinshaus ihres Sportvereins, bei dem sie Jazztanz für Kinder anbietet. Sie hat dort noch ein Übungsleitertreffen und heute Abend soll das Programm für das nächste Jahr besprochen werden. Dabei ist sie in Gedanken noch im Kindergarten und bei den neuen Ideen, die Maike, ihre Anleiterin, von ihrer psychomotorischen Fortbildung mitgebracht hatte. *„Die Kinder sollen sich frei bewegen können, eigene Bewegungsarten finden …“*, so hat sie Maike noch im Ohr.

Hm, bei ihr im Jazztanz ist dafür auch kein Platz. Da gibt es klare Vorgaben, Schrittfolgen und festgelegte Bewegungsabläufe. Na klar, bei den Kleinen fängt sie auch mit einem Bewegungsspiel zum Austoben an. Aber danach ist es mit der Freiheit eigentlich vorbei. Dann wird geübt. Aber es gibt den Kindern doch auch Sicherheit, denkt Susanne etwas trotzig, wenn sie genau wissen, was sie tun sollen. Außerdem sieht es toll aus, wenn sie dann beim Sommerfest alle in ihren schicken Tanzanzügen auf der Bühne stehen und sich so synchron bewegen – na ja, fast jedenfalls.

Aber manchmal hat Susanne selbst schon ein wenig daran gezweifelt, ob ihr Unterricht den Bedürfnissen der Kinder wirklich entspricht – und diesen Zweifel hat Maike heute in ihr bestärkt. Nur leider hat Susanne keine einzige Idee, was sie denn anders machen könnte. Dass Tanz und Bewegung gut ist für Kinder, darin ist sie sich ganz sicher. Aber vielleicht müsste sie es mal anders gestalten …

FRAGEN

- ✔ *Welche Rolle spielt „Tanz“ in pädagogischen Arbeitsfeldern?*
- ✔ *Welche Tanzformen gibt es in der Tanzpädagogik und für wen sind sie geeignet?*
- ✔ *Was versteht man unter „Kreativem Tanz“?*
- ✔ *Welches sind die Merkmale tanzpädagogischer Arbeit?*

Die Wurzeln des „Kreativen Tanzes“

INFO 1

In Deutschland gehen die Wurzeln des „Kreativen Tanzes“ bis in die 20er-Jahre des letzten Jahrhunderts zurück. Neben drastischen Veränderungen im Gesellschaftstanz – mit der amerikanischen Jazzmusik kamen auch die entsprechenden Tänze wie Foxtrott und Charleston „über den Ozean“ – gab es ebenso tief greifende Veränderungen im Bühnentanz. Hier entstand als eine völlig neue Form der „moderne Ausdruckstanz“. Während es im klassischen Ballett um die Demonstration vollendeter Technik und märchenhafter Inhalte ging, wollte der sich entwickelnde Ausdruckstanz das Unbewusste sichtbar machen. Seine Hauptbegriffe waren Körpergefühl, Rhythmus und Seele. Mary Wigman, eine der bedeutendsten Ausdruckstänzerinnen dieser Zeit, beschreibt ihr Verständnis von Tanz so: *„Was ist Tanz? Raum, Symbol: Endliches mit Unendlichem geformt, durchdrungen, gebaut. Tanz ist eine Sprache, die im Menschen ureingeboren schlummert. Tanz ist Sprache des bewegten Körpers. Tanz ist Ausdruck gesteigerten Lebensgefühls. (...) Die Tänzerin ergreift nicht den seelischen Inhalt, sondern der seelische Inhalt ergreift sie. Sie wird Seele.“* (Mary Wigman, zit. nach Klein, Gabriele. Frauen Körper Tanz: Eine Zivilisationsgeschichte des Tanzes, Quadriga Verlag, Weinheim, Berlin 1992, 1. Auflage, S. 185)

Ein anderer wichtiger Vertreter der Ausdruckstanzbewegung und wegen seiner Arbeiten in der Bewegungserforschung von großer Bedeutung war Rudolf von La-

INFO 1
Fortsetzung

ban (1879 bis 1958), Tänzer und Choreograf und von 1930 bis 1934 Ballettdirektor des preußischen Staatstheaters. Er wollte die Möglichkeiten zur authentischen, beseelten Bewegung nicht nur Profitänzern zur Verfügung stellen, sondern füllte ganze Bewegungschöre im Ballett mit Laien, um auch ihnen diese Erfahrung zu ermöglichen.

Sosehr der Ausdruckstanz in seinen Anfängen Widerspruch gegen herrschende Konventionen beinhaltete, so anfällig waren dann leider breite Teile der Ausdruckstanzbewegung, unter ihnen auch Mary Wigman und Rudolf von Laban, für die nationalsozialistischen Gedanken. So organisierte Laban 1934 für die Nationalsozialisten die „Deutschen Tanzfestspiele“, bei denen u. a. auch Mary Wigman auftrat. Und bei den Olympischen Spielen 1936 wurde ein Festspiel „Olympische Jugend“ aufgeführt, bei dem eine große Zahl an Laientänzern mitwirkte. *„Mit einem Massenaufgebot an Mitwirkenden inszeniert zeigte dieses Festspiel, dass Labans ursprüngliche Idee der Laientanzbewegung, die auf die freie Entfaltung menschlichen Bewegungspotenzials abzielte, zu einem massenmanipulierenden Element der Nationalsozialisten ummodelliert worden war.“* (Klein, Gabriele. a. a. O., S. 202)

BEWEGUNGSANALYSE NACH R. VON LABAN

Laban wanderte 1938 nach England aus. Hier arbeitete er besonders an der Erforschung menschlicher Bewegungsqualitäten. Mit seinen Erkenntnissen und Darstellungen hat Laban große Bereiche des Tanzes, aber auch der Tanzpädagogik und der Tanztherapie maßgeblich beeinflusst. Sein wichtigstes Werk „Der moderne Ausdruckstanz in der Erziehung. Eine Einführung in die kreative tänzerische Bewegung als Mittel zur Entfaltung der Persönlichkeit“ erschien erst gut 20 Jahre nach seinem Tod.

Labans Analyse der menschlichen Bewegung lässt sich in drei Bereiche unterteilen:

WELCHER KÖRPERTEIL BEWEGT SICH?

1. **Was** bewegt sich?
Diese Frage beinhaltet den Blick auf die einzelnen Körperteile in der Bewegung: Bewegt sich der Körper als Ganzes oder nur einzelne Körperteile? Geht die Bewegung eher vom Rumpf aus oder von den peripheren Körperteilen wie Händen und Füßen? Bewegt sich hauptsächlich die untere Körperhälfte oder die obere?

IN WELCHE RAUMRICHTUNG GEHT DIE BEWEGUNG?

2. **Wohin** geht die Bewegung?
Auf den ersten Blick scheint es selbstverständlich, dass Raume dreidimensional sind. Betrachtet man aber das überwiegende Bewegungsverhalten von Menschen, so stellt man fest, dass sich alle normalerweise vorwärts bewegen und die anderen Richtungen weitgehend ungenutzt bleiben. Labans Bewegungsanalyse weist ausdrücklich auf die sechs Raumrichtungen vorwärts/rückwärts, aufwärts/abwärts und seitwärts (nach links und nach rechts) und ihre verschiedenen Qualitäten hin. Das hier im wahrsten Sinne des Wortes viel-seitige Bewegen im Raum verbessert Raum- und Körperwahrnehmung, Orientierungsfähigkeit und Umgang mit der Schwerkraft (springen, fallen usw.) (vgl. Kap. 1, Info 3 Bewegung und Lernen – kein Gegensatz).

AUF WELCHE WEISE BEWEGT SICH DER KÖRPER?

3. **Wie** ist die Bewegung?
Dies ist die Frage nach dem Wesen der Bewegung. Laban unterscheidet hier noch einmal vier Faktoren, bei denen er jeweils die Pole benennt, zwischen denen sich die Bewegungsqualität befindet:

- Kraft: kraftvolle, starke Bewegungen – leichte, zarte Bewegungen
- Fluss: gebundene, kontrollierte Bewegung (die Bewegung kann jederzeit angehalten werden wie z. B. im Robo-

terspielen) – freie Bewegung (die Bewegung kann nicht so leicht angehalten werden wie z. B. beim Werfen oder Drehen)
- Raum: direkte Bewegung (lineare, zielgerichtete Bewegungen wie z. B. beim Billardspiel) – flexible Bewegung (dreidimensionale, den gesamten Raum gleichzeitig nutzende Bewegung z. B. mit gebogenem, verdrehtem, verschlungenem Körper)
- Zeit: schnell – langsam

(vgl. Sherborne 1998, S. 94 ff.)

Labans Bewegungsanalyse kann helfen, neben den Grundbewegungsformen, wie sie die Psychomotorik benennt, also Laufen, Klettern, Rutschen, Fallen, Springen, Schwingen usw., die Qualität dieser einzelnen Bewegungen genauer in den Blick zu nehmen. So kann Laufen eine sehr gebundene, kontrollierte Bewegung sein wie zum Beispiel beim Fußballspielen oder im Wettrennen. Laufen kann aber auch einen sehr freien Bewegungsfluss haben, wenn zum Beispiel ein Kind über eine Wiese läuft.

Was ist „Kreativer Tanz“? — INFO 2

Der Begriff „Kreativer Tanz“ ist in den 50er-Jahren des letzten Jahrhunderts entstanden, als die so genannte Kreativitätsforschung an Bedeutung gewann (vgl. LF 4, Kap. 5). Es gibt keine klar abgrenzbare Definition, was genau „Kreativer Tanz“ ist und was nicht. Andere Begriffe wie Ausdruckstanz, integrativer Tanz beschreiben ähnliche tanzpädagogische Ansätze. Viele von ihnen gehen u. a. auf die Bewegungsanalyse nach Laban zurück. Allen gemeinsam ist sicher, dass es ihnen um die Verbindung von Körper, Geist und Seele im Tanzen geht, um „beseelte Bewegungen“ im Gegensatz zu rein mechanisch ausgeführten Bewegungen.

In Kindertageseinrichtungen kam Tanzen lange Zeit nur in Form von Tanzliedern oder Kreistänzen mit festgelegten Bewegungs- und Schrittfolgen vor. Diese haben auch ihre Berechtigung, da gerade kleine Kinder Wiederholungen und Rituale lieben und sie sich darin sehr klar als Teil der Gruppe wahrnehmen können.

Gefühle und Stimmungen in Bewegung bringen

Der „Kreative Tanz“ möchte aber darüber hinausgehen. Hier geht es gerade um die freien, nicht festgelegten Möglichkeiten der Bewegung. Im „Kreativen Tanz“ – oder auch Ausdruckstanz – können Stimmungen und Gefühle ausgedrückt werden. Das ist nicht eine bewusste Entscheidung (*„Ich bin jetzt traurig, also bewege ich mich langsam und mit hängenden Schultern“*), sondern Ausdruck des engen Verflochtenseins von Bewegen und Fühlen, des Wechselspiels von äußerer Bewegung und innerer Bewegtheit. Dies wird stark durch Musik oder Rhythmen angeregt und eine Auswahl verschiedener Musikrichtungen ermöglicht es, dass jedes Kind emotional angesprochen wird. Die Möglichkeit, sich ohne Vorgaben frei zu einer Musik zu bewegen, führt dazu, dass Erlebtes, Gefühle und Stimmungen sich im Tanz ausdrücken, vielleicht heraus- oder weggetanzt werden können.

„Legt eure Müdigkeit auf den Boden
und tanzt,
tanzt eure Heiterkeit
und tanzt eure Trauer,
tanzt eure Ausgelassenheit
und tanzt eure Schwere,
tanzt eure Hoffnung
und tanzt eure Angst,
tanzt mit und allein
und tanzt mit anderen, tanzt! …“

(Hilda Maria Lander)

zitiert nach Grimminger, Ella. Integrativer Tanz, unveröffentlichte Arbeit, Münster 1992

Kreativität entfalten

Das freie sich zu Musik Bewegen setzt aber auch die Fantasie in Gang, es ist schöpferisch. Welche Assoziationen und Ideen haben Kinder zu einer Musik? Welche Bilder kommen ihnen dazu? Flüsse und Bäche, Tiere oder Großstadtgewühl, das alles kann in Bewegung umgesetzt werden. Und nicht nur Musik, auch Farben, Bilder oder Naturphänomene können der Ausgangspunkt für die Bewegung sein. Welche Bewegungen passen zu einem hellen Gelb, welche zu Lila? Oder wie fühlt es sich an, ein Herbstblatt zu sein? Welche unterschiedlichen Bewegungserfahrungen macht so ein Blatt: fliegen, wirbeln, tanzen, schweben, gleiten, sich drehen, fallen, liegen, …

Körperbewusstsein stärken

Zunächst einmal gibt der „Kreative Tanz" dem Bewegungsdrang von Kindern Raum. Ähnlich wie für Bewegungslandschaften beschrieben suchen sich Kinder auch dabei „ihre Lieblingsbewegungsarten". Es ist eine spannende Aufgabe, bei Kindern genauer zu beobachten, wo – zurzeit – ihre Bewegungsvorlieben liegen und welche Bewegungen und Qualitäten sie eher meiden. Alle Menschen haben ein gewohnheitsmäßiges Bewegungsrepertoire und die Aufgabe „Bewegt euch, wie ihr wollt" wird genau dieses sichtbar machen, aber keine neuen Bewegungen hervorbringen.

Im „Kreativen Tanz" werden die Tanzenden durch offene Bewegungsaufgaben angeregt zu neuen oder ihnen eher fremden Bewegungsarten. Das können im eigenen Empfinden auch ungewohnte, hässliche, sinnlose, unpassende Bewegungen sein. Dabei geht es nicht im funktionellen Sinne um das Beherrschen verschiedener Fähigkeiten, also um eine rein motorische Förderung. Die neu entstandenen Bewegungsvarianten wirken auch auf der psychischen Ebene, sie lösen auch Gefühle aus: Sie können mit Erstaunen, Freude, Ängstlichkeit, Enttäuschung, Wut usw. verbunden sein. Somit wird über das Tanzen nicht nur das Bewegungsrepertoire erweitert, sondern auch eine Auseinandersetzung mit der eigenen Persönlichkeit angeregt.

Ein weiterer Aspekt der Förderung des Körpergefühls liegt im „Nachspüren". Es geht nicht darum, die ganze Zeit „in action" zu sein. Im Gegenteil: Vielleicht beginnt eine Tanzeinheit damit, dass sich alle einen angenehmen Platz und eine angenehme Körperhaltung im Raum wählen und die Musik nur anhören. Nach diesem Hören kann man mit den Kindern sammeln, was ihnen an der Musik gefallen hat, welche Bilder oder Ideen ihnen dazu gekommen sind, zu welchen Bewegungen diese Musik sie animiert. Ein anderes Nachspüren ist – im wahrsten Sinne des Wortes – das Spüren des Körpers nach einer Übung oder einem Tanz: Wie fühlt sich der Körper jetzt an? Welche Körperteile sind warm, welche kalt, welche ruhig oder unruhig? Welche Gefühle habe ich jetzt?

Dieses Besinnen auf die eigene Bewegung stärkt die Verbindung zwischen Körper und Geist. Mit älteren Kindern, Jugendlichen und Erwachsenen kann es Bestandteil der Arbeit sein, die gemachten Erfahrungen auch zu benennen. Dieses Benennen von Erfahrungen ermöglicht eine Übersetzung in das Bewusstsein, sodass aus dem Wahrnehmen und Empfinden Erkenntnisse gewonnen werden können. Überall dort, wo der Mensch sich bei sportlichem Tun, Bewegen, Tanzen nicht mehr die Möglichkeit lässt, nachzuspüren, was er dabei wahrnimmt, empfindet und denkt, trägt er zu weiterer Entfremdung von sich selbst bei (vgl. Ella Grimminger, 1992).

„Es gibt nichts Schöneres als singen, und dann kommt tanzen. Sogar wenn ich traurig singe, bin ich doch sehr glücklich, und ich bin total glücklich, wenn ich traurig tanze."
(Hermann van Veen)

zitiert nach van Veen, Hermann. Und er geht und er singt. Rasch und Röhrig. Hamburg, Zürich 1985

VERSCHIEDENE MUSIKRICHTUNGEN KENNEN LERNEN UND RHYTHMUSGEFÜHL FÖRDERN

Ein eher musischer Effekt des Kreativen Tanzes ist die Entwicklung des Rhythmusgefühls. Was bei sehr kleinen Kindern zu beobachten ist, nämlich dass sie anfangen zu wippen oder zu schaukeln, sobald sie Musik hören, kann ihnen, wenn sie größer werden, durch das Tanzen erhalten werden. Sie fühlen den Rhythmus einer Musik und erleben ihre eigene Fähigkeit, diesen umzusetzen. Auch das Kennenlernen verschiedener Musikstile passiert wie von selbst (vorausgesetzt, es werden verschiedenartige Musikstücke angeboten) (vgl. Kap. 8).

ÜBEN UND IN EINE FORM BRINGEN

Üben – das klingt zunächst wie ein Widerspruch zu dem bisher über „Kreativen Tanz" Gesagten, ging es doch darin um freie, individuelle Bewegung, um den Prozess und nicht um ein Ergebnis. Aber Kinder verbinden mit Üben ja gar nicht, so wie Erwachsene häufig, eine mühsame Plackerei. Sie wollen, wenn sie etwas für sich Neues entdeckt haben, es gerne können und dann wiederholen sie und wiederholen, das heißt üben. Im Tanzen kann das Üben darin bestehen, die Bewegungsart eines anderen Kindes zu übernehmen, also sie selbst zu lernen, oder aus verschiedenen Ideen einen wiederholbaren Ablauf, eine Choreografie, zu entwickeln.

Katya Delakova, eine in Wien geborene jüdische Tänzerin und Bewegungslehrerin, die 1941 in die USA emigrierte, beschreibt das Üben als einen Weg, Schritt für Schritt zu größerer Bewusstheit und zur Vertiefung von Handeln und Erleben zu gelangen. Dabei weist sie ausdrücklich darauf hin, dass sie unter Üben etwas anderes versteht als stumpfsinniges Pauken oder Drill. Ihr geht es um ein „schöpferisches Üben", in das immer Körper, Seele und Geist einbezogen sind. Üben ist für sie ein Mittel, um etwas persönlich Bedeutsames auch mitteilen zu können. *„Das eigene Tun … wird Anlass weiteren Suchens; das Suchen führt allmählich zum Erkennen der Eigenart …, führt zur Sehnsucht nach Mitteilung des Erkannten, drängt zu wiederholtem Üben, das dann klare Mitteilung möglich macht: Arbeit und Übung verwandeln sich in Erfüllung."* (Delakova, Katya. Das Geheimnis der Katze, Eine Tänzerin weist Wege zum schöpferischen Üben, Brandes & Apsel, Frankfurt/Main 1. Auflage 1991, S. 35)

Üben bedeutet auch sich mit den eigenen Grenzen nicht abzufinden. Es ist der Versuch, sie zu erweitern und so größere Bewegungsmöglichkeiten und mehr Spielräume für sich persönlich zu erhalten. In diesem Sinne hat das Üben von Bewegungsfolgen eine weit über die Bewegung hinausgehende Bedeutung. Ein beeindruckendes Beispiel zeigt dafür der Film „Rhythm is it": Der englische Tänzer und Choreograf Royston Maldoom und seine Kollegin proben mit 250 Schülerinnen und Schülern aus 25 Nationen in Berlin ein klassisches Ballett. Die Jugendlichen kommen dabei immer wieder hart an ihre Grenzen, erreichen aber durch das Zutrauen ihrer Lehrer in ihre Möglichkeiten und durch ihre eigene Entschlossenheit das Ziel (www.rhythmisit.de).

Berührtsein – ahnen – suchen – erkennen – üben – zur Mitteilung finden

Eine vorgegebene (oder gemeinsam entwickelte) Choreografie – und damit muss kein komplizierter langer Tanz gemeint sein, sondern auch eine sehr einfache Bewegungsfolge – kann außerdem Halt

INFO 2
Fortsetzung

und Schutz geben. Sie ist wie ein Gefäß, in das die Tanzenden sich einfließen lassen – *„wobei der Inhalt immer wichtiger bleibt als die Form“* (Mahler, Madeleine. Tanz als Ausdruck und Erfahrung, Zytologie, 1987, Auflage unbekannt, Seite 14). So kann eine Tanzchoreografie zu einem Kleid werden, in dem man sich wohl fühlt. So wie Menschen verschiedene Kleidungsstücke ausprobieren, um für sich das passende zu finden, so probieren Tanzende auch verschiedene „Tanzkleider“ aus, also Tänze, in denen sie sich „richtig“ fühlen.

TANZ ALS AUSDRUCK VON LEBENSFREUDE

Springen und Drehen, Schwingen und Hüpfen, Wirbeln, Laufen und Rennen, das alles ist Ausdruck großer Lebensfreude, der Lust am Leben und an der Bewegung. Dieser Lebensfreude Raum und Ausdrucksmöglichkeiten zu geben, ist vielleicht das wichtigste Ziel des „Kreativen Tanzes“ (vgl. Kap. 8.3).

Jede Bewegung kann Tanz sein. Jeder Laut Musik. Jedes Experiment ein Erlebnis.

INFO 3 Eine Kindertanzstunde

Katya Delakova unterrichtete Tanz und Bewegung in ihrem eigenen Studio in New York, aber auch in internationalen Workshops. Ihre Arbeit mit Kindern erhielt eine besondere Wendung, als sie nach dem 2. Weltkrieg in Waisenhäusern in Europa, von wo sie selbst geflohen war, mit jüdischen Kindern und Jugendlichen arbeitete. Wie sehr Tanz und Bewegung eine Möglichkeit sein können, das Innerste, oft Unaussprechbare nach außen zu bringen, aber auch Kraft und Lebensfreude zu entwickeln, welche heilsamen Kräfte also im Tanz liegen, erfuhr sie hier besonders deutlich.

Katya Delakova hat ihre eigene Arbeit nicht als „Kreativen Tanz“ bezeichnet. Ihre eigenen Ansichten und die Art ihrer Arbeit entsprechen aber den Grundsätzen des „Kreativen Tanzes“. Folgendes Beispiel einer ihrer Kindertanzstunden zeigt, um welche einfachen Bewegungsformen es beim Tanzen mit Kindern gehen kann.

„1945 in meinem Studio in New York: Die Kinder bewegen sich durch den Raum, begleitet von rhythmischen Trommeln. Das Spiel heißt: *‚Setze dich in Bewegung.‘* *‚Schaut, wie ich schaukeln kann‘*, sagt Cindy. Sie sitzt am Boden, umfasst ihre Knie und lässt sich wie ein Ball auf den Rücken und zurück in die sitzende Stellung rollen. *‚Auch das ist schaukeln‘*, ruft Debby, streckt im Sitzen ihre Arme und Beine nach vorne, kugelt sich über den gerundeten Nacken, bis die Knie ihre Ohren berühren und rollt dann langsam mit abermals gestreckten Armen und Beinen zurück, bis sie wieder sitzt. *‚Ich schaukle und wiege mich‘*, ruft Ida. Mit gehobenen Armen stellt sie sich auf ein Bein, überträgt ihr Gewicht auf das andere und schwingt so von einem Bein aufs andere. Ihre Arme lässt sie im Rhythmus mitschwingen.

‚Ja‘, stimme ich begeistert zu, *‚schaukelt euch auf verschiedene Weise, auch langsam oder rasch. Schaukelt euch so lange,*

wie ich trommle. Wenn die Trommel dann verstummt, lasst ihr euch zu Boden fallen (...)‘

‚*Wer von euch*‘, frage ich behutsam, ‚*kann sich noch auf andere Art und Weise bewegen?*‘ Hell und klar und lang gezogen erklingt Ninas Stimme: ‚*Schweben. Ich kann schweben*‘, singt sie vor sich hin, erhebt sich und gleitet leichtfüßig über das Parkett. Ihre Arme zeichnen weiche Linien in die Luft. ‚*Schweben, schweben*‘, singen die Kinder, und während meine Hände behutsam die Trommel streicheln, gleiten sie mit schwebenden Armen durch den Raum. Ein Kind umschwebt das andere.

‚*Im Kreis herum, im Kreis*‘, ertönt ihr Gesang und sie nehmen sich bei den Händen. Immer rascher dreht sich ihr Kreis – sie fliegen! Da, ganz plötzlich, schweigt die Trommel. Noch immer zu einem Kreis verbunden sinken die erhitzten Kinder zu Boden und horchen ihren Bewegungs- und Klangerlebnissen nach. ‚*Kreisförmiges Zu-Boden-Sinken*‘, flüstert Stefanie.

Sie erhebt sich und geht hinüber in die andere Ecke des Raumes. Dort steht eine Truhe. Das kleine Mädchen öffnet sie und betrachtet eine Weile die vielen verschiedenen Gegenstände, die darin aufbewahrt werden. Vorsichtig zieht Stefanie schließlich ein orangerotes Seidentüchlein heraus und hält es hoch in die Luft; dann lässt sie das Tuch los und sich langsam kräuselnd schwebt die leuchtende Seide zu Boden. Stefanies Lippen und ihr Atem versuchen das sachte Herabsinken des Tüchleins klanglich nachzuahmen: ‚*Psss ttt smmm smmm pt pt pt phh phh phaa – so hat sich das angefühlt, als unser Kreis zusammengesunken ist*‘, verkündet ihre Stimme. Ihre strahlenden Augen unterstreichen diese Mitteilung. Die Gesichter der anderen Kinder, die noch immer im Kreise sitzen, leuchten mitfühlend auf und bestätigen Stefanies Aussage. Tief atmen sie aus und ein erleichtertes Seufzen geht durch die Runde: ‚*Phaa.*‘ Durch Stefanies Darstellung, durch ihre bildliche Übersetzung hat sich nun das gemeinsam erlebte Schwebespiel ganz klar in das Bewusstsein der Kinder eingeprägt. (...)“

Delakova, a. a. O., S. 18 ff.

Tanzen mit Jugendlichen

INFO 4

Die spontane Freude an der Bewegung, das einfach Drauflosbewegen der Kinder ist bei den meisten Jugendlichen sehr gebremst. Die eigene Körperlichkeit, Aussehen und Sexualität spielen eine große Rolle, führen aber zunächst auch zu großer Verunsicherung. Sich dann frei zu bewegen, ist häufig mit großer Scham verbunden. Dennoch kann gerade in dieser Lebensphase Tanzen eine sehr positive Bedeutung für die persönliche Entwicklung haben. Tanzen heißt sich nicht zu verstecken, bedeutet eine konkrete und positive Beschäftigung mit dem eigenen Körper und kann deshalb gerade Jugendlichen dazu helfen, sich in ihrem sich verändernden Körper (wieder) zu Hause zu fühlen.

Während Jungen in dieser Altersphase ihre Körperlichkeit vor allem über Sport ausleben, ist Tanzen ein von vielen Mädchen gesuchtes Medium. Besonders, wenn sie unter sich sind, können sie im gemeinsamen Tanzen die Beziehungen untereinander und zum eigenen Körper stärken.

Wer als pädagogische Fachkraft Tanzangebote machen will, sollte gerade mit dieser Altersgruppe immer für einen geschützten Rahmen sorgen. So kann es sinnvoll sein, einen Raum so „abzuschirmen“, dass sich alle darin wirklich unbeobachtet fühlen können. Zu Beginn kann ein Bewegungsspiel die Atmosphäre auflockern und alle spielerisch in Bewegung bringen. Das kann ein einfaches Fangenspiel sein ebenso wie ein rhythmischer Tanz im Kreis.

Außerdem gibt das Anknüpfen an Bekanntes Jugendlichen Sicherheit. Das Mitbringen der eigenen Musik und das Nachtanzen bekannter Videoclips kann bei Jugendlichen ein guter Einstieg sein. Die Schwierigkeit dabei ist allerdings, dass sich besonders Mädchen häufig so eng an ihren professionellen Vorbildern orientieren, dass sie sich sklavisch sowohl an das äußere Erscheinungsbild wie auch an die vorgegebenen Bewegungen zu halten versuchen. Hier braucht die Erzieherin ein Gespür dafür, ob es sich damit um ein „Tanzkleid" handelt, also eine Form, die den Mädchen die Möglichkeit gibt sich selbst auszudrücken, oder ob es ein mechanisches Nachmachen ist, bei dem richtig und falsch wichtiger sind als der Spaß an der Sache. Die eigene Tanzfreude und Bewegungsfreiheit der Erzieherin setzt auch hier wichtige Maßstäbe.

Die Ermutigung zu freierem Bewegen gelingt zum Beispiel über den Auftrag, eine eigene Choreografie zu entwickeln. Dazu ist es gut, eine Musik vorzugeben, die bei den Teilnehmerinnen nicht so bekannt, die aber dennoch rhythmisch ansprechend ist. Für vier Takte sollen die Teilnehmerinnen nun in kleinen Gruppen (2–4) eine einfache und wiederholbare Bewegungsfolge entwickeln. Alle üben also, während die Musik läuft, gleichzeitig im Raum. Eine Form der Präsentation kann in der Abfolge wie die eines Liedes sein: Refrain – 1. Strophe – Refrain – 2. Strophe, ... Der „Refrain" ist ein sehr einfacher Grundschritt, den alle gemeinsam tanzen, dann folgt die erste Strophe, also die Sequenz der ersten Gruppe, dann wieder der gemeinsame Grundschritt usw. Um die Mädchen auch zu individuellen Bewegungen zu bringen, kann eine Strophe heißen: Jede tanzt allein und wie sie will. Vielleicht entsteht auf diese Weise ja ein eigenes Musikvideo?!

Fazit

Ziel und Inhalt des „Kreativen Tanzes" sind:

- ✘ die Stärkung der Achtsamkeit für den eignen Körper,
- ✘ die Förderung des Körperbewusstseins,
- ✘ Erweiterung des Bewegungsrepertoires,
- ✘ Stärkung der schöpferischen, kreativen Möglichkeiten in und durch Bewegung,
- ✘ Entfaltung und Stärkung der Persönlichkeit durch ganzheitliches Erleben im Tanz

Aufgaben und Anregungen

1 Tanzen Sie gern? Welche Tanzrichtung bevorzugen Sie? Empfinden Sie diese Art zu tanzen als ein „Tanzkleid", also als eine Form, in der Sie sich körperlich und seelisch zu Hause fühlen?

2 Welche Tanzformen für Kinder kennen Sie und wie schätzen Sie sie ein? Benennen Sie jeweils die besonderen Chancen und Grenzen.

3 Lernen Sie in Ihrer Lerngruppe drei verschiedene Tänze.

4 Lesen Sie das Beispiel einer Tanzstunde mit Kindern von Katya Delakova (Info 3).
- Welche Bewegungsqualitäten entsprechend der Bewegungsanalyse von Rudolf von Laban (Info 1) können Sie – allein anhand der Beschreibung – an den Kindern „beobachten"?
- Welche Anleitungen und Anregungen gibt die Bewegungslehrerin?

5 Entwerfen Sie ein Konzept für eine Tanzstunde mit Kindern oder Jugendlichen. Probieren Sie dieses Konzept mit einigen Mitstudierenden aus und geben Sie sich gegenseitig ein Feedback.

2.4 Darstellendes Spiel und Theater

Einstiegssituation

„Bei uns im Kindergarten wollen die zur Weihnachtsfeier ein richtiges Theaterstück einüben." „Was, mit den Kleinen? Wie soll das denn gehen?" „Also, wir gehen mit den Kindern ins Theater das Weihnachtsmärchen gucken. Aber selber spielen?" „Wieso denn nicht? Ich hab in der Schule immer total gerne Theater gespielt." …

Olga, die das ganze Gespräch begonnen hatte, ist nicht begeistert. *„Andrea, die Erzieherin, die das mit den Kindern machen will, hat gesagt, ich soll mich schon mal drauf einstellen, dass ich auch eine Rolle spielen muss. Ob mir die böse Hexe recht sei. Na, das fehlt mir noch: ich und auf der Bühne stehen!" „Wieso, ist doch gut für dich. Dann kannst du mal ein bisschen aus dir herauskommen." „Herauskommen? Du spinnst wohl! Ich werd höchstens knallrot und dann kommt überhaupt nichts mehr raus. Wenn ich mir nicht schon vorher vor Angst in die Hosen mache." „Ach Quatsch, so schlimm ist das doch alles gar nicht. Ich fand zum Schluss sogar immer die Aufführungen am Tollsten. Das Licht, die vielen Leute, und dann zum Schluss der Applaus …, toll!"*

„Niemand weiß, was in ihm drinsteckt, solange er nicht versucht hat, es herauszuholen."
Ernest Hemingway

FRAGEN

- ✔ *Ist es für Kinder nicht eine Überforderung, ein Theaterstück einzuüben?*
- ✔ *Wie kann man Theater mit verschiedenen Zielgruppen einsetzen?*
- ✔ *Muss es immer eine Aufführung geben?*

Wozu das Theater?

INFO 1

Theaterpädagogische Arbeit bewegt sich zwischen Theater als Bühnenkunstform auf der einen Seite und den selbstverständlichen darstellenden Spielen und Rollenspielen schon kleiner Kinder auf der anderen Seite. Die Spanne theaterpädagogischer Methoden ist dabei äußerst vielfältig. In Info 3 und 4 werden zwei Beispiele aus der konkreten Arbeit näher beschrieben. Wo immer Theater als Medium in der pädagogischen Arbeit eingesetzt wird, geht es darum, die positiven Möglichkeiten, die in der Erfahrung des selber Theaterspielens liegen können, zu nutzen.

„Jeder kann Künstler sein, jeder Raum kann zum Theaterraum werden, jedes Thema ist ein Thema fürs Theater."
Augusto Boal

THEATER IST ARBEIT MIT DEM KÖRPER.

Theater ist die Kunstform, die das Leben am direktesten spiegelt und mit ihm spielt. In den Geschichten, die das Theater erzählt, wird empfunden, gedacht und gehandelt wie im richtigen Leben. Und der Körper mit all seinen Funktionen ist das Instrument, mit dem die Spielenden Stimmungen, Charaktere und Beziehungen ausdrücken. Es braucht ein Training, um dem Körper diese Vielfalt von Ausdrucksmöglichkeiten zu ermöglichen. Auch hier geht es – wie beim Tanz – nicht in erster Linie um besondere motorische Leistungen, sondern um ungewohnte, merkwürdige, fremde Bewegungsarten, um ein großes Bewegungsrepertoire. Im Schutz der Gruppe und durch die oft lustvollen Übungen werden neue Ausdrucksformen gefunden und genutzt. Und das ist nicht nur für das Schauspielen gut, sondern auch für das „wirkliche Leben".

IMPROVISATION: ALLES IST MÖGLICH!

Improvisation, das ist schöpferisches, fantasievolles spontanes Spiel – ohne vorherige Absprachen oder Proben einfach das tun, was einem als Erstes einfällt. Einfach auf das reagieren, was einem die Spielpartnerin zuspielt.

Info 1
Fortsetzung

Je älter Kinder werden, umso mehr machen sie die Erfahrung, dass solche spontanen Reaktionen gefährlich sind. Wer spontan reagiert, hat nicht lange überlegt, ob das, was er sagt oder tut, den Ansprüchen und Erwartungen gerecht wird, ob es gut genug ist. Die Freiheit unmittelbarer Reaktionen wird in unserer Gesellschaft durch Erziehung in Familie und Schule häufig eingeschränkt, wenn nicht sogar abgewöhnt. Da geht es um richtig und falsch, um das Erlernen von Fakten und darum, das Erlernte – oft unter verschärften Bedingungen – richtig wiederzugeben. Aus einem solchen Lernkonzept erwächst die Angst, Fehler zu machen. Denn Fehler sind darin etwas Schlechtes, sie wirken sich negativ auf Zensuren, eventuell sogar auf Zuwendung aus. Aber auch schon bevor die Schule losgeht, machen Kinder die Erfahrung, bewertet zu werden, für das eine besonders gelobt, das andere womöglich sogar ausgelacht zu werden. Diese Erfahrung macht vorsichtig, im schlimmsten Fall ängstlich oder angepasst.

An diesem Punkt setzt das Improvisieren im Theaterspiel an. Es geht darum, die Angst, Fehler zu machen, abzubauen (oder gar nicht erst entstehen zu lassen) und den eigenen Ideen und Fantasien – also sich selbst – freien Lauf zu lassen. In der Improvisation wird nichts als gegeben hingenommen, alles ist möglich, egal wie absurd, unvernünftig oder verboten es auch sein mag.

Gestik, Mimik und Sprache als Ausdrucksmittel nutzen

Theater ist Kommunikation. Im Spiel wird etwas ausgedrückt und dargestellt, das von Zuschauern wie von Mitspielern verstanden werden soll. Diese Mitteilungen geschehen über die Körpersprache, also Körperhaltung, Art der Bewegung, Gestik und Mimik und über die gesprochene Sprache. Beide Ebenen sind nicht nur für das Theaterspiel, sondern auch für die Verständigung im „wirklichen Leben" wesentlich.

In unserer Kultur aber ist eine ausdrucksstarke Körpersprache eher verpönt. Für Erwachsene gilt Sachlichkeit als Kriterium guter Kommunikation. Und auch bei manchen Kindern kann man beobachten, dass mit dem Spracherwerb die Körpersprache in den Hintergrund rückt – sie verlernen sie ein Stück weit. Diese Kinder können sich – wie viele Erwachsene – vielleicht leicht und klar mit Worten ausdrücken, ihnen fehlt aber die entsprechende Emotionalität, die sich über den Körper zeigt. *„Gestik und Mimik sind, wenn man so will, ‚ehrliche' Ausdrucksmittel, ‚hautnaher', ‚empfindungsvoller' als Worte."* (Metzenthin, Rosmarie. Schöpferisch spielen und Bewegen, Orell Füssli, Zürich und Schwäbisch Hall, 1. Auflage 1983, S. 92)

Theaterspiel erfordert und fördert eine lebendige Körpersprache. In vielen Spielen und Übungen, z. B. aus der Pantomime, geht es ausdrücklich darum, etwas ohne Worte zu sagen. Den Zuschauenden erhält dies die Fähigkeit, diese Sprache zu deuten, zu verstehen.

Aber auch die andere Ebene, die verbale Ausdrucksfähigkeit ist wichtiger Bestandteil des Theaterspiels. Auch sie zu vernachlässigen, hieße einen wesentlichen Teil des menschlichen Ausdrucks aufzugeben. Menschen, denen der sprachliche Ausdruck schwer fällt, beginnen häufig ihn zu meiden: Sie werden „einsilbig", still und sprechen oft nur, wenn sie gefragt werden. Das Theaterspiel schafft demgegenüber ständig spielerisch Situationen des Gesprächs. Weil das Spiel im Vordergrund steht – die Rolle, die man ausfüllt und die Geschichte, die passiert –, können viele Menschen ihre Sprechhemmungen hier eher „vergessen". Verbaler Ausdruck und sprachliche Gewandtheit werden geübt, ohne dass die Spieler es merken.

„Man braucht nicht nur einen mächtigen Text, sondern auch eine sehr kräftige Stimme, sehr starke Gesten und Ausdrucksmittel, damit diese Innerlichkeit veräußerlicht und dann vom Zuschauer verinnerlicht wird."
Peter Brook

Beispiel Telefonspiele in einer Kindertheatergruppe
(aus Metzenthin, a. a. O., Seite 93 f.):

Gaby: *Trrrrr.*
Sie ahmt das Klingeln nach.
Isabelle: *Hallo.*
Sie eilt zu ihrem Apparat und hebt den Hörer ab.
Gaby: *Hier ist Frau Meier.*
Isabelle: *Aha, Frau Meier, was wollen Sie?*
Gaby: *Ach, nichts Besonderes …*
Iabelle: *Warum rufen Sie mich dann an?*
Gaby: *Weil …*
Die sprachlich ungewandte Gaby muss sich etwas einfallen lassen.
… weil Ihr Hund in meinem Garten Blumen abgefressen hat.
Isabelle: *So, das stimmt nicht!*
Sie ist in die Verteidigung gedrängt worden, obwohl sie Gaby sprachlich überlegen ist.
Gaby: *Doch, das stimmt. Ich habe es gesehen.*
Isabelle: *Wann denn?*
Gaby: *Heute Morgen. Ich wollte ihn vertreiben, aber er war unverschämt und bellte mich an.*
Isabelle: *Wissen Sie was, Frau Meier?*
Gaby: *Nein.*
Isabelle: *Ich habe gar keinen Hund.*
Sie legt den Hörer auf.

Genauso, wie die Spielenden den Ausdruck mit Körper und Sprache wie nebenbei üben, stärkt das Theaterspiel auf der Seite des Publikums die Fähigkeit, genau hinzusehen und hinzuhören. Konzentration, Aufmerksamkeit, Interesse und Wertschätzung sind Haltungen, die die Kinder in ihrer Zuschauerrolle ausbilden. Beim Theaterspielen wird deutlich, dass auch Zuhören eine aktive Tätigkeit ist.

Sich in das Fremde einfühlen

Eine Rolle spielen, das bedeutet sich einzufühlen in eine fremde Figur (oder das Wesen, Tier, …). Ein Spieler identifiziert sich mit der Rolle, versucht in Körpersprache, Gefühlen und stimmlichem Ausdruck dieser „andere“ zu sein. Diese Empathie ermöglicht es, sich in andere hineinzuversetzen, sich konträre Meinungen, fremde Kulturen, andere Lebenswelten zu eröffnen und durch das Spiel Interesse und Verständnis zu entwickeln. Eine solche Fähigkeit zum Perspektivenwechsel ist nicht nur für das Theaterspielen von Bedeutung. Sie ist eine grundlegende kommunikative Kompetenz, die nötig ist, um sich mit anderen im Dialog auseinander setzen und nicht nur den eigenen Standpunkt verstehen zu können.

Theater als Schutzraum

Gleichzeitig ist das Theater immer auch die „nur gespielte Welt“, das „So-tun-als-ob“. In diesem Sinn ist es auch Schutzraum, in dem Spieler Eigenschaften und Charakterzüge ausprobieren, eben „spielen“ können, die sie von sich nicht kennen, die sie nicht haben oder gerne einmal hätten. Hier ist auch Raum für im Alltag „unbeliebte“ Verhaltensweisen oder Gefühle wie Aggression, Albernsein, Bosheit o. Ä. (vgl. Info 3). Da es ja nicht um die eigene Person geht, sondern um die darzustellende Figur, kann freier ausprobiert werden.

Theater ist produktorientiert.

Theater ist seinem Wesen nach produktorientiert. Am Ende des Prozesses steht ein Ergebnis, das vor Zuschauern präsentiert wird. Das muss nicht sein und ist nicht Bedingung für das Theaterspielen. Aber es beinhaltet besondere Chancen. Denn eine Aufführung fordert und mobilisiert noch einmal alle Kräfte der Gruppe und der Einzelnen. Sie erfordert Durchhaltevermögen, Mut, den Zusammenhalt der Gruppe, Konzentration auf das Eigene und auf das Gesamte. *„Das bedeutet, dass die Spieler sich mutig in den Vordergrund stellen, gleichzeitig aber auch bereit sein müssen sich selber für das Gemeinsame der Gruppe zurückzunehmen. Kurz, die Aufführung erfordert das Aushalten und Integrieren von widersprüchlichen Energien auf engem Raum und in gebündelter Zeit.“* (Kaleidoskop e. V. [Hrsg.], Traumjob – ja bitte?! Spiel- und theaterpädagogische Projekte zur Berufsorientierung von Mädchen [Broschüre], Hamburg 2000, S. 12)

Theaterspielen ist Ensemblearbeit.

Theaterspielen ist eine Gemeinschaftsaktion, es geschieht in der Gruppe. Während in den meisten sozialen Gruppen, Familie, Schulklasse usw., die sozialen Rollen festgelegt und mit bestimmten Erwartungen belegt sind, ist es gerade Inhalt der Theaterarbeit, möglichst unterschiedliche Rollen auszuprobieren. In diesem Versuch wird jeder Spieler von den anderen Gruppenmitgliedern wahrgenommen und unterstützt. Das gemeinsame Theaterspielen bedeutet sehen und gesehen werden. Es beinhaltet das Aufeinandereingehen im Spiel, miteinander etwas schaffen und sich gegenseitig Feedback geben. Somit werden ständig soziale Verhaltensweisen geübt, der Umgang mit verschiedensten, nicht immer nur angenehmen Gefühlen und das Ausbalancieren von Eigen- und Gruppeninteressen. Diese Förderung sozialer Kompetenzen ist dabei immer ein Nebenprodukt der Theaterarbeit, die einfach passiert, weil das gemeinsame Ziel des Theaterspielens es erfordert.

Theaterspielen als Probe für die Wirklichkeit

Theaterspielen ist konkretes Handeln und nicht theoretische Überlegung. Das heißt, im Spielen selber beweist sich, dass ein Spieler eine bestimmte Verhaltensmöglichkeit, Ausdrucksweise o. Ä. zur Verfügung hat. Wer im Theater einmal so richtig „mit der Faust auf den Tisch“ gehauen hat, hat erfahren, wie sich das anfühlt, weiß, wie es geht und hat es schon einmal getan. In diesem Sinne hat Theaterspielen eine eigene Kraft, die über das Theaterspiel in den Alltag und die Wirklichkeit hineinwirkt.

„In der Regel ist mehr möglich, auf der Bühne, aber auch im wirklichen Leben, als wir glauben oder man uns glauben machen will.“ Gitta Martens

nach: Martens, Gitta (Hrsg.). Feministische Theaterpädagogik, Akademie Remscheid, 1992

Info 2 Goethe, Shakespeare oder „Theater selbst gemacht“?

Die Antwort darauf ist eigentlich leicht: in pädagogischen Arbeitsfeldern „Theater selbst gemacht“. Die Erarbeitung eines geschriebenen Stückes, auch wenn es in leichter Sprache geschrieben ist und nicht gleich ein Klassiker von Goethe oder Schiller, ist für Kinder und Jugendliche oder allgemein für Theaterunerfahrene in der Regel eine Überforderung. Zum einen bedeutet vorgegebener Text viel auswendig lernen – das ist schon für viele erwachsene Menschen sehr schwer. Außerdem ist es fast unmöglich, für jeden Mitspieler eine passende Rolle zu finden, da das Stück ja die Zahl und die Art der Rollen vorgibt. Da so Text und Rolle vorgegeben sind, wirken solche Inszenierungen oft einfach nur auswendig gelernt und eingeübt, aber nicht wirklich lebendig.

In der Theaterpädagogik haben sich vielfältige andere Formen entwickelt. Der Spaß und die Erfahrungen in der Gruppe sollen dabei im Vordergrund stehen. Auch die Entwicklung eines Ergebnisses, das präsentiert wird, dient diesem Zweck.

Wichtig für eine konstruktive Theaterarbeit ist vor allem eine gute Atmosphäre in der Gruppe. Denn die Spieler brauchen für ihr Theaterspiel oft Mut und Selbstüberwindung. Sie trauen sich ungewöhnliche Dinge zu tun oder zu sagen und begeben sich damit auf für sie unsicheres Gebiet. Umso mehr muss die Gruppe und die Spielleiterin einen sicheren Rahmen bieten. Auch in der Theaterarbeit gelten Regeln, von deren Einhaltung und Umsetzung die Risikobereitschaft und die Spielfreude der Spieler abhängt (vgl. Spielpädagogik Kap. 4, Info 3).

THEATERREGELN

- Niemand muss spielen oder eine bestimmte Rolle übernehmen, die er nicht spielen möchte!
- Es gibt kein „richtig" und kein „falsch". Alles darf probiert werden und ist eine Möglichkeit des Spiels. Niemand wird ausgelacht.
- Jeder Spieler kann immer, wenn ihm etwas zu viel wird, zu nah kommt oder bei Verletzungen „Stopp" rufen – dann wird das Spiel sofort unterbrochen (Stopp-Regel).
- Das, was jemand in der Rolle tut oder sagt, darf nicht als Vorwurf in den Alltag übertragen werden, nach dem Motto: *„Siehste, so böse warst du ja auch schon im Theaterstück!"*.
- Was im Theaterspiel erlaubt und vielleicht sogar eine besondere Leistung ist, kann im Alltag völlig unangemessen sein. Deshalb ist es wichtig, den Unterschied Theater – Wirklichkeit sehr deutlich zu machen, z. B.
  - durch klare räumliche Begrenzungen (*„hier ist die Bühne"*).
  - durch zeitlichen Rahmen (*„jetzt spielen wir Theater, dann machen wir ..."*).
  - durch klares Ablegen der Rolle als Ritual, z. B. durch Ablegen der Verkleidung, durch symbolisches Abstreichen der Rolle, durch Begrüßung des Kindes mit seinem richtigen Namen usw.

Wie und ob diese Regeln in einer Gruppe Geltung haben, kann natürlich besprochen werden. Entscheidend aber wird die Art und Weise sein, wie die Spieler die Spielleitung erleben. Davon hängt es maßgeblich ab, ob sie den Sinn dieser Regeln verstehen, erleben und nur deshalb auch selber einhalten werden.

Durch eigenes Mitspielen, durch positive Kommentare, durch Anregung und Verstärkung kann die Spielleiterin den Spielern ihr Vertrauen zeigen und sie in ihrem Spiel ermutigen. Das, was die Spieler erfinden, darstellen, improvisieren und ausprobieren, ist ihr individueller Ausdruck und das, was ihnen jetzt möglich ist. Nur, wenn die Spielleiterin das wertschätzt, wird auch in der Gruppe eine annehmende und unterstützende Atmosphäre entstehen.

DAS SPIEL BRAUCHT EIN FEEDBACK.

Gleichzeitig ist es Aufgabe der Spielleiterin, die Regeln eines guten Feedbacks einzuhalten. In der Nachbesprechung eines Spiels oder einer Szene sollten zuerst die Akteure gefragt werden, wie ihnen das Spiel gefallen hat und wie sie sich in ihrer Rolle gefühlt haben. Bei der anschließenden Rückmeldung der Zuschauer muss die Spielleiterin darauf achten, dass alle Kommentare fair sind und nicht verletzen. Überhaupt bekommen alle Präsentationen einen Applaus und werden gelobt, denn auch und gerade das Gute zu sehen an der Leistung anderer – und es gibt immer etwas Gutes daran – will gelernt sein. Aber nur positive Kritik macht ältere Kinder und Jugendliche misstrauisch – niemand will aus Prinzip oder einfach so ge-

INFO 2
Fortsetzung

lobt werden. Deswegen ist auch konstruktive Kritik wichtig. Sie erreicht man am besten mit der Frage *„Was könnte man anders machen?“*. Dazu können Spieler wie Zuschauer Ideen sammeln.

DAS SPIEL BRAUCHT EINEN ROTEN FADEN.

Das Theaterspiel, egal mit welcher Zielgruppe, braucht ein Thema oder eine Spielidee. Das gilt sowohl für eine einzelne Theatereinheit wie auch für einen längeren Prozess. Das Thema ist wie ein roter Faden, der die Arbeit zusammenhält und Orientierung gibt. Für die Wahl des Themas gibt es natürlich viele Möglichkeiten. Sie hängt vom Alter, aber auch von den Wünschen, Vorlieben und der derzeitigen Lebenssituation der Spieler ab. Und so reicht die Spanne möglicher Spielideen von Zirkus, Tieren, Märchen, Abenteuer über Themen wie Familie, Freundschaft, Identität bis hin zu gesellschaftskritischen oder politisch aktuellen Themen.

ABLAUF EINER THEATEREINHEIT

Der Aufbau einer Theatereinheit folgt den gleichen Regeln wie bei einer „normalen“ angeleiteten Spieleinheit (vgl. Spielpädagogik, Kap. 4, Info 4). Da es beim Theater so ausdrücklich um Sehen und Gesehen-werden geht, ist es für die Anfangsphase besonders wichtig, einmal eine Kreissituation zu schaffen, zum Beispiel durch einen Begrüßungskreis oder ein Kreisspiel, in der jeder Spieler bewusst von allen gesehen und wahrgenommen wird. Zu einer lockeren Spielatmosphäre verhelfen dann Übungen, in denen der ganze Raum gefüllt und zur Spielfläche wird. Hier sind die Spieler kreuz und quer im Raum verteilt, bewegen sich durcheinander, wieder mehr für sich und können sich so „warmspielen“, ohne dabei gleich im Zentrum der Aufmerksamkeit zu stehen. Hilfreich ist es, wenn auch schon die vorbereitenden Spiele zu Beginn sich auf das Thema beziehen, sodass über einfache Interaktionsspiele, Körperübungen und theatrale Grundtechniken ein Einstieg und eine Annäherung daran stattfinden kann.

Im Hauptteil einer Theatereinheit können zum Beispiel Übungen, Improvisationen oder auch die Entwicklung einer Szene in Zweier-, Dreier- oder Vierergruppen stehen, die die Spieler sich dann gegenseitig präsentieren. Während für ältere Kinder und Jugendliche Phasen selbstständiger Arbeit wichtig und aufregend sind, müssen kleinere Kinder darin begleitet und angeleitet werden. Hier bieten sich u. a. Mitspielgeschichten an, bei denen die Spielleiterin die Rahmenhandlung erzählt, innerhalb derer die Kinder Rollen übernehmen und die Möglichkeit haben aus ihrer Rolle heraus frei zu agieren.

Abschließend gibt es eine Auswertung oder Nachbesprechung. Der Schluss sollte sich aber nicht nur auf die Bewertung von Ergebnissen beschränken, sondern auch noch einmal die Gruppe als Ganzes zusammenbringen. Das kann gut auch durch ein Entspannungsspiel o. Ä. geschehen.

VORHANG AUF!!

Wie wird aber nun daraus ein Theaterstück? Allein das Wort Theaterstück assoziiert sofort eine fertige Geschichte mit logischem Ablauf und festen Rollen und setzt oft vor allem Spielleiter unter Druck. Können wir wirklich ein richtiges Theaterstück machen?

Es gibt verschiedene andere Formen, die sich für eine Präsentation eignen und die einfach genug sind, dass man sie auch mit kleineren Kindern oder nach schon relativ kurzer Zeit mit einer Gruppe zeigen kann.

Drei BEISPIELE:

1. **„Werkstatteinblick"** – Wie man in einer richtigen Werkstatt Menschen bei ihrer Arbeit sieht und nicht ein fertiges Produkt, so ist auch der Werkstatteinblick im Theater eine Präsentation der Spiele, Übungen und kleinen Szenen, die die Gruppe im Lauf ihrer Arbeit gelernt und erarbeitet haben. Es ist die erste und einfachste Weise, etwas vor einem Publikum zu präsentieren, und hat nicht den Anspruch, fertig oder gar perfekt zu sein. Spieler können so behutsam an das Aufführen herangeführt werden.
2. **„Szenencollage":** Wie bei einer Collage unterschiedliche Bilder zum gleichen Thema zusammengefügt werden, so werden auch bei einer Szenencollage die erarbeiteten Szenen aneinander gereiht: Das Thema ist der rote Faden, die Übergänge können durch immer wiederkehrende Bewegungen, durch verbindende Musik o. Ä. geschaffen werden.
3. **„Mitspielgeschichte":** Die Mitspielgeschichten eignen sich ebenfalls als Aufführungsform. Durch die erzählende Spielleiterin erhalten die Spieler auf der Bühne Sicherheit – sie sind nicht allein und können jederzeit mit ihrer Unterstützung rechnen.

vgl. Vortisch, Stefanie. Keine Angst vor dem Theater. Berlin 2000

Gerade Kinder haben großen Spaß daran, sich zu schminken und zu verkleiden. Für eine Aufführung gibt dies noch einmal eine besondere Theateratmosphäre, aber auch schon während der Theaterproben kann Verkleidung sehr unterstützend wirken. Bei älteren Kindern und Jugendlichen hingegen ist dies sehr unterschiedlich. Manche haben die Befürchtung, in Verkleidung „doof auszusehen", sodass es sie mehr verunsichert und im Spiel hemmt. Hier sollte niemand zum Verkleiden genötigt sein. Oft genügt auch ein einziges Requisit, um eine bestimmte Rolle zu kennzeichnen, z. B. eine Krawatte, eine Feder, knallroter Lippenstift, ein Tuch, …

„Wo die wilden Kerle wohnen" oder „Böse Mädchen kommen überall hin" — INFO 3

Wutausbrüche und unbändiger Bewegungsdrang, Tarzanschrei und Tohuwabohu – all diese Gefühlsäußerungen gehören zum Leben von Kindern dazu. Aber manchmal sind sie im Kindergartenalltag eben schwer zu ertragen, und um für ein gutes Miteinander zu sorgen, müssen sie oft eingegrenzt werden. Dabei besteht die

Info 2
Fortsetzung

Gefahr, dass Verhaltensweisen wie Aggression, Albernheit, Wildsein usw. zu „schlechten Gefühlen“ gemacht werden.

Theater kann Kindern die Möglichkeit geben, auch diese so genannten negativen Gefühle auszudrücken. Die Kinder können erfahren, dass sie mit genau dieser Gefühlsäußerung akzeptiert werden und eine wichtige Rolle spielen. Sowohl die Kinder wie auch die pädagogischen Fachkräfte können im Spiel erleben, wie „wilde Kerle“ oder „böse Mädchen“ sich aufführen und so auch den positiven Kräften in diesem Verhalten (wieder) auf die Spur kommen.

Die Geschichte „Wo die wilden Kerle wohnen“ von Maurice Sendak ist die Geschichte all dieser Gefühlsausbrüche. Der kleine Max, der mit wilden Spielen seine Mutter provoziert und schließlich „ohne Essen ins Bett“ muss, träumt sich in das Land der wilden Kerle. Deswegen ist sie als Vorlage für eine Theaterarbeit zum Thema „wild und böse“ sein so gut geeignet (vgl. Kap. 7).

Anregungen für vorbereitende Spiele

Wer mit Kindern „Wildsein“ spielen will, sollte vorher ein ganz klares und lautes Signal, z. B. einen Gong, vereinbaren, bei dem alle sofort ruhig werden. Zum Aufwärmen und Einstimmen eignen sich alle Tobe- und Bewegungsspiele, die die Kinder vielleicht sowieso gerne spielen, oder aber solche, die sich schon auf das Thema beziehen. Zum Beispiel:

- Bewegungsspiele im Kreis, in denen unterschiedliche Bewegungsqualitäten vorkommen, gezielt auch z. B. aggressive wie mit den Füßen treten, in die Luft boxen, …
- Grimassen schneiden – im Kreis, reihum weitergeben, mit Geräuschen und Tönen verbinden (kleine Monsterrunde).
- im Raum bewegen und jemanden verfolgen, ihm oder ihr dabei Grimassen schneiden. Wer erwischt wird, fällt vor Schreck um! …
- im Kreis stehend „wilde“ (unerwünschte, negative, …) Verhaltensweisen und Gefühlsausdrücke spielen: Eine macht vor, alle anderen machen es wie ein Echo nach.
- Spiegel: Zwei Kinder stehen sich gegenüber – ein Kind macht ganz langsam eine Bewegung/Geste, z. B. in der Nase popeln, das andere Kind ist das Spiegelbild und macht mit; wichtig ist, dass die Bewegungen sehr langsam ausgeführt werden, also schlechtes Benehmen in Zeitlupe!
- Kommandospiele wie „Stopp vom Stuhl mit Verzaubern“: Alle bewegen sich durch den Raum wie sie wollen, bis ein Kind auf den Stuhl steigt und „Stopp“ ruft. Dieses Kind ist Zauberer und gibt Anweisung, wie sich die anderen bewegen sollen, verzaubert sie z. B. in kleine Heulsusen, gefährliche Monster, …
- Schimpfwörter über die Mauer: Die Kinder teilen sich in drei Gruppen – eine steht wie eine Mauer in der Mitte, eine davor, das ist die Brüllgruppe, und eine dahinter mit einem Abstand von etwa jeweils drei Metern. (A1 – B – A2). Die Brüllgruppe soll versuchen ein Schimpfwort über die Mauer zu brüllen, sodass die hinter der Mauer es verstehen können; die Kinder, die in der Mitte die Mauer bilden, machen aber ganz viel Krach, um das zu verhindern.

„Wie wäre ich als wilder Kerl?“

Nach dieser bewegten Einstimmung liest oder erzählt die Spielleiterin die Geschichte. Sie kann sie mit dem Bilderbuch vorlesen und auch die Bilder zeigen, sie kann sich aber auch auf den Text beschränken. Ein gutes Beispiel ist „Wo die wilden Kerle wohnen“ von Maurice Sendac (vgl. Kap. 7, Kinder- und Jugendliteratur). Wenn die Kinder das Buch nicht sowieso schon kennen, haben sie umso mehr Möglichkeiten, sich eigene Bilder und Fantasien zu machen.

Anschließend folgt eine Gesprächsrunde mit den Kindern: Wie hat ihnen die Geschichte gefallen? Haben sie auch Streit mit ihren Eltern? Worüber gibt es Streit?

Für das szenische Spiel gibt es viele verschiedene Möglichkeiten, von denen hier zur Anregung einige beschrieben werden sollen.

„Stop and go“:

Alle bewegen sich frei im Raum, wenn die Spielleiterin „Eis“ ruft, frieren alle in der Bewegung ein, bei „Weiter“ gehts weiter. Dann kommen nacheinander verschiedene Spielanweisungen:

- Spielt alle Max, wie er Unfug macht.
- Spielt alle seine Mutter, wie sie mit ihm schimpft.
- Spielt alle Bäume, die wachsen und wachsen. Was sagen die Bäume wohl zu Max?
- Stellt ein Schiff dar, das übers Meer segelt. Andere Kinder können auch, zum Beispiel mit blauen Tüchern, das Meer spielen.
- Spielt die „wilden Kerle“ …

„Wilde Kerle, wilde Gören“:

So viele verschiedene wilde Kerle und wilde Gören, die sollte man sich doch einmal näher ansehen: Dazu bilden alle Kinder einen Kreis und nacheinander zeigt jedes Kind, was es tun würde als wilder Kerl: über Tische und Stühle klettern, wüste Beschimpfungen aussprechen, Papier zerfetzen … (man sollte Material für wilde Kerle bereitstellen, anderes ganz klar ausschließen!). Jede Präsentation bekommt natürlich einen Applaus. Und dann können alle diesen wilden Kerl einmal nachmachen. Wer nicht mag, muss nicht – aber vielleicht gehts mit einem anderen Kind oder einer Erzieherin zusammen?

„Max sagt „Schluss!“

In der Geschichte trifft Max sehr klar eine Entscheidung, wann er genug hat vom Wildsein. Zweimal weist er die wilden Kerle in ihre Grenzen. Im Spiel kann das in einem Stopp-Spiel erlebt werden. Ein Kind (oder zwei) ist/sind Max, alle anderen bewegen sich wild im Raum. Max kann nun auf einen Stuhl steigen und ein Stoppsignal geben (Gong, Trillerpfeiffe, Arm heben und „Schluss jetzt!“ rufen usw.), woraufhin alle sofort einfrieren oder aber sich möglichst schnell auf eine Decke legen müssen. Möglichst alle Kinder sollten diese Erfahrung einmal machen, dass sie die Macht haben, die ganze Gruppe zum Einhalten zu bringen.

„Max wird müde“

„Wildsein“ ist ganz schön anstrengend und danach muss man sich ein wenig ausruhen. Alle Kinder und die Spielleiterin kuscheln sich gemütlich zusammen. Jetzt kann die Spielleiterin mit den Kindern über Max´ Heimweh sprechen: Wer kennt Heimweh? Wie fühlt sich Max? Was wünscht ihr euch, wenn ihr traurig seid? Wie sieht Max wohl aus, als er da so traurig ist? Die Kinder, die mögen, können zeigen, wie Traurigsein aussieht.

„Max will nach Hause“

Und wie würden sie gerne getröstet werden? Was soll passieren, wenn Max nach Hause kommt? Hier kann die Spielleiterin mit den Kindern ihre Ideen und Wünsche sammeln und im Spiel umsetzen. In der Geschichte von Max heißt es „Und das Essen war noch warm“: Das ist hier das Symbol für Versöhnung und Geborgenheit. Was fällt den Kindern ein? Kuscheln, ein Fest feiern, warmen Kakao trinken, jemanden

INFO 3
Fortsetzung

zum Reden haben, …? Entweder alle Kinder zusammen oder auch einzeln nacheinander sollten einmal den langen Weg nach Hause gehen und dort ein „Happyend" erleben.

Aus den Elementen dieser Spiele lässt sich auch eine mögliche Aufführung gestalten. Der Schwerpunkt liegt dabei auf dem Aspekt des Wildseins. Wichtig ist aber auf jeden Fall auch das Ende, also die Versöhnung, zu inszenieren. Kinder brauchen die Vergewisserung, dass zum Schluss „alles wieder gut" ist.

INFO 4

Mit Theater die Realität verändern: Forumtheater nach Augusto Boal

Mitten auf dem Schulhof entbrennt ein Streit zwischen Jugendlichen. Aus einem kleinen Wortwechsel wird schnell die erste Handgreiflichkeit, Anrempeln, dann der erste Schlag ins Gesicht – einer liegt am Boden. Schüler stehen drum herum, manche beobachten die Situation aus sicherer Entfernung.

„Stopp! Wir spielen die Szene noch einmal. Beginnt diesmal noch früher. Zeigt uns, womit der Streit überhaupt angefangen hat." Ah, nur Theater. Aber nicht „normales Theater", sondern „Forumtheater": eine spezielle Theatermethode, bei der es um die Bearbeitung von Konfliktsituationen geht.

Zur gleichen Zeit auf einem Marktplatz in Kenia. Ein Mann und eine Frau streiten sich darüber, ob ihre Tochter nach dem Beschneidungsfest weiter zur Schule gehen soll. Ein Onkel mischt sich ein, das Mädchen sitzt stumm daneben. Eine Menschentraube versammelt sich um das Geschehen. Auch das „nur" Theater (vgl. amani people`s theatre, www.aptkenya.org).

Die Methode des Forumtheaters wurde in den 60er-Jahren von dem brasilianischen Theaterpädagogen und Regisseur Augusto Boal entwickelt, um sowohl politische wie auch private Unterdrückung zu bearbeiten. Boals Anliegen war es, die Lebenssituation der Armen und soziale Ungerechtigkeiten in seinem Land sichtbar zu machen. Deshalb bezeichnete er seine Theatertechniken als das „Theater der Unterdrückten". Mit diesen Methoden wird über Themen und Ereignisse nicht nur gesprochen oder nachgedacht, sondern sie werden – im wahrsten Sinne des Wortes – verkörpert, im szenischen Spiel nachgestellt. So zeigt sich manchmal das Wesentliche sehr viel deutlicher, als Worte es können.

Boal selber und viele Theaterleute auf der ganzen Welt haben diese Methoden auf die Lebenssituationen und Konflikte in ihrem Land hin weiterentwickelt. So ist Forumtheater heute eine Methode, die eingesetzt wird im Konflikttraining mit Schulklassen, zur Bearbeitung persönlicher Konflikte in Fortbildung, Beratung und Therapie, zur Aktivierung von Bewohnern in Bürgerbeteiligungsprojekten, für mehr Verständigung in rassistisch begründeten Konflikten und auf öffentlichen Plätzen in Kenia und anderswo als Ausgangspunkt für regionale Veränderungsprozesse in Kultur und Politik

Ausgangspunkt des Forumtheaters ist immer eine Szene, die ein politisches, soziales oder auch persönliches Problem eines Einzelnen oder einer Gruppe darstellt bzw. widerspiegelt. Gespielt wird eine unbefriedigende Lösung, um beim Publikum eine Diskussion anzuregen. Diese Diskussion soll nicht im Sitzen und rein kognitiv – verbal, sondern durch Spielen und Agieren stattfinden. Das heißt, im Publikum werden andere Lösungen gesucht und auf der Bühne ausprobiert, indem Schauspieler durch Personen aus dem Publikum ersetzt werden.

Die Szene beginnt von vorn und wer eine Idee hat, klatscht in die Hände, unter-

Forumtheater
„Die Schauspieler präsentieren die ‚Welt, wie sie ist' (…) – bis ein Zuschauer aufspringt und sie verändert in eine ‚Welt, wie sie sein könnte'."
Augusto Boal

nach: Boal, Augusto. Das Theater der Unterdrückten. a. a. O., S. 83

bricht so die Spielhandlung, kommt auf die Spielfläche und ersetzt einen Schauspieler. In dessen Rolle versucht er seine Idee im Spiel umzusetzen. So wird sofort sichtbar, ob und wie dieser Vorschlag zu einer Lösung der Situation beitragen kann. Auf dieselbe Weise werden weitere Handlungsmöglichkeiten im Spiel probiert.

Während Boal die Szenen ursprünglich von professionellen Schauspielern darstellen ließ, kann man auch schon die Entwicklung und Darstellung der Szenen mit „Betroffenen" selbst durchführen. So könnte ein Erzieher, der in einem Jugendzentrum mit einer Gruppe von Jugendlichen arbeitet, diese nach ihren typischen Konfliktsituationen fragen und sie bitten diese nicht nur zu erzählen, sondern zu spielen. Der weitere Verlauf ist dann wie oben beschrieben: Die Szene wird gezeigt, möglichst mit einem unbefriedigenden Ende, damit alle Zuschauenden die Notwendigkeit der Veränderung klar bemerken und Lösungsvorschläge ins Spiel bringen.

Die Wirkung des Forumtheaters geht in zwei Richtungen: Zum einen werden Lösungsvorschläge sofort auf ihre Wirksamkeit und Umsetzbarkeit hin überprüft. Zum anderen üben Menschen konkrete, bisher ungenutzte Verhaltensweisen im Spiel ein. *„Der Zuschauer, der in einer Forumtheater-Sitzung fähig gewesen ist zu einem Akt der Befreiung, will diesen auch draußen, im Leben, vollbringen, nicht nur in der fiktiven Realität des Theaters. Die ‚Probe' bereitet ihn auf die Wirklichkeit vor."* (Boal, Augusto. Das Theater der Unterdrückten, edition suhrkamp, Frankfurt 1979 und 1989 Erstausgabe)

Forumtheater eignet sich als Methode der Konfliktbearbeitung mit Jugendlichen und Erwachsenen. Sie kann in kleinen Gruppen (ab 8 Personen), mit Schulklassen wie auch in Großveranstaltungen eingesetzt werden. Die Anleitung und Moderation von Forumtheater in pädagogischer Arbeit erfordert das eigene praktische Erleben der Methode und theaterpädagogische Grundkenntnisse.

Fazit

Ziel theaterpädagogischer Arbeit ist es, dass Menschen

- ✘ Spiel- und Experimentierfreude erleben,
- ✘ in ihrer Spontaneität und Kreativität gefördert werden,
- ✘ ihr individuelles Ausdruckspotenzial erweitern,
- ✘ ungewöhnliche Verhaltensweisen im Spiel ausprobieren können,
- ✘ neue Seiten an sich und anderen entdecken
- ✘ und damit insgesamt in ihrem Selbstvertrauen und ihren Verhaltensmöglichkeiten gestärkt werden.

Aufgaben und Anregungen

1 In welchen Zusammenhängen haben Sie als Kind Theater erlebt/gespielt? An welche Rollen können Sie sich erinnern? Waren das Wunsch- oder Muss-Rollen? Was hat Spaß gemacht, was war unangenehm oder sogar schlimm?

Aufgaben …
Fortsetzung

2 Welche Rolle(n) würden Sie gerne einmal spielen? Warum?

3 Wie schätzen Sie Ihren eigenen verbalen und körpersprachlichen Ausdruck ein? Haben Sie typische Gesten oder Redewendungen, die Sie häufig benutzen? Fragen Sie einmal Ihre Mitstudierenden.

4 Das Thema Wildsein wird häufig eher Jungen zugeordnet. Schreiben Sie die Geschichte von Max und den wilden Kerlen um in eine „Mädchengeschichte": „Maximiliane und die …"

5 Finden Sie heraus, ob es in Ihrer Nähe Institutionen oder Theaterpädagoginnen gibt, die mit Methoden des „Theater der Unterdrückten" arbeiten.

Tipps zum Weiterlesen

Bewegung und Psychomotorik:

Reichel, Gusti. *Lebendig statt brav, Handbuch für das Leben und Arbeiten mit Kindern in Gruppen,* Ökotopia Verlag, 1995

Rücker-Vogler, Ursula. *Bewegen und Entspannen,* Ravensburger, 1994

Sportjugend Hessen, *Bewegung Kunterbunt, Spiel und Sport für behinderte und nichtbehinderte Kinder* und weitere Hefte aus der Reihe „Tipps", zu beziehen über Sportjugend Hessen, Otto-Fleck-Schneise 4, 60528 Frankfurt/M.

Vopel, Klaus. *Zauberhände,* aus der Reihe „Kinder ohne Stress", iskopress, 1994

www.bewegtes-lernen.de

www.bewegungsbaustelle.de

www.psychomotorik.com

Zimmer, Renate. *Toben macht schlau,* Verlag Herder, 2004

Zimmer, Renate. *Handbuch der Bewegungserziehung,* Herder, 1993

Zimmer, Renate. *Handbuch der Psychomotorik,* Herder, 2002

Tanz

Baum, Andrea. *Leicht wie eine Feder, Kreatives Tanzen mit Kindern,* Kösel Verlag, 1997

Delakova, Katya. *Das Geheimnis der Katze, Eine Tänzerin weist Wege zum schöpferischen Üben,* Brandes & Apsel, 1991

Fleischhauer, Wolfram, *Drei Minuten mit der Wirklichkeit* (Krimi), Droemer-Knaur, [illegible]

Metzenthin, Rosmarie. *Schöpferisch Spielen und Bewegen,* Orell Füssli, 1983

www.rhythm[illegible].de

Theater

Batz, Michael und Schroth, Horst. *Theater zwischen Tür und Angel,* Rowohlt, 1983

Metzenthin, Rosmarie. *Schöpferisch spielen und Bewegen,* Orell Füssli, 1983

Paris, Volkhard und Bunse, Monika. *Improvisationstheater mit Kindern und Jugendlichen*

Vortisch, Stephanie. *Keine Angst vor dem Theater, Werkstattbuch mit 100 Spielideen und mehr,* Luchterhand, 2000

Forumtheater

Boal, Augusto. *Das Theater der Unterdrückten,* edition suhrkamp, 1979

www.aptkenya.org Amani people`s theatre

www.geocities.com/skimfiramle Friendship Village, Jüdisch-palästinensisches Theater-Dienstjahr

Kinderbücher

Sendak, Maurice. *Wo die wilden Kerle wohnen,* Diogenes, 1967

Aliki, *Gefühle sind wie Farben,* Beltz & Goldberg, 1988

3 Grundlagen einer musikalischen Bildung und Erziehung

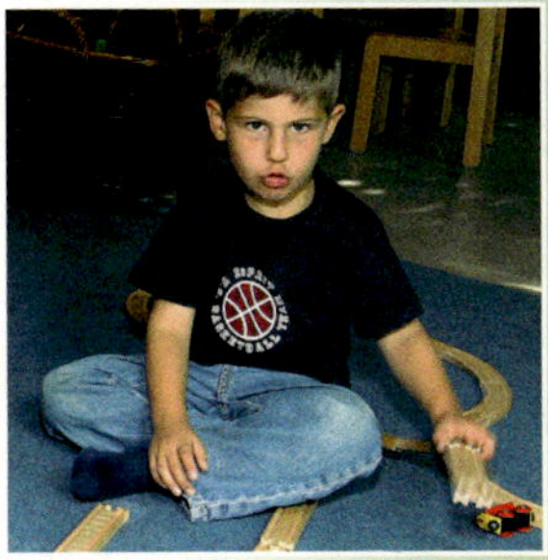

3.1 Musik im Kindergarten

Einstiegssituation

Beobachtet man Kinder während der Freispielzeit im Kindergarten, so lassen sich viele musikalische Handlungen entdecken. Während Anna ihr Malen mit einem frei erfundenen Lied auf Tonsilben oder mit Nonsens-Worten begleitet, lässt Moritz die Holzperlen immer wieder von seiner Hand in die Schale fallen, beobachtet sie und hört verzückt diesem Geräusch zu. Andere Kinder in der Bauecke begleiten vokal ihr Spiel mit der neu konstruierten Rennbahn, während in der Puppenecke Puppenbabys in den Schlaf gesungen werden.

Jedes Kind ist und handelt musikalisch.

„Das soll Musik sein?", fragt Renate und argumentiert, dass das Geklapper von Bauklötzen in der Bauecke ja wohl auch keine Musik sei. Susanne pflichtet ihr bei und meint, dass sie vor dem Singen mit Kindern eh die größte Angst habe, da sie wegen ihrer Stimme bestimmt ausgelacht werde. Außerdem sei sie völlig unmusikalisch. Oliver erzählt davon, wie begeistert die Kinder immer waren, wenn er in den Kindergarten kam und seine Gitarre dabei hatte. Ständig wollten die Kinder auf seiner Gitarre rumklimpern oder baten darum, dass er mit ihnen singen sollte. Laura schildert ihre erste musikalische Beschäftigung mit Instrumenten. Strahlende Augen, die pure Lebenslust, aber nur laut!

FRAGEN

- ✔ *Erinnern Sie sich an Ihre erste musikalische Beschäftigung mit Kindern. Was für positive/negative Erfahrungen konnten Sie sammeln?*
- ✔ *Diskutieren Sie über die einzelnen Meinungen bzw. Erfahrungen der Studierenden.*
- ✔ *Was ist Ihrer Meinung nach beim Musizieren mit Kindern zu beachten?*

Die musikalische Entwicklung

INFO 1

Alle für das Kind neuen Gegenstände, Materialien oder Objekte werden vom Kind auf seine Klangeigenschaften und -qualitäten hin untersucht.

Die Lust der Kinder, sich an Klängen zu erfreuen, Lieder zu singen oder mit ihnen zu spielen, sich zur Musik zu bewegen oder einfach hinzuhorchen, zu lauschen, lässt sich im Kontakt mit Kindern immer wieder beobachten.

Schon unmittelbar nach der Geburt beginnt das Kind, sich musikalisch zu äußern und mit seiner Umwelt auseinander zu setzen. Neugeborene können bei der Verarbeitung neuer akustischer Reize auf gespeicherte Sinnesinformationen

WICHTIG IST ES, DIE LUST AN KLÄNGEN AUFZUGREIFEN UND DURCH EINE KINDGEMÄSSE ANLEITUNG WEITERZUFÜHREN.

INFO 1
Fortsetzung

zurückgreifen. Im Mutterleib ist der ungeborene Mensch zu zahlreichen Sinnesempfindungen über den Gehör-, den Bewegungs- und Tastsinn fähig, die entsprechend ihrer subjektiven Bedeutsamkeit gespeichert und geordnet werden und das unabhängig vom Empfinden der Mutter (nach: Ribke 1995).

In den ersten zehn Lebensjahren werden die für unsere Musikkultur wesentlichen, grundlegenden musikalischen Fähigkeiten erworben. Die dafür benötigten Lernprozesse geschehen automatisch durch die akustischen Anregungen der Lebenswelt und unbewusst durch Akkulturation und durch Hineinwachsen in die Musikkultur (Gembris 1998, S. 283). Der musikalische Anregungsgehalt der sozialen Umgebung spielt hierbei eine entscheidende Rolle. Kinder, die in Familie und Kindergarten viele Sing-, Hör- und Musizierangebote erleben und kennen lernen, können auf einen größeren Schatz an musikalischen Erfahrungen zurückgreifen.

Generell ist die Entwicklung musikalischer Fähigkeiten an die allgemeine geistige, emotionale und sensomotorische Entwicklung geknüpft. Auf dem Entwicklungsstand der musikalischen Fähigkeiten, die durch Akkulturation gewonnen wurden, bleibt das Kind stehen, wenn kein weiterführender Unterricht besucht wird.

Der folgende Überblick zeigt auf, welche musikalisch-akustischen Wahrnehmungsfähigkeiten sich bei Kindern entwickelt haben (Gembris 1998, S. 293 f.).

Drei- bis Vierjährige können beispielsweise:

- langsam – schnell unterscheiden,
- verschiedene Tonlagen (hoch – mittel – tief) unterscheiden (ab 2. Lebensjahr),
- bestimmte Melodien wiedererkennen (ab 2. Lebensjahr),
- heiteren oder traurigen Ausdruck eines Liedes oder Musikstückes anhand unterschiedlicher Harmonik (Dur- und Mollakkorde), Tonlage (hoch – tief) und Tempo (schnell – langsam) erkennen,
- Klangfarben erkennen und bestimmten Instrumenten zuordnen.

Fünf- bis Sechsjährige können beispielsweise:

- Instrumentalklänge erkennen und der entsprechenden Instrumentenfamilie zuordnen (den Geigenklang der Familie der Streichinstrumente),
- verschiedene Instrumente im Zusammenklang mit anderen Orchesterinstrumenten erkennen (Klavier in einem Orchesterstück heraushören),
- einfache Rhythmen nachklatschen oder spielen (zweitaktiger Rhythmus, der zunächst nur aus zwei verschiedenen Tonlängen besteht),
- den Grundschlag (Metrum) bei einfachen Rhythmen und Gesängen durchhalten,
- Halbtonunterschiede innerhalb eines musikalischen Kontextes wahrnehmen,
- Tonartenwechsel in eine weiter entfernt liegende Tonart bemerken (z. B. von C-Dur nach A-Dur),
- verschiedene kurz hintereinander gehörte Musikbeispiele vergleichen (gleich oder verschieden?),
- Gefühl für Tonart entwickeln (nach dem Einatmen wechselt beim Singen oft noch die Tonart und in einer anderen Tonhöhe wird weitergesungen).

Es ist ein Grundbedürfnis aller Menschen, sich ausdrücken zu wollen und zu können über Körper, Stimme und mit Instrumenten.

„Von Anfang an aber bilden sich Kinder … selbsttätig, indem sie sinnliche und emotionale Wahrnehmungen quasi sammeln, ordnen und zu Erfahrungen verdichten, um so zu persönlichen Sinnmustern zu gelangen“ (Dartsch 2004, S. 194). Jedes Kind entscheidet für sich, was beim Spiel mit Instrumenten oder bei einem Lied für es ganz persönlich wichtig und ergreifend ist.

Kinder stecken somit von Anfang an mittendrin. Angewiesen sind sie auf den familiären oder institutionellen Rahmen, der ihnen die Möglichkeit gibt das, was in ihnen steckt, immer weiter entwickeln zu können. Im Spielen, Experimentieren und Entdecken wird Neues erfahren und gelernt. Das Spielen ist die natürliche Ausdrucks- und Tätigkeitsform des Kindes.

Spiel und Musik

INFO 2

Eine besondere Rolle kommt dem Spiel innerhalb der Musik zu. Der Mensch „spielt“ ein Instrument. Musik stellt im Spielen eine scheinhafte, über der Realität schwebende Ersatzwelt dar. Wer musiziert, vergisst die Welt um sich herum, er lebt in der Welt der Musik. Der Raum, in dem er sich befindet, die Zeit, die das Spielen in Anspruch nimmt, all das verschwindet aus dem Bewusstsein. Die Scheinwelt Musik bietet wie im Spiel genau den Wechsel von Spannung und Lösung, sie ist mit Freude verbunden, viele Spielregeln bestimmen den Rahmen (Dartsch 1999, S. 15).

Im Spielen und Experimentieren lernt das Kind am effektivsten und nachhaltigsten. Die innere Abbildung des Spiels ist die Fantasie (Dartsch 2002, S. 314). Über das Spielen und das Sichausdrücken entstehen Beziehungen. Beziehung zu sich selbst, indem ich über das Spielen etwas über mich erfahre, oder Beziehung zu anderen Mitspielern oder Beteiligten (Anwesenden). Es entwickelt sich eine Verbindung zu dem Instrument, Kunstwerk, Musikstück. Wird eine Beziehung aufgebaut, erlangt der Gegenstand der Auseinandersetzung eine Bedeutung. Im Spielen und Experimentieren erschließt sich eine neue Welt.

Die von verschiedenen Entwicklungspsychologen (Bühler, Hetzer, Piaget) beschriebenen Spielformen finden sich auch im Spiel mit Musik wieder.

MUSIK IST SPIEL!

Konstruktionsspiel:
Musikinstrumente können vielfältigst „bespielt“ werden. Durch das Ausprobieren, Verfremden, Variieren, Neuzusammenbauen von Klängen oder Instrumentalteilen entstehen neue, mal mehr, mal weniger geplante Klangerlebnisse.

Eine Berg- und Talbahn wird als Klangstraße mit verschiedenen Instrumenten gebaut. Dabei stehen einzelne Xylofone oder Metallofone an einen Stuhl gelehnt (aufgestellt vom tiefen zum hohen Ton), sodass der Klangweg mal hoch hinauf, mal hinunterführt.

Info 3 Elementares Musizieren

Ein elementarer Umgang mit Musik, das Sammeln elementarer Erfahrungen beinhaltet das, was Musizieren und Spielen ausmacht. Elementar im Sinne von grundständig, grundlegend und wesentlich.

Das Spielen mit Klängen, Tönen, Rhythmen, … mit jeglichen Inhalten und Materialien vermittelt grundlegende Erfahrungen, ermöglicht jedem Menschen ein Mitmachen und spricht das Innerste in jedem an. Unabhängig von besonderen Fertigkeiten, nur mit den zur Verfügung stehenden Mitteln kann und soll Musik gespielt und gehört werden.

Kinder wie Erwachsene lernen dann freudig, wenn die Neugierde geweckt, der Forschungsdrang, die Experimentierfreude, die Freude, Fantasie, Kreativität, … angesprochen werden.

Das stupide Einstudieren von Liedern beispielsweise ermöglicht nicht schöpferisch tätig zu sein. Im kreativen, fantasiereichen und schöpferischen Prozess mit musikalischen Inhalten erst können vielfältige persönliche Entwicklungen entstehen, die es dem Menschen ermöglichen, offen zu sein für viele Verbindungen und Beziehungen (Dartsch, 2002, S. 322).
Als „Elementares Musizieren“ sollen deshalb nachfolgend alle musikalischen Angebote bezeichnet werden.

Elementares Musizieren heißt:
- Spielen mit Musik
- sich ausdrücken können über den eigenen Körper und die Stimme in Bewegung und Tanz, mit Instrumenten, in Klang- und Bewegungsaktionen mit Objekten, im Singen und Sprechen, in Verbindung mit Theater, Malerei und anderen Kunstformen
- in allen Sinnen angesprochen zu werden
- eigene Empfindungen, Fantasien und Ideen äußern und aktivieren
- schöpferisch und kreativ tätig sein
- sich selbst, die anderen und die Umwelt im Umgang mit musikalischen Aktionen erfahren, um dadurch immer mehr Ich-Identität ausbilden zu können.

Für die musikalische Arbeit im Kindergarten, sprich das „Elementare Musizieren“, bedeutet dies, dass
- allen Kindern ein Zugang zur Musik ermöglicht werden kann und soll:
  Prinzip der Chancengleichheit
- jedes Kind selbsttätig und selbstbestimmt musikalisch agieren kann:
  Prinzip der Selbsttätigkeit und Selbstgestaltung
- das Kind in all seinen Wahrnehmungen über Körper, Stimme und Bewegung angesprochen und intermediales Erleben ermöglicht wird:
  Prinzip der Ganzheitlichkeit
- den Kindern Musik vielfältig dargeboten wird und spielerisches, kreatives und prozessorientiertes Umgehen in unterschiedlichen Aktionsformen stattfinden kann:
  Prinzip der Vielfalt
- Kinder in ihrer Lebenswelt, in ihren Erfahrungen, Bildern und Vorstellungen angesprochen werden:
  Prinzip der Anschaulichkeit

Fazit

- ✘ Musikalität steckt in jedem Kind.
- ✘ Musikalische Bildung und Erziehung trägt zur Persönlichkeitsentwicklung bei.
- ✘ Musikalische Äußerungsformen entspringen dem menschlichen Bedürfnis nach Ausdruck.
- ✘ Musikalisches Handeln schafft Beziehungen.
- ✘ Musik ist Spiel.
- ✘ Das einzelne Kind und die Gruppe sind Ausgangs- und Bezugspunkt beim Einsatz von Musik im Kindergartenalltag.

- Ein musikalisch reichhaltiges soziales Umfeld begünstigt die musikalische und allgemeine Entwicklung mehr als ein Umfeld mit wenigen musikalischen Anregungen.

Aufgaben und Anregungen

1 Was bedeutet musikalisches Handeln im Kindergartenalter?

2 Wie äußern Kinder sich musikalisch?

3 Inwieweit wirkt sich ein früher Beginn mit Musik positiv auf die kindliche Entwicklung aus?

4 Finden Sie Gemeinsamkeiten zwischen Spiel und Musik.

3.2 Elementares Musizieren im Kindergarten

Elementares Musizieren im Kindergarten bedeutet nicht die Vermittlung einzelner isolierter musikalischer Fähigkeiten und Fertigkeiten, sondern jedes Kind kann individuelle und vielfältige musikalische Erfahrungen im sozialen Kontext der Gruppe sammeln. Im Vordergrund stehen dabei der Spaß und die Freude am praktizierenden und hörenden Umgang mit Musik.

Wann wird eine Beschäftigung zu einer Erfahrung? Etwas erfahren heißt eine Betätigung mit Sinn zu füllen. Sinnvoll wird dann etwas, wenn die Persönlichkeit angesprochen wird, wenn eine aktive und schöpferische Auseinandersetzung stattfinden kann innerhalb eines Rahmens, der auf die Erfüllung der individuellen Bedürfnisse ausgerichtet ist. Diese sinnerfüllte Beschäftigung kann dann zu einem Erlebnis werden.

Nachfolgend wird beschrieben, wie Musik als Teil der akustischen Umwelt kennen gelernt werden kann, musikalische Äußerungsformen als persönliche Ausdrucksform erlebt und in die Persönlichkeit integriert werden können.

Die Königin der Farben

Info 1

Die Erzieherin hat verschiedene Säckchen vorbereitet, jedes ist mit Gegenständen einer bestimmten Farbe gefüllt. So gibt es ein Säckchen mit lauter roten, eines mit lauter grünen, gelben und blauen Gegenständen (Tücher, Bälle, Kerzen, Bilder, …). Zunächst fühlen die Kinder von außen, verbalisieren das Gefühlte, dann werden die Säckchen an verschiedenen Plätzen im Stuhlkreis ausgeleert. Die Kinder beschreiben das Gemeinsame und erzählen, was ihnen zu den einzelnen Farben ein fällt, welche Gefühle sie mit den einzelnen Farben verbinden … Gemeinsam mit der Erzieherin werden bestimmte Gefühle mit einer Auswahl an Instrumenten und Materialien (Holz, Zeitungspapier, Steine, …) verklanglicht.

Anschließend oder zu einem späteren Zeitpunkt wird in der Kindergruppe das Bilderbuch „Die Königin der Farben“ von Jutta Bauer vorgestellt. Das Buch ermöglicht:

- Gespräche über Gefühle und Stimmungen;
- eine vokale und/oder instrumentale Gestaltung;
- eine tänzerische Gestaltung;
- eine szenische Darstellung;
- Anregungen zum Weitermalen;
- ein Weitererzählen, Ausschmücken;
- …

3.3 Bedeutung und Aufgaben des Elementaren Musizierens

Musik unterstützt und fördert die allgemeine Entwicklung des Kindes, insbesondere die:

- persönliche Entwicklung;
- soziale Kompetenz;
- affektive Wahrnehmung;
- motorische Entwicklung;
- sprachliche Entwicklung;
- kognitive Entwicklung.

INFO 1 Der Suppen-Samba

Ein Kindergarten beschäftigt sich aktuell mit gesunder Ernährung. Spiele und Lieder rund um Obst und Gemüse wie der rhythmische Sprechkanon „Suppen-Samba“ unterstützen das Thema.

Notenbeispiel: Suppen-Samba

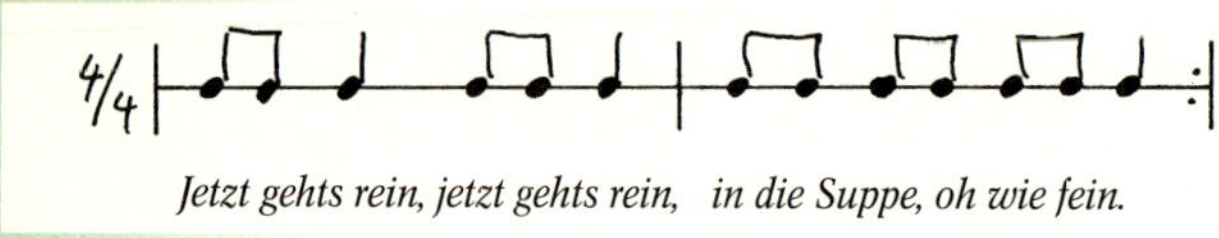

Refrain mit Gesten

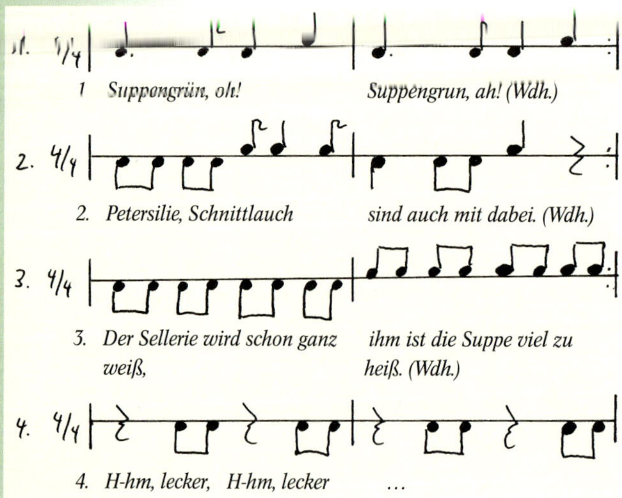

Das Einstudieren erfolgt über das Vorstellungsbild: Wir kochen eine Suppe. Jedes Kind beschreibt, was seiner Meinung nach hineingehört. Man hört das Platschen, wenn das Gemüse in den Topf plumpst, die Schneidegeräusche des Messers beim vorherigen Zerkleinern. Das Wasser plätschert beim Umrühren, ebenso kann das Abschmecken hörbar gemacht werden. Pantomimisch und szenisch können diese Aktionen dargestellt werden. Dazwischen ist immer wieder der Refrain zu hören, der rhythmisch von der Erzieherin vorgesprochen wird. Die Kinder steigen unmittelbar mit ein, indem sie mitsprechen und die entsprechende Geste dazu machen (linke Hand mit Handfläche nach oben

LF 4

stellt das Schneidebrett dar, während die rechte Hand mit der Handkante das Messer spielt, das im Sprachrhythmus in die linke Hand hinein„schlägt“).

Die einzelnen Strophen werden eingebunden in die Geschichte, mit Klanggesten vorgemacht und von den Kindern nachgemacht. Die Suppe kann gekocht werden, wenn die Zutaten – Kindergruppe wird in Kleingruppen eingeteilt – einzeln in die Suppe kommen und somit erklingen.

Inwiefern findet nun eine Förderung in den oben genannten Entwicklungsbereichen statt?

Die Kinder werden z. B. gefördert in ihrem Ausdrucksvermögen, ihrer Fantasie, Kreativität und Konzentrationsbereitschaft (persönlichkeitsbildende Ziele). Sie tragen Verantwortung für das Gelingen, lernen die Ideen der anderen zu akzeptieren und aufeinander zu reagieren (soziale Ziele). Sie werden in ihrer Erlebnisfähigkeit angesprochen und fühlen sich akzeptiert und geborgen (affektive Ziele). Gestisch und pantomimisch sind sie gefordert sich zu äußern (motorische Ziele), rhythmisches Sprechen, Wortschatzerweiterung und verbesserte Gedächtnisleistungen (sprachliche und kognitive Ziele) finden statt durch das rhythmische, mit Klanggesten unterstützende Wiederholen.

Musik ist, so Beck-Neckermann, Spiel-, Erfahrungs- und Gestaltungsfeld, sie *„ist Teil der Realität und gleichzeitig entwickeln und verarbeiten die Kinder die in ihr erlebte Realität. So können Musik, Musikinstrumente und musikalisches Handeln ein wichtiges Medium in der Beziehung zwischen Kindern und ihrer Lebenswelt sein.“* (Beck-Neckermann, S. 47)

Im Umgang mit Musik werden:
- die Wahrnehmungen geschult,
- viele Sinne angesprochen und sensibilisiert,
- Erlebensqualitäten gefördert,
- Fantasie und Kreativität angeregt,
- persönlichkeitsbildende Aspekte unterstützt,
- Beziehungen aufgebaut,
- Ichidentität entwickelt,
- die Lebenswelt entdeckt, eigene und andere Kulturkreise kennen gelernt und erfahren.

Neues aus der Gehirnforschung (vgl. Kap 9)

INFO 2

Aus neurobiologischer Sicht weisen viele Untersuchungen nach, dass musikalische Tätigkeiten viele verschiedene neuronale Areale vernetzen und hohe feinmotorische Koordinationsleistungen erfordern. Da Musik eine komplexe Herausforderung für den Menschen darstellt, entsteht eine dichtere Vernetzung verschiedener Areale und ein stärkerer Zusammenhalt, was sich auf die Entwicklung des Gehirns positiv auswirkt (vgl. Gruhn, 2003/Spitzer, 2003/Kap. 10 Gehirnforschung).

Bei der Hörwahrnehmung beispielsweise werden die unterschiedlichen Einzelwahrnehmungen wie Tonhöhe, Rhythmus, Klangfarbe, ... an verschiedenen Stellen (Areale) in der Hirnrinde (Kortex) gespeichert. Nervenverbindungen zwischen diesen Arealen ermöglichen uns einen Hörgesamteindruck zu erhalten, eine Melodie als solche wahrzunehmen.

Die Hörwahrnehmung ist auch mit tieferen Schichten verbunden, die Assoziationen, Erinnerungen und Gefühle auslösen (Gruhn, S. 42). Wiederholtes Hören ermöglicht, dass feste Zellensembles entstehen, *„in denen bestimmte musikalische Phänomene repräsentiert werden. Trifft nun in der Wahrnehmung ein musikalischer Reiz auf ein bereits entwickeltes Muster (eine mentale Repräsentation), wird dieses aktiviert, kann etwas als etwas erkannt werden.“* (Gruhn, S. 43)

Es macht jedoch einen großen Unterschied aus, ob Kinder *„Gelegenheit erhalten, mit ihrem Körper und durch Stimme und Bewegung musikalische Erfahrungen mental zu repräsentieren oder ob sie Wissen über Musik erwerben und in ihrem Gedächtnis speichern.“* (Gruhn, S. 79)

Denn nur über das Hören und Selbermachen, über körperliche und sinnliche Erfahrungen erwerben die Kinder ihren „musikalischen Wortschatz“, aus dem heraus sie sich ausdrücken können.

3.4 Überblick über Zielsetzungen und Aktivitäten Elementaren Musizierens mit Kindern

Zielvorstellung des bayerischen Bildungs- und Erziehungsplans
„Die Kinder sollen die Welt der Musik in ihrer gesamten Vielfalt erfahren und Gelegenheit erhalten sich in ihr selbsttätig und gemeinsam zu bewegen. Dabei ist auf die Ausgewogenheit der verschiedenen musikalischen Aktivitäten und Ausdrucksformen zu achten. Der Schwerpunkt ist auf die Schulung des Gehörs zu legen. Da aufmerksames Musikhören oft nur in entspannten Situationen möglich ist, können Kinder Musik, Konzentration und Wohlbefinden als Einheit erleben. Die Begegnung mit Musikinstrumenten und das Abbilden von Musik (traditionelle und grafische Notation) erweitern die Erfahrungswelt der Kinder. Besonderer Beachtung und Pflege bedarf die kindliche Singstimme durch gemeinsames Singen. Da Kinder das Hören von Musik häufig spontan in Bewegung umsetzen, können ihre Bewegungsabläufe durch Tanz- und Bewegungsspiele unterstützt werden.“

Der bayerische Bildungs- und Erziehungsplan, S. 185

Info 1 Ziele einer musikalischen Bildung und Erziehung

In Anlehnung an Donata Elschenbroich (S. 214) lassen sich folgende Ziele beschreiben:

Jedes Kind sollte:

- seine Stimme entdecken, mit ihr experimentieren und spielen können,
- Singen und viele Lieder kennen lernen,
- seinen Körper als Musikinstrument erfahren,
- mit Instrumenten, Materialien, Objekten usw. in einen Dialog treten,
- Rhythmus in den Füßen, mit den Händen oder ganzkörperlich spüren und umsetzen können,
- vielfältigste Klänge erzeugen, hören und mit ihnen experimentieren,
- beim Musizieren und Musikhören unterschiedliche Gefühle wahrnehmen und zulassen,
- die Stille als einen Teil von Musik erleben,
- erleben, wie das gemeinsame Spielen und Musizieren das eigene Spiel bereichern können,
- sich selbst als schöpferischen, kreativen und fantasievollen Menschen erfahren.

„Leitziel musikalischer Bildung und Erziehung in Tageseinrichtungen ist, dass Kinder Musik erfahren als Quelle von Freude und Entspannung sowie als Anregung zur Kreativität in einer Reihe von Tätigkeiten, so im Singen und Instrumentalspiel, aber auch im Erzählen, Bewegen und Malen (Querverbindungen zu sprachlicher Bildung und Förderung, ästhetischer Bildung und Erziehung, Bewegungserziehung und -förderung).“

Der bayerische Bildungs- und Erziehungsplan, S. 186

9612106

Handlungs-, Spiel- und Gestaltungsfelder

Info 2

Elementares Musizieren im Kindergarten kann bezogen auf die oben genannten Zielvorgaben in folgenden Handlungsbereichen angeboten werden:

- Stimme: sprechen und singen
- Spiel mit Instrumenten, Objekten und Materialien
- Bewegung/Tanz
- Improvisation
- Hören
- interkulturelle Lieder, Spiele und Tänze
- elementares Musiktheater

Zur besseren Übersichtlichkeit werden die Bereiche (in Kapitel 3.5) einzeln vorgestellt. In der kindlichen Spielhandlung erscheinen sie in unterschiedlichen Kombinationen.

Ein Lied beispielsweise wird nicht nur gesungen, es kann szenisch mit Rollen und somit über Mimik, Gestik und verschiedene Körperhaltungen dargestellt werden, instrumental begleitet, gemalt oder in einer Bewegungsimprovisation umgesetzt werden.

Das liegt zum einen in der Natur der Musik selbst und zum anderen im Wahrnehmungs- und Handlungsraum und Spielverhalten des Menschen begründet.

Musik steht im kindlichen Erleben immer in Verbindung mit anderen Ausdrucks- und Kunstformen.

Die Sinne

Info 3

Jeder Mensch braucht zum Musizieren, allein oder mit anderen, zum Hören und zum Tanzen seine Sinne.

Alle Wahrnehmungsbereiche sind auf Sensibilisierung angewiesen, d. h., die Sinne benötigen vielfältige Reize, um zu einer immer differenzierteren Wahrnehmung zu gelangen. Diese Differenzierungsprozesse ermöglichen dem Kind, sich ein Bild von sich selbst und seiner Lebenswelt zu machen. Sie tragen zur Orientierung in der Welt bei und verbinden die Außen- mit der Innenwelt bzw. die Innenwelt (Emotionen, seelische Empfindungen, …) mit der Außenwelt.

Sinneswahrnehmungen und ihre Auswertungen sind sehr individuell. Jeder Mensch empfindet anders, deshalb sollte keiner von außen beurteilen, ob der Wahrnehmende richtig oder falsch empfunden hat.

Spiele und Übungen zur Sensibilisierung fördern die musikalische Entwicklung, vor allem das spieltechnische und tänzerische Geschick, die Eindrucks- und Ausdrucksfähigkeit, Vorstellungsvermögen, kreative Handlungen und die Begriffsbildung.

Eine Differenzierung des ästhetischen Erlebens geschieht durch die Förderung der Sinnessysteme.

Für das Elementare Musizieren bedeutsam sind der auditive, kinästhetische und cutane Sinn (cutan: Oberbegriff für taktile und haptische Wahrnehmung) (vgl. Ribke, 1995, S. 73)

- Der auditive Sinn ist für die Aufnahme von Musik am wichtigsten, hierüber entwickelt der Mensch einen Bezug zur Musik.
- Gegenstand des Elementaren Musizierens sind Musik und Bewegung, zum Bewegen benötigt der Mensch die kinästhetische Wahrnehmung.
- Ein Lernen über die kinästhetische Wahrnehmung und Gedächtnis ermöglicht die Fein- und Sensomotorik zu verbessern („Gedächtnis und Augen“ der Finger z. B.).
- Viele verschiedene Sinneswahrnehmungen unterstützen die Hörwahrnehmung, nur dann lassen sich musikalische Qualitäten erfassen und verbalisieren.

- Über die Sensibilisierung geschieht die Aktivierung des individuellen Vorstellungsvermögens.
- Aus Eindruck entsteht Ausdruck.
- Das Arbeiten mit unterschiedlichen Wahrnehmungskanälen wird den verschiedenen Lerntypen (auditiver, visueller oder haptischer Lerntyp) gerecht.

Aufgaben und Anregungen

1 Was verstehen Sie unter einer sinnerfüllten Beschäftigung mit Musik?

2 Zeigen Sie auf, welche Entwicklungsbereiche der kindlichen Persönlichkeit im Umgang mit Musik gefördert werden.

3 Überlegen Sie sich praktische Beispiele zu den einzelnen Entwicklungsaspekten.

4 Was ist unter der Beschreibung „Musik ist das Spiel-, Erfahrungs- und Gestaltungsfeld" zu verstehen?

5 Inwieweit tragen Erkenntnisse aus der Gehirnforschung dazu bei, eine handlungs- und erlebnisorientierte musikalische Beschäftigung der reinen Wissensvermittlung vorzuziehen?

6 Beschreiben Sie die Ziele der musikalischen Bildung und Erziehung.

7 Stellen Sie dar, in welchen Aktionsformen musikalisch mit Kindern gespielt werden kann.

Tipps zum Weiterlesen

Beck-Neckermann, Johannes, *Zwi-zwa-Zwergenmatze – Lieder für Kinder, Briefträger, Zwerge und andere Luftkünstler*, www.klangsamboo.de, 2005

Gruhn, Wilfried, *Kinder brauchen Musik. Musikalität bei kleinen Kindern entfalten und fördern.* Beltz, 2003

Holzheuer, Rosemarie, *Sensibilisierung. Praxishilfen für Musik- und Bewegungserziehung.* Auer, 1980

Ribke, Juliane, *Die Sinnessysteme*, in: *Elementare Musikpädagogik.* ConBrio, 1995

3.5 Die Handlungs-, Spiel- und Gestaltungsbereiche

3.5.1 Stimme: „Hilfe, ich kann nicht singen!"

Einstiegssituation

Diese Angst äußert Susanne ganz offen den anderen Studierenden gegenüber. Oliver hat es gut ihrer Meinung nach, er nimmt seine Gitarre als Unterstützung. Renate berichtet, dass sie erst durch die Geburt ihres Sohnes wieder mit dem Singen angefangen hat und siehe da, auf einmal merkte, dass ihre „verrostete Stimme" durch das viele Singen immer besser klang und höher wurde.

Fragen:

- ✔ *Welche Faktoren sind Ihrer Meinung nach wichtig, damit Kinder singen?*
- ✔ *Wie lässt sich die Singlust der Kinder unterstützen?*
- ✔ *Reflektieren Sie Ihre eigenen stimmlichen Erfahrungen. Was für positive/negative Erlebnisse fallen Ihnen ein?*

Info 1 Die Stimme

Zur anthropologischen Grundausstattung eines jeden Menschen gehören die elementaren stimmlichen Ausdrucksfähigkeiten.

Die Fähigkeit, die eigene Stimme zu gebrauchen, sich mithilfe der Stimme auszudrücken oder mit der Stimme zu kommunizieren, ist angeboren.

Das Sprechen und das Singen selbst müssen allerdings erlernt werden. Sprechen und Singen haben die gleiche Wurzel und hängen unmittelbar zusammen. Gutes Sprechen unterstützt die Entwicklung des Singens und eine korrekte Atmung unterstützt die Sprech- und die Singstimme.

Der Atem als Träger von Sprache und Gesang wird meist unbewusst eingesetzt und spielt für den gesamten Organismus eine wichtige Rolle. Im Unterschied zum Sprechen wird im Singen die Stimme durch die enge Verbundenheit mit dem Körper zu einem direkten Ausdrucksmittel für Gedanken, Gefühle, eben für alle seelischen Empfindungen.

Singen mit Kindern und Singen für Kinder bedeutet demnach sich ihnen emotional zuzuwenden.

FAZIT

Die Ausbildung und Pflege der Sprech- und Singstimme als das dem Menschen ureigene und ganz persönliche Instrument benötigt große Sorgfalt und Wissen um deren Funktion.

Für eine tragfähige und gesunde Stimme wichtig sind:

- ✘ die Ein- und Ausatmung (Zwerchfellatmung),
- ✘ gute Aussprache,
- ✘ Körperhaltung und Körperspannung,
- ✘ variantenreiches Sprechen zur Aktivierung der Resonanzräume.

Spiele im Bereich Stimme

INFO 2

- **Stimmbildung**
  Übungen und Spiele zum Atem, zur Artikulation und Intonation

Atem: Kerzen ausblasen, Luft entweicht einem Loch im Reifen, …
Spiele, um außer Atem zu kommen, dann Hände oder Gegenstand auf Bauch legen, fördert Empfinden für die Einatmung …, seufzen, gähnen, stöhnen, …

„Ballspiele“ mit japanischen Papierbällen, Tischtennisbälle mit Strohhalmen weit pusten

Atembilder:

Artikulation: Klang- und Lautspiele mit Vokalen und Konsonanten, Assoziation

Spielplatz:

tp tp tp tp … hhhiiiiiiiiiiiup *Rutsche hinaufsteigen und rutschen*
tng tng … *Trampolin hüpfen, …*
huiiii , schhhh *Schaukeln, …*
ahhhhhhhh *Wie riecht es gut …*
oohhhhhhhh *Wie toll hüpft Anna …*
iiiiiihhhhhhh *Moritz nimmt die Schnecke mit der Hand.*
uuuhhhhh *Es wird bald dämmrig.*
eeeehhhhhh *Was hat Paul da gefunden?*

Aus diesen Lauten lässt sich mit den Kindern gemeinsam eine Geschichte erfinden.

Intonation: Töne werden durch den Raum getragen, Echospiele, …
Der Stimmaufzug fährt hoch oder runter, stoppt bei bestimmten Stockwerken (= Ton, der von einem anderen Kind oder Erzieherin vorgesungen wird), …

- **Stimmimprovisationen**

Ausprobieren, was die Stimme alles kann, singen nach in der Luft gemalten Zeichen oder nach Wollfäden, die am Boden liegen. Bestimmte Bewegungsformen, Raumwege, …, mitsingen, …
Töne werfen, sich zuwerfen, im Kreis wandern lassen, …

- **Imitationen von Tierstimmen und Umweltgeräuschen**
- **Freies Singen/singendes Erzählen**

Einfach einmal drauflossingen, das, was ich als Spielanweisung z. B. sagen möchte, kann ich auch singen.
Kinder mögen das spontane Erfinden von Gesängen, evtl. als Begleitung ihrer Tätigkeit, …

- **Sprechgesänge**

Texte werden rhythmisiert gesprochen und mit einer bestimmten Sprachmelodie unterlegt. Moderne Beispiele: Rap, Hip-Hop, …

- **Situatives Singen,** vgl. 3.7:
- **Singspiele**

  Geschichten oder Märchen bieten oft die Vorlage für ein Singspiel. Hier erscheinen auskomponierte Lieder in einem thematischen Zusammenhang mit Anregungen für eine szenische Darstellung und instrumentale Ausgestaltung.

Sprachspiele

INFO 3

Gutes Sprechen ist eine wertvolle Voraussetzung für das Singen.

Worte und die Art und Weise, wie etwas gesprochen wird, bestimmen die Verständigung. Neben Tonfall und Dynamik wird alles Hörbare noch durch Mimik, Gestik und Körperhaltung unterstützt.

- **Sprachspiele**

  Ong drong dreoka
  Lembo lembo seoka
  Seoka di tschipperi
  Tschipperi di Kolibri
  Ong drong dreoka

  Enzensberger, S. 8

  Dieser Nonsensvers kann in unterschiedlichen Rollen (Polizist, Zwerg, Königin, ...), Gefühlsqualitäten (lustig, traurig, wütend, ...), mit musikalischen Parametern (langsam/schnell, laut/leise, ...), frei oder rhythmisiert gesprochen, mit einer bestimmten Aussage verbunden werden usw.

- **Vokale Perkussion (Vocal percussion)**

  Perkussionsklänge werden stimmlich, also vokal, imitiert. Eine Silbensprache versucht den Klang ganz bestimmter Instrumente wiederzugeben. Diese Musizierform lässt sich sehr schön mit Körperklängen unterstützen.

  Beispiel:

Dum, dum (Do do)	*Trommel*
Kä, kä (ka oder ta)	*Klanghölzer*
Tsi ki tsi ki	*Rumbarasseln*
Tsching	*Becken*

- **Spiele mit Mundgeräuschen**

  Hörspiele nur mit den Geräuschen der Zunge, der Zähne, Lippen, ... erfinden. Mögliche Vorgaben: Bilder von Bäumen, die sich im Sturmwind biegen, Geräusche in der Nacht, ...

- **Reime, Verse, Geschichten, Rufe, Sprechgesänge**

  Können vorgelesen, erzählt, variiert, mit Instrumenten begleitet, rhythmisiert, dargestellt, frei nachgespielt, ... werden.

Aufgaben und Anregungen

Suchen Sie ein Gedicht Ihrer Wahl und arbeiten Sie aus, wie Sie es mit Kindern gestalten können.

Info 4 Die Bedeutung des Singens

Kinder lernen und singen gerne Lieder.

Wesentliche musikalische Erfahrungen werden durch den Umgang mit der Stimme ermöglicht, wie z. B. Melodie, Rhythmus oder Klangfarbe. Das Singen hat einen sozialen Aspekt, denn der Mensch kann allein oder mit anderen zusammen singen. Im Singen werden Gedanken, Gefühle und seelische Erfahrungen ausgedrückt.

Kinder freuen sich, wenn mit ihnen oder für sie gesungen wird. Diese emotionale Zuwendung, die sie über das Singen erfahren, kennen sie meist aus ihrer frühen Kindheit, wenn Eltern für sie gesungen haben. Für Eltern wie für Erzieherinnen gilt, dass auch mal Lieder oder einzelne Töne nicht richtig gesungen werden dürfen, wenn sie emphatisch, gefühlvoll und leidenschaftlich vorgetragen werden (vgl. auch Info 7: Methodische Tipps).

Über die Stimme vollzieht sich wahrscheinlich der größte Teil des musikalischen Denkens und Vorstellens. Beim Spielen eines Instruments oder beim Musikhören ist meistens die Stimme mit beteiligt. Das Mitsingen ist manchmal hörbar oder wird innerlich mitgemacht. Bereits die Vorstellung von Tönen führt zu einem inneren Singen. Das Singen selbst ist Übungssache.

Neben Stimmbildung, dem freien und spontanen Singen, dem singenden Erzählen, Sprechgesängen, Singspielen, dem experimentellen Umgang mit der Singstimme usw. geht es in der musikalischen Arbeit vor allem um das Singen von Liedern.

Info 5 Lieder und ihre Funktionen

Das Singen von Liedern ermöglicht:

- Teilhabe an kultureller Umgebung
- persönlichen Schatz
- Gemeinschaftsgefühl, die Gruppe besitzt eine Fülle von Liedern, auf die sie immer wieder zurückgreifen kann.
- Kontaktaufnahme zu anderen Kindern
- Bewusstwerden von Jahreszeiten, Festen, Ritualen, …
- emotionalen Ausdruck, Stimmung unterstützen oder einleiten
- Verarbeitung und Bearbeitung von konfliktbehafteten Themen
- Besitz von jederzeit zur Verfügung stehendem „Material“
- Aktivierung des Gedächtnisses
- Verbindung zum Instrument bei der Liedbegleitung herstellen
- Aufforderung zum Tanz und zu darstellendem Spiel
- Anregung zum Weitersingen, Improvisieren
- Singen wegen des Genusses

Info 6 Entwicklung des Singens im Vorschulalter

Bis zum Vorschulalter hat die erste Phase des Liederwerbs stattgefunden.

Bis zum dritten Lebensjahr ist die Melodie eines Liedes nur schwer wiederzuerkennen. Das Kind weiß, dass ein Lied unterschiedliche Tonhöhen besitzt, es kann jedoch meist die Liedkontur noch nicht tonhöhengebunden wiedergeben. Die Spontangesänge werden durch Lieder ersetzt.

Im Alter von ca. vier Jahren wird die melodische Kontur oft richtig gesungen. Die Melodie ist stark an den Text gebunden. Die Intonation, das „richtige" tonhöhengebundene Singen, ist noch nicht vollständig da, d. h., das Gefühl für Tonarten fehlt noch.

Ab dem sechsten Lebensjahr kann das Kind meist richtig Melodie, Rhythmus und Phrasen wiedergeben, d. h., es erwirbt ein Gefühl für eine stabile Tonart. (Gembris, S. 316 ff.)

Gerade im „richtigen" Singen gibt es große individuelle Unterschiede. Je nach Singangebot und individueller Begabung können manche Kinder schon mit fünf Jahren die Lieder richtig intoniert (Tonhöhen exakt) wiedergeben, während anderen Kindern dies erst später, z. B. im Alter von acht Jahren, gelingt.

Methodische Tipps

INFO 7

Das Singen mit Kindern kann jederzeit stattfinden. Da es für die Kinder völlig natürlich ist, sich ständig über dieses „Instrument" auszudrücken und mit ihm zu spielen, können jegliche Stimmaktionen je nach Bedürfnis des einzelnen Kindes, der Gruppe, der Erzieherin oder der Situation eingesetzt werden.

Zu beachten gilt, dass Lieder, Lockerungs-, Atem- und Stimmspiele nicht nur einen gut gelüfteten Raum mit Sauerstoff und Licht brauchen, sondern auch ein menschliches, auf die Bedürfnisse des Kindes abgestimmtes Klima benötigen. Ansonsten besteht die Gefahr, dass sich dieses sensible „Instrument" schnell „verstimmt". (Kreusch-Jakob, 1995, S. 24)

Regelmäßiges Singen ist oft besser als zu langes Singen. Lieder können so auch immer mal wiederholt werden, das steigert das Erfolgserlebnis, wenn die Kinder merken, was sie schon alles können.

Ein variantenreiches Anbieten von Stimmaktivitäten, alten und modernen Kinderliedern, kombiniert mit Bewegung und Tanz, Improvisationsspielen, Instrumenten, Malerei, szenischem Spiel oder anderen Ausdrucksmedien motiviert die Kinder zum Singen.

Vorschulkinder singen alle richtig! So empfinden sie es zumindest. Kinder benötigen deshalb viele Gelegenheiten zum Hinzuhorchen und Vergleichen (Haselbach, 1985, S. 20) – Vergleichen in dem Sinne, dass das Gesungene mit dem von der Erzieherin oder mit von anderen Kindern Vorgesungenem verglichen wird: Klingt meine Melodie, mein Text, Rhythmus, … genauso?

Dazu benötigen die Kinder immer wieder Möglichkeiten, auch einmal allein singen zu können (Erzieherin kann bei Bedarf leise mitsingen).

Entscheidend ist nicht, ob die Kinder ein Lied nach der Einstudierung „richtig" singen können. In einer Beschäftigung kann ein Lied selten einstudiert werden. Lieder sollten über einen längeren Zeitraum hinweg immer wieder aufgegriffen werden.

Wichtig ist, dass die Kinder:
- dem Lied gerne zugehört haben,
- lustvoll mitgesungen haben,
- verschiedene Facetten kennen lernen konnten (leise/laut singen, allein oder mit anderen, …),
- sie sich über Text, Melodie oder Gestaltung angesprochen fühlten,
- das Lied oft, möglichst variantenreich (mit Gesten, Körperinstrumenten, in Bewegung, …) wiederholen konnten,
- eigene Ideen mit einbringen konnten,
- ihre Meinung, Gedanken und Gefühle aussprechen konnten.

Für die Kinderstimme wichtig ist das Singen in der kindlichen Tonlage (c1–e2), ein anstrengungsfreies Singen, eine gute Singhaltung im Sitzen (vgl. Kutschersitz) oder Stehen (vgl. eine Marionette, an deren Kopf ein Faden nach oben führt) und eine deutliche Artikulation. (Hoerburger, S. 40)

Die Kinder beim Singen in der Stimmlage abholen, in der sie sich gerade befinden. Durch mangelnde Übung oder schlechte Vorbilder singen manche Kinder zu tief, deshalb kann man versuchen, die Lieder immer wieder ein bisschen höher zu singen.

Abwechslungsreich für die Kinder ist es, wenn manche Lieder von einem Instrument (Block- oder Querflöte, Klavier, Altxylofon, …) vorgespielt oder begleitet werden (Gitarre, Klavier, Altxylofon oder -metallofon, …)

Ziele für das Sprechen und Singen mit Kindern:

- Entdecken und Spielen mit eigenen stimmlichen Ausdrucksmöglichkeiten
- Ausbildung und Pflege der Sprech- und Singstimme
- Erfinden von Melodien und Rhythmen oder Anregung, selbst Melodien fortzuführen
- viele Lieder kennen lernen, singen und gestalten
- Sprache differenziert und vielfältig einsetzen
- Hören und Wahrnehmen von Tonhöhen, Intervallen, Rhythmen und Melodieverläufen (Kreusch-Jakob, 1995, S. 22)
- Gemeinschaftsgefühl und Kontaktaufnahme über die Stimme mit den anderen Kindern
- Gefühle wahrnehmen und ausdrücken
- Sicherheit im Umgang mit der eigenen Stimme erfahren, sich trauen, auch alleine zu singen.

INFO 8 Feder und Nilpferd

1. **Lockerungsübungen**
2. **Stimmbildung**
3. **Hinführung zum Lied**
4. **Spiele mit dem Lied**
5. **Liedgestaltung**
6. **Abschluss**

Text: Die Feder

„Ein Federchen flog übers Land;
Ein Nilpferd schlummerte im Sand.

Die Feder sprach: ‚Ich will es wecken‘;
Sie liebte andere zu necken.

Aufs Nilpferd setzte sich die Feder
Und streichelte sein dickes Leder.

Das Nilpferd öffnete den Rachen
Und musste ungeheuer lachen.“

Ringelnatz, in: Pretzell, S. 150

1. **Lockerungsübungen (im Halbkreis stehend)**
   - dehnen und gähnen, recken und strecken
   - Mund ganz weit aufreißen, Arme machen die Bewegung mit, *„Wir haben großen Hunger, …“*
   - Aufwecken verschiedener Körperteile durch Abklopfen
   - durch den Raum schweben, sich leicht fühlen, wie eine Feder fliegen, …
2. **Stimmbildung (im Halbkreis stehend)**
   - Wir blasen eine imaginäre Feder in die Luft, 3- bis 5-mal hintereinander.
   - prusten, schnauben wie Pferde, Flusspferde

- Es ist heiß, um uns herum summt es, nicht nur eine, sondern mehrere Fliegen *„ssssssssss"*, Flugbewegungen mit Stimme und Armen mitmachen, Wellenbewegungen summen.
- Ein Nilpferd schüttelt das Wasser ab: *brrrrr.*
- Tropfen fallen auf den Boden: *pi, ti, ki, zi, pa, ta* (Konsonanten scharf sprechen)

3. Hinführung zum Lied: Die Feder

- Alle schlafen im Sand und geben Schlafgeräusche von sich.
- Aufwachen, müde, alles fällt schwer, wir fühlen uns wie ein kleines dickes Nilpferd, probieren schwerfällig einige Bewegungen aus, suchen auf dem Boden wieder einen Platz, auf den wir uns hinlegen können …
- Schlafen wieder ein … aber beim nächsten Aufwachen …
- spüren wir, wie uns ein Wind davonträgt, Windgeräusche sind zu hören: *„ffffff, huuu …"*, wir fühlen uns federleicht.

  Variation: Eine Hand stellt die Feder dar (keine Ganzkörperbewegung mehr, sondern ein Körperteil bewegt sich).

4. Spiele zum Lied

- Die Erzieherin singt den ersten Vers mehrmals, die Kinder stellen den Textinhalt in Bewegung dar, singen die Silben: *„tra la la"* mit.
- Der zweite Vers wird vorgesungen, die Kinder hören zu und überlegen, wie das Nilpferd geweckt werden kann und wie es zu necken ist.
  - Partnerspiel: Ein Kind macht als Feder etwas vor, das das Nilpferd nachmachen soll.
  - Der Vers wird mit verschiedenen Lautstärken gesungen, von ganz leise bis ganz laut, dann ist das Nilpferd erwacht. Und wie klingt es, wenn der Vers langsam und dann schnell gesungen wird?
- Die ersten beide Verse werden wiederholt, indem die Erzieherin leise und spannungsvoll singt, Kinder stimmen mit ein.
- Bewegungsspiel: Alle laufen durch den Raum, während ein Kind auf den Bongos spielt. Die Hände stellen die Federn dar, die durch die Luft fliegen. Die Musik stoppt: Alle Kinder berühren mit ihren Händen ein anderes Kind irgendwo am Körper …

  Wenn die Musik beginnt, fliegen die Federn wieder los.

  Die Erzieherin stellt den dritten Vers vor, die Kinder singen mit, sie selbst sind das Nilpferd und die eigene Hand spielt die Feder.
- Alle probieren so weit wie möglich ihr „Nilpferdmaul" aufzusperren und gähnen … Und lachen … und singen den letzten Vers mal mit ganz weit geöffnetem Mund.
- Weitere Strophen erfinden …

5. Liedgestaltung

- Bewegungs- und szenische Gestaltung:

  Kinder gehen paarweise zusammen. Die Nilpferdkinder liegen im heißen Sand während die Federkinder den Textinhalt spielen. Alle spielen alles und singen dazu. (Achtung: Eventuell benutzen Federkinder ihre Hand als Feder, da sie sonst zu schwer für die Nilpferde sind.)

Nur zwei Kinder stellen Feder und Nilpferd dar, während die anderen Kinder singen.

Federkinder bekommen Chiffontücher und lassen die Tücher als Federn fliegen.

- Lied singen und Spuren, Flugbewegung dazu malen. Bild oder Partitur mit grafischer Notation entsteht.
- Lied instrumental begleiten

  Vorspiel: Einstimmung durch Klangbilder Wüste oder Urwald

  Strophenbegleitung mit Perkussionsinstrumenten oder Stabspielen

  Nachspiel: Lachmusik, …

  Oder:

  Text wird gesungen, während die Einwürfe: *„tra la la"* im Grundschlag am Instrument begleitet werden.
- als Schattenspiel darstellen
- Tierfiguren basteln und Lied spielen

6. Abschluss

- Gesamtdurchlauf mit einer Gestaltungsform
- Aufführung vor anderen Kindergartenkindern oder Eltern, …
- Gespräch mit Kindern
- Entwickeln weiterer Ideen mit den Kindern

Lied: Federchen und Nilpferd

FAZIT

Eine gezielte Beschäftigung sollte folgendermaßen aufgebaut sein:

1. Lockerungsübungen
2. Spiele zur Sprech- oder Stimmbildung
3. Hinführung oder Einführung zum Lied, Sprechstück, … über Sensibilisierung, Bild, Geschichte, Bewegungsspiel, Improvisation, Exploration, Gespräch, …
4. Spiele mit dem Hauptthema: Hier findet die „Erarbeitung" statt.
5. Gestaltungsmöglichkeiten und Abschluss
6. weitere Möglichkeit: Abschluss: Transformation in andere Ausdrucks- und Kunstformen

Das Singen ist ein äußerst komplexer Vorgang. Die Fähigkeit, Lieder zu singen, ist abhängig von den folgenden Faktoren:

- ✘ Angebot an Hör- und Liedmaterial
- ✘ Tonalitätsgefühl, sodass die Tonhöhen richtig wiedergegeben werden, abhän-

gig von dem Tongedächtnis, der inneren Klangvorstellung, dem Ohr als Kontrollorgan, inneren körperlichen Reifungsvorgängen, …

- Rhythmen mit einem einigermaßen sicheren Metrum wiederzugeben
- Erfahrungen, die sich auf Singlust und Singhemmung auswirken

Tipps zum Weiterlesen

Bücher über Sprecherziehung und Stimmbildung bei Kinderchören

Berger u. a.: *Spiel und Klang. Lehrerband.* Bosse, 1998
Keller, Wilhelm: *Ludi Musici. Spiellieder.* Fidula, 1970
Mohr, Andreas: *Handbuch der Kinderstimmbildung.* Schott, 1997
Pretzell, Eva: *Sprech- und Spracherziehung mit Kindern.* Schott, 1980
Trüün, Friedhilde: *Sing sang song. Praktische Stimmbildung für 4- bis 8-jährige Kinder in 10 Geschichten.* Carus, 2002

3.5.2 Spiel mit Instrumenten: „Keine Angst vor lauten Tönen"

Einstiegssituation

Lauras Kollegin berichtet von ihrer Ausbildung als Altenpflegerin. Sie erzählt von den begeistert strahlenden Augen der Senioren beim Spiel mit den Perkussionsinstrumenten. Sie kann sich aber nicht vorstellen, wie das Instrumentalspiel bei einer Gruppe von 25 Kindern so funktionieren kann, dass es auch allen Beteiligten Spaß macht. Das ist doch nur noch laut, argwöhnt sie.

Fragen

- ✔ *Diskutieren Sie, wie Sie die Instrumente im Kindergartenalltag einsetzen möchten.*
- ✔ *Welcher Gruppenform (Einzel-, Partner-, Klein- oder Großgruppe) würden Sie den Vorzug geben? Benennen Sie, warum.*
- ✔ *Wie sollten die Instrumente Ihrer Meinung nach zur Verfügung gestellt werden: ständig sichtbar, in einem Instrumentenschrank, in einem eigenen Musikraum oder nur in begrenzter Anzahl zur Verfügung stehend, …?*

Die Instrumente

Info 1

Der eigene Körper, Perkussionsinstrumente, Stabspiele, traditionelle Musikinstrumente, Materialien und Objekte aller Art können im Bereich Instrumentalspiel eingesetzt werden.

Im Einzelnen gehören dazu:

- **Körperinstrumente:**
  Alle Klanggesten, die an den unterschiedlichen Körperstellen und Körperteilen produziert werden können (klatschen, patschen, reiben, Zungenschnalzen, Lippengeräusche, …).
- **Perkussionsinstrumente** oder kleines und großes Schlagwerk (früher Orff-Instrumentarium. Dieser Begriff ist nicht mehr richtig, da dieses Instrumentarium durch Effektinstrumente und Instrumente aus anderen Kulturen ständig ergänzt wird):
  - Fellinstrumente: Handtrommeln, Pauken, Bongos, Congas, Djemben, …
  - Holzinstrumente: Klanghölzer, Holzblocktrommel, Kastagnetten, …
  - Metallinstrumente: Triangel, Becken, Fingerzymbeln, Agogobell, Cowbell, …
  - Schüttelinstrumente: Maracas (Rumbarassel), Schellenkranz, Tubo

(Schüttelrohr), chicken eggs, Caxixi, …
- Schrapinstrumente: Guiro, Reco Reco, Wooden Agogo, …
- Effektinstrumente: Vibraslap, Guica, Aloxe, Flexaton, Kazoo, …
- Ethnische Instrumente: Cabassa, Regenmacher, Klangschalen, Cajon, Kalimba, …

- **Stabspiele**
  - Glockenspiele, Xylofone und Metallofone in Sopran-, Alt-, Tenor- oder Bassstimmung
  - Vibrafon
  - Marimbafon
  - einzelne Klangstäbe
  - Bassklangstäbe
- **Traditionelle Musikinstrumente**
  Blockflöten, Gitarre, Klavier, Akkordeon oder jegliche Streich-, Tasten- und Blasinstrumente, …
- **Materialien**
  - Umweltmaterialien zum Selbstbau von Instrumenten
  - Naturmaterialien: Holz, Steine, Federn
  - Alltagsmaterialien: Zeitung, Schuhschachtel, Plastikplane, Dose, Papier, Papprollen, …
  - Rhythmikmaterialien: Sandsäckchen, Stäbe, Reifen, Bälle, Tücher, …
- **Objekte**
  Gegenstände aller Art, die zum Experimentieren und Improvisieren reizen: Stühle, Tisch, Streichholzschachteln, Luftballons, …

Instrumente aus allen Gruppierungen können verwendet werden, wenn sie folgende Merkmale aufweisen:
- Sie sind ohne große Vorkenntnisse zu spielen;
- sie sind leicht zu spielen;
- sie bieten dynamische und klangliche Variationsbreite;
- sie besitzen einen hohen Grad an Aufforderungscharakter;
- sowohl grob- als auch feinmotorische Spielbewegungen sind möglich;
- sie können im ganzkörperlichen Bewegungsablauf parallel eingesetzt werden;
- sie animieren zum gemeinsamen Spiel
- dem Schwierigkeitsgrad sind keine Grenzen gesetzt;
- ermöglichen variable Besetzungen;
- sie bieten musikalische, körperliche und seelische Erfahrungen.

Als besonders geeignet sind aus den oben genannten Gründen neben den Körperinstrumenten die Perkussionsinstrumente, Stabspiele und viele Selbstbauinstrumente.

Die motorischen Bedürfnisse der Kinder sind noch sehr stark und werden durch musikalische Impulse noch unterstützt. Vom Kind werden zunächst innere Bewegungen (Emotionen) und äußere Bewegungen gleichzeitig empfunden und geäußert.

9612118

Spielanlässe (Robie, S. 83 f. und Beck-Neckermann, S. 179 ff.)

INFO 2

- **Geräuschimitation**
  Klänge und Geräusche aus dem Umfeld der Kinder werden wiedergegeben: Naturklänge, Tierstimmen, Verkehrsgeräusche, …
- **Symbolisierung**
  Objekte, die keine Geräusche von sich geben, werden verklanglicht: Sonne, Kirche, Bilder, … Kinder orientieren sich bei der Umsetzung an Eigenschaften, die sich auf die visuellen, akustischen oder motorischen Merkmale oder auf den Ausdruck des Objekts beziehen. Ein Blitz beispielsweise wird mit Instrumenten dargestellt, die mit hellen, grellen Farben, zackigen, schnellen, von hoch nach tief geführten Bewegungen assoziiert werden.
- **Musikalische Kommunikation**
  Zur musikalischen Kommunikation gehören:
  1. spielpraktische Aspekte: Wie fangen wir an, wie hören wir auf zu spielen? Gemeinsam, nacheinander, … Welchen formalen Ablauf, welche Lautstärke, Schnelligkeit nehmen wir als Spieler?
  2. emotionale Aspekte: Mit welchem Gefühlsausdruck (fröhlich, ängstlich, wütend, …) spielen wir?
  3. freies Reagieren, Imitieren (Nachmachen) oder Improvisieren, Bsp.:
     - Spiele wie das Echo, ein Kind spielt nach, was vorgespielt wurde
     - Unterhaltung mit wütenden oder lustigen Tönen
     - Frage-Antwort-Spiele
- **Bewegungsbegleitung**
  Die Kinder nehmen wahr, was Bewegungen „erzählen". Fortbewegungsarten (Gehen, Hüpfen, …) können im Metrum (Grundschlag oder Puls) oder im Rhythmus begleitet, manche Bewegungen (Eisbären kugeln sich, Fische schwimmen, …) können frei begleitet werden.
- **Sprachbegleitung**
  Verse, Gedichte, Erzählungen erklingen klangmalerisch (Geräuschimitation, Symbolisierung, Assoziationen, …) oder einzelne Worte und Sätze werden im Sprachrhythmus oder im Metrum gestaltet.
- **Instrumentalstücke nach grafischer oder traditioneller Notation** (s. Exkurs: Spielen nach Vorlage aus der bildenden Kunst oder grafischer Partitur)
- **Klanggeschichten**
  Geschichten können mit Geräuschen und Klängen dargestellt werden (einzelne Texthandlungen, Begriffe werden unmittelbar nach dem Erzählen gespielt), begleitet werden (im Hintergrund wird während des Erzählens gespielt) oder die musikalische Gestaltung verselbstständigt sich. Sie schafft Atmosphäre, spielt das, was ungesagt bleibt, was empfunden wird.
- **Klangspiele**
  Kennzeichen von Klangspielen sind, dass nach einfachen Spielregeln (musikalischer Obstsalat, Reise nach Jerusalem, Indianer rufen sich zu, …) gespielt wird, durch ihren großen Anteil an Improvisation sie jedoch immer wieder neu oder anders erklingen können.
- **Liedbegleitung**

Liedbegleitung

INFO 3

Die Motivation, Lieder mit Kindern instrumental gestalten zu wollen, führt zur Liedbegleitung. Eine gute Liedbegleitung bleibt im Hintergrund und drängt sich nicht vor Melodie oder Text. Sie begleitet. Eine gute Begleitung darf nicht allzu lange geübt werden müssen. Dann ist sie zu schwer und die Kinder verlieren die Lust am Musizieren.

INFO 3
Fortsetzung

Kindergartenkinder sind meist noch nicht in der Lage, gleichzeitig singen und spielen zu können (in der Regel hören sie mit dem Singen auf, sobald sie eine andere Aktion dazumachen sollen). Hier empfiehlt es sich, die Kinder in Gruppen einzuteilen. Die einen sind die Sänger, die anderen sind die Musikanten. Die Rollen sollten immer wieder gewechselt werden. (Kreusch-Jakob, 1995, S. 103)

Für die Kinder wichtig ist, wenn sie nicht eine Begleitung vorgesetzt bekommen, die sie nachspielen sollen, sondern wenn sie aktiv an der Liedbegleitung mitgestalten können, eigene Ideen mit einbringen zu können.

Mögliche Formen der Liedbegleitung sind:

- **Klangorientierte Begleitung**
  Klangliche Darstellung der Liedinhalte, zum Windlied sind Windgeräusche zu hören, als Vorspiel oder/und als Begleitung.
- **Rhythmisch-metrische Begleitung**
  Den Puls bzw. das Metrum eines Liedes empfinden und mit Körperklängen begleiten. Daran anschließend evtl. nur die Taktschwerpunkte spielen oder einzelne rhythmische Motive … In der Sprachbegleitung spielen die Kinder Sprachrhythmus oder Grundschlag, es fällt ihnen schwer, zu wechseln, deshalb sollten möglichst beide Aufgabenstellungen angeboten werden.
- **Harmonische Begleitung**
  Stabspiele ermöglichen eine Begleitung mit bestimmten Tonhöhen. Damit die Begleittöne auch passen, müssen sie auf die Tonart des Liedes abgestimmt sein. Steht das Lied in C-Dur, hat es keine Vorzeichen und endet meist auf dem Ton „c".
  Bordunbegleitung: Zum Ton „c" wird die Quint dazugespielt, ein Zweiklang „c-g" erklingt.
- **Arrangement**
  Lieder können innerhalb eines „musikalischen Rahmens" (Kreusch-Jakob, 1995, S. 103) erklingen.
  Ein Vorspiel kann einstimmen auf das, was kommt. Das Zwischenspiel ermöglicht eine Pause zwischen den Strophen. Das Nachspiel bietet den Ausklang, führt zum Ende hin.
- **Ostinat**
  Ein kurzes rhythmisches oder melodisches Motiv wird immer wiederholt.
- **Liedformen**
  Manche Lieder bestehen aus einem bestimmten Aufbau (einteilige, zweiteilige, dreiteilige Liedform), der zu einer abwechslungsreichen Begleitung animiert.
  Bei einem Lied mit Strophen und Refrain kann im Refrain eine immer wiederkehrende Begleitung erklingen, während die Strophen variiert werden.

INFO 4 Das Spiel mit den Instrumenten

Kinder spielen gerne mit und auf Instrumenten, weil:

1. Instrumente Spielgegenstände darstellen, mit denen gespielt werden möchte.
2. das Instrument und sein Aussehen faszinierend sind;
3. sein Klang, seine Art, den Klang zu erzeugen (anschlagen, hineinblasen, zupfen, schütteln, …) reizvoll und anregend sind;
4. Instrumente Projektionsflächen bieten, um Gefühle, Gedanken, Wünsche oder Fantasien zu übertragen. Der Klang oder das Spiel des jeweiligen Instruments kann zum Übergangsobjekt werden und somit dem Kind beim Bewältigen von unterschiedlichen Situationen helfen.

Wie beim Singen steht das Instrumentalspiel im direkten Zusammenhang mit der Hörfähigkeit und der motorischen Geschicklichkeit.

Ein Musikinstrument wird zu einem Partner für das Kind, wenn Spieler und Instrument eine lebendige Beziehung eingehen. Im Idealfall entsteht eine Verbundenheit, die dem spielenden Kind das Gefühl einer Ausweitung seines Körpers und eine Bereicherung vermittelt.

Die Spiellust der Kinder lässt sich beim Spiel mit Instrumenten, beim klanglichen Ausprobieren von verschiedenen Materialien oder Objekten beobachten.

Die Art und Weise der Klangerzeugung ist übersichtlich. Instrumente und Materialien lassen sich anschlagen, schütteln, reiben, anblasen, zupfen, streichen, durch die Luft wirbeln und das in unterschiedlichen Intensitätsgraden. (Beck-Neckermann, S. 130 f.)

Die Intensität der Klangerzeugung führt zu Spielen mit den musikalischen Parametern:

- Klangfarbe: Tonhelligkeit
- Lautstärke, Dynamik: laut – leise und alle Abstufungen
- Tonhöhe: hoch – tief (von den Kindern als hell – dunkel beschrieben)
- Tondauer: lang – kurz
- Klangdichte: viel – wenig
- Klangraum/Klangort

Methodische Tipps zum Spiel mit Instrumenten **INFO 5**

Der Spaß am Spielen steht im Vordergrund, Ausprobierphasen stehen vor jedem geordneten oder Regeln unterworfenen Spiel. Die Instrumente müssen bekannt sein, bevor Gestaltungen angeboten werden können.

Das freie Spielen und Ausprobieren findet bei Improvisationen, Klangexperimenten oder Klangspielen statt, die situativ entstehen oder gezielt angeboten werden können.

Stupides und unbewusstes Einüben von Instrumentalstücken muss vermieden werden, denn das Ohr sollte beim Spielen immer dabei, immer beteiligt sein. Die motorischen Fähigkeiten verbessern sich beim hörkontrollierten Spielen.

Die Instrumente können je nach Gruppensituation und räumlichen Möglichkeiten offen zur Verfügung stehen, sodass die Kinder die Instrumente jederzeit in ihr Spiel integrieren können. Fühlen sich andere Kinder dadurch gestört, ist es wichtig, nach einer gemeinsamen Lösung zu suchen. Zu bedenken ist, dass durch die freie Verfügbarkeit der Instrumente Kinder das Angebot des freien improvisatorischen Spiels nicht mehr reizen könnte.

Vielleicht ist es möglich, im Gruppenraum neben der Puppenecke oder der Bauecke eine Klangecke einzurichten. Hier stehen evtl. nur bestimmte Instrumente oder Klangobjekte zur Verfügung, die in regelmäßigen Abständen von den Erzieherinnen ausgewechselt werden.

Hat der Kindergarten viele Räume zur Verfügung, so ist ein Musik- oder Klangraum zum Musizieren oder Sichzurückziehen und Musikhören allein mit anderen Kindern oder unter Anleitung sehr wertvoll.

Das Spielen mit Klangobjekten und Instrumenten kann im Dialog mit einem Kind genauso stattfinden wie als Gruppenangebot für eine sich dafür entscheidende Kleingruppe oder die gesamte Kindergruppe. Impulse hierfür gehen von dem Kind bzw. den Kindern und den Erzieherinnen aus.

Bewegung hilft bei der Erarbeitung einer Form oder einer metrischen Begleitung.

Spieltechnik (Robie, S. 90 f.) **INFO 6**

Sie setzt bei dem an, was die Kinder schon können und selbst erfinden wollen.

Am Anfang steht das Kennenlernen der Instrumente, dann erst kommt die Ent-

Info 6
Fortsetzung

wicklung der Spieltechnik und später setzt das Üben ein. Zu einer immer differenzierteren Spieltechnik gelangen die Kinder, wenn die Entwicklung von der grobmotorischen zur feinmotorischen Spielbewegung führt.

Das Üben bleibt Spielen, wenn die Erzieherin es schafft, Vorstellungsbilder, Situationen, Geschichten oder Ähnliches zu entwerfen, denn dann schafft sie Motivationen, die Kinder sind fasziniert und spielen.

Info 7 Stabspiele

Beim Spiel mit Tonhöhen werden die Stabspiele eingesetzt, Motive müssen von den Kindern vorher hörend erarbeitet werden und sie sollten sich an den Instrumenten schon orientieren können. Mitspielmusiken (Musik ertönt von Kassette oder CD, Kinder können anhand einer Partitur mitspielen) sind eine Spielmöglichkeit, schöner ist es, wenn die Erzieherin selbst spielt und die Kinder sie begleiten.

Die Spieltechnik der Stabspiele basiert teilweise auf der Trommeltechnik: federnder Schlag und beidhändiges Spiel (Förderung von Rechts-Links-Koordination).

Deshalb sollte beidhändiges Spiel immer angeboten werden: Wechselschlag und gleichzeitiger Schlag. Als Vorübung hilft oft am eigenen Körper oder am Boden oder auf bestimmten Objekten zu spielen, denn gerade am eigenen Körper spüren die Kinder die Wechselwirkung von Krafteinsatz und Lautstärke des Klanges (evtl. Schmerz).

Metallklangstäbe eignen sich, um federnden Schlag zu üben, da hier der klangliche Unterschied beim Anschlagen gut wahrgenommen werden kann.

Günstig zur Unterstützung der Auge-Hand-(und Ohr-)Koordination ist es, wenn zu Beginn auf den tieferen Instrumenten gespielt wird. Sie besitzen die größeren Stäbe. Es hilft den Kindern beim Treffen der Töne, wenn zunächst nur wenige Stäbe eingesetzt werden.

Haben die Kinder Sicherheit in der Armbewegung und im federnden Spiel gewonnen und ist die Tonanordnung bekannt, kann das Spiel mit festen Tonhöhen eingeführt werden.

Info 8 Schlägelspiele

Ziele:
- fördern Spielhaltung
- unterstützen feinmotorische Entwicklung
- dienen der Vorbereitung zum Spiel auf den Stabspielen
- fördern Auge-Hand-Ohr-Koordination
- üben bestimmte Rhythmen

Inhalte:
- Sensibilisierungsübungen: verschiedene Schlägel werden erfühlt, unter einem Tuch oder in den Händen hinter dem Rücken, …
- Materialeigenschaften der Schlägelköpfe, der Schlägelstiele, … kennen lernen
- freies Spiel auf verschiedenen Raumgegenständen: Boden, Stuhl, …
- freies Spiel auf dem eigenen Körper, wie klingen die Füße, der Bauch, die Beine, der Kopf, … evtl. Lied dazu singen, …
- Spiele mit Schlägeln (Kinder erhalten für jede Hand einen Schlägel):
  - Schlägel balancieren
  - ein anderes Kind mit Schlägelkopf begrüßen
  - Schlägel stellen Schneckenfühler hinten am Kopf dar, können eingezogen werden, Lied dazu singen
  - Hammer und Nagel: Die eine Hand klopft den anderen Schlägel als Nagel.

9612122

  - sich gegenseitig mit den Schlägeln am Rücken massieren, …
- Kreisspiele: Abzählverse im Sprachrhythmus am Boden trommeln
- Lieder am Boden rhythmisch mittrommeln
- spätere Instrumentalstücke am Boden üben
- Spiele mit Objekten: Auf Luftballons oder kleinen/großen Gymnastikbällen trommeln, Bälle werden z. B. mit den Knien gehalten.
  Vorteil: Bei einer großen Kindergruppe ist die Lautstärke geringer.
- Klangspiele: z. B.: „Ich höre was, was du nicht hörst", musikalische Schatzsuche, …

Spielen nach einer Vorlage aus der bildenden Kunst oder grafischen Partitur

INFO 9

Bilder von Paul Klee, Wassily Kandinsky oder anderen Künstlern aus der bildenden Kunst können zu einer instrumentalen, vokalen oder tänzerischen Gestaltung anregen. Das im Gemälde enthaltende Material wie Farben, Formen, Bewegungen, Figuren usw. oder die sich beim Betrachten ergebenden Assoziationen und Stimmungen lassen sich hervorragend musikalisch oder tänzerisch umsetzen.

Hier ist das Bild Ausgangspunkt für das Elementare Musizieren.

Umgekehrt kann ein Lied, ein gehörtes Musikstück, eine Bewegung oder ein Tanz dazu anregen, ein Bild zu malen. Kinder malen, was ihnen die Musik erzählt. Assoziationen, Gefühle oder Situationen werden zum Hörbeispiel oder nach dem Anhören und Beschreiben des Gehörten abgebildet.

Diese einzelnen Bilder oder in Kombination diese Bildergeschichten können wiederum musikalisch gestaltet werden. Die gemalten Eindrücke werden nun mit einem anderen Medium ausgedrückt.

Zu den gemalten Bildern kann das Hörbeispiel nochmals erklingen, dadurch wird die Hörwahrnehmung durch das Sehen unterstützt.

Kinder hören und regieren auf Musik ganzkörperlich. Sie laufen, hüpfen, springen, schleichen, dirigieren mit, … Diese Bewegungen können in Form von Spuren dargestellt werden. Gemalte Bewegungsspuren von bestimmten Tieren beispielsweise führen bei der instrumentalen oder vokalen Verklanglichung zum:

- Sichtbarmachen von Klängen
- Erfassen von Lautstärke, Tonhöhe (hoch – tief), Tondauer (kurz – lang), Tonmenge (viel – wenig)
- ein- oder mehrstimmigen Spiel
- Abspielen von Notiertem
- Entstehen einer grafischen Partitur

Wassily Kandinsky: Rotes Oval (1920)

INFO 10 Grafische Notation

Die grafische Notation ist eine eigenständige Notationsform für alle Geräusche, Klänge und Formen, die man mit der traditionellen Notenschrift nicht aufschreiben kann. Grafische Zeichen (Kreis, Linie, Punkt, Welle, Rechteck, freie Formen, …) bieten eine große Freiheit an Interpretation. Ein Punkt kann kurz und laut, aber auch kurz und leise erklingen. Entscheidend ist der Zusammenhang, in dem er erklingen soll, das Empfinden des ausführenden Kindes und die Absprache mit der Gruppe.

Grafisch abgebildet werden können alle musikalischen Parameter wie Tondauer, Tonhöhe, Klangfarben, Dynamik, Ein- oder Mehrstimmigkeit, Artikulation, Instrumente (Piktogramme) oder ganze Musikstücke (vgl. zeitgenössische Musik). Vor allem kreative Prozesse wie Klänge und Geräusche erfinden, Klang- und Bewegungsdarstellungen verbinden, das Verständnis und die Verknüpfung von Bewegung, Klang und bildender Kunst (polyästhetische Erziehung) können mithilfe der grafischen Notation angeregt und unterstützt werden.

Die grafische Notation kann auch als Zwischenschritt vom Musikerleben zur abstrakten Notenschrift gesehen werden. Musikalische Erfahrungen werden ganz körperlich, emotional, simultan, … erlebt, dann mithilfe der frei erfundenen oder der vorgegebenen Zeichen in einzelnen Aktionen aufgeführt. Sie werden zeitlich nacheinander dargestellt, durch Qualitäten wie Lautstärke, Tonhöhe, Klangfarbe, … allmählich immer genauer definiert und aufgemalt bis hin zur abstrakten Symbolik der traditionellen Notenschrift.

Ziele:
- Fördern des ganzheitlichen Erlebens
- Beitrag zur polyästhetischen Erziehung (Zusammenwirken verschiedener Künste als Basis für ästhetisches Lernen)
- Vertiefung des Erlebten durch verschiedene Sinneswahrnehmungen (Synästhesie)
- Ausdruck wird zu Eindruck
- Eindruck wird zu Ausdruck
- inneres Hören wird durch die Abbildung gefördert

Methodische Tipps:
Die Kinder benötigen viel Freiraum beim Erfinden und Interpretieren grafischer Zeichen. Es gibt in diesem Zusammenhang kein „richtig" oder „falsch".

Grafische Notation ist für die Kinder dann logisch, wenn sie mit den Zeichen etwas verbinden. Selbst erfundene und nicht von der Erzieherin vorgegeben Zeichen ermöglichen dies. Hilfen zur Ideenfindung seitens der Erzieherin sind natürlich immer willkommen.

Beim Abbilden von Klangverläufen, die zur traditionellen Notenschrift hinführen, soll auf die Schreibrichtung von links nach rechts geachtet werden. Hilfen dazu bieten Anfangszeichen (Pfeil, Symbol, …), die hingemalt oder hingelegt werden. Beim Malen möglichst alles mitsingen und abschließend absingen, damit das Bild ständig mit Klang verbunden ist.

INFO 11 Aufbau einer musikalischen Spielstunde: Elementares Musizieren mit Instrumenten

1. Sensibilisierung, Lockerung oder Kennenlernen
2. Ausprobieren, Sammeln erster Erfahrungen
3. Improvisieren, Hinführung
4. Beschäftigung mit dem Hauptthema
5. Gestaltungsphase
6. Abschluss oder Transformation zwischen Übertragen in Bewegung, bildnerisches Gestalten, …

Ziele für das Spiel mit Instrumenten:
- Klangeigenschaften vieler Instrumente kennen lernen
- unterschiedliche Spielweisen und Spieltechniken anwenden
- Spielbewegungen als Ausdrucksbewegungen erfahren
- seinen Körper als Musikinstrument erfahren und einsetzen
- viele Materialien mit allen Sinnen erfahren, kreative Kompetenz im Umgang mit ihnen entwickeln
- vielfältigste Klangerfahrungen sammeln und mit ihnen experimentieren
- einfache akustisch-physikalische Phänomene entdecken
- Freude am gemeinsamen Musizieren fördern
- auditive Wahrnehmung entwickeln und fördern
- beim Musizieren unterschiedliche Gefühle wahrnehmen und zulassen
- soziales Lernen durch das gemeinsame Spiel

Aufgaben und Anregungen

1 Gehen Sie paarweise zusammen und suchen Sie sich ein Kinderlied aus. Erstellen Sie eine Liedbegleitung und studieren Sie diese mit den anderen Gruppenmitgliedern ein.

2 Welche Möglichkeiten einer instrumentalen Begleitung gibt es?

3 Was ist beim Instrumentalspiel zu beachten? Beschreiben Sie beispielhaft einige Methoden.

4 Warum stellen die Stabspiele eine besondere Herausforderung für die Kinder dar?

5 Welche Vorteile besitzt die grafische Notation im Vergleich zur traditionellen Notenschrift?

6 Konzipieren Sie zu dritt eine musikalische Spielstunde, in der das Hauptziel so lautet: *„Vielfältigste Klangerfahrungen sammeln und mit ihnen experimentieren"*.

7 Diskutieren Sie mit den anderen über die Bedeutung des Ziels: *„Kinder sollen Spielbewegungen als Ausdrucksbewegungen erfahren"*.

Tipps zum Weiterlesen

Kreusch-Jakob, Dorothée: *Das Musikbuch für Kinder.* Schott, 2001

Beck-Neckermann, Johannes: *Handbuch der musikalischen Früherziehung.* Herder, 2002

Berger, Ulrike u. a.: *Spiel und Klang.* Lehrerband. Bosse, 1998

3.5.3 Selbstbauinstrumente

Bedeutung der Selbstbauinstrumente

Info 1

Selbst gebaute Instrumente besitzen für das einzelne Kind einen ganz eigenen besonderen Wert. So kann sich eine Beziehung zur Musik auch über das selbst gebaute Instrument entwickeln.

Selbst gebaut werden können (eine kleine Auswahl):
Rasseln aus Jogurtbechern, …, Trommeln aus Tontöpfen, Pappröhren, Dosen …, Bambus-Windspiel, Regenmacher, Nagelspiele, Kazoos, Bambusschalmeien, Saitenspiele, …

Das selbst gebaute Instrument sollte klingen. Eine Beziehung wird dann erreicht, wenn das Instrument auch von seiner akustischen Qualität her bestehen kann.

Alles, was klingt, eignet sich daher als Grundlage zum Basteln und Bauen.

Info 1
Fortsetzung

Ich:
- **erforsche,**
- **horche,**
- **stelle her,**
- **spiele,**
- **drücke aus,**
- **gestalte,**
- **schmücke und verziere.**

Der Sinn des Selbstbauens liegt im Herstellungsprozess. Das Kind macht handwerkliche, physikalische, akustische, musikalische und soziale Erfahrungen. (Kreusch-Jakob, 2001, S. 33) Es kann die Art der Klangerzeugung von unterschiedlichen Materialien bis hin zu traditionellen Instrumenten kennen lernen, es entdeckt, wie Klänge entstehen und vergehen können, ist vielleicht immer wieder auf Hilfe zum Weiterbauen angewiesen und empfindet sich trotzdem als Schöpfer des neuen Klangspielzeugs.

Selbstbauinstrumente stellen keinen Gegenpol zu den traditionellen Instrumenten wie Gitarre, Klavier, Blockflöte, … dar. Sie sind keine Alternative und keine Konkurrenz. Vielmehr werden durch das Bauen viele Grunderfahrungen ermöglicht, die wiederum eine Beziehung zu den traditionellen Instrumenten schaffen.

Selbstbauinstrumente geben dem Kind ein hohes Maß an Identifikationsmöglichkeit.

Die Materialien zum Basteln findet man in der Natur, in Küche, Bad, Keller oder Speicher, im Näh- und Werkzeugkasten oder im Sperrmüll und im Baumarkt.

Info 2 Methodische Tipps

Die Materialien sollten überschaubar angeordnet sein, nur so regen sie die Fantasie und die Kreativität an.

Manche Instrumente können nicht allein von den Kindern hergestellt werden. Eltern können im Rahmen von gemeinsamen Bastelnachmittagen miteinbezogen werden.

Sollen bestimmte Instrumente gebaut werden, so sollten diese Exemplare schon vorher selbst gebaut worden sein und als Anregungs- und Klangbeispiel vorliegen.

Die fertig gestellten Klangspielzeuge sollen natürlich eingesetzt werden. Das kann geschehen als Liedbegleitung, im Rahmen eines Klangspiels und einer Klanggeschichte, als Dirigierspiele, als Bewegungsbegleitung, als Hörspiel, im szenischen Spiel, …

Selbstbauinstrumente können mit nach Hause genommen oder innerhalb des Kindergartens sichtbar und spielbar aufbewahrt werden. Beispiel: Aufhängen in einem Klangbaum: Ein Ast hängt von der Decke, an diesen werden die Selbstbauinstrumente befestigt.

Aufgaben und Anregungen

1 Beschreiben Sie die musikalischen Erfahrungen, die das Kind beim Bauen machen kann.

2 Wie können Klangspielzeuge im Kindergartenalltag eingesetzt werden?

Tipps zum Weiterlesen

Kreuch-Jakob, Dorothée: *Klangwerkstatt.* Don Bosco, 2003
Warskulat, Wilhelm: *Instrumentenbau aus Umweltmaterialien.* Eres, 1981
Martini, Ulrich: *Musikinstrumente bauen und spielen.* Klett 1985
Diverse Unterrichtsprogramme zur musikalischen Früherziehung

3.5.4 Bewegung/Tanz: „Zu tanzen ist wie zu sagen: ‚Ich bin'" (Fischer, S. 9)

Einstiegssituation

Wie gut fühlt es sich doch an, wenn man alles um sich herum vergessen kann, wenn im Tanzen, im Sich-der-Musik-Hingeben jeglicher Ärger, jegliche Anspannung oder Traurigkeit verschwindet. Olga beschreibt ihre Empfindungen beim Tanzen. Ercan erwidert, dass er dazu aber die richtige Musik brauche, so Disco-Pop sei nichts für ihn.

Fragen

- *Notieren Sie Ihre Empfindungen beim Tanzen.*
- *Diskutieren Sie, warum gerade Kinder sich so gerne zu Musik bewegen.*

Bewegung und Musik

Info 1

Bewegung ist Bestandteil aller Handlungs-, Spiel- und Gestaltungsfelder des Elementaren Musizierens im Kindergarten.

Bewegung ist aber auch ein völlig eigenständiger Bereich, der in alle Entwicklungsbereiche des Menschen hineinwirkt. Bewegungserfahrungen prägen die emotionale, soziale und kognitive Entwicklung wie auch die Identitätsbildung. Vom „Greifen zum Be-greifen", „Körperbewusstsein ist Selbstbewusstsein", „Motion ist Emotion", alle diese Redewendungen beziehen sich auf Entwicklungsprozesse im Menschen im Zusammenhang mit der Bewegungsdifferenzierung.

Musik entsteht über Bewegungen. Bewegungen des Atem- und Stimmapparates ermöglichen das Sprechen und Singen. Bewegungen der Hände, der Arme, der Beine usw. bringen den Körper zum Klingen: als Körperklänge, Klanggesten oder Bodypercussion bekannt.

Hände, Arme und Mund versetzen Instrumente oder Materialien in Schwingung.

Bewegung im Zusammenhang mit musikalischen Zielen

Info 2

- Bewegung vertieft das Musikerleben, indem die Kinder Gehörtes in ganz- oder teilkörperlicher Bewegung nachvollziehen oder ihre Ausdrucksbewegungen in Töne umgesetzt wahrnehmen und so den emotionalen Gehalt von Musik erleben.
- Bewegung verstärkt den Musikausdruck, Musik über Bewegung erlebt kann verbalisiert oder über das Instrumentalspiel wieder ausgedrückt werden.
- Bewegung vertieft das Musikverständnis, da musikalische Bausteine über die Bewegung erfahren oder erkannt werden können. Das Beherrschen von körperlichen Spannungsverläufen unterstützt das Nachvollziehen musikalischer Phänomene wie Tempo, Pausen oder Dynamik.
- Bewegung fördert das Instrumentalspiel, da das Kind Fähigkeiten in Grob- und Feinmotorik erwirbt, die es zum Instrumentalspiel benötigt, wie Bewegungssteuerung, Koordination von rechts und links, ein gutes Körpergefühl, … (Robie, S. 65).

INFO 3 Bewegung und Tanz

„Zu tanzen kann ebenso Selbstvergessenheit bedeuten wie auch bewusstes Wahrnehmen und Gestalten. Die Kinder können sich in die Musik einschwingen; sie finden ihre Freude und Lebenslust, ihre Ruhe, Trauer oder Angst wieder und können sie umgekehrt in Tanz ausdrücken – im bewussten Umgang mit der Struktur der Musik dagegen, im Festlegen und Gestalten erfordert sie Wachheit, Sammlung und Konzentration."
Fischer, S. 9

Oft entwickeln Kinder von der Musik inspiriert ihre eigenen Bewegungen, die mit dem eigentlichen Tanzrhythmus nicht übereinstimmen. Tanzen Kinder zu ihrem eigenen Gesang oder bewegen sie sich zu rhythmisch gesprochenen Texten, Versen oder Reimen, dann findet meist eine Koordination zwischen der Bewegung mit Gesang oder Sprache statt. Tanz in Begleitung mit der Stimme ist ideal, um Bewegungsabläufe zu erlernen und zeitlich zu erfassen (Fischer, S. 11).

Materialien fördern nicht nur die motorischen Fähigkeiten, sie dienen auch zur Vorbereitung von Tanzbewegungen und Instrumentalspiel:

- Schwünge mit Tüchern, Bändern, … fördern die Lockerheit in Arm und Hand.
- Luftballons, mit verschiedenen Körperteilen angestupst, fördern Geschicklichkeit und Gelenkigkeit.
- Spiele mit Seifenblasen, Luftballons, Federn, … unterstützen die Atmung.
- Das Springen, Hüpfen, … über Seile, Reifen, Säckchen, … erfordert Koordination.
- Sandsäckchen auf Kopf, Schulter oder das Balancieren auf dem Seil unterstützen und fördern den Gleichgewichtssinn.
- Spiele mit Murmeln, Knöpfen, Federn, … fördern die Feinmotorik.

Tanzen unterstützt die koordinativen, rhythmisch-metrischen und sensomotorischen Fähigkeiten der Kinder, schafft eine Beziehung zu Musik und ermöglicht wichtige Erfahrungen im sozialen Bereich.

FAZIT

Musik stärkt und fördert die motorische Entwicklung und das Körperbewusstsein. Musizieren ist abhängig von der Körperspannung, der Dosierung und Steuerung der Bewegungsenergie.

„Daher sind Wahrnehmung, Differenzierung, Koordination und Synchronisation der Bewegung Voraussetzung des Musizierens und werden umgekehrt durch das Musizieren angeregt, verfeinert, geübt und abgespeichert."
Der bayerische Bildungs- und Erziehungsplan, S. 184 f.

Ziele für das Elementare Musizieren im Bereich: Bewegung/Tanz

- ✘ Bewegungsfreude erhalten und wiederentdecken
- ✘ den eigenen Körper wahrnehmen
- ✘ unterschiedliche Bewegungsmöglichkeiten an sich selbst, den anderen oder an Objekten entdecken und erfahren
- ✘ Erweiterung der Koordination, Motorik und Körperspannung
- ✘ Raum- und Zeitgefühl durch Bewegung entwickeln
- ✘ Musikalische Elemente, Abläufe und Strukturen über die Bewegung erfassen und gestalten
- ✘ Sensibilisierung der Sinne
- ✘ über Bewegung Kontakt aufnehmen
- ✘ Selbstwertgefühl entwickeln und fördern
- ✘ Aufmerksamkeit, Konzentration und Reaktionsvermögen schulen
- ✘ ein Repertoire an Bewegungsspielen, Tänzen, Bewegungsliedern, … erlangen (Kreusch-Jakob, 1995, S. 120)

Tipps zum Weiterlesen

Fischer, Renate: *Tanzen mit Kindern.* Bosse, 1998

Lieberitz, Charmaine: *Spiele zum ganzheitlichen Lernen.* Don Bosco, 2002

Van Doorn Last, Femke: *Die Welt tanzt – Kindertänze aus aller Welt.* Kallmeyer, 1993

Höfele, H., Steffe, Susanne: *Kindertänze aus aller Welt. Lebendige Tänze, Kreis-, Bewegungs- und Singspiele rund um den Globus.* Ökotopia, 2004

3.5.5 Improvisation: „Spaß beim Spielen und Erfinden"

Laura ist fasziniert, dass Oliver, egal wo er sitzt, anfängt mit seinen Stiften auf verschiedenen Gegenständen zu trommeln. Sie steigt sofort mit ein und traut sich andere Geräusch- und Klangfolgen dazuzuspielen. Die anderen Studierenden sind nicht immer begeistert. Gerade Zirafeta bemängelt, dass das, was zu hören ist, komisch klingt. Wenn schon, dann sollten Oliver und Laura richtig schöne Musik machen, sie könnten das doch!

Fragen

- ✔ *Fragen Sie einen Ihrer Mitstudierenden ohne Worte, nur mit Lauten, Gestik und Mimik, wie es ihm geht. Ein Dialog darf sich daraus entwickeln. Hinterher tauschen Sie aus, was Sie „erfahren" und gehört haben.*
- ✔ *Mussten Sie bei diesem Spiel bestimmte Spielregeln beachten? Wenn ja, welche?*
- ✔ *Wie könnten Spielregeln bei einer Improvisation mit Kindern lauten?*

Improvisation als künstlerisches Spiel, Erfahrung und Gestaltung

Info 1

Das Spielen, Selbsterfinden, Ausprobieren, Verfremden, … von Klängen, Bewegungen, Instrumenten oder sonstigen klingenden Objekten sind beliebte Tätigkeiten von Kindern. Improvisation als die spielerischste Musizierform ermöglicht dem Kind, sich kreativ und selbstbestimmt mit sich und seiner Lebenswelt auseinander zu setzen. Das spielende Kind wird, vor allem bedingt durch seinen Spieltrieb, zum Schaffenden, der schöpferisch tätig wird.

Improvisation ist eine vorrangig kreative Aktivität. Spielerische Prozesse verbinden sich mit künstlerischen. Die Spielstruktur wird auf die künstlerische Tätigkeit übertragen.

Improvisation als Erfahrung:
Haselbach (1987, S. 5 ff.) beschreibt sie als spontane und individuelle Auseinandersetzung, als Kontaktaufnahme und spielerisch-experimentelle Beziehung zu Objekten, Instrumenten, Inhalten, Körper, Musik, … Von außen über die Wahrnehmung und Bewusstwerdung führt sie in die Innenwelt des Menschen.
Beispiele: Assoziatives Improvisieren, Bewegungsimprovisationen, …

Improvisation als Gestaltung:
Innere Eindrücke gestalten den spontanen Ausdruck. Der Weg führt jetzt von innen nach außen. Es entsteht eine neue, vom Einzelnen oder von der Gruppe kreierte Außenwelt. Die wiederum kann neuer Ausgangspunkt für Erfahrungen, Wahrnehmungen und Eindrücke werden.
Beispiel: Stimmungen, Gefühle, Frage-Antwort-Improvisationen, …

Beide Richtungen beeinflussen sich natürlich wechselseitig.

Info 2 Beispiele aus der Praxis (nach Schwabe, S. 102)

- Bewegungsimprovisation: Kinder bewegen sich zu einer improvisierten Musik in verschiedenen Rollen: z. B. als Tiere oder Märchenfiguren
- Improvisation zur Bewegung
- lautmalerisches Improvisieren: Gewitter, Urwaldgeräusche, verschiedene Schrittarten, ...
- assoziatives Improvisieren: Darstellen von Objekten und Bildern, die nicht selbst klingen, wie Sonnenaufgang, Sternengeflimmer, Märchenfiguren, ...
- melodisches Improvisieren: mit kleinen melodischen Motiven spielen, als Frage-Antwort-Kette, in Verbindung mit einer Geschichte, ...
- stimmliche Improvisationen: jegliche Stimmgeräusche, Imitation von Tierlauten, Maschinengeräuschen, Verkehr, ...

Info 3 Methodische Tipps

Improvisieren mit Kindern heißt nicht, jeder spielt einfach drauflos, sondern Improvisieren bedeutet spontanes Handeln innerhalb eines abgesteckten Rahmens. Möglicher Rahmen kann eine Stimmung, Assoziation oder ein abgesprochenes Thema sein.

„Um Improvisationen anzuregen, bedarf es Spielregeln, die das Kind erreichen, den Gruppenprozess strukturieren und musikalisch überzeugen." (Schwabe, S. 100) Bildhafte Beschreibungen, z. B.: *„Wir sind mit unseren Instrumenten der Marionettenspieler"* oder *„Reise durch den Urwald"*, sprechen die Kinder an. Die Gruppe kann und muss nicht immer geschlossen spielen. Aufgabenstellungen mit Zuhör-, Bewegungs- oder Rateaufgaben helfen einem Klangchaos und allzu lauter Umsetzung entgegenzuwirken. Musikalisch überzeugend sind die Ergebnisse, in denen die Kinder spüren und hören, wie der Affe den Baum hinauf- und heruntersaust, wie die Schlange sich durchschlängelt usw., wenn es also nicht egal ist, wie etwas klingt.

Beim Spiel mit den Instrumenten sollten Situationen geschaffen werden, die Lust am Improvisieren herausfordern, die fantasieanregend sind und die Lust am Spielen aktivieren.

Improvisation allein und in der Gruppe braucht genaues und konzentriertes Hören.

Fazit

Alles Mögliche kann zur Improvisation reizen:

- ✘ das Finden von und Experimentieren mit Klängen und Bewegungen,
- ✘ Improvisieren mit Stimmlauten,
- ✘ Melodien mit Stimme oder am Instrument erfinden,
- ✘ Notationsvorlagen zeitgenössischer Musik, die zum Klingen gebracht werden.

Ziele des Elementaren Musizierens im Bereich Improvisation:

- ✘ kreativ und selbstbestimmt mit Stimme, Instrument, Bewegung und Objekten umgehen können,
- ✘ Ausdrucksvermögen entwickeln und stärken,
- ✘ schöpferisch tätig sein,
- ✘ zuhören können und in der Gruppe aufeinander reagieren,
- ✘ eigene und fremde Gefühle und Empfindungen wahrnehmen und ausdrücken,
- ✘ Stärkung des Selbstwertgefühls,
- ✘ Verständnis für zeitgenössische Musik entwickeln.

9612130

Aufgaben und Anregungen

1 Welchen Stellenwert messen Sie der Improvisation im kindlichen Spiel bei?

2 Sammeln und benennen Sie gemeinsam verschiedene Märchenfiguren, gehen Sie dann zu dritt zusammen und versuchen Sie jeweils drei dieser vorher genannten Figuren instrumental darzustellen. Spielen Sie ihr Ergebnis – ohne die Namen zu nennen – vor, die anderen Gruppenmitglieder sollen erraten, welche Figuren gehört wurden.

Tipps zum Weiterlesen

Friedemann, Lilli: *Kinder spielen mit Klängen und Tönen.* Möseler 1983

Diess.: *Trommeln – Tanzen – Tönen.* UE, 1983

Meyer-Denkmann, Gertrud: *Klangexperimente und Gestaltungsversuche im Kindesalter.* UE, 1970

Schwabe, Matthias: *Musik spielend erfinden.* Bärenreiter, 1992

3.5.6 Musik hören: „Wer nicht hören kann, muss fühlen, denn man hört nur, was man weiß"

(Gruhn 2002, S. 68)

Jeder der Studierenden stellt den anderen seine Lieblingsmusik vor. Alle sind überrascht, welch breites Musikspektrum hier zu hören ist. Traditionelle Musik, Rockmusik, Jazzgesang, Blasmusik, klassische Musik, ...

Während Olga bei ihren russischen Volksliedern Gänsehaut bekommt, schaltet Nadine beim Hören innerlich völlig ab. Ercan liebt die arabische Raimusik, zu der er am liebsten tanzt und laut mitsingt.

Fragen

- ✔ *Warum hört jeder Mensch anders?*
- ✔ *Tauschen Sie sich untereinander aus, warum Ihnen eine ganz bestimmte Musik so gut gefällt.*

Info 1 Das Hören beginnt schon im Mutterleib

Das Ohr ist das Sinnesorgan, das am frühesten ausgebildet wird. Hörfähigkeit und Hörgedächtnis sind somit schon pränatal entwickelt. Jedes Kind, das auf die Welt kommt, hat Rhythmus in Form des Herzschlags der Mutter und ihre Stimme als das erste „Instrument" wahrgenommen und gespeichert. Die Grundfähigkeit, hören zu können, gehört zur biologischen Ausstattung eines Menschen, sie ist angeboren.

Hören ist aber ein Wahrnehmungsprozess und somit ein aktiver Prozess der Aneignung und des Vergleichens mit bereits vorhandenen Höreindrücken. Da Hören somit eine erlernte Fähigkeit ist, hängen die Hörfertigkeiten jedes Kindes sehr stark vom Hör- und Lernangebot der Umgebung ab.

Die Hörwahrnehmung bedarf der Hilfen, um Neugierde, Höraufmerksamkeit und Hörkonzentration zu fördern. Ebenso, um langsam entstehende Orientierung durch Erfahrungen, Benennungen und Zuordnungen zu fördern.

Das Hörangebot der unmittelbaren Umgebung ist prägend.

Bei der Entwicklung der Hörwahrnehmung stehen Reifung und Lernen in einem komplexen Wechselbezug.

Wer also viel hören konnte, hat dementsprechend viele innere Repräsentationen (gespeicherte Informationen) bilden können. Kinder reagieren nicht nur gefühlsmäßig auf Musik, sondern sie können die gehörten Instrumente benennen oder verschiedene Parameter unterscheiden (vgl. Kap. 3.8, Info 2).

Praktische Umsetzung:

- Den Kindern viele Hörangebote ermöglichen.
  Hören kann man:
  - Geräusche
  - Einzeltöne
  - Klänge
  - musikalische Parameter (Lautstärke, Tempo, Dynamik, Tondauer, Tonhöhe, Klangfarbe, …)
  - Motive
  - komplexe Musik (Programmmusik, verschiedene Musikgattungen wie klassische Musik, Volksmusik, Jazzmusik, …)
- Mögliche Höraufgaben:
  Die Kinder können das Gehörte
  - neu kennen lernen,
  - wiedererkennen,
  - bestimmte Töne, Instrumente, Klänge, Stimmungen heraushören,
  - Motive, Rhythmen, Instrumente, Stimmen, … vergleichen,
  - eine Reihenfolge erkennen,
  - Richtung erkennen,
  - Assoziationen bilden, …
  - und alle Kombinationen aus den oben genannten Aufgaben.
- Das Gehörte kann sichtbar gemacht werden, indem die Kinder
  - sich bewegen,
  - mit Körperklängen reagieren,
  - singen,
  - auf Instrumenten spielen,
  - auf etwas zeigen, deuten,
  - malen, schreiben,
  - darüber sprechen.

INFO 2 Das Hören lernen

Hören lernen ist wichtig, um

- das „Genussmittel" Musik kennen zu lernen, d. h., es zu genießen, sich zu entspannen oder lustvoll zuzuhören, um kritisch Stellung beziehen zu können, zu analysieren, zu einer inneren Hörvorstellung zu kommen, selbst zu produzieren, …
- vor Überlastung geschützt zu sein.
  Da die Ohren nicht wie die Augen geschlossen werden können, sollten die Kinder lernen bewusst zu hören, um ein kritisches Hörverhalten zu entwickeln.
- mit anderen kommunizieren zu können.
  Die Voraussetzungen hierfür sind das Zuhören, Hinhören, Aufeinanderhören.
- sich in der Umwelt besser zurechtfinden zu können.
  Ein gutes Gehör schafft Orientierung, bringt Sicherheit und weckt Neugierde. Beispiel: Verkehrserziehung
- gute Voraussetzungen zu haben für den Spracherwerb, die Entwicklung von Fühlen, Handeln und Denken, Fantasie und Kreativität, das Lesenlernen, …

Die Entwicklung der Hörfähigkeit ist eng an andere Wahrnehmungen wie Sehen und Fühlen verknüpft. Sie steht in einem engen Zusammenhang mit dem emotionalen, sprachlichen und motorischen Erlebnis- und Äußerungsbereich.

Höraufgaben sollten so aufgebaut sein, dass zunächst Aufgaben zur Aufmerksamkeit gestellt werden. Dann gilt es, die Unterscheidungsfähigkeit, was hört sich gleich oder verschieden an, zu entwickeln und schließlich Aufgaben für das Hörgedächtnis.

Der nachfolgend aufgeführte Aufbau einer Höreinheit ist nur als Beispiel zu verstehen, wie Hören als Einzelaktion stattfinden kann. Hörangebote können den

LF 4

Kindern sehr vielseitig angeboten werden. Generell findet Hören immer statt und es empfiehlt sich, eine Anbindung an andere Handlungs-, Spiel- und Gestaltungsfelder zu suchen.

Aufbau eines Hörangebots

1. Lockerungsübungen, Sensibilisierung, Entspannungsübung, …
2. Hinführung, Schaffen von Motivation, Gespräch, Aufgaben stellen beim Zuhören, …
3. Hören des Musikbeispiels, Hörbeispiels, … oder Hören, verbunden mit einer Aktion, …
4. Austausch über das Gehörte in Form von Gespräch, Bild, Bewegung, …
5. eventuell nochmaliges Anhören,
6. Gestaltung oder Transformation,
7. Abschluss, Gespräch.

Ziele für das Hören im Elementaren Musizieren:

- Aufmerksamkeit für alles Hörbare wecken
- Unterscheidungsfähigkeit fördern
- Gedächtnis für Hörereignisse stärken
- Hören und Wahrnehmen von Klangfarben, Melodien, Rhythmen, einfachen Formverläufen, musikalischen Parametern, …
- Kennenlernen und vergleichendes Anhören unterschiedlicher Musik
- sich berührt fühlen, angeregt werden, entspannt empfinden, … von Hörbeispielen
- sich selbst zuhören, in sich hineinhorchen und den anderen zuhören
- Stille bewusst wahrnehmen

TIPPS ZUM WEITERLESEN

Auerbach, Lore: *Hören lernen – Musik erleben.* Möseler, 1972
Löscher, Wolfgang: *Hör-Spiele.* Don Bosco, 1986

3.5.7 Interkulturelle Angebote: „Vom Bekannten zum Unbekannten“

Einstiegssituation

Ercan, Olga und Zirafeta berichten aus ihrer Heimat. Olga erzählt, dass sie schon im Kindergarten täglich mehrere Lieder gesungen und gelernt habe. Jede, jeder der Studierenden kann etwas anderes aus ihrer/seiner Heimat berichten.

FRAGEN

- ✔ *Diskutieren Sie die Notwendigkeit eines interkulturellen Musikangebots.*
- ✔ *Inwieweit kann soziale Integration über diese Angebote gefördert werden?*

Die Notwendigkeit interkultureller Angebote

INFO 1

Die Auseinandersetzung mit einer anderen Musikkultur wird zu einer Notwendigkeit durch die Vielfalt der aus unterschiedlichen Nationen stammenden Kindergartenkinder. Grundgedanke ist die Gleichwertigkeit aller Kulturen. Die Kinder sollen Offenheit, Empathie und kognitive wie affektive Toleranz gegenüber fremden Kulturen entwickeln (Kruse, S. 7). Im Umgang mit Musik und Liedern aus anderen Kulturen lernen die Kinder spielerisch Gemeinsamkeiten und Unterschiede kennen.

Die Vorteile der nonverbalen Kommunikation über Mimik, Gestik, Pantomime und Bewegungen ermöglichen es auch Kindern, die zunächst noch Sprachschwierigkeiten haben, über Musik und Tanz in die Gruppe integriert und akzeptiert zu werden.

Beispiele aus der Praxis:

Kinder und Eltern aus anderen Kulturen bringen Kinderlieder, Tänze, Kinderspiele oder Hörbeispiele in den Kindergarten mit, führen sie vor oder/und studieren sie mit den anderen Kindern oder Eltern ein.

Einbeziehen von beispielsweise afrikanischen Fingerspielen, türkischen Tänzen oder russischen Klangspielen. Dazu gibt es entsprechende Literatur mit Spielen, Liedern und Tänzen, manche sogar zweisprachig oder anderssprachig.

INFO 2 Methodische Tipps

Vom Tonträger gehörte Musik, selbst gesungene Lieder oder Spiele aus anderen Kulturen werden nicht nur gelernt, sondern auch besprochen. Worin unterscheiden sie sich zu unseren bekannten Liedern und Musikstücken? Welche Gemeinsamkeiten entdecken die Kinder?

Ein Verstehen ist nur möglich, wenn Kinder die Musik unterschiedlicher Kulturen hören, singen und spielen können.

Das Einbeziehen der Eltern fördert nicht nur die Kommunikation von Kindern und Eltern untereinander, es unterstützt auch die soziale Integration.

Ziele eines interkulturellen Angebots in der Elementaren Musikerziehung
- Musik aus unterschiedlichen Kulturen kennen lernen
- Musik aus dem eigenen Kulturkreis verstehen
- Offenheit und Toleranz erleben
- Freude am gemeinsamen Spielen und Lernen, auch mit den Eltern
- Soziales lernen
- Entdecken unterschiedlichster Kommunikationsformen

TIPPS ZUM WEITERLESEN

Reihe: *Auf den Spuren fremder Kulturen, 6 Bände: Spielend Russland, China, Afrika, fremde Völker oder Religionen entdecken, in 80 Tönen um die Welt* … Ökotopia Verlag, Münster 2001–2004

3.5.8 Elementares Musiktheater

INFO 1 Merkmale und Bedeutung

Bilderbücher, Märchen, Themenbereiche, aus denen eine Geschichte entstehen könnte (die vier Jahreszeiten, im Meer, …), usw. regen dazu an, über Sprache, Musik, Bewegung, Mimik, Rollen und Requisiten umgesetzt zu werden.

Vergleichbar mit dem Spiel nach Vorgaben aus der bildenden Kunst (s. Abschnitt über grafische Notation) wird hier über die Synästhesie gearbeitet. Synästhesie heißt, dass eine Sinneswahrnehmung verschiedene Sinnesbereiche ansprechen kann. So kann ein erklungener Ton in der Vorstellung des Menschen eine grüne Farbe besitzen, eckig ausschauen oder bitter schmecken. Die Ausprägung der Synästhesie ist bei allen Menschen sehr unterschiedlich und sehr individuell.

Merkmal des Elementaren Musiktheaters:
Die Sprache wird mit Tönen, Klängen, Rhythmen, …, Bildern und Bewegungen in Verbindung gebracht.

Elementares Musiktheater mit Kindern hat musikpädagogische und künstlerische

LF 4

Ziele. Musik kann beim Spielen bewusst gehört werden, Besonderheiten werden erkannt, körperlich erfahren und in der Bewegung und Darstellung sichtbar gemacht. (Endris-Lüttmann, S. 199)

Jede Vorlage kann auf die Bedürfnisse der Kinder, die Möglichkeiten der Institution usw. verändert werden.

Das musikalische Umsetzen einer Geschichte oder bestimmten Thematik benötigt viel Zeit, wenn die Kinder aktiv daran beteiligt sein sollen. Aber nur, wenn die Kinder von Anfang an mitdenken, mitentwickeln, ausprobieren und gestalten können, identifizieren sie sich mit dem Stück und akzeptieren über einen längeren Zeitraum hinweg sich nur noch mit diesem Stück zu beschäftigen.

Der kindliche Ehrgeiz, etwas aufführen zu wollen, die Motivation, es gut machen zu wollen, die Spontaneität, wieder Kleinigkeiten variieren zu wollen, usw. fordert von den Erzieherinnen großes Einfühlungsvermögen und Wissen über Spiel- und Lernverhalten der Kinder.

Widmer und Hoerburger (S. 174) meinen, dass eine Erzieherin verschiedene Bereiche bei der Gestaltung im Blick behalten sollte:

- Instrumente müssen so ausgewählt werden, dass sie z. B. Tiere lange begleiten können und Merkmale wie lustig, hungernd, frierend, ... umsetzen können.
- Sprache, Stimme und Musik sollen sich nicht gegenseitig erschlagen, sondern ablösen.
- Figuren müssen sich im Spiel entfalten können, sie brauchen Bewegungsraum.
- Die Einfälle der Kinder sollen durch plastische Situationsbeschreibungen gefördert werden.
- Figuren in ihren Eigenarten, Wünsche, Verhaltensweisen sollen vorgestellt werden.

Die erarbeiteten Stücke im Rahmen des Elementaren Musiktheaters leben natürlich davon, einmal aufgeführt zu werden. Das selbst gestaltete Musiktheaterstück kann aber auch die Ohren und Augen öffnen für schon existierende Werke in der Oper oder im Ballett, wie beispielsweise:
E. Humperdinck: Hänsel und Gretel
P. Tschaikowsky: Dornröschen

Ziele des Elementaren Musiktheaters:
- Spielen mit den verschiedenen Ausdrucksbereichen: Stimme, Musik und Bewegung
- Selbstausdruck fördern
- Sensibilität im Zusammenspielen, Aufeinanderreagieren und Miteinanderagieren entwickeln
- Anregung der Fantasie und Kreativität

Aufgaben und Anregungen

1 Beschreiben Sie die Bedeutung der Sprech- und Singstimme.

2 Diskutieren Sie die Bedeutung der Lieder für Kinder.

3 Beschreiben Sie unterschiedliche Möglichkeiten der Liedeinstudierung.

4 Diskutieren Sie, welche Höreindrücke des Fötus für die ersten Lebensjahre von Bedeutung sein könnten.

5 Wozu Hören lernen?

6 Wie kann ich als Erzieherin bei den Kindern feststellen, dass das Hörbeispiel auch von allen gehört wurde?

7 Überlegen Sie, worin Ihrer Meinung nach das Besondere des Elementaren Musiktheaters liegt.

8 Zeigen Sie an selbst gewählten Beispielen, warum Musik in Verbindung mit weiteren Ausdrucksformen stehen kann.

9 Was ist für eine(n) Erzieherin/Erzieher wichtig, zu beachten, wenn sie/er mit Kindern in diesem Bereich arbeiten möchte?

3.6 Konsequenzen für die eigene musikalische Ausbildung einer Erzieherin

Einstiegssituation

Die Gruppe der Studierenden ist am Diskutieren. Ercan hat keine Lust, sich persönlich mit dem Bereich Musik auseinander zu setzen. Klar will er lernen, wie man mit Kindern musizieren kann, aber er sieht überhaupt nicht ein selbst ein Instrument zu erlernen. Laura und Oliver sind da ganz anderer Meinung. Laura vertritt die These, dass nur das, was man an sich selbst erfahren hat, auch weitergegeben werden kann.

FRAGEN

- ✔ *Ist es für eine(n) angehende(n) Erzieher(in) wichtig, eine eigene musikalische Ausbildung zu erhalten?*
- ✔ *Wenn ja: Umfang, Pflicht- oder Wahlfach? Wenn nein: Warum?*
- ✔ *An welche Lehrer aus Ihrer Schulzeit erinnern Sie sich gerne? Was für Eigenschaften besaßen diese Lehrer?*

INFO 1

Künstlerischer Erzieher – Erziehungskünstler

> *„Um Kindern den Weg zu künstlerischem Erleben und Verhalten ebnen zu können, um ihnen Wahrnehmungs- und Ausdrucksfeinheiten erschließen und bei ihnen gestalterische Fantasie und künstlerisches Agieren entwickeln zu können, bedarf es des künstlerischen Erziehers, des erziehenden Künstlers, des Erziehungskünstlers."*
>
> Dartsch, 1999, S. 198

Menschen, die Kinder dahin gehend faszinieren können, die selbst einen künstlerischen Zugang zur Welt haben, wirken überzeugend.

Keine Angst, als Erzieherin muss ich keine ausgebildete Musikerin sein, sondern gebraucht wird jemand, der solide Grundkenntnisse über Musik, die musikalische Entwicklung und Verhalten des Kindes besitzt und vor allem über seine eigene Begeisterung und Faszination am Medium Musik wirkt und damit die Beziehungsprozesse zwischen Kind und Musik gestaltet.

Denn es geht darum, ein geeignetes, anregendes Umfeld zu schaffen, innerhalb dessen viele musikalische Angebote stattfinden, mit denen sich das Kind selbstständig auseinander setzen kann. Die natürliche Lust am Lernen wird so aktiviert und der Lerntrieb unterstützt. Das Lernen selbst ist ein vom Kind eigenständig zu tätigender Aneignungsvorgang. Als Erzieherin schaffe ich hierfür die Voraussetzungen.

Voraussetzungen seitens der Erzieher sind:

- Lust, sich über das eigene Musikerleben wie auch über das der Kinder Gedanken zu machen,
- Offenheit, um sein Hörverhalten und eigenen Zugang zur Musik bewusst wahrzunehmen und immer wieder zu reflektieren,
- Bereitschaft, sich auf immer wieder neue musikalischen Abenteuer einzulassen,
- funktionsfähige Sprech- und Singstimme,
- klare Aussprache,
- Spielen eines Instrumentes: Gitarre, Blockflöte, Klavier,
- Beherrschen einfacher Begleitmuster auf dem eigenen Instrument,

- Grundkenntnisse in Musiklehre und Harmonielehre:
  - musikalische Parameter
  - Kenntnisse über Tonnamen und rhythmische Notenwerte
  - Intervalle
  - Tonleitern
  - Pentatonik

Sinn und Zweck dieser Grundkenntnisse:

- **Vorbildfunktion**
  Als Erzieherin wirke ich zunächst über das Vormachen und Präsentieren, das von den Kindern imitiert wird.
- **Identifikationsfunktion**
  Kinder spüren, wie sehr die Erzieherin glaubwürdig ist mit dem, was sie anbietet.
- **Rollenfunktion**
  Die Erzieherin ist in Personalunion Gestalterin, Partnerin, Mitspielerin, Zuhörerin, Beobachterin, Vermittlerin von Wissen und Lernende.

TIPPS ZUM WEITERLESEN

Nykrin, Rudolf: *Mit Musik kenn ich mich aus, Musiklehre für Kinder.* Schott, 2004
Rieder, Barbara: *Harmonielehre für Kinder.* Breitkopf & Härtel, 2002

3.7 Von der Musiktherapie lernen – Therapeutische Aspekte in der musikalischen Früherziehung

Einstiegssituation

Oliver ist ein bisschen verwirrt, um nicht zu sagen: empört. Mehrfach hat er nun schon in „seine" Kindertagesstätte seine Gitarre mitgenommen, hat mit den Kindern gesungen und ihnen die Gitarre vorgeführt und dabei fiel ihm immer wieder auf, wie fasziniert der vierjährige Andreas, dieser Erzrabauke der ganzen Einrichtung, von dieser kleinen musikalischen Aktion war. Wie ausgewechselt war dieses sonst so unleidliche, weil unruhige und aggressive Kind, wenn es selbst einmal an den Saiten der Gitarre zupfen oder einen Rhythmus auf den Holzkorpus klopfen durfte! Oliver bekam richtig Lust, mit diesem Kind einmal allein zu arbeiten, sich mit ihm und einer Reihe von Instrumenten in einen ruhigen Raum zurückzuziehen und das Kind die Instrumente ausprobieren zu lassen. Aber da hörte er, das ginge nicht, von der Idee müsse er sich verabschieden: Erstens seien dann die anderen Kinder „außen vor" und benachteiligt, und zweitens sei das auch zu riskant: Man wisse doch von der Musiktherapie, dass dazu ein spezielles Know-how erforderlich sei, weil Musik doch so sehr viel auslöse; und überhaupt sei Therapie nicht die Aufgabe des Kindergartens. Oliver verstand die Welt nicht mehr: Er hatte doch lediglich dem Kind eine Freude machen wollen …

FRAGEN

- ✔ *Ist das Kindergartenalter ein ideales Alter, um mit Kindern eine gezielte musikalische Ausbildung z. B. auf einem Instrument zu beginnen?*
- ✔ *Wäre das, wenn auch nur in Ansätzen, die Aufgabe des Kindergartens?*
- ✔ *Wie reagieren Kinder auf Lärm, wie auf Musik?*
- ✔ *Wie verhalten sie sich, wenn sie Instrumente angeboten bekommen?*
- ✔ *Was ist das eigentlich, was die Kinder an Musik fasziniert?*
- ✔ *Und schließlich: Kann Musik heilen?*

3.8.1 Theoretische Überlegungen

Die Musikarbeit mit Kindern im institutionellen Rahmen von Kindergarten und Hort hat eine Reihe von „Geschwistern“: Da gibt es die Musikalische Früherziehung an Musikschulen, bisweilen Projekte im Rahmen von Kinderkulturarbeit, mitunter musikalische Arbeit in der Familie – und es gibt die Kindermusiktherapie.

Info 1 Musiktherapie

Bildungspolitische Initiativen zur Musikalischen Früherziehung in den 70er-Jahren des 20. Jahrhunderts

In Deutschland hat sich die Musiktherapie als eigenständige Profession in den 70er-Jahren des vorigen Jahrhunderts nahezu zeitgleich mit den bildungspolitischen Initiativen zur Musikalischen Früherziehung entwickelt, stellenweise hat sie von deren Fachaspekten entschieden profitiert, was z. B. den Musikbegriff und die Entwicklung von Improvisation als musikalischem Handwerk anbelangt (vgl. Friedemann 1964, 1969, 1973 und 1983).

Musiktherapie ist eine Synthese aus künstlerisch-musikalischer und psychotherapeutischer Arbeit.

Musiktherapie ist eine Synthese aus künstlerisch-musikalischer und psychotherapeutischer Arbeit, die eine gesonderte und spezialisierte Ausbildung verlangt und sich als eigenständige Profession in den letzten 25 Jahren deutlich konturiert hat. Die „Kasseler Thesen zur Musiktherapie“, 1998 von der „Kasseler Konferenz Musiktherapeutischer Vereinigungen in Deutschland“ herausgegeben, stellen den Versuch einer richtungs- und schulenübergreifenden Definition und Beschreibung von Musiktherapie dar. Auszugsweise heißt es hier:

1. *Musiktherapie ist eine praxisorientierte Wissenschaftsdisziplin, die in enger Wechselbeziehung zu verschiedenen Wissenschaftsbereichen steht, insbesondere der Medizin, den Gesellschaftswissenschaften, der Psychologie, der Musikwissenschaft und der Pädagogik.*
2. *Der Begriff „Musiktherapie“ ist eine summarische Bezeichnung für unterschiedliche musiktherapeutische Konzeptionen, die ihrem Wesen nach als psychotherapeutische zu charakterisieren sind, in Abgrenzung zu pharmakologischer und physikalischer Therapie.*
3. *In der Musiktherapie ist Musik Gegenstand und damit Bezugspunkt für Patient und Therapeut in der materialen Welt. An ihr können sich Wahrnehmungs-, Erlebnis-, Symbolisierungs- und Beziehungsfähigkeit des Individuums entwickeln. Rezeption, Produktion und Reproduktion von Musik setzen intrapsychische und interpersonelle Prozesse in Gang und haben dabei sowohl diagnostische als auch therapeutische Funktion. Das musikalische Material eignet sich Ressourcen zu aktivieren und individuell bedeutsame Erlebniszusammenhänge zu konkretisieren, was zum Ausgangspunkt für weitere Bearbeitung genommen wird.*
4. *Musiktherapeutische Methoden folgen tiefenpsychologischen, verhaltenstherapeutisch-lerntheoretischen, systemischen, anthroposophischen und ganzheitlich-humanistischen Ansätzen.*

Das Angebot „Kindermusiktherapie“ richtet sich an psychisch und körperlich kranke, behinderte sowie entwicklungsgestörte oder -verzögerte Kinder. Es setzt eine klinische Diagnose voraus und wird in einem bestimmten institutionellen Rahmen (z. B. der Kinder- und Jugendpsychiatrie, einer Beratungseinrichtung usw.) als Therapie veranlasst. Dieser Rahmen, das Setting, hat eine klare Bestimmung und Festlegung; Ziel ist die (Wieder-)Herstellung von seelischer Gesundheit und die Sicherung von Alltagsintegration.

9612138

Kindergarten und Hort sind pädagogisch arbeitende Institutionen. Ihr Ziel ist Erziehungs- und Bildungsarbeit. Werden Kinder auffällig und brauchen eine Psychotherapie, so wird diese Arbeit delegiert; jetzt greifen andere Systeme, die anderes können und das Fehlende, das Komplementäre anbieten. Dennoch kann die Musikarbeit mit Kindern von der Kindermusiktherapie lernen, auch ohne dass Therapie gemacht und Fachlichkeit verquickt werden.

Musikarbeit mit Kindern kann von der Kindermusiktherapie lernen.

Wie aus der oben zitierten These 3 hervorgeht, ist das Anliegen der Musiktherapie auf die Beförderung von Beziehungsaspekten im weitesten Sinne gerichtet: Beziehung zu einer anderen Person (Therapeut) oder zu einer Gruppe, Beziehung zu einer Objektwelt (Musik), mit deren Hilfe sich die Wahrnehmungs-, Erlebnis-, Symbolisierungs- und Beziehungsfähigkeit des Individuums entwickeln soll, Beziehung auch zu situativen Kontexten wie aktuellen Konflikten, Tagesereignissen, Stimmungsverhältnissen usw. Musik tritt also in den Dienst **der Person,** des Kindes, und seiner besonderen **Situation** und wird funktionalisiert zu Zwecken, die außerhalb ihrer selbst liegen, außerhalb der kulturellen, historischen und technischen Musikbezüge, die mehr oder weniger oder ausschließlich im pädagogischen Zusammenhang fokussiert werden.

Anliegen der Musiktherapie ist die Beförderung von Beziehungsaspekten.

Von der Musiktherapie lernen, hieße also: ein Verständnis darüber zu entwickeln, wie Musik dem Menschen dienen kann. Dieser Ausgangspunkt der Betrachtung markiert gegenüber der Musikpädagogik einen Paradigmenwechsel: Man schaut, was das Kind braucht, und richtet das Material danach aus - und nicht: Man fragt, was das Material an Potenzialen birgt, die man dann sachgerecht an das Kind heranträgt.

Im Folgenden sollen einige theoretische und praktische Grundannahmen der Musiktherapie vorgestellt werden, die zum Verständnis dieses Paradigmenwechsels hilfreich sind.

Ein Verständnis entwickeln, wie Musik dem Menschen dienen kann – man schaut, was das Kind braucht, und richtet das Material danach aus.

Hören – zuhören – hingehören: interdisziplinäre Zugänge zu einem elementaren Alltagsphänomen

Info 2

Eltern, Lehrer, Erzieher, Freizeitpädagogen, Psychologen, Ärzte - sie alle stimmen bisweilen unisono ein in einen Chor, der die schwindende Fähigkeit zu Konzentration, Sich-Einlassen, Hingabe und sprachlicher Kommunikation bei Kindern beklagt. Vom Verlust einer „Kulturtechnik“ ist die Rede und der Sorge, dass Lernschwierigkeiten und Beziehungsstörungen, mangelnde Sprachkompetenz und die Lust an (sprachlichen) Interaktionen, dass Erlebnistiefe und Reichtum an Fantasie und Kreativität abnehmen und sich so die Entwicklungschancen von Kindern

Die mangelnde Fähigkeit, zuzuhören – ein übergreifendes Kultur-Defizit

INFO 2
Fortsetzung

maßgeblich reduzieren. Ursächlich wird dafür die mangelnde Fähigkeit zuzuhören angesehen. War das Problemfeld zunächst auf die (Grund-)Schule als Raum von kognitivem und sozialem Lernen beschränkt, so breitete es sich rasch aus und „ortete" sich als ein übergreifendes Kultur-Defizit, dessen Wurzeln und Kausalitäten sich nun disziplinübergreifend erschlossen. Die folgende Stichwortsammlung soll einen Eindruck von denjenigen Denkhorizonten geben, die mit dem Stichwort „Verlust einer Kulturtechnik" erschlossen wurden.

Wir leben in einer Seh-Gesellschaft.

- Computer beherrschen unseren Seh- und Denk-Alltag.
- Piktogramme leiten unsere Außenorientierung.
- Das Fernsehen übernimmt unsere visuelle und geistige Stimulation.
- Wir sind einer visuellen Reizüberflutung im öffentlichen Raum ausgesetzt (Beispiel: Werbung).

Wir leben in einer Weghör-Gesellschaft.

- Uns umgibt permanenter Lärm, wir registrieren den Verlust der Stille.
- Wir müssen die sinnliche Absorption durch visuelle Reize hinnehmen.
- Durch Musikberieselung allerorten, vom Kaufhaus bis zum Fahrstuhl und von der Flughafenwartehalle bis zur Hoteltoilette, sind wir einer akustisch-musikalischen Umweltverschmutzung ausgesetzt.
- Wir leiden unter ständiger Überforderung: der neue Sozialisationstyp ist der „Simultant", derjenige, der alles (oder doch vielerlei) gleichzeitig macht.

Wir leben in einer Multioptions-Gesellschaft.

- Es ist nicht mehr schicklich, „still" zu stehen; persönliche Veränderung und Weiterentwicklung ist das große Zauberwort.
- Ein Teilthema daraus heißt Selbstverwirklichung – manchmal um (beinahe) jeden Preis.
- Wir leiden an einer Ambivalenz zwischen extremer Intro- und Extraversion; das Motto heißt gleichermaßen *„Erkenne dich selbst"* wie *„Du sollst genießen"*.

Wir leben medizinisch gesehen in einer Gesellschaft mit permanenter Über- und gleichzeitig Unterversorgung.

- Davon zeugt die Zunahme von Depressionen als ein Übermaß an nicht mehr zu verkraftendem Nach-innen-Hören.
- Immer mehr Menschen leiden an Tinnitus; hier geht es um einen psychophysischen Hörschaden unbekannter Genese, der geringe Heilungschancen hat und gesellschaftlich eine neue Volkskrankheit darstellt, ein direkter Hinweis darauf, wie beschwerlich Hören sein kann.
- Wir erleben eine Zunahme an unfall- oder arbeitsbedingten Hörschäden.
- Menschen leiden unter Kreislaufproblemen, Schlafstörungen usw. aufgrund von Lärmbelästigung.

Wir leben in einer Gesellschaft, die den für das Hören wichtigsten Bereich, nämlich die Musik, inflationär behandelt und ihn auf diese Weise potenziell der Vernichtung preisgibt.

- Die Rundumtechnisierung der Musik- und Hörproduktionen aller Genres schafft eine neue Klangästhetik, die uns weit von unserer natürlichen Hörumgebung und ihren Hörphänomenen entfernt.
- Wir verlieren das Gefühl für Musikhören als Dimension von (Erlebens-) Zeit: Musik ist heute überall und ununterbrochen verfügbar, z. B. durch das Walk- und Discman-Hören.
- Wir sind nicht mehr gefordert Musik als einen musikalischen Prozess zu hören, da das Musikhören durch Zeitquoten, das Prinzip Wiederholung usw. beliebig teilbar geworden ist und sich geistige Zusammenhänge verlieren.

Aus dieser Zusammenstellung wird deutlich, dass Hören nur zu fassen ist in einer

LF 4

Tiefendimension des Begriffes und in einem interdisziplinären Zugriff. Dieses interdisziplinäre Umfeld lässt sich stichwortartig so erschließen:

Hören als physiologische Gegebenheit des Menschen: das Hören als solches
- das Ohr als das frühesttätige und damit wichtigste Organ unter den sensorischen Wahrnehmungskanälen
- Hören als hirnphysiologischer Vorgang und als Fähigkeit zur akustischen Differenzierung

Hören als psychologische Gegebenheit im Sinne von zuhören, hinhören, angehören
- Hören als Kommunikation mit dem Beginn von Hören als intrauterinem Hören vor der Geburt
- hörend permanent mit der Umwelt in Verbindung sein, ohne dass wir das je beenden könnten (außer im Tod), da man die Ohren nicht verschließen kann
- auf Menschen hören = selbst still werden

Hören in der Philosophie, Religion und Ethik: lauschen, horchen, gehorchen, erhören, sich einlassen
- Stille erfahren als Einkehr in sich selbst
- Meditation und Rituale pflegen als Momente von Gewahrwerden und Achtsamkeit

Hören in der Pädagogik, Hören lehren als erzieherische Praxis: hinhören, hörig sein in einem positiven Sinne
- Wer nicht hören will, muss fühlen, sagt ein Sprichwort; wer aber hören kann und mag, kann auch mehr fühlen = in Verbindung sein, reich werden.
- Weghören ist das eine, hinhören, sich zuwenden, teilhaben das andere

Hören in einem ökologischen Bezugsrahmen: sich zugehörig fühlen
- Hören als Akt der Wahrnehmung („auditive Wahrnehmung") im Sinne von wahrnehmen, für wahr halten dessen, was um mich herum geschieht
- Hören im Dienste der Orientierung in Natur und Umwelt
- Hören als Inbesitznahme und als Selbst-Teil-Werden einer natürlichen und kulturellen Umwelt: auditive „Beheimatung"

Hören als Brücke zu einem gesunden Leben oder der Bezugsrahmen (Musik-)Therapie: gehört werden
- in sich hineinhören, über Klänge/Geräusche und musikalische Gestaltungen etwas über sich erfahren
- Hören als Beziehungnahme: über Klang in Verbindung treten

(vgl. Kahlert/Schröder/Schwanebeck 2001, Liedtke 1996, Nichols 2000, Schafer 2002, Richter 1997, Vogel 1996, Zuhören e. V. 2002)

Für den schulischen Raum wurden aus diesem Handlungskatalog seit Ende der 90er-Jahre Konsequenzen gezogen. Gegründet wurde eine Stiftung, an der federführend und bahnbrechend die Rundfunkanstalten beteiligt waren; sie schuf eine wissenschaftlich-analytische Plattform über Workshops, Tagungen, Schrifttum usw. und eine pragmatische (Handlungs-) Ebene über die Herstellung von Unterrichtsmaterialien und die Einrichtung von Hörclubs an Grundschulen, die sowohl im Unterricht wie auch im Bereich von Arbeitsgemeinschaften ein pädagogisches Konzept durchführen (vgl. Huber/ Kahlert/Klatte 2002, Huber/Odersky 2000, Rogge 1999, Wermke 2001; vgl. auch www.hr-online.de/zuhoeren/literatur_allgemein.html).

Eine Implementierung dieses pädagogischen Ansatzes in Kindergärten und Horte ist vielerorts angelaufen, worauf hier nicht näher eingegangen werden kann, da für das Thema *„Von der Musiktherapie lernen"* vor allem die theoretische Grundlagenarbeit wichtig ist.

Info 3 Intermediarität und intermediäre Objekte

Der Psychoanalytiker Donald W. Winnicott hat in seinem Buch *„Vom Spiel zur Kreativität"* ein Denk- und Verstehensmodell entwickelt, das uns deutlich macht, warum wir lebenslang angewiesen sind auf solche Ausdrucks- und Erlebensweisen wie z. B. Musik, Malen, Tanz, Theater usw. Er beschreibt die Fähigkeit des sehr kleinen Kindes, sich bereits in den ersten Lebensmonaten bei Abwesenheit der Mutter und ihrer sorgenden und versorgenden Haltung ersatzweise Objekte oder Verhältnisse zu schaffen, die den Verlust und die daraus entstehenden psychischen und körperlichen Spannungen erträglich machen. Solche „Objekte" können etwas Materielles sein wie z. B. ein Stofftier oder eine Windel, es kann aber auch etwas Ideelles wie eine Melodie sein. Winnicott spricht in diesem Zusammenhang von intermediären Objekten. Ihre besondere Qualität liegt in der Tatsache, dass sie emotional vermitteln zwischen dem Außen, also der äußeren Realität mit ihren Anforderungen, Begrenzungen, Beschränkungen und der Aufforderung zur Rationalität, und dem Innen, der inneren Realität des Menschen, also seinen Wünschen, Bedürfnissen, Bestrebungen und seiner gesamten Emotionalität. Die Psychologie unterscheidet hier die Dimensionen Ich und Nicht-Ich. Dabei ist das intermediäre Objekt Besitz, also reales Objekt, und dennoch aus der Sicht des Kindes kein äußeres Objekt, es „ist" nicht, es „bedeutet" etwas und bildet damit die Wurzel der Symbolbildung (vgl. Winnicott 1989).

Intermediäre Objekte eröffnen einen Bereich der Erfahrung, der die beiden Pole „innere Realität" und „äußere Welt" in einer gewissen Spannung hält, sodass ein Abdriften zur einen wie zur anderen Seite verhindert wird. Im konflikthaften Zusammenspiel von Innen und Außen bietet das intermediäre Objekt einen Raum, wo die entstehenden Spannungen ausgehalten bzw. integriert werden können. Es bildet quasi eine Brücke zwischen Innen und Außen, über die der jeweilige Pol bzw. das jeweilige Ufer „Innen" oder „Außen" spielerisch aufgesucht, aber auch wieder verlassen werden kann. Winnicott spricht deshalb auch vom Übergangsobjekt bzw. von einem Übergangsraum.

Übergänge zu schaffen zwischen der inneren und äußeren Realität, beide Bereiche trennen, aber auch wechselseitig verbinden zu können und in der Tiefe der polaren Spannung zwischen Emotionalität und Rationalität, zwischen Gefühlen und Erkenntnissen, zwischen Träumen und Entscheidungen, zwischen Illusion und Realitätsbewusstsein zu leben, Realität zu erkennen und zu akzeptieren ohne Verlust der eigenen Persönlichkeit, das ist eine lebenslange Aufgabe und nicht auf die Entwicklung von Objektbeziehungen im ersten Lebensjahr beschränkt. *„Der intermediäre Bereich … ist jener Bereich, der dem Kind zwischen primärer Kreativität und auf Realitätsprüfung beruhender, objektiver Wahrnehmung zugestanden wird. (…) Diese Objekte und Phänomene geben jedem Menschen, was stets für ihn Bedeutung behalten wird: einen neutralen Erfahrungsbereich, der nicht infrage gestellt wird. Hinsichtlich des Übergangsobjekts herrscht sozusagen eine Art Übereinkunft zwischen uns und dem Kleinkind, dass wir nie die Frage stellen werden: ‚Hast du dir das ausgedacht oder ist es von außen an dich herangebracht worden?' Wichtig ist, dass die Entscheidung in dieser Angelegenheit nicht erwartet wird. Die Frage taucht gar nicht erst auf. (…) Einen Erwachsenen, der uns zumutet seine subjektiven Phänomene als objektiv anzuerkennen, halten wir für geistesgestört. Gelingt es ihm aber, seinen persönlichen intermediären Bereich ohne diese Ansprüche zu genießen, so können wir unseren eigenen entsprechenden intermediären Bereich zur Kenntnis nehmen und uns freuen, wenn wir Überschneidungen entdecken; dies sind die gemeinsamen Erfahrungen mehrerer Mit-*

glieder einer Gruppe auf dem Gebiet der Kunst, Religion oder Philosophie." (Winnicott 1989, S. 21, 23 und 24)

Intermediäre Objekte sind – wie bereits ausgeführt – im Kindesalter häufig ganz reale Objekte; im Erwachsenenalter sind es Tagträume, Fantasien, künstlerische Objekte, eine Musik, ein Lieblingsobjekt, ein Ort, zu dem man sich in Gedanken hingezogen fühlt, und vieles andere mehr. Dass der Musik als der emotionalsten aller Künste dabei eine herausragende Rolle zukommt, leuchtet wohl ein. Sie ist allerdings auch die früheste Form einer Verbindung zwischen Innen und Außen und das im buchstäblichen Sinne. Hier werden wir wieder auf das Hören als existenzielle Dimension des Lebens geworfen: Unser Ohr ist nämlich das erste Sinnesorgan, das seine Tätigkeit aufnimmt und das bereits wenige Wochen nach der Empfängnis, und es ist das letzte Organ, das in der Sterbephase noch aktiv ist. Hörend ist der Embryo und Fetus mit seiner Umwelt verbunden; es ist die unmittelbare Hör-Umgebung des Uterus, dessen akustische Dimension – bestehend aus den Geräuschen der Darmaktivität, der Herz-Kreislauf-Tätigkeit, der Körperbewegungen usw. – sehr machtvoll-differenziert und mit bis zu 90 Dezibel schlicht sehr laut ist; auditiver Kontakt besteht aber auch zur akustischen Umwelt außerhalb des Uterus, die damit nach innen geholt wird. Akustisches Verbindungsstück zwischen Innen und Außen ist die Mutterstimme, die der Fetus über die Knochenleitung wahrnimmt und die für ihn neben dem Herzschlag das Verlässlichste ist, das ihn in der pränatalen Zeit begleitet – und am Leben hält: Würde der Herzschlag aussetzen, so würde das den sicheren Tod des Fetus bedeuten.

Fetales Hören ist ein physiologischer wie ein psychologischer Vorgang, ist Kommunikation und bereits in diesem ganz frühen Stadium ein aktiver Prozess. *„Die Töne werden vom Kind nicht nur gehört, sondern es horcht aktiv auf die Mutterstimme.*" (Maiello 2003, S. 87) Die psychischen Merkmale des Hörens sind

- Kontakt als solcher.
- Existenzsicherung: Stetigkeit und Verlässlichkeit von Puls und Herzschlag als Körperrhythmen. *„Vermischt mit kinetischen und taktilen Empfindungen dürften sie zur primären Begegnung mit der rhythmisch pulsierenden Natur allen Lebens beitragen und den Kern des Urvertrauens darstellen.*" (Maiello 2003, S. 90)
- Erfahren von Differenzierungen und Veränderung als Gestaltungsprinzipien durch die Tatsache, dass die Mutterstimme, *„bald anwesend und bald abwesend"*, intermittierend, also mit Unterbrechungen, wahrgenommen wird (Maiello 2003, S. 95);
- dadurch Ausprägung einer Vorform von Beziehung und Bezogenheit.
- Übertragung von Emotionalität durch die Mutterstimme über solche Faktoren wie Intensitäten, Rhythmisierung der Sprache, Sprachtempo, Steigerungen usw.

Dies sind nun aber gleichzeitig auch die Parameter der Musik, was uns die Affinität des Menschen zur Musik erklärlich macht.

Im Musikhören oder Musikmachen stellt sich also eine Form von Innerlichkeit und Personbezug her, die an diese ganz frühen emotionalen, körperlichen und motivationalen Erfahrungen anknüpft. So kann es passieren, dass die Musik zu einem Behältnis („Container") wird, das in sich

Info 3
Fortsetzung

viel von der Person (ver-)birgt, konkret erfahrbar und greifbar ist und gegebenenfalls auch der kognitiven Bearbeitung zugänglich gemacht wird. In der Art und Weise, wie z. B. ein Kind eine Beziehung zu einem Instrument knüpft, mit ihm umgeht und Wünsche an es hat, es eingrenzt oder vielgestaltig einsetzt und ihm bestimmte Funktionen zuerkennt, kann der Erzieher/Musiktherapeut etwas aus der inneren Erlebniswelt des Kindes erfahren. Oder aber es können an der Beharrlichkeit, mit der an einer bestimmten Musik festgehalten wird, eine bestimmte Art der Wiedergabe gewünscht oder abgelehnt wird, sie nur in besonderen Situationen gehört werden darf u. Ä., Rückschlüsse auf die emotionale Bedeutung für das Kind gezogen werden.

Musik als intermediären Raum zu verstehen, ermöglicht alle mit ihr verbundenen Erlebensweisen strikt auf ihre Bedeutung für das Kind hin zu hinterfragen und dabei auch scheinbare Nebensächlichkeiten im Umgang ernst zu nehmen. Es ist dann eben nicht mehr unwichtig, wenn ein Kind sich schlecht für ein Instrument entscheiden kann oder ein anderes immer wieder für sich beansprucht, wenn es auf einer bestimmten Begleitung seines Spiels auf diesem Instrument durch den Therapeuten besteht oder dem Instrument einen besonderen „Ruhe"platz am Ende der Stunden geben möchte. Es macht sensibel für die klanglichen und rhythmischen Ausdruckspotenziale, die ein Kind am Instrument realisiert, und nimmt das klangliche Geschehen als zum Kind gehörig und damit als grundsätzlich richtig und so gewollt an. Die Bewertung „richtig – falsch" weicht einer Sicht von „stimmig – (noch) nicht stimmig".

Info 4

Gedanken zum Musikbegriff in der Kindermusiktherapie

Die Kindermusiktherapie kennt keine eindeutige und einseitige Orientierung ihrer Arbeit ausschließlich auf das Musikmachen oder Musikhören. Der Schlüsselbegriff lautet vielmehr: Integration. Integriert werden die drei Kommunikations- und Ausdrucksbereiche Sprache, Spiel und Musik samt dem Potenzial, das ihnen eigen ist – gleichermaßen und gleichberechtigt. Über alle drei Bereiche wird ein Thema ausgearbeitet, entfaltet sich eine Problematik oder ein Entwicklungsanliegen und wird einer Bearbeitung überführt. Ähnlich wie die elementare Musikpädagogik ist die Musiktherapie der Meinung, dass kindliches Erleben nicht teilbar ist und ganzheitlich erfolgt. Ganzheitlichkeit heißt in diesem Zusammenhang – um diesen recht inflationär gebrauchten Begriff ein wenig zu präzisieren –

- Zugang über Emotionales **und** Kognitives;
- Erleben **und** Erkennen;
- Einbezug von Realem **und** Irreal-Fantastischem;
- Betonung von Individuum **und** Gruppe;
- Arbeit mit **allen** Wahrnehmungsebenen (hören, tasten/fühlen, sehen, riechen, schmecken);
- Ausdruck auf **allen** körpersprachlichen Kommunikationskanälen (Sprache, Klang, Bewegung, Geste, Blick usw.);
- Einbezug **aller** künstlerischer Medien (Musik, Tanz, Ausdrucksbewegung, Bild, Prosa, Poesie, Szene usw.);
- Einbezug von Alltagsmedien und -requisiten (Buch, Film, Foto, Tücher, Tische, Naturmaterialien, Umweltschrott usw.).

Den drei großen Bereichen Sprache, Spiel und Musik in diesem integrierenden Verständnis kommt dabei insofern eine besondere Bedeutung zu, als hier in besonderer Weise Sprache und Sprachloses, Verbales und Nonverbales, bewusstes und bewusstseinferneres Verhalten verbunden wird. Was Spiel und Musik anbelangt, so sieht die Psychologie in ihnen sinnlich-symbolische Interaktionsformen, die Innen und Außen, innere Realität und äußere Welt miteinander verknüpfen. Wie ist das gemeint? Mit Bezug auf die Sprachentwicklung des Kindes umschreibt die Musik- und Kindertherapeutin Beate Mahns dieses Phänomen so: *„Die Fähigkeit, Sprache zu entwickeln, ist untrennbar mit der Fähigkeit verbunden Symbole zu verwenden, weil Sprache ein Symbolsystem ist. Aber während mit dem Erwerb von Sprache Bewusstsein beginnt, ist die Symbolbildung schon vorsprachlich aus der Interaktion von Mutter und Kind hervorgegangen, indem das Kind Gegenständen und Handlungen Bedeutung verleiht, die damit symbolische Qualität bekommen. (…) Hier sind die Symbole bildhaft, vorsprachlich und noch wenig differenziert, jedoch von hoher Emotionalität … (Sie) umfassen diejenigen Inhalte und Bedeutungen, die in den vorsprachlichen Interaktionsformen gebildet wurden, dann aber nicht in das Sprachspiel aufgenommen wurden, jedoch als Erfahrungen im Menschen weiterleben. (…) Jedes Wort, das das Kind (später, A. S.) lernt, ist auf diese Weise mit einer Vielzahl von Bedeutungen verbunden, die aus vielen konkreten Szenen stammen. Sie bedeuten oft nicht nur das, was allgemein unter diesem Wort verstanden wird, sondern beinhalten zusätzlich noch eine Reihe von Emotionen, die jedoch nicht ins Bewusstsein vordringen.“* (Mahns 1997, S. 9 ff.)

Spiel und Musik sind Ausdrucksbereiche, die sich in hohem Maße vorsprachlicher Darstellungsformen bedienen. Einem Bereich wie der Musikarbeit in dem oben skizzierten integrierenden Sinne also Spiel und Sprache anzuvertrauen, bedeutet an die hinter dem Alltagssprachverhalten des Kindes liegenden Symbolisierungen heranzukommen. Der Psychoanalytiker Lorenzer spricht in diesem Zusammenhang von „szenischem Verstehen“ (Lorenzer 1973).

Die hier dargestellte Wertigkeit des jeweiligen Bereichs soll das folgende Schema noch einmal auf eine andere Weise verdeutlichen:

Sprache	**Spiel**	**Musik**
• erklärt, • bezeichnet, • strukturiert, • vermittelt Einsicht, • stößt Verstehen an, • distanziert, • macht zugehörig, • identifiziert.	• bringt in Handlung, in Bewegung, • skizziert Entwicklungen, • haucht den Akteuren bzw. Themen Leben ein, • schafft die agierenden Figuren und Szenen.	• ist Ausdruck der Gefühlsdimension; d. h., sie • schafft Atmosphäre, • bringt etwas Unsagbares hervor, • hält das Thema in seiner (emotionalen) Bedeutung, • leistet Konfliktbearbeitung auf der Gefühlsebene.
Denotation	**Integration**	**Konnotation**

Erfahrung und Entwicklung vor Lernen und Leisten

Allen drei Zugangsweisen ist – bei aller Unterschiedlichkeit, Zugriffsmöglichkeit und Wertigkeiten – doch ein Anliegen gemeinsam: Es geht um **Erfahrung und Entwicklung** und nicht um **Lernen und Leisten.** Dem trägt auch der letzte Bezugsrahmen bei, um den es noch gehen soll.

INFO 5 Kind-, Gruppen-, Situations- sowie Prozessorientierung

Die Kindermusiktherapie kennt eine Diagnosestellung und einen Behandlungsplan, der die Behandlungsziele formuliert und ihre Erreichbarkeit methodisch und formal-organisatorisch in den Blick nimmt, aber sie kennt keine Stunden- bzw. Verlaufsplanung. Ihr Vorgehen ist situativ in dem Sinne, dass die aktuelle Situation, die Befindlichkeit des Kindes, seine Themen, seine Bearbeitungswünsche, sein Tempo usw. das Geschehen bestimmen. Umwege, Blockierungen, längere Verweildauern an einer Thematik sind wichtige Hinweise und Stationen, die zum Verweilen einladen und eben nicht Zeit rauben, sondern Entwicklungen eröffnen. Der Prozess ist wichtiger als das Produkt im Sinne des vorzeigbaren Ergebnisses oder der formulierbaren Erkenntnis, so wichtig diese dennoch ist.

Kind-, Gruppen-, Situations- sowie Prozessorientierung oder -zentrierung ist klientenzentriert, aber damit nicht nondirektiv, wenigstens nicht in dem leicht missverständlichen Sinne von Laisser-faire, Zufälligkeit und Planlosigkeit. Es ist hypothesengeleitetes Arbeiten, wobei Hypothese die jeweilige Idee von dem anstehenden Entwicklungsschritt des Kindes meint, und es ist ein aufs Sorgfältigste reflektiertes, theoriebasiertes, fachspezifisch dokumentiertes und supervidiertes Geschehen. Aber: Es ist achtsam in Bezug auf die sich eröffnenden Spielräume und (Kriegs-)Schauplätze, wahrnehmungsstark in Bezug auf den jeweils stimmigen methodischen und medialen Ansatz und bedacht Flexibilität und die eigene Kreativität nicht zu verlieren. Diese Aspekte – so ist zu vermuten – sind nun nicht mehr musiktherapie-spezifisch, sondern übergreifende Leitlinien jedweder pädagogischen Arbeit.

3.8.2 Didaktische Anregungen

INFO 1 Kinder erforschen Instrumente und klingendes Material

Es liegt ein großer Anreiz und eine hohe pädagogische Wertigkeit wie auch – im Therapiebereich – diagnostische Ergiebigkeit darin, Kindern einen freien, ungelenkten und nicht „beauftragten" Umgang mit den Musikinstrumenten zu ermöglichen, sie das Instrument nach allen Regeln der kognitiven, emotionalen und spielmotorischen „Kunst" erfahren zu lassen, ohne sie vorschnell auf eine bestimmte Spielweise einzuengen und personale Ausdruckspotenziale zu unterbinden. Das gilt vermehrt, wenn für das instrumentale Spiel ein Improvisationsansatz gewählt wird. Aber gerade darin liegt auch das größte Problem. „Was ist schlimmer als eine Flöte?", soll schon Mozart gefragt haben. Antwort: „Zwei Flöten." Anders gesagt: Immer dann, wenn mehrere Kinder zusammen sind, wenn es sich also nicht um eine Einzelarbeit handelt, löst das Spielen auf einem Instrument durch ein Kind im Sinne einer Reizinduktion die Spiellust eines oder der anderen Kinder aus; abwarten, bis man an der Reihe ist, Zurückhaltung, Selbstdisziplinierung scheinen kaum möglich zu sein, so stark ist der Impuls, sich die gleiche Spiel- und Klanglust zuzugestehen. Sobald dann aber mehrere Kinder spielen, müssen sie sich in der Lautstärke übertreffen, um noch hörbar zu sein, was schnell zu tumult- und chaosträchtigen Klangorgien führen kann.

Deshalb allerdings darauf zu verzichten, Kindern diesen klanglich-explorativen Freiraum zu ermöglichen, der ja zugleich ein Erproben der eigenen Person ist, wäre schade. So heißt es wohl eher, didaktisches Fingerspitzengefühl zu entwickeln und aus der Sache heraus regulierende Gegebenheiten zu schaffen, indem z. B. der Kreis der Instrumente eingeschränkt wird, Instrumente einzeln und nacheinander eingeführt werden, spiel(idee)gebundene Regeln für die Dauer des Instrumentenspiels vorgegeben werden, die attraktiven Instrumente in höherer Stückzahl angeschafft werden, der Gruppenleiter in seiner musikalischen Begleitung Höranreize schafft, die attraktiver als das Lärmen sind, usw. Der didaktischen Fantasie sind hier keine Grenzen gesetzt.

Situatives Singen und Situationslieder – eine Alternative im Übermitteln psychisch und gruppendynamisch wichtiger Inhalte

Info 2

Singen ist der emotionalste Ausdruck, den der Mensch sich gibt. Es knüpft an die ersten Interaktionsformen zwischen Mutter und Kind an, da über die Stimme der Mutter Klangfarbe, Intonation, Dynamik und Tempo als die späteren tragenden Elemente von Liedern erfahren werden. Lieder sind oft *„Ausdruck von emotionalen Befindlichkeiten, die auf sprachliche Weise nicht oder nicht mehr auszudrücken wären (…)“* (Mahns 1997, S. 87). Insofern ist es in der Kindermusiktherapie wie auch in der musikbezogenen Kinderarbeit wichtig, über ein vielgestaltiges Repertoire an Liedern zu verfügen. Wo dennoch situative Text- und Melodiegestaltungen zu fehlen scheinen, gibt es Abhilfe in Situationsliedern und dem situativen Singen.

Worum geht es hier? Situatives Singen ist freies Singen aus dem Augenblick heraus. Es hat das Anliegen, sich zu einem situativen Sachverhalt (der herrschenden Atmosphäre, einer Begebenheit in der Gruppe, einem Ereignis draußen vor der Tür o. Ä.) singend zu äußern, und zwar entweder lautmalerisch-vokalisierend oder textgebunden-frei. Es wird darauf vertraut, dass gegenüber dem Sprechen Singen emotional aktivierender wirkt und die Direktheit von Sprache gebrochen wird. So entsteht einerseits mehr Aufmerksamkeit und andererseits – durch den leicht verfremdeten Spracheinsatz – die Möglichkeit, auch „schwierigere“ Inhalte zu übermitteln – eben singend.

Das Situationslied ist eine Sonderform gebundenen situativen Singens, da dieses in eine Liedform gebracht wird. Es weist deshalb auch die Merkmale von Liedern wie z. B. einen periodischen Aufbau, die Liedsatzform, eine eingängige Melodiegestalt usw. auf und wirkt vertraut. Das besondere Merkmal ist, dass es ersungen oder komponiert wird in Bezug auf unverwechselbare und nicht austauschbare situative Gegebenheiten wie Ereignisse, Wünsche, Anliegen, Bedürfnisse und in unmittelbarem Personen-, Gruppen- oder Situationsbezug. Das Ziel ist über beide Formen ein Kontinuum vom freien textgebunden-vokalen „Agieren“ bis zur formal stimmigen Liedform fühlbar zu machen und zu entwickeln.

Ritualisierungen

Info 3

Wie im vorigen Kapitel unter Info 4 „Gedanken zum Musikbegriff …“ bereits angedeutet, arbeitet die Kindermusiktherapie mit situativen Gegebenheiten und damit mit einem offenen Konzept. Dem liegt allerdings eine klare und nachvollziehbare Struktur zugrunde, die wie ein Knochengerüst Halt und Begrenzung bietet. In diesem Zusammenhang sprechen Kliphuis und Wardenburg von strukturellem

INFO 3
Fortsetzung

Schutz bzw. schützender Struktur (Kliphuis, Wardenburg 1977). Sie sehen den Therapeuten als (psychotherapie-)technischen Fachmann, der mit einer bestimmten Verantwortung für den Prozess ausgestattet ist. Diese Verantwortung bezieht sich auf das Setting bzw. den Rahmen als solchen und hier auf:

- einen adäquat ausgestatteten und (liebevoll) hergerichteten Raum,
- das Hüten der Zeit als verlässlicher (weder verkürzter noch überzogener) Dauer der Stunden und Einhalten einer verabredeten Frequenz,
- Ausfall-Regelungen als Sicherung von Prozess und Verlauf,
- die Garantie für Musiktherapie als störungsfreie Zone,
- eine ausgewogene Gruppenzusammensetzung und
- das Abschließen eines Arbeitsbündnisses, wie komplex und in welcher Form auch immer,

um nur einige Aspekte zu nennen. Strukturellen Schutz bietet auch die therapeutische Haltung z. B. in der Unzerstörbarkeit der Beziehung, der Verpflichtung zur Abstinenz und einer guten Balance zwischen Reden und Schweigen. Es gehört dazu, dass die Instrumente verlässlich und ausreichend vorhanden sind, dass sie heil sind bzw. wieder repariert werden, dass sie gestimmt und spielbereit oder aber gegebenenfalls auch eingeschlossen und unzugänglich sind, je nachdem, wie es gebraucht wird. Struktureller Schutz impliziert, dass andere Materialien bzw. Requisiten außer den Instrumenten zur Verfügung stehen wie z. B. Malutensilien oder Handpuppen, eine Hängematte oder Kissen usw., damit im Bedarfsfall andere methodische und mediale Bahnen eröffnet werden können. Eine schützende Struktur bieten auch die steuernden Impulse des Therapeuten in Form von verbal, musikalisch oder szenisch übermittelten Spielanregungen oder ausformulierten (musikalischen) Spielideen sowie die anschließenden verbalen Konnotationen, Deutungen oder auch Konfrontationen.

Herausragend wichtig als Merkmale einer schützenden Struktur sind jedoch Regeln bzw. Absprachen oder Verabredungen. Nicht immer müssen sie verbal und damit leicht nach Sanktionen riechend verabreicht werden. In diesem Kontext entfalten Rituale eine hohe Wirksamkeit; ihre Reichweite geht allerdings weit über den regulierenden Faktor hinaus. *„Im Unterschied zu disziplinarischen Maßnahmen, die „den Dampf unter dem Deckel" halten und nur bei Kontrolle von außen wirken, sollen die Kinder durch die gemeinsame Regelfindung eigenes Interesse an deren Einhaltung entwickeln. Eine positive Besetzung dieser Absprachen, Zeichen und Rituale ist wichtig, sollen sie doch im weiteren Verlauf auf kürzestem Wege die innere Bereitschaft neu lebendig machen."* (Maschwitz 1993, S. 66)

Rituale entstehen aus und in bedeutungsvollen und einmaligen Kontexten. Sie sind stets verbunden mit den agierenden Personen und es steht deren ganze Authentizität dahinter. Sie bringen innere Anliegen nach außen und erhalten damit die Funktion von intermediären Objekten.

Musikbezogene Rituale in der Kindermusiktherapie können Eingangs- und Abschlusslieder sein, eigene Lieder der Gruppe oder eines Kindes oder Liederbuch-Beispiele. Es kann ein bestimmtes Musikstück sein, das ritualisiert an bestimmten Stellen im Ablauf erklingt, oder bestimmte räumliche Konstellationen, in denen etwas passiert – z. B. eine Ruhephase eingeleitet oder eine Traumerzählung eingestreut wird usw. Es kann auch das ritualisierte Malen nach Musik als Abschluss der Stunde sein, das mit Sicherheit einen optimalen Raum für eine psychische Verarbeitung des Geschehens bietet.

Rituale sind Anlässe, zur Ruhe, zu einer schöpferischen Pause oder zum Nachdenken zu kommen, aus der Gewissheit heraus, dass während ihrer Dauer keine andere als die vertraute psychische Aktivität gefordert ist.

LF 4

Klang-Oasen

Die musiktherapeutische Praxis unterscheidet – je nach Störungsbild des Patienten/Klienten, der Zielorientierung und/oder institutionellen Gegebenheiten – Einzel- und Gruppenarbeit einerseits und die sog. aktiven und rezeptiven Verfahren andererseits.

Als aktiv-produktive Musiktherapie wird eine Arbeitsform bezeichnet, bei der der Patient/Klient selbst mit Instrumenten oder seiner Stimme handelnd beteiligt ist. Verwendung findet ein Instrumentarium, das zu produktiv-schöpferischem, improvisatorischem Handeln auch den musikalischen Laien einlädt, da es

- voraussetzungs- und mühelos spielbar ist,
- verschiedene Sinnesqualitäten anspricht,
- zu spielerischem, explorativem Tun anregt und
- ein breites Konnotationsspektrum auslöst.

Auf musikalischer Ebene entwickelt sich eine Szene, bei der Gefühle erlebbar und Verhaltensweisen im geschützten Rahmen der Therapie aktualisiert werden können. Die Instrumente und musikalischen Gestaltungen können hierbei eine symbolische Bedeutung für bestimmte Personen, Situationen und Gefühle bekommen.

Die aktiv-reproduktive Form der Musiktherapie verwendet bereits komponierte Musik wie z. B. Lieder oder Tänze zu ihrem Nachvollzug, bei dem das Interesse aber weniger auf das zu gestaltende Endprodukt als vielmehr auf den Prozess des Musizierens gerichtet ist.

Ebenfalls mit „fertiger“ Musik arbeitet die sog. rezeptive Musiktherapie, bei der das gemeinsame Hören und Erleben von Musik sowohl des Patienten/Klienten wie auch des Therapeuten und/oder der Gruppe im Mittelpunkt des Geschehens steht. Was immer an körperlichen Sensationen, emotionaler Gestimmtheit, an Assoziationen oder Erinnerungen geweckt wird, gerät dabei in die Aufmerksamkeit des Patienten/Klienten und kann Anlass für ein auf dieses Erleben gerichtetes Gespräch bzw. eine gesprächspsychotherapeutisch gelenkte verbale Aufarbeitung sein.

Eine andere Form der rezeptiven Musiktherapie bedient sich nicht der komponierten Musik in ihrer rhythmisch-klanglich-formalen Komplexität, sondern einzelner Klanggestalten („monochrome Klänge“), die vom Therapeuten für den Patienten gespielt werden. Die hier am häufigsten verwendeten Instrumente sind der Gong, das Monochord, die Klangschale, eine Gong- oder Schamanentrommel usw. Diese als Klangtherapie, Klangtrance, Klangmeditation o. Ä. bezeichnete therapeutische Technik versteht sich als Bestandteil insbesondere eines psychoanalytischen Settings und knüpft ihrerseits an sehr frühe Erfahrungen mit den Medien Klang und Rhythmus an.

Von musikpädagogischen Anliegen unterscheidet sich die rezeptive Musiktherapie mit all ihren Formen durch die Tatsache, dass Musik hier absichtslos, mit frei schwebender Aufmerksamkeit, ungerichtet gehört, erlebt, genossen oder abgelehnt wird, ohne dass ein Hörauftrag das emotionale Erleben bzw. kognitive Erfassen lenkt. Der therapeutische Anspruch (im Sinne von Angesprochenwerden) erhebt sich erst im anschließenden aufarbeitenden Gespräch. Häufig bleibt er aber auch im Erleben selbst beschlossen.

Entspannung, emotionale und physische Regulierung, Abschalten und Umlenken der Aufmerksamkeit können und sind in der Regel Begleiterscheinungen, manchmal auch die Hauptbestandteile derartiger Klangreisen in die eigene Innerlichkeit des Hörers. Stimmungsaufhellung und -differenzierung, geistige Aktivierung und die

INFO 3
Fortsetzung

Anregung von Imagination und Intuition bedeuten darüber hinaus ein Auftanken im Sinne von Neuorientierungen, zumal dann, wenn die eingespielte Musik genug Freiraum lässt wie in den Klangmeditationen bzw. wenn sie fremd genug ist, um ausreichende Stimuli zu bieten, wie das z. B. die klassische Musik tut (vgl. Merrit 1996, Röcker/Spiegel 2001).

Von diesen Praktiken der Musiktherapie lernen kann man, dass das in einem strukturell schützenden Rahmen und unter Ausnutzung dazu passender Ritualisierungen vordergründig absichtslose, das bloße Hören von fertiger Musik oder in der Situation hergestellter Klänge und Klanggestaltungen **ohne besonderen Hörauftrag** Oase der Innerlichkeit werden kann, die weit über das Klangliche hinaus Gruppe und Kontext, Tagesereignisse und Prozessgestalten miteinander verbindet und in Beziehung setzt.

Dieser Gedanke leitet zum letzten Teil der Ausführungen über.

3.8.3 Musiktherapienahe Vermittlungsformen in der Erzieherausbildung

Von der Musiktherapie lernen, das können oder sollten die auszubildenden Erzieher, und das zu zeigen ist das Anliegen dieses Kapitels. Dieses Lernen bezog sich bislang auf theoretische, konzeptionelle und didaktische Implikationen, es sollte aber zumindest an zwei Stellen auch ganz konkrete musikpraktische Erfahrungen einbeziehen.

Klangreisen („Pausenfüller")

Von Klang-Oasen für die Kinder war die Rede und es fragt sich, ob die Studierenden nicht ebenfalls Erfahrungen wie die geschilderten machen sollten – brauchen können sie entspannende, rekreierende und schöpferische Phasen, die sich ausschließlich dem Nach-innen-Hören widmen, in ihrem Ausbildungsalltag allemal. Es grenzt sicherlich an eine Utopie, sich vorzustellen, dass ein Musikraum zur Verfügung steht, der mit Instrumenten wie einem Monochord, einer Gong-Landschaft, einer Ocean Drum usw. ausgestattet ist und der in den Pausen für eine Klangreise zur Verfügung gestellt werden könnte – eine Klangreise, die angeleitet ist und strukturell geschützt verläuft. Die Anleitung kann durchaus von Studierenden übernommen werden, wenn sie und alle Teilnehmer entsprechend vorbereitet werden.

Improvisationsunterricht

Weniger utopisch ist wahrscheinlich die Anregung, überhaupt bzw. in stärkerem Maße die musikalische Praxis des Improvisierens zu fördern und Improvisationsunterricht zum festen Bestandteil des musikbezogenen Curriculums zu machen. Auch hier ist das Anliegen, dass es um Eigenerfahrung und Entwicklung einer Haltung geht, und das ist etwas anderes als ein Lernen von Inhalten. Dabei wäre es wichtig, eine Unterscheidung zur musikalischen Improvisation zu treffen: *„Im Unterschied zu traditionellen Formen der Improvisationskunst folgt die musikalische Gestaltung in der Musiktherapie in der Regel nicht einer bekannten Vorgabe (Lied, Komposition, Harmonieschema), sondern entsteht ganz aus dem Augenblick, aus dem Stegreif, aus dem Unvorhersehbaren („ex improviso"). Dem Spiel folgt meist wenn möglich ein auswertendes Nachgespräch."* (Weymann 1996, S. 134) Ziel ist, *„dass Therapeut und Klient mithilfe improvisierter Musik das Innenleben des Klienten erforschen und dessen Wachstumsbereitschaft zu fördern versuchen."* (Priestley 1983, zitiert in Weymann 1996, S. 134)

Geht es nun, wie es das obige Zitat zeigt, in der Musiktherapie mehr darum, Improvisation als psychische Aktivität anzugehen und zu reflektieren, so hat der Improvisationsunterricht in der Erzieherausbildung einen anderen Schwerpunkt: Hier geht es mehr um die Entwicklung einer explorativen Grundhaltung dem gesamten musikalischen Material gegenüber, um Experimentierfreudigkeit und Gestaltungslust und die Entfaltung von musikalischer Produktivität in die oder eine Gruppe hinein. Dieser letztere Aspekt impliziert, dass Selbst- und Fremdwahrnehmung und -erfahrung hautnah erspürt (gehört, gesehen) und mitgestaltend hantiert wird und sich so der Übergang von musikalischem zu sozialem Lernen vollzieht. Die Grundregel der musiktherapeutischen Improvisation lautet: *„Wir spielen, was uns einfällt, und lassen uns von dem bestimmen, was nach Ausdruck drängt.“* (Langenberg 1992, S. 43) Bei einem so offenen musikalischen Auftrag muss auf Wachheit, Sich-Einlassen, Resonanzfähigkeit, Flexibilität, Initiative und Risiko- wie Kontaktbereitschaft rekurriert werden; gleichzeitig bietet sich für diese Schlüsselqualifikationen in der Improvisation ein ideales Lernfeld. *„Die Wirkmächtigkeit des Improvisierens lässt sich dadurch begründen, dass es „eine Erfahrungswelt (darstellt), in der sowohl alte Gefühle wiederbelebt, als auch neue geweckt werden. (…) Improvisation ist ein dauerndes Suchen nach Gestaltbildung und Gestaltverwandlung. Dieser Prozess durchdringt psychische, körperliche und soziale Fragen gleichermaßen. (…) Es liegt eine grundsätzliche Kraft in Improvisationsprozessen, das gegenwärtige Erleben zu aktivieren und zu vervollständigen.“* (Weymann 1996, S. 136 mit Zitat Hegi 1990)

Spätestens an dieser Stelle wird deutlich, dass Musikarbeit – sei es mit Kindern oder mit ihren Begleitern – mehr kann als nur ein facettenreiches, kulturelles Lernfeld bereitzuhalten, das aus sich selbst heraus begriffen werden will.

Aufgaben und Anregungen

1 Machen Sie es sich – sofern Ihre Praxissituation dies zulässt – zur Aufgabe, Kinder bei einer musikalischen Aktivität (Singen, Spiel auf Instrumenten, Musikhören) gezielt zu beobachten. Wie stark sind sie körperlich und emotional beteiligt, welche Bedürfnisse zeigen sie, wie gehen sie mit einer gestellten Aufgabe um, wo liegen ihre Blockierungen? Geht ein Kind kreative „Umwege“, findet es individuelle Lösungen? Wie zeigen sich Verweigerungen, und gibt es für sie Erklärungen?

2 Stellen Sie sich vor ein bestimmtes Kind ist ein Klang, eine kleine musikalische Gestaltung. Wie klingt das Kind? Welches Instrument, welche Instrumente und welche Spielweise können das Kind am besten darstellen? Wie fühlt sich das an in der Beziehung zum Kind?

3 Machen Sie es sich zur Regel, immer wieder einmal – etwa täglich für ein paar Minuten – die Augen zu schließen und auf Ihre Umwelt zu lauschen. Was hören Sie? Wie fühlen Sie sich dabei? Was erleben Sie? Was bedeutet es Ihnen?

Tipps zum Weiterlesen

Bruhn, Herbert: *Musiktherapie.* Hogrefe, 2000

Decker-Voigt, Hans-Helmut: *Aus der Seele gespielt.* Goldmann, 1991

van Deest, Hinrich: *Heilen mit Musik.* Dtv, 1997

Fachzeitschrift „Musiktherapeutische Umschau“. Verlag Vandenhoeck & Ruprecht, Göttingen

4 Kreativitätsförderung – Gestaltung

„Kreativität nach Rezept“ ist keine Kreativität.

Wenn Sie von diesem Kapitel erwarten, viele Tipps zu bekommen, wie man kreativ sein und was man alles mit Kindern tun und gestalten kann, so bekommen Sie diese Tipps in einer etwas anderen Art und Weise, als Sie es wahrscheinlich vermuten. Auf dem Markt gibt es fast unendlich viele „Mal- und Bastelbücher“ aus denen Sie sich auch Anregungen holen sollten. Probieren Sie möglichst viel aus. Testen Sie, ob die Vorschläge funktionieren. Entwickeln Sie die Techniken weiter und erfinden Sie neue. Legen Sie sich einen Fundus unterschiedlichster Materialien und gestalterischer Tricks zu. Zeichnen und Malen Sie und führen Sie ein Skizzenbuch, in das Sie all die guten Ideen notieren können … bevor Sie wieder vergessen sind. Sammeln Sie praktische Erfahrungen. Seien Sie aktiv. Es ist der fundamentale Teil, den dieses Lehrwerk nicht leisten kann.

„Lernen Sie zu pausieren …, sonst überkommt Sie kein wertvoller Gedanke mehr.“
Doug King

Was Sie in „Mal- und Bastelbüchern“ bekommen, sind „Rezepte“. Allerdings ist „Kreativität nach Rezept“ keine Kreativität mehr. Die Rezepte sollten Sie daher verfeinern und weiterentwickeln. Was Sie in diesen Büchern selten bekommen, sind die Hilfen dafür, nach welchen Regeln sich die Rezepte verfeinern lassen. Es fehlen Rückbindungen an empirische Untersuchungen der Kreativitätsforschung oder Ergebnisse der Gehirnforschung oder der Entwicklungspsychologie. Das ist für professionelle pädagogische Arbeit aber unverzichtbar. Unter diesem Blickwinkel ist es schön, zu wissen, dass gestalterische Prozesse Spaß machen. Es ist aber wichtiger, zu wissen, warum diese Prozesse für die Entwicklung eines Menschen so bedeutsam sind und worin ihr Bildungsgehalt besteht.

Kinderzeichnung

Um diese Bedeutung zu erfassen, ist es notwendig, dass Sie Kenntnisse, die Sie in anderen Bereichen erwerben, hier mitdenken. Das betrifft viele Bereiche: die Bindungstheorie oder das Wissen um Konzeptionen oder die Qualitätssicherung. Es betrifft Kenntnisse zur Erzieher- und Erzieherinnenpersönlichkeit, zum Spiel oder zur professionellen Beobachtung. Es lohnt sich also, in den beiden Bänden dieses Lehrwerkes zu blättern und an den jeweiligen Stellen nachzulesen, da in diesem Kapitel nicht auf all die Details eingegangen werden kann.

1. Bevor Sie ein Kapitel lesen, lesen Sie bitte die Überschrift und notieren auf ein Blatt in Stichworten, was Sie selbst in diesem Kapitel sagen würden.
2. Bevor Sie mit dem Lernen beginnen, sorgen Sie dafür, dass Sie nicht gestört werden. Halten Sie sich an Ihren Terminplan – überprüfen Sie ihn aber regelmäßig auf seine Praktikabilität hin.
3. Organisieren Sie ihren Arbeitsplatz so, dass er funktional ist.

4.1 Begriffsbestimmung: Kreativität

„Kinder können nicht kreativ sein …“ (Csikszentmihalyi, S. 223), mit diesen Worten beginnt der Kreativitätsforscher Mihaly Csikszentmihalyi einen Text über die Kindheit kreativer Menschen. Die Aussage verwundert: Wird doch allgemein gerade Kindern mit ihrer ungestümen Fantasie eine sagenhafte Kreativität nachgesagt. Gleichzeitig wird der Begriff der Kreativität heute inflationär gebraucht. Nahezu alles scheint „kreativ“ zu sein und sein zu müssen: Bilder, Texte, Lieder, technische Geräte, Problemlösungen aller Art, Schmuck, Kleidung … Kreativität ist begehrenswert. Neben Intelligenz und Information ist sie heute ein entscheidender Wettbewerbsvorteil in unserer Gesellschaft.

„Regenbogenfrau“, Isabell, 5;7

Was heißt „Kreativität“?

INFO 1

Eine Definition des Begriffs „Kreativität“ ist ähnlich schwierig wie die des Begriffs der „Intelligenz“. Hier soll zunächst eine Annäherung über die Geschichte geschehen. Das Wort Kreativität stammt vom lateinischen „creare“, dem Bedeutungen wie „zeugen“, „gebären“, „erschaffen“ innewohnen. Im mittelhochdeutschen Kirchenlatein gab es die „creatura“, die die Schöpfung und die Geschöpfe bezeichnete. Das Wort „Kreatur“ wurde in Deutschland erst im 17. Jahrhundert volkstümlich. Es galt damals allerdings als verächtliche Bezeichnung für ein minderwertiges Geschöpf. Dagegen hat für uns heute beispielsweise die Kreation (eines Modeschöpfers) einen deutlich freundlicheren Klang.

In Amerika, von wo aus das Wort Kreativität in seiner heutigen Bedeutung zu uns kam, hatte es eine aufschlussreiche Vorgeschichte (von Hentig, S. 12). Dort wurden 1918 mit einem umgearbeiteten Test 1,7 Millionen Rekruten auf ihre Intelligenz hin geprüft. Der gemessene IQ war ein wissenschaftliches Konstrukt (was er übrigens auch heute ist) und keine Naturgröße. Mit diesem Test sollten die für bestimmte Aufgaben am besten geeigneten Rekruten gefunden werden. Bei dem Verfahren stellten sich zwei Probleme heraus. Zum einen zeigte sich, dass die Menschen verschieden sind. Das widersprach der amerikanischen Grundphilosophie. In der Unabhängigkeitserklärung heißt es nämlich: „All men are created equal.“, was sich nun als falsch herausstellte. So banal diese Feststellung auf den ersten Blick scheinen mag, bedeutet sie in aller Härte, dass eben nicht alle Menschen zu allem fähig sind und alle dasselbe gleich gut tun können. Daran hängen Schicksale. Und es verdeutlicht, wie wichtig es ist, dass Erzieherinnen und Erzieher die ihnen anvertrauten Kinder und Jugendlichen genau beobachten und bereit sind sich auf deren Individualität auch einzulassen.

ES KANN NICHT JEDER JEDES WÄHLEN. (ALTES TESTAMENT)

Zum anderen stellte sich heraus, dass auf diesem Wege nicht unbedingt die besten Personen für eine Aufgabe gefunden wur-

Info 1
Fortsetzung

den. Neben der Intelligenz musste es eine weitere wichtige Eigenschaft geben, eine besondere Begabung. Zur Lösung vieler Aufgaben bedarf es der Fähigkeit, neue Wege zu gehen, es bedarf der „Kreativität". Nach dem 2. Weltkrieg entwickelten sich die USA zur führenden Wirtschaftsnation der Welt. Nichts schien unmöglich – bis zum 4. April 1957. An diesem Tag schickte die UdSSR ihren ersten Satelliten „Sputnik" in den Weltraum. Die USA waren schockiert („Sputnikschock", vgl. auch LF 2). Was hatte man falsch gemacht? Wie war es möglich, dass eine „unterlegene" Nation plötzlich einen solchen technologischen Vorsprung hatte? Wieso waren die amerikanischen Ingenieure nicht so erfinderisch?

Das Wort „Ingenieur" stammt aus dem Griechischen und bedeutet so viel wie „Geisteskraft/Einfallsreichtum". Fortan war die wirtschaftliche und inhaltliche Bedeutung von „Kreativität" geprägt. Sie tritt seither im Kontext von Neuigkeit, Ideenreichtum, Ideenflüssigkeit, Problemlösung, Begabung, etwas Besonderem, Außergewöhnlichem, Genialität ... aber auch Spontaneität und Leichtigkeit auf.

Zeitweise schien Kreativität eine Sache besonders genialer Menschen zu sein. Man sprach von Genies (Genie-These). Kreativität wurde hier als Folge besonderer, aber nicht planbarer Begabungen verstanden. Sozusagen ein Glücksfall der Natur. Solche Menschen galten gleichzeitig als außerordentlich intelligent. Sie schienen auf vielen Gebieten Herausragendes leisten zu können. Und sie verstanden Zusammenhänge, die normale Menschen nicht mehr verstehen konnten. So heißt es, dass nur vier Zeitgenossen Einsteins seine Relativitätstheorie ebenfalls verstanden.

Info 2 Das kreative Feld

Eine solide Allgemeinbildung und vertieftes Fachwissen sind Voraussetzung für kreative Leistungen.

Mit dem Fortschreiten in der Kreativitätsforschung stellte sich inzwischen heraus, dass Intelligenz und Kreativität nicht streng zusammenhängen. Etwa so, dass man sagen könnte, je intelligenter ein Mensch ist, desto kreativer ist er auch. Es spricht zwar vieles dafür, dass bei schwacher Intelligenz kreative Leistungen eher unwahrscheinlich sind. Andererseits ist ein sehr hoher IQ (über 130) keineswegs eine Garantie für Kreativität. Am günstigsten scheinen die Chancen bei einem durchschnittlichen (100) bis eher höheren (120) IQ zu liegen. Vor allem aber lässt sich zusammen mit hoher Kreativität und mit hoher Intelligenz auch großes Wissen beobachten. Eine solide Allgemeinbildung und vertieftes Fachwissen sind eine Voraussetzung für echte kreative Leistungen.

Heutzutage wimmelt der Markt von „Kreativitätstrainern", als wäre Kreativität ein einfaches technisches Problem, welches mit dem geeigneten Know-how leicht zu beherrschen sei. Um es vorwegzunehmen: Wenn dem so wäre, würden die Menschen diese „Kreativitätstechniken" einfach anwenden und damit Erfolg haben. Offensichtlich scheint das aber in dieser Einfachheit nicht zu funktionieren, obgleich solche Techniken das Leben hin und wieder leichter machen können. Der Erwerb kreativer Fähigkeiten erfordert Arbeit. Es ist ein Bildungsprozess und vergleichbar mit dem Erlernen eines Instrumentes.

Bei der Beschreibung der Kreativität geht der tschechisch-amerikanische Kreativitätsforscher Mihaly Csikszentmihalyi einen anderen (kreativeren) Weg. Zunächst stellt er fest, dass es Menschen gibt, deren kreatives Potenzial das der meisten Zeitgenossen erheblich übersteigt. In seiner empirischen Forschung (Csikszentmihalyi, „Kreativität", Stuttgart 2001) untersuchte er die Lebensläufe von über 90 kreativen Persönlichkeiten und wertete sie aus. Um sicher zu gehen, dass seine Wahl nicht seinen subjektiven Launen unterlag, bat er nur international anerkannte Persönlichkeiten, die auf verschiedenen Gebieten große kreative Leistungen erbracht hatten (und dafür beispielsweise den Nobelpreis erhielten), um Interviews, in denen er sie zu ihrer Arbeit und Lebensgeschichte befragte. Bei diesem Vorgehen wurden drei Pole deutlich, welche Kreativität entstehen lassen:

- **das Individuum:** der einzelne Mensch, der allgemein als kreativ bezeichnet wird,
- **das Feld:** die Umstände, in denen dieser Mensch aufwächst und lebt, seine Familie, Freunde, die Peergroup, verschiedene gesellschaftliche Einflüsse und natürlich auch die Erzieherinnen und Erzieher, und
- **die Domäne:** das Gebiet, auf dem die kreative Leistung erbracht wird (Kunst, Physik, Musik, Medizin), mit den lebenden Vertretern, die die Diskussion in diesem Gebiet bestimmen.

Kreativität ist damit nicht mehr allein die Fähigkeit oder Handlung eines einzelnen Menschen. Sie erscheint vielmehr vergleichbar mit einem „elektrischen Feld", welches sich zwischen den drei Polen (Individuum, Feld, Domäne) aufbaut. Je stärker die Pole sind, desto tragfähiger und stärker wird das kreative Feld. Bricht ein Pol zusammen, verschwindet (spätestens auf längere Sicht) auch die Kreativität mit hoher Warscheinlichkeit. Gleichzeitig sind die Pole nicht isoliert, sondern sie beeinflussen sich gegenseitig und sind vielen äußeren Einflüssen ausgesetzt.

Drei Pole lassen Kreativität entstehen: das Individuum, das Feld, die Domäne.

Kreativität und Kindheit

INFO 3

Damit man einen Prozess oder eine Idee als kreativ bezeichnen kann, müssen eine Reihe von Bedingungen erfüllt sein: Es muss etwas Neues und Sinnvolles in die Welt gebracht werden. Die Neuerung muss sich deutlich von dem unterscheiden, was vorher getan wurde, also originell sein. Hier spielt der Blickwinkel eine Rolle. Große kreative Leistungen müssen „absolut" oder auch objektiv neu sein, was letztlich nur Fachleute nach eingehender Recherche entscheiden können. Das bedarf eines enormen Wissens. In diesem Sinne können Kinder in der Tat nicht kreativ sein: Es fehlt ihnen schlichtweg am Wissen und an den notwendigen Fertigkeiten und Fähigkeiten, um gezielt wirklich Neues hervorzubringen.

Ein kreativer Prozess oder eine kreative Idee bedeuten: Es muss etwas Neues und Sinnvolles in die Welt gebracht werden.

Allerdings gibt es auch Bereiche, in denen schon, oder vielleicht auch nur, Kinder absolute Profis sind: Zum Beispiel können Kinder in einer ganz eigenen Weise spielen. Damit sind nicht einfach Brettspiele oder der Umgang mit anderen Gesellschaftsspielen gemeint. In ihrem Spiel antizipieren Kinder ganze Welten. Sie spielen nicht einfach, um zu gewinnen oder um sich nur die Zeit zu vertreiben oder um etwas zu lernen. Das tun sie auch. Aber sie spielen auch absolut. Sie und die ganze Welt gehen in diesem Spiel auf. Diese Art von Spiel hat keinen primären Zweck – es stiftet Sinn!

Zu ähnlichen Leistungen sind Kinder auch im gestalterischen Bereich fähig (was nicht heißt, dass sie es immer tun). Kinder

Diese Art von Spiel hat keinen primären Zweck – es stiftet Sinn!

INFO 3
Fortsetzung

können in einer direkten und unmittelbaren Art und Weise in Bildern Erlebnisse, Erfahrungen, tiefes Weltwissen und Erkenntnis ausdrücken, wie es selbst großen und erwachsenen Künstlern oft nicht mehr möglich ist. Die Zeichnung ist dann unmittelbar, spontan und ohne Hintergedanken. Wenn Csikszentmihalyi Kindern die Fähigkeit zur Kreativität abspricht, meint er die „objektive" Kreativität, die Entwicklungen auf wissenschaftlichem Niveau bedeutet. Es ist eine Tatsache, dass diese Kreativität eine Basis braucht.

Kindern billigen wir ohne weiteres „subjektive" Kreativität zu, wenn sie aus eigenen Kräften und selbstständig ein Problem lösen, z. B. mit einem Brett einen Steg erfinden. Subjektiv bedeutet das, dass die Problemlösung aus Sicht des Kindes neu ist. Auch das ist eine anerkennenswerte Leistung, denn das Kind dokumentiert hier sein eigenes Denken und begibt sich auf den Weg der Kreativität – auch wenn schon tausende Kinder vor ihm aus Brettern Stege gemacht haben. Hier wird allerdings auch deutlich, dass Kreativität „funktionieren" muss. Eine nur bizarre oder exzentrische Idee wäre nicht kreativ, solange sie nicht umsetzbar ist. Im besten Falle wäre sie fantasievoll. Damit ein Prozess oder eine Idee als kreativ bezeichnet werden können, müssen sie sich in irgendeiner Weise als richtig, nützlich, wertvoll oder sinnvoll erweisen. (vgl. Goleman, S. 25)

INFO 4 Kommunikation und Aushandlungsprozesse

Kreativität hat etwas mit Kommunikation und Aushandlungsprozessen zu tun.

Damit hat Kreativität auch etwas mit Kommunikation und Aushandlungsprozessen zu tun. Wenn die Domäne beispielsweise nicht anerkennt, dass die Erde eine Kugel ist, „bleibt" sie eine Scheibe. Wenn das Feld die Bedeutung einer Entdeckung nicht begreift, versinkt sie leicht wieder in Vergessenheit. Die alten Ägypter wussten bereits vor 5 000 Jahren, dass die Erde eine Kugel sein musste, und hatten auch den Umfang auf wenige tausend Kilometer genau berechnet. Eine Reihe von wertvollen Erfindungen verschwanden in der Vergessenheit und mussten mehrere Male neu erfunden werden.

Kommunikation ist keine Einbahnstraße. Für die Entstehung von Kreativität ist nicht nur wichtig, dass beispielsweise die Domäne positiv auf ein Individuum reagiert und andersherum. Es ist auch wichtig, dass das Individuum generell Kontakt zu anderen Menschen sucht und pflegt.

Inzwischen sind wir in unserer Welt auch mit Erfindungen konfrontiert, die man vielleicht besser nicht gemacht hätte. Oder die man besser so nie angewandt hätte. Zum Beispiel die Atombombe. Hans Jonas arbeitet in seinem Buch „Das Prinzip Verantwortung" die grundsätzlich neue Lage heraus, in der sich die Menschheit seit dem 20. Jahrhundert befindet. Vor dieser Zeit verursachten manche Erfindungen und deren Umsetzung neben verschiedenen Vorteilen für Einzelne oder Gruppen mit Sicherheit auch viel Leid. Dies betraf allerdings nur eine begrenzte Anzahl von Personen und deren Gebiet. Es war auch stets zeitlich begrenzt. Unsere modernen technischen Möglichkeiten bewegen sich teilweise in einer deutlich anderen Größenordnung: Heute ist es denkbar, dass sich die Menschheit als Ganzes auslöscht und das für immer. Hans Jonas plädiert eindringlich dafür, dass vor der Anwendung einer neuen Technik alle möglichen Folgen bedacht sein müssen und sichergestellt sein muss, dass die Technik beherrschbar ist (Jonas, 1984). Nun spielt diese ethische Dimension eine kleinere Rolle, wenn Kinder Bilder malen. Aber Kinder fragen auch *„Was darf ich tun?"* Und alle großen Erfinder waren einmal Kinder.

FAZIT

- Kreativität ist für die heutige Gesellschaft von großer Bedeutung und besitzt einen hohen Stellenwert. Sie wird in einem Kontext von Neugikeit, Ideenreichtum, Ideenflüssigkeit, Problemlösung, … verortet. Wie über Intelligenz verfügen Menschen auch über Kreativität nicht in demselben Maß. Beides ist aber innerhalb der individuellen Möglichkeiten trainierbar.
- Der Kreativitätsforscher Csikszentmihalyi beschreibt Kreativität als ein Geschehen, welches zwischen drei Polen entsteht:

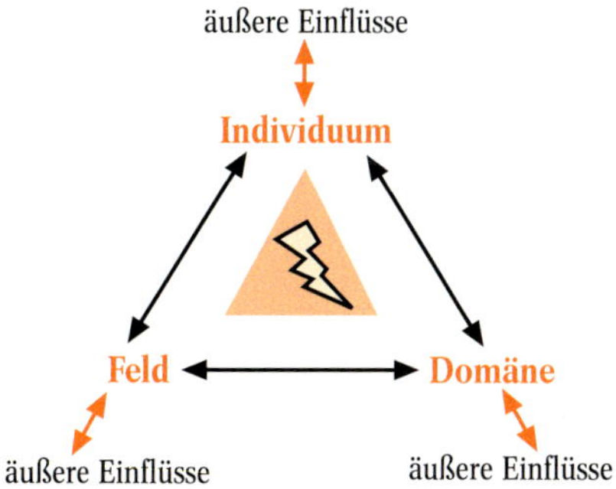

Diese Auffassung von Kreativität als Feld hat für Menschen in erzieherischen Berufen eine große Bedeutung. Mit ihr liegt der Fokus nicht mehr allein auf einer kreativen Persönlichkeit. Mit dem Hinzukommen der beiden anderen Pole erhalten die Erzieher als Teil des kreativen Feldes einen begründbaren Einfluss auf die kreative Entwicklung der ihnen anvertrauten Menschen (Individuen).

- Es gibt „objektive" und „subjektive" Kreativität. Kindliche Kreativität ist meistens eine subjektive. Erzieher können aus den Problemlösungen der Kinder in gewissem Umfang auf deren Entwicklungsstand schließen.
- Kommunikation ist der „Klebstoff" zwischen den Polen Individuum, Feld und Domäne. Ohne Kommunikation sind kreative Prozesse nur schwer realisierbar.
- Kreativität hat einen ethischen Aspekt, den man im Bewusstsein behalten sollte.

4.2 Die Bedeutung der Kreativität

Die „Förderung von Entwicklung und Bildung" zählt zu den wesentlichsten Aufgaben, die Erzieherinnen und Erzieher zu erfüllen haben.

2001 wurde auch in Deutschland das „Programme for International Student Assessment" (PISA) durchgeführt. Es stellte sich heraus, dass deutsche Schüler mit ihren Leistungen weit hinter denen vergleichbarer Nationen zurücklagen. Eine heftige Diskussion setzte ein, die sich zunächst mit notwendigen und evtl. zu verändernden Qualitätsstandards an den Bildungseinrichtungen, vor allem den Schulen, befasste. Im Laufe der Zeit wurde aber immer deutlicher, welche enorme Bedeutung gerade den frühen Lebensjahren und damit den Kindergärten für einen günstigen Entwicklungsverlauf der Menschen zukommt (vgl. auch Kapitel 5: Gehirnentwicklung).

Neben vielen anderen Aufgaben zählt die „Förderung von Entwicklung und Bildung" wohl zu den wesentlichsten, die Erzieherinnen und Erzieher zu erfüllen haben. Sie müssen mit die entscheidenden Rahmenbedingungen (das Feld) schaffen und aufrechterhalten, in denen sich die ihnen anvertrauten Kinder am besten entfalten können.

Da aber die Menschen verschieden sind, kann es hier nicht um eine allgemeine, um eine standardisierte, sondern muss es notwendig um die sehr individuelle Förderung der Kinder gehen. Erzieherinnen und Erzieher tragen damit eine besondere Verantwortung, die auch Anforderungen an deren jeweilige eigene Entwicklung, Persönlichkeit, Bildung und Ausbildung stellt.

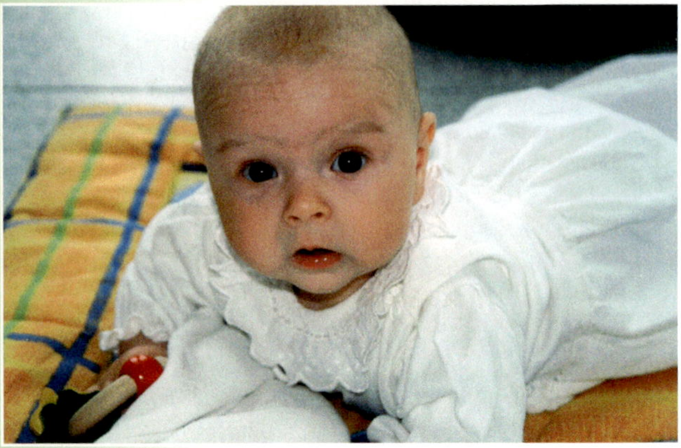

Vom ersten Tag an wollen Kinder die Welt erfassen, begreifen, verstehen, was um sie herum vorgeht.

Vom ersten Tage an wollen Kinder die Welt erfassen, begreifen, verstehen, was um sie herum vorgeht. Sie gehen dabei sehr methodisch, gewissermaßen empirisch vor. Noch bevor sie über Sprache verfügen, haben sie schon ganze Testreihen entworfen und durchgeführt: Was muss ich tun, um Zuwendung zu bekommen? Wann wird die Mutter laut? Wann gibt etwas Geräusche von sich? Fallen Dinge nach unten? Tun sie das immer? … Wenn Kinder sprechen lernen, erforschen sie systematisch die Mundhöhle, die eigene und die der Erwachsenen. Sie produzieren eine endlose Lautvielfalt, bis sie die Mundwerkzeuge beherrschen (vgl. Gopnik/Kuhl/Meltzoff, „Forschergeist in Windeln – Wie ihr Kind die Welt begreift", München 2000).

Menschen sind nicht mehr in der Weise instinktgebunden, wie es Tiere sind. Ihnen ist das Laufen nicht angeboren, wie es bei Pferden der Fall ist. Es ist ein langwieriger Lernprozess. Nahezu alles, was Menschen schließlich können, müssen sie zuerst erlernen und haben sie erlernt, auch wenn ihnen das später kaum noch bewusst ist.

Für den Erwerb bestimmter Fertigkeiten und Fähigkeiten gibt es dabei bestimmte Entwicklungsfenster. Sie öffnen und schließen sich bei allen Menschen in ähnlichen Zeiträumen (unterliegen jedoch auch einer gewissen individuellen Bandbreite). Das gilt selbst für die Sinne. So berichtet Wolf Singer (Singer, 2002) von Personen, deren Augen von Geburt an geschädigt waren (Eintrübung der Linse). Als es medizinisch möglich war, diesen Fehler zu korrigieren, unterzogen sich selbstverständlich auch Erwachsene der entsprechenden Operation. Das hatte allerdings ein unerwartetes Ergebnis: Obwohl das Auge nun aus medizinischer Sicht funktionierte, waren die Personen nicht in der Lage, mit den Sehimpulsen auf ihrer Netzhaut auch etwas anzufangen. Manche der Personen empfanden sie als Geräusche oder als schmerzhaft. Sie waren unfähig Konturen als zu einem Gegenstand gehörig zusammenzufassen und von den Konturen des Hintergrundes abzugrenzen, also einen „Figur-Grund-Bezug" herzustellen. Sie konnten auch nicht Räumlichkeit als Gleichzeitigkeit von Beziehungen erfassen, sodass sie bald unter Zuhilfenahme einer Blindenbrille wieder in den Blindenalltag zurückkehrten. Es scheint, als hätte das Gehirn in den ersten Lebensmonaten nicht gelernt die Sehimpulse der Netzhaut im entsprechenden Hirnareal sinnvoll zu verarbeiten. Diese Fähigkeit konnte auch später nicht mehr erworben werden.

Nun ist das „Sehenlernen" ein extremes Beispiel. Die Entwicklungsfenster sind in längst nicht allen Bereichen so eng und festgelegt. Der physiologische Teil des Sehens ist nur ein Teil dieses Prozesses. Man geht heute davon aus, dass es bis zum Ende der Pubertät dauert, bis ein Mensch ganz über seinen Gesichtssinn verfügt, „sehen" gelernt hat. In vielen qualifizierten Ausbildungen wird dann weiter das Sehen differenziert und geschult. Architekten lernen Pläne zu lesen, Ärzte, Röntgenaufnahmen zu interpretieren, Erzieherinnen und Erzieher, Kinder zu beobachten.

Zöllner Illusion

Zum Sehen gehört, dass man schließlich auch Täuschungen erkennen kann, hier vor allem optische Täuschungen. Von denen bemerken wir den größten Teil überhaupt nicht. Es ist ein so überwiegender Teil (gegen 80 %, Ott, 1987), dass man eher von „Falsch-nehmung“ als von „Wahr-nehmung“ sprechen müsste. Und viele Täuschungen bleiben bestehen, auch wenn wir über sie Bescheid wissen. So nehmen wir den Mond sehr unterschiedlich groß wahr, je nachdem, ob er sich dicht über dem Horizont befindet oder hoch am Himmel steht („Mondtäuschung“). Farben stehen die meisten Menschen hilflos gegenüber, da sie sich gegenseitig extrem beeinflussen. Die wenigsten Menschen sind in der Lage, einen Farbton exakt zu bestimmen und wiederzuerkennen. Auch die Mitmenschen beeinflussen unsere Wahrnehmungen stark.

Zu den schwierigsten Fertigkeiten, die Erzieherinnen und Erzieher während ihrer Ausbildung lernen müssen, gehört das Beobachten.

Sinnlich und sinnvoll

Info 1

Das Wort „Sinn“ hat eine vielschichtige Bedeutung. Es wird für das entsprechende Organ genauso verwendet wie für einen geistigen Vorgang. Der Mensch hat Sinne, die sich nach außen wenden: Gesichts-, Gehör-, Geschmacks-, Geruchs- und Tast-Sinn. Er besitzt aber auch Sinne, welche sich nach innen richten: Propriorezeptoren in den Muskeln oder den Gleichgewichtssinn. Menschen haben auch Gefühle und Stimmungen. Die Eindrücke, die durch die Sinne in unser Bewusstsein kommen, sind nichts, solange ihnen kein Sinn gegeben wird. Sehen ist weit mehr als ein fotografischer Vorgang. Eine Fotografie ist nichts ohne den Betrachter, der ihr einen Sinn verleiht. Wahrnehmungen müssen registriert und (!) gedeutet, interpretiert werden. Sie brauchen eine Be-Deutung.

Borings junge/alte Frau

Die Sinne sind identitätsstiftend. Als Organ betrachtet, liegen die meisten auf der Körperoberfläche und markieren so die Grenze zwischen dem Individuum und der es umgebenden Welt. Der Tastsinn sagt: Hier endet **mein** Körper. Das Auge sagt: Das ist von **mir** entfernt.

Die nach innen gerichteten Sinne geben Informationen über den Zustand des Individuums. Über die Position im Raum, über den Gesundheitszustand, über die Befindlichkeit. Man nennt sie die Vestibulärsinne. Ein Gegenstand fühlt nicht. Aber eine Person fühlt die Welt – und sich. Dazu bedarf es allerdings der Sensibilität. Menschen sind unterschiedlich gut dazu in der Lage, Informationen über ihre Sinne aufzunehmen. In vielen Lebensumwelten der Kinder werden deren Sinne nicht mehr ausreichend trainiert und sensibilisiert. Die Kinder können ihre Sinne nicht mehr üben. Sie können dann verschiedene Tätigkeiten nicht mehr befriedigend ausüben, weil ihnen das notwendige Sensorium fehlt. Oder sie können nicht angemessen reagieren, weil sie nicht über ihre eigene Befindlichkeit Bescheid wissen. Beides ist frustrierend und bedeutet auf lange Sicht entscheidende Nachteile.

In vielen Lebensumwelten der Kinder werden deren Sinne nicht mehr ausreichend trainiert und sensibilisiert.

Menschen können nicht nur über die Welt, sie können auch über sich selbst nachdenken. Dadurch, dass sich das Gehirn mit sich selbst befassen kann, ist es möglich, dass wir uns mit Aspekten unserer Umwelt befassen, zu denen wir keinen

Versuchen Sie sich jeden Tag über etwas zu wundern!

INFO 1
Fortsetzung

BETRACHTEN SIE PROBLEME AUS MÖGLICHST VIELEN UNTERSCHIEDLICHEN BLICKWINKELN.

Zugang haben oder die es noch nicht gibt (Vorstellungskraft, Antizipation). In unserer Fantasie können wir verschiedene Handlungsweisen und Alternativen durchspielen und damit Verhaltensstrategien entwickeln, die unser Überleben begünstigen können. Damit entsprechende Entdeckungen zustande kommen, müssen wir das kombinatorische Spiel allerdings auch spielen. Da Denken aber anstrengend ist, muss es eine positive Motivation dafür geben. Singer geht davon aus, dass es ähnlich dem Geschlechtstrieb oder dem Hunger einen Explorationstrieb, die Neugierde, gibt, da er unter evolutionärem Blickwinkel einen Selektionsvorteil verspricht (Der Gedanke ist übrigens genau genommen nicht besonders kreativ. Schon Aristoteles wusste das im Kern vor über 2 000 Jahren. Das nimmt der Idee allerdings nichts von ihrer Bedeutung.). Dass dem so ist, legt auch die Beobachtung von Kindern nahe, die von Anfang an zunächst offen und neugierig auf die Welt zugehen. Sie sind begierig darauf, Neues aufzunehmen, zu lernen. Leider lässt sich diese Neugier auch abtrainieren.

Die Sinne sind dabei unser Tor zur Welt, vornehmlich der Gesichtssinn; ca. 75 % der Informationen über die Umwelt werden über die Augen aufgenommen. Der Sehsinn ist ein Fernsinn. Und er ist raumdominant. Das bedeutet, dass er die augenblickliche (ohne Zeitverzögerung) und gleichzeitige Aufnahme von Zusammenhängen ermöglicht. Das unterscheidet ihn vom Gehör, welches zeitdominant ist. Es braucht Zeit, um den Verlauf einer Melodie zu erschließen. Während das Gehör auch komplexe Strukturen wie den Verlauf verschiedener Instrumente in einem Konzert über die Zeit erschließt, erschließen sich dem Auge komplexe Strukturen über den Raum. Raum heißt hier nicht nur konkreter dreidimensionaler Raum, es bedeutet vielmehr Gleichzeitigkeit, Erkennen in einem Augenblick. Im Sprachgebrauch sagt man z. B. „sich ein Bild von etwas machen“, was bedeutet, die Geschehnisse um sich herum als Gesamtsystem, als eine Ganzheit wahrzunehmen und die unterschiedlichen Vorkommnisse in Beziehung zueinander zu setzen.

Der gestalterische Umgang mit der Welt, das Erfassen von Wirklichkeiten beispielsweise durch Bilder, bedeutet divergentes Denken. Divergentes Denken verfolgt gleichzeitig unterschiedliche und evtl. in unterschiedliche oder gar gegenläufige Richtungen verlaufende Gedanken, die sich gleichzeitig gegenseitig beeinflussen. Es bewegt sich in einem komplexen und ständigen Wandlungen unterworfenen lebendigen System. Das wird unserer Welt in hohem Maße gerecht, denn im Regelfall sind wir selten mit einem einzelnen Problem konfrontiert, sondern mit einer Vielzahl derer.

So müssen Sie sich im Laufe Ihrer Ausbildung eine Menge unterschiedlicher Wissensinhalte aneignen. Sie müssen das gleichzeitig tun und Sie müssen es tun, während Sie noch viele andere Aufgaben zu bewältigen haben, die ohne weiteres auch privater Natur sind. In unserer heutigen Gesellschaft werden Persönlichkeiten gebraucht, die in der Lage sind Probleme zu erkennen, sich ihnen zu stellen und sie auch zu lösen.

Den Gegenpol zum divergenten bildet das konvergente Denken, welches in einer strengen zeitlichen Abfolge Punkt für Punkt abarbeitet. Damit tendiert konvergentes Denken stark zu Vereinfachungen, die den gegebenen Sachverhalt nur noch unzureichend darstellen können. Viele Probleme lassen sich allein mit konvergenten Strategien nicht lösen.

Kreative Prozesse zeichnen sich in der Regel durch ein hohes Maß an Divergenz aus. Sie berücksichtigen gleichzeitig eine Vielzahl von Argumenten, setzen sie in Beziehung zueinander, nehmen immer wieder neue Gedanken mit auf, transformieren sie gewissermaßen und bilden am

Ende ein neues Ganzes. Dieses neue Ganze kann dann ein technischer Gegenstand sein, aber auch ein Bild. Entscheidender sind häufig eine neue Sicht der Dinge oder eine neue, angemessenere Handlungsstrategie. Man sagt entsprechend auch, man „sieht etwas mit neuen Augen“ oder „man hat sich ein neues Bild von etwas gemacht“.

Obgleich man sagen kann, der Mensch wäre ein „Augentier“, gibt es keine Hierarchie der Sinne. Es spricht vieles dafür, dass die Sinne miteinander verknüpft sind. Synästhetiker hören Farben oder riechen Klänge. Solche Menschen verknüpfen z. T. auch kognitive Inhalte (wie die Grammatik) mit Sinneseindrücken.

Durch die sinnliche Erfahrung der Welt bilden wir Begriffe. Das heißt nicht, dass wir Wörter lernen wie die Vokabeln einer Fremdsprache. Die sinnliche Erfahrung vermittelt, was „groß“, „schwer“, „oben“, „unten“, „weit“ oder „lustig“ bedeutet. Sie vermittelt, was die Begriffe für den Einzelnen bedeuten, welche Folgen und Auswirkungen sie haben. Das Wort „Zeit“ bedeutet zunächst nichts, bis man erfahren hat, dass eine Stunde unendlich lang oder viel zu kurz sein kann. Eine Hand voll Sand ist nicht viel, solange man nicht versucht hat, die Sandkörner zu zählen.

Fördern Sie Ihre weniger entwickelten Seiten.

Es gibt keine Hierarchie der Sinne.

Wachstumsprozesse im Gehirn

Info 2

Menschen entwickeln sich individuell. Allgemein ist der Mensch jedoch eine anatomische Frühgeburt, die wesentliche Wachstumsprozesse erst nach der Geburt durchläuft. Auch das Gehirn durchläuft in den ersten Monaten nach der Geburt ein immenses Wachstum. Es sind zwar bereits die meisten Gehirnzellen vorhanden, aber sie sind noch nicht eng untereinander vernetzt. Dieses Wachstum, die Bildung von Dendriten, Axonen und Synapsen, geschieht in den ersten Lebensmonaten explosionsartig und in den ersten Lebensjahren rasant, bis es schließlich auch zu einem Löschen wenig gebrauchter Verbindungen kommt. Je anregungsreicher die Umwelt ist, desto günstiger wirkt sich das auf das Gehirnwachstum aus, sofern keine Reizüberflutung oder Disstress besteht. Eine günstige Umwelt zeichnet sich aus durch eine gesunde Ernährung, ausreichend Schlaf, viel Bewegung, und neben der Begegnung mit viel Neuem vor allem gute soziale Beziehungen mit stabilen und liebevollen Bezugspersonen (vgl. Definition von „Gesundheit“ der WHO).

Dazu scheint nicht nur für die Sprachentwicklung Sprache von zentraler Bedeutung zu sein. Sprache bedeutet hier persönliche, verständnisvolle, wertschätzende Ansprache. Es wird auch deutlich, warum gerade die ersten Lebensjahre für die Förderung von Entwicklung und Bildung der Kinder eine herausragende Rolle spielen. Versäumnisse in dieser Zeit können nicht mehr oder nur noch unter unverhältnismäßig hohem Aufwand nachgeholt werden.

Wurden in frühen Jahren viele Verknüpfungen ausgebildet, bleiben im Erwachsenenalter mit höherer Wahrscheinlichkeit mehr Verknüpfungen übrig. Allerdings ist nicht allein die Menge der Gehirnzellen oder die Anzahl der vorhandenen Verknüpfungen im Gehirn ausschlaggebend für die Höhe des IQ und der Kreativität. Es spielt auch eine Rolle, welche Bahnen gefestigt wurden und wie ökonomisch ein Besitzer mit seinem Gehirn umgeht (weitere Informationen im Kap. 9: Gehirnentwicklung).

Eine günstige Umwelt zeichnet sich aus durch eine gesunde Ernährung, ausreichend Schlaf, viel Bewegung und neben der Begegnung mit viel Neuem vor allem gute soziale Beziehungen mit stabilen und liebevollen Bezugspersonen.

INFO 3 Kinder als Co-Konstrukteure ihrer eigenen Entwicklung

Bereits der Gestaltungsprozess allein ist mindestens so bedeutsam wie das dabei entstehende Produkt.

Sehr viele Material- und Körpererfahrungen können Kinder im gestalterischen Bereich machen. Hier werden Kinder produktiv und haben auch sichtbare und damit reflektierbare Ergebnisse. Aber bereits der Gestaltungsprozess allein ist mindestens so bedeutsam wie das dabei entstehende Produkt. In der Gestaltung von Bildern, Objekten oder der Umgebung können konkrete und adäquate Erfahrungen gesammelt werden. Gleichzeitig werden die Eindrücke und Erfahrungen der Kinder hier mit Sinn versehen, geordnet, in den Lernkontext des Kindes eingeordnet und mit Bedeutung versehen.

Kinder sind die Co-Konstrukteure ihrer eigenen Entwicklung.

Es ist ein wesentlicher Aspekt kindlicher Lern- und Bildungsprozesse.

In der Kommunikation über diese eigenen und damit bedeutsamen Erfahrungen entstehen Erkenntnisse und bilden sich Begriffe.

Entscheidend ist, dass das Kind hier initiativ und selbst aktiv werden kann und wird. Damit produziert es für sich Erkenntnisse. Dieser Vorgang ist wesentlich effektiver und nachhaltiger, als wenn diese Erkenntnisse von außen an das Kind herangetragen werden. Nicht selten stößt das auch auf den Widerstand der Kinder. Sie wehren sich dann dagegen, von außen „gebildet“ zu werden. Kinder bilden sich selbst. Man spricht heute davon, dass sie die Co-Konstrukteure ihrer eigenen Entwicklung sind. Der Begriff „Co-Konstrukteur“ beinhaltet dabei, dass auch Hilfen aus der Umgebung notwendig sind. Im Regelfall senden Kinder Signale, wenn sie bestimmte Hilfen brauchen.

INFO 4 Kognitive Prozesse, Sprache, Kunst

Zwischen der physikalischen Wirklichkeit und unserer Erfahrungswelt besteht ein außerordentlich komplizierter und in Teilaspekten offenbar erlernter Übersetzungsprozess. Dieser Übersetzungsprozess wird als kognitiver Prozess bezeichnet.

Das kognitive Verhalten lässt sich in eine Vielzahl von Teilleistungen untergliedern. Solche Teilleistungen sind:

- Unterscheidung gewisser Merkmale von Mustern (Gibt es Zusammenhänge?)
- Bildung von Invarianten aus Merkmalskombinationen (Was bleibt gleich?)
- Generalisierung ermöglichende Repräsentation dieser Invarianten (Transfer)
- Fähigkeit, die so repräsentierten Sachverhalte in neue Beziehungen zu setzen (Assoziation).
- Ergebnisse dieser assoziativen Analysen im Gedächtnis festzuhalten.
- andere Gehirne in verständlicher Weise auf diese Sachverhalte hinzuweisen (Kommunikation).
- die kognitive Auseinandersetzung mit der Umwelt zu bewerten, d. h. ihr emotionale Attribute zuzuordnen.

Im Kontext der Gehirnforschung werden diese Teilleistungen dem Zentralnervensystem zugeschrieben. Sie sind in hohem Maße abstrakt. Auch Tiere sind in der Lage, solche abstrakten Kodierungen vorzunehmen, also Muster zu erkennen und wiederzuerkennen (Formen, Farben,

Gerüche, Gesichter …). Dabei finden Tiere auch Relationen zwischen Mustern und können somit ähnliche Muster erkennen.

Der nächste Schritt bedeutet die symbolische Kodierung, die begriffliche Durchdringung unserer Welt durch Sprache. Diese Durchdringung betrifft nicht nur die äußere Welt. Menschen haben die Fähigkeit, auch Vorgänge, die in ihnen selbst ablaufen (Gefühle und Gedanken, Ideen, Vorstellungen), zum Gegenstand kognitiver Prozesse zu machen.

Mit der Entwicklung von Werkzeugen eröffnete sich die Möglichkeit, die Umwelt gestalterisch zu verändern und damit das Individuum überdauernde Speichermöglichkeiten zu erschließen, in denen die Ergebnisse reflexiver Analyse festgehalten werden konnten. Schriftliche Mitteilungen, Bilder, Kompositionen, Skulpturen oder technische Produkte haben solche Speicherfunktion. Sie sind Bestandteil neuer Wirklichkeiten und damit Objekte für weitere kognitive Interaktionen. So ergibt sich ein endloses und beliebig erweiterbares System für die Entwicklung und Etablierung kognitiver Strukturen, das umso wirksamer wird, je tiefer ein Mensch darin verflochten ist. Diese „neuen Wirklichkeiten" sind das Ergebnis kreativer Prozesse. Aus der Verknüpfung und Verbindung vieler alter und bekannter Strukturen können im Geiste neue entstehen und in der Folge schließlich neue, funktionsfähige Handlungsstrategien.

Keilschrifttafeln

Ein Teil des externen Speichers als Inhaltsträger reflexiver Prozesse wird als **Kunst** bezeichnet. Kunst als externer Speicher muss nicht zwingend materiell sein. Der Inhalt kann auch immateriell weitergegeben werden, z. B. als Tanz oder Gesang. Kunst erzeugt immer wieder neue Wirklichkeiten, indem sie über die reflexiven Prozesse hinaus immer wieder neue Bezüge entdeckt und die symbolische Kodierung verdichtet (weshalb man beispielsweise von einem Gedicht spricht) und damit neue Wirklichkeiten erzeugt. Unter diesem Blickwinkel lassen sich keine exakten Grenzen ziehen zwischen Kunst, Wissenschaft oder Philosophie.

Künstler scheinen sich ihre Gegenstände allerdings dort zu suchen, wo reflexive Prozesse zu Ergebnissen führen, die mit den in der Wissenschaft oder der Philosophie üblichen Kommunikationsarten, mit rationalen Sprachen, nicht darzustellen sind. Es handelt sich um Bereiche, welche aufgrund ihrer Komplexität in rationalen Bezugssystemen nicht abgebildet werden können, die aber dennoch von vitaler Wichtigkeit für das Wesen des Menschen sind. Deshalb ist es der Kunst auch möglich, an tiefen Schichten menschlicher Existenz zu rühren. Musik kann unmittelbar beruhigen oder aufrühren, in Stimmung bringen. Bilder, ja einzelne Zeichenlinien können zu Tränen rühren.

KUNST ERZEUGT IMMER WIEDER NEUE WIRKLICHKEITEN, INDEM SIE ÜBER DIE REFLEXIVEN PROZESSE HINAUS IMMER WIEDER NEUE BEZÜGE ENTDECKT UND DIE SYMBOLISCHE KODIERUNG VERDICHTET.

Zeichnen und Zeichen

INFO 5

„Zeichnen" bedeutet „Zeichen finden". Während des bildnerischen Prozesses kommt es zu einer Organisation von Informationen auf einer Fläche (und gleichzeitig zu einer Organisation, Interpretation und Deutung von Informationen im Kopf des Zeichners). So lassen sich auf einer zweidimensionalen Fläche Informationen (Linien und Farben) in einer Weise anbringen, dass ein dreidimensionaler Eindruck entsteht. Übrigens handelt es sich auch hier um eine künstlerische Fertigkeit, die im „alten Rom" bereits bekannt war. In der Renaissance wurde diese Fertigkeit wieder erfunden und vervollkommnet. Heute spricht man von

„ZEICHNEN" HEISST „ZEICHEN FINDEN".

Perspektiven. Deren Anwendung ist erlernbar.

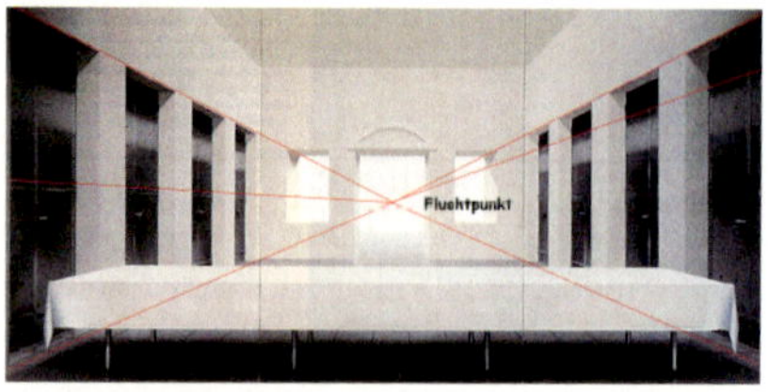

Perspektivenkonstruktion

Die Kommunikation durch Bilder ist notwendig und aus unserer Gesellschaft heute nicht mehr wegzudenken.

Im Mittelalter, als ein großer Teil der Bevölkerung nicht lesen konnte, mussten sich die Künstler an bestimmte Vorgaben und Regeln halten, wie sie bestimmte Personen oder bestimmte, vor allem biblische Szenen darzustellen hatten. So war Blau beispielsweise die Farbe der Maria. Man spricht hier von Ikonografie. Damals gab es allerdings den Berufsstand des Künstlers nicht in der Weise, wie es ihn heute gibt. Es handelte sich eher um Handwerker, sehr, sehr gute Handwerker, absolute Spezialisten auf ihrem Gebiet. Heute haben Künstler ein anderes Selbstverständnis und arbeiten auch entsprechend freier. Viele moderne Kunstwerke gehen über die reine Darstellung von Gegenständen hinaus. Sie sind in höherem Maße abstrakt oder gar ungegenständlich (Konkrete Kunst, Aktionskunst, Actionpainting …). Sie haben Gefühle oder komplexe Prozesse zum Thema. Manche Künstler legen ihrem gesamten Lebenswerk eine Theorie zugrunde und arbeiten nach einem bestimmten Konzept. Manche Arbeiten erschließen sich erst nach einer Auseinandersetzung mit diesem Konzept. Es bedeutet die persönliche Auseinandersetzung mit einem „Weltbild“. Beispielhaft sei hier Joseph Beuys mit dem Konzept der „Sozialen Plastik“ angeführt.

Margritte: „Ceci n'est pas une pipe.“ (Dies ist keine Pfeife.)

Die Kommunikation über Bilder ist notwendig und aus unserer Gesellschaft heute nicht mehr wegzudenken. Das liegt auch daran, dass manche Inhalte nur über Bilder transportiert werden können, mindestens, dass Inhalte über Bilder wesentlich schneller und präziser transportiert werden können. Man denke an Icons auf dem Computer-Desktop, an Verkehrsschilder, an technische Konstruktionszeichnungen oder an Architektenpläne. In der Medizin werden zunehmend bildgebende Verfahren eingesetzt und wirtschaftliche oder natürliche Entwicklungen werden als Diagramme dargeboten. Informationen werden hier organisiert (Informationsdesign). Es ist für uns wichtig, diese Form der Kommunikation zu lernen.

Das beginnt, wenn wir mit Kindern Bilderbücher betrachten. Man zeigt dann auf ein Bild und erklärt, dass es sich um einen Hund, eine Katze, einen Baum handelt. Das stimmt natürlich so nicht ganz, denn es handelt sich schließlich um ein Buch oder um Farben oder um eine Fläche. Rene Margritte hat diese Problematik in einigen Bildern aufgenommen.

Trotzdem handelt es sich nicht um eine banale Lüge: wir meinen es gut und helfen den Kindern, Schemata zu bilden, mit denen sie denken können. Sie lernen dabei auch, dass die Dinge nicht einfach sind, was sie auf den ersten Blick zu sein scheinen. Was die Dinge sind, hängt davon ab, welche Bedeutung sie für uns haben und welche Bedeutung wir ihnen geben. Wir müssen die Welt, die uns umgibt und zu der wir gehören, deuten. Über die Deutung *konstruieren* wir unsere Welt.

9612164

Fazit

- Nichts ist im Geist, was nicht vorher in den Sinnen war. Die Sinne sind unser Tor zur Welt. Die Sinne sind allerdings keine fertigen Maschinen. Sie müssen entwickelt und trainiert werden. Sinnliche Wahrnehmung ist ein kognitiver Prozess und erfordert die bewusste Auseinandersetzung mit der Welt. Gleichzeitig sind die Sinne identitätsstiftend. Über sie erlebt der Mensch, dass er als Person in der Welt existiert und dass er sich von seiner Mitwelt unterscheidet.
- Zeichnen ist ein Mittel, die Welt zu erfassen und zu strukturieren. Durch Bilder werden komplexe Informationen erfasst und vermittelt. Künstlerische Techniken stellen mitunter einen Kommunikationsprozess zwischen Künstler, Betrachter und Umwelt dar und erlauben es, Inhalte zu vermitteln, wie es auf rein sprachlicher Ebene nicht möglich ist.

4.3 Kunst als der Versuch, Wahrheit zu erfassen

Kunst ist der Versuch, Wahrheiten erfassbar zu machen, die mit dem rationalen Anteil unserer Sprache nicht abgebildet und bearbeitet werden können.

Künstlerisches Tun grenzt sich von anderen kreativen Tätigkeiten ab durch die Wahl des Gegenstandes und durch die Art der Vermittlung der gewonnenen Erkenntnisse. *„Gemeinsam wäre allen kreativen Akten, dass Phänomene, die durch die reflexive Struktur unseres Gehirns erfahrbar und durch diesen reflexiven Prozess je neu entstehen, also ohne diesen nicht vorhanden wären, symbolisch verdichtet und in einer Weise externalisiert, geäußert werden, die geeignet ist andere Gehirne auf das Ergebnis dieser Verdichtung der in reflexiven Prozessen entstandenen Entitäten hinzuweisen. Geschieht dies in rationalen Sprachen, liegt die Botschaft also ausschließlich in einer Sequenz logisch verknüpfter Aussagen, so entstehen wissenschaftliche oder philosophische Werke, geschieht dies auf andere Weise, so liegt vermutlich ein Stück Kunst vor.“* (Singer, S. 223) Kunst wäre damit der Versuch, Wahrheiten erfassbar zu machen, die mit dem rationalen Anteil unserer Sprache nicht abgebildet und bearbeitet werden können.

Neben der gesprochenen Sprache, der Mimik und Gestik, dem Tanz und der Musik oder der Weltsprache Mathematik bildet die darstellende Kunst ein komplexes Sprach- und Ausdruckssystem, mit dem spezifische Inhalte vermittelt werden können, wie es mit keinem anderen System möglich ist. Novalis umschreibt diesen Sachverhalt im Roman „Heinrich von Ofterdingen“ mit den Sätzen:

„Wenn nicht mehr Zahlen und Figuren
sind Schlüssel aller Kreaturen,
wenn die so singen oder küssen
mehr als die Tiefgelehrten wissen,
(…)
und man in Märchen und Gedichten
erkennt die wahren Weltgeschichten,
dann fliegt vor einem geheimen Wort
das ganze verkehrte Wesen fort.“

Mithilfe der Kunst lassen sich Wahrheiten erfassen und vermitteln, wie es rein sprachlich nicht möglich ist. Oft ist das mit hohen Abstraktionsprozessen verbunden, die gleichzeitig im gestalterischen Handeln ausgebildet und weiter verfeinert werden. Abstrahieren bedeutet, sich auf die wesentlichen Dinge oder Sachverhalte zu konzentrieren. Dabei geht es auch darum, den Dingen eine Bedeutung zu geben. Menschen produzieren durch Kunst Dinge, die keinem bestimmten Zweck dienen. Kunstwerke sind offen, interpretierbar und interpretationsbedürftig. Sie haben keinen Zweck, sie stiften Sinn.

Kunstwerke haben keinen Zweck. Sie stiften Sinn.

Bilder sind eine Wissensform vor den Begriffen und sie entstehen durch die menschliche Form der Wahrnehmung … Wissen beginnt mit der Wahrnehmung.

Lascaux, Felsenmalerei aus der Steinzeit

Neben dem Abbau und der Verwertung von Flint (Feuerstein) handelt es sich bei der Farbproduktion um den ältesten Industriezweig der Menschheit. Die in Lascaux verwendeten Farben wurden teilweise viele Kilometer weiter (in unterschiedlichen Steinbrüchen) abgebaut, dort zermalen, aufbereitet, in Stangen gepresst und schließlich nach Lascaux transportiert (Ruspoli, 1986). Die Produktion der über 20 000 Jahre alten Höhlenmalereien erforderte großes Know-how und chemisches Wissen, war enorm aufwändig und muss daher einen immensen Vorteil gebracht haben.

Dieser Vorteil muss nicht materiell gewesen sein. Er ist eher im Sinn stiftenden Umgang mit der Welt zu sehen. Es ist auch ein Merkmal, welches Tier und Mensch unterscheidet: Tiere bringen zwar auch Dinge hervor, die wir Menschen interessant und schön finden. Aber sie produzieren keine Kunst, wie es Menschen tun. Tiere stellen aus eigenem Antrieb keine Farben her und malen damit Bilder auf Felswände.

Ernst Peter Fischer nimmt den Gedanken von Novalis auf – als die eine Seite der Medaille. *„Bilder sind eine Wissensform vor den Begriffen und sie entstehen durch die menschliche Form der Wahrnehmung … Wissen beginnt mit der Wahrnehmung, und bei diesem Satz kann man sich auf Aristoteles berufen. Seine Metaphysik beginnt mit der berühmten Feststellung, dass die Menschen ihrer Natur gemäß nach Wissen streben, und sie tun dies – so Aristoteles –, weil sie Freude an der Wahrnehmung haben“* (Fischer, S. 38).

Beides ist wichtig und für den Menschen unverzichtbar: das künstlerische wie das rationale Durchdringen der Welt. Zur Verdeutlichung dichtet Fischer Novalis um:

„Wenn nicht nur Zahlen und Figuren
sind Schlüssel aller Kreaturen,
wenn die so singen oder küssen
so viel wie Tiefgelehrte wissen,
(…)
und auch in Bildern und Gedichten
sich zeigen wahre Weltgeschichten,
dann fliegt das Wissen ohne Wort
dem Menschen zu an seinem Ort.“

Fischer, S. 39

Aber die Wahrnehmung bleibt die Basis. Ohne Wahrnehmung kein Wissen. Nichts ist im Geist, was nicht vorher in den Sinnen war.

4.4 Der kreative Mensch – jeder Mensch ein Künstler?

„Es gibt nur die Revolution der Rose.“
Joseph Beuys

Joseph Beuys

„Jeder Mensch ist ein Künstler.“ Mit dieser Begründung nahm Joseph Beuys als Akademielehrer jeden Bewerber in seine Klasse auf. Jeder Mensch muss sich mit seiner Umgebung auseinander setzen. Jeder gestaltet die Welt durch seine bloße Anwesenheit mit und ist gleichzeitig auch nur ein Teil von ihr. Die Welt konfrontiert uns täglich mit Neuem und verlangt von uns Aktionen, Reaktionen und Problemlösungen. Das „Produkt“ dieser Prozesse bezeichnete Beuys als „Soziale Plastik“. Leben ist ein gestalterischer Prozess, der manchen besser, anderen weniger gut gelingt.

9612166

Positive Lebensbewältigung erfordert ein kreatives Potenzial. Es hat sich gezeigt, dass bereits Kleinkinder über dieses Potenzial verfügen und entsprechend die Welt ergründen. Wie oben dargestellt, ist es aber bei unterschiedlichen Menschen unterschiedlich stark ausgeprägt und ausgebildet. Es scheint, als wären die Chancen nicht ganz gerecht verteilt. Heute suchen viele Menschen die Ursache dafür in den Genen. Es werden Rechnungen aufgestellt, die den prozentualen Anteil von Genen und Erziehung für die Ausbildung unterschiedlicher Fähigkeiten bestimmen und darlegen sollen. Diese Sichtweise eröffnet Erzieherinnen und Erziehern allerdings keine echten Handlungsoptionen.

Mit Sicherheit spielt die genetische Ausstattung eine Rolle. Wir kommen schließlich mit einem Gehirn auf die Welt. Andererseits nützt ohne Erziehung die beste genetische Ausstattung nichts. Menschen sterben ohne Erziehung, die Zuwendung bedeutet. Es macht also keinen Sinn, nach prozentualen Anteilen zu fragen. Das eine ist ohne das andere nichts (Dank für diese Anregung an Dr. G. Friedrich).

FRAGEN

- ✔ *Woran erkennt man kreative Menschen?*
- ✔ *Welche Eigenschaften besitzen sie? Welche Fähigkeiten brauchen sie?*
- ✔ *Was muss gefördert oder unterstützt werden?*
- ✔ *Welchen Beitrag können sie selbst für ihre eigene Entwicklung leisten?*

Die kreative Persönlichkeit

INFO 1

„Widmen Sie einige Minuten täglich einer Tätigkeit Ihre volle Aufmerksamkeit!“

Kreative Kinder sind nicht unbedingt „einfache“ und „pflegeleichte“ Kinder, die in der Gruppe ohne Probleme „funktionieren“. Kreative Menschen besitzen häufig eine große physische Energie. Sie haben ein großes Bewegungsbedürfnis, sind kräftig, konzentriert und ausdauernd. Kreative Erwachsene arbeiten viel. Sie leisten oft Überstunden, weil sie ihre Arbeit gerne machen (intrinsische Motivation). Gleichzeitig sind kreative Menschen, Erwachsene wie Kinder, häufig ruhig und entspannt. Und sie bestehen auch auf diese Ruhephasen. Sie können gereizt reagieren, wenn man sie aus der Arbeit reißt und wenn man ihnen nicht ihre Ruhe lässt. Sie können aggressiv Informationen und Anregungen einfordern und sich genauso dagegen wehren.

Die große physische Energie ist aber kein Hinweis auf eine besondere, überlegene Kreativität. Es berichten auch kreative Persönlichkeiten, welche mit 70 und 80 Jahren noch vor Vitalität strotzen, dass sie als Kinder kränklich waren. Ein berühmtes Beispiel für einen solchen Fall ist Isaac Newton, der als Frühgeburt zur Welt kam und fast gestorben wäre. Seine schwache Konstitution machte es ihm schwer, viel mit Altersgenossen zu spielen. In der Folge verbrachte er in seiner Kindheit viel Zeit mit sich und mit Büchern. Von Leonardo da Vinci wiederum weiß man, dass er ein sehr schönes und vitales Kind war, das mit Sicherheit viele Freunde und Spielkameraden hatte.

Kreative Personen sind nicht „hyperaktiv“ und laufen ständig auf Hochtouren. Im Laufe ihres Lebens lernen die meisten mit ihrer persönlichen Energie sinnvoll umzugehen. Sie wollen, dass die Energie ihrer eigenen Kontrolle unterliegt und nicht einem erzwungenen Terminplan. Wenn sie die Möglichkeit haben, fangen sie sofort an sich wieder zu erholen. Der eigene Rhythmus von Aktivität und anschließender Entspannung oder Reflexion ist ein wichtiger Bestandteil kreativer Arbeit. Es geht dabei nicht um einen genetisch bedingten Biorhythmus. Vielmehr ist es eine durch Ausprobieren schließlich erlernte Erfolgsstrategie. Hier liegt auch ein Grund

INFO 1
Fortsetzung

„ZWEI DINGE SIND ERFORDERLICH. DAS EINE IST DER VERSTAND. DAS ANDERE IST DIE BEREITSCHAFT, SEHR VIEL ZEIT MIT NACHDENKEN ZU VERBRINGEN UND DABEI DAS SEHR REALE RISIKO IN KAUF ZU NEHMEN, DASS NICHTS DABEI HERAUSKOMMT.“

für das Scheitern bei der wahllosen Anwendung von beliebigen Kreativitätstechniken.

Kreative Menschen scheinen in sich sehr widersprüchliche Eigenschaften zu vereinen. Häufig sind sie sehr klug und naiv zugleich. Das kann das Herangehen an ein bestimmtes Problem genauso betreffen wie den Umgang mit anderen Menschen. Gleichwohl scheint in der Regel eine mittlere bis höhere Kernintelligenz (IQ) vorzuliegen. Kreative Menschen, die eine anerkannte Neuigkeit in einer Domäne erschaffen, verfügen offenbar über die Fähigkeit, zwei gegensätzliche Denkweisen effektiv zu nutzen: das konvergierende und das divergierende Denken. Intelligenztests messen in der Regel das konvergierende Denken, welches die Lösung von genau definierten, rationalen Problemen umfasst, für das es eine einzige korrekte und für den Test festgelegte Antwort gibt. Dagegen führt das divergierende Denken zunächst zu keinen allgemein anerkannten Antworten. Zu ihm gehören neben der Flüssigkeit oder der Fähigkeit, eine große Anzahl von Ideen zu produzieren, Flexibilität und die Fähigkeit, wechselnde Perspektiven einzunehmen. *„... das divergierende Denken stößt schnell an seine Grenzen, wenn es nicht durch die Fähigkeit ergänzt wird, eine gute von einer schlechten Idee zu unterscheiden – und dieses Auswahlverfahren erfordert konvergierendes Denken“* (Csikszentmihalyi, S. 92).

Eine weitere paradoxe Eigenschaftskombination ist die Verbindung von Disziplin und Spielerischem bzw. von Verantwortungsbewusstsein und Ungebundenheit. Kreative gehen oft spielerisch an Probleme heran und mit Problemen um. Sie beherrschen aber auch die Antithese: Dickköpfigkeit, Sturheit und Ausdauer. Hans Bethe, Physiker, Nobelpreis für seine Arbeit über stellare Energie, erläutert: *„Zwei Dinge sind erforderlich. Das eine ist der Verstand. Das andere ist die Bereitschaft, sehr viel Zeit mit Nachdenken zu verbringen und dabei das sehr reale Risiko in Kauf zu nehmen, dass nichts dabei herauskommt.“* (Csikszentmihalyi, S. 94)

Imagination und Fantasie auf der einen sowie bodenständiger Realitätssinn auf der anderen Seite sind notwendig, um sich von der Gegenwart freizumachen, ohne den Bezug zur Vergangenheit zu verlieren. Kreative Menschen wechseln zwischen beiden Seiten hin und her. Kunst und Wissenschaft laufen darauf hinaus, dass die Grenzen dessen, was heute als real gilt, überschritten werden und endlich eine neue Realität erschaffen wird. Kreative Ideen sind zwar ungewohnt, erweisen sich aber früher oder später als wahr. Kreative erkennen die Wirklichkeit als etwas Relatives, Veränderliches, weshalb hier als Beispiel Albert Einstein mit seiner Entwicklung der Relativitätstheorie angeführt sein soll. Relativität heißt aber nicht, dass alles beliebig ist. Es gibt eine reale Wirklichkeit und die schert sich nicht um unsere Wünsche. Gleichzeitig verändert sie sich je nachdem, aus welchem Blickwinkel und mit welcher Intension wir sie betrachten.

HOCH BEGABTE JUGENDLICHE, DIE DAS ALLEINSEIN NICHT ERTRAGEN KÖNNEN, ENTFALTEN IHRE BEGABUNG IN DER REGEL NICHT VOLL.

Hoch begabte Jugendliche, die das Alleinsein nicht ertragen können, entfalten ihre Begabung in der Regel nicht voll. Die intensive Beschäftigung mit Musik oder Kunst oder Mathematik oder einer anderen Domäne erfordert Einsamkeit. Der symbolische Inhalt einer Domäne kann nur gemeistert werden, wenn man das Alleinsein erträgt. Gleichzeitig gibt es viele kreative Persönlichkeiten mit einem ausgeprägten Hang zur Selbstdarstellung. Notwendig sind der Wille und die Fähigkeit, sich mit anderen Menschen auszutauschen, die Arbeit und das Denken anderer kennen zu lernen und seine eigenen Gedanken zur Diskussion zu stellen. Entsprechend sind kreative Personen introvertiert und extrovertiert zugleich.

Damit zusammen hängt auch die widersprüchliche Mischung aus Demut und Stolz. Kreative wissen um ihre Leistungsfähigkeit. Gleichzeitig wissen sie um die Leistungen ihrer Vorgänger, von denen sie profitieren. Und sie wissen, welche Rolle das Glück für den Erfolg spielt. Sie wissen, dass sie über die Köpfe der anderen hinwegsehen, weil sie auf den Schultern von Riesen sitzen. Sie wissen gleichzeitig um die Leistung, eine günstige Gelegenheit erkannt und genutzt zu haben, was ein hohes Maß an Wachheit und Aufmerksamkeit fordert (vgl. Csikszentmihalyi). Die Griechen nannten dieses Moment *„Kairos"*.

Kreative Menschen sind hart, dominierend, aggressiv, unabhängig und gleichzeitig fürsorglich, sensibel und nachgiebig. Kreative und begabte Mädchen sind häufig dominierender und durchsetzungsfähiger als andere Mädchen, kreative Jungen oft sensibler und weniger aggressiv als ihre Altersgenossen. Beide verfügen über ein größeres Verhaltensrepertoire, was ihnen ein reicheres Spektrum an Interaktionsmöglichkeiten eröffnet.

Man kann nur kreativ sein, wenn man dazu bereit ist, die entsprechende Domäne auch zu verinnerlichen und die entsprechenden Regeln anzuerkennen. Entsprechend finden sich bei kreativen Personen traditionelle und konservative Tendenzen. Um Neues zu denken, braucht es aber auch die Bereitschaft, mit eben diesen Traditionen zu brechen und rebellisch zu sein. Wenn Kreative mit ihren Traditionen brechen, gibt es in der Regel gute sachliche Gründe. Um Neuerungen durchzusetzen und den Widerstand auszuhalten, braucht es oft große Leidenschaft, die kreative Menschen auch an den Tag legen. Gleichzeitig sind sie in der Lage, ihrer eigenen Arbeit mit einem Höchstmaß an Objektivität zu begegnen. Sie sind sehr selbstkritisch und bewerten ihre eigene Leistung oft geringer, wie es ihre Umgebung tut.

Die starke Identifikation und Leidenschaft mit und für die Arbeit ist geprägt durch Offenheit und Sensibilität. Dieser Umstand macht auf der einen Seite sehr verletzlich. Auf der anderen Seite ist er Quelle intensiver Freude. Entsprechend intensive Gefühlsregungen sind zu beobachten.

Kreative und begabte Mädchen sind häufig dominierender und durchsetzungsfähiger als andere Mädchen, kreative Jungen oft sensibler und weniger aggressiv als ihre Altersgenossen.

Problemsensitivität und mehr

Info 2

Kreative Menschen sehen auch Probleme, wo sie nicht so offensichtlich sind. Man spricht von „Problemsensitivität". Das ist eine herausragende Eigenschaft. Denn man kann nur Probleme lösen, wenn man sie auch sieht. Allerdings geht es nicht darum, künstlich Probleme zu machen oder kleine Schwierigkeiten aufzublasen. Bei echten Problemen suchen sie mit entsprechend großer Ausdauer nach echten Antworten. Das erfordert nicht selten auch die Fähigkeit, mit Unsicherheiten umzugehen und sie auch über einen längeren Zeitraum hinweg ertragen zu können (Ambiguitätstoleranz). Gleichzeitig verfügen kreative Personen oft über eine hohe Frustrationstoleranz. Auch nach vielen Rückschlägen können sie bei ihrer Sache bleiben. Diese Ausdauer ist auch bei Kindern zu beobachten.

Oft beeindruckt die scheinbar mühelose Leichtigkeit, mit der kreative Menschen Lösungen finden oder Ideen entwickeln.

INFO 2
Fortsetzung

Mit traumhafter Sicherheit erkennen sie bestimmte Muster oder Zusammenhänge. Oft können sie zunächst gar nicht richtig begründen, wieso sie sich für einen bestimmten Lösungsweg entscheiden. Sie handeln dann intuitiv und treffen trotzdem ins Schwarze. Die Reaktion der Mitmenschen ist unterschiedlich. Sie reicht von Anerkennung bis zum Neid. Im Allgemeinen wird aber nicht gesehen, welche Leistung hinter der Intuition steckt.

Unsere Sinne versorgen uns ständig mit Informationen. Das geschieht auch wenn wir uns dessen gar nicht bewusst sind. Zum Beispiel im Schlaf. Menschen, die in einer Stadt leben, werden an einem Tag mit weit über 1 000 Werbeimpulsen konfrontiert. Der größte Teil der Informationen dringt nicht bis in unser Bewusstsein. Er wird vorher ausgefiltert. Trotzdem ist die Information da und wirksam.

Intuition bedeutet mit einem hohen Grad an Aufmerksamkeit und Wachheit auch für solche und ähnliche Informationen sensibel zu sein und sie in die Denkprozesse einzubeziehen. Sie bedeutet Gedanken gewissermaßen im Keim zu erkennen und zu wissen, in welchen Umgebungen sie am besten gedeihen können. Es ist auch nicht leicht, einen guten Gedanken im rechten Moment fassen zu können. Gedanken sind sehr flüchtig. Oft weiß man, dass man eine gute Idee hatte, man kann sich aber nicht mehr daran erinnern. Mit zunehmendem Alter spielen für die Intuition und die kreativen Prozesse das jeweilige Wissen mit den entsprechenden Erfahrungen (reflektierte Naivität) sowie das Verfügen über verschiedene Fähigkeiten und Fertigkeiten eine Rolle.

Von kreativen Persönlichkeiten spricht man, wenn kreative Leistungen nicht einmalig sondern eher regelmäßig auftreten. Kreative können schnell viele Ideen entwickeln (Ideenflüssigkeit). Sie finden sich auch in fremden Situationen schnell zurecht. Man kann sagen, dass es sich bei der Kreativität weniger um eine Fähigkeit als um eine persönliche Einstellung gegenüber sich und der Welt handelt.

FAZIT

Kreative Persönlichkeiten erweisen sich also als sehr komplex. Sie vereinigen in sich eine Reihe widersprüchlicher Eigenschaften:

- ✘ Bewegungsbedürfnis und Ruhebedürfnis
- ✘ Klugheit und Naivität
- ✘ Disziplin und Verspieltheit
- ✘ Realitätssinn und Fantasie
- ✘ Introversion und Extroversion
- ✘ Demut und Stolz
- ✘ Dominanz und Nachgiebigkeit
- ✘ Tradition und Rebellion
- ✘ Objektivität und Leidenschaft
- ✘ Leid und Freude

EINE HERAUSRAGENDE EIGENSCHAFT IST DIE PROBLEMSENSITIVITÄT.

Man trifft diese widersprüchlichen Merkmalspaare selten alle in ein und derselben Person an. Wahrscheinlich ist eine solche Liste auch nicht vollständig. Sie beinhaltet eine gewisse Willkür. Aber es entsteht das Bild einer Persönlichkeit, welche über eine sehr breite Palette von Aktions- und Reaktionsmöglichkeiten verfügt.

Im Allgemeinen ist sie eher offen und im Umgang mit anderen aufgeschlossen. Sie ist neugierig und kann sich über vieles wundern. Kreative Menschen stellen viele Fragen und stellen auch vieles infrage.

4.5 Förderung von Kreativität und kreativen Prozessen

Einstiegssituation

Renate, Zirafeta und Laura sitzen beim Kaffee zusammen und unterhalten sich. *„Nächste Woche soll ich in der Praxis ein kleines Angebot mit den Kindern durchführen.“*, erzählt Laura. *„Irgendetwas*

Kreatives, meinte meine Anleiterin." „Na dann viel Spaß", meint daraufhin Zirafeta, *„wenn ich mir so durch den Kopf gehen lasse, was meine Mutter aus der Schule erzählt. Die meint, es dauert ewig, bis die Kinder erst mal ins Malen kommen. Und was dann herauskommt, ist auch nicht immer gerade berauschend." „Das verstehe ich nicht. Mein Kleiner ist ganz wild aufs Malen. Den kriege ich manchmal gar nicht mehr weg, wenn er angefangen hat."*, steuert Renate von ihrem Kind bei. *„Inzwischen hängt die ganze Wohnung voll mit seinen Werken." „Mir gefällt, dass sich meine Anleiterin so früh mit mir in Verbindung gesetzt hat. So kann ich mich vorbereiten. Ich hab auch schon ein paar Ideen. Das Problem ist nur: Machen die auch den Kindern Spaß? Ich habe das Gefühl, als müsste ich erst zwei oder drei Tage bei den Kindern sein, bevor ich so was planen kann. Schließlich sollen doch die Kinder kreativ werden können."*

Überlegen sie sich mit ein paar Kollegen oder Kolleginnen, worauf sie achten würden, wenn sie ein „Kreativ-Angebot" planen würden.

Fünf der größten Irrtümer zur Kreativität

INFO 1

1. Kreativität entsteht aus dem Chaos.
Albert Einstein gilt fast als ein Synonym für Kreativität. Dieses Bild verschickte er als Geburtstagsgruß an alle seine Freunde. Wie mag so ein Mensch an wissenschaftliche Arbeit herangehen? Zerzaust, sprunghaft, überall und nirgends, eben „locker"?

So sieht es aus. Und in der Tat kann ein gewisses spielerisches Herangehen an verschiedene Probleme deren Lösung erleichtern. Für kreative Prozesse sind feste Strukturen allerdings keinesfalls hinderlich. Für kreative Prozesse macht es Sinn, sich von Ordnungen lösen zu können, um ungewohnte Verfahren und Sichtweisen in die Überlegungen einfließen zu lassen. In dem Moment allerdings, in dem der Überblick verloren geht, werden kreative Lösungen extrem unwahrscheinlich. Als effektive Methode für kreative Prozesse ist das Chaos statistisch gesehen ungeeignet.

2. Fachleute sind in der Regel nicht kreativ.
Hier wird vom „Fachidioten" ausgegangen. Man ist der Annahme, dass Fachleute in so festgelegten und vorstrukturierten Bahnen denken, dass sie niemals zu ausgefallenen Lösungen kommen können. Allerdings trifft gerade das Gegenteil zu. Oft sind es die Laien, die die Dinge sehr voreingenommen beurteilen und wahrnehmen. Der Alltagsverstand ist in der Regel wesentlich weniger originell, als es ihm unterstellt wird. Im Allgemeinen kommen kreative und umsetzbare Ideen selten von Menschen, die von der jeweiligen Sache nur wenig Ahnung haben. Sach- und Fachwissen sind oft die Voraussetzung, bestimmte Problem überhaupt wahrzunehmen und Lösungswege zu entwickeln. Es handelt sich bei diesem Vorurteil übrigens um eine Schwierigkeit, mit der Erzieherinnen und Erzieher regelmäßig zu kämpfen haben. Oft wird nämlich unterstellt, dass Erziehung keine professionelle Tätigkeit ist und es im Grunde jeder kann, spätestens, wenn Kinder da sind.

Albert Einstein

3. Junge Menschen, vor allem Kinder, sind besonders kreativ.
In der Tat wird der Grundstein zur Kreativität in der Kindheit gelegt – oder auch vergraben. Andererseits sind Kinder bei der Lösung vieler Probleme schlicht überfordert. Es fehlt ihnen an kognitiven Mög-

INFO 1
Fortsetzung

lichkeiten und am Sachwissen. Professionelle Erzieher rechnen sogar mit bestimmten Problemlösungen. Auch im bildnerischen Bereich folgen kindliche Produkte bestimmten, vorhersehbaren Entwicklungsverläufen. Oder anders herum gewendet, lassen sich aus verschiedenen bildnerischen Äußerungen der Kinder Rückschlüsse auf deren Entwicklungsstand ziehen.

Menschen, die in der Jugend kreativ waren, sind es oft auch im Alter noch. Aber die Art der Kreativität ändert sich. Ältere Menschen scheinen zahlenmäßig weniger kreative Lösungen zu entwickeln. Allerdings ist der Anteil brauchbarer Lösungen deutlich höher, vielleicht, weil sie aus Erfahrung viele Ideen erst gar nicht mehr äußern, da ihnen deren Unrealisierbarkeit absehbar erscheint.

4. Kreative Menschen sind in der Regel Außenseiter.

Dieses Vorurteil ist fast schon eine Forderung. Kreative Menschen sollen „Querdenker" sein. Sie sollen sich gewissermaßen dem gesellschaftlichen Konsens entziehen und allgemein Anerkanntes grundsätzlich infrage stellen. Das macht aber wenig Sinn, da in der Regel Probleme gelöst werden, die auch die Gesellschaft als Ganzes betreffen und die jeweiligen Lösungen damit letztlich wieder einen Konsens und Anerkennung erforderlich machen. Dazu sind kreative Menschen auf die Nähe zu ihrer Domäne angewiesen. Sie stellt gewissermaßen ein Regulativ dar, welches auch sicherstellen soll, dass die jeweiligen Entwicklungen der Menschheit dienlich sind.

5. Zur Kreativität braucht man keine Technik.

„Technik" ist ein schwieriger Begriff. Zum einen bezeichnet er unterschiedliche Gegenstände wie Computer, Autos, Schlagbohrmaschinen oder Bleistifte. Zum anderen bezeichnet „Technik" ein Vermögen, eine Fähigkeit. Zum Beispiel verfügt ein Pianist über eine gute Technik oder auch ein Athlet im Weitsprung. Menschen lesen mit unterschiedlich effektiven Lesetechniken. Oft sind sich die Menschen der Techniken, die sie anwenden, gar nicht bewusst. Dazu gehören auch die „Kreativitätstechniken". Schiller hatte auf seinem Schreibtisch einen fauligen Apfel liegen. Der Geruch regte ihn zum Schreiben an. Technik hat so verstanden nichts mit Berechenbarkeit oder kalter Rationalität zu tun. Im Allgemeinen verfolgen kreative Menschen bewusst individuelle und persönliche Strategien, Techniken, wenn sie sich auf die Suche nach Problemlösungen machen. Wenn jemand sich selbst und die für ihn brauchbaren Techniken kennt, so ist das ein sehr großer Vorteil.

INFO 2

Die Erzieher- und Erzieherinnenpersönlichkeit

„Das größte Geschenk, das ich von jemandem empfangen kann, ist, gesehen, gehört, verstanden und berührt zu werden". Virginia Satir

Erzieherinnen und Erzieher sind Bestandteil des Feld-Pols, der an der Entwicklung der kreativen Potenziale der Kinder beteiligt ist. Die Kinder schauen (wörtlich) zu ihnen auf. In allem, was die Erzieher tun, sind sie für die Kinder ein Vorbild. Alles, was sie tun, als auch ihre inneren Einstellungen zu den Dingen beeinflussen Verhalten und Einstellungen der Kinder. Erzieher können sich nicht nicht verhalten. Ihre Aktivitäten sind genauso wirksam wie ihre Unterlassungen. Ihr Engagement und ihre Initiative sind ebenso prägend wie ihre Gleichgültigkeit.

Aus diesem Sachverhalt entstehen eine Reihe von Aufgaben für die Erzieher und Erzieherinnen. Kinder besitzen ein sehr feines Sensorium für das Verhalten Erwachsener und sie beobachten sehr genau. Sie können ein aufgesetztes Verhalten gut von echtem unterscheiden. Daher ist es wichtig, dass es gelingt, im Allgemeinen authentisch zu sein.

„Erkenne dich selbst" stand im Tympanon des Tempels zu Delphi. Die „alten Griechen" befragten das Orakel von Delphi, wenn es schwere Zukunftsentscheidun-

9612172

gen zu treffen galt. Einen Schlüssel für solche Entscheidungen sahen sie wohl ganz wesentlich in der Selbstkenntnis der Fragenden. Das Verhalten von Kindern wird uns heute oft verständlicher, wenn wir uns unseres eigenen Verhaltens klarer werden. Denn oft wird dieses Verhalten imitiert.

Kinder beobachten die sie begleitenden Erwachsenen dabei, wie sie mit Problemen umgehen. Sie registrieren, ob jemand Problemen ausweicht oder sie offensiv angeht. Sie nehmen auch wahr, mit welchen Strategien sich Erwachsene mit Problemen befassen und mit welcher „Qualität" der Problemlösung sie sich zufrieden geben. Wie oben zu sehen war, ist das Problemlöseverhalten ein wesentlicher Aspekt der Kreativität.

Erik Berne geht auf der Grundlage der Transaktionsanalyse (vgl. Bd. 1, LF 2) davon aus, dass jeder Mensch im Laufe seines Lebens bestimmte Handlungsmuster erwirbt, nach denen er in verschiedenen Situationen immer wieder reagiert (systemischer Ansatz). Im Laufe des Lebens erwirbt er gewissermaßen eine „Grammatik", einen relativ festen Regelapparat, nach dem er handelt. Es geht hier um die Art und Weise, wie einzelne Menschen mit Situationen umgehen und auch immer wieder dieselben Situationen schaffen. Diese Handlungsmuster sind längst nicht immer effektiv und sie können nur schwer geändert werden. Zu diesem Handlungsmuster gehört auch das Bild, welches jemand von sich selbst hat.

Wollen Erzieherinnen und Erzieher die Kreativität der Kinder fördern, so müssen sie sich mit ihrem eigenen kreativen Potenzial befassen – und es gegebenenfalls erweitern. Diese Arbeit an der eigenen Persönlichkeit erfordert sehr viel Mut und Aufrichtigkeit. Neben dem Erwerb einer Wissensbasis (Materialkenntnisse, Werkzeuggebrauch, sensibler Wahrnehmungsapparat, künstlerisches „Weltwissen" ...) bedeutet es eine sensible Selbstwahrnehmung und die Überprüfung eigener Grundeinstellungen und Positionen. Denn Kreativität hat auch etwas mit der eigenen Einstellung, mit einem realistischen Selbstkonzept zu tun. Viele Menschen sind der Auffassung, dass sie nicht zeichnen oder malen oder nicht von selbst auf gute Ideen kommen können. Eine solche Einstellung überträgt sich auf andere und steuert auch deren Verhalten. Natürlich kann ein solches Selbstbild auch realistisch sein. Oft ist sehr wohl ein kreatives Potenzial vorhanden, nur kommt es aus verschiedenen Gründen nicht zum Tragen. Vielleicht, weil zu wenig Routine und Übung vorhanden sind oder weil Ängste verhindern, dass Menschen ihre Ideen einbringen und ernst nehmen. Ein möglichst objektiver Blick auf die eigene Persönlichkeit und die tatsächlich vorhandenen Möglichkeiten und Entwicklungspotenziale ist Voraussetzung, wenn man andere Menschen in ihrer Kreativität fördern will.

Die Phasen kreativer Prozesse

INFO 3

PROBLEMSENSITIVITÄT IST TRAINIERBAR.

Kreativität erfolgt allgemein nicht überfallartig, auch wenn das oft so wahrgenommen wird. Bei dieser Wahrnehmung dringen andere wichtige Phasen kreativer Prozesse nicht ins Bewusstsein oder werden nicht als notwendiger Bestandteil der kreativen Prozesse gesehen.

Der kreative Prozess kann in fünf Phasen eingeteilt werden:

Am Beginn steht die *Aufmerksamkeit* und *Wachheit.* Man muss eine Aufgabe oder ein Problem zuerst als solches wahrnehmen. Diese Problemsensitivität ist auch durch Übung trainierbar. Ohne das Bewusstsein eines Problems fehlt auch die Triebfeder, es zu lösen. **In dieser ersten Phase wird das *Ziel* bestimmt.**

Die zweite Phase besteht in der *Vorbereitung* der Problemlösung. Das Problem muss analysiert werden. Man verschafft sich einen Überblick über die Randbedingungen und die eigenen Möglichkeiten und Ressourcen. Man führt verschiedene Versuche durch und erprobt unterschiedliche Materialien. Mit Kindern wird man das sehr praktisch, lebensnah, handelnd tun. Beim Bauen, Malen, Zeichnen, Entwerfen, Ausprobieren … erwerben die Kinder die notwendigen Erfahrungen, Kenntnisse und Einsichten. Sie entwickeln kognitive Strukturen und Konzepte, mit deren Hilfe sie schließlich Probleme lösen können.

Die jeweiligen Erfahrungen müssen mit den Kindern besprochen werden, damit sie ihnen auch bewusst werden. Lernprozesse sind in diesem Alter vor allem soziale Prozesse. Kinder lernen in Beziehungen.

Das gilt zwar auch für Erwachsene. Die sind jedoch in der Lage, verschiedene Möglichkeiten auch nur im Kopf durchzuspielen, was eine hohe Konzentrationsfähigkeit und ein großes Vorstellungsvermögen erfordert. Vor allem im Bereich der Forschung wird dennoch viel praktisch experimentiert und überprüft. So wird auch der eigene Wissenstand daraufhin überprüft, ob er für die Problemlösung ausreichend ist. Bei Bedarf werden Forscher gezielt notwendiges Wissen erwerben. Das ist sogar die Regel, weshalb die Fähigkeit, zu lernen, und die Beherrschung effektiver Lerntechniken in unserer Gesellschaft unabdingbar sind.

Diese zweite Phase ist oft sehr anstrengend und bedarf eines hohen Durchhaltevermögens. Sie birgt auch viele Rückschläge und Frustrationen. Musiker verbringen sehr viel Zeit mit Üben. Längst nicht jedes Bild ist auch eine gelungene Arbeit. Vieles verlässt nie das Atelier. Forscher verfolgen Problemlösungen manchmal über Generationen. Einstein war nicht in der Lage, seine Relativitätstheorie zu überprüfen. Dazu stehen uns erst heute die notwendigen Mittel zur Verfügung. Entsprechende Versuche führt die NASA derzeit durch.

Während der ganzen Vorbereitungsphase bedarf es einer scharfen und wachen Wahrnehmung und sensibler Sinne. Das Penizillin wurde nur entdeckt, weil es Alexander Fleming auffiel, dass, nachdem das Fenster seines Laboratoriums offen gestanden hatte, in einer Petrischale alle Bakterienkulturen eingegangen waren.

Oft ist es so, dass man einer Lösung nicht näher kommt, auch nicht, wenn man sich noch so sehr bemüht. Vielleicht sucht eine Erzieherin fast verzweifelt nach einer guten Idee für ein Angebot für ihre Gruppe. Aber der entscheidende Gedanke will einfach nicht kommen. Dann macht es Sinn, Abstand von dem Problem zu nehmen und eine Pause einzulegen. Von dem Chemiker Kekulé wird erzählt, auch nach intensiven Studien sei es ihm nicht möglich gewesen, die chemische Struktur des Benzols zu entschlüsseln. Schließlich gab er auf und setzte sich in den Sessel vor seinem Kamin wo er einschlummerte. Er träumte von tanzenden Atomen, die sich in kleinen Ketten zu Schlangen formten, die sich jagten. Plötzlich biss sich eine der Schlangen selbst in den Schwanz und bildete so einen Kreis. Kekulé schreckte hoch. Er hatte die Ringstruktur des Benzols entschlüsselt.

Wenn im Allgemeinen über Kreativität gesprochen wird, meint man diesen „Kick", diese Intuition, diese spontane Eingebung, die einen überfällt. Oft kommt sie in entspannten Momenten, in denen man eventuell auch an etwas ganz anderes denkt. Es ist der glückliche Höhepunkt der **dritten Phase, der Inkubation** oder Latenzphase. Während der Inkubationsphase setzen sich die gesammelten Erkenntnisse zum Problem zusammen. Das Problem denkt sich gewissermaßen selbst weiter. Man sagt, man hat es im „Hinterkopf". Entspannungsphasen sind für kreative Prozesse sehr wichtig. Man sollte sich aber klar machen, dass diese Gedanken im „Hinterkopf" nur mit dem arbeiten können, was in den ersten beiden Phasen bewusst wurde. Ohne diese beiden Phasen bleiben brauchbare Intuitionen und echte kreative Ergebnisse eher zufällig. Entscheidend ist, dass man wach und aufmerksam genug ist, um auch zu bemerken, dass man eine Lösung oder einen gangbaren Lösungsweg entdeckt hat, dass man den entscheidenden Ideenblitz auch bemerkt und den Gedanken dann festhält und konkretisiert.

Mitunter lässt sich nicht genau bestimmen, wann man von einer Phase in die nächste eintritt. Die Übergänge sind zum Teil fließend und individuell sehr unterschiedlich. Manche Menschen kommen während der Vorbereitungsphase nahezu in einen „Rausch". Sie gehen dann so in ihrer Arbeit auf, dass sie alles um sich herum vergessen oder aus ihrer bewussten Wahrnehmung verlieren. Kindern passiert das noch leichter als Erwachsenen. Sie können völlig in ihrem Spiel oder in einer Tätigkeit aufgehen. Es ist dann schwer, sie wieder in die Realität zurückzuholen, und man tut das nur ungern. Sie existieren dann ganz im Hier und Jetzt. Sie sind in einem einzigen Punkt von Wirklichkeit konzentriert, sozusagen unverdünnt lebendig, durch nichts von ihrem Handeln abgelenkt. Sie sind dann absolut präsent. Dieser Zustand wird in der Kreativitätsforschung als **„Flow"** bezeichnet. Es sind seltene glücksdurchflutete Momente von höchster Intensität und Lebendigkeit. Es sind Momente höchster Klarheit und Effektivität im Denken.

Dieser Ablauf kreativer Prozesse macht eine andere, besondere Art der Aufmerksamkeit notwendig. Die eine Form der Aufmerksamkeit richtet sich konzentriert und wach auf die Dinge und Vorgänge, die untersucht werden. Gleichzeitig richtet sich eine andere Aufmerksamkeit auf das eigene Denken. Der beste Gedanke, eine gute Idee oder Intuition bringen nichts, wenn sie nicht bemerkt werden. Und wenn man nicht in der Lage ist, sie zu ergreifen. Oft erinnert man sich daran, dass man gerade noch eine gute Idee, eine brauchbare Formulierung hatte. Jedoch scheinen Ideen die unangenehme Eigenschaft zu besitzen sich sehr schnell wieder verflüchtigen zu können.

Nach dieser dritten Phase beginnt nun wieder die sichtbare Arbeit im kreativen Prozess. **Die gewonnen Einsichten müssen überprüft und in einer vierten Phase bewertet werden.** Auch das ist mitunter sehr anstrengend. Aber ohne diese Arbeit ist die letzte Phase (Umsetzung) nicht ganz Erfolg versprechend. In ihr geht es dann endlich an die Ausarbeitung und Umsetzung der neuen Idee. Oft tauchen hier wieder neue Schwierigkeiten auf – und der kreative Prozess beginnt von vorne.

Hat man sich mit den Phasen kreativer Prozesse vertraut gemacht, so ist man auch in der Lage, damit zu arbeiten. Es fällt leichter, eine Durststrecke durchzustehen, wenn man ihre Bedeutung verstanden hat. Es ist auch einfacher, Kinder zum Durchhalten und zur Konzentration zu ermuntern, wenn man weiß, welcher Teil des Weges gerade gegangen wird. Ein Bildhauer schlägt mit seinem Werkzeug tausendmal auf dieselbe Stelle an seinem Stein, bis das richtige Stück abspringt. Es hilft ihm nichts: Er kann nicht den tausendsten Schlag machen ohne die 999 davor.

Kreative Prozesse haben einen entscheidenden Nachteil: Sie verlaufen nicht mit einer Erfolgsgarantie. Erfolg ist eine Belohnung, die motivierend wirkt. Bleibt der Erfolg trotz Anstrengung aus, so ist das frustrierend. Frustrierende Aktivitäten versuchen wir normalerweise zu vermeiden. Es zeichnet sich hier eine Abwärtsspirale ab. Eventuell hört Kreativität auf, wenn jemand zu der Überzeugung kommt, dass Kreativität zu viel Frustrationsrisiko birgt. Man verzichtet dann auf den großen Gewinn, um sich die kleinen Enttäuschungen zu ersparen. Kreativität erfordert also eine gewisse Leidensbereitschaft, Mut und die Zuversicht, dass man schließlich doch Erfolg haben wird.

Deshalb ist es nicht ganz einfach, echte kreative Prozesse zu fördern. „Echt“ soll mit einem Beispiel umrissen werden: Besorgen Sie sich eine Zeitschrift mit der Anleitung für hübsche Tischkarten und stellen Sie diese dann mit einer Gruppe von Kindern her, so ist das eine schöne Beschäftigung, in der die Kinder auch das eine oder andere lernen oder üben können. Letztlich machen sie aber etwas nach und sind im eigentlichen Sinne nicht kreativ. Sie schaffen nichts Neues. Der Maßstab für das Endergebnis ist vorgegeben. Er besteht aus der Nachbildung des Produktes in der Zeitschrift. Die Umsetzung eigener Gedanken ist hier im Grunde nicht erwünscht und damit auch nicht die Bearbeitung eigener Erfahrungen und Welt. Auch die Variation der Vorgabe bringt letztlich nichts Neues hervor und trägt auch nicht zur Welterschließung bei.

Kreative Prozesse sind vielen äusseren Einflüssen ausgesetzt. Eine grosse Rolle spielt die Peergroup.

Kreative Prozesse sind vielen äußeren Einflüssen ausgesetzt. Eine große Rolle spielt die Peergroup, die Gruppe der Gleichaltrigen. Sie stellt einen wichtigen Maßstab und ein wichtiges Korrektiv für das jeweilige Handeln dar. Innerhalb dieser Gruppe sind bestimmte Dinge „in“ und innerhalb dieser Gruppe will man sich auch nicht bloßstellen. Hier gibt es auch bereits geschlechtsspezifische Vorgaben. Das alles engt den Handlungsspielraum und die kreativen Möglichkeiten ein.

Mit in diesen Prozess wirken auch die verschiedenen Produkte und gestalterischen Vorgaben der Industrie hinein. Vor allem bei älteren Kindern und Jugendlichen spielt es eine Rolle, ob sie das Gefühl haben, sie könnten sich mit den beispielsweise grafischen Vorgaben aus der Werbung messen. Es spielt dann keine Rolle mehr, ob diese Ergebnisse wirklich gut und kreativ sind. Und das ist längst nicht immer der Fall. So wiederholen sich in der Werbung oftmals immer wieder dieselben Grundideen und zudem sind diese Ideen längst nicht immer gut ausgeführt. Im Allgemeinen ist es aber nicht üblich, diese Produkte weiter infrage zu stellen.

Was hier aufseiten der Kinder stattfindet, ist eine Produktorientierung. Für sie zählt dann zunächst die Wirkung des Endergebnisses. Unter diesem Gesichtspunkt haben sie aber eine schlechte Ausgangsposition. Auch wenn sie im Grunde die bessere und innovativere, kreativere Idee haben, so fehlt es ihnen oft an den technischen Mitteln und am Know-how, um ihre Ideen mit demselben Blendeffekt umzusetzen.

In der Folge hören letztlich bei vielen Menschen mit der Pubertät die gestalterischen Aktivitäten auf. Viele haben dann auch kein Interesse mehr daran, über und durch ihre Ergebnisse zu kommunizieren, weil sie sie als minderwertig erachten. Auf der anderen Seite kennt die Industrie das enorme kreative Potenzial, welches Kinder und Jugendliche besitzen, und holt sich gerade aus dieser Gruppe viele Ideen, mit denen dann weitergearbeitet wird.

Natürlich freut man sich über eine gelungene und überzeugende Arbeit, über ein gutes Produkt. Wenn allerdings das Produkt und dessen Erfolg als der alleinige

Maßstab gelten, so wird das Scheitern „kreativer" Anstrengungen sehr wahrscheinlich. Als innere Einstellung ist für die kreativen Prozesse und die Entwicklung eigener Kreativität eine *Prozessorientierung* günstiger. Sie macht gewissermaßen den Weg zum Ziel und nimmt so einen großen Teil des Erwartungsdrucks. Kreativität wird so allmählich zu einer *Grundhaltung*, die kreative Prozesse in sämtlichen, auch alltäglichen Handlungen ermöglicht und erlebbar macht. In diesem Fall werden die einzelnen kleinen Lernfortschritte und die stetige Entwicklung der eigenen Persönlichkeit bedeutsam. Kreativität und Flexibilität sind so nicht mehr punktuelle Ausnahmesituationen, sondern durchziehen das ganze Leben.

Das ist ein entscheidender Sachverhalt, denn mit Ausnahmesituationen tun wir uns in der Regel schwer und vermeiden sie daher. Kreativität wird aber zunehmend wichtig für das Leben in unserer Gesellschaft. Sie sollte damit bereits von Kindesbeinen an alltäglich werden.

Für kreative Prozesse gibt es eine Reihe weiterer begünstigender Rahmenbedingungen. Das Milieu, das Feld, in dem kreative Prozesse stattfinden, wurde oben angesprochen. Kinder sind nicht immer von sich aus spontan kreativ. Sie sind auf vielfältige Anregungen aus ihrer Umwelt angewiesen. Anregungen stellen den Katalysator dar, der kreative Prozesse in Gang bringt – ohne sich dabei zu verbrauchen. Diese Katalysatoren finden sich in einer Umgebung, die viele unterschiedliche Gegenstände, Materialien und Formen bietet. Allerdings auch nicht zu viele. Es ist hier wichtig, die Kinder genau zu beobachten und auf deren Signale zu achten. Kinder teilen auf vielfältige Weise mit, ob sie weitere Materialien wirklich brauchen oder ob so viel davon vorhanden ist, dass es sie überfordert.

Auch eine gezielte und künstliche Verknappung des Angebotes kann für kreative Prozesse sehr fruchtbar sein. Das Stichwort wäre hier der *spielzeugfreie Kindergarten* (vgl. Bd. 1, LF 3), wie er in manchen Einrichtungen praktiziert wird. Bei diesem Konzept werden bewusst viele, mitunter alle Spiele und Materialien entfernt, um die Kinder zur Besinnung auf ihre eigenen Möglichkeiten und Ressourcen zu ermuntern. Es ist erstaunlich, welche Spielideen Kinder unter solchen Bedingungen entwickeln können. Auch bei gestalterischen Lösungen ist die aufgewandte Materialmenge kein Qualitätskriterium. Hilfreich für die Kinder ist es, wenn sich das Materialangebot ihren Interessen entsprechend immer wieder ändert.

ALS INNERE EINSTELLUNG IST FÜR DIE KREATIVEN PROZESSE UND DIE ENTWICKLUNG EIGENER KREATIVITÄT EINE *PROZESSORIENTIERUNG* GÜNSTIGER.

BAUEN SIE VERSCHIEDENE (ALTE) WERKZEUGE UND GEGENSTÄNDE AUSEINANDER UND SCHAUEN SIE NACH, WIE SIE FUNKTIONIEREN. VOR ALLEM: REPARIEREN SIE IN ZUKUNFT IHR FAHRRAD SELBST.

Kreativität und Zeitdruck

INFO 4

Als Apollo 13 im Weltraum beschädigt wurde, drohten die Astronauten, zu ersticken. Es musste schnell eine Problemlösung gefunden werden. Die Ingenieure auf der Erde als auch die Astronauten standen unter hohem Druck, eine Lösung zu finden. Sie mussten sehr kreativ sein. Einen Luftfilter zu kaufen und dann oben einzubauen, stellte keine praktikable Lösung dar. Auf der Erde wurde folgender Weg eingeschlagen: Die Konstrukteure der Raumkapsel häuften sämtliche Gegenstände an, von denen sie relativ sicher waren, dass sie für die Astronauten momentan nicht lebenswichtig waren. Da fanden sich Metallteile, Kleidungsstücke,

Info 4
Fortsetzung

Räumanzüge, Kabel, Schläuche, elektrische Teile ... Diese Sammlung wurde in mehrere Ingenieurteams gegeben, die unabhängig voneinander und parallel an dem Problem arbeiteten, um innerhalb kürzester Zeit damit einen funktionsfähigen Luftfilter zu bauen.

Die Situation war mit Sicherheit spannungsgeladen, vielleicht hektisch, aber nicht chaotisch. Das Team ging sehr geplant an die Aufgabe heran. Den Anfang bildeten die konkrete Problemstellung und dann die Sammlung, das Sondieren und Ordnen des zur Verfügung stehenden Materials. Gewissermaßen existiert nur das Material, dessen wir uns bewusst sind. In diesem Sinne muss es den Kindern in einer Einrichtung möglich sein, einen Überblick über die ihnen zur Verfügung stehenden Materialien zu bekommen. Das bedarf einerseits einer Ordnung und Struktur im Raum und in der Einrichtung. Andererseits kann es dafür keine festen Regeln geben, da die Umgebung ständig den aktuellen Bedürfnissen und dem Entwicklungsstand der Kinder angepasst werden muss. Es macht Sinn, die Kinder in diese Prozesse, die auch die Entwicklung geltender Regeln beinhalten, mit einzubeziehen, da sie damit durchschaubarer werden und den Kindern eine bessere Identifikation ermöglicht wird. Die Umgebung wird dadurch zu *ihrer* Umgebung.

Lernen ist im Kindesalter vor allem ein sozialer und kommunikativer Vorgang.

Gleichzeitig werden die Kinder bereits damit kreativ aktiv. Die Gestaltung der Umgebung ist selbst ein kreativer Prozess. Kreativität wird durch Eigentätigkeit unterstützt und gefördert. Kinder sollten möglichst viel selbst tun. Sie brauchen die Chance zum Erfolg wie die Chance, zu scheitern. Beides birgt Lernerfahrungen und macht kompetent. Kinder müssen die Möglichkeit bekommen die Folgen ihrer Handlungen zu erleben, auf jeden Fall solange für sie keine große Gefährdung besteht. Man sollte sie deshalb auch zur Initiative ermuntern. Die gemachten Erfahrungen müssen mit ihnen besprochen und unter verschiedenen Blickwinkeln bewusst gemacht werden (Metakognition). Lernen ist in diesem Alter vor allem ein sozialer und kommunikativer Vorgang. Das bedeutet auch, dass die Kinder die Informationen bekommen müssen, die sie im Moment brauchen und verlangen. Sie müssen Antworten auf ihre Fragen bekommen. Manchmal muss man ihnen auch Informationen geben, von denen sie im Moment gar nicht wissen, dass sie sie brauchen. Das erfordert von den begleitenden Erwachsenen ein hohes Maß an Wahrnehmungsfähigkeit, Aufmerksamkeit, Wissen und Bildung.

Die gesamte Umgebung spielt eine Rolle für die Entwicklung der Kreativität. Wenig Einfluss haben Erzieherinnen und Erzieher dabei auf das jeweilige Wohnumfeld der Kinder.

„Den ersten Entwurf zu diesem Kapitel schrieb ich (Csikszentmihalyi) in Norditalien, nicht weit vom Fuß der Alpen in einer kleinen steinernen Zelle von zwei mal zwei Metern, mit zwei Balkontüren, die den Blick auf den Ostarm des Comer Sees freigeben. Die Zelle wurde vor 500 Jahren von Einsiedlermönchen bewohnt und liegt über einer Kapelle, die der schwarzen Madonna vom Montserrat gewidmet ist. Ein früherer Kapellenbau rutschte vor langer Zeit in den See ab. Der heutige thront in sicherer Höhe auf den Felsen. ... Die Berichte kreativer Menschen legen ... den Schluss nahe, dass die Umgebung ihre Denkprozesse durchaus beeinflusst. Dabei handelt es sich allerdings nicht um eine simple Kausalbeziehung. Ein großartiger Ausblick wirkt nicht wie eine Silberkugel – es schießt einem nicht plötzlich eine neue fantastische Idee in den Kopf. Es scheint vielmehr so zu sein, dass Menschen, die geistig vorbereitet sind und dann in eine wunderschöne Umgebung kommen, eher in der Lage sind Verbindungen zwischen Ideen wahrzunehmen und neue Perspektiven auf drängende Probleme entwickeln. Aber die ‚geistige Vorbereitung' ist von wesentlicher Bedeutung."

Csikszentmihalyi, 2001, S. 195 u. 197

9612178

Einen weiteren wichtigen Einfluss hat die Gesundheit. Sie definiert sich nach der WHO als ein körperliches *und* geistiges Wohlbefinden. Wenn man sich nicht gesund und leistungsfähig fühlt, leidet die Konzentration, die für Kreativität nötig ist. Zur Unterstützung kreativer Prozesse gehört also auch die Gesunderhaltung. Man sollte daher die Kinder dazu anhalten, sich gesund zu ernähren, sich viel zu bewegen, ausreichend zu schlafen und Freundschaften und Beziehungen zu pflegen. Gesundheit in rein medizinischem Sinne ist kein Ausschlussargument. Der Physiker Stephen Hawking beispielsweise gehört trotz seiner schweren Erkrankung eindeutig zu den kreativsten Köpfen, die heute leben.

Kreativitätskiller

INFO 5

Paul Watzlawick („Anleitung zum Unglücklichsein“, München 1988) stellte einmal fest, dass es unendlich viele Bücher und Ratgeber dazu gibt, wie man glücklich wird. In der Folge verfasste er „Die Anleitung zum Unglücklichsein“. Hier sind sehr erfolgreiche Strategien zu finden, wie man sehr gut unglücklich werden kann. Es sind leider sehr alltägliche Strategien, die oft zum festen Verhaltensrepertoire vieler Menschen gehören.

Ebenso gibt es eine nahezu unerschöpfliche Menge an Kreativitätsratgebern, die erklären, wie man kreativ wird. Man findet nur wenige Anleitungen dazu, wie man Kreativität wirkungsvoll verhindern kann, obwohl auch diese Strategien zum Allgemeingut gehören. Bei Matthias Nöllke findet sich eine Reihe wirkungsvoller Kreativitätskiller, die man tunlichst vermeiden sollte (Nöllke, 1998).

Sicherheitsdenken steht oben auf der Liste. Kreativität bedeutet Mut, neue Wege zu gehen. Das kann nicht gelingen ohne die Bereitschaft, eventuell auch wieder umzukehren oder andere Wege suchen zu müssen. *„Wer etwas tut, zerstört es“* (Laotse), man kann nicht erwarten, dass sich etwas ändert und gleichzeitig alles beim Alten bleibt.

„**Konkurrenz** belebt das Geschäft“, heißt es allenthalben. Die Kreativitätsforschung legt einen anderen Schluss nahe. Es lässt sich beobachten, dass Konkurrenz kreative Lösungen eher behindert als fördert. Wer möchte sich schon blamieren und gegen den „Gegner“ verlieren? Da geht man doch lieber die sicheren, bekannten Wege … (s. o.)

Erwartungsdenken hat nur noch eine einzige im Grunde schon festgelegte Problemlösung im Blick. Es verstellt den Blick auf Abweichungen, Nuancen und neue Erfahrungen. Das Denken steckt in einem Käfig, weil sich die eigenen Wahrnehmungen nur noch selbst bestätigen wollen. Es hat auch viel mit Produktorientierung zu tun.

Belohnungen sind an der Prämie interessiert und nicht an der Problemlösung. Sie gehen von einer *extrinsischen* Motivation aus. Echte Kreativität sieht die „Belohnung“ aber in der Problemlösung selbst. Sie ist *intrinsisch* motiviert. Der Einsatz von Belohnungen lenkt vom eigentlichen kreativen Prozess ab. Eine Gewöhnung daran kann ihn zum Erliegen bringen. Daher ist es besser, sich mit den Kindern über die gelungene Problemlösung zu freuen anstatt sie mit einer zusätzlichen Belohnung zu mindern.

Kreative Lösungen sind an einer Realisierung interessiert. Das ist oft ein anstrengender und langwieriger Prozess, der nicht zum Abschluss kommen kann, wenn man zum nächsten Einfall übergeht, bevor der erste umgesetzt ist. **Sprunghaftigkeit** verhindert letztlich auf Dauer den Erfolg, den Kreativität braucht, um Kreativität sein zu können.

Es ist schon fast eine Normalität, dass Aufgaben auf die lange Bank geschoben und

erst im letzten Augenblick in Angriff genommen werden. Dadurch entsteht der Eindruck, als könnte man unter **Zeitdruck** besonders gut arbeiten. Diese Auffassung übersieht aber häufig, dass man dann schon längst im kreativen Prozess, nämlich der Inkubationsphase, steckt. Die Aufgabe ist gestellt, das Problem erkannt und man bewegt es im Hinterkopf. Es ist eine Frage des Zeitmanagements, im richtigen Moment den Absprung zu schaffen und die Aufgabe in Angriff zu nehmen und umzusetzen.
Echter Zeitdruck führt zu **Disstress.** Dann kommen brauchbare Ideen nur noch schwer zustande. Mitunter gerät man auch in Panik und kommt zu überhaupt keiner akzeptablen Problemlösung mehr.

Schlechte Rahmenbedingungen sind ein allgemein unterschätzter Kreativitätskiller. Die Atmosphäre, in der jemand arbeitet, bildet einen entscheidenden Faktor für den Fluss der Gedanken. Die entscheidenden Arbeits- und Lernphasen bei Kindern nennt man „Spiel“. Störungen und Ablenkungen sind hier sehr hinderlich. Aber auch bei Erwachsenen, z. B. bei Teambesprechungen, bildet die Atmosphäre und Umgebung, in der eine Besprechung stattfindet, einen wesentlichen Faktor für den Erfolg.

Ein realistisches und gutes Selbstbewusstsein ist kreativen Prozessen förderlich. Es sagt uns, was wir können, wozu wir wirklich fähig sind und wohin wir uns im Moment entwickeln können. Wenn es umschlägt in **Selbstzufriedenheit,** besteht nur noch wenig Anlass, etwas zu ändern. Dann tritt eine Lähmung ein, die nur noch schwer aufzubrechen ist. Es ist nicht gut, sich auf seinen Erfolgen auszuruhen. Man sollte die Kinder dazu anhalten, die ständigen Veränderungen in ihrer Umwelt ständig wach zu verfolgen. Aus ihnen entstehen immer neue Anforderungen, die es zu lösen gilt.

Gleichgültigkeit und Desinteresse bringen die Kraft, die zur Kreativität notwendig ist, schließlich zum Erliegen. Kreative Menschen versenken sich in ihre Aufgabe und haben ein großes Interesse am Erfolg. Heute warten viele Menschen darauf, dass um sie herum etwas geschieht, was sie interessiert, was ihr Interesse weckt. Es tritt dann in den Hintergrund, dass wir auch die Möglichkeit haben, ganz bewusst Interesse zu entwickeln, auch für Dinge, die im ersten Moment gar nicht interessant erscheinen. Vieles wird auch erst richtig interessant, wenn man sich eine Zeit lang damit beschäftigt.

Erzieherinnen und Erzieher arbeiten in der Regel in einem Unternehmen. In einem Kindergarten sind eine Reihe von Fachkräften beschäftigt. Die Zusammenarbeit ist strukturiert. Es gibt den Träger, Leiter oder Leiterinnen, Gruppenleiter, Praktikantinnen und Praktikanten, den Hausmeister, Reinigungspersonal und natürlich auch die Kinder und deren Eltern. Zunehmend spielen auch die Kräfte des Marktes in diese Struktur hinein. Viele Hierarchieebenen, lange Entscheidungswege, fehlende Transparenz und eine schlechte interne Kommunikation kosten viel Kraft und lähmen letztlich die innovative Leistung der Mitarbeiter, was sich nicht zuletzt auch auf die Kinder auswirkt. Eine **ungünstige Unternehmensstruktur** wirkt so direkt auf die Bildung und die Kreativität der Kinder ein. Unter diesem Blickwinkel spielt die Konzeption als auch deren Umsetzung eine entscheidende Rolle.

Es ist für die Förderung bereits viel geschehen, wenn man es schafft, dass der Einfluss dieser Kreativitätshemmnisse so gering wie möglich wird.

Fazit

- ✘ Erzieherinnen und Erzieher brauchen ein positives Selbstkonzept („Ich bin o. k. und du bist o. k.“, vgl. Harris, 1993).
- ✘ Sie brauchen eine positive Grundeinstellung, dass auftauchende Probleme auch lösbar sind.

9612180

- Sie müssen offen sein für die verschiedenen Schwierigkeiten, die auftauchen können, und dürfen sie letztlich nicht als Belastung, sondern sollten sie als Herausforderung begreifen, die das Leben spannend macht und es bereichert. Aus der echten Lösung von Problemen entsteht ein großes Maß an Kompetenz, Zufriedenheit und Selbstbewusstsein.
- Unvorhergesehene Entwicklungen dürfen Erzieher und Erzieherinnen nicht sofort aus der Bahn werfen. Sie müssen mit einer gewissen Souveränität dazu in der Lage sein, auch spontan damit umzugehen.
- Sie brauchen Improvisationsvermögen. Gleichzeitig müssen sie zu sehr zielorientierter Arbeit fähig sein.
- Sie müssen in der Lage sein sich in sehr komplexen Situationen schnell einen Überblick zu verschaffen, um dann adäquat agieren zu können.
- Sie müssen dazu in der Lage sein, echte eigenständige und innovative Lösungen und Ideen der Kinder wahrzunehmen und zu würdigen.

4.6 Kreativitätstechniken

Machen Sie sich mit einer Reihe von Kreativitätstechniken vertraut:

- **Brainstorming**
  Brainstorming eignet sich gut, wenn man am Beginn einer Problemlösung steht. Es werden spontan möglichst viele Ideen gesammelt und notiert. Dabei gelten vier Regeln:
  - Kritik ist untersagt. Jeder Gedanke darf geäußert werden.
  - Auch wilde und skurrile Ideen sind willkommen.
  - Quantität geht vor Qualität.
  - Jeder darf auch die Ideen anderer aufgreifen und kombinieren.

  Erst im Anschluss an eine Brainstormingsitzung werden die Ideen bewertet und systematisiert. Zwischen Brainstorming und Bewertung sollte eine deutliche Pause sein. Die Bewertung kann beispielsweise mithilfe einer Osborn-Checkliste erfolgen.
- **Mindmapping**
  Eine Mindmap ist eine Ideen-Karte. Man schreibt das zentrale Thema in die Mitte eines möglichst großen Blattes und notiert dann alle Inhalte und Gedanken, die dazu gehören. Während des Schreibens kann man bereits damit beginnen, die verschiedenen Gedanken zu strukturieren. Mit etwas Übung eignen sich Mindmaps auch hervorragend zur Vorbereitung auf Prüfungen. Aber Vorsicht: Mindmaps sind sehr individuell. Richtig lesbar sind sie nur von dem, der sie auch erstellt hat. (vgl. Mindmap im LF 5, Kap. 2.3, Info 5)
- **Bisoziation**
  Es werden Inhalte aus zwei unterschiedlichen Denk-Gebieten in Verbindung gebracht. So hat Gutenberg die Druckpresse mit beweglichen Lettern entwickelt, nachdem er Eigenschaften einer Weinpresse mit denen eines Münzprägestempels zusammenbrachte.
- **Synektik**
  Synektik ist eine Kreativitätstechnik, welche in der Regel in Teams angewandt wird und die einem ähnlichen Prinzip folgt wie die Bisoziation. Allerdings ist der Abstraktionsgrad größer: Man schaut, wie das Problem oder ein in irgendeiner Weise ähnliches in einem anderen Zusammenhang gelöst wurde – z. B. in der Natur – und versucht dann die Lösung auf den eigenen Bereich zu übertragen.
- **Mentale Provokation**
  Sie soll einen letztlich aus gewohnten Denkbahnen und Wahrnehmungsmustern bringen, um einen neuen Blick auf die Dinge zu bekommen. Dabei sucht man zunächst bewusst nach möglichst abstrusen Lösungen: Autos sollen viereckige Räder bekommen oder Telefone nur dann still sein, wenn

ein Anruf kommt. Es ist gewissermaßen eine Form des kindlichen „Was-wäre-wenn … Spiels“.

- **Osborn-Checkliste**
  Man sucht über eine Checkliste systematisch nach Veränderungen. Die Liste muss dabei nicht fest sein. Sie kann den jeweiligen Bedingungen angepasst werden. Lässt sich etwas anders verwenden? Was ähnelt einer Idee? Wie lässt sich etwas verändern (Bedeutung, Farbe, Material, Geruch, Form …?) Wodurch könnte etwas ersetzt werden? Was geschieht, wenn eine Reihenfolge verändert wird? Lässt sich eine Idee in ihr Gegenteil verkehren? Womit ist etwas kombinierbar? …
- **Reizwortanalyse**
  Man konfrontiert sich oder andere mit einem zufällig gewählten Begriff und versucht über Assoziationen Zusammenhänge mit der eigentlichen Problemstellung herzustellen. Schlagen Sie an einer beliebigen Stelle ein Wörterbuch auf und legen Sie blind den Finger auf einen Begriff. Was hat dieser Begriff mit der Ordnung in Ihrem Gruppenraum zu tun?

PUTZEN SIE SICH 14 TAGE DIE ZÄHNE MIT DER ANDEREN HAND.

Denken Sie mit Papier und Bleistift und machen Sie sich kontinuierlich Notizen und Zeichnungen (Visualisierung) bei Ihren Gedankengängen. Beobachten Sie sich in Ihrem Arbeitsverhalten. Achten Sie darauf, unter welchen Bedingungen Sie gut und effektiv arbeiten können und Ideen entwickeln. Erstellen Sie Arbeitsprotokolle. Ermitteln Sie ihren Lerntyp. Überprüfen Sie Ihr Arbeitsverhalten auf hinderliche Elemente hin und versuchen Sie, es kontinuierlich zu verbessern.

Damit eine Tätigkeit spannend bleibt und um sie weiterzuentwickeln, ist es hilfreich, schrittweise den Schwierigkeitsgrad zu steigern. Das macht Sinn, wenn die Veränderung zunächst gar nicht notwendig erscheint. Man kommt so leichter auf andere Ideen.

4.7 Die Kinderzeichnung

„Jedes Kind ist ein Künstler. Das Problem ist jedoch nach dem Größerwerden ein Künstler zu bleiben.“
Pablo Picasso

„Kunst setzt Individualität nicht nur voraus, sondern sie erzieht auch dazu. Ästhetische Bildung erweitert das persönliche Bewusstsein.“
Prof. E. Brügel

Kinder zeichnen und malen gerne. Dabei laufen in vielen Bereichen sehr viele Lern- und Entwicklungsprozesse ab. Zeichnen und Malen oder das Gestalten mit unterschiedlichen Materialien ist für Kinder eine wichtige Hilfe, ihre Wirklichkeitserfahrungen zu verarbeiten. Es ist eine herausragende Möglichkeit, sich mit den sichtbaren (und schließlich auch unsichtbaren) Dingen der Welt auseinander zu setzen. Vor allem für Vor- und Grundschulkinder ist die gestalterische Äußerung eines der wichtigsten Ausdrucksmittel. *„Ein Kind, das viel zeichnet, wird eindrucksempfindlicher. In seinen Zeichnungen lernt es, die Dinge zu verstehen und einzuordnen. Es bekommt Sicherheit in seiner Darstellungsweise und vermag durch das Zeichnen die Dinge festzuhalten und zu fixieren. Von der äußeren Sicherheit der Gestaltung findet es zur inneren. Es gewinnt Selbstvertrauen, es findet zu sich und beruhigt sich zugleich. Es vertraut dem Papier seine Probleme an und stellt sie damit aus sich heraus. Das Kind gewöhnt sich an selbstständiges Tun. … Dabei lernen Kinder ganz nebenbei, sich etwas vorzunehmen und es auch selbstständig durchzuführen“* (Seitz, 1983, S. 12).

INFO 1 Zeichnen als Spiegel kognitiver Prozesse

Zeichnen ist ein Spiegel kognitiver Prozesse. Es hat einen deutlichen Bezug zur Intelligenzentwicklung. Dies meint nicht, dass intelligente Menschen gut zeichnen können und weniger intelligente eben nicht. Es meint, dass das Zeichnen die kognitive Entwicklung mit fördert, indem hier viele kognitive Prozesse ablaufen und eine Reihe verschiedener Aufgaben und Schwierigkeiten bewältigt und trainiert werden müssen.

Zeichnen und Malen sind hochkomplexe Vorgänge. Bevor überhaupt eine Beschäftigung mit inhaltlichen Aspekten stattfinden kann, muss das Kind einen Stift zuerst einmal in seiner Hand halten können. Es muss verstanden haben, dass sein Tun eine Wirkung hat, nämlich einen Strich auf dem Papier hinterlässt. Es muss verstanden haben, dass letztlich es selbst die Ursache ist. Der Kontakt zum Papier und der Anpressdruck müssen kontrolliert, die Hand-Augen-Koordination abgestimmt werden. Dies alles sind diffizile feinmotorische Abläufe, für die zuerst und mit denen zusammen die entsprechenden Verknüpfungen im Gehirn geschaffen werden müssen.

Später werden „Dinge“ dargestellt. Kinder tun das erstaunlicherweise oft aus dem Gedächtnis. Sie zeichnen Dinge, *nachdem* sie sie gesehen haben und sie nicht mehr unbedingt in ihrem Blickfeld sind. Sie betrachten ihre Erinnerung und setzen sich damit auseinander. Dazu müssen sie schließlich auch ein enormes Vorstellungsvermögen entwickeln.

Beim Malen und Zeichnen vollbringen Kinder fantastische Leistungen. In ihren Bildern bilden Kinder allerdings nicht einfach nur ab. Es geht nicht um die rein visuellen Eindrücke. Inhalt ihrer Bilder sind komplexe Szenen, Erlebnisse, Erfahrungen, Handlungsbläufe … Thema ist nicht einfach nur ein Haus, wie es gesehen wird, sondern ein Haus, wie es in einem bestimmten Moment erlebt und erfahren wurde mit den Gefühlen, die dieses Haus im Kind auslöst. Ganze Handlungsabläufe und Vorgänge spiegeln sich so auch nicht selten im Produktionsprozess, in der Abfolge des gestalterischen Vorgehens des Kindes, wider. Das betrifft die Bewegungsabläufe, aber beispielsweise auch Geräusche, die das Kind während des Zeichnens oder Malens produziert.

Unter diesem Gesichtspunkt zeichnen und malen Kinder immer „richtig“! Kinder interpretieren und verarbeiten ihre Umwelt und ihre Erlebnisse immer selbst. Die „Korrektur“ durch Erwachsene würde diesen Prozess nur hemmen oder schließlich abbrechen lassen. Was Erwachsene allerdings tun können, ist Kinder zur gestalterischen Tätigkeit zu ermuntern und ihnen eine Umgebung zu schaffen, die es ihnen leicht macht, sich in der Gestaltung mit der Umgebung und den Erlebnissen aktiv auseinander zu setzen und schließlich über ihre Werke auch in Kommunikation mit ihrer Umwelt zu treten.

Die ästhetische Entwicklung des Kindes entfaltet sich am Anfang monologisch, in einer sehr unabhängigen und sehr privaten Zusammenarbeit zwischen Papier, Stift und Person. Malen und Zeichnen sind Ausdruck geistiger Aktivität, des Beobachtungs-, Erinnerungs- und Erlebnisvermögens.

Und sie sind Ausdruck der emotionalen Reife und des inneren Gleichgewichts. Kinderzeichnungen und -malereien sagen auch etwas aus über das jeweilige Kind. Das birgt die Gefahr allzu schneller „Psychologisierung“. Kinderzeichnungen diagnostisch zu interpretieren, braucht sehr viel Erfahrung. Man muss viele Bilder gesehen und mit vielen Kindern über ihre Bilder gesprochen haben. Einzelne Bilder haben eine geringe Aussagekraft. Mitunter sagen Interpretationen zu Bildern mehr über die begleitenden Erzieher als über das jeweilige Kind. Warum übermalt ein kleiner Junge sein Bild auf einmal mit schwarzer Farbe? Kann er die dargestellten Personen nicht mehr leiden? Ist er depressiv? Hat ihn etwas geärgert? Verdrängt er ein schlimmes Erlebnis? … Oder hatte er einfach nur Lust auf einen großzügigen Bewegungsablauf? Vielleicht war Schwarz die erste Farbe, die er schnell in die Finger bekam. Oder ihm gefällt Schwarz zur Zeit einfach. … Vielleicht wollte er in der Gruppe durch etwas Besonderes auffallen? … Oder er suchte einfach den Kontakt zur Erzieherin? …

„Manchmal fallen meine Gedanken ganz leise aus meinem Kopf, wie kleine Blätter von einem Baum, der sie nicht mehr haben will. Sie liegen am Boden und schauen in den Himmel, der voller Wolken ist. Und plötzlich kommt ein Windstoß, der die Blätter über den Boden tanzen lässt. Er weht sie fort in eine andere Welt. Nun sind sie weg, wie meine eigenen Gedanken, die ich manchmal einfach vergesse. Schade!“
Kilian, 7 Jahre

Malen und Zeichnen sind Ausdruck der emotionalen Reife und des inneren Gleichgewichts.

INFO 1
Fortsetzung

Aussagekräftiger und für die pädagogischen Entscheidungen ergiebiger ist die Beobachtung und Wahrnehmung gestalterischer Äußerungen von Kindern über einen längeren Zeitraum hinweg. Daher lohnt es sich auch, Bilder von Kindern in Portfolios zu sammeln. Mit dem bloßen Abheften würden allerdings viele Chancen vergeben. Um später etwas mit den Bildern anfangen zu können, sind begleitende Notizen wichtig. Dazu gehören natürlich der Name und das jeweilige Alter des Kindes. Das Alter gibt man in der Regel mit Jahr und Monat an (4;3: das Kind ist 4 Jahre und 3 Monate alt). Diese differenzierte Altersangabe ist wichtig, weil sich vor allem im Kindergarten in teilweise sehr kurzen Zeiträumen große Entwicklungsschritte vollziehen. Es macht auch Sinn, Notizen zum Kontext eines Bildes hinzuzufügen. Zu welchem Anlass ist das Bild entstanden? Ging ein bestimmtes Erlebnis voraus? Wie lange wurde daran gemalt? Wurde an dem Bild in mehreren Schritten gemalt? Gibt es Fotos während der Schaffensphase? Was hat das Kind zu seinem Bild erzählt?

Bilder sind hervorragende Sprechanlässe. Man sollte Kinder dazu anhalten, etwas zu ihren Werken zu erzählen. Zur Ermunterung, falls die Kinder es nicht von sich aus tun, was oft der Fall ist, eignen sich vor allem offene Fragestellungen oder Impulse. Hat man solche Äußerungen, gehören auch sie in das Portfolio. Das Kind sollte in keinen Erklärungsnotstand kommen und sich rechtfertigen müssen.

INFO 2

Entwicklung der Kinderzeichnung

Die Kinderzeichnung entwickelt sich auf der ganzen Welt in ähnlichen Schritten. Auch wenn Kinder schließlich Gegenstände abbilden, verwenden sie dieselben oder sehr ähnliche Lösungsmuster und Schemata. Die eingesetzten Lösungen lassen auch Rückschlüsse auf die emotionale und kognitive Entwicklung des Kindes zu. Aber auch diese Aussage ist mit Vorsicht zu genießen. Die Entwicklungsverläufe unterschiedlicher Kinder müssen nicht parallel ablaufen. Sie sind auch nicht unbedingt kontinuierlich. Viele Kinder machen innerhalb kurzer Zeit rasante Entwicklungsschritte. Im Regelfall gilt jedoch, dass alle Entwicklungsschritte notwendig sind und keiner ausgelassen werden kann, ohne dass er später fehlen würde.

Im Allgemeinen beginnt die Kinderzeichnung bei ca. 2-jährigen oder jüngeren Kindern mit der Kritzelphase. Hier erfahren sie den Zusammenhang zwischen Stift und Farbe und das Bewirken von Spuren, was sie auf allen möglichen Aktionsflächen ausprobieren. Die Zeichenmotorik wird zunehmend verfeinert und differenziert. Dabei erforscht das Kind auch den eigenen Körper und seine Möglichkeiten. Deshalb herrschen am Anfang sehr ausladende Bewegungsabläufe vor. Grobmotorisch entwickeln sich die ersten Bilder aus dem Schultergelenk heraus, später über das Ellenbogengelenk. Das Kreiskritzeln funktioniert über die Anatomie der Hand. Später kommen immer willkürlichere Richtungsänderungen und

Punktierungen der Fläche dazu. Mit den Punkten kann es ohne weiteres auch zur Perforation des Papiers kommen.

Allmählich übernimmt der Formimpuls die Führung gegenüber dem Bewegungsablauf. Das geschieht in dem Maße, in dem das Kind Kontrolle über die beteiligten Muskelgruppen und die Auge-Hand-Koordination gewinnt. Damit folgen die Kinder einer systematischen Methode. In dem Maße, in dem sie über neue Fähigkeiten verfügen, weiten sie ihre Grenzen und Möglichkeiten immer weiter aus.

Der mögliche Richtungswechsel ist natürlich spannend. Zickzacklinien korrespondieren mit dem ersten Trotzalter. Mit ca. drei Jahren beginnen Kinder, absichtlich Kreise, Ovale, gerade sowie gebogene Linien, Kreuzformen und Vierecke zu zeichnen. Diese Formen entsprechen noch keinem konkreten Inhalt. Die jeweilige Bedeutung wird der Form vom Kind willkürlich zugewiesen. So kann dieselbe Form auf ein und demselben Bild einmal ein Tier, wenige Zeit später einen Menschen bezeichnen.

Mit zunehmender Sicherheit wird dieses funktionale Zeichnen abgelöst von einem Zeichnen und Malen, welches auf Objekte gerichtet ist. In diesem Fall wird schließlich vom Kind das Objekt vor dem Zeichnen benannt. Es will jetzt etwas Bestimmtes zeichnen. Das geschieht in der Regel in einem Alter zwischen 3 und 4 Jahren. Beide Formen, funktionales wie objektbezogenes Zeichnen, treten in dieser Zeit ohne weiteres parallel auf.

Spätestens mit dem objektiven, gegenständlichen Zeichnen beginnt eine neue Phase in der Welterschließung. Nun muss eine immer weiter differenzierte Wahrnehmung entwickelt werden, parallel zu den motorischen Fertigkeiten. Da schräge Linien sehr schwer sind, bedeuten Richtungswechsel zunächst vorwiegend rechte Winkel. Äste und Zweige stehen jeweils rechtwinklig von den Bäumen ab. Ist das Prinzip der schrägen Linie einmal erkannt, so wird es auf alles Mögliche angewandt.

Röntgenbild

Gegenstände werden von Kindern nicht nur über ihre optische Oberfläche erfasst, sondern auch stark in ihrer Funktionalität. So wird eine Tasche bedenkenlos mit ihrem Inhalt, ein Haus mit seinen Bewohnern dargestellt, wie wenn das Kind innere Röntgenaufnahmen machen würde.

Bei Menschen wird oft zunächst der Körper gemalt und anschließend mit der Kleidung umgeben.

Bei der Darstellung von Menschen spielt auch die eigene Körpererfahrung- und Kenntnis eine zunehmende Rolle. Der Kopf spielt zunächst die primäre Rolle.

An ihm sind Arme und Beine festgemacht. Manche Kinder registrieren in ihrem Gebrauch nicht mehr ihre Hände und Arme und können vergessen sie zu zeichnen. Es entstehen so genannte *Kopffüßler.* Das Gesicht bleibt lange Zeit (leider oft bis ins Erwachsenenalter hinein) schematisch. Auch Tierköpfe erhalten oft dasselbe Stereotyp für Gesicht, wie es für Menschen verwendet wird.

Ein besonderes Problem stellt die Bewegung dar. Dieses wird z. B. dadurch gelöst, dass die Kinder die Bewegung im Zeichenprozess nachvollziehen (drehen der Räder und viele sich wiederholende Kreisschwünge auf dem Papier) und mitunter auch die dazugehörenden Geräusche produzieren.

Die meisten Kinderzeichnungen sind sehr schematisch. Die Differenzierung und der Detailreichtum nehmen zwar mit dem Alter der Kinder zu. Im Allgemeinen entstehen jedoch erwartbare, typische Ergebnisse, wie sie in den Reihen unten dargestellt sind.

aus: Bareis, S. 39 (Die Zahlen entsprechen dem Kindesalter in Jahren und Monaten.)

In der Regel spricht man von Kinder„*zeichnungen*". Das spiegelt z. T. auch eine Erwartungshaltung der Erwachsenen wider, die oft auf Ordnung, Sauberkeit und Fleiß Wert legen und weniger auf die inneren Verarbeitungs- und Deutungsprozesse bei den Kindern. Auch unsere Umwelt ist derzeit stark von zeichnerischen Elementen bestimmt. Vieles von dem, was unsere Bildwelt bestimmt, wird inzwischen am Computer hergestellt. Es besticht durch Präzision und Klarheit (im günstigen Fall). Unter kunstwissenschaftlichen Gesichtspunkten handelt es sich bei Malerei und Zeichnung allerdings um zwei unterschiedliche Vorgehens-, Denk-, und Auffassungsweisen in der bildnerischen Darstellung, die hier nur in den Grundzügen dargestellt werden können. Während die Zeichnung in der Regel von der Linie, im Besonderen von der Umrisslinie ausgeht, denkt die Malerei von der Fläche und von der Farbe her. Wenn ein Kind mit einem Bleistift eine Szene dargestellt, gezeichnet hat und sie anschließend mit Farbstiften koloriert, handelt es sich nicht um Malerei. Es malt einfach eine Zeichnung aus, versieht sie mit Farbe. Das ist übrigens allein von der Feinmotorik her außerordentlich schwierig und gelingt selbst Erwachsenen selten. Denn die Erwartungshaltung ist, dass das Bild „sauber" ausgemalt wird, dass nirgends über die Ränder gemalt wurde usw. Unter diesen Vorgaben wird Malen oder Zeichnen leicht zu einer frustrierenden Fleißaufgabe.

Ein malerisch veranlagtes Kind wird eher direkt mit Pinsel und Farbe zu Werke gehen. Das allerdings ist oft mit Schmieren und Klecksen verbunden. Es sind mit diesen Mitteln auch nicht mehr ohne weiteres ein großer Detailreichtum, Schmuckornamente und dergleichen möglich. Flüssige Farben sind technisch komplizierter. Sie brauchen Trocknungszeiten und bestimmte Abfolgen beim Farbauftrag. Mitunter kommt es zu unbeabsichtigten Farbmischungen auf dem Papier. Der Umgang mit flüssigen Farben braucht ein Know-how, über welches Kinder nicht ohne weiteres verfügen und das sie oft leider auch nicht ohne weiteres vermittelt bekommen. Im Ergebnis wirken die Bilder oft trübe. Es herrschen schmutzige Farben vor. Die Bilder wirken unsauber. Deshalb neigen viele Erwachsene dazu, Kinder eher zum Zeichnen zu ermutigen als zum Malen. Dadurch erhalten allerdings die malerisch veranlagten Kinder einen Nachteil, da sie sich die für sie geeignete Art gestalterischer Welterschließung erkämpfen müssen.

Kindermalerei

Erzieher und Erzieherinnen tun daher gut daran, sich mit beiden Formen des bildnerischen Ausdrucks, dem Zeichnen wie dem Malen, auseinander zu setzen, um die Kinder individuell in ihren jeweiligen Ausdrucksweisen unterstützen und fördern zu können.

Sonderbegabungen

INFO 3

Manche Kinder sind schon früh zu außergewöhnlichen Leistungen fähig. Die hier abgebildete Zeichnung stammt von einem 5-jährigen Mädchen. Es hat hier nahezu das Niveau eines Erwachsenen erreicht. Die Szene ist sehr dynamisch und erzählt eine ganze Geschichte. Der Bildaufbau ist ausgewogen, der Pinselstrich sehr frei. Das Mädchen konnte mit den Fließeigenschaften der Tusche umgehen und sie in der Gestaltung berücksichtigen, sie war in der Lage, materialgerecht zu arbeiten. Die Proportionen der Affen sind nahezu stimmig. Die Formen wurden mit sicherem Strich gesetzt.

Bild einer 5-Jährigen, entnommen aus „Spektrum der Wissenschaft spezial", 5/2003, S. 40.

Das Kind zeichnete sich auch durch eine erstaunliche Produktivität aus. Über einen Zeitraum von drei Jahren erstellte es bis zu 4 000 Bilder.

Kinder schreiben

INFO 4

Mädchen, 5 J., Schrift

Kinder orientieren sich in ihrem Gestalten an den Erwachsenen. Sie sehen oft, dass Erwachsene konzentriert zeichnen und die Zeichnung anschließend wichtig ist. Gemeint ist das Schreiben. Auch die obige Zeichnung enthält Schrift. Schrift ist ein Zeichensystem mit hohem Symbolwert. Es gibt hunderte von Schriften, die alle letztlich bestimmten Normen genügen müssen, um lesbar zu sein. Kinder imitieren die Erwachsenen auch beim Schreiben. Dabei erfassen sie wesentliche Aspekte von Schrift, die sie später brauchen, wenn sie „richtig" schreiben können wollen.

Schrift gehorcht bestimmten Ordnungskriterien: sie ist vertikal oder horizontal ausgerichtet und von rechts oder links oder von oben zu entziffern. Jede Schrift besitzt ihren eigenen Formenapparat und ihren eigenen Duktus und Rhythmus. All das versuchen Kinder zu erfassen, wenn sie schreiben. Es wäre daher nicht sinnvoll, ihnen das Schreiben zu verbieten mit dem Hinweis, sie könnten es noch nicht und würden es schließlich in der Schule lernen, wo sie sich nicht langweilen sollen. Wassilios Fthenakis bedauert die chronische Unterforderung in unseren Kindergärten – mit unangenehmen Folgen für die weitere Schullaufbahn, wie sie die PISA-Untersuchung zutage förderte.

Info 5 Umgang mit Kinderzeichnungen

Malen und Zeichnen sind hocheffiziente Methoden der Weltaneignung und Weltbewältigung.

Die ästhetischen Äußerungen von Kindern bedeuten also eine enorme Leistung. Das gilt für den kognitiven Bereich wie für den motorischen und auch für den emotionalen. Die Leistung fängt mit dem Erarbeiten und Finden von Formen an, geht weiter über die Befassung mit bestimmten Motiven und Inhalten und übt und festigt dabei sämtliche kognitive und kreative Fähigkeiten und Fertigkeiten. Malen und Zeichnen sind weit mehr als ein Zeitvertreib, der den Erwachsenen das Leben erleichtert. Es sind hocheffiziente Methoden der Weltaneignung und Weltbewältigung. Sie sind auch so effektiv, weil sie aktiv sind, von den Kindern Aktivität erfordern. Um es verkürzt zu sagen: Nur selber machen macht schlau. Man sollte die Kinder dazu ermuntern, möglichst viel selbst von dem zu tun, was sie auch tun können. Und in der Regel wollen sie das auch.

Das bedarf der Wertschätzung. Kinder müssen erfahren können, dass das, was sie gestalterisch leisten, wichtig ist. Das kann geschehen, indem sie für ihre Produktion nicht einfach den Abfall zur Verfügung gestellt bekommen, alte, bereits gebrauchte Papiere, zerbrochene Stifte, unansehnliche Materialien und dergleichen. Es kann geschehen, indem sie gebührend Zeit für diese Arbeit zur Verfügung gestellt bekommen und nicht für „Wichtigeres" aus dem Mal- oder Zeichenprozess gerissen werden. Es geschieht, indem man mit den Kindern über ihre Bilder spricht und sie sich erklären lässt. Es kann geschehen, indem die Arbeiten würdig präsentiert werden, z. B. gerahmt, anstatt sie einfach an die Wand zu pinnen. Eine Würdigung findet auch statt, indem die Arbeiten sorgfältig aufbewahrt werden.

Gestalterische Äußerungen machen immer auch verletzlich, da sie etwas vom Inneren des Menschen offenbaren. Es findet in der Regel eine Identifikation mit der eigenen Arbeit statt. Daran sollte man denken, wenn man über Bilder spricht. Andererseits sind Kinder auf ihrem Entwicklungsweg auf ein ehrliches Feedback der Erwachsenen angewiesen. Sie wissen sehr wohl, dass nicht alles, was sie produzieren, gut ist. Sie wissen auch, dass einem Erwachsenen längst nicht alles gefällt. Kinder wissen, dass man sehr wohl ein schnell dahingemaltes Bild von einem unterscheiden kann, welches mit Sorgfalt und Hingabe gemacht ist.

Hier finden auch „Spiele" im Sinne von E. Berne (Transaktionsanalyse) statt. Das erfordert von Erzieherinnen und Erziehern ein besonderes Maß an Wachheit und Aufmerksamkeit und ein Gespür für die gegenwärtige Situation. Nicht immer erträgt ein Kind die volle Wahrheit, ein andermal braucht es genau die. Es ist ein Unterschied zu sagen, *„das ist ein schlechtes Bild"* oder *„mir gefällt das Bild nicht so gut"*.

9612188

FAZIT

Nicht alles, was Kinder produzieren, ist „Kunst". Es muss auch gar keine „Kunst" sein. Einen entsprechenden Druck aufzubauen, wäre kontraproduktiv. Ebenso wie der Verzicht auf die Ermunterung zur gestalterischen Auseinandersetzung mit der Umgebung und dem eigenen Erleben.

4.8 Vorbereitete Umgebung und Angebotsplanung

Einstiegssituation

Olga Sankow und Laura Kosker machen ihr Praktikum im selben Kindergarten. Es ist eine offene Einrichtung, die viel Wert auf die Selbstständigkeit der Kinder legt. Für ihr Praktikum sollen sie ein gestalterisches Angebot vorbereiten. Thema und Technik ist ihnen freigestellt. Nun haben sie sich im Werkraum ihrer Schule getroffen, um einen gemeinsamen Plan zu machen. Sie haben die Schlüssel zu den Materialschränken bekommen und überlegen nun ihre Möglichkeiten.

„Sag mal, findest du hier etwas?", fragt Olga. *„Mir wäre schon mal damit gedient, wenn ich wüsste, was ich überhaupt brauche. Oder hast du schon eine konkrete Idee, was wir machen sollen?" „Vielleicht sollten wir uns erst einmal eine kleine Liste machen und dann nachfragen, ob das in unserem Kindergarten überhaupt geht."*

FRAGEN

- ✔ *Verschaffen Sie sich in Ihren Praktika jeweils einen Überblick, welche Materialien vorhanden sind.*
- ✔ *Informieren Sie sich über die Modalitäten der Anschaffung.*
- ✔ *Beobachten Sie, wie die Kinder mit den Materialien umgehen.*
- ✔ *Tauschen Sie sich im Kurs darüber aus, welchen Zugang die Kinder jeweils zu den Materialien haben.*
- ✔ *Vergleichen Sie Aufbewahrungs- und Ordnungssysteme von Materialien und Werkzeugen.*
- ✔ *Machen Sie Skizzen der unterschiedlichen Funktionsbereiche und vergleichen Sie sie.*
- ✔ *Erstellen Sie eine Liste für sich, welche gestalterischen Techniken Sie kennen und beherrschen.*
- ✔ *Machen Sie eine Liste, welche Techniken Sie noch erlernen wollen.*

Oben wurde beschrieben, welche enormen Leistungen Kinder (und Jugendliche) in kognitiver und emotionaler Hinsicht vollbringen, wenn sie gestalterisch tätig sind. Sie erbringen Erinnerungsleistungen und Weltbewältigung, Systematisierung und Ordnung von Erfahrungen. Sie finden und erfinden Zeichen und Symbole. Sie nehmen an Kommunikationsprozessen teil und teilen sich anderen mit.

Dabei gebrauchen und verfeinern sie ihre sprachlichen Mittel und kognitiven Fähigkeiten. Beim Sprechen über Bilder können auch in hohem Maße kulturelle Inhalte erfahrbar gemacht und verständlich werden. Sie üben die Motorik als auch die Hand-Augen-Koordination. Sie erwerben organisatorische Fähigkeiten und eine Reihe von Sach- und Materialkenntnissen. Sie bilden Begriffe und Ordnungen und strukturieren die äußere und ihre innere Welt. Sie lernen Funktionsprinzipien und kausale Bezüge kennen. Sie trainieren ihr Vorstellungsvermögen und konkretisieren ihre Vorstellungen. Sie lernen sich selbst, ihre Grenzen und ihre Potenziale kennen. Sie müssen im Rahmen ihrer Möglichkeiten Problemlösungen finden und erleben, dass sie ihre Möglichkeiten erweitern können. Sie erleben ihre Initiative und merken, dass sie etwas bewirken. Gestalterische und echte kreative Aktivitäten der Kinder stellen ein hocheffektives Feld zur Förderung ihrer persönlichen Entwicklung und Bildung dar.

Ein großer Teil der Angebote, welche mit Kindern und Jugendlichen in den verschiedenen Einrichtungen durchgeführt werden, sind gestalterischer Natur.

Ein großer Teil der Angebote, welche mit Kindern und Jugendlichen in den verschiedenen Einrichtungen durchgeführt werden, sind gestalterischer Natur. Oft beschränken sie sich nicht auf kurze Phasen sondern erstrecken sich über mehrere Tage, manchmal Wochen. Wurden Thema, Inhalt und Vorgehen gemeinsam mit den Kindern erörtert und geplant, so spricht man von einem Projekt. Nicht selten wirken in Angeboten und Projekten verschiedene Bereiche zusammen – Kunst, Musik, Bewegung. Auch naturwissenschaftliche Erlebnisse und Erfahrungen, der Besuch in einer Kläranlage oder ein Gewitter beispielsweise, werden oft mit gestalterischen Mitteln nochmals aufgenommen und so weiterbearbeitet. In jedem Fall findet im Gestalterischen in hohem Maße Bildung statt.

Unter welchen Aspekten sich die Kinder weiterbilden können, hängt auch von den jeweiligen Techniken ab, die zur Anwendung kommen. Ob Pustetechnik, Fadengrafik, das Malen mit unterschiedlichen Farbmaterien oder das Herstellen eigener Farben, Kleben, Nageln, Binden …: Jede Technik sollte man auf ihre spezifischen Möglichkeiten hin befragen. Wo liegen die kreativen Spielräume? Welche Variationsmöglichkeiten gibt es und welche davon sind unter den jeweiligen Bedingungen praktikabel? Was lässt sich experimentell erforschen? Lässt sich die Technik weiterentwickeln? Welche Künstler haben die Technik eingesetzt und wie haben sie es getan? Welche Ausdruckmöglichkeiten bietet eine Technik und was sind geeignete Themen? Welche Anforderungen stellt die Technik an den jeweiligen Entwicklungsstand, Kenntnisstand, an die Motorik, an die kognitive Leistungsfähigkeit, an das Vorstellungsvermögen? Verlangt eine Technik die differenzierte und bestimmte Abfolge einzelner Arbeitsschritte oder ermöglicht sie sehr direktes und spontanes Arbeiten? Welches sind die notwendigen Voraussetzungen für die Durchführung? Welche Anforderungen sind zu stellen an das Material, den Raum, den zu erwartenden Zeitaufwand oder auch an Möglichkeiten der Zusammenarbeit?

Info 1 Rahmenbedingungen

Kreative Prozesse haben die Eigenheit, dass sie mindestens am Anfang ergebnisoffen sind. Auch die jeweiligen Wege, die gegangen werden, stehen nicht von vornherein fest. Das unterschiedet sie von einem Lehrgang.

Für die Planung kreativer Prozesse bedeutet das, dass man zwar den eigenen Startpunkt kennt und eventuell auch eine ungefähre Vorstellung von seinem Ziel hat. Die kann sich im weiteren Verlauf aber auch ändern. Es ist vergleichbar mit der Wanderung auf einen Berg, von dem aus man die schöne Aussicht genießen möchte und auf dem man noch nie gewesen ist. Man reist mit dem Zug an. Es führen aber viele Wege nach oben und vielleicht geht man auch einmal ein Stück querfeldein. Man wird das während der Wanderung entscheiden.

Den Rucksack muss man aber gepackt haben, schon bevor man losfährt. Er sollte die notwendigen Dinge enthalten, aber nicht zu schwer sein. Um diese Vorbereitungen treffen zu können, braucht man Informationen zu den zu erwartenden Rahmenbedingungen.

Die Bedingungen der weiteren Umgebung werden in Bezug auf die Kreativität als **„Makroumfeld“** bezeichnet. Es betrifft im Zusammenhang mit der Erzieherinnenausbildung vor allem den institutionellen Rahmen, in dem man arbeitet. Er hat Auswirkungen auf die konkrete Umsetzung bestimmter Vorhaben und pädagogischer Angebote.

So kann es von vornherein konzeptionelle Vorgaben geben, die bestimmte Vorgehensweisen nahe legen. Eine große offene Einrichtung verfügt evtl. über großzügige und gut ausgestattete Funktionsbereiche, verlangt von den Erziehern aber eine hohe Spezialisierung. Eine andere Einrichtung arbeitet mit festen Stammgruppen in jeweils eigenen Räumen, die dann eine sehr individuelle Note bekommen können. Ein kirchlicher Träger legt evtl. Wert auf die Berücksichtigung des Kirchenjahres und entsprechender Themen.

Im gestalterischen Bereich spielt auch der zur Verfügung stehende Etat eine große Rolle. Während Musikinstrumente natürlich auch Geld kosten, zumal gute und damit brauchbare, kann man doch im Laufe der Zeit über stetige Neuerwerbungen schließlich eine umfangreiche Sammlung aufbauen, mit der man dann arbeiten kann. Im Gestalterischen hat man dagegen mit Verbrauchsmaterialien zu tun und damit mit stetigen und laufenden Kosten. Vor allem Papier ist ein enormer Kostenfaktor. Aber auch viele alltägliche Werkzeuge wie Pinsel oder Stifte unterliegen einem großen Verschleiß und müssen immer wieder ergänzt und ersetzt werden. Auch hier sind gute und zweckmäßige Werkzeuge nicht billig, aber sinnvoll. Daraus ergibt sich die Notwendigkeit zu einem sorgsamen Umgang auch mit sehr alltäglichen Materialien, deren Wert allgemein nicht sehr bewusst ist. Unter dem Gesichtpunkt von Materialökonomie und Ökologie sollten die Kinder zu einem materialgerechten Umgang mit den unterschiedlichen Dingen angehalten werden. Nicht selten lassen sich die genau gleichen gestalterischen Ergebnisse mit sehr hohem, aber auch sehr geringem Materialeinsatz erreichen.

Die Dinge in der nahen Umgebung oder die, die direkt verwendet werden, bezeichnet man als **„Mikroumfeld“.** Das Mikroumfeld lässt sich in der Regel sehr gezielt beeinflussen. Das betrifft in besonderer Weise den Raum und die Arbeitsplätze. Wie ist die Ausstattung? Welche Werkzeuge und Materialien sind vorhanden? Müssen Dinge ersetzt oder ergänzt werden? Welche Atmosphäre strahlt der Raum aus? Wie kann man sie beeinflussen? Wie groß ist der Raum und wie ist er verfügbar?

Eine ganz besondere Bedeutung im Rahmen kreativer Prozesse spielen natürlich die Erzieher und Erzieherinnen mit den Kompetenzen und persönlichen Eigenschaften, die sie mitbringen.

Eine ganz besondere Bedeutung im Rahmen kreativer Prozesse spielen die Erzieher und Erzieherinnen mit allen Kompetenzen und persönlichen Eigenschaften, die sie mitbringen.

Bevor man mit der konkreten Planung beginnen kann, muss man zuerst die eigenen Möglichkeiten kennen. Welche Techniken beherrscht man selbst? Kennt man verschiedene Varianten? Kennt man deren spezifische Möglichkeiten und Schwierigkeiten und damit auch Chancen – manuelle, motorische, materielle, intellektuelle Entwicklungsmöglichkeiten? Beherrscht man eine Reihe verschiedener Werkzeuge und weiß, wie sie richtig einzusetzen sind – Haarpinsel, Borstenpinsel, Säge, Hohleisen, Schere, Skalpell, Feile,

INFO 1
Fortsetzung

Raspel, Bohrmaschine, … Kennt man die jeweiligen Rahmenbedingungen und weiß, was möglich ist und was nicht? Wie ist das eigene Selbstbild? Kann man mit offenen Situationen umgehen? Macht einem das Problemelösen Spaß? Ist man dann souverän, belastbar und autonom? Nimmt man selbst auch Hilfe in Anspruch? Wo liegen die eigenen Interessen? Ist man gesund und wach? Wo hat man Berührungsängste oder empfindet gar Ekel? Solche Ängste werden oft unbewusst von den Kindern übernommen. Um den Kindern keine Chancen zu verbauen, ist es manchmal notwendig, sich sehr bewusst und kontrolliert zu verhalten und eigene Aversionen zu übergehen.

Über welche Methoden verfügt man selbst als Erzieher? Kennt man viele verschiedene Sozialformen, Spiele, Entspannungs- oder Konzentrationstechniken, Kreativitätstechniken und hat sie selbst öfters ausprobiert? Wie ist das eigene Kontaktverhalten und wie sind die eigenen Wünsche? Wie ist das eigene Sprachverhalten?

Die Kenntnis dieser Voraussetzungen ist wichtig, denn sie sind das, was den Erziehern konkret für ihre Arbeit zur Verfügung steht.

INFO 2 Ein Plan für Kinder – ein Plan mit Kindern

AM BEGINN DER PLANUNG STEHT EINE SITUATIONSANALYSE.

Geplant wird natürlich immer im Hinblick auf die Kinder und Jugendlichen, mit denen zusammen ein Angebot durchgeführt werden soll. Daher ist es wichtig, sich mit deren jeweiliger Situation auseinander zu setzen. Wo liegen ihre jeweiligen Interessen? Welche Themen stehen gerade im Vordergrund? Wo befindet man sich im Jahreskreis? Was ist gerade aktuell? Gibt es bestimmte „Moden“? Soll man diesen Mainstream unterstützen oder neue Impulse setzen? …

Wie ist der jeweilige Entwicklungsstand? Über welche Kenntnisse und Fertigkeiten verfügen die Kinder? Welche sollten sie neu hinzugewinnen und üben? Welche wollen sie neu erwerben? An welcher Stelle stehen sie in ihrer kognitiven, emotionalen und motorischen Entwicklung? Wie belastbar sind sie? Wie ist ihr Problemlöseverhalten? Wie reagieren sie auf Herausforderungen? …

Über welche sprachlichen Fähigkeiten verfügen die Kinder? Welchen Wortschatz haben sie? Wie ist ihre Ausdrucksfähigkeit? …

Wie groß ist die Gruppe, mit der etwas gearbeitet werden soll? Wie alt sind die Kinder? Ist es eine homogene oder heterogene Gruppe? Wie ist das Sozialverhalten? …

Am Beginn einer Planung steht eine Situationsanalyse. Die Antworten auf solche Fragen legen bestimmte Vorgehensweisen und Methoden nahe. Sie deuten auch auf bestimmte Themen und Zielsetzungen.

Im Regelfall machen für kreative Angebote offene Planungen Sinn (siehe LF 3, 4 u. 5), da hier deutlich der Prozess im Vordergrund stehen sollte und nicht das Produkt. Kreative Prozesse sind ihrem Wesen nach ergebnisoffen. Im Ablauf sollte man mit den Phasen kreativer Prozesse rechnen und sie den Kindern und Jugendlichen auch immer wieder bewusst machen. Es macht auch Sinn, verschiedene Phasen zusammen mit den Kindern und Jugendlichen zu reflektieren und das weitere Vorgehen dann gemeinsam zu planen. Die Erzieher sollten die entsprechende Flexibilität mitbringen. Sie sollten auch bereit sein immer wieder nach neuen Lösungen zu suchen, aber auch verschiedene Lösungswege kennen, die sie im Notfall einbringen können. Im Allgemeinen ist hier aber eher Zurückhaltung von Vorteil, um den Kindern möglichst viele eigene Lösungsfindungen zu ermöglichen.

Allerdings können auch für bestimmte Phasen geschlossene Planungen sinnvoll sein. Nämlich dann, wenn es darum geht, in den Gebrauch und die Handhabung bestimmter Werkzeuge einzuweisen, zu denen auch ohne weiteres der angemessene Umgang mit Haar- oder Borstenpinsel gehören kann. Damit lassen sich auch verschiedene Gefahrenpotenziale verringern. Manchmal bedarf es auch einfach einer Reihe von Informationen, um bestimmte Techniken anwenden zu können. So beispielsweise im Bereich der Drucktechniken. Man muss hier verschiedene Arbeitsweisen, Arbeitsabläufe und Verfahren kennen, um dann gezielt gestalterisch tätig werden zu können. Hat eine grundsätzliche Einweisung stattgefunden, steht vielen Experimenten in einer offenen Planung nichts mehr im Wege.

Die Planung besteht im Wesentlichen in der Schaffung möglichst günstiger Rahmenbedingungen und in einer guten mentalen Vorbereitung.

Fazit

- Sehr viele Angebote, die mit Kindern oder Jugendlichen durchgeführt werden, sind gestalterischer Natur. Dadurch werden viele unterschiedliche Kompetenzbereiche angesprochen und gefördert. So findet hier immer umfangreiche Bildungsarbeit statt. Die Umgebung, in der gearbeitet wird, kann in Makro- und Mikroumfeld gegliedert werden.
- Kreativangebote haben nicht den Zweck, die Einrichtung regelmäßig mit unterschiedlichem Zierrat zu verschiedenen Anlässen zu versorgen. Kreativangebote sind keine „Bastelstunden".
- Bei den Vorbereitungen für verschiedene religiöse und personenbezogene Feste sollten gesonderte Zeitfenster und Organisationsformen gesucht werden, die nicht auf Kosten kreativer Angebote gehen dürfen. Oft ist es bei der Vorbereitung von Festen auch effektiver, beispielsweise die Eltern miteinzubeziehen.

4.9 Mit Bildern umgehen, Bilder erkunden

Einstiegssituation

Plötzlich schauten sich alle Studierenden im Kurs verdutzt in die Gesichter. *„Suchen Sie sich ein ‚Lieblingsbild', ein Bild, welches Sie besonders anspricht und das Ihnen gefällt. Versuchen Sie, das Bild im Original zu sehen. Reproduktionen bleiben oft weit hinter dem Original zurück. Bilder sind auch oft in einem ihnen angemessenen Kontext, in einer Umgebung präsentiert.*

Machen Sie sich klar, was Ihnen an diesem Bild so gefällt und was es in Ihnen auslöst. Versuchen Sie möglichst viele Informationen über das Bild und über den Künstler zu bekommen und bereiten Sie eine kleine Rede vor. Halten Sie einen kleinen, aber gehaltvollen Vortrag über das Bild." Das war die Aufgabe, mit der sie auf einmal konfrontiert waren.

Plötzlich redeten alle durcheinander. *„Mir gefällt der Blaue Reiter und Macke." „Bei meiner Großmutter hängt ein schönes Bild von Zigeunerinnen. Wenn ich nur wüsste, von wem das ist." „Sicher von Otto Müller"*, meint Oliver. *„Woher weißt du das denn schon wieder?"*, erkundigt sich Zirafeta. *„Schade. Mir fallen gar keine Maler mit Namen ein"*, kommt von Nadine. *„Aber du wirst doch ein paar Mangas kennen?"*, fragt darauf Ercan.

INFO 1 Pieter Bruegel der Ältere – „Kinderspiele"

Pieter Bruegel der Ältere, Kinderspiele, 1560

Pieter Bruegel der Ältere wurde zwischen 1528 und 1530 bei Breda geboren. Er starb 1569 in Brüssel. Er wurde also unter heutigen Gesichtspunkten mit ungefähr 40 Jahren nicht sehr alt. Damals war die durchschnittliche Lebenserwartung allerdings viel niedriger als heute. Seine Biografie ist schwer zu rekonstruieren. 1551 trat Bruegel in die Lukasgilde ein. Das war eine Zunft der Maler. In den Zünften waren die Angehörigen einer Berufsgruppe organisiert. Diese Zunft trug den Namen des Schutzpatrons der Maler. Erst in der Renaissance wurden die Maler allmählich von der Zunftordnung unabhängig und wurden „freie" Künstler. Die Bezeichnung „Meister" lebte allerdings weiter.

In seiner Zunft hatte Bruegel verschiedene berühmte Lehrer. Pieter Coecke van Aelst und Hieronimus Cook. Von 1552 bis 1554 (also mit ungefähr 25 Jahren) reiste Pieter Bruegel nach Italien, wo er viele Zeichnungen anfertigte. Eine solche Reise war damals ein gefährliches Unternehmen. Es war üblich, dass die Reisenden vor ihrem Aufbruch ein Testament schrieben. Damals war schon der kurze Trip vom süddeutschen Waldshut ins schweizerische Basel eine lange Reise, auf die man sich nicht ohne Testament begab. Zu viele Gefahren warteten unterwegs. Als er wieder zurück war, lebte er in Antwerpen, wo er im Verlag von Cook eine Reihe von Stichen und Zeichnungen zu seiner Italienreise herausgab. Auch er brauchte Einnahmen, von denen er leben konnte. 1563 heiratete er Cooks Tochter, mit der er zwei Söhne hatte, die auch große Maler wurden – Pieter Bruegel der Jüngere und Jan der Ältere.

Das Bild „Kinderspiele" malte er 1560. Er verwendete Ölfarben und malte damit auf eine Eichenholzplatte. Das Original ist relativ groß: 118 x 161 cm, so groß wie ein Kindergartenkind.

Das Malen auf einer Holzplatte ist sehr schwierig. Die Platte muss so gut sein, dass sie sich nicht verzieht oder gar reißt und die Farbe überall gleichmäßig annimmt. Damals gab es keine Kunstbedarfsläden, in denen man die Dinge, die man zum Malen brauchte, einfach kaufen konnte. Sie mussten alle in den Künstlerwerkstätten, den Ateliers, von Hand hergestellt werden. Das war oft die Aufgabe der Lehrlinge. Die stellten nach besonderen Rezepturen auch die Farben her. Ölfarben haben einen sehr intensiven Geruch. Man macht sie, indem man Farbpigmente in Leinöl einreibt. Das ist eine langwierige und diffizile Arbeit. Auch damals gab es schon Betriebsgeheimnisse, die nicht verraten wurden. Wenn man heute überprüfen will, ob ein Bild echt ist, untersucht man daher auch oft die Zusammensetzung der Untergründe und Farben. Wenn man das Bild röntgt, kann man sehen, ob etwas übermalt wurde und ob das vom Künstler sein kann oder nicht.

Auf dem Bild ist eine Strasse dargestellt, die sich von links unten nach rechts oben über das Bild erstreckt. Dabei teilt der linke Straßenrand das Bild in exakt zwei Hälften. Diese Diagonale bildet dabei eine ansteigende Linie, was dem Bild noch mehr Spannung verleiht. Links der Straße befinden sich zwei große Häuser mit einem Garten dazwischen. Im Hintergrund stehen zwei Bäume und man blickt in eine Landschaft, durch die sich ein kleiner Fluss schlängelt. Es überwiegen warme Braun- und Rottöne. Nur im Hintergrund finden sich Blau- Grüntöne sowie in der rechten unteren Ecke ein blau-grüner Wiesenstreifen. Dadurch wird zusätzlich der Eindruck räumlicher Tiefe erzeugt (Farbperspektive).

Der größte Teil der dargestellten Personen befindet sich auf der Hauptstraße auf der rechten Bildhälfte. Es sind insgesamt über 230 Personen, die alle unterschiedliche Spiele spielen. Daher hat das Bild auch seinen Namen. Es sind ungefähr 90 Spiele dargestellt. Einige werden heute noch gespielt, andere sind in Vergessenheit geraten. Man sieht Personen auf Fässern „Rodeo" reiten, ein Tauziehen, Bockhüpfen, Reifen rollen oder mit dem Steckenpferd reiten. Einige Spiele, die heute gespielt werden, könnte man auf dieser Straße nicht spielen. Beispielsweise könnte man auf dieser Straße nicht mit Inlinern fahren, da sie nicht geteert ist. Man könnte in dieser Weise überhaupt nicht auf einer Straße spielen, weil es heute viel zu viel Verkehr gäbe. Kinder könnten heute auch nicht einfach in einem fremden Garten spielen. Dafür gibt es auf heutigen Spielplätzen Spielgeräte, die für die Menschen damals sehr befremdlich gewesen wären.

Hier scheint die ganze Stadt den Kindern zu gehören. Der Hauptplatz mit dem Rathaus, die breite Straße und der Außenraum mit der Wiese, den Bäumen, dem Fluß. Überall spielen Leute und in diesem Treiben wiederholt sich nichts. Das Bild erzählt eine Szene, eine Geschichte. Bruegel wusste, dass Bilder erzählen. Mit diesem Bild fordert er den Betrachter dazu auf, Spielvorgänge, Namen und den Spielsinn wiederzuerkennen. Das Bild fordert auch dazu auf, es mit Worten zu ergänzen. Es ist ein geplanter Kommunikationsvorgang, ein Blick in die Vergangenheit – und gleichzeitig aus der Vergangenheit ein Blick in unsere und die weitere Zukunft.

Betrachtet man das Bild nämlich genauer und schaut sich die Proportionen der Figuren an, so kann man feststellen, dass hier überhaupt keine Kinder dargestellt sind. Es sind Erwachsene. Ihre Kleidung ist grob und einfach. Manche der Männer verlieren bereits ihre Haare. Die „Mädchen" sind Frauen mit deutlichen Rundungen. Sie geben sich zum Teil unverfänglichen und harmlosen, teilweise aber auch sehr derben und groben Spielen hin. In Naivität oder mit Absicht fügen sie sich Freud und Leid zu. Man blickt auf den Marktplatz der Welt und der Betrachter des Bildes sieht aus sicherer Distanz dem Treiben in der Welt zu. Das Bild hält uns und unserem Verhalten einen Spiegel vor. Damit übt Bruegel auf eine sehr raffinierte Art und Weise Gesellschaftskritik.

Vor allem „ältere" Bilder, vielleicht Bilder, die vor 1900 gemalt wurden, aber natürlich auch moderne Bilder, bilden nicht einfach nur ab. Sie transportieren Lebens-

INFO 1
Fortsetzung

weisheit, Erfahrungen, Weltwissen. Ein großer Teil der Bilder hat eine biblische Geschichte oder ein besonderes historisches Ereignis zum Thema und hält sie so in der Erinnerung. Oft sind berühmte und wichtige Persönlichkeiten dargestellt, so, wie sie der Künstler gesehen hat oder so, wie sie wollten, dass die anderen sie sehen. Nicht selten hat sich der Auftraggeber eines Bildes mit darstellen lassen. Auch einfache Blumenbilder, so genannte Stilleben, sind nicht immer harmlos. Auf den meisten befindet sich eine Fliege oder eine welkende Blume, die den Betrachter an die Vergänglichkeit der Pracht und des eigenen Lebens erinnern soll.

Bilder sind beständig. Manche überdauern Generationen. Die ältesten sind bis zu 30 000 Jahren alt. Gemalte Blumen welken nicht. Über die Höhlenmalereien teilen uns die Menschen von damals heute viel über die damalige Flora und Fauna mit. Und sehr viel mehr, worüber wir heute nur spekulieren können. In gewisser Weise bringen Bilder den Fluss der Zeit zum Stehen und schlagen eine Brücke, über die wir in die Vergangenheit, manchmal vielleicht auch in die Zukunft sehen können. Bilder vergegenwärtigen. Wie eine Zeitmaschine können sie eine Brücke zwischen heute, früher und morgen bauen.

Und die Menschen reagieren unterschiedlich auf Bilder. Damit bilden Bilder herausragende Anlässe zum gegenseitigen Austausch von Gedanken und zum Sprechen. Allerdings geben viele Bilder ihre Geheimnisse nicht auf den ersten Blick preis. Sie erwarten, dass man sich Zeit für sie nimmt.

INFO 2

Fragen an ein Bild

Will man mit Kindern und Jugendlichen über ein Bild sprechen, so macht es Sinn, sich erst selbst intensiv damit auseinander zu setzen. Dazu ist es hilfreich, möglichst viele Fragen an das Bild zu stellen. Einige davon wird man nur unter Zuhilfenahme der entsprechenden Literatur beantworten können. Dieser Aufwand lohnt sich in der Regel aber auch für die Erzieher, da die Antworten oft die Persönlichkeit bereichern und neue Einsichten bescheren. Viele Bilder sehen nach einer solchen eingehenden Betrachtung auch auf einmal ganz anders aus.

Dazu gibt es keinen festen Fragenkatalog. Je mehr Fragen allerdings gestellt und je mehr Antworten gesucht werden, desto intensiver ist die Auseinandersetzung mit dem jeweiligen Bild. Die hier angeführten Fragen sollten somit nur als Anregung verstanden werden, als ein Weg, sich an ein Bild heranzutasten.

- Versuchen Sie die Szene zu beschreiben: Wie viele Personen sind dargestellt? Was tun sie? Welche Geräte verwenden sie? Wie sind sie gekleidet? Wie wohnen sie? Welche Möbel haben sie? Wie sind die Häuser?
- Welche Tages- und Jahreszeit herrscht? Wie ist das Wetter? Wie würden Sie sich bei diesem Wetter fühlen?
- Was könnten die Personen miteinander sprechen? Entwickeln Sie einen entsprechenden Dialog. Schauen sich die Personen an? Gibt es Blickachsen? Was könnte eine Person denken? Was könnte in ihr vorgehen? Wie fühlt sie sich? Machen Sie ihre Körperhaltung und ihre Mimik nach.
- Welche Geschichte ist dargestellt? Lesen sie den dazugehörigen Text. Vielleicht ist es ein Gleichnis oder ein Gedicht.
- Blickt eine Person aus dem Bild heraus auf den Betrachter? Manche Gesichter sind so gemalt, dass sich der Betrachter immer beobachtet fühlt, egal, wo er sich vor dem Bild befindet.
- Welche Gefühle löst das Bild in Ihnen aus? Formulieren Sie eine Botschaft, die Ihnen das Bild vermittelt.
- Spricht Sie etwas besonders an? Eine Form, eine Farbe, eine Person? Findet

9612196

eine Identifikation statt? Oder gibt Ihnen das Bild das Gefühl, etwas Fremdes zu sein?
- Haben Sie eine solche oder eine ähnliche Szene selbst auch schon erlebt? Wie haben Sie sich dabei verhalten?
- Bestimmen Sie Pflanzen, Materialien, Gegenstände, Oberflächen. Versuchen Sie den Wert der abgebildeten Gegenstände zu erfassen. Mit welchen bildnerischen Mitteln wurden die Dinge dargestellt? Wirken die Dinge natürlich?
- Handelt es sich eher um einen „Schnappschuss" oder wird eine ganze Geschichte erzählt?
- Wie war es damals? Wie ist es heute?
- Welche Tiere sind dargestellt?
- Wie ist die Maltechnik? Welche Materialien und welche Werkzeuge wurden verwendet? Wie hat sich der Künstler wohl während des Malens bewegt? Wie groß ist das Bild? Malen oder zeichnen Sie das Bild aus dem Gedächtnis.
- Was ist mit dem Bild im Laufe der Zeit geschehen?
- Wer war der Maler? Wie lebte er? Wie ist es ihm ergangen? Hat auch er einen Text zu seinem Bild hinterlassen? Was ist das Bildthema?
- Was ist im Vordergrund, was im Mittel- und Hintergrund?
- Welche Farben herrschen vor, welche Farbklänge? Was lösen sie in Ihnen aus? Welche Stimmung erzeugt das Bild? Wenn eine Raumwirkung erzeugt wird, wie hat der Künstler das erreicht?
- Wie ist der Bildaufbau? Welches Kompositionsprinzip hat der Künstler gewählt?
- Gibt es Rhythmen, Wiederholungen im Bild? Wie könnte ein Bild klingen? Welche Musik passt dazu?
- Was ist im Bildzentrum? Wohin wird der Blick gelenkt?
- Wie verteilt sich das Licht im Bild?
- …

Roy Lichtenstein, „grrr"

Aufgaben und Anregungen

1 Legen Sie sich eine Sammlung von Kinderzeichnungen an. Vielleicht bekommen Sie Bilder geschenkt oder können Kopien anfertigen. Sprechen Sie mit den jeweiligen Kindern über ihre Bilder und fertigen Sie sich Notizen an, die Sie den Bildern beiheften. Notieren Sie auch Alter und Geschlecht.

2 Um die Freude an einer Tätigkeit zu bewahren, müssen Sie die Komplexität der Aktivität erhöhen. Tun Sie auch alltägliche Dinge einmal anders. Geht Ihnen etwas leicht von der Hand, überlegen Sie, wie Sie die Arbeit anders machen könnten. …

3 Beschäftigen Sie sich ausführlich mit dem Werk und der Biografie eines international anerkannten Künstlers. Beschaffen Sie sich auch Informationen über die Zeit, in der er gelebt hat. Natürlich kann es auch auch eine Künstlerin sein. Oder Sie befassen sich mit einem Künstler-Paar (Niki de Saint Phalle und Tinguelly oder Camille Claudell und Rodin …).

4 Widmen Sie einige Minuten am Tag einer Tätigkeit Ihre volle und ungeteilte Aufmerksamkeit und Konzentration. Lassen Sie sich durch nichts dabei ablenken.

5 Wenn Sie neue Ideen beurteilen, konzentrieren Sie sich zuerst auf deren positive und interessante Aspekte.

„Wenn du mit anderen ein Schiff bauen willst, so beginne nicht, mit ihnen Holz zu sammeln, sondern wecke in ihnen die Sehnsucht nach dem großen, weiten Meer."
Antoine de Saint-Exupéry

5 Gehirnentwicklung

5.1 Das Gehirnwachstum

Nach der Praxis trifft sich Susanne mit Nadine auf einen Kaffee. *„Heute war ein gemütlicher Tag"*, erzählt sie. *„Ich sollte einfach nur einmal die Kinder in meiner Gruppe beobachten. Du glaubst nicht, wie unterschiedlich die sind. Ein kleines Mädchen hat mit Freude ihren Namen unter jedes Bild gekritzelt, während ein anderes kaum mal den Stift halten konnte." „Ja, so etwas habe ich letzthin bei einem Bastelangebot auch bemerkt. Obwohl die Kinder gleich alt waren, wussten ein paar sofort, wie sie etwas machen könnten, wogegen andere mit ihren beiden linken Händen nicht einmal die Schere richtig halten konnten. Ich möchte mal wissen woran das liegt." „Ist dir schon mal aufgefallen, wie schnell sich die Kinder verändern und wie schnell sie etwas können, was du vorher nie gedacht hättest?"*, meint Nadine.

Kopf oder Herz – Wo wohnt die Seele?

„Man sieht nur mit dem Herzen gut", erklärt der Fuchs dem kleinen Prinzen. „Das Wesentliche ist für die Augen unsichtbar."
Antoine de St. Exupéry

Den meisten Kulturen der Vergangenheit erschien das Herz als der Sitz der Seele. Die alten Ägypter glaubten an ein Leben nach dem Tod. In diesem Leben brauchte der Verstorbene auch wieder seinen Körper. Deshalb versuchte man die Leichname mindestens der Pharaonen möglichst gut zu konservieren. In einem aufwändigen Verfahren wurden dem Körper sämtliche Organe entnommen und in eigenen Gefäßen aufbewahrt. Nur das Herz verblieb als Sitz der Seele im Körper.

Noch heute weisen viele Redewendungen darauf hin, dass dem „Herzen" eine besondere Bedeutung zugemessen wird. So hat jemand ein „gutes Herz" oder es „bricht jemandem das Herz". In keiner dieser Redewendungen geht es um medizinische Aussagen. Es geht um den Charakter, um die Persönlichkeit eines Menschen.

Das Gehirn ist ein äußerst komplexes, empfindliches und anpassungsfähiges Organ.

Das genügt den Naturwissenschaften heute nicht. Die Jahre 1990 bis 2000 galten als das „Jahrzehnt des Gehirns". Das Gehirn wurde in den Mittelpunkt des Forschungsinteresses gerückt und es wurden zahllose Beobachtungen und Fakten zusammengetragen. Dabei stellte sich heraus, dass das Gehirn ein äußerst komplexes, empfindliches und anpassungsfähiges Organ ist.

Früher zog man Erkenntnisse über die Abläufe im Gehirn vor allem aus Beobachtungen, die man bei Menschen mit dramatischen Kopf- und Gehirnverletzungen machte. Eine andere Möglichkeit bestand in der Untersuchung der Gehirne verstorbener Personen.

Inzwischen ermöglichen es neue Untersuchungsmethoden, dem lebenden Gehirn beim Denken und Wachsen zuzusehen. Die Ergebnisse lassen viele pädagogische Vorgehensweisen der Vergangenheit als nicht mehr sehr sinnvoll erscheinen. Sie bestätigen allerdings auch viele solcher Vorgehensweisen als äußerst sinnvoll und effektiv, wenn man die Entwicklung des Gehirns positiv unterstützen will. So kann man heute hirnphysiologisch erklären, warum Strafen für die Entwicklung des Gehirns längst nicht den positiven Effekt haben können, als ihn offensichtlich Belohnungen haben. Man weiß heute aber

9612198

LF 4

auch, welche hervorragende Rolle das Üben für das Gehirnwachstum spielt.

Nach all dem Sezieren, Beobachten und naturwissenschaftlichen Untersuchen tut sich inzwischen wieder eine sehr menschliche Dimension auf: Wir leben letztlich von der Fürsorge der anderen. Der wesentliche Aspekt für eine gute Entwicklung des Gehirns oder der Persönlichkeit eines Menschen scheint zu sein, dass er von Beginn an eine liebevolle Zuwendung erfährt. Ohne diese Zuwendung verkümmern die Menschen oder bleiben weit hinter ihren eigentlichen Möglichkeiten zurück. Im schlimmsten Fall sterben sie.

Hinter jeder Forschung stecken letztlich bestimmte Welt- und Menschenbilder, die auch die Begriffe färben, mit denen die Forschungsergebnisse kommuniziert werden. Die Art der Forschung sagt auch etwas über das Wollen des Forschers aus, darüber, was er meint, welchen Weg die Menschheit gehen sollte … oder muss. Im Kontext der Hirnforschung lautet die Gretchenfrage heute: Ist die Entwicklung des Menschen genetisch bedingt (letztlich determiniert) oder nicht? Die jeweilige Ansicht hat weitreichende gesellschaftliche und politische Folgen.

Der Streit beginnt bereits bei der Auffassung darüber, was „genetisch bedingt" bedeuten soll. Die Gene werden oft mit einem Computerprogramm verglichen, das in einer bestimmten Reihenfolge ausgeführt wird. Wenn dem so wäre, würde beispielsweise eine Eliteförderung Sinn machen, die einfach am Erfolg (und Geld) der Eltern ansetzt und somit die Kinder „erfolgreicher" Menschen fördert. Warum sollte man viele Ressourcen verschwenden in Menschen, die einfach nicht über die „richtigen" Gene verfügen?

Über die intellektuellen Potenziale eines Menschen lassen sich aber frühestens im Schulalter brauchbare Aussagen von prognostischem Wert machen. Insbesondere Beobachtungen zur motorischen Entwicklung in den ersten Lebensjahren lassen nur wenige Rückschlüsse auf die künftige Intelligenz eines Kindes zu. In den ersten Lebensjahren allerdings laufen wiederum die wesentlichen Entwicklungen im Gehirn ab. Nach welchen Kriterien sollte man die Kinder also auswählen?

Neuere Untersuchungen legen den Schluss nahe, dass die Gene eng mit ihrer Umgebung „kommunizieren". Es hängt stark von der Umwelt ab, welches Potenzial schließlich realisiert wird und welches nicht. Bei Untersuchungen an Adoptivkindern stellte sich heraus, dass Kinder mit einem geringeren genetischen Potenzial in einem günstigen Milieu weit über das hinauswachsen können, als es die leiblichen Eltern vermuten lassen sollten. Auf der anderen Seite blieben Kinder von intelligenteren Eltern weit hinter ihren prognostizierten Möglichkeiten zurück, wenn sie in einem ungünstigen Milieu aufwuchsen.

Hier wird die Meinung vertreten, dass es Sinn macht, allen Kindern ein größtmögliches Maß an liebevoller Zuwendung zukommen zu lassen. Es wird letztlich für alle von größerem Nutzen sein, als wenn ein nur kleiner Teil eine bevorzugte Behandlung erfährt.

LIEBEVOLLE ZUWENDUNG VON KLEIN AUF SCHEINT DIE ENTWICKLUNG DES GEHIRNS UND DER PERSÖNLICHKEIT WESENTLICH ZU FÖRDERN.

DIE GRETCHENFRAGE HEUTE LAUTET: IST DIE ENTWICKLUNG DES MENSCHEN GENETISCH BEDINGT ODER NICHT?

ES HÄNGT STARK VON DER UMWELT AB, WELCHES POTENZIAL SCHLIESSLICH REALISIERT WIRD.

FAZIT

Das Gehirn gilt heute als der Sitz der geistigen Ressourcen sowie der Persönlichkeit eines Menschen. Einzelne intellektuelle Fähigkeiten wie Sprache, mathematisches Verständnis oder räumliches Vorstellungsvermögen lassen sich nicht fördern ohne die Gesamtpersönlichkeit eines Menschen mit zu beeinflussen, da die Förderung immer in einem sozialen Kontext geschieht. Die Entwicklung des Gehirnes zu fördern, bedeutet immer auch die Persönlichkeit eines Menschen zu formen.

Dabei haben die Gene einen Anteil am möglichen Potenzial eines Menschen. Sie sind aber nicht allein bestimmend für die geistige Entwicklung.

Info 1 Das Gehirnwachstum vor der Geburt

Vieles weist darauf hin, dass die **Abfolge** bei der Entwicklung des Gehirns genetisch bedingt ist. Sie folgt bei allen Menschen demselben Muster mit denselben Zeithorizonten.

Gene und Umwelt treten von Anfang an in Interaktion.

Am vierten Tag nach der Zeugung hat sich ein kleiner Zellhaufen aus 32 Zellen gebildet, die Blastozyte. In dieser Blastozyte kommt es nun zu einer ersten Spezialisierung der Zellen und einer entsprechenden Aufteilung. Das Kind entsteht aus nur 3 bis 5 Zellen, der Blastozyte. Der Rest bildet eine sie umhüllende Kugel, aus der sich im Weiteren die Plazenta entwickelt. Ursprünglich verfügten alle der 32 Zellen über dasselbe Potenzial und sie verfügen alle über dieselben Gene. Welche der Zellen sich schließlich zum Embryo weiterentwickeln, ist nicht vorherbestimmt, sondern hängt von ihrer zufälligen Lage ab. Hier wird bereits deutlich, dass Gene und Umwelt ein feines, sich wechselseitig beeinflussendes System darstellen. Das ist ein wichtiger Umstand, der die gesamte Entwicklung des Menschen mitbestimmt.

Einzelne Bereiche des Gehirns sind erst mit 15–20 Jahren ausgereift.

Am siebten Tag kommt es zur Einnistung in die Gebärmutter. Der Embryo wächst weiter und bereits 10 Tage nach der Zeugung kommt es zu einer weiteren Differenzierung unter den Zellen. Dabei bilden sich drei Bereiche heraus: das **Entoderm** (inneres Keimblatt), aus dem sich schließlich alle inneren Organe bilden werden, das **Extoderm** (äußeres Keimblatt), welches zu Außenhaut, Sinnesorganen sowie dem Gehirn und dem Nervensystem wird, und das **Mesoderm** (mittleres Keimblatt), welches sich schließlich zu Muskeln, Blutkreislauf und dem Verdauungstrakt entwickeln wird.

Zirka 16 Tage nach der Zeugung entsteht an der Stelle, an der Extoderm und Mesoderm zusammentreffen, die so genannte **Neuralplatte.** 3 Tage später hat die Entwicklung von Gehirn und Rückgrat begonnen. Am 25. Tag hat sich die Neuralplatte zur Neuralrinne gebogen, einen Tag später ist sie zum Neuralrohr geschlossen. Der obere Teil verdickt sich. Dort bilden sich drei „Primäre Knoten“, die sich zum Vorder- Mittel- und Hinterhirn entwickeln werden. 4 Wochen nach der Zeugung haben sich auf den Kopfseiten die Augenflecken gebildet, die schließlich in Richtung Gesichtsmitte wandern. Das rudimentäre Herz schlägt selbstständig und der Embryo bewegt sich, was darauf schließen lässt, dass das Rückenmark bereits funktionsfähig ist.

Ungefähr am 35. Tag teilen sich die Primären Knoten weiter und bilden die rechte und linke **Gehirnhemisphäre.** Und bereits 6 Wochen nach der Zeugung sind alle wichtigen Gehirnstrukturen differenziert: die Brücke, die Medulla, das Kleinhirn, der Thalamus, die Basalganglien, das limbische System und die Großhirnrinde.

Ab der 20. Woche beginnt das Gehirn, die typische Faltung auszubilden. Das geschieht mit einer ersten Ordnung, die bei allen Menschen nahezu identisch ist. Ungefähr im 7. Monat beginnt sich eine Faltung mit größerer Variationsbreite auszubilden. Durch die Falten gewinnt das Gehirn an Oberfläche, so dass mehr Nervenzellen (Neuronen) mit ihren Verbindungen Platz finden können. Wenn der Säugling seinen ersten Geburtstag feiert sind die Falten dritter Ordnung nahezu komplett ausgeprägt. Sie sind bei jedem Menschen individuell.

Fazit

Die Entwicklung des Nervensystems beginnt zu einem sehr frühen Zeitpunkt. Sie geschieht von Anfang an in Interaktion mit der Umwelt. Bereits in den ersten Schwangerschaftstagen kann die Gehirnentwicklung z. B. durch Rauchen oder Alkohol stark gefährdet werden.

Die Gehirnentwicklung ist im Vergleich zu den anderen Organen erst sehr spät abgeschlossen. Jeder Lernprozess stellt eine substanzielle Veränderung des Gehirns dar.

Das Startkapital – Gehirnwachstum zwischen dem 1. und 7. Lebensjahr

Info 2

Mit der 24. Woche sind nahezu alle Neuronen komplett angelegt. Es sind ca. 100 Milliarden. Die Produktionsrate beträgt bis dahin im Durchschnitt etwa 500 000 pro Minute. Es handelt sich sozusagen um das Startkapital, welches nicht mehr nennenswert vermehrt werden kann.

Allerdings sind die Neuronen zu diesem Zeitpunkt noch kaum miteinander verschaltet. Es werden erst wenige Informationen zwischen den Neuronen ausgetauscht. Die **Synaptogenese** beginnt erst. Bei einem Erwachsenen gehen von einer Nervenzelle ca. 10 000 Dendriten aus und nehmen Kontakt zu anderen Nervenzellen auf. Und jede Nervenzelle empfängt von ca. 10 000 Neuronen Informationen. Bei Kindern im Vorschulbereich kann diese Zahl gar bei 15 000 an- und abgehenden Kontakten liegen. Diese Kontakte werden Synapsen genannt. Bis zum 2. Geburtstag werden im Gehirn eines Kindes durchschnittlich 1,8 Millionen Synapsen pro Sekunde gebildet.

Das ist eine sehr große Menge. Es ist eine so große Menge, dass das Gehirn nicht effizient arbeiten kann. Der Synapsenüberschuss bedeutet in etwa das Doppelte von dem, was schließlich gebraucht wird. 83 % der Dendriten wachsen nach der Geburt. Die Dendriten sind die Leiterbahnen, über die die Neuronen Signale senden. Die Synapsen sind die reinen Verbindungsstellen an den Nervenzellen. Die Anzahl von Nervenverbindungen im Gehirn ist wiederum von der Umgebung abhängig. Eine anregungsreiche, herausfordernde und abwechslungsreiche Umgebung regt die Bildung der Synapsen an. Fehlen entsprechende Anregungen, so wird das Potenzial nicht ausgeschöpft.

Bei einer solchen Zahl von Verknüpfungen braucht es auch ein Regulativ, da sie sozusagen zunächst ins Blaue hinein einfach auf Menge und nicht immer sinnvoll hergestellt werden. Auch hier spielt die Umwelt die korrigierende Rolle. Die Verbindungen werden bei weiterem Nichtgebrauch wieder gelöscht, durch Übung allerdings gefestigt und ausgebaut. Das ist ein sehr energieintensiver Vorgang. Der Glukoseverbrauch im Gehirn eines 7-Jährigen ist doppelt so hoch wie im Gehirn eines Erwachsenen. Aber auch Erwachsene verbrauchen einen großen Teil der mit der Nahrung aufgenommenen Energie in ihrem Gehirn.

Die gesamte Gehirnentwicklung verläuft nicht kontinuierlich, sondern in Schüben. Das betrifft zum einen die Entwicklung der unterschiedlichen Gehirnteile als auch die Differenzierungen und Entwicklungen in diesen Bereichen: das Wachstum der Neuronen (Neurogenese), die Ausbildung von Verästelungen zu anderen Nervenzellen und in den gesamten Körper (Migration), die Synapsenbildung und die entsprechende Auslese und schließlich die Myelinbildung. Bei der Myelinbildung handelt es sich um die Isolierung der Nervenverbindungen, sodass die Signale zwischen den Nervenzellen schließlich optimal übertragen werden können.

Eine anregungsreiche, herausfordernde und abwechslungsreiche Umgebung regt die Bildung der Synapsen an.

Mit jedem Entwicklungsschritt im Gehirn eröffnen sich für das Kind neue motorische, kognitive oder soziale und emotionale Möglichkeiten, die auf das positive Feedback aus der Umwelt angewiesen sind, um sich voll entfalten und stabilisieren zu können. In diesen sensiblen Phasen findet der Feinschliff im Gehirn statt.

Mit jedem Entwicklungsschritt im Gehirn eröffnen sich für das Kind neue motorische, kognitive oder soziale und emotionale Möglichkeiten.

INFO 2
Fortsetzung

Die Zeit vor der Geburt und die Kindheit bis zum Schuleintritt sind die wesentlichen und wichtigsten Zeiträume in der Gehirnentwicklung.

Danach sind die weiteren Möglichkeiten zur Verschaltung stark eingeschränkt. Wurden durch mangelnde Anregung oder Übung zu viel vom Synapsenüberschuss abgebaut, so muss der Mensch im Grunde den Rest des Lebens mit dem auskommen, was ihm übrig geblieben ist. Das ist der Grund, warum sich Kinder spielend ihre Muttersprache und, wenn sie zweisprachig aufwachsen, auch gleich eine „Fremdsprache" aneignen können. Wohingegen Erwachsene in der Regel kaum noch fähig sind eine neue Sprache akzentfrei zu beherrschen. Beim Wissenserwerb können Erwachsene allerdings auf andere sehr effektive Strukturen und Hilfen zurückgreifen. Aber wenn sie als Kinder nicht gelernt haben, wie man lernt, stehen die Chancen, schnell neues Wissen und neue Fähigkeiten zu erwerben, ebenfalls schlecht.

Die Zeit vor der Geburt und die Kindheit bis zum Schuleintritt sind die wesentlichen und wichtigsten Zeiträume in der Gehirnentwicklung. Auf die Zeit vor der Geburt haben Erzieherinnen und Erzieher nur wenig Einfluss. Aber die vielen Dinge, die die Mutter aufnimmt und einnimmt, wirken sehr wohl auf die Entwicklung des Gehirns. An erster Stelle steht dabei die Nahrung, die ausgewogen, vitaminreich und auch etwas fetthaltig sein sollte. Das Fett ist für die Myelinbildung wichtig. Viele Chemikalien in Medikamenten oder Drogen gelangen über den Blutkreislauf der Mutter zum Teil sehr schnell auch in den des Kindes und können im Gehirn große und irreversible Schäden anrichten. Das gilt auch für verschiedene Krankheitserreger. Ebenso kann sich eine zu hohe Temperatur in bestimmten sensiblen Phasen sehr negativ auf die Gehirnentwicklung auswirken. Auch Stress der Mutter kann über den Hormonhaushalt die Entwicklung ungünstig beeinflussen. Eine besonders gefährliche Situation ist die Geburt. Vor allem auf Sauerstoffmangel reagiert das Gehirn außerordentlich empfindlich.

FAZIT

Die wesentlichen Stufen der Gehirnentwicklung laufen vor der Geburt und in den ersten Lebensjahren vor der Einschulung ab. Schädigungen des Gehirns oder Behinderungen in dessen Entwicklung sind oft irreversibel und können nicht mehr oder nur noch unter extrem hohem Aufwand kompensiert werden. Eine unzureichende Förderung stellt eine Behinderung der Gehirnentwicklung dar.

5.2 Die Entwicklung der Sinne

Nichts ist im Geist, was nicht vorher in den Sinnen war!

Alle Anregungen und Informationen bekommt das Gehirn zunächst und vor allem über die Sinne. Erst sehr spät, wenn ein Mensch über ein ausreichendes Vorstellungsvermögen und über viele Erfahrungen und damit über Erinnerungen und Wissen verfügt und er dazu in der Lage ist, über sein eigenes Denken nachzudenken (Metakognition), erschließen sich ihm neue Erkenntnisquellen. Aber auch dann bleiben die Sinne das Tor zur Welt.

Schon früh in der Schwangerschaft beginnen sich Zellen der Außenhaut zu spezialisieren. Sie werden dann empfindlich für spezifische Reize aus ihrer Umwelt. Bald bilden sie Nervenfasern, die durch den Körper in Richtung Gehirn wachsen. Die meisten Sinne sind schon vor der Geburt funktionsfähig und versorgen das Gehirn mit Informationen.

Der Tastsinn

Info 1

Oft macht man sich nicht bewusst, welche komplexen Informationen der Tastsinn liefert. Wir empfinden mit ihm Berührung, Temperatur, Schmerz und die Raumlage. Von allen Sinnen entsteht der Tastsinn als erster. Bereits in der 5. Schwangerschaftswoche kann ein Kind Berührungen auf den Lippen oder der Nase spüren. In der 9. Woche kommen Kinn und Augenlider sowie die Arme dazu, in der 10. die Beine und ab der 12. Woche reagiert fast die gesamte Körperoberfläche. Das Gehirn selbst bleibt auf Dauer schmerzunempfindlich. Die Nervenzellen, die aus den unterschiedlichen Regionen des Körpers im Gehirn ankommen, werden in bestimmten Arealen des primären sensorischen Kortex verschaltet. In diesem somatosensorischen Feld im Gehirn entsteht dadurch eine „Landkarte" des Körpers.

Die einzelnen Körperteile beanspruchen unterschiedlich viel Platz auf dieser Landkarte. Verhältnismäßig große Gebiete sind den empfindlicheren Körperregionen wie Lippen, Zunge und Fingerspitzen vorbehalten.

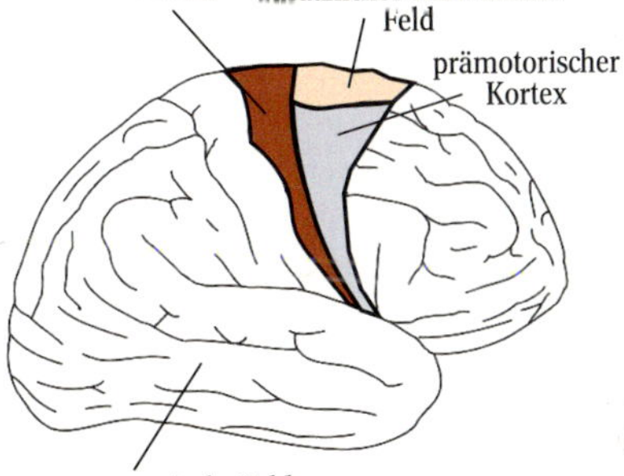

Auf dieser Abbildung ist nicht nur skizziert, welche und wie große Bereiche des Gehirns an einem großen Teil der sensorischen und motorischen Leistungen beteiligt sind, sondern auch, wie große Teile des Gehirns es nicht in erster Linie sind. Der große hier nicht markierte Teil des Großhirns ist bei allen assoziativen Leistungen aktiv. Diese Teile unseres Denkorgans sind auch nicht mehr hierarchisch strukturiert, wie es noch die evolutionär gesehen sehr alten Teile des Gehirns teilweise sind. Assoziative Leistungen scheinen mit hierarchischen und linearen Strukturen nur schwer zu erbringen zu sein. Sie erfordern offensichtlich eine höhere Komplexität.

Zwar werden vor der Geburt die meisten Gehirnfunktionen angelegt. Zur vollständigen Ausreifung benötigt das Gehirn aber sehr lange. Einjährige Kinder reagieren auf Berührungsreize bereits 4-mal schneller als wenige Tage nach ihrer Geburt.

Um die Sinne weiterzuentwickeln, bedarf es einer reizintensiven Umgebung. Kleinkinder nehmen viele Informationen über ihren Tastsinn auf. In erster Linie benutzen sie dazu den Mund. Die Reifung des Sinnes geht vom Kopf aus und breitet sich dann allmählich von oben nach unten über den Körper aus. Eine weitere Sensibilisierung kann gefördert werden, indem man dem Kind viele unterschiedliche Materialien von unterschiedlicher Beschaffenheit (Oberfläche, Größe, Gewicht, hart, weich, fest, ...) zum Spielen anbietet.

Kinder sind von Geburt an neugierig. Kennen sie etwas, können sie aber auch schnell das Interesse daran verlieren. Daher macht es Sinn, die Materialien in regelmäßigen Abständen zu wechseln und sie auch immer wieder in einem anderen Kontext anzubieten. An allen Lernvorgängen sind alle Sinne beteiligt und die Umgebung wird stets mitgelernt. Ein bekanntes Material in einer neuen Umgebung bedeutet somit eine neue und damit wieder interessante Situation.

Wird zu viel (auch unterschiedliches) Material gleichzeitig angeboten, kann es leicht zu einer Überforderung kommen, da für das Kind dann eine chaotische und unübersichtliche Umgebung entsteht.

Eine besonders große Rolle für die Ausbildung des Tastsinns spielt vor allem ein vielfältiger Körperkontakt. Massagen haben eine sehr positive Wirkung. Die gesamte geistige Entwicklung ist ein kommunikativer Prozess.

Bereits im Bauch der Mutter finden vielschichtige Lernprozesse statt.

Um die Sinne weiterzuentwickeln, bedarf es einer reizintensiven Umgebung.

Fazit

Der Tastsinn wird als erster ausgebildet. Er verbreitet sich vom Kopf her über das Gesicht allmählich über den gesamten Körper. Durch den Kontakt mit unterschiedlichen Materialien und Oberflächen kann die Entwicklung des Tastsinnes gefördert werden.

Info 2 Die vestibulären Sinne

Der Körper besitzt eine Reihe von Sensoren, die an das Gehirn Informationen über den Zustand des eigenen Körpers und seine Lage im Raum liefern. Diese Informationen sind unbewusst. Eindrücklich wird das beim Gleichgewichts- und Bewegungssinn. Wir könnten nicht laufen oder Fahrrad fahren, wenn wir ständig die notwendigen Informationen bewusst überdenken müssten. Ist der Gleichgewichtssinn gestört, kommt es zu einer verzögerten motorischen Entwicklung. Aber auch emotionale Probleme, Wahrnehmungs- und Konzentrationsdefizite, Lernschwierigkeiten, Sprachstörungen und Autismus stehen häufig in Verbindung mit einer Schwäche des Vestibularapparats.

Lernen ist ein aktiver, handelnder, körperlicher Prozess.

„Die geistige Entwicklung ist in hohem Maß ein kumulativer Prozess. Als einer der ersten reifenden Sinne verschafft der Vestibularapparat dem Baby einen großen Teil seiner frühen Sinneserfahrungen. Diese Sinneserfahrungen spielen vermutlich eine entscheidende Rolle bei der Bildung anderer sensorischer und motorischer Fähigkeiten, die wiederum die Entwicklung der höheren emotionalen und kognitiven Funktionen beeinflussen." (Eliot, S.220) Entsprechend deuten Studien darauf hin, dass die Stimulation des Vestibularapparats Gehirn und Verstand der Kinder tatsächlich verbessern kann. Kinder wiederum scheinen hohes Interesse und Spaß an dieser Stimulation zu haben. Sie wiegen sich hin und her, sie schwingen, hüpfen, drehen sich im Kreis. Es ist schön für sie, wenn sie geschaukelt oder gestreichelt werden. Im 8. Lebensmonat ist die vestibuläre Empfänglichkeit am höchsten. In diesem Alter werden die Kinder auch selbst sehr aktiv und verschaffen sich die Stimulation selbst.

Die direkte Körpererfahrung spielt auch in den folgenden Jahren eine entscheidende Rolle für die geistige Entwicklung der Kinder. Das Lernen von Kindern und ihre Entwicklung ist ein aktiver, handelnder Prozess. Sie erwerben auf diesem Wege eine Menge an Wissen, über das sie nur auf diesem Wege sicher verfügen, auch – und das ist ein paradoxer Umstand – wenn sie sich nicht bewusst und gezielt an die verschiedenen Fakten erinnern können, so, wie es Erwachsene tun. Lern- und Entwicklungsprozesse laufen bei Erwachsenen und Kindern nach unterschiedlichen Regeln ab. Erwachsene sind in der Regel nicht mehr dazu in der Lage, mit der enormen Geschwindigkeit Synapsen zu bilden und Nervenzellen miteinander zu vernetzen, wie es Kinder tun. Kinder wiederum haben nicht die Möglichkeit, mit einem konstituierten und bewährten Netzwerk bei hoher Effizienz Informationen zu verarbeiten.

LF 4

FAZIT

Die geistige Entwicklung ist ein kumulativer Prozess. Die unterschiedlichen Sinne unterstützen sich bei ihrer Entwicklung gegenseitig. Die Förderung unterschiedlicher Sinne kann entsprechend geistige Entwicklungen anstoßen und fördern.

Der Geruchssinn

INFO 3

Der Geruchssinn ist unmittelbar nach der Geburt voll funktionsfähig. Im Unterschied zu den anderen Nervenzellen sind die Riechzellen die einzigen Nervenzellen, die ein Leben lang nachgebildet werden, wenn ihre Vorgänger absterben. Am Beginn des Lebens sind Gesichtssinn und Gehör des Babys noch nicht gut ausgebildet. Die Wahrnehmung ist damit auf die unmittelbare Umgebung beschränkt, die sich am besten durch die **Nahsinne** Tasten und Riechen aufnehmen lässt.

Das Baby ist in der Lage, unterschiedliche Gerüche zu unterscheiden. Es kann die Gerüche noch nicht qualitativ einordnen in dem Sinne, dass es zwischen guten und üblen Gerüchen unterscheidet. Das lernt es erst im Laufe der kommenden Jahre. Aber wie die Erwachsenen gewöhnt es sich rasch an Gerüche und nimmt diese dann auch nicht mehr war. Die Sinne funktionieren vergleichend. Sie messen gewissermaßen die **Veränderungen** in der Umgebung. Finden keine Veränderungen mehr statt, so nehmen Sinne nichts mehr war. So gewöhnt man sich an die Temperatur in einem Raum, vorausgesetzt, der Körper ist nicht zu stark damit beschäftigt, den Temperaturunterschied zwischen Umgebung und Körper auszugleichen (schwitzen oder frieren).

An diesen Sinnen lässt sich auch nachweisen, dass bereits Säuglinge über eine Form des Gedächtnisses verfügen. Neugeborene können bereits kurz nach der Geburt ihre Mutter am Geruch wiedererkennen. Das gelingt ihnen vor allem dann gut, wenn sie gestillt werden.

FAZIT

Der Geruchssinn zählt wie der Tastsinn zu den Nahsinnen. Ohne Geruch können wir nicht mehr richtig schmecken. Über den Geruchssinn werden einige sehr wichtige Informationen gewonnen, derer wir uns oft gar nicht richtig bewusst werden. So können wir unterschiedliche Menschen verschieden „gut" riechen.

Der Geschmackssinn

INFO 4

Der Geschmackssinn entwickelt sich sehr früh. Bereits während der 8. Schwangerschaftswoche entstehen die Geschmacksknospen. In der 13. Woche haben sie sich im gesamten Mund verteilt und kommunizieren miteinander. Babys können schon vor der Geburt schmecken und sind für unterschiedliche chemische Substanzen im Fruchtwasser sensibel. Säuglinge nehmen noch nahezu alles in den Mund. Erst ab dem 3.–4. Lebensjahr nimmt die Tendenz dazu ab und die Kinder entwickeln eine Abscheu gegen gefährliche Substanzen. Das Verständnis dafür, was essbar und bekömmlich ist, wird erlernt.

DAS VERSTÄNDNIS DAFÜR, WAS ESSBAR UND BEKÖMMLICH IST, WIRD ERLERNT.

Info 5 Der Gesichtssinn

Der weitaus grösste Teil der Informationen aus der Umwelt wird über die Augen aufgenommen.

Menschen sind Augenwesen. Der weitaus größte Teil der Informationen aus der Umwelt wird über die Augen aufgenommen. Im Unterschied zu Geschmacks-, Geruchs- und Tastsinn, die Informationen nur aus direkter Nähe oder durch direkten Körperkontakt gewinnen („Nahsinne"), ist der Gesichtssinn ein „Fernsinn". Sehenkönnen stellt einen enormen Vorteil dar.

Sehen ist weit mehr als ein fotografischer Vorgang.

Sehen ist weit mehr als ein fotografischer Vorgang. Wenn Lichtimpulse auf die Netzhaut fallen, dort in elektrische Signale umgewandelt und schließlich ins Gehirn weitergeleitet werden, so ist das nicht mehr als ein kleiner Anfang.

Bei der Geburt ist das Sehen nur rudimentär ausgebildet. Der Säugling ist nicht in der Lage, scharf zu sehen. Details sieht er nur in einem Bereich um 20 cm. Es ist der Abstand, den Erwachsene normalerweise intuitiv zum Gesicht des Säuglings suchen, wenn sie mit ihm sprechen wollen oder ihm etwas zeigen. Die Fovea, die Stelle des schärfsten Sehens beim Kind, ist noch nicht voll entwickelt, da sich die entsprechenden Sehzellen (Zapfen, Farbensehen) noch nicht weit genug ausdifferenziert haben. Kleine Kinder können einen Gegenstand deshalb auch noch nicht fokussieren. Besser funktionieren die Stäbchen, die für die Unterscheidung von Helligkeitsunterschieden zuständig sind. Säuglinge sehen am Rand ihres Gesichtsfeldes besser als im Zentrum. Das bedeutet, dass ein Spielgegenstand, z. B. ein Mobile, eher ins Interesse des Kindes gerät, wenn es neben der Wiege hängt anstatt genau über dem Kind.

Sehen ist ein hoch kognitiver Prozess. Nahezu das gesamte Gehirn ist daran beteiligt.

Das visuelle System ist äußerst komplex und umfangreich. Bereits in der 4. Schwangerschaftswoche beginnen sich die Anlagen der Augen herauszubilden. Der Prozess setzt sich in einer festgelegten Reihenfolge von außen nach innen fort. In der Netzhaut bilden sich zuerst Neuronen und Synapsen, anschließend in den subkortikalen Sehzentren. Dann folgt deren Wachstum in der Sehrinde und schließlich in den höheren Sehzentren. Sehen ist ein hoch kognitiver Prozess. Nahezu das gesamte Gehirn ist daran beteiligt. Es dauert Jahre, in einzelnen Aspekten bis nach der Adoleszenz, bis das gesamte System voll ausgebildet, gereift, stabilisiert und funktionsfähig ist.

Heute werden Computersysteme entwickelt, die „sehen" können sollen. Bei biometrischen Verfahren sollen diese Systeme dann beispielsweise in der Lage sein Gesichter wieder zu erkennen. Eine nahezu unlösbare Aufgabe, die übrigens Jugendliche in der Pubertät weniger gut bewältigen als Kinder im Grundschulalter. Jugendliche sind auch nicht mehr so gut in der Lage, aus den Gesichtszügen auf die psychische Verfassung eines Gegenübers zu schließen. In ihrem Frontalhirn finden Veränderungen in solchem Umfang statt, dass sie diese Fähigkeiten erst später wiedererlangen.

Sehen hat etwas zu tun mit Werten und mit Bewertung, mit Empathie, mit Gedächtnis, Erfahrung und Wissen, mit Assoziationen, mit Erwartungen und Hypothesen, mit dem Vorstellungsvermögen, mit Zielen und Intentionen, mit Schulung, Übung und Differenzierung.

Sehen ist ein Interpretationsvorgang. Dem, was gesehen wird, muss eine Bedeutung verliehen, es muss gedeutet, bedeutet werden. Sehen hat etwas zu tun mit Werten und mit Bewertung (ethisch, materiell, funktional), mit Empathie und Einfühlungsvermögen, mit Gedächtnis, Erfahrung und Wissen, mit Assoziationen, mit Erwartungen und Hypothesen, mit dem Vorstellungsvermögen, mit Zielen und Intentionen, mit Schulung, Übung und Differenzierung „Sehen" in umfassendem Sinne ist nicht einmal angewiesen auf den optischen Apparat, z. B. wenn wir träumen oder innere Bilder haben oder uns etwas vorstellen, um etwas zu verstehen oder um etwas zu erinnern.

Diese Tatsachen schlagen sich auch in vielen Redewendungen nieder: Man macht sich ein Bild von etwas; jemand ist einsichtig; man sieht in die Zukunft; man nimmt einen Einblick; man sieht ein Pro-

9612206

blem oder nicht. Sprachlich etwas weiter: Es geht jemandem ein Licht auf; jemand hat eine Erleuchtung; es klärt sich etwas; jemand stellt sein Licht unter den Scheffel oder ist eine Leuchte; andere sind umnachtet ... oder jemandem gehen schließlich die Augen auf. Ein Bild sagt mehr als 1 000 Worte. Und viele glauben letztlich nur, was sie sehen können. Aber wie gesagt: Letztlich sieht man nur mit dem Herzen gut!

Der Gesichtssinn hat natürlich physiologische Grundlagen. Im Unterschied zu den anderen Sinnen entwickelt sich die Netzhaut vollständig aus neuralem Ektoderm (äußeres Keimblatt) und entwickelt sich entsprechend wie ein „Miniaturhirn". Die Augen sind Teile des Gehirns. Die von dort ausgehenden Verbindungen werden in hochkomplexer Weise mit anderen Gehirnteilen verknüpft. Dieser Vorgang folgt denselben Regeln, wie es bei anderen Verknüpfungen der Fall ist: Die Synapsen werden in Menge gebildet. Anschließend findet eine Auslese bzw. die Etablierung nützlicher Bahnen statt. Beim Tastsinn, dem Geschmackssinn oder dem Gehör kann das im Mutterleib geschehen, da diese Sinne bereits hier mit ausreichenden Informationen versorgt werden können. Bei den Augen können in diesem Zeitraum nur die Basisvoraussetzungen (optischer Apparat und Grundverschaltungen) geschaffen werden. Die entscheidenden Entwicklungen und Reifungsprozesse können erst im Licht stattfinden. Und die sind dramatisch und an enge Zeitfenster gebunden.

Innerhalb des ersten halben Jahres entwickeln sich die primären Sehfähigkeiten: Tiefenwahrnehmung, Farbensehen, Scharfsicht und die Fähigkeit, zielgerichtete Augenbewegungen auszuführen. Mit einem Jahr ist die Feinabstimmung so weit fortgeschritten, dass das Kind die Welt bunt und dreidimensional aufnehmen kann. Dazu ist es allerdings auf vielfältige Anregungen und „Sehanlässe" angewiesen. Für jede Sehfähigkeit müssen im Gehirn entsprechende neuronale Verbindungen angelegt werden. In einer anregungsarmen Umwelt werden diese Verknüpfungen entsprechend dünn und instabil angelegt. Die Basis, auf der das Kind im weiteren Verlauf sehen lernt, ist dann sehr schwach. Werden Teile des Gehirns nicht mit entsprechenden Verknüpfungen belegt und verlieren sie den Konkurrenzkampf mit anderen Axonen, so werden die entsprechenden Bereiche schließlich nicht oder mit anderen Aufgaben betraut. Solche Entwicklungen sind irreversibel.

Werden Teile des Gehirns nicht mit entsprechenden Verknüpfungen belegt, verlieren sie den Konkurrenzkampf mit anderen Axonen. Solche Verknüpfungen sind irreversibel.

Deshalb ist es wichtig, auf Erkrankungen der Augen sehr schnell zu reagieren. Das betrifft z. B. das Schielen und die Scharfsicht. Um plastisch sehen zu können, ist es notwendig, dass die Augen koordiniert einen Gegenstand fokussieren können. Beim Schielen gelingt das nicht, so dass keine entsprechenden Bilder im Gehirn verrechnet werden können (stereoskopisches Sehen). Im Regelfall entwickelt sich dann ein Auge als das dominante. Die Bildsignale aus diesem Auge werden mit Vorrang verarbeitet. Es werden dabei die entsprechenden Nervenbahnen und Synapsen gebildet. Das dominante Auge verfügt dann oft auch über einen größeren Teil der Sehrinde. Wird in späteren Jahren das Schielen operativ korrigiert, so kann der Patient dennoch weiterhin nicht plastisch sehen, da er nicht über die neurologischen Voraussetzungen verfügt. Diese Fähigkeit lässt sich auch nicht mehr erlernen.

Das ähnliche Phänomen tritt auf, wenn die Augen unterschiedlich scharf sehen. Auch dann kommt es in der Regel zur Dominanz nur eines Auges mit allen hirnphysiologischen Folgen und eine zu späte Korrektur, z. B. durch eine Brille, vermag den entstandenen Schaden nicht mehr vollständig auszugleichen.

Viele Fähigkeiten, die wir im Allgemeinen als selbstverständlich hinnehmen und nicht weiter hinterfragen, sind Folge langer Erfahrung und damit auch andauernder Übungs- und Trainingsprozesse, die ihre neurologischen Spuren im Gehirn

Info 5
Fortsetzung

hinterlassen haben. Laufen, Fahrradfahren, schreiben, Greifbewegungen, Sprechen und eben auch das Sehen funktionieren dann hoch effektiv, wenn die jeweiligen Bewegungen durch entsprechend effiziente und etablierte Strukturen im Gehirn verarbeitet und koordiniert werden.

Sehen ist das Hauptinstrument der Welterforschung des Kindes.

Sehen ist das Hauptinstrument der Welterforschung des Kindes. Gutes Sehen ist eine Grundvoraussetzung zur Aufgabenbewältigung in einer zunehmend visualisierten Welt. Gleichzeitig entwickelt sich die Sehfähigkeit hauptsächlich in der Zeit von der Geburt bis zum 8. Lebensjahr, in der Zeit des Kindergartens. Vor allem in dieser Zeit haben daher vielfältigste visuelle Erfahrungen und Anregungen eine hervorragende Bedeutung.

Man erkennt nur, was man auch zeichnen kann.

So sollten Kinder nicht in einer rein „gezimmerten“ Umgebung aufwachsen, in der es nur Horizontale und Vertikale gibt, da entsprechend nur die Neuronen den Vorzug erhielten, die für die Verarbeitung von Vertikalen und Horizontalen verantwortlich sind. Sie sollten auch mit Schrägen und Bögen Erfahrungen machen. Sie sollten die Möglichkeit haben, differenziert Farben zu erleben und vielfältige Formen und Oberflächen kennen lernen. Gleichzeitig sollten sie die Möglichkeit haben, umfassend mit Farben und Formen umzugehen und entsprechend zu gestalten. Das Tun ist in diesem Alter die hauptsächliche Methode. Dabei bekommen sie auch die Gelegenheit, ihre visuellen Erfahrungen auf vielfältige Art und Weise mit anderen kognitiven Strukturen zu verbinden und die Hand-Augen-Koordination zu üben und zu festigen. *„Je mehr ein Baby sieht und je besser die optischen Sinneseindrücke seiner Sehfähigkeit zum jeweiligen Zeitpunkt angepasst sind, desto besser wird das Kind später die vielen verschiedenen Aufgaben, bei denen es auf den Gesichtssinn angewiesen ist, bewältigen.“* (Eliot, S. 297 f.)

Die Kinder dürfen mit ihren Erfahrungen auch nicht allein gelassen werden. Lernen ist ein sozialer Vorgang. Man muss die gewonnenen Erfahrungen besprechen und mitteilen können, damit sie zu gesicherten Erkenntnissen und damit verfügbar werden.

Fazit

Menschen nehmen den weitaus größten Teil der Informationen aus ihrer Umwelt über die Augen auf. Die Augen sind ein Fernsinn und Bestandteil des Gehirns. Der Gesichtssinn braucht zu seiner vollständigen Ausreifung bei weitem am längsten, bis über die Pubertät hinaus. Am „Sehen“ sind schließlich $^2/_3$ des Gehirns beteiligt. Sehen ist kein mechanischer Vorgang, sondern ein in hohem Maße kognitiver Prozess. Sehen hat etwas zu tun mit Werten und mit Bewertung, mit Empathie, mit Gedächtnis, Erfahrung und Wissen, mit Assoziationen, mit Erwartungen und Hypothesen, mit dem Vorstellungsvermögen, mit Zielen und Intentionen, mit Schulung, Übung und Differenzierung.

Info 6 Das Gehör

Was man nicht bespricht, bedenkt man auch nicht recht. (Goethe)

Auch das Gehör ist ein Fernsinn und für die sprachliche Kommunikation in sensiblen Entwicklungsphasen notwendig.

Während sich das Gesicht sehr früh entwickelt und nur sehr langsam ausreift, entwickelt sich das Gehör relativ spät in der Schwangerschaft und reift dagegen sehr schnell. Vollständig ausgereift ist es frühestens zum Schulbeginn. Das Hörenlernen beginnt in der Gebärmutter. Bereits dort treffen akustische Signale auf die Ohren.

Im Unterschied zum Sehen, bei dem Neugeborene eine eindeutige Vorliebe für einfachere Stimuli zeigen, tendieren ihre akustischen Vorlieben eher zur Komplexität, und diesen Zweck erfüllen Musik und eine hohe modulierte Sprachmelodie besser als reine Töne und schlichte Laute (Eliot, S. 327). Solche frühen Erfahrungen mit Musik und Sprache sind wichtig für die Ausbildung vieler höherer Aspekte der Gehirnfunktionen wie Gefühl, Sprache und anderer kognitiver Fähigkeiten. Man sollte deshalb auch bereits mit Säuglingen sprechen, auch wenn sie im eigentlichen Sinne noch kein Wort verstehen.

Wir entziffern verschiedene Geräusche unmittelbar. Wir hören eben ein Auto oder ein Flugzeug oder eine bestimmte Stimme. Können wir ein Geräusch nicht sofort entziffern, so wirkt das mindestens beunruhigend. Das Gehör funktioniert unwillkürlich. Wir können es nicht abstellen. Das Gehör ist ein immer geöffnetes Tor zur Außenwelt.

BEZÜGLICH SEINER ENTWICKLUNG IST DAS GEHÖR WIE DIE ANDEREN SINNE DURCH ERFAHRUNG FORMBAR.

FAZIT

Bezüglich seiner Entwicklung ist das Gehör wie die anderen Sinne durch Erfahrung formbar. Es ist wichtig, dass beide Ohren möglichst gleich gut hören. Oft ist es ein Problem, herauszufinden, ob und wie gut ein Baby hört. Je später ein solches Defizit bei einem Kind entdeckt wird, desto größer und schwerer zu beheben ist der Schaden.

5.3 Die Entwicklung der Motorik

Die Motorik ist der auffälligste Gradmesser der neuronalen Entwicklung.

typischer Beginn (in Monaten)	Grobmotorik	Feinmotorik
1 - 2	hält den Kopf aufrecht und stabil	wirkungslose Greifversuche
2 - 3	hebt Kopf/Brust, auf Arm od. Bauch gestützt	
2 - 3	sitzt angelehnt	
4	dreht sich vom Bauch auf den Rücken	erfolgreiches Greifen und festhalten
6 - 7	dreht sich vom Rücken auf den Bauch	kontrolliertes Greifen
6 - 8	sitzt frei	
8 - 9	zieht sich zum Stehen hoch	
9	krabbelt	Zangengriff (Daumen und Zeigefinger)
9 - 10	läuft an den Händen geführt	Händeklatschen
11 - 12	steht frei	
12 - 13	läuft allein	grobes Loslassen von Gegenständen
18		kontrolliertes Loslassen

Im Verlauf der folgenden Monate erwirbt das Kind eine Reihe weiterer Fähigkeiten: Treppensteigen, Bauklötzchenstapeln, Dreiradfahren, Balancieren, Fahrradfahren … Jede dieser Fähigkeiten ist auf die Reifung bestimmter Gehirnareale angewiesen und darauf, dass das Kind auch die Kontrolle darüber erhält.

Die motorische Reifung hängt nicht allein vom Zeitpunkt ab, zu dem die entsprechenden neuronalen Verknüpfungen ent-

Eine wirkungsvolle Übung ist vor allem dann möglich, wenn das Kind in der richtigen Stimmung dazu ist.

Vernachlässigte Kinder sind in jeder Hinsicht in ihrer Entwicklung beeinträchtigt. Besonders wichtig ist eine liebevolle, anregende und fördernde Umgebung.

sprechend eines genetischen Programms gebildet werden. Neben einer Reihe anderer Faktoren wie der Geschwindigkeit, in der die sensorische Entwicklung (Sinne) abläuft, spielen auch das Körperwachstum, die Kraft, die Ernährung, die entsprechende Motivation, das seelische Wohlbefinden und auch die tägliche Übung eine Rolle. Sind die grundlegenden neuronalen Bahnen erst einmal entstanden, so hängt ihre Effizienz von deren Gebrauch ab. Eine wirkungsvolle Übung ist vor allem dann möglich, wenn das Kind in der richtigen Stimmung dazu ist. Es sollte nicht müde, hungrig oder aufgeregt sein und die Sache möglichst selbstständig angehen können. Dazu braucht es auch eine sichere Umgebung, die es ohne große Restriktionen (Verbote) erforschen kann (kindgerechte Umgebung).

Diese Umgebung sollte den jeweiligen Bedürfnissen des Kindes angepasst sein, sich also auch immer wieder verändern lassen. Die motorische Entwicklung selbst lässt nur sehr geringe Rückschlüsse auf die intellektuelle Entwicklung des Kindes zu.

5.4 Die emotional-soziale Entwicklung

Eine entscheidende Rolle für den späteren Erfolg der Kinder spielt ihre Fähigkeit, die eigenen Gefühle zu erkennen und zu kontrollieren und die Gefühle anderer zu deuten und entsprechend zu reagieren.

Im Allgemeinen wird dem Intelligenzquotienten eine sehr große Bedeutung beigemessen. Eine viel entscheidendere Rolle für den späteren Erfolg der Kinder spielt aber ihre Fähigkeit, die eigenen Gefühle zu erkennen und zu kontrollieren und die Gefühle anderer zu deuten und entsprechend zu reagieren. Diese Fähigkeit meint die emotionale Intelligenz. Vorschulkinder mit besserer Impulskontrolle erzielen häufig bessere Ergebnisse bei Schuleignungstests als Gleichaltrige mit geringerer Selbstkontrolle. Auch als Teenager sind sie sozial besser angepasst, kommen mit Gleichaltrigen besser zurecht und sind im Umgang mit Erwachsenen in der Regel verlässlicher.

Direkt an der Grenze zwischen Großhirnrinde und Hirnstamm liegt das limbische System. Die niederen limbischen Strukturen, die außerhalb des Kortex liegen, verschaffen uns spontane und ungefilterte Gefühlsäußerungen, den Adrenalinschub, Herzrasen … Diese Reaktionen entziehen sich in der Regel der bewussten Kontrolle. So kennen alle Kulturen dieselben Gesichtsausdrücke wie das Begrüßungslächeln oder das angstverzerrte Gesicht.

Eine Vernachlässigung der Kinder kann zu einer um bis zu 30 % verringerten Gehirngrösse führen.

Weil die Gefühle einen grossen Teil unseres Lebens bestimmen, beanspruchen sie auch einen grossen Teil des Kortex.

Der obere Bereich des limbischen Systems ist für die bewussten Gefühlsäußerungen zuständig. Weil die Gefühle einen großen Teil unseres Lebens bestimmen, beanspruchen sie auch einen großen Teil des Kortex. Die entsprechenden Regionen, der limbische Kortex, bestehen aus einem Ring von Windungen, die den inneren Kern des Stirn-, Scheitel- und Schläfenlappens bilden. Verletzungen in diesen Bereichen können die Persönlichkeit eines Menschen vollkommen ändern.

Bei der Geburt besitzt das Baby nur einen Teil seiner emotionalen Strukturen. Erst im Laufe der folgenden beiden Jahre dringen die Dendriten in alle Zielgebiete vor und haben die Synapsen ihre maximale Dichte erreicht. Ein positiver sozialer Kontakt fördert die Produktion der Dendriten und der notwendigen Neurotransmitter. Da das limbische System sowohl für die Gefühle als auch für das Gedächtnis eine herausragende Rolle spielt, reagieren Babys so gut auf eine gleich bleibend liebevolle Betreuung. Eine Vernachlässigung der Kinder kann zu einer um bis zu 30 % verringerten Gehirngröße führen.

Die sensible Phase für die Sozialisation liegt zwischen der Geburt und dem dritten Lebensjahr. Genetisch bedingt scheint vor allem das Temperament eines Menschen zu sein. Bei den Persönlichkeitsmerkmalen wie Emotionalität, Geselligkeit, Aggressivität, Vorsicht oder Traditionalismus scheinen Gene weniger verantwortlich zu sein. Entsprechend spielen die Erziehung und der Erziehungsstil eine große Rolle für die soziale und emotionale Entwicklung. Diese systemischen Zusammenhänge sind nur schwer zu verändern, da sie von den Erwachsenen zunächst erfordern, dass sie sich ihrer eigenen Verhaltensweisen sehr bewusst werden und diese erst einmal selbst hinterfragen und ändern.

FAZIT

Dem Intelligenzquotienten wird zwar eine sehr große Bedeutung beigemessen. Eine viel entscheidendere Rolle für den späteren Erfolg der Kinder spielt aber die Fähigkeit, die eigenen Gefühle zu erkennen, zu kontrollieren und die Gefühle anderer zu deuten und entsprechend zu reagieren.

5.5 Das Gedächtnis

Die meisten Menschen können sich nicht an ihre ersten 2–3 Lebensjahre erinnern (infantile Amnesie). Die folgenden Jahre bis zum 5. oder 6. Lebensjahr sind allgemein nur sehr unscharf im Gedächtnis. Das ist die Zeit, in der der Kindergarten besucht wird.

DIE JAHRE BIS ZUM 5. ODER 6. LEBENSJAHR SIND ALLGEMEIN NUR SEHR UNSCHARF IM GEDÄCHTNIS.

Das Gedächtnis ist kein einheitliches Gebilde. Hier greift der Vergleich mit einem Computer nicht mehr. Gedächtnisinhalte sind keine einzelnen Bausteine, die immer weiter in eine Speicherhalle geräumt werden. Das Gedächtnis ist eine hochkomplexe neuronale Struktur. Etwas Neues lernen und einen Gedächtnisinhalt dazugewinnen bedeutet, dass sich die gesamte Gehirnstruktur ändert. Es ist auch sehr unwahrscheinlich, dass das Gedächtnis irgendwann einmal gefüllt wäre und nichts mehr Platz hätte. Den Eindruck bekommen wir nur, wenn wir ermüdet sind. Nach der Erholung ist das Gehirn jedoch wieder zum Lernen bereit. Und je mehr gelernt wurde, je komplexer die neuronale Struktur ist, desto einfacher ist es, neue Inhalte in diese Struktur einzubauen. Je mehr Wissen vorhanden ist, desto einfacher ist es, neues Wissen aufzunehmen. Erwachsene, die das Lernen gelernt haben, können mit großer Effizienz neue Synapsen bilden. Kinder im Kindergartenalter bilden Synapsen in ungeheurer Menge, aber nicht unbedingt effizient, weshalb im Laufe der Zeit viele Verknüpfungen wieder abgebaut werden müssen, damit das Gehirn schließlich effizient arbeiten kann.

Eine Person ist die Summe dessen, woran sie sich erinnern kann. Da das Gedächtnis ein System von Synapsen und Verknüpfungen zwischen Neuronen ist, beinhaltet es auch die Bahnen, die uns bestimmte Fähigkeiten und Fertigkeiten ermöglichen, auch wenn sie nicht mehr ins Bewusstsein dringen. Wir denken über unser Gehen nicht mehr nach und in der Regel nicht einmal mehr daran, wie wir die Hand beim Schreiben bewegen müssen. Trotzdem ist die Handschrift auch Ausdruck der persönlichen Verfassung.

EINE PERSON IST DIE SUMME DESSEN, WORAN SIE SICH ERINNERN KANN.

Die Stabilität des Gedächtnisses über einen langen Zeitraum bedeutet die kohärente Vorstellung von Individualität. Im großen Gefüge bleibt die neuronale Struktur eines Menschen letztlich stabil. Wir erwarten, dass eine Persönlichkeit über einen langen Zeitraum so bleibt, wie wir sie kennen. Andererseits ist es trotzdem möglich, dass sich Menschen verändern, beispielsweise durch einschneidende Erlebnisse und Erfahrungen, die letztlich einen Lernprozess und damit eine Umstrukturierung des Gehirns darstellen. Das Gedächtnis bildet die Ecksteine der intellektuellen Reifung. Intelligenz ist ohne Wissen und Erfahrung nicht vorstellbar, denn dann hätte sie nichts, womit sie denken könnte.

INTELLIGENZ IST OHNE WISSEN UND ERFAHRUNG NICHT VORSTELLBAR, DENN DANN HÄTTE SIE NICHTS, WOMIT SIE DENKEN KÖNNTE.

Um mit Inhalten denken zu können, müssen wir sie erinnern. Das Gedächtnis ist nichts ohne Erinnerung. Erinnerung und Gedächtnis sind die beiden Seiten einer Medaille. Man unterschiedet zwischen explizitem Erinnern, welches sich vornehmlich auf Daten bezieht und oft mit dem Ultrakurzzeitgedächtnis, dem Kurzzeitgedächtnis und dem Langzeitgedächtnis in Verbindung gebracht wird, und implizitem Erinnern. Hier geht es um weitgehend unbewusste Basiserfahrungen, um neuronale Schemata, welche wie kleine Programme ablaufen. Sie sind deshalb aber nicht minder wichtig.

Hans J. Markowitsch unterschiedet vier Gedächtnissysteme (vgl. „Biopsychologie“, S. 107).

Das **episodische Gedächtnis** gilt einzelnen Ereignissen im Lebenslauf. Eine tolle Ballonfahrt oder ein Geburtstag können so prägende Ereignisse sein, dass sie dauerhaft im Gedächtnis bleiben und auch im hohen Alter noch mit vielen Einzelheiten erinnert werden können.

Das **Wissenssystem** ist als Faktengedächtnis für allgemeines Schul- und Weltwissen zuständig (aber auch für grammatische Regeln). Vor allem dieses System macht manchen Menschen Schwierigkeiten und es wurden viele Strategien (Mnemotechniken) entwickelt, um hier bessere Leistungen zu erzielen. „Mnemotechnik“ leitet sich aus dem griechischen „mnemon“ ab, was „aufmerksam“ bedeutet. Mnemosyne war bei den alten Griechen eine Göttin und die Mutter der Musen. Von denen wiederum leitet sich unser „Museum“ ab. Mnemosyne war die Göttin des Gedächtnisses.

Dreijährige Kinder starren einen Gegenstand oder den Ort, wo er sich befindet, an, um sich die Stelle merken zu können. Oder sie versuchen eine Hand dort hinzulegen. Mit vier Jahren beginnen die Kinder zu sortieren, was bereits ein sehr aktiver und kognitiver Umgang mit den Gedächtnisinhalten darstellt, da hier Metastrukturen gebildet werden. Auch Zeichnen und Malen sind effektive Strategien, Sachverhalte zu verarbeiten und wieder zu erinnern – und damit die Erinnerungsfähigkeit zu trainieren.

Eine sehr wirkungsvolle Mnemotechnik besteht darin, Gedächtnisinhalte bewusst mit einem imaginären Raum in Verbindung zu bringen. So können Sie sich zum Lernen der Fakten dieses Kapitels ein „Gehirn-Haus“ mit verschiedenen Zimmern mit je eigener Einrichtung vorstellen. Da gibt es ein Geschmackszimmer, ein Tastzimmer, … ein Sehzimmer. Verknüpfen Sie die unterschiedlichen Einrichtungsgegenstände in Ihrer Vorstellung mit den unterschiedlichen Fakten. Stellen Sie sich ein Zimmer wie eine Werkstatt vor: Dort liegen Drähte (Axone), Klemmen (Synapsen), Schalttafeln … vielleicht statten Sie das Sehzimmer mit entsprechenden Gemälden aus. Machen Sie sich mit dem Gebäude vertraut, sodass Sie schließlich im Geist von einem Zimmer ins andere gehen können und auf dem Weg an die vielen Einzelheiten erinnert werden. Versuchen Sie sich die Räumlichkeiten möglichst real und bildlich vorzustellen. Sie können Lerninhalte auch mit Merkmalen verbinden, die Sie auf Wegen finden, die sie wirklich oft gehen. Ein gutes visuelles Gedächtnis und ein gutes Vorstellungsvermögen sind sehr praktische Gedächtnishilfen. Daher ist es lohnend, besonderes Augenmerk auf die Entwicklung des Gesichtssinnes zu legen. Zwang allerdings kann den Erfolg schmälern, ebenso wie eine Lernanstrengung, die die Kräfte und das Auffassungsvermögen des Lernenden übersteigt. Eine weitere Hilfe vonseiten der Erzieher besteht darin, die Kinder über Fragen zum Erzählen zu provozieren (Was? Wann? Wo? Warum? Wer? Wie? … Vor allem offene Fragen: Erklärst du mir das?). Das Gedächtnis hängt stark von Erfahrung ab und ist trainierbar. Auch das Sprechen mit den Kindern über ihre Bilder ist für Erzieher und Kinder sehr fruchtbar.

Das **prozedurale Gedächtnis** speichert die erlernten Bewegungsabläufe (z. B. Gehen).

Das **Priming** bezeichnet den Umstand, dass kontextbezogen und vorbewusst Reize oder Sinneseindrücke wiedererkannt oder erinnert werden, denen man bereits ausgesetzt war, auch wenn der neue Reiz dem früheren nur ähnelt oder unvollständig ist. Hier sind die Assoziationen angesiedelt.

Eine große Anzahl von Lernprozessen geschieht außerhalb unserer bewussten Kontrolle. Auch bei bewussten Lernunternehmungen (z. B. wenn Sie diesen Text lesen) wird sehr viel mehr mitgelernt, als allgemein vermutet wird: die gesamte Lernumgebung, die jeweiligen Stimmungen, eventuelle Störungen, Gerüche, Accessoires auf dem Schreibtisch usw. ... Deshalb kann es für Kinder im Grundschulalter von Vorteil sein, wenn sie während einer Klassenarbeit in der Schule als „Glücksbringer" ihr Lieblingsstofftier auf dem Tisch liegen haben oder einen vertrauten Gegenstand, der sie auch während des Lernens umgab. Über den Kontakt mit solchen Dingen können Inhalte mitunter leichter erinnert werden da er Assoziationen hervorruft.

Neuere Untersuchungen weisen auch darauf hin, dass der Schlaf für Lernprozesse eine große Rolle spielt. Während der Schlafphasen ist das Gehirn nicht inaktiv. Es spricht viel dafür, dass hier entscheidende Konsolidierungs- und Strukturierungsprozesse stattfinden.

Das passive Erinnern (Wiedererkennen) ist leichter als das aktive Erinnern. Das passive Gedächtnis entwickelt sich bis zum 9. Lebensjahr. Wiedererkennungsleistungen des Säuglings lassen größere Rückschlüsse auf die intellektuellen Möglichkeiten zu als besondere motorische Tests.

Am Lernen ist das gesamte Gehirn einschließlich des Rückenmarks beteiligt. In erster Linie der mediale Schläfenlappen, der auch für den Gefühlshaushalt zuständig ist, das Seepferdchen, der mediale Thalamus, der bei erhöhtem Alkoholkonsum leicht degeneriert, weshalb Alkoholiker vieles vergessen, der Basalkern, der die notwendigen Neurotransmitter erzeugt und vor allem der präfrontale Kortex. Lernen bedeutet die Veränderung der synaptischen Muster. Vor allem bei Kindern, aber auch bei Erwachsenen bedeutet das die Notwendigkeit von Aktivität, von körperlicher, direkter, unmittelbarer Erfahrung und Erleben. Lernen ist kein theoretischer, es ist ein konkreter Prozess. Es ist kein einmaliger Vorgang, sondern einer, der in der Regel der Wiederholung bedarf, damit sich die entsprechenden neuen Verbindungen im Gehirn etablieren können.

Kinder können sehr genau beobachten und bemerken auch kleine Unterschiede. Veränderungen in ihrer Umgebung registrieren sie sehr schnell, sofern sie wach und aufmerksam sind. Kinder stellen Fragen ohne Ende. Ihr Gehirn ist hungrig nach neuen neuronalen Verbindungen. Es ist sinnvoll, diesen Fragen nachzugehen und am besten mit den Kindern zusammen nach Antworten zu suchen. Und es ist sinnvoll, immer wieder Fragen zu provozieren und auch Alltägliches fragwürdig zu machen.

Das entwicklungspsychologische Lernfenster ist weit geöffnet. Hier entstehen die Basisinformationen für die spätere Intelligenz. Lernen geschieht allerdings nur dann effektiv, wenn der Lernende das auch will, wenn er bereit dazu ist, wenn er Interesse an der Sache hat. Obwohl Kinder von sich aus neugierig sind und viel wissen wollen, besteht eine Hauptaufgabe von Erziehern und Erzieherinnen darin, das Interesse der Kinder immer wieder zu wecken und ihre Aufmerksamkeit auf neue Inhalte zu lenken, die wichtig sind, die Kinder aber nicht ohne weiteres von sich aus erfragen würden, weil sie sie einfach noch nicht kennen können.

Lernen ist kein theoretischer, es ist ein konkreter Prozess.

Eine große Anzahl von Lernprozessen geschieht außerhalb unserer bewussten Kontrolle.

Kinder stellen Fragen ohne Ende. Ihr Gehirn ist hungrig nach neuen neuronalen Verbindungen.

Wiedererkennungsleistungen des Säuglings lassen größere Rückschlüsse auf die intellektuellen Möglichkeiten zu als besondere motorische Tests.

Fazit

Neben Ultrakurzzeit-, Kurzzeit- und Langzeitgedächtnis unterscheidet man mehrere Formen des Gedächtnisses:

- das **episodische Gedächtnis**
- das **Wissenssystem**
- das **prozedurale Gedächtnis**
- das **Priming**

5.6 Die Entwicklung der Sprache (Siehe auch Kapitel 6)

Das menschliche Gehirn ist prädestiniert für Sprache. Wie bei allen geistigen Fähigkeiten ist das Gehirn bei deren Ausbildung und Entwicklung auf die entsprechende Stimulation zum richtigen Zeitpunkt angewiesen. So steuert auch der Akt des Spracherwerbs selbst die Spezialisierung der Sprachregionen im Gehirn. Bei 95 % der Menschen, auch beim großen Teil der Linkshänder, befindet sich die dominante Sprachregion in der linken Gehirnhälfte. Dennoch sprechen wir nicht einfach mit dem halben Gehirn. Die rechte Gehirnhälfte steuert in der Regel die Prosodik. Sie ist für Modulation und Rhythmus und allgemein für die musikalische Qualität von Sprache, die dem Ausdruck die unverzichtbare Betonung verleiht, zuständig.

Wie jedes Sinnesorgan und alle motorischen Fähigkeiten wird auch der Spracherwerb entscheidend von der Erfahrung, dem Umfeld und der Übung bestimmt.

Zwischen dem 13. und 20. Monat beginnen Kinder, eine größere Kortexregion zu benutzen. Das ermöglicht es dem Kind, den Wortschatz explosionshaft zu erweitern. Dabei kann es um 200 Wörter pro Monat gehen. Damit ist der Entwicklungsverlauf Teil des genetischen Gesamtprogramms. Dieses Programm läuft in einer festgelegten Reihenfolge ab, aber nicht unbedingt in einem zu engen zeitlichen Korsett. Die individuellen Zeiträume, zu denen bei den verschiedenen Kindern Entwicklungen im Gehirn einsetzen und Gehirnteile ausreifen, können in allen Bereichen sehr unterschiedlich sein. Es ist möglich, dass ein 20 Monate altes Kinde erst drei Worte spricht, aber auch mehr als 500. Der Durchschnitt liegt bei 169. Solche individuellen Unterschiede in der Entwicklungsgeschwindigkeit sind nicht sehr bedeutsam, solange sie einen relativ weiten Rahmen nicht völlig sprengen. Hat die entsprechende Reifung einer Gehirnregion eingesetzt, so können anscheinende Defizite sehr schnell aufgeholt werden.

Der Spracherwerb ist auf die entsprechenden Entwicklungen im Gehirn angewiesen und folgt auf der ganzen Welt einer sehr festen Abfolge.

Doch die Gene sind nicht der einzige Einfluss. Wie jedes Sinnesorgan und alle motorischen Fähigkeiten wird auch der Spracherwerb entscheidend von der Erfahrung, dem Umfeld und der Übung bestimmt. Sprache wahrscheinlich noch in viel umfangreicherem Sinne, da der Spracherwerb im Wesentlichen ein sozialer Akt ist. Wird ein Kind die ersten Jahre in seiner sprachlichen Entwicklung nicht liebevoll begleitet und gefördert, so sind die Defizite im Grunde nicht mehr aufzuholen. Die sensible Phase für den Spracherwerb beginnt spätestens mit der Geburt. So sind Babys in der Lage, Texte, die ihnen vor der Geburt vorgelesen wurden, wiederzuerkennen. Auch wenn sie den Inhalt der Texte mit Sicherheit nicht verstehen, so nehmen sie wohl wesentliche Aspekte der Sprache auf und merken sie sich. Bis zum Alter von 6 – 7 Jahren ist das Gehirn am besten in der Lage, sich Sprache anzueignen, insbesondere die Regeln und die Logik der Grammatik.

Die Ursache liegt in der Plastizität der jungen Gehirne. Sie lernen, indem Synap-

LF 4

sen und Dendriten umstrukturiert werden. Die ersten Lebensjahre, in denen die Zahl der Synapsen im Gehirn des Kindes ihren Höchststand erreicht, bieten die beste Gelegenheit, die optimalen Nervenbahnen für die Vermittlung von Sprache zu wählen.

Da der Spracherwerb im Wesentlichen ein sozialer Vorgang ist, kommt der Umgebung, in der ein Kind aufwächst, eine hervorragende Bedeutung zu. Auch der Erziehungsstil beeinflusst den Spracherwerb. Ein sehr restriktives Umfeld wirkt sich eher nachteilig aus. *„Die Kinder, die relativ häufig nein, mach das nicht, hör auf und ähnliche Verbote zu hören bekamen, schnitten sprachlich schlechter ab als die Dreijährigen, die weniger negatives Feedback erhalten hatten. … Eine Nachfolgestudie mit derselben Gruppe von Kindern zeigte, dass die sprachlichen Unterschiede bis weit in die Grundschuljahre bestehen blieben.“* (Eliot,S. 547)

Die sprachliche **Stimulierung** sollte **sehr früh** beginnen. Idealerweise in den ersten Lebenswochen und -tagen durch auch sprachliche Zuwendung. Bereits mit drei Jahren haben die Kinder aufgrund ihrer sprachlichen und kommunikativen Erfahrung bereits z.T. sehr unterschiedliche Pfade eingeschlagen.

Zweitens sollten möglichst viele Wörter an das Kind gerichtet werden. Der **Wortschatz** ist umso größer, je mehr Wörter ein Kind zu hören bekommt. Dabei muss es sich allerdings um eine aktive Kommunikation mit dem Kind handeln. Das Kind sollte mit einer guten **Qualität von Sprache** konfrontiert werden. Bei kleinen Kindern sollte sie einfach, klar und mit einem positiven Tonfall sein.

DER ERZIEHUNGSSTIL BEEINFLUSST DEN SPRACHERWERB. EIN SEHR RESTRIKTIVES UMFELD WIRKT SICH EHER NACHTEILIG AUS.

Der beste Sprachunterricht besteht im Gespräch mit den Kindern. Hier finden auch in hohem Maß kognitive Prozesse und soziales Lernen statt. Dabei ist das Zuhören genauso wichtig wie das Sprechen selbst. Sprechen sollte auch Spaß machen. Studien zeigen, dass Eltern Kindern viel beibringen, in dem sie ihnen vorlesen. Die Umgebung mit Büchern ist sehr anregend und informativ. Kinder sollten in Büchern auch frei blättern können, auch in „Erwachsenenbüchern“ wie Lexika, sofern sie Interesse daran zeigen oder entwickeln.

DER BESTE SPRACHUNTERRICHT BESTEHT IM GESPRÄCH MIT DEN KINDERN.

FAZIT

Der Spracherwerb wird entscheidend von der Erfahrung, dem Umfeld und der Übung bestimmt. Er ist in erster Linie ein sozialer Prozess und beginnt spätestens mit der Geburt.

5.7 Die Entfaltung der Intelligenz

Bei der Geburt wiegt das Gehirn eines Säuglings ca. 250 g. Es enthält den größten Teil der Neuronen, die für den Rest des Lebens zu Verfügung stehen. Am ersten Geburtstag wiegt das Gehirn bereits ca. 750 g, mit 5 Jahren ungefähr ein Kilogramm, beim Erwachsenen hat es ein Gewicht von ca. 1300 g. Die Gewichtszunahme kommt maßgeblich durch die Neubildung von Axonen, Dendriten und Synapsen zustande.

Die Frage, was ein Gehirn letztlich intelligent macht, beschäftigt die Forschung seit langem. Grösse, Form, Gewicht, Geschlecht oder Rasse scheinen keine Rolle zu spielen.

Die Frage, was ein Gehirn letztlich intelligent macht, beschäftigt die Forschung seit langem. Größe, Form, Gewicht, Geschlecht oder Rasse scheinen nach heutigem Kenntnisstand keine Rolle zu spielen. Zwar gibt es Zentren, in denen das Sehen, die Sprache oder Bewegung vorwiegend verarbeitet werden. Es scheint aber kein Zentrum für „Intelligenz" zu geben.

Von Bedeutung ist allerdings die Geschwindigkeit, mit der das Gehirn mit Daten umgeht. Dabei geht es um die **Inspektionszeit** (Wahrnehmung), die **Erregungsübertragung** und die **Reaktionszeit.** Die Verarbeitungsgeschwindigkeit nimmt mit zunehmender Reife drastisch zu. Das bedeutet allerdings in keiner Weise, dass Kinder keine klugen Gedanken haben könnten.

Zwischen dem 3. und 4. Geburtstag entdeckt das Kind den eigenen Verstand. Nun kann es zwischen Schein und Wirklichkeit unterschieden.

Da die Intelligenz eine Funktion des gesamten Gehirns ist, entwickelt sie sich mit der Reifung der jeweiligen Gehirnzentren. Sehr spät reifen die Stirnlappen aus. Sie verarbeiten Hemmungsreaktionen (Impulskontrolle) und sind für das Arbeitsgedächtnis (Ultrakurzzeit- und Kurzzeitgedächtnis) und die Aufmerksamkeit (Konzentration) von Bedeutung. Hier werden Zeitgefühl und Selbstbeherrschung verarbeitet. Die Myelinbildung, die für eine störungsfreie Reizweiterleitung wichtig ist, ist in diesem Bereich erst mit 20 Jahren ausgereift.

Erfolgreiche Planung und planvolles Vorgehen erfordern nicht nur ein zielgerichtetes Handeln. Es erfordert auch die Vermeidung aller Aktivitäten, die mit dem angestrebten Ziel in Konflikt stehen. Auch insofern spielt die im Stirnlappen gesteuerte Hemmungsreaktion für die Intelligenz eine wesentliche Rolle. Die Effizienz steigt in dem Maße, in dem wir in der Lage sind uns bei einer geistigen Tätigkeit nicht ablenken zu lassen und inneren Impulsen nicht nachzugeben. Wir brauchen die Fähigkeit, uns auf eine Sache zu konzentrieren.

Man sollte fördern, solange man noch selbst massgeblich die Umwelt der Kinder mitgestalten kann.

Menschen kommen mit komplexen kognitiven Fähigkeiten zur Welt. „Intelligenz beginnt als eine Reihe kognitiver Instinkte – die Annahme, dass bestimmte sensorische Eigenschaften zusammengehören, dass Gegenstände in Kategorien vorkommen, Wirkungen Ursachen haben und Mengen bestimmbar sind; und diese Instinkte sind darauf ausgerichtet, bereits bei minimaler Gehirnreife zu funktionieren und dabei die Art und Weise, wie die frühere Erfahrung aufgenommen wird, maßgeblich zu prägen." (Eliot, S. 579) Im achten Monat nimmt der Stirnlappen zum ersten Mal seine Funktion auf. Mit 18 Monaten reift die linke Hemisphäre nach. In diesem Alter setzt entsprechend auch die Sprachentwicklung ein. Das Kind kann sich besser beherrschen und ist in der Lage, diszipliniert einen Gegenstand zu betrachten.

Zwischen dem 3. und 4. Geburtstag entdeckt das Kind den eigenen Verstand. Das ist ein gewaltiger Schritt. Nun ist es in der Lage, zwischen Schein und Wirklichkeit zu unterscheiden. Da diese Fähigkeit von der Gehirnreifung abhängt, kann man sie Kindern nicht beibringen. Von da an beginnt das Kind zu verstehen, was Denken ist. Mit ca. 6 Jahren vereinigen sich die einzelnen kognitiven Fähigkeiten zu einer Ganzheit. Erst dadurch wird zielgerichtetes Lernen möglich. Die Vernunft erwacht. Das Kind kommt in die Lage, bewusst logisch zu denken. Es kann nun auch erstmals den eigenen Sinnen misstrauen. Piaget bezeichnet diesen Schritt als das konkret-operationale Denken. Erst ab diesem Alter erbringen Intelligenztests Ergebnisse mit einer etwas aussagekräftigeren Prognose, wobei die Korrelation zwar signifikant, aber noch immer relativ gering ist.

Die Intelligenz ist keine stabile Größe. Durch Training („Nur selber Denken macht schlau!") lässt sie sich in frühen wie in späteren Jahren steigern. Allerdings kann sie durch mangelnde Beanspruchung des Gehirns auch zurückgehen. Im Erziehungsbereich bedeutet das, man sollte fördern, solange man noch selbst maßgeblich die Umwelt der Kinder mitgestalten kann. Man sollte den Schwerpunkt auf die Aufmerksamkeit, Aufgeschlossenheit, die Motivation, die Ausdauer und die Neugier der Kinder legen. Das heißt: nicht auf die Wissensinhalte selbst, sondern auf die Basisfähigkeiten für den weiteren Wissenserwerb.

In einer anregungsreichen, motivierten und motivierenden Umgebung kann man davon ausgehen, dass sich das Kind auf alle Fälle auch einen Wissensschatz erwirbt, auf den es im weiteren Leben aufbauen kann. Das theoretische Wissen ist ein angenehmes „Abfallprodukt" der Aktivität der Kinder. „Drill" in eine bestimmte Richtung ist häufig kontraproduktiv. Oft entsteht dabei eine innere Abneigung und Unlust. Schließlich die Unlust, überhaupt etwas zu lernen, weil der Lernprozess als unangenehm empfunden wird.

Eine große Rolle spielt damit auch der praktizierte Erziehungsstil. Erzieher sollten anregen und fördern, auch etwas fordern, wenn allen klar ist, dass das Sinn macht. Eher schädlich wirkt es sich aus, wenn die Kinder einfach nur sich selbst überlassen bleiben oder mit strenger Autorität ohne Rücksicht auf ihre gegenwärtigen Interessen geführt werden.

Fazit

Intelligenz ist eine Leistung des gesamten Gehirns und kann sich im Laufe des Lebens verändern. Der Gebrauch des Denkorgans steigert sie, die „Schonung" des Gehirns lässt sie zurückgehen. Entscheidend ist der Förderzeitpunkt im Kindergarten. Hier werden die neuronalen Grundlagen gebildet, die später nicht mehr nachgeholt werden können.

Aufgaben und Anregungen

1 Nehmen Sie Ihre eigenen Lebensgewohnheiten unter die Lupe: Ernährung, Bewegung, Schlaf. Sind sie für Ihre eigene Entwicklung günstig?

2 Verfolgen Sie die körperliche und geistige Entwicklung eines Kindes über einen längeren Zeitraum in Ihrer Praxiseinrichtung. Machen Sie sich Notizen zum Entwicklungsstand des Kindes zu Beginn und am Ende Ihrer Beobachtungen. Vergleichen Sie Ihre Beobachtungen mit denen Ihrer Kolleginnen wenn möglich zum selben Kind.

3 Machen Sie sich eine Liste. Mit welchen Maßnahmen können Sie sich an der Gestaltung einer positiven Umgebung für die Entwicklung der Kinder beteiligen?

6 Faszination Sprache

Einstiegssituation

Susanne: *„Du, Nadine, wie ist das eigentlich mit der Sprache? Glaubst du wirklich, dass ein Baby offen ist für alle Sprachen der Welt? Ich kann mir nicht vorstellen, dass ich auch chinesisch sprechen könnte.*

Nadine: *„Da bin ich mir auch nicht ganz sicher. Mir fällt aber ein, dass ich in Bio auch davon gehört habe. Ein ägyptischer König und Friedrich II. wollten das doch auch rausfinden, aber wie war das noch?"*

Susanne *„Man erzählt vom Hohenstaufenkaiser Friedrich, dem Zweiten, der mindestens sieben Sprachen beherrschte, er habe sich auch darum bemüht, die menschliche Ursprache zu erforschen. Zu diesem Zweck habe er eine Anzahl Kinder von Ammen aufziehen lassen, denen er streng verbot, mit den Kindern zu sprechen. Der Kaiser wollte nämlich herausfinden, ob die Kinder die hebräische Sprache als die älteste oder Griechisch, Lateinisch oder Arabisch sprechen würden oder aber die Sprache der Eltern, die sie geboren hatten. Und jetzt stell dir vor, was Schreckliches passierte: Der Versuch missglückte, alle Kinder starben".*

nach Ernst Kantorowicz in Largo, Remo H., Babyjahre, Piper, 2002, S. 309

FRAGEN

✔ *Können Sie sich erklären, warum der gebildete Kaiser ein solches unmenschliches Experiment durchführte und warum die Kinder gestorben sind?*

Die Frage nach dem Ursprung der Sprache hat die Menschheit nicht losgelassen. Und zwar nach dem Ursprung im doppelten Sinn: Wie erwirbt der Mensch die Sprache und woher hat die „Gattung Mensch" sie?

Zimmer, Dieter E., So kommt der Mensch zur Sprache, Heyne Verlag, 1996, S. 7

6.1 Biologische Grundlagen

Kinder werden mit einem riesigen Sprachpotenzial geboren, das bereits in den ersten Lebensjahren erstaunliche Leistungen ermöglicht, die wesentlich durch die Hirnreifung bestimmt sind.

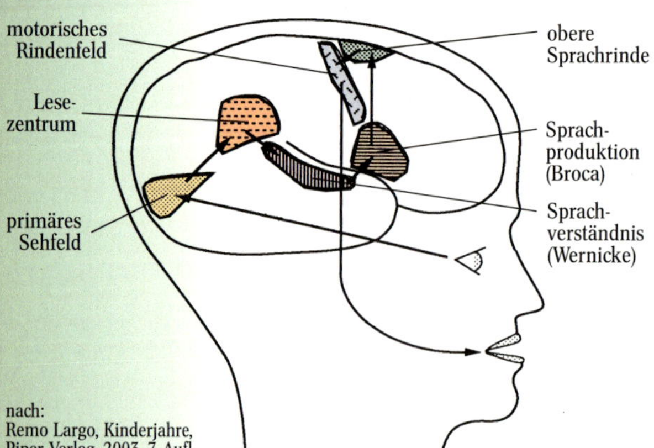

nach: Remo Largo, Kinderjahre, Piper Verlag, 2003, 7. Aufl.

Sprachsignale zu analysieren und zu produzieren, ist biologisch festgelegt und bereits im frühen Säuglingsalter vorhanden (siehe auch Kap. 5.6).

Für die Sprache sind drei Hirnareale verantwortlich: Eine Region liegt im Schläferlappen und dient dem Sprachverständnis. Sie wird nach dem Entdecker Wernicke-Zentrum genannt. Dort werden Sprachsignale analysiert. Ein zweites Areal ist für die Sprachproduktion verantwortlich, es wird nach dem Entdecker Broca-Zentrum genannt. Ein drittes Zentrum befindet sich in der oberen Sprachrinde. Es dient der Bewegungsplanung der Mundmotorik und ermöglicht das Sprechen. Diese Bereiche stehen in enger Beziehung zueinander sowie zu vielen anderen Arealen des Gehirns.

Bei rechtshändigen Menschen liegen die Sprachzentren in der linken, bei Linkshändern oft in der rechten Hirnhälfte. Das erklärt bestimmte Vorlieben für die Rechts- oder Linkshändigkeit. Nichtsprachliche Signale, Töne und Geräusche werden in anderen Hirnzentren verarbeitet.

Bei Verletzungen des Sprachzentrums gelingt es einem Kinderhirn überraschend gut, ausgefallene Sprachareale in die andere Hirnhälfte zu verlagern, während dieser Ausgleich bei Erwachsenen, z. B. nach einem Schlaganfall, so nicht möglich ist. Das Gehirn ist in der Kindheit erheblich anpassungs- und aufnahmefähiger als im Erwachsenenalter.

Sprachlaute werden von allen Menschen gleich analysiert und gebildet, unabhängig davon, welche Sprache sie sprechen. Die biologische Grundlage ist für alle Sprachen gleich. Auf der ganzen Welt gibt es etwa 8 000 Sprachen, die insgesamt mit 70 kleinsten lautlichen Einheiten, den Phonemen, auskommen. Jede Sprache braucht weniger als 70 Phoneme. Die deutsche Sprache kommt mit 40, die Italienische sogar mit nur 30 aus. Bei der Geburt reagiert der Säugling noch auf alle 70 Phoneme, bereits mit sechs Monaten nimmt diese Fähigkeit ab, weil er bereits unterscheiden kann zwischen Lauten, die er ständig hört, und denen, die nicht vorkommen (vgl. Manfred Spitzer, Lernen, Spektrum Verlag, 2002, S. 69). Das Potenzial geht verloren mit einer wachsenden Sensibilität für die Muttersprache (siehe Lisa Eliot, Was geht da drinnen vor, Berlin Verlag, S. 529).

Die Fähigkeit, Sätze zu bilden und zu analysieren, setzt bei Kindern unterschiedlich ein (zwischen 18 und 24 Monaten, bei anderen zwischen 30 und 36 Monaten). Unabhängig davon, wann die Satzbildung bei Kindern einsetzt, verläuft sie bei allen Kindern gleich und unterliegt denselben Gesetzmäßigkeiten (vgl. Gisela Szagun, Sprachentwicklung beim Kind, Beltz, 2000, S. 285 ff.).

Sprache als komplexes System

INFO 1

Ein wichtiges Merkmal der Sprache ist der Austausch von Informationen, mit denen wir uns mündlich und schriftlich mitteilen können. Das Schreien des Säuglings ist eine Möglichkeit der Mitteilung, die aber noch keine Sprache im eigentlichen Sinne ist. Das besondere Kennzeichen der menschlichen Sprache ist, dass diese Informationen, Worte, Sätze losgelöst von inneren und äußeren Gegebenheiten verwendet werden. Durch diese Möglichkeit kann Sprache immer wieder neu zusammengesetzt werden und eine ungeheure Kreativität und Produktivität entfalten.

„Alle höheren und die meisten niederen Tiere kommunizieren miteinander. Sie benutzen Signale, um ihr Zusammenleben zu regeln." Formen der nichtverbalen Kommunikation sind die Körperhaltung, die Bewegungen des Körpers, das Blickverhalten, Laute, und Mimik. Bekannte Verhaltensweisen sind z. B. der Katzenbuckel oder beim Hund das Fletschen der Zähne als Drohgebärde. *„Eine Sonderstellung unter den Tieren nehmen Menschenaffen ein."* Untersuchungen haben ergeben, dass sich z. B. Schimpansen und Gorillas Gebärden und Zeichensprache aneignen können. Sie verbinden Gebärden und Zeichen zu neuen und sinnvollen „Satzkonstruktionen". Dieses Wissen geben Affenmütter auch an ihre Jungen weiter. *„Die sprachlichen Möglichkeiten, das Sprachverständnis und die Ausdrucksmöglichkeiten bleiben aber auch nach vieljährigem Training beschränkt."* (Remo H. Largo, Babyjahre, Piper, 2002, S. 311/312)

Die Sprache ist ein System von Zeichen und Lauten sowie Regeln über die Verbindung dieser Zeichen. Hierzu zählen also auch Mimik, Gestik und Körpersprache.

Info 2 Wer gut sprechen und schreiben kann, hat Vorteile!

Zeichen und Schrift sind Sprache.

Bevor Kinder lesen und sprechen, „schreiben“ sie. Kinder malen und wollen wie die Erwachsenen schreiben. Zunächst sind Wellenlinien zu erkennen, die Kinder mit den Worten begleiten *„Ich schreib dir einen Brief“.*

Ganz allmählich baut sich das Kind seine Schriftsprache selbst auf, allerdings nicht ohne Hilfe. Die kommt einerseits von den Schriftzeichen und Symbolen, die das Kind schon mit zwei, drei Jahren selbst entdeckt. Es lernt, Zeichen zu isolieren. Es erkennt sie als Bedeutungsträger. Zunehmend lernt das Kind Buchstaben, die als Alphabet systematisiert wurden, mithilfe der Erwachsenen kennen.

Der Sprache muss im vorschulischen Bereich hohe Bedeutung beigemessen werden.

Sprechen und Denken beeinflussen sich wechselseitig. Es ist bekannt, dass der schulische und berufliche Erfolg stark von den sprachlichen Fähigkeiten abhängt. Schüler und Schülerinnen sind erfolgreicher, wenn sie sich gut ausdrücken können. Durch Sprache wird die Speicherkapazität des Gedächtnisses trainiert. Das kann besonders beim Erwerb einer Zweitsprache überprüft werden, wenn auf gewisse Erfahrungen der Erstsprache zurückgegriffen werden kann. Durch Sprache können Menschen Bedürfnisse, Wünsche und Gefühle gezielt ausdrücken und für ihre Befriedigung sorgen. Die Sprache ermöglich Kontakte aufzunehmen und Beziehungen einzugehen, Freundschaften zu knüpfen und zu erhalten. Sie ermöglicht, dass sich Menschen informieren können, sich selbst Informationen beschaffen und die Welt erschließen. Mit Informationen können sie am gesellschaftlichen Leben teilnehmen und es mitgestalten.

„Sprache ist der Schlüssel zur Welt“.

Info 3 Das Tempo der Entwicklung ist unterschiedlich

Eltern sind manchmal besorgt und fragen *„Spricht mein Kind normal? Ist sein Sprechen altersgemäß entwickelt?“* Sie vergleichen die Sprachgewohnheiten ihres Kindes mit denen anderer Kinder und stellen Unterschiede fest. Es ist wichtig, zu wissen, dass es große Unterschiede in der Entwicklung des Spracherwerbs gibt. Das gilt auch für die anderen Entwicklungsbereiche.

Nicht alle Fähigkeiten der Kinder entwickeln sich gleichzeitig. So wird es Kinder im gleichen Alter geben, die schneller laufen, besser klettern oder sich besser verständlich machen können als andere. Der Spielraum der individuellen Entwicklung ist groß. Es gibt auch kein Gleichmaß in der Entwicklung, mal gibt es Entwicklungssprünge und dann wieder Stillstand. Deshalb ist es wichtig, entsprechende Tabellen nur als Orientierung zu sehen. Ein Kind versteht in der Regel mehr, als es ausdrücken kann. Das ist übrigens auch bei Erwachsenen so.

Frage

Was kommt zuerst, das Denken oder die Sprache?
Zu welcher Überzeugung kommen Sie? Denken Sie darüber nach.

Jean Piaget hat überzeugend nachgewiesen, dass sich in den ersten Lebensjahren zuerst das Denken und dann erst die Sprache entwickelt. Geistige Einsichten sind eine unabdingbare Voraussetzung für die Entwicklung der Sprache. (vgl. Kein Kinderkram, Band 1, LF 2) Beispielsweise muss ein Kind zuerst eine Vorstellung von der Banane haben, sie in der Hand gehabt und geschmeckt haben, und zwar häufiger, bevor es den Namen z. B. „nane“ zuordnet. Das Kind nennt viele Dinge „nane“, bis es merkt, dass diese eine, bestimmte Frucht „Banane“ heißt.

Die Sprachentwicklung verläuft in den ersten Lebensjahren folgendermaßen:

geistige Entwicklung
↓
Sprachverständnis
↓
sprachlicher Ausdruck

„Es gibt allerdings Bereiche, in denen sprachliche Begriffe eine Voraussetzung für das Denken bilden", das gilt für Mathematik und Logik (Largo, Remo H., Babyjahre, Piper, S. 317–319), also später.

FAZIT

Es ist nachgewiesen, dass in den ersten zehn Lebensjahren erworbenes Wissen sehr lange gespeichert werden kann (Gedichte, Texte, Lieder). Kinder haben große Freude, die Welt zu erfahren (Fragealter) und der Spracherwerb hängt sehr stark von den Bedingungen ab, in denen Kinder aufwachsen.

6.2 Der Zusammenhang von Denken, Sprechen und Bewegung

Bekannte Videofilme *„Wer sich nicht bewegt, bleibt sitzen"* (Deutscher Verein 1999) und *„Vom Schwinden der Sinne"* haben wichtige Phänomene anschaulich deutlich gemacht. Kinder lernen durch Bewegung, und zwar mit allen Sinnen. Darüber hinaus wurde klar, wer sich nicht gerne bewegt, hat möglicherweise Probleme mit der Koordination, dem Gleichgewicht, der Raumlage sowie der Konzentration, dem Denken und dem Sprechen. (siehe Zimmer, Renate, „Handbuch der Bewegungserziehung", Herder, 2001, und „Handbuch der Psychomotorik", Herder, 2002). Es ist wissenschaftlich nachgewiesen, dass Kinder mit Verzögerungen in der Sprachentwicklung erhebliche Fortschritte machen können, wenn sie vielfältige Bewegungsangebote wahrnehmen (sensorische Integration). Die Freude an der Bewegung und die Sicherheit im Bewegungsablauf schaffen Glückgefühle und stärken das Selbstwertgefühl. Zudem fördern sie eine Vernetzung verschiedener Hirnareale (vgl. Kap. 5, Gehirnentwicklung). Bewegungsangebote mit Sprachelementen gibt es vielfältig. Hier seien zum Beispiel die Kniereiterverse genannt, Abzählreime, auch Ballspiele, Klatschspiele, Reaktionsspiele, Hüpfspiele, Gummitwist, Seilspringen, Schaukeln usw., bei denen spielerisch mit Sprachformeln oder Texten der Sprachrhythmus durch Bewegung begleitet wird. Auch Sprechzeichnen und Fadenspiele bieten Erfahrungen besonders auch für die Rechts-links-Koordination.

Hören als Voraussetzung zum Spracherwerb

INFO 1

Hörstörungen haben erhebliche Auswirkungen auf die Sprachentwicklung. Deshalb ist eine Früherkennung von Beeinträchtigungen des Hörens außerordentlich wichtig. Je später eine Hörstörung entdeckt wird, desto gravierender sind die Folgen für die Sprachentwicklung.

INFO 1
Fortsetzung

Töne, Geräusche, Rhythmus

DIE SPRACHENTWICKLUNG DES KINDES IST SEHR STARK VOM GEHÖR ABHÄNGIG.

Ohr hört
↓

sendet Impulse über Hörbahnen zum →	Gehirn versteht speichert verarbeitet Melodien Worte, Inhalte →	sendet Impulse über motorische Nervenbahnen an →	Sprechorgane (sprechen mit Mund, Lippen, Zunge Kehlkopf, Nasen-Rachen) →	vermitteln Sprache, Informationen, Gedanken, Gefühle und Empfindungen

Wolfgang Wendlandt, Sprachstörungen im Kindesalter, Thieme Verlag, 2000, S. 35

WENN KINDER BIS ZUM SECHSTEN MONAT DES VORSICHHINPLAPPERNS IMMER WENIGER UND VIELLEICHT GAR NICHTS MEHR SAGEN, KANN DAS EIN HINWEIS AUF EINE HÖRSTÖRUNG SEIN.

Wichtig ist es, festzustellen, ob ein Kind gut hört. Das Hörorgan entwickelt sich ab der dritten Schwangerschaftswoche und die Entwicklung ist nach etwa 18 Wochen abgeschlossen. Am Ende der Schwangerschaft reagiert das ungeborene Kind auf Laute, Reize außerhalb des Mutterleibes und nimmt Geräusche der Mutter wahr, z. B. ihr Herzklopfen.

- Kinder brauchen zur Entfaltung ihrer Sprache nach dem sechsten Lebensmonat unbedingt die Wahrnehmung ihrer eigenen Lautproduktion. Taube Kinder lallen normalerweise, hören dann aber bald wieder auf.
- Im siebten, achten und neunten Monat wird die Hörfähigkeit immer differenzierter. Das Kind reagiert deutlich auf Zurufe, kann Schallquellen erkennen und hört auch leise Töne, z. B. das Ticken einer Uhr. Das Kind achtet auf bekannte Wörter und entwickelt ein Verständnis für deren Sinn.
- Mit einem Jahr reagiert das Kind, wenn auch in einem Meter Entfernung leise gesprochen wird. Es lauscht dem Sprechen der Erwachsenen und versucht Melodien nachzusingen. Es kann auch einzelne Silben und Wörter nachsprechen.

  Zu diesem Zeitpunkt ist die Reifung der zentralen Hörbahnen abgeschlossen. Geräusche, Laute und Sprache können wahrgenommen, gespeichert und wiedergegeben werden. Wichtig ist, dass das Kind bereits im ersten Lebensjahr sein Gehör ganz für die Sprachentwicklung nutzen kann.

Abweichungen von dieser grob skizzierten Entwicklung sind ernst zu nehmen. Das Gehör kann auch durch Erkältungskrankheiten u. Ä. beeinträchtigt werden. Das kann Auswirkungen auf die Konzentration und Leistungsfähigkeit haben. Wichtig ist hier durch ärztliche Untersuchungen die Symptome abzuklären.

INFO 2 Der Sprachbaum von Wendlandt

Anhand dieses Sprachbaumes lässt sich anschaulich zeigen, dass die Sprache nur dann entwickelt werden kann, wenn eine Reihe grundlegender Fähigkeiten angemessen ausgebildet sind, also Sprachverständnis und Motivation zum Sprechen vorhanden sind.

Die Wurzeln

Die wichtigsten Wurzeln sind die **sensomotorische Entwicklung** (Entwicklung des Hörens, Sehens, Ausbildung der Stimme, Lallphase und die Entwicklung des Tastsinns, der Bewegungsfähigkeit und Motorik), und **die sozial emotionale Entwicklung,** die Art, wie Mitmenschen die Bedürfnisse des Säuglings erfüllen, ihn berühren, zärtlich zu ihm sind, mit ihm spielen, reden, bestimmt früh seine Grundhaltungen zur Umwelt und den Mitmenschen. Die **geistige Entwicklung** entfaltet sich zunehmend. Das Kind kann

Dinge wiedererkennen, unterscheiden, Begriffe zuordnen, Gestik und Mimik deuten.

Wenn diese **Fähigkeiten und Entwicklungsprozesse in Beziehung gesetzt werden können,** spricht man von **sensomotorischer Integration.**

Der Stamm

Sprechfreude: Die Kommunikationsfähigkeit des Kindes entwickelt sich schnell, wenn die Sprechversuche freudig aufgegriffen werden und das Kind Erfolg hat, z. B. der Vater holt, was es wünscht.

Das **Sprachverständnis** ist viel früher ausgeprägt als die Fähigkeit, selbst zu sprechen, und entwickelt sich zunehmend, wenn das Kind Interesse an der Sprache zeigt.

Die Baumkrone

Artikulation, Wortschatz und Grammatik, Kinder bilden um das erste Lebensjahr die ersten Laute gezielt. Nach und nach, zunächst mit nur einem Wort, versucht sich das Kind verständlich zu machen, bis daraus Mama und Papa wird. Mit einzelnen Worten wird Verschiedenes ausgedrückt (Frage, Aufforderung, Trauer, Wut). Weitere Worte kommen hinzu, das Kind lernt das Wort „Ich" und kann damit Sätze bilden, die beginnen mit „Ich will …" Mit drei Jahren kann das Kind vieles verstehen, soweit die Sprache dem Sprachverständnis des Kindes angepasst ist. Später nennt das Kind auch Begriffe, die sich auch außerhalb der Reichweite befinden und abstrakter sind, z. B. Glück, Himmel, Engel. Nach und nach bildet sich die Grammatik und durch Wortaneinanderreihung werden komplizierte Sätze formuliert. Neue Regeln werden erkannt und angewandt.

Der Baumwipfel

Die Schriftsprache wird als Weiterführung der Sprachentwicklung gesehen. Lesen und Schreiben werden besonders durch Anregungen im Elternhaus und der Schule erworben. Beim Lesen und Schreiben müssen differenzierte Laute und Wortgruppen unterschieden werden können, aus der Vorstellung Worte neu zusammengesetzt, richtig ausgesprochen und gespeichert werden. Dieser komplizierte Lernvorgang hängt wesentlich von den Vorerfahrungen ab, von der Wahrnehmungs- und Differenzierungsfähigkeit, sowie von der Sprechmotorik des Kindes.

Lebensumwelt, Gesellschaft, Kultur

Ein Kind ist in seine jeweilige Kultur eingebettet. Gesellschaftliche und kulturelle Einflüsse vermitteln sich schon sehr früh. Die Sprache und die Art, wie das Kind spricht, hängen sehr stark von seiner Umwelt ab (vgl. Wolfgang Wendlandt, Thieme, 2000, S. 11–20).

Aufgaben und Anregungen

Versuchen Sie mit diesen wichtigen Informationen einen Baum zu gestalten. Jeder Baum ist einzigartig, tauschen Sie ihre Ergebnisse aus.

6.3 Meilensteine der Sprachentwicklung

Vorsprachliche Entwicklung — Info 1

Von den Sprachlauten zur Wortproduktion (0,0-0,6)
Bereits in den ersten Lebensstunden ist das Neugeborene an der menschlichen Stimme interessiert. Kinder äußern ihr Unbehagen oder Wohlbefinden durch Schreien und bestimmte Laute. Im Alter zwischen 6-8 Wochen mit „Gurren", etwa vom 2.–4. Lebensmonat beginnt das Kind, zu lachen („juchzen", „quietschen") und

Info 1
Fortsetzung

produziert zunehmend mehr Laute („lallen"). Die Lautierung beginnt etwa mit zwei Monaten und ist eine komplexe motorische Aufgabe, die eine rasche Koordination von einer Vielzahl von Muskeln verlangt, die Lippen, Zunge, Gaumen und den Kehlkopf steuern. Damit werden wichtige Abläufe für das Sprechen eingeübt (aaaaa, ooooo). Säuglinge sind in der Lage, alle Phoneme, Vokale und Konsonanten der menschlichen Sprache zu unterscheiden und zu kategorisieren. Sie ahmen bestimmte Vokale wie a und i nach. Die Mutter oder andere nahe stehende Erwachsene können zunehmend die Reaktionen des Kindes „lesen". Die Kinder setzen diese immer stärker mit einer bestimmten Absicht ein, um den Erwachsenen zu aktivieren.

Lallmonologe und Echolalie (ab ca. 0,6 Jahre)
Es kommt zu Lallmonologen. Kinder kombinieren Laute wie *„ma-baba"*, *„gaga"*, *„baba"* und dies erfolgt auf zweierlei Weise:

Das Kind hört sich erstmals bewusst sprechen und ahmt sich selbst nach. Das bedeutet Echolalie. Die andere Möglichkeit ist, das Kind ahmt das Lallen anderer nach, die wiederum das Kind nachgeahmt haben. Beides sind wichtige Voraussetzungen und sogenannte Bausteine für die weitere Sprachentwicklung.

Durch erfreute Reaktionen der Erwachsenen begünstigt, sind die Worte *„Mama"* oder *„Papa"* zu hören. Das Kind versteht einfachste Aufforderungen, z. B. *„Gib es mir"*, *„Hallo"*.

Mit 12 Monaten können Kleinkinder die meisten Vokale und die Hälfte der Konsonanten der Muttersprache erzeugen. Sie verstehen rund 70 Wörter, vorwiegend Personalpronomen und Substantive. Der aktive durchschnittliche Wortschatz liegt zwischen 0 und 50 Wörtern (vgl. Kap. 5.6).

Info 2

Sprachentwicklung zwischen erstem und drittem Lebensjahr

Mit „Einwortsätzen" können Kinder ihre Wünsche und Bedürfnisse formulieren und bereits *„Mama"* und *„Papa"* äußern. So kann z. B. das Wort *„Ball"* Verschiedenes heißen, z. B. *„Hol mir den Ball"*, *„du ist mein Ball"*, oder die Frage: *„Wo ist mein Ball?"* Der Erwachsene kann die „Sprache" verstehen, weil das Kind durch Mimik, Gestik und Tonfall seinem Wunsch Ausdruck verleiht. Nach und nach benennt das Kind verschiedene Gegenstände und kann etwa 2–10 Wörter in der Kindersprache sprechen (Benennungsphase). Das Kind tritt in Dialog mit dem Erwachsenen, der versucht das Kind zu verstehen und benennt die Wörter, die das Kind wiederum speichert, z. B., *„Wauwau"* für Hund, *„Mimi"* für Katze, und spricht. Das Kind kann auch Gegenstände aus seiner näheren Umgebung holen, wenn es aufgefordert wird.

Das Kind versteht also die Sprache, es kann mit einem Wort feststellen, fragen, antworten, und erbitten. Es versteht auch schon einfache Fragen. *„Wo ist der Bär?"* Zwischen dem 12. und 18. Monat können täglich ein bis drei neue Wörter hinzukommen, eine Art „Wortschatzexplosion".

Zwei- und Mehrwortsätze (ab 2 Jahre)
Das Kind nimmt seinen Körper immer bewusster wahr und beginnt einzelne Körperteile zu benennen. Inzwischen umfasst der aktive Wortschatz 20–50 Wörter. Neben Hauptwörtern benutzt das Kind auch Verben und Adjektive. Das Kind kann sich mit zwei und mehr Wörtern verständlich machen, z. B. *„Papa Auto"*. Das kann bedeuten: Der Vater kommt mit dem Auto, das Kind will mit dem Vater im Auto fahren oder das Auto vor der Garage ist Pa-

pas Auto. Oder „Mama schläft". In dieser Phase werden keine grammatikalischen Regeln beachtet. Es ist allerdings zu erkennen, dass bei mehreren Wörtern das wichtigste Wort meist in der Mitte steht. Das erste Fragealter beginnt mit der Satzmelodie *„Tür auf?"*

Ab 2,5 Jahren kann das Kind das meiste, was es hört, verstehen, wenn das Sprachniveau auf das Kind abgestimmt ist. Der Wortschatz nimmt rapide zu. Das Kind kann Tätigkeitswörter verwenden und auch die erste Partizipation der Vergangenheit, z. B. *„Ich nich eslaf": „Ich habe nicht geschlafen."* Erste Fragewörter *„Was"* und *„Wo"* werden verwendet. Das Kind kann sich immer deutlicher artikulieren. Allmählich verwendet es die Ich-Form. Es gibt noch Schwierigkeiten bei bestimmten Anlautverbindungen, z. B. „kl" und „pl".

Personalpronomen, Fragen, Flexionen (etwa bis zum 3. Lebensjahr)
Das Kind wendet Personalpronomen immer sicherer an, „ich", „du", „er"…, sowie erste Präpositionen (auf, hinter, vor) und die Artikulation von Anlauten wird präziser. Der Satzbau wird souverän, die Endungen der Tätigkeitswörter stimmen öfter mit dem Subjekt überein, z. B.: *„Ich habe geschlafen".* Die Fragen werden zunehmend korrekt gebildet, z. B. *„Hast du geschlafen?"* Das Kind konstruiert Sätze, in denen zunächst das Subjekt, dann das Prädikat folgt. Es benennt Farben.

In dieser Phase kreiert das Kind Wortneuschöpfungen, wenn es Dinge benennen will, die es noch nicht kennt. Das Sprechenlernen vollzieht sich nach dem Denkprinzip der Analogien, d. h., das Kind erfasst z. B. „hoch, höher" und leitet daraus „gut, güter" ab. Andere Analogien sind *„ich bin gesitzt, gesteht".* Es hat noch Schwierigkeiten beim Verständnis von Gegensätzen wie groß – klein und feineren Abstufungen wie größer – kleiner.

Redeunflüssigkeiten (zwischen dem dritten und fünften Lebensjahr)
Sie zählen zu den „altersbedingten Sprechunflüssigkeiten", früher auch „Entwicklungsstottern" genannt. Redeunflüssigkeiten gehören in diesem Altersabschnitt zum normalen kindlichen Sprechverhalten und stellen damit keine Störung dar. Die Unflüssigkeiten lassen sich daran erkennen, dass die Fähigkeit, flüssig zu sprechen, ohne sich zu verhaspeln oder hängen zu bleiben, erst noch erworben werden muss. Das entspricht im Vergleich der Entwicklung des Laufens, bei der Hinfallen und Wiederaufstehen zur Entwicklung gehören also zur Normalität. In der Regel dauern entwicklungsbedingte Sprechunflüssigkeiten etwa ein halbes Jahr und nicht länger. Wichtig ist es, diese Phase gut zu beobachten.

Zunehmende Differenzierung und wachsendes Sprachverständnis

INFO 3

Strukturierung und Differenzierung: Ab 3,5 Jahren beginnt das Kind, seinen Erfahrungen entsprechend alles verstehen. Die Laute der Muttersprache werden korrekt ausgesprochen und der Wortschatz wächst weiterhin stark, bedingt auch durch die „Warum-Fragen". Einfache Sätze werden richtig gebildet. Bis auf wenige schwierige Wörter können die Lautverbindungen, z. B. pfl, sch, …, korrekt ausgesprochen werden. Kinder, die fragen, fangen an zu forschen. Hier muss insbesondere auf den Zusammenhang von Sprechen und Denken hingewiesen werden. Wer viel fragt, weiß viel. Die Fragen der Kinder geben Hinweise auf ihre Lerngeschichte, auf das, was sie gerade bewegt. Kinder versuchen die Welt um sich herum zu ordnen und zu verstehen, indem sie Fragen stellen. Das tun sie unvoreingenommen, interessiert

„Papa, wie können wir wissen, ob nicht alles, was wir erleben, ein Traum ist?“
(Junge, 6 Jahre)

„Warum gibt es eigentlich Wörter und wo kommen die Wörter her?“
(Daniel, 4 Jahre)

aus: Hans-Ludwig Freese, „Abenteuer im Kopf“, Beltz Quadriga, 1995 (S. 69 u. S. 117)

und unbeschwert. Das Kind erweitert dadurch seinen Sprachschatz ständig.

Kinder wollen wissen, wie Personen und Dinge heißen und wie sie in Beziehung stehen. Im Alter von zwei bis drei Jahren fragt das Kind überwiegend nach Namen: *„Was ist das?“*, und dem Ort: *„Wo?“* Hinzu kommen im dritten und vierten Lebensjahr überwiegend „Warum-Fragen“. Das Kind eignet sich zunehmend Strategien an, wie es vieles über die Welt erfährt. In dieser Zeit nimmt der Wortschatz erheblich zu. Diese Zeit ist für Erwachsene zwar anstrengend, doch der Zuwachs der Sprache ist in dieser Altersspanne am allergrößten.

Das Kind spricht mit 4–6 Jahren fließend und beherrscht die Muttersprache weitgehend. Mit den „Warum-Fragen“ des Kindes nimmt der Sprachschatz weiter erheblich zu. Gedankengänge können variierend ausgedrückt und Geschichten nacherzählt werden. Das Kind kann telefonieren, nennt seinen Vor- und Nachnamen, es kann bis zehn zählen und weiß, wo es wohnt. Etwa mit 5 Jahren kann das Kind richtig mit Grammatik und Syntax umgehen und verfeinert seine Ausdrucksfähigkeit durch vielfältige Erfahrungen ständig. Die fundamentale Sprachentwicklung ist mit dem 6. Lebensjahr abgeschlossen.

INFO 4 Sprache im Schulkindalter und bei Jugendlichen

Im Schulkindalter wird das magische Denken überwunden. Das Kind lernt dann, die Sprache abstrakter zu sehen. Es kann Wörter in Buchstaben zerlegen, Silben trennen, was für den Erwerb der Schriftsprache bedeutsam ist. Zunehmend kann das Kind auch die Regelhaftigkeit der Sprache verstehen und grammatikalische Gesetzmäßigkeiten erfassen.

In der Adoleszenz wird die Differenzierung und die Spezifizierung der Sprechorgane weitgehend abgeschlossen. Danach kann eine Sprache nur mit viel Aufwand gelernt werden. Die meisten Erwachsenen sind nicht mehr in der Lage, wie Kinder eine Sprache ganzheitlich lediglich durch Zuhören zu erwerben. Sie müssen einen analytischen Umweg auf sich nehmen und sich über das Vokabular, über Grammatik und Syntax die Sprache aneignen. Jugendliche entwickeln bewusst eine eigene Sprach- und Sprechkultur, die sich von der der Erwachsenen abheben soll. Die Sprache von Jugendlichen und Erwachsenen wird im Wesentlichen vom sozialen Umfeld bestimmt und ist stark von deren Bildung abhängig.

INFO 5 Günstige Verhaltensweisen im Umgang mit Kindern

Kinder lernen die Sprache durch Nachahmung, durch Lernen am Erfolg und besonders im Dialog.

Voraussetzungen für eine gute Sprachentwicklung sind deshalb interessierte Bezugspersonen, die dem Kind helfen die Welt zu verstehen. Wenn das Kind sich geborgen und sicher fühlt, wird die Lust am Sprechen durch Nachahmung gefördert. Ermutigung, Lob und Anerkennung für sprachliche Äußerungen der Kinder sind wichtig und wecken die Sprechfreude der Kinder. Sie sind besonders wirkungsvoll, wenn sich Erwachsene bei Aktivitäten um sprachliche Begleitung von Alltagshandlungen bemühen und variationsreich, deutlich und einfühlsam Handlungen begleiten. Günstig ist es, den Kindern Vorhaben, Pläne oder Gedanken mitzuteilen, z. B. *„Jetzt gehe ich in die Küche und hole …“ „Jetzt nehme ich die Zitronenpresse, schneide dann die Zitrone in zwei gleich große Hälften …“*

Kinder haben Freude am Sprechen, wenn sie merken, dass ihre Äußerungen wohlwollend aufgenommen werden und Erfolg haben. Erwachsene sollten sich klar und deutlich ausdrücken und langsam sprechen. Keine komplizieren Schachtelsätze, sondern einfache Sätze bilden. Sie sollten ihre Sprache nicht nach der Sprechweise des Kindes richten, sondern sich an seinem Sprachverständnis orientieren. Künstliche Babysprache im Umgang mit Kindern ist nicht angemessen, weil das Kind durchaus in der Lage ist, die Sprache richtig zu lernen. Kinder sollten Gelegenheit haben mit unterschiedlichen Menschen in Kontakt zu kommen. Durch vielfältige Erfahrungsmöglichkeiten können sie unterschiedliche Sprachqualitäten kennen lernen und sich in ihrem sprachlichen Umgang erproben. Sie spüren, dass sie als Gesprächsteilnehmer ernst genommen werden.

Fragen sollten offen gestellt werden. Kinder sollten nicht belehrt werden, damit das Interesse am Fragenstellen, die Neugierde erhalten bleibt. Sprechen sollte Freude bereiten und nicht mit Druck verbunden sein. Wichtig ist es, den Kindern Zeit zu lassen. Zuhören ist eine wichtige Voraussetzung für den Spracherwerb.

Korrekturen sollten weiterführend sein, damit das Kind ein gutes sprachliches Modell erlebt, z. B. *„Is'n das Auto?"* – *„Ja, das mein Auto."* Die Sprachversuche der Kinder sollten angenommen werden, auch wenn sie noch nicht perfekt sind.

6.4 Ursachen für Auffälligkeiten

Störungen des Sprechens und der Sprache sowie Stimmstörungen haben in der Regel mehrere Ursachen (multifaktorielle Erklärung). Fachwissenschaftler können bis heute keine eindeutigen Antworten darauf geben, was genau die Ursachen für Sprach-, Stimm- und Sprechstörungen sind. Es ist mit Sicherheit davon auszugehen, dass es mehrere Ursachen (Faktoren) gibt, die zu einer Sprachstörung führen und ihre Aufrechterhaltung bedingen können. Sie lassen sich grob vier Bereichen zuordnen (vgl. Wolfgang Wendlandt, „Sprachstörungen im Kindesalter", Thieme Verlag, S. 58–60).

Multifaktorielle Erklärung

INFO 1

Organische Ursachen

Hierzu gehören z. B.

- Missbildungen bzw. Schäden der Sprechwerkzeuge (z. B. Kiefer Lippen-Gaumenspalte),
- Hörstörungen zentralnervöser Art, damit sind Störungen gemeint, die im Gehirn direkt für das Hören verantwortlich sind oder Störungen der Nervenbahnen selbst,
- Bewegungsstörungen (z. B. Spastik),
- neurologische Störungen, z. B. **vorgeburtliche** Röteln, Alkohol, Drogen, **während** der Geburt, z. B. Sauerstoffmangel, oder **danach**, z. B. Unfälle …

Vererbte Ursachen

Sprach-, Stimm- und Sprechstörungen werden nicht vererbt wie z. B. die Augen- oder Haarfarbe, aber es gibt durchaus eine Bereitschaft (Disposition) zu Sprachstörungen. Die Erbanlagen des Menschen, seine körperliche und seelische Ausstattung können diese Störungen begünstigen, d. h., sie können bei diesen Kindern evtl. eher auftreten als bei Kindern, die diese Anlagen nicht haben.

Soziokulturelle Ursachen

Das soziale Umfeld des Kindes hat erhebliche Auswirkungen auf die Sprachentwicklung des Kindes und somit auch auf mögliche Störungen, die sich z. B. durch ungünstige Umstände ergeben können. Hierzu zählen z. B. mangelnde Sprachanregungen in der Familie, hoher Fernseh- und Videokonsum, unterschiedliche Anforderungen an das Sprachniveau der

INFO 1
Fortsetzung

Kinder oder bestimmte Vorstellungen, z. B., dass sich die Sprache von selbst entwickelt. Auch der Erwartungsdruck der Erwachsenen kann sich störend auf die Sprachentwicklung der Kinder auswirken. Belastende Wohnsituationen der Familie, wirtschaftliche Probleme oder ungünstige Bedingungen bei der mehrsprachigen Erziehung können Sprach-, Sprech- und Stimmstörungen mitbewirken.

Psychische Ursachen
Seelische Belastungen können Kinder in ihrer Entwicklung sehr stark beeinträchtigen. Beispiele hierfür sind: Trennung der Eltern, Partnerschaftskrisen, Geschwisterrivalitäten, längerer Aufenthalt im Krankenhaus oder Heim. Erziehungsunsicherheiten durch unterschiedliche Erziehungsstile der Erwachsenen können auch zu Unsicherheiten bei Kindern führen und somit auch Auswirkungen auf die Sprachentwicklung haben. Das hängt damit zusammen, dass beim Sprechen immer auch die Beziehung zum Gesprächspartner eine Rolle spielt. Das Kind spürt sehr genau, ob es verstanden wird, ob es abgelehnt wird oder vertrauen kann. Auch psychische Folgen einer Sprachstörung müssen mitbedacht werden. Es ist nicht zu unterschätzen, welcher Druck auf Kindern lasten kann richtig zu sprechen. Hänseleien oder übertrieben schroffes Verbessern können negative Auswirkungen auf das Selbstwertgefühl der Kinder und somit auf die Sprechfreude haben.

INFO 2

Überblick über Störungen des Sprechens und der Sprache

Eingeschränktes Sprachverständnis
„Das Gehör des Kindes ist intakt, aber die Bedeutung von Wörtern und Sätzen wird nicht verstanden." (S. 42) Das fällt oft im Alltag nicht auf, weil die Kinder sich an der Mimik und Gestik des Gegenübers orientieren und dadurch wissen, was gemeint ist.

Dyslalie (Lautstörung)
Allgemein charakteristisch sind folgende sprachliche Auffälligkeiten: Laute oder Lautverbindungen werden weggelassen (statt *„Blume"* sagt das Kind *„Lume"*), Laute werden durch andere in der Muttersprache existierende Laute oder Lautverbindungen ersetzt (statt *„Kuh" „Tuh"* gesagt) und/oder durch einen Laut, der in der Muttersprache nicht vorkommt (z. B. lispeln bei s-Lauten)

Dabei lassen sich zwei Formen unterscheiden:

- **Artikulationsstörung**
  bedeutet, dass das Sprechen gestört ist, weil die Aussprache nicht in angemessener Weise gelingt. Einzelne Laute oder Lautverbindungen können nicht korrekt gebildet/ausgesprochen werden. Dabei wurde die Sprache richtig erworben und das Kind kann auch richtig über sie verfügen. (vgl. Wendlandt, S. 41)
- **Lauterwerbsstörung**
  „Das Kind kann die fehlenden oder fehlerhaft gebildeten Laute mithilfe gezielter Unterstützung bilden" (es ist dazu artikulatorisch durchaus in der Lage), *„verwendet die Laute allerdings nicht in der Spontansprache in allen Positionen im Wort".* (Wendlandt, S. 41) Der Lauterwerb beim Kind ist also im Rahmen seiner Sprachentwicklung noch nicht ganz abgeschlossen.

Eingeschränkter Wortschatz
„Der Wortschatz des Kindes ist zu klein, d. h., es kann viele Dinge nicht altersgemäß benennen" (S. 42). Es verwendet z. B. für unterschiedliche Wörter denselben Begriff, z. B. für Keks, Brot und Löffel *„Happa"*).

Dysgrammatismus
Bezieht sich auf Störungen beim Erwerb und Gebrauch der Grammatik, d. h. der Wort- und Satzbildung. Es kann sich um

9612228

zeitliche Abweichungen handeln (Stehenbleiben auf einem früheren Entwicklungsstand, Verzögerungen in der Entwicklung), zum anderen um qualitative Abweichungen vom normalen Ablauf der Sprachentwicklung (strukturelle Störungen): Auslassungen von Wörtern und Satzteilen (Reden im „Telegrammstil", z. B. „Mama Tisch"), fehlerhafte Formen bei Artikel und Substantiv, z. B.: *„der Mädchen"* oder mangelnde Übereinstimmung zwischen Subjekt und Verb, z. B. *„ich gehen"* oder *„du macht"* oder falsche Stellung der Wörter im Satz: „Heute nach Hause gehe ich." (Wendlandt, S. 42)

Sprachentwicklungsstörung
Davon wird gesprochen, wenn vier Auffälligkeiten gemeinsam auftreten: *„Sprachverständnisstörung, Dyslalie, eingeschränkter Wortschatz und Dysgrammatismus."* Der Sprachentwicklungsrückstand muss mindestens ein halbes Jahr betragen. (vgl Wendlandt, S. 42)

Alalie (Nichtsprechen)
Ausbleiben der Sprachentwicklung. Das Kind beherrscht keine bzw. sehr wenige Worte oder verwendet sie stereotyp, immer wieder nur dieselben Lautgebilde (vgl. Wendlandt, S. 43)

Poltern
Das ist eine Störung des Sprechablaufs, die durch überhastetes, oft unregelmäßiges Sprechtempo und eine verwaschene, undeutliche Sprechweise gekennzeichnet ist. Laute und Silben werden ineinander gezogen (Verschmelzungen), weggelassen oder in ihrer Abfolge umgestellt. Satzteile bleiben häufig unvollständig oder werden wiederholt. Auch bei den Inhalten der Aussage kann es zu Verwechslungen kommen. Dabei beschränken sich die Schwierigkeiten, Handlungsabläufe in einer vorgegebenen Abfolge auszuführen, nicht nur auf den sprachlichen Bereich. (vgl. Wendlandt, S. 42)

Balbuties (Stottern)
Kennzeichen sind Störungen im Redefluss. Wiederholungen von Silben und Lauten, Dehnen von Lauten und Blockaden, die durch mehr oder weniger starke Verspannungen oder Kraftanstrengungen gekennzeichnet sind. Emotionale Begleiterscheinungen sind Angst-, Wut- und Schamreaktionen sowie sprachliches und/oder soziales Vermeidungsverhalten. Oft ist auch die gesamte Kommunikation beeinträchtigt. Deshalb wird *„Stottern auch als Kommunikationsstörung bezeichnet."* (Wendlandt, S. 43)

Mutismus
„Hier handelt es sich um eine Störung der Kommunikation. Kinder, die bereits Sprache erworben haben, sprechen nicht mehr bzw. teilen sich lautsprachlich nicht mehr mit. Diese Sprechverweigerung kann total sein oder bestimmten Personen gegenüber oder in bestimmten Situationen (z. B. in der Kindertagesstätte) auftreten. Eine direkte Ursache ist noch unbekannt." (Wendlandt, S. 43)

Kindliche Stimmstörung (Dysphonie)
„Stimmklang und/oder Lautstärke und/ oder Tonhöhe sind verändert. Die Stimme klingt piepsig oder heiser bis zur Stimmlosigkeit (flüstern)." (Wendlandt, S. 43)

Rhinophobie (Näseln)
Bedeutet Sprechen mit näselndem Stimmklang. Es wird auch als Rhinolalie bezeichnet. Es wird zwischen „offenem Näseln" (Luftentweichung durch die Nase) und geschlossenem Näseln (Luftstrom entweicht überwiegend durch den Mund) unterschieden.

Quelle: Wolfgang Wendlandt, „Sprachstörungen im Kindesalter", Thieme Verlag, S. 41–45

Es ist wichtig, frühzeitig Fachleute zu Rate zu ziehen, damit Hörstörungen und andere organische Ursachen ausgeschlossen werden können, die die Sprachentwicklung beeinträchtigen können. Der Kinderarzt wird je nach Befund Kinder zu anderen Spezialisten überweisen. Das können z. B. HNO-Spezialisten oder Pädoaudiologische Ambulanzen von HNO-Kliniken, sozialpädiatrisches Zentrum von Kinder-

INFO 2
Fortsetzung

kliniken, Logopäden, Sprachheillehrer, Neuropsychologen, Heilpädagogen oder Frühförderzentren mit Spezialisten verschiedener Fachrichtungen sein. Entscheidend ist eine gründliche Diagnostik, die über die Ursachenbündel Auskunft gibt, damit therapeutische Maßnahmen eingeleitet werden können. Bei frühzeitiger Unterstützung hat ein Kind in der Regel gute Entwicklungsmöglichkeiten.

6.5 Systematische Begleitung von Kindern

Die Sprachentwicklung von Kindern muss gezielt begleitet und gefördert werden, und zwar von Anfang an bei allen Kindern.

Durch Beobachtung sollte das Sprachverhalten von Kindern möglichst ganzheitlich erfasst und auch in unterschiedlichen Situationen, z. B. beim Frühstück, im Spiel, im Umgang mit der Mutter usw., kontinuierlich dokumentiert werden, damit Kinder in ihren Entwicklungs- und Bildungschancen sinnvoll begleitet werden können (Anregungen siehe auch Literaturliste). Das Problem ist, dass herkömmliche „Sprachtests“ nicht die Lerngeschichte des Kindes erfassen und somit wenig Anhaltspunkte für die Förderung bieten (Michaela Ulich, Kindergarten heute, Herder Verlag, 10/2003, S. 17)

Neuere unterschiedliche Materialien der Sprachstandserfassung und systematischer Sprachförderung (z. B. „sismik“, „bärenstark“, siehe Info 2 und auch Bd. 1, LF 3 u. a.) sind auf dem Markt und geben Anhaltspunkte und methodische Hinweise, wie diese Sprachstandserhebung und die Förderung konkret speziell für Kinder in Tageseinrichtungen aussehen kann. Daneben gibt es auch Sprachstandserhebungen und Förderprogramme von Kommunen, Ministerien und freien Trägern. Besonders empfohlen sei hier: Ragnhild Fuchs, Christiane Siebers, Sprachförderung von Anfang an, Ministerium für Frauen, Familie und Gesundheit.

INFO 1

Neue Bildungspläne

Im Zusammenhang mit der Bildungsreform (nach PISA) sind für den Elementarbereich inzwischen in fast allen Bundesländern Bildungspläne entstanden. Im bayerischen Bildungsplan für den Elementarbereich werden differenziert Ziele formuliert, auch für Kinder unter drei Jahren. Damit geht er auf die bereits erwähnte Forderung ein, Kinder von Anfang an zu unterstützen, auch im Hinblick darauf, dass zunehmend mehr Kinder unter drei Jahren in öffentlichen Einrichtungen betreut, gebildet und erzogen werden.

Im Kapitel Sprachliche Bildung und Förderung (S. 157 ff.) werden die Ziele für Kinder von 0 bis 6 Jahren und im Folgenden dann weitere Ziele für Kinder von 4 bis 6 Jahren differenziert formuliert.

- **Förderung der Fähigkeit, sich sprachlich mitzuteilen und mit anderen auszutauschen**
  - Entwicklung der Sprechfreude und Interesse am Dialog
  - Entwicklung von Freude an Lautspielen
  - Entwicklung vielfältiger nonverbaler Ausdrucksformen (Körpersprache, Gestik/Mimik)
  - Fähigkeit, aktiv zuzuhören
  - kontinuierliche Erweiterung und Ausdifferenzierung von Wortschatz, Begriffsbildung, Lautbildung und

Satzbau (im Verstehen und im Sprechen)
- Fähigkeit und Motivation, Gefühle und Bedürfnisse auch sprachlich auszudrücken
- Entwicklung der Fähigkeit zum Dialog (z. B. auf die Äußerungen von anderen eingehen, Gesprächszeiten von anderen respektieren)
- Entwicklung von „Verhandlungsstrategien", d. h., dass Kinder lernen, Interessengegensätze und -konflikte zunehmend sprachlich auszuhandeln
- Entwicklung einer sprachlich-kulturellen (auch mehrsprachigen) Identität

- **Förderung von Interesse an „Sprache"**
  - Aufmerksamkeit und Interesse an sprachlichen Mitteilungen
  - Neugierde und Lust auf „andere" Sprachen
  - Interesse an Bilderbüchern und Geschichten
  - Interesse an Wort- und Lautspielen, Reimen und Gedichten

und weitere „zusätzliche Ziele" für Kinder von 4–6 Jahren.

Hrsg.: Bayerisches Staatsministerium für Arbeit und Sozialordnung, Familie und Frauen „Der bayerische Bildungs- und Erziehungsplan für Kinder in Tageseinrichtungen bis zur Einschulung", Entwurf für die Erprobung. Beltz, 2003, S. 157–159

Im Gegensatz dazu werden im „Berliner Bildungsplan" für Kinder in Tageseinrichtungen bis zu ihrem Schuleintritt im Bildungsbereich „Kommunikation: Sprache, Schriftkultur und Medien" Analysefragen formuliert, die mit Eltern, Kindern und im Team erschlossen werden sollen, um die individuelle „Sprachsituation" des Kindes zu erfassen. Im Weiteren werden ausführlich Kompetenzen formuliert, die das Kind erwerben soll. (vgl. Das Berliner Bildungsprogramm für Bildung, Erziehung und Betreuung für Kinder in Tageseinrichtungen bis zu ihrem Schuleintritt. Senatsverwaltung für Bildung, Jugend und Sport, Berlin, 2004)

Die „Bildungsvereinbarung NRW" (2003) verfolgt das Ziel, vor allem Bildungsprozesse von Kindern in Tageseinrichtungen vom vollendeten 3. Lebensjahr bis zur Einschulung zu stärken und weiterzuentwickeln. Der Bildungsbereich Sprache(n) bietet auf einer Seite Orientierung, ohne ins Detail zu gehen. Die pädagogischen Fachkräfte werden aufgefordert mit Kindern z. B. durch Wahrnehmungserfahrungen Möglichkeiten der inneren Verarbeitung im Umgang mit anderen Spracherfahrungen zu sammeln und durch Beziehungen zu lernen. Andere Kulturen werden einbezogen, Kinder werden als Forschende ernst genommen. (vgl. Ministerium für Schule, Jugend und Kinder des Landes Nordrhein-Westfalen, Völklinger Str. 49, 40221 Düsseldorf)

Aktuelle Spracherhebungsbögen

INFO 2

Hier soll beispielhaft auf zwei Spracherhebungsbögen aufmerksam gemacht werden.

„sismik, **Sprachverhalten und Interesse an Sprache für Migrantenkinder in Kindertageseinrichtungen**" (Ulich/Mayr 2003), und „bärenstark", hier geht es um **Lernausgangslagen von zukünftigen Erstklässlern.**

Was ist sismik?

Sprachverhalten und **I**nteresse an **S**prache bei **Mi**granten**k**indern

Es ist ein pädagogisch orientierter Beobachtungsbogen, der handlungsbegleitend den Sprachstand erfassen will und gleichzeitig Hinweise zur individuellen Förderung bietet.

Einsatzmöglichkeiten:
sismik deckt die Entwicklungsspanne von 3,5 Jahren bis zum Schuleintritt ab.

Quelle: Ulich, Michaela/Mayr, Toni, „Sismik", Herder Verlag, 2003

Wie ist das Konzept/Aufbau?

Es soll Bezug zum pädagogischen Angebot in den Einrichtungen genommen werden.

Es soll vor allem um die Begleitung und Dokumentation von sprachlichen Bildungsprozessen in der Einrichtung gehen.

Ein wichtiger Aspekt ist die Motivation und das Interesse des Kindes zu wecken.

Für die Beobachtung wurden Bereiche wie Bilderbücher, Erzählen und Schriftkultur gewählt.

Es geht auch um Erfassung der sprachlichen Kompetenzen (im Deutschen), Wortschatz, Satzbau.

Es wird vor allem die deutsche Sprache des Kindes berücksichtigt, enthält aber auch Fragen zur Familiensprache und zur Familie des Kindes.

Wie ist die Vorgehensweise?

Anhaltspunkt für die Sprachförderung ist folgende Vorgehensweise:

Konkrete Entwicklungs- und Erziehungsziele im Bereich Sprache werden genannt.

Eine wichtige Frage ist: Wie kommt das Angebot bei Kindern an? Engagiert sich das Kind?

Sprachförderung wird in verschiedenen Situationen im Alltag einbezogen, z. B. Erzählen von Geschichten, Reimen, Vorlesen, Bilderbücher usw.

bärenstark (Leitfigur ist ein Bär)

mittlerweile bei 1 200 Kindern erprobt

Ist von Schulpraktikern empfohlen für die Praxis von Lehrerinnen, Vorklassenleitern, Erzieherinnen und **gibt Auskunft über** Lernausgangslagen der künftigen Erstklässler.

Umfang des Förderbedarfs und Inhalte der Förderung werden veranschaulicht.

Einsatzmöglichkeiten:
Im Kita-Bereich eingesetzt, damit eine frühzeitige und zielgerichtete Sprachförderung begonnen werden kann.

zirka 6 Monate vor der Einschulung in die erste Klasse

am Ende des 3. Grundschuljahres zur Evaluation und Erfolgskontrolle der durchgeführten Fördermaßnahmen

Quelle: „bärenstark", Berliner Sprachstandserhebung und Materialien zur Sprachförderung für Kinder in der Vorschul- und Eingangsphase, Senatsverwaltung für Bildung, Jugend Sport, 2002

Wie ist das Konzept/der Aufbau?

Material besteht aus zwei Teilen:

- Teil A: Erläuterungen, Entstehung und Anwendung
- Teil B: Anregungen und Erläuterungen zur Sprachförderung, Sprachentwicklung und zu Sprachstörungen

Der praktische Teil umfasst:
einen Interviewbogen für ein Elterngespräch, ein einführendes Gespräch mit dem Kind, die vier Aufgabenbereiche, ein Sprachstandsprofil.

Die vier Aufgabenbereiche beziehen sich auf allgemeine Lebenserfahrungen von Kindern in Deutschland.

Und die Vorgehensweise?

Mit dem Interviewbogen sollen die Sprachgewohnheiten in der Familie und bisherige schulische Betreuung des Kindes erfasst werden.

1. Aufgabenbereich:
   Die Leitfigur „Bär" wird eingeführt. Er begleitet das Kind durch die Sprachstandserhebung
2. Aufgabenbereich:
   Ein Erzählbild wird vorgestellt, anhand dessen die dargestellten Handlungen erkannt und benannt werden sollen.
3. Aufgabenbereich:
   Hier sollen Unterschiede erkannt und benannt werden.
4. Aufgabenbereich:
   Der Bär erscheint wieder in Handlungssituationen in verschiedenen Raumsituationen. Es geht um Raum-Lage-Wahrnehmung und Präpositionen.

Durch Erheben von Daten allein ist noch kein Kind klüger geworden. Wichtig ist, wie Kinder gefördert werden.

Diese genannten Beispiele sind erprobt und evaluiert worden. „sismik" wurde entwickelt für die Sprachstanderhebung und individuelle Förderung von Migrantenkindern im Elementarbereich, während „bärenstark" stärker auf Lernausgangslagen von zukünftigen Erstklässlern eingeht und somit die vorschulische Phase und die Eingangsphase der Grundschule im Blick hat.

LF 4

FRAGEN

- *Wer in der Klasse ist zweisprachig aufgewachsen?*
- *Welche Erfahrungen haben Sie gemacht? Welche Unterstützung haben Sie erfahren?*
- *Wie werden Kinder in der Praxisstelle sprachlich begleitet?*
- *Welche Formen der Sprachdokumentation gibt es?*

Wertschätzung und Förderung von Zwei- und Mehrsprachigkeit

INFO 3

Kinder, die mehrsprachig aufwachsen, haben spezifische Fähigkeiten und Entwicklungsverläufe, die unbedingt berücksichtigt werden müssen. Zwei oder mehrsprachige Fachkräfte sind deshalb besonders geeignet, die mehrsprachige Orientierung der Kindern zu fördern.

Kinder orientieren sich beim Erwerb der Zweitsprache an ihrer Erstsprache. Sie entwickeln ein einfaches Sprachgerüst, das sie verändern und vervollständigen, nach dem Modell der Erwachsenen. Kinder müssen beim Erwerb der Zweitsprache ihre Hörgewohnheiten verändern, die Sprachkultur erweitern, neue Satzbauprinzipien, Sprachmelodien und Betonungen berücksichtigen. Dieser Prozess verläuft individuell und wird von den Kindern unterschiedlich bewältigt. Manche Kinder brauchen gezielte Unterstützung, andere erlernen die Zweitsprache fast nebenbei. Gezielte Beobachtungen geben Aufschluss über unterschiedlichen Unterstützungsbedarf. Stellvertretend sei hier der CITO-Sprachtest von Ömer Ahmed Konak/Tom Duinham, Citogroep Arnhem, 2004, erwähnt, der bisher in deutscher und türkischer Form vorliegt. Es handelt sich hierbei um einen Computertest, um den Sprachstand von Vorschulkindern (vier bis sieben Jahre) zu erfassen.

Bei Kindergruppen mit hohem Anteil sprachlich und sozial benachteiligter Kinder sowie bei Kindern, die nicht deutsch sprechen, ist eine individuellere, intensivere sprachliche Begleitung nötig. Hier ist es wichtig, nicht nur an Einzelförderung zu denken, insbesondere Kleingruppenarbeit, Angebote von Literacy sowie intensive Kontakte mit Eltern.

Die Kinder lernen in der Regel die Sprache in der Familie. Es ist wichtig, dass diese Sprachgewohnheiten wertgeschätzt werden. Die Zusammenarbeit mit den Eltern, der regelmäßige Kontakt und Austausch sind wichtige Voraussetzungen, um das Vertrauen der Eltern zu gewinnen und die Sprachentwicklung des Kindes zu fördern. Für die Tageseinrichtungen für Kinder stellt sich die Frage, wie das gelingen kann.

Ist die Ausstattung in der Kindertagesstätte auf die Kinder/Eltern abgestimmt? Hier einige Fragen, die hilfreich sein können: *„Gibt es originalsprachige Materialien in den Familiensprachen der Kinder bzw. mehrsprachige Materialien? Gibt es entsprechende Tonkassetten mit Liedern und Erzählungen, Videokassetten, Bilderbücher? Wie oft und wann werden sie angeboten? Sind sie regelmäßig für Kinder zugänglich? Werden sie ausgeliehen? Werden Eltern gebeten entsprechende Materialien mitzubringen? Wie werden zweisprachige Fachkräfte eingesetzt? Sind sie ins Gesamtteam integriert? Fördern sie nur die Kinder derselben Sprachgruppe*

INFO 3
Fortsetzung

oder wird auch auf die sprachliche Neugierde, das Sprachbewusstsein insgesamt mit den fremdsprachigen Fachkräften eingegangen? Was wissen pädagogische Fachkräfte über Zweisprachigkeitserwerb und über das zwei- und mehrsprachige Aufwachsen von Kindern? Welche Grundkenntnisse sind vorhanden? Wie werden Migranteneltern in die Gestaltung des pädagogischen Angebotes der Einrichtung aktiv einbezogen?" (Ulich/Mayr, in: Bayerischer Bildungsplan, S. 164–166)

INFO 4

Die sprachanregende Umgebung in Tageseinrichtungen

Die pädagogischen Fachkräfte müssen sich bewusst sein, dass sie in mehrfacher Hinsicht Sprachvorbilder sind, in ihrer eigenen Haltung gegenüber sprachlicher Kommunikation und Sprache, ihrem eigenen Sprachgebrauch und dem Verhalten gegenüber anderen Sprachen und Dialekten.

Die Sprache sollte der Vorstellungswelt der Kinder entsprechen und in einer sinnvollen Beziehung zur Situation stehen, in der sie sich befinden. Das ist für Erwachsene nicht immer einfach, aber möglich.

In entspannter Atmosphäre können auch Probleme besprochen und Lösungen gefunden werden. Es ist wichtig, dass Kommunikationsregeln eingehalten werden, z. B. wenn einer spricht, hören die anderen zu, sich nicht ins Wort fallen usw. Erwachsene sollten ihren eigenen Kommunikationsstil reflektieren und darauf achten, dass Kinder zu Wort kommen.

Einfühlsame Erweiterung der kindlichen Äußerungen und Formulierungen bedeutet, dass kindliches Sprachverhalten nicht einfach aufgegriffen und wiederholt wird, sondern durch Weiterführung angeregt wird, z. B.: Kinderfrage: „Ist das Auto?" „Ja, das ist ein grünes Auto."

Neben den natürlichen Sprechanlässen im Alltag bieten hauswirtschaftliche, sportliche, musikalische Aktivitäten und Literacy-Angebote oder Exkursionen, die Chance zur Wortschatzerweiterung.

Die altersgemischte Kindergruppe ermöglicht Kindern unterschiedliche Erfahrungen, unterschiedliche Kontaktmöglichkeiten zu Kindern gleichen und unterschiedlichen Alters, mit Kindern und Erwachsenen unterschiedlicher Sprachmilieus und Sprachniveaus. Das ist eine Chance für alle Kinder.

Die Erzieherin muss darauf achten, dass Kinder in Gesprächen zu Wort kommen können. Der Tagesablauf in den Tageseinrichtungen für Kinder sollte so organisiert sein, dass die Kinder vielfältige Gesprächsmöglichkeiten in unterschiedlichen Sozialformen haben (alleine, zu zweit, in der Kleingruppe, in der altersgleichen Gruppe, in der Großgruppe).

Es ist nötig, dass der Geräuschpegel in der Gruppe Unterhaltung zulässt. Für Rollenspiele und Bilderbuchbetrachtungen sowie Vorlesen und Gespräche ist ein ungestörter Raum, in dem man zuhören kann, Voraussetzung.

Und jetzt auch noch Schreiben?

INFO 5

Nichts Neues, werden die Pädagogen sagen, die wissen, dass bereits dreijährige Kinder einen „Brief" schreiben wollen, einen Einkaufszettel oder einen Wunschzettel adressieren. Kinder spüren sehr schnell, dass Schrift etwas Geheimnisvolles ist, etwas, was sich hinter diesen Zeichen verbirgt. Kinder sind stolz, wenn sie die ersten Buchstaben ihres Namens schreiben können. Sie sind mit Feuereifer dabei, den Namen zu lernen, und, wo es möglich ist, den Namen zu schreiben. (vgl. „Kinderzeichnung") *„Die Schriftsprache muss von der ‚Sprechsprache' des Kindes her aufgebaut werden. Bevor Kinder schreiben, sprechen sie, bevor Kinder lesen, sprechen und ‚schreiben' sie. Ganz allmählich baut sich das Kind seine Schriftsprache selbst auf, aber nicht ohne Hilfe."*

(Hans Gärtner in „Schrift- und Zeichenforscher", Don Bosco, 2002, S. 7)

Beim Schreiben sollte es nicht um richtig und falsch gehen, denn auch Schreibenlernen ist ein langer Prozess, der sehr stark durch Übung verbessert wird.

Es braucht unbedingt Erwachsene mit viel Geduld und Verständnis, damit diese Übungsphasen nicht als frustrierend und langweilig empfunden werden oder sogar von Kindern eingestellt werden, weil sie sich minderwertig fühlen.

Häufig wird unterschätzt, dass der Umgang mit dem Computer auch schriftgeleitet ist und im Umgang gute Kenntnisse im sprachlichen und schriftlichen Bereich erfordert. Trotz Rechtschreibprogrammen eröffnen die Grundfähigkeiten des Schreibens und Lesens erst die vielfältigen Möglichkeiten am Computer.

Voraussetzungen zum Lese- und Schriftsprachenerwerb sind:

- spezifisch visuelle Fertigkeiten
- Gedächtnisfertigkeiten
- Intelligenz
- sprachliche Fähigkeiten und Fertigkeiten
- fonologische Informationsverarbeitung
- fonologische Bewusstheit

Die vorbereitete Umgebung

INFO 6

Ganz im Sinne Maria Montessoris sollten die Räume für die Kinder anregend gestaltet sein und zum Selbsttätigsein einladen. Materialien/Bücher/Medien sollten gezielt ausgewählt und sichtbar, gut erreichbar für die Kinder präsentiert werden, damit sie Aufforderungscharakter haben.

Für alle Alterstufen der Gruppe müssen ansprechende, sprachanregende Materialien vorhanden sein, um den unterschiedlichen Entwicklungsstufen der Kinder gerecht zu werden. Ein Austausch der Materialien ist wichtig.

Schrift und Symbole sollten in Tageseinrichtungen für Kinder sichtbar sein, nicht nur im Hinblick auf die multikulturelle Zusammensetzung der Gruppe.

Unterschiedliche Räume mit unterschiedlichen Funktionen bieten den Kindern ebenso Orientierung und Sprachanreize. Kinder erleben, was wohin gehört (Struktur). Sie lernen, dass es im Bewegungsraum andere Materialien gibt als im Kinderatelier. Im Naturraum lassen sich wiederum andere Erfahrungen sammeln und andere Materialien, Gegenstände und Werkzeuge kennen lernen. Es macht Sinn, wenn die Begriffe und Sprache mit Erlebnisqualität verbunden werden, gemäß der Äußerung von Montessori: *„Es ist nichts im Kopf, was nicht vorher in den Sinnen war."*

SPRACHFÖRDERUNG IM ELEMENTARBEREICH SOLLTE ALLE EBENEN EINBEZIEHEN.

6.6 Magisches Viereck: Zuhören, Sprechen, Lesen, Schreiben

Vorerfahrungen Lesetechnik Sinnentnahme Denken/Erkenntnisse	**Lesen**	**Schreiben**	Vorerfahrungen Erstschreiben Vorschriften in Gedanken Denken/Erkenntnisse
Lauschen Zuhören Verstehen Auditive Wahrnehmung	**Zuhören**	**Sprechen**	Symbolfähigkeit Aussprache Wortschatz Satzbildung

(Prof. Dr. Herbert Günther, Tagungsunterlagen, 2004)

Günther macht deutlich, dass Zuhören, Sprechen, Lesen und Schreiben nicht als isolierte Fähigkeiten zu betrachten sind, sondern dass ganz früh in der Entwicklung bereits Grundlagen für alle Bereiche gelegt und deshalb hohe Aufmerksamkeit vom Fachpersonal verlangt werden muss.

Fazit

- Hören, Sprechen, Schreiben und Lesen sind im Zusammenhang zu sehen und bauen aufeinander auf.
- Erzieherinnen und Erzieher müssen sich bewusst sein, dass Kinder über bestimmte Vorerfahrungen verfügen, auf die sie aufbauen können.
- Voraussetzung sind vertrauensvolle Beziehungen zu Kindern und Eltern, eine lernanregende, vorbereitete Umgebung und gute Vorbilder.
- Gute Rahmenbedingungen (Erzieher-Kind-Schlüssel), gut ausgebildete Fachkräfte, entsprechende Räume und Materialien unterstützen die pädagogische Arbeit.
- Kurzfristige Projekte werden Probleme im sprachlichen Bercich der Kinder nicht beheben können.

Sprachliche Bildung ist ein Schlüssel für den weiteren Bildungsweg, denn „Auf den Anfang kommt es an!"

Bundesministerium für Familie, Senioren, Frauen und Jugend, (Hrsg.) Beltz, 2003

Aufgaben und Anregungen

1 Finden Sie Beispiele für kulturelle Leistungen im sprachlichen Bereich.

2 Es ist nachgewiesen, dass Kinder große Freude am Sprechen haben und dass dieses Wissen lange gespeichert werden kann. Können Sie sich an Fingerspiele, Geschichten, Episoden aus ihrer Kindheit erinnern?

3 Bereits im Kindesalter gibt es große Entwicklungsunterschiede. Erkennen Sie Entwicklungsunterschiede im Spracherwerb bei gleichaltrigen Kindern? Versuchen Sie diese Unterschiede konkret zu beschreiben. Gibt es aus Ihrer Sicht Erklärungen dafür?

4 Kinder, die sich gut bewegen können, haben Vorteile. Können Sie das durch eigene Erfahrungen oder Beobachtungen in der Kindergruppe bestätigen? Welche Vorteile haben diese Kinder?

LF 4

5 Skizzieren Sie zu zweit die Sprachentwicklung von Kindern. Was sind Meilensteine?

6 Beschreiben Sie, welche Kompetenzen Sie persönlich im Bereich Sprache haben und was Sie als gutes Sprachvorbild noch entwickeln sollten.

7 Erkundigen Sie sich in Ihrer Praxiseinrichtung, welche Methoden der Sprachstandserhebung praktiziert werden. Erproben Sie sich in der Anwendung durch Fragebogen oder gezielte Beobachtungen.

8 Bringen Sie Beispiele der Sprachdokumentation aus der Praxis mit und vergleichen Sie die Methoden untereinander. Welche konkreten pädagogischen Handlungen lassen sich daraus ableiten?

9 Wie werden die unterschiedlichen Sprachmilieus der Kinder und Eltern in Ihrer Praxisstelle wertgeschätzt? Woran können Sie das erkennen?

Tipps zum Weiterlesen

Marianne und Lasse Berger, *„Der Baum der Erkenntnis“*, für Kinder und Jugendliche von 1–16 Jahren, Schwedischer Bildungsplan, 2004 (Übersetzung) E-Mail: berger@web.de

Berliner Bildungsprogramm für die Bildung, *Erziehung und Betreuung von Kindern in Tageseinrichtungen bis zu ihrem Schuleintritt*, Staatsverwaltung für Bildung, Jugend und Sport, Berlin, Beuth Str. 6–8, 10117 Berlin

Video

Donata Elschenbroich/Otto Schweitzer, *„Ins Schreiben hinein“*, Kinder auf der Suche nach dem Sinn der Zeichen, DJI, 2001

7 Von Bücherwürmern und Leseratten – Überblick über die Kinder- und Jugendliteratur

„Das Grenzenloseste aller Abenteuer war für mich das Leseabenteuer“
Astrid Lindgren

Einstiegssituation

Nadine erfährt während ihres Praktikums im Hort, dass noch Geld für die Gruppe zur Verfügung steht. Ihre Anleiterin Nicole Klein will Bücher einkaufen. Nadine soll sich bei der Entscheidung beteiligen. Sie überlegt: *In der Tageseinrichtung gibt es doch im Vergleich zu meiner letzten Praxisstelle sehr viele Bücher. Soll ich die Bücher nennen, die ich in der eigenen Kindheit gerne angeschaut habe? Alle Neuerscheinungen kann ich ja unmöglich lesen, das sollen 2 400 Kinderbücher in einem Jahr sein. Und überhaupt, Lesen war bisher nicht mein Hobby.* Eigentlich kennt sie sich nicht besonders gut aus. Nadine unterhält sich mit Nicole und ist gespannt, welche Bücher sie bestellt. Die Erzieherin geht mit ihr an das große Bücherregal und erklärt ihr, wie die Bücher geordnet sind.

Am folgenden Nachmittag geht Nadine in die Stadtbücherei und beobachtet Kinder und Jugendliche vor den Bücherregalen. Nach welchen Büchern greifen sie, worin schmökern sie, was leihen sie tatsächlich aus? Am nächsten Tag zeigt sie Nicole eine Liste mit Büchern, die sie gerne für den Kindergarten anschaffen würde.

FRAGEN

- ✔ *Lesen Sie gerne? Welche Bücher?*
- ✔ *An welche Kinderbücher können Sie sich erinnern?*
- ✔ *Wer hat Ihnen Bücher gekauft oder geschenkt?*
- ✔ *Wer hat mit Ihnen Bücher angeschaut und Ihnen vorgelesen?*

7.1 Lesen – ein Abenteuer

Astrid Lindgren (1907–1999)

Astrid Lindgren war zutiefst davon überzeugt, dass Lesen „das Grenzenloseste aller Abenteuer“ sei. Das beschreibt sie in ihrem Buch „Das entschwundene Land“:

„Für mich begann es, als ich zum ersten Mal ein Buch zu lesen bekam und da hineinschnupperte. In diesem Augenblick erwachte meine Lesefreude und ein besseres Geschenk hat das Leben mir nicht beschert. Heutzutage wissen ja wohl alle Eltern, dass ihre Kinder Bücher brauchen, oder etwa nicht? Falls es noch welche geben sollte, die das nicht wissen, dann kommt zu mir, liebe Freunde, damit wir darüber reden, denn mir liegt sehr viel daran, euch zu überzeugen. Ich weiß zwar nicht, was ihr euch von eurem Kind erträumt oder erhofft, aber ich weiß, dass es für die Wechselfälle des Lebens besser gerüstet ist, wenn es lesehungrig ist.“

Astrid Lindgren, Das entschwundene Land, Oetinger 1977, S. 79 f.

Astrid Lindgren wurde am 14. November 1907 als Astrid Ericson geboren. Sie arbeitete als Sekretärin, heiratete und bekam zwei Kinder. Erst 1944 schrieb sie die Geschichte von Pippi Langstrumpf als Geburtstagsgeschenk für ihre Tochter und schickte ein Exemplar an einen Verlag. Das Manuskript wurde abgewiesen. Im gleichen Jahr erhielt sie für ein Mädchenbuch den zweiten Preis im Wettbewerb des Verlages Raben und Sjögren. 1945 erhielt sie einen weiteren Preis für Kinderbücher für Kinder von sechs bis zehn Jahren.

1949 wurde Pippi erstmals vom Oetinger Verlag in Deutsch herausgebracht. 1956 erhielt Lindgren den Sonderpreis des Deutschen Jugendbuchpreises für „Mio mein Mio". Zunehmend erfuhr sie Ehrungen und öffentliche Anerkennungen nicht nur für ihre Bücher. 1978 erhielt sie den Friedenspreis des Deutschen Buchhandels und stiftete die Hälfte der Preissumme für deutsche und schwedische Kinder. Sie setzte sich gleichermaßen für bedrohte Tiere, behinderte Kinder und den Frieden in der Welt ein.

1994 erhielt sie den alternativen Nobelpreis, später die Ehrendoktorwürde verschiedener Universitäten. Astrid Lindgren starb 1999. Sie war laut Umfrage die beliebteste Schwedin des Jahrhunderts. (nach Sybil Gräfin Schönfeldt „Astrid Lindgren", Reinbek 2000, S. 141 ff.)

„Ihr könnt ja einmal die Probe aufs Exempel machen. Nehmt zehn jetzt lebende Menschen, von denen ihr meint, dass sie wirklich etwas für die Menschheit geleistet haben, geht zurück bis in ihre Kindheit, blättert die Jahre um und ich bin davon überzeugt, ihr findet zehn kleine Leseratten. Vielleicht waren es nicht immer so genannte „gute" Bücher, die sie gelesen haben, aber gelesen haben sie, da bin ich mir sicher. Die Bücher gaben ihrer Fantasie Nahrung und Fantasie war genau das, was sie brauchten, als sie sich als Erwachsene anschickten die Welt zu verändern."

Astrid Lindgren, Das entschwundene Land, Oetinger, Hamburg 1997, Übersetzerin: Anna-Liese Kornitzky

KINDER, DIE LESEN, SIND AUFS LEBEN BESSER VORBEREITET.

MIT KINDERN BÜCHER LESEN SCHAFFT VERTRAUEN UND VERBINDUNG.

7.2 Die literarische Sozialisation und die Bedeutung der eigenen Sozialisation

Einstiegssituation

Olga und Nadine unterhalten sich über die Lesegewohnheiten in ihren Familien.

Nadine: *„Mein Vater las immer nach Feierabend die ‚Bild-Zeitung'. Meine Mutter las gar nicht, höchstens die Programmübersicht in der Fernsehzeitung. Ich habe beide nie ein Buch lesen sehen. Wahrscheinlich habe ich deshalb auch Bücher immer für überflüssig gehalten …"*

Olga: *„ Ich bin eine richtige Leseratte und verschlinge ein Buch nach dem anderen. Ich lese querbeet: Liebesromane, Krimis, historische Frauenromane, Fantasy und einfach alles, was mich beim Stöbern in der Stadtbücherei vom Umschlag her anspricht."*

Nadine: *„Da hattest du sicher daheim auch Vorbilder, die lesen."*

Olga: *„Vorbilder? Ich weiß nicht recht. Aber bei uns in Russland wird allgemein viel gelesen. Morgens in der Moskauer Metro hat praktisch jeder ein Buch vor der Nase."*

FRAGEN

- ✔ *Wann lesen Sie und was lesen Sie?*
- ✔ *Haben Sie ein Lieblingsbuch?*
- ✔ *Mit wem tauschen Sie sich über Inhalte aus?*

Info 1 Eigene Leseerfahrungen

Literarische Sozialisation bedeutet zunächst, die Literatur für sich selbst Gewinn bringend zu nutzen. Darunter ist zu verstehen, dass man durch Rezeption von Literatur Antworten auf persönliche Fragen finden kann sowie angeregt wird Fragen zu stellen und sich somit weiterzubilden. Literatur kann aber auch einfach der Entspannung dienen. Eine andere Funktion ist die Literatur als Kunstform verstehen zu lernen. Bücher bilden nicht einfach die Wirklichkeit ab, sondern setzen innere Prozesse beim Leser in Gang. Der Text und die Bildgestaltung sind überwiegend bewusste Gestaltungselemente des Autors.

Bücherinhalte stellen die Welt dar, so wie sie ist oder sein könnte. Leser und Leserinnen erhalten Einblicke in die Kultur. Das Lesen an sich ist eine Kulturtechnik, die mühsam erworben werden muss und dem Kind ermöglicht sich aktiv an der Gesellschaft zu beteiligen. Dieser Prozess beginnt sehr früh, lange bevor das Kind liest.

Die persönliche Einstellung der Erwachsenen zu Literatur hat einen erheblichen Einfluss darauf, ob, wie und welche Literaturerfahrungen Kindern ermöglicht werden. Die eigene literarische Sozialisation, z. B. ob und was vorgelesen wurde, und die Situation, in der diese Erfahrungen erlebt wurden, sind prägend für den Umgang mit Büchern. Diese Erfahrungen werden oft unbewusst an Kinder weitergegeben. Die Zugangsmöglichkeiten zu Büchern oder Texten sind verschiedenartig, z. B. durch Sachbücher, Romane oder audiovisuelle Hörbücher, TV, Videos, DVDs.

Es ist interessant und wichtig für den professionellen Umgang mit Medien, sich bewusst zu machen, welche Texte, Bücher oder Medien in der eigenen Biografie eine Rolle gespielt haben. Zum Beispiel: Was ist mir in Erinnerung geblieben? Habe ich mein Märchenbuch noch? Welches sind meine Lieblingsmärchen? Gibt es dafür Begründungen? Welche Kassetten habe ich gehört? Wichtig ist zudem auch die aktuelle Bedeutung von Literatur für sich zu klären. Ein reflektierter Umgang mit der eigenen Sozialisation erklärt bestimmte Vorlieben oder Schwerpunktsetzungen, die im Umgang mit Kindern geklärt sein müssen.

Info 2 Literacy und Bildungschancen

Literacy-Erfahrungen sollten möglichst früh beginnen, d. h. in den ersten drei Lebensjahren.

Der Begriff Literacy ist in anderen Ländern längst eingeführt und bedeutet so viel wie Einführung in die Lese-, Schrift- und Buchkultur. Seit den Achtzigerjahren gewinnt Literacy an Bedeutung in der Forschung. In Deutschland findet dieser Begriff zunehmend Eingang in die neuen Bildungspläne des Elementarbereichs der verschiedenen Bundesländer.

Lange bevor Kinder lesen und schreiben können, machen sie Erfahrungen mit der Erzähl-, Buch- und Schriftkultur, der so genannten Literacy-Kultur. Diese Grundlagen haben nachhaltige Auswirkungen auf die Kompetenzen der Kinder, auf deren Sprache, Wissen, Einstellungen und Verhalten, und zwar bereits vor der Schule. Kinder mit reichhaltigen Literacy-Erfahrungen haben längerfristig „Entwicklungsvorteile“, nachweislich in den Bereichen Sprechen, Lesen und Schreiben. Diese Kompetenzen sind die wichtigsten Grundlagen für Schulerfolg und weitere Bildungschancen. Je nach soziokulturellem Hintergrund und Umfeld sind die Erfahrungen der Kinder höchst unterschiedlich. Bei manchen Kindern ist der Umgang gezielt, bei anderen eher zufällig. Die Familie ist für diesen Lernprozess sehr wichtig. Hier wird bereits der Zugang für Literatur und Lesegewohnheiten gebahnt. Dabei ist zunächst nicht entscheidend, was dem Kleinkind vorgelesen wird, sondern **dass** vorgelesen wird. Die Auswahl an Bilderbüchern für Ein- bis Dreijährige ist groß.

FAZIT

- Die eigenen Erfahrungen mit Büchern in frühen Jahren sind oft prägend.
- Kinder, mit denen man schon früh Bilderbücher angeschaut und vorgelesen hat (Literacy-Erfahrungen), haben „Entwicklungsvorteile“, vor allem beim Sprechen, Lesen und Schreiben.
- Mit ca. 6 Jahren ist der Sprachlernprozess abgeschlossen. Kinder, denen häufig vorgelesen wurde, können bis dahin einen immensen Wortschatz erworben haben.

AUFGABEN UND ANREGUNGEN

1 Fragen Sie ein Kindergartenkind nach seinem Lieblingsbuch. Lesen Sie es ihm vor.

2 Was gefällt Ihnen dabei? Was fällt Ihnen auf?

3 Astrid Lindgren hält Lesen für das grenzenloseste Abenteuer der Welt. Welche Gründe sprechen Lindgrens Meinung nach dafür, welche Ihrer Meinung nach?

4 Kinder sollten sehr frühzeitig mit Büchern in Kontakt kommen. Viele Möglichkeiten des Zugangs bieten sich an. Organisieren Sie eine Buchausstellung in Ihrer Klasse.

7.3 Die bildnerische Sozialisation

Gleichzeitig mit den frühen Literaturerfahrungen gewinnen Kinder Eindrücke durch Bilder. Unter bildnerischer Sozialisation sind nach Thiele (a. a. O., 2000, S. 46) alle Erfahrungsprozesse zu verstehen, die ein Kind im Umgang mit Bildern und bildnerischen Phänomenen durchläuft. Für Kinder gibt es noch keine bewusste Trennung zwischen sprachlichen und bildnerischen Informationen.

Dadurch bietet sich gerade im Kindergarten an, dass sich Kinder über Bilder den Texten nähern. Bilder transportieren auch immer psychische Motive und subjektiv bedeutsame Inhalte. Sie sind Erfahrungs- und Übungsfelder für Wünsche, Projektionen und Identifikationen. Bildnerische Erfahrungen bedeuten, dass die Wahrnehmung der visuellen Umwelt im Kleinkindalter bereits geschult wird, z. B. durch Bilderbücher, Eltern, Freunde, Medien, Schule.

Die Erzieherin trifft eine geeignete Auswahl und ermöglicht Kindern eine vertiefte Auseinandersetzung mit Bildern. Das erfordert Muße und Zeit, sich einzulassen auf Farben und Formen, Motive, Symbole und Fragen. Hier liegt die Chance einer besonderen Qualität, die bei anderen Medien durch deren Flüchtigkeit so nicht möglich ist. Das Verweilen, Zeit für einzelne Details, ermöglicht Kindern neue Erkenntnisse und Einsichten. Die Gestaltungsvielfalt in Bilderbüchern ist groß. Dabei ist festzustellen, dass verschiedene bildnerische Techniken Anwendung finden. Manche Bilder in Kinderbüchern sind für Kinder nicht leicht zu erschließen. Kinder sind deshalb auf die Hilfe von Erwachsenen angewiesen. Grundsätzlich gilt, dass sich die inhaltlich guten Bilderbücher auch durch differenzierte Gestaltung auszeichnen. Analog lässt sich sagen, dass billige Produktionen besonders im Gestaltungsbereich eher qualitativ zurückbleiben.

INFO 1 Erste Bilderbücher

Bilderbuchillustrationen ermöglichen auch dem sehr jungen Kind frühe ästhetische Erfahrungen. Bilderbücher sind für verschiedene Altersstufen geeignet. Je älter das Kind wird, desto differenzierter werden Bilder und Techniken wahrgenommen.

Celestino Piatti: Eulenglück

Jüngere Kinder lernen die Welt durch direkte Erfahrungen kennen. Bilderbücher bieten ein Abbild dieser Welt. Sie ermöglichen dem Kind, bestimmte vertraute Dinge wieder zu erkennen. Das Kind erfährt im Umgang mit Büchern, dass alles einen Namen hat. Die Darstellungsweise der abgebildeten Gegenstände, Tiere, Fahrzeuge, Spielmaterial, Kleidung, die aus der Umwelt des Kindes stammen, sollte klar und deutlich zu erkennen sein, also für das Kind einen hohen Wiedererkennungswert haben. Die Farben der Illustrationen sind häufig nicht naturalistisch gewählt, weil farbliche Darstellungen für Kinder einen höheren Aufforderungscharakter haben. Erwachsene sind für Kinder als Begleiter wichtig, damit sie dem Kind helfen, die Bilder zu entschlüsseln.

„Die kleine Raupe Nimmersatt“ von Eric Carle erscheint seit 1954 und ist heute in verschiedenen Formaten zu erhalten. Carle bevorzugte in seinen Büchern die Collagetechnik. Auf dünne, durchscheinende Seidenpapiere malte er mit Acrylfarben, die er dann für die Collage verwendete. Seine Bücher sind für jüngere Kinder geeignet, weil sie klar und deutlich den Sachverhalt wiedergeben und sehr lebendig wirken. Weitere Bsp. von Eric Carle sind: „Gute Reise, bunter Hahn“, „Der kleine Käfer Immerfrech“, Gerstenberg Verlag, 1997

Bilderbücher von Celestino Piatti, der diese auch illustrierte, sind weit verbreitet und gehören inzwischen zu den Klassikern. Seine Darstellungsweise ist sehr klar und stellt Tiere sehr charakteristisch dar, häufig in der Holzschnitttechnik. Zwei Bespiele von Piatti sind „Eulenglück“ und „ABC der Tiere“.

In vielen Kinderzimmern sind für die unter Dreijährigen die von Duden und Brockhaus erschienenen kleinen handlichen Bücher aus dicker Pappe anzutreffen, die die Lebenswelt der Kinder in einzelnen gut erfassbaren Abbildungen darstellen. „Mein kleiner Brockhaus: Erste Wörter“, Mannheim 1999, und Duden „Kennst Du das?“, Brockhaus, 2001.

INFO 2 Bilderbücher für Kindergartenkinder

Kindergartenkinder haben in der Regel bereits einen ausgeprägten Wortschatz, sie können sich bereits gut verständlich machen. Die Darstellungsweise der Bilder sollte auch hier übersichtlich sein. Kinder lieben auch Bilder ohne Text und erschließen Wimmelbilder. Sie haben hohen Aufforderungscharakter und regen Kinder zum Entdecken und Erzählen an. Der Erfahrungsschatz des Kindergartenkindes erweitert sich ständig, deshalb können auch Inhalte verstanden werden, die sich über mehrere Seiten erstrecken. Die Bilder sollten gut zu entschlüsseln sein und zum Erzählen anregen. Kinder sollten im Kindergarten vielfältige Illustrationen kennen lernen, um ihre Sehgewohnheiten zu schulen und sich Sachverhalte zu erschließen.

„Das kleine Blau und das kleine Gelb“ von Leo Lionni, ebenso ein Klassiker, ist bereits 1962 erstmals in Deutschland erschienen. Gestaltet mit Versen und illustriert mit Reißtechnik lädt dieses Bilderbuch zum Erzählen und zur Nachahmung ein die Erfahrungen mit dem Mischen von Farben zu wiederholen. Andere sehr bekannte Bücher von Lionni sind: „Stück für Stück“ und „Frederik“, beide Oetinger Verlag.

Janoschs Tigerente und seine anderen Tierfiguren mit menschlichem Charakter sind geeignet die Kinderherzen zu erobern. „Das Apfelmännchen“, erschienen im Nord Süd Verlag, gibt es seit 1965 und wurde in viele Sprachen übersetzt. Unzählige Bücher hat Janosch für Kinder geschrieben und illustriert.

Liebenswerte Tierfiguren mit menschlichen Qualitäten werden auch von Leo Lionni illustriert. In fantastischen Erzählungen werden häufig Tiere treffend charakterisiert und ermöglichen Kindern, eigenes Verhalten zu spiegeln. Beispiele sind: „Freunde“, „Fantadu“ und „Die wunderbare Reise durch die Nacht“, alle drei Beltz & Gelberg.

Sehr unterschiedliche Darstellungsformen sind in den folgenden drei Büchern von Jutta Bauer zu finden. „Die Königin der Farben“ 1998, „Schreimutter“ (2001), sowie „Opas Engel“ (2001). „Die Schreimutter“ wurde 2003 in der Sparte Bilderbuch mit dem Deutschen Jugendliteraturpreis ausgezeichnet. In den genannten Beispielen werden Gefühle der Protagonisten thematisiert. Zusammen mit Kirsten Boie veröffentlichte Jutta Bauer die beliebten „Julie“-Bücher.

Mit „Wo die wilden Kerle wohnen“ hat Maurice Sendak, Diogenes Verlag, Zürich, bereits 1965 ein künstlerisch anspruchsvolles Kinderbuch gestaltet. In diesem Bilderbuch wird der Umgang mit kindlichen Ängsten dargestellt

„Der Regenbogenfisch“ von Marcus Pfister, Nord Süd Verlag (1992), mit seinen Glitzerschuppen fasziniert die Kinder und hat dadurch hohen Aufforderungscharakter. Es geht in diesen Bilderbüchern um die Fähigkeit, mit anderen zu teilen. Gleicher Beliebtheit erfreuen sich die Bücher von Hans de Beer, z. B. „Der kleine Eisbär“, Nord Süd Verlag (1998). Wie in vielen Kinderbüchern sind die Protagonisten Tiere mit menschlichen Eigenschaften, die sprechen und handeln können. Meist ist die Hauptfigur, der Regenbogenfisch oder der Eisbär Lars, auch als Identifikationsfigur für den kleinen Zuhörer angelegt.

Unterschiedliche Perspektiven und Sehgewohnheiten ermöglicht Antje Damm in „Frag mich“, Moritz Verlag (2002), und „Ist 7 viel?“, ebenso Moritz Verlag (2003). Angeregt durch das Buch „Weltwissen der Siebenjährigen“ von Donata Elschenbroich, 2000, hat Antje Damm versucht Fragen zu stellen, die Kinder animieren sollen über die Welt nachzudenken. Die unterschiedlichen bildnerischen Techniken und Illustrationen regen Kinder an zu blättern, Fragen zu stellen und mit Erwachsenen und älteren Kindern in Dialog zu treten. Interessante Perspektivwechsel und Ausschnitte regen zum Erzählen an.

„Die ganze Welt“ von Katy Couprie, Antonin Louchard (Gerstenberg, 1999), ausgezeichnet mit dem Deutschen Jugendliteraturpreis, bietet eine Vielfalt von Blickwinkeln in die „ganze Welt“. Unterschiedliche bildnerische Techniken, Stile, Sichtweisen, Ausschnitte ermöglichen eine interessante Entdeckungsreise nicht nur für Kinder. „Mein Garten“, Katy Coupri, Antonin Louchard (Gerstenberg, 2003), und „Guten Appetit“ (2004) bieten eine Themenerweiterung im bewährten Stil und bieten Kindern vielfältige Sehgewohnheiten.

„Vom kleinen Maulwurf, der wissen wollte, wer ihm auf den Kopf gemacht hatte“ (1995), erzählt Rolf Erlbruch. Kinder spricht dieses Buch an, weil „alles auf den Bildern so gut zu erkennen ist“.

INFO 2
Fortsetzung

Emotionen der Tiere sind gut zu erkennen und regen Kinder an sich in die Lage der Tiere zu versetzen. Beispiele: „Nachts“, „Leonhard“ und „Zehn kleine Heringe“ (alle drei Peter Hammer Verlag, 2002).

INFO 3 Bücher für Grundschüler

Sehr anspruchsvolle Illustrationen entwickelt **Kveta Pacovska,** eine tschechische Künstlerin. Sie ist durch ihre eigene fantasievolle Handschrift sofort wieder zu erkennen. Für „Eins, Fünf, Viele“ erhielt sie 1991 den deutschen Jugendbuchpreis und 1992 den Hans Christian Andersen Illustrationspreis. Weitere Bücher von ihr sind: „Rot, grün, alle“ Ein Farbenspielbuch (Ravensburger Verlag, 1992) sowie „Das Mitternachtsspiel“ (Neugebauer Verlag, 1992), „Der kleine Blumenkönig“ (Neugebauer Verlag, 1993) und „Alphabet“ (Ravensburger Verlag, 1996).

Lisbeth Zwerger ist eine der gefeiertsten Illustratorinnen der Welt. Sie hat zahlreiche Auszeichnungen erhalten, darunter die Hans Christian Andersen Medaillie, die ihr im Jahr 1990 als Anerkennung ihres Gesamtkunstwerkes und ihres Beitrags zur Kinder- und Jugendliteratur überreicht wurde, insbesondere für ihre Märchenillustrationen, wie „Schwanensee“ nach Peter I. Tschaikowskys Oper (Neugebauer, 2003) oder „Die kleine Meerjungfrau“ von Hans Christian Andersen (Neugebauer, 2004).

Nikolaus Heidelbach wurde ebenfalls als Illustrator vielfach ausgezeichnet. Für sein Gesamtkunstwerk erhielt er den Sonderpreis des Deutschen Jugendliteraturpreises 2005. Er illustrierte „Ein Buch für Bruno“ (Beltz & Gelberg, 1997), „Hans Christian Andersen Märchen“ (Beltz & Gelberg, 2004), „Was machen die Buben?“ und „Was machen die Mädchen?“ (Beltz & Gelberg, 2000).

FAZIT

Die Betrachtung von künstlerisch anspruchsvollen Bilderbüchern trägt zur ästhetischen Wahrnehmungsförderung bereits im frühen Alter bei. Geeignete Illustrationen ermöglichen Kindern zu verweilen. Im Gegensatz zu anderen Medien liegt hier ein großer Vorteil, sich in Ruhe Bilder zu erschließen, durch Rückfragen bestimmte Suchverhalte genauer kennen zu lernen und Bilder wiederholt zu betrachten.

AUFGABEN UND ANREGUNGEN

1 Besorgen Sie sich einige der o. g. Bücher in der Bücherei. Vergeben Sie in der Klasse einen Preis für besonders gelungene Illustrationen. Oder denken Sie sich einen anderen Preis für Kinderbücher im Klassenverband aus.

7.4 Warum schreiben Autoren für Kinder?

Ein bekannter und wichtiger Autor der realistischen Kinderliteratur ist Peter Härtling. Von ihm stammen z. B. folgende bekannte Titel: „Oma“ (1975), „Das war der Hirbel“ (1978) oder „Ben liebt Anna“ (1979). Seine Bücher richten sich vorwiegend an die Gruppe der sechs- bis zehnjährigen Leser. Härtling nennt zwei Gründe, warum er für Kinder schreibt:

„Erstens, weil ich die Wirklichkeit der Kinder als eine erkenne, die zugleich auf die Möglichkeit des menschlichen Überlebens verweist. Zweitens, weil alle Kunst (und ohne die Künste wären wir erst recht verloren) von den Anfängen zehrt, die irgendwann in den großen Mythen Paradies hießen und die schlichter, aber auch verpflichtender ‚Kindheit' genannt werden könnten. Ich kann keine Paradiese schildern. Die haben wir alle im Lauf von wenigen Weltsekunden verraten, vergessen. Ich kann aber den Anschein künftigen, gemeinsamen, friedvollen Lebens in stetig verändernden Ansätzen, in ständig befragten Anfängen erzählen."

Peter Härtling, Ich kann keine Paradiese schildern, „Der bunte Hund", Sonderheft, Beltz & Gelberg, 1989

Härtling stellt die Forderung: *„Wer für Kinder schreibt, sollte beherzt und streitbar mit unserer Wirklichkeit umgehen, also Realist sein. Und er sollte gleichermaßen die Hoffnung in diese Wirklichkeit pflanzen als ein unsichtbar wirksames Zuhause, sollte also Utopie nicht scheuen."* (a. a. O., S. 52) Peter Härtling begann sich in den 60er-Jahren zunehmend für Kinderliteratur zu interessieren, weil er feststellte, dass die bis dahin erschienene Literatur aufmerksame, spontane, kritische, fantasievolle Leser nicht ernst nahm. Das war sein persönlicher Anstoß, es selbst zu versuchen und er hatte damit unmittelbar Erfolg.

Härtlings fünf Regeln für Kinderbuchautoren

„Du darfst dich als Autor nicht verraten, nicht niederbeugen, nicht klein machen. Schreibe einfache Sätze, denke daran, dass sieben- bis vierzehnjährigen Lesern keine Unverständlichkeiten zugemutet werden. Versuche sie zu erreichen, damit sie zur Literatur finden. Deine Kritik, Wut, deine Hoffnung versuche anschaulich zu machen, in Geschichten und deine Leser ohne didaktischen Zeigefinger zum Nachdenken, zum Mitdenken und vielleicht auch zum Handeln zu bringen.

Fast alle Leser wünschen sich scheinbar einen harmonisierenden Schluss am Ende der Geschichten. Mein Motto: Schreibe so spannend, so beteiligt, dass das Fragezeichen am Ende zum Mitdenken anregt. Beschreibe Wirklichkeiten so, dass sie die Fantasie nicht lähmen, den Traum nicht ausschließen. Hilf den Kindern nicht mit der Literatur aus der Wirklichkeit zu fliehen. Hilf ihnen ihre Welt zu verstehen, zu durchschauen, zu bezweifeln, zu befragen und wenn nötig anzugreifen. Hilf ihnen in ihrer Liebe und ihrem Zorn, beim Lachen und beim Weinen. Wer seine Gefühle aussprechen kann, ist schon weiter."

Härtling, a. a. O., S. 22

7.5 Überblick über die Kinderliteratur nach 1945

Nach dem 2. Weltkrieg war die deutsche Kinder- und Jugendliteratur in der Frühphase eng von den damaligen gesellschaftlichen Verhältnissen geprägt: Armut, Not, Flüchtlingselend und Arbeitslosigkeit. Das Verlagswesen war stark beeinträchtigt und es dauerte noch einige Jahre, bis sich eine eigenständige westdeutsche Kinder- und Jugendliteratur herausbilden konnte. Eine Rückbesinnung auf tradierte Werte und die Sehnsucht nach Frieden, Stabilität, Familienleben und heiler Welt ließen ältere Klassiker für Kinder wieder sehr populär werden.

INFO 1

Neubeginn, Restauration und antiautoritärer Aufbruch

Erich Kästner (1899–1974)

„Die Kinderliteratur passte sich nach dem Zweiten Weltkrieg und dem Ende des Nationalsozialismus zwanglos in die geänderte weltanschauliche Landschaft ein."

aus: Reiner Wildt „Geschichte der deutschen Kinder- und Jugendliteratur", Metzler Verlag, S. 299

Zahlreiche Kinderbücher, die eine heile Welt abbilden, erlebten eine Renaissance. So besonders Mädchenbücher wie Johanna Spyris „Heidi" (1880), Emmy von Rhodens „Trotzkopf" (1885) und die „Nesthäkchen"-Bücher (1932) von Magda Trott. Die Bücher vermittelten konservative Werte und stellten in einer Zeit, als Deutschland in Schutt und Asche lag und ein „normales" Familienleben kaum noch existierte, die Werte Stabilität, Ordnung, Sicherheit und Familienglück in den Vordergrund. Die Heldinnen sind bescheiden und angepasst. Die Mädchen suchen nach Innerlichkeit, nach Familie und Anlehnung an Autoritäten, die für Recht und Ordnung sorgen. Soziale Probleme wurden ausgeblendet, die Mädchenbücher stellten Eheglück, Hausfrau- und Muttersein als anzustrebendes Ideal dar.

Erich Kästners Erfolgsbuch der 20er-Jahre „Emil und die Detektive" (1929) wurde nach 1945 wieder viel gelesen. Kästner ergriff in seinen Büchern Partei für Kinder. Sein Anliegen war, die Wirklichkeit der Kinder so zu beschreiben, wie sie ist. Er beschrieb Möglichkeiten der Veränderung, forderte Solidarität der Kinder und der Menschen und setzte sich für Mut und Klugheit ein. Er war davon überzeugt, dass das Unrecht, das einem Kind angetan wird, es ein Leben lang begleitet. Kästner entwarf Kinderhelden, die zwar gehorsam sind, aber keinesfalls unterwürfig. Im Namen der Kinder griff er die Autorität der Erwachsenen an. Vertrauen und Verantwortung seiner Protagonisten waren ihm wichtig.

Heute gelten Kästners Bücher zu Recht als Klassiker, die auch für den erwachsenen Leser einen ganz besonderen Charme haben, wie „Pünktchen und Anton" (1931), „Das fliegende Klassenzimmer" (1933), „Das doppelte Lottchen" (1949). Die Perspektive des „ganz normalen Wahnsinns" der Erwachsenenwelt aus dem Blickwinkel des Kindes macht seine Bücher aus. Kästner, der während der Nazizeit nicht veröffentlichen durfte, schrieb auch Drehbücher seiner Kinderromane. Einige wurden auch in jüngster Zeit wieder adaptiert und verfilmt.

Abenteuerbücher, beispielhaft die von Karl May oder von Kurt Lüdgens, wurden viel gelesen. Beide ließen ihre Helden Abenteuer in fremden Welten erleben und schufen damit eine große Distanz zu der Realität der Nachkriegszeit. Anliegen ihrer Bücher war Charakterbildung durch die Natur und der Glaube an das ursprünglich „Gute und Edle" im Menschen.

Der Wiederaufbau und die Jahre danach waren in der Kinderliteratur bestimmt von Autoren wie Otfried Preußler und James Krüss, die auf die Vorbilder Erich Kästner und Astrid Lindgren folgten. Bei Otfried Preußler (* 1923) mit seinen fantasievollen und liebenswerten Gestalten der Kinderbuchklassiker „Der kleine Wassermann" (1956), „Die kleine Hexe" (1957) und „Der Räuber Hotzenplotz" (1962) steht der erzählerische Stoff, den er häufig von der mündlichen Überlieferung von Sagen und Märchen übernimmt, im Vordergrund. Die Protagonisten handeln nicht im Sinne der Aufklärung, sondern mit ihrer Fantasie. Sie bringen bestimmte Erscheinungen ins richtige Lot. Zum Beispiel der Wassergeist im „Kleinen Wassermann" und die Gefahren bringende Hexengestalt werden verniedlicht und der kindlichen Fantasie angepasst.

James Krüss macht dagegen in seinen Mitte der 50er-Jahre erschienenen Kinderbüchern die Sprache selbst zum erzählerischen Gegenstand. Er spielt mir ihr und variiert sie, erzählt, dichtet und reimt:

Starenlied

Die Stare kommen wieder
Von Süden übers Meer
Mit blitzendem Gefieder
Und keiner weiß, woher.

Verbrachten sie den Winter
Wohl an der Adria?
Oder weit, weit dahinter
Im heißen Afrika?

Ich kann euch nicht verraten
Wohin die Stare ziehen.
Vielleicht in die Karpaten,
Vielleicht nur bis Turin.

Die Stare sind inzwischen
Zurückgekehrt nach Haus.
In Bäumen und in Büschen,
Da schwatzen sie sich aus.

Und wer von euch, ihr Kinder,
das Starenlied versteht,
Der weiß, wohin im Winter
Die Starenreise geht.

James Krüss

Gesellschaftskritik, 70er-Jahre und „Aufbruch"

INFO 2

Die Bildungsdebatte der 70er-Jahre mit Georg Picht beschwor die deutsche Bildungskatastrophe (Sputnikschock). In diesem Zusammenhang wurden die Bücher im Deutschunterricht von Bildungsforschern unter die Lupe genommen und um Comics, Science-Fiction usw. erweitert. Es entstanden erstmals Taschenbuchreihen als Klassenlektüre von Kindern und Jugendlichen (Rowohlt-Rotfuchs). Die Literatur setzte qualitativ und quantitativ völlig neue Maßstäbe. Ein neues Bewusstsein ließ sich nicht nur an den Publikationsstilen ablesen, es erfasste auch die Autorinnen und Autoren, die aktiv für die Rolle der Kinderliteratur eintraten.

Es entstand das „Jahrbuch für Kinder" von Hans Joachim Gelberg, das durch die orangefarbene Aufmachung der Reihe Signalcharakter hat und zum Bestseller wurde. Neue Verlage wurden gegründet (z. B. Anrich). Die Frankfurter Buchmesse 1978 hatte den Titel „Buch und Kind". Astrid Lindgren wurde als Kinderbuchautorin der Friedenspreis des deutschen Buchhandels verliehen.

Michael Ende (1929–1995) verzeichnete bereits zu Beginn seiner schriftstellerischen Tätigkeit mit „Jim Knopf und Lukas, der Lokomotivführer" (1960) einen enormen Erfolg. Michael Ende wehrt sich gegen die Privilegierung eines Standpunktes als des allgemein gültigen. Andere Autoren, die das „Gesicht der Kinderliteratur" in dieser Zeit prägten, sind der (frühe) Janosch und Willi Fährmann. Ihr Anliegen war Humanität, soziale Reformen sowie die Aufarbeitung der Vergangenheit. Sie wollten diese Erfahrungen für Kinder erfahrbar werden lassen.

Diese Kinderliteratur stand von Beginn an in Verbindung mit der Studentenbewegung und den späten 60er-Jahren der Kinderladenbewegung. Als Autor ist hier vor allem Friederich Karl Waechter zu nennen („Anti-Struwwelpeter" [1969] oder „Wir können noch viel zusammen machen" [1973]), der Freiheit und Klugheit als anzustrebende Ziele gegen Gehorsam, Religion und Unterdrückung setzte. Literatur sollte mitwirken sich jeder Ausübung von Autorität zu widersetzen. Genauso wichtig ist ihm die experimentelle Seite der antiautoritären Kinderbücher, z. B. Rollentausch, Verwandlung.

„Kinder, ihr müsst euch mehr zutrauen"
Joachim Ringelnatz

INFO 2
Fortsetzung

Diese Autoren wollten die Kinder von Konsumenten zu bewussten Mitgestaltern ihrer Kinderbücher und ihrer Gedichte emanzipieren. Die Autoren gingen davon aus, dass Kinder das gesellschaftliche Zwangssystem nicht vollständig verinnerlicht hätten und nicht der Manipulation erlägen. Die antiautoritäre Kinderliteratur hatte Wirkungen in verschiedene Richtungen: Zum einen entwickelte sich daraus eine neue fantastische Literatur (soziale Fantasie) für Kinder. Hier sind Christine Nöstlinger, Günter Herburger, Heinrich Hannover und Paul Maar hervorzuheben.

Zum anderen inspirierte sie eine andere, realistischere Kinderliteratur für junge Leser. Hier sind Peter Härtling, Ursula Wölfel, Gudrun Pausewang, Wolfgang Gabel, Miriam Pressler und Christine Nöstlinger federführend zu nennen. Autoren, die bisher durchaus erfolgreich waren, wurden angeregt ihre Schreibweisen zu überdenken.

Neben der politischen Kinderliteratur, die Reaktionen auf Ölschock, Weltwirtschaftskrise und ökologische Krise zum Thema hatte, entwickelte sich in dieser Zeit ein starker Zweig der Fantasyliteratur. Sie vertraute nicht mehr auf die Kraft des Intellekts, sondern setzte auf Gefühle, Wünsche und Bedürfnisse, die sich der Integration widersetzten, und machte auf Tiefenschichten des Individuums aufmerksam. Literaturbeispiele: „Krabat" (1971) von Otfried Preußler, „Momo" (1973) von Michel Ende und „Der kleine Hobbit" (1937) des in Südafrika geborenen Engländers J. R. R. Tolkien. Der Stoff Tolkiens, besonders der für erwachsene Leser geschriebene „Der Herr der Ringe" (1954), hat gerade in letzter Zeit mit einer Film- und Fernsehfassung unzählige Fans in aller Welt begeistert.

Michael Endes „Unendliche Geschichte" (1979) (vgl. Info 3) und sein Märchenroman „Momo" (1973) nehmen in der Kinder- und Jugendliteratur einen hohen Stellenwert ein. Exemplarisch sei hier die Geschichte von „Momo oder die seltsame Geschichte von den Zeitdieben und von dem Kind, das den Menschen die gestohlene Zeit zurückbrachte" zusammengefasst:

„Die Titelfigur des Romans ist ein vagabundierendes Mädchen, das allein in einer kleinen Amphitheaterruine aus römischer Zeit lebt. Momo beeindruckt durch die ungewöhnliche Fähigkeit, Kinder wie Erwachsene durch aufmerksames Zuhören in ihren Bann zu ziehen. Unbefangen ermuntert Momo Kinder und Erwachsene, ihre Sorgen zu erzählen. Das scheinbar verwahrloste Mädchen gewinnt als selbstständiger, innerlich zufriedener und seelenstarker Mensch die Zuneigung und den Respekt aller Menschen, die es in der Ruine besuchen. Darüber hinaus vermag es, die Fantasie seiner Besucher zu wecken und sie mit ungewöhnlichen Geschichten zu unterhalten.

Eines Tages stören die grauen Herren als Vertreter der Zeitsparkasse die Idylle am Rand der Stadt. Erwachsene wie Kinder verfallen dem Ehrgeiz, Zeit zu sparen, um möglichst rasch zu Geld und Einfluss zu kommen. Momo erliegt jedoch den Verführungskünsten der grauen Herren nicht und wird deshalb verfolgt. Die Schildkröte Kassiopeia führt Momo zu Meister Hora, dem Verwalter der Lebens- und Weltzeit. Hora fällt in Schlaf, was die Welt zum Stillstand bringt; unterdessen besiegt Momo die grauen Herren und gibt den Menschen die gestohlene Zeit zurück.

Die archetypische Welt des Märchens wird gerettet; jedoch nicht für immer, sondern nur auf Zeit. Der Einbruch des Fantastischen ist der Einbruch einer längst real gewordenen, umfassend technisierten Welt, für die Ende eine Erlösungsmöglichkeit sucht. Auf dem Weg über eine Erneuerung des romantischen Mythos vom reinen, nahezu gottähnlichen Kind wird dem Leser eine Art kultischer Botschaft vermittelt, die nicht kri-

tisch befragt, sondern mit dem ‚Herzen' geglaubt werden soll. Der Schauplatz römisches Amphitheater ist als Anspielung auf vorchristliche Erlösungsmythen deutbar, Momo als säkularisierte Jesuskind-Figur und Meister Hora als Gottvater mit eingeschränkter Machtvollkommenheit. Der in zahlreiche Sprachen übersetzte und 1973 mit dem Deutschen Jugendbuchpreis ausgezeichnete Märchenroman wurde von seiner Leserschaft als Kultbuch mit Lebenshilfecharakter aufgenommen."

Harenberg, Lexikon der Weltliteratur, Dortmund 1994, S. 2026 f.

Tipps zum Weiterlesen aus den 70er-Jahren

Drittes Reich

Horst Burger, *„Warum warst du in der Hitlerjugend?"*, Rowohlt, 1978

Judit Kerr, Annemarie Böll, *„Als Hitler das rosa Kaninchen stahl"*, Ravensburger, 1980

Christine Nöstlinger, *„Maikäfer flieg"*, Beltz, 2001

Dritte Welt

Ursula Wölfel, *„Die grauen und die grünen Felder"*, Beltz, 2005

Jugendkriminalität

Hans Georg Noack, *„Rolltreppe abwärts"*, Ravensburger, 2004

Drogenproblem

Wolfgang Gabel, *„Fix und fertig"*, Beltz & Gelberg 2000

Jugendalkoholismus

Ann Ladiges, *„Hau ab, du Flasche"*, Rowohlt, 2000

Behinderungen

Peter Härtling, *„Das war der Hirbel"*, Beltz & Gelberg, 1973

Max von der Grün, *„Vorstadtkrokodile"*, Bertelsmann, 2002

Gastarbeiter

Ursula Kirchberg, *„Selim und Susanne"*, Ellermann, 2002

Alter/Tod

Astrid Lindgren, *„Die Brüder Löwenherz"*, Oetinger, 1995

Peter Härtling, *„Oma"*, Beltz & Gelberg, 2005

Die 80er-Jahre: „Literarische Kehrtwende"

INFO 3

Das fantastische Kinderbuch „Die unendliche Geschichte" von Michael Ende (1979) sowie „Das achte Weltwunder" (5. Jahrbuch von Beltz & Gelberg) dokumentieren den Paradigmenwechsel in der Kinderliteratur der 80er-Jahre. Mit der Betonung des individuellen Glücks und des Wunderbaren kündigt sich eine Wende von der Außenwelt zur Innenwelt, vom kritischen Engagement zur Flucht nach innen an: „Tu was du willst" von Michael Ende und „Das achte Weltwunder, das bist du!" von Hans-Joachim Gelberg. Hier ist auch „Lippels Traum" von Paul Maar (1984) zu nennen.

Die kritischen Stimmen verstummen jedoch nicht ganz. In „Die letzten Kinder von Schewenborn" (1983) oder „Sieht so unsere Zukunft aus?" (1984) stellt Gudrun Pausewang die verheerenden Folgen eines atomaren Unfalls dar, um die Notwendigkeit der Abrüstung zu unterstreichen. Im Untertitel mahnt sie in „Die Wolke" (1984): *„Jetzt werden wir nicht mehr sagen können, wir hätten nichts gewusst."*

Große Beachtung zwischen 1979 und 1989 findet in der Kinderliteratur die Darstellung des Nationalsozialismus: die Janusz-Korczak-Biografie „Nicht mich will

INFO 3
Fortsetzung

ich retten“ (1985) von Monika Pelz sowie das Bilderbuch „Rosa Weiß“ (1986) von Roberto Innocenti.

Zunehmend gibt es Untersuchungen zum Leseverhalten von Kindern und Jugendlichen. Ergebnisse bestätigen, dass sich Kinder und Jugendliche annähern. Jugendkulturen entstehen. Nach der Sinus-Studie „Die verunsicherte Generation“ (1983) und der Sinus-Studie „Jugend privat“ (1985) steht Lesen als Freizeitbeschäftigung an dritter Stelle, während das Fernsehen erst an sechster Stelle folgt. In dieser Studie wurde festgestellt, dass die Präferenz der Leselektüre stark von Geschlecht, sozialer Herkunft und schulischer Bildung abhängig ist.

INFO 4 90er-Jahre, das neue Jahrtausend und der Erfolg von „Harry Potter“

Diese Zeit war geprägt durch „die Wende“ 1989, die Wiedervereinigung mit all ihren Hoffnungen und Problemen. Nach dem PISA-Schock realisierte man, dass das deutsche Schulsystem im Vergleich mit anderen Ländern nicht die erhofften Erfolge brachte, sondern insbesondere Migrantenfamilien benachteiligte. Die mangelnde Lesekompetenz der deutschen Schüler rückte durch diese Studie in den Blick und veranlasste, neu darüber nachzudenken, wie das Interesse an Büchern möglichst früh geweckt werden kann. Die familiäre Sozialisation und der Kindergarten wurden hier als wichtige Instanzen in den Blick genommen.

Die Engländern Joanne K. Rowling (* 1965) schaffte mit „Harry Potter und der Stein der Weisen“ (1998) und den folgenden Harry-Potter-Bänden das, worauf Eltern und Lehrer in ganz Deutschland schon lange gewartet haben: Die Kinder greifen freiwillig zum Buch. In den 90er-Jahren und um den Jahrtausendwechsel ist eine regelrechte „Pottermanie“ auszumachen. Eltern lesen ihren Erstklässlern nächtelang die fantastischen und aufregenden Abenteuer von Harry, Ron und Hermine vor. Teenager harren abends stundenlang vor Buchläden aus, um Punkt Mitternacht bei den Ersten zu sein, die den neuesten Band der Erfolgsautorin erwerben. Hochkarätig besetzte Kinofassungen verstärken den Ruhm. Und die Erwachsenen? Quer durch alle Altersgruppen, Schichten und Berufe wird „Harry Potter“ gerne gelesen.

Identitätsfindung, Integration eines Außenseiters, Hilfsbereitschaft, Freundschaft und viele andere universelle Themen werden im Laufe einer spannenden und temporeichen Handlung dargestellt. Durch das Erscheinen von Drachen, Riesen, Werwölfen und anderen sagenhaften Gestalten lässt sich „Harry Potter“ dem Genre Fantasyliteratur zuordnen.

FAZIT

- ✗ Neuere Ergebnisse der Hirnforschung in den 90er-Jahren bestätigen, dass Kinder von Anfang an lernen und dass es sehr auf die Bedingungen und das Vorbildverhalten der Erwachsenen ankommt sowie auf das Angebot, das diese Erwachsenen Kindern bieten. (Vgl. LF 4, Kap. 5, Gehirnentwicklung)
- ✗ Der öffentliche Blick richtet sich verstärkt auf die ersten Lebensjahre. Im neuen Jahrtausend werden Bildungspläne und Orientierungspläne in den einzelnen Bundesländern verabschiedet, um Bildungsinhalte im Elementarbereich verbindlich festzuschreiben. Sprachförderung findet besondere Beachtung.

9612250

- Kinder- und Jugendliteratur von Lindgren über Preußler, Krüss und Ende bis hin zu Rowling wird helfen Themen der Gesellschaft aufzugreifen und zu verarbeiten. Das Buch als Kulturgut wird auch in Zeiten von Multimedia seinen Platz behaupten.

Aufgaben und Anregungen

1 Welche Ansprüche stellt Peter Härtling an sich als Autor für Kinderbücher?

2 Die Kinderliteratur wird beeinflusst von gesellschaftlichen Entwicklungen. Finden Sie dazu drei Beispiele und stellen Sie sich diese gegenseitig vor.

3 Welche Themen hat Michael Ende in seinen Büchern aufgegriffen?

4 Besorgen Sie sich ein Hörbuch von Otfried Preußler in Ihrer Bücherei oder Buchhandlung. Beurteilen Sie selbst, für welche Altersgruppe z. B. „Der kleine Wassermann“ geeignet ist.

5 Sie kennen „Harry Potter“ noch nicht? Finden Sie jemanden, der Ihnen einen Band ausleiht, und nehmen Sie sich in dieser Woche keine weiteren Abendtermine vor …

6 Finden Sie Gründe für den Erfolg von „Harry Potter“. Unterscheiden Sie nach Kindern, Jugendlichen und Erwachsenen.

7.6 Überblick über die wichtigsten Gattungen der Kinder- und Jugendliteratur

Die wichtigsten Gattungen der Kinder- und Jugendliteratur werden in diesem Kapitel vorgestellt. Es sind im Einzelnen:

1. Kinderlyrik
2. Bilderbücher
3. Märchen
4. Kinderbücher und Sachbücher
5. Jugendbücher
6. Mädchenbücher
7. Comics
8. Mangas
9. Kinder- und Jugendzeitschriften

7.6.1 Kinderlyrik

Zusammenfassend werden mit dem Begriff „Kinderlyrik“ Kinderreime, Verse, Kindergedichte, Kinderlieder, Kinderspielverse und Sprachspiele genannt. Innerhalb der Kinderlyrik können Kinder ebenso wie Erwachsene Autoren sein. Eine Abgrenzung dieser Gattung wird insbesondere durch die verzweigte und manchmal verschleierte Entstehungsgeschichte der Kinderlyrik erschwert.

Kinderreime, Kinderverse — Info 1

Hierzu zählen auch Fingerspiele und Kniereiter der ersten Lebensmonate und Lebensjahre, die bereits vor dem Eintritt in den Kindergarten für Kinder bedeutungsvoll sind. Die Texte werden häufig mündlich überliefert, z. B. „Hopp-hopp-hopp, Pferdchen, lauf Galopp“, „Heile, heile Segen“ oder „Hoppe, hoppe Reiter“.

Einprägend ist die einfache Form, paarweise gereimte Zeilen, der unterstützen-

INFO 1 *Fortsetzung*

de, regelmäßige Rhythmus. Kinder freuen sich, wenn Reime und Verse aktiv begleitet werden, z. B. bei Abzählversen oder Klatschspielen. Der enge Kontakt zum Erwachsenen ist wichtig und fördert die Sprechfreude.

INFO 2 Kindergedichte

Kindergedichte sind im Gegensatz zu Kinderreimen überwiegend vom Erwachsenen für Kinder geschrieben. In Sammlungen werden sie häufig thematisch geordnet, Gedichte werden aufgenommen, die den Sammlern für geeignet erscheinen. Es sind sehr einfache Gedichte und andere mit komplexeren Strukturen zu finden. Themen sind u. a. Natur und Tierwelt, Sachgegenstände aus der Umwelt oder bestimmte Probleme von Kindern. Manchmal werden auch bestimmte Tätigkeiten von Kindern beschrieben. Gedichte können die Fantasie und das Denk- und Sprachvermögen der Kinder anregen. Es ist wichtig, bei der Auswahl der Kindergedichte darauf zu achten, dass der Schwierigkeitsgrad formal und inhaltlich Kinder nicht überfordert.

Bekannte Sammlungen sind:

Josef Guggenmos, „Was denkt die Maus am Donnerstag“, dtv, 2001

H. J. Gelberg (Hrsg.), „Die Stadt der Kinder“, Beltz, 2001

Marga Arndt/Waltraud Singer, „Das ist der Daumen Knuddeldick“, Ravensburger Verlag, 2004

Edmund Jacoby/Rotraut Susanne Berner, „Dunkel war´s der Mond schien helle“, Gerstenberg 1999

Frank Helfrich/Silke Leffler, „Schnipp, Schnapp, Schnorum“, Beltz, 2002

Ilse Walter/Maria Blauejovsky, „Das Jahreszeiten-Reimebuch“, Herder, 2000

James Krüss/Jacky Gleich, „Es war einmal ein Mann“, Carlsen, 2003

INFO 3 Kinderlieder, Spiellieder und Sprachspiele

Das Besondere dieser Formen ist die Verbindung von Text und Melodie. Einfache Lieder wurden überliefert, z. B. „Fuchs, du hast die Gans gestohlen“ und „Alle meine Entchen“. Neben diesen und anderen bekannten Liedern gibt es eine Fülle von Produktionen, die speziell für Kinder geschrieben wurden. Stellvertretend seien Liedproduktionen von Rolf Zuckowski, Henrik Vahle, Rolf Krenzer, Ludger Edelkötter und Dorotheé Kreusch-Jacob genannt.

Spiellieder werden durch Bewegungen ergänzt, was der Bewegungsfreude der Kinder sehr entgegenkommt. Die Spielformen sind sehr verschieden. Manchmal bewegen sich einzelne Kinder, in anderen Liedern auch die gesamte Gruppe gleichzeitig. Neben der Freude an der Bewegung wird das Gemeinschaftsgefühl sehr stark unterstützt. Klare Handlungsanweisungen ermöglichen den Kindern, überschaubare Rollen zu übernehmen. Das Selbstwertgefühl der Kinder kann durch Mittun gestärkt werden. Ein gutes Beispiel ist: Frederik Vahle, „Das große Vahle-Liederbuch“, Beltz, 2000.

Kinder haben Freude an Sprachspielen, die nicht immer sinnvoll sein müssen, wie z. B.

Bei Müllers hat's gebrannt, brannt, brannt,
da bin ich hin gerannt, rannt, rannt,
da wollten wir was klaun, klaun, klaun,
da ham se uns verhaun, haun, haun.
Da kam ein Polizist, zist, zist,
der schrieb uns auf die List, List, List,
die List, die fiel in Dreck, Dreck, Dreck,
da war´n die Namen weg, weg, weg.

Kinder lieben die Wiederholung, die lautmalerischen und spielerischen Elemente. Vielen Erwachsenen sind solche Sprachspiele in Erinnerung geblieben, z. B: „Drei Chinesen mit dem Kontrabass, saßen auf der Straße und erzählten sich was", „Auf der Mauer, auf der Lauer sitzt 'ne kleine Wanze" oder „Mein Hut der hat drei Ecken, drei Ecken hat mein Hut". Es ist wissenschaftlich erwiesen, dass Texte, die in Verbindung mit Bewegung gelernt werden, besser behalten werden.

Auch Abzählreime sind bei Kindern sehr beliebt:

Ene, mene, miste
Es rappelt in der Kiste
Ene, mene, meck
Und du bist weg

Ich und du
Müllers Kuh
Müllers Esel,
der bist du.

Themenfeld der Kinderlyrik und pädagogische Bedeutung

INFO 4

Themen der Kinderlyrik sind Naturphänomene wie Wind, Wetter oder Rätsel, Geheimnisse, Familie. Im Kinderlied oder Kindergedicht werden reale Dinge und Vorgänge, die das Kind umgeben, dargestellt, die durch Reim und Rhythmus eingängig werden. Experimentieren mit Sprache, klanglichen und rhythmischen Möglichkeiten sind wesentliche Elemente. Kinder lieben auch Verse mit erotischen Motiven. Kinderlyrik kann für Kinder befreiend wirken, wenn sie spüren, dass Tabus der Erwachsenen gebrochen werden.

Lieder, Reime, Verse und Gedichte bieten ständige Anreize für gemeinsames Spielen, Singen, Sprechen und wecken die Lust am Fabulieren und sich dazu bewegen. Das Kind erhält Informationen über die Welt, die aktiv aufgenommen und produktiv umgestaltet werden kann. Bewegungsfreude drückt sich aus in Hüpf- und Zählspielen (vgl. LF 4, Kap. 1). Kinderlyrik sollte situationsgerecht im Alltag der Kinder zum Einsatz kommen, auch bei Bilderbuchbetrachtungen, Sing-, Spielaktivitäten, bei Festen und Feiern. Das Interesse der Erwachsenen an Kinderlyrik, das Interesse an der Sprache überträgt sich häufig auf die Kinder.

7.6.2 Bilderbucharten – formale Unterscheidungsmöglichkeiten

Bilderbücher
Bilderbücher sind gedacht für Kinder zwischen zwei und acht Jahren. Darüber hinaus gibt es auch Produktionen, die sich an ältere, sogar erwachsene Leser wenden. Bilderbücher können Kinder anspruchsvoll unterhalten sowie künstlerische Ersterfahrungen ermöglichen. Sprache und Denken können angeregt und trainiert werden. Vor dem Hintergrund sonst eher flüchtiger Bilder bieten Bilderbuchbetrachtungen die Chance, in Ruhe und im selbst gewählten Zeittakt Bilder und Texte wahrzunehmen. Bilderbücher bieten die Chance der bewussten Wahrnehmung von einzelnen Bildern. Die Bilderbuchinhalte können bei der Bewältigung von Alltagssituationen helfen. Bilderbuchbetrachtungen gehören nachweislich zu den wirksamsten Formen der Sprachförderung im frühen Kindesalter, vor allem, wenn sie im Dialog gestaltet werden, eröffnen sich Kindern vielfältige Bildungschancen (vgl. auch LF 4, Kap. 6.2).

INFO 1 Die ersten Bilderbücher für die Jüngsten

Bilderbücher ohne Textbeigabe beschränken sich ausschließlich auf das Bild, um entweder nicht lesekundigen Kindern entgegenzukommen oder die Bilderbuchaussage ausschließlich visuell zu vermitteln.

Beispiel:
Jan Pienkowski, „Pension zum ewigen Frieden", „Lieferanten den Hintereingang benutzen!", Xenos, 1979

Bilderbücher mit kleinen Textbeigaben: In diesen Bilderbüchern übernimmt der Text die Hilfsfunktion, die Bilder näher zu erläutern. Textbeigaben sollen helfen die visuellen Eindrücke in Sprache umzusetzen.

Beispiel:
Barbara Cratzius, illustriert von Eugen Swoss, „1 2 3 das bunte Zahlenbuch", Patloch, 1998

Bilderbücher, in denen Text und Abbildung gleichbedeutend nebeneinander stehen. Hier bilden Bild und Text eine Einheit, die zum Verstehen des Geschehens oder der Handlungsabläufe von gleichrangiger Bedeutung ist.

Beispiel:
Anne Maar, illustriert von Bernd Mölck-Tassel, „Pozor", Bajazzo Verlag, 2001

Kinder erkennen und benennen Bilder in der Regel im Laufe des 2. Lebensjahres. In dieser Lebensphase erkennt das Kind die vertrauten Dinge des täglichen Lebens. Sie können vom Kind wieder erkannt und benannt werden (Begriffsbildung). In dieser Lebensphase sollen textfreie Bilderbücher angeboten werden, die auf Einzelbildern Dinge des täglichen Lebens (Alltagsgegenstände, Spielzeug, Fahrzeuge, Haustiere) deutlich abbilden. Der aktive Umgang mit den ersten Bildern macht erforderlich, dass diese Bücher robust und nicht zerreißbar sein sollen. Für jüngere Kinder haben diese Bücher den Charakter von Spielzeug. Leporellos, Aufstellbücher mit Kombinationsmöglichkeiten, kommen in diesem Alter dem Spieltrieb des Kindes entgegen. Auch fantastische und spielerische Elemente interessieren Kinder (z. B. Bücher zum Aufklappen, mit ausgestanzten Szenen). Bilderbücher aus Holz, dicker Pappe, Plastik und Stoff sind für diese Altersgruppe gedacht. Kinder lieben auch Bücher mit kleinen Begleittexten. Sie fordern den Erwachsenen auf diese vorzulesen. Es handelt sich hierbei um kleine Handlungsfolgen, kurze einfache Geschichten, die die nächste Stufe des Bildverstehens anbahnen.

Beispiele:
Philip Waechter, „Ich", Beltz & Gelberg, 2004
Maggie Bateson,/Herman Lelie, „Das Puppenhaus", ars edition, 2002

Szenenbilderbücher
Im Laufe des 3. Lebensjahres beginnen Kinder, inhaltsreichere Bücher zu betrachten. Kinder beginnen Vorgänge und Veränderungen zu erfassen. Szenenbilderbücher bringen textlos einen Bereich der alltäglichen Umwelt, die Straße, den Spielplatz, den Bauernhof, das Dorf, die Stadt, ins Bild. Kinder in diesem Alter können die Szene erfassen und erzählen und fabulieren. Das Kind kann neben den Einzelheiten Zusammenhänge erkennen. Für die Arbeit mit größeren Gruppen gibt es großformatige Szenenbilderbücher.

Beispiel:
Ali Mitgutsch, „Rundherum in meiner Stadt", Ravensburger, 1983

Kinderlyrik und Liederbücher in Bilderbuchform INFO 2

Überlieferte Kinderreime, Kinderlieder und Kindergedichte werden Kindern durch Bilder anschaulich gemacht. Reime ermöglichen Eltern, Kindern aufzumuntern oder sie zu trösten. Die Verse und Lieder werden über die Bilder schneller vertraut und verständlicher.

Beispiele:

Johanna M. Ziemann, „Ich wünsch dir eine gute Nacht“, Gabriel, 2003

Frederik Vahle, Renate Zimmer, „Ping Pong Pinguin“, Herder Verlag, 2003

Die Wohnung der Maus

Ich frag die Maus;
Wo ist dein Haus?
Die Maus darauf erwidert mir;
Sags nicht der Katz, so sag ichs dir.
Treppauf, treppab,
Erst rechts, dann links,
dann wieder rechts, dann geradeaus
Da ist mein Haus,
Du wirst es schon erblicken!
Die Tür ist klein,
Und trittst du ein,
Vergiss nicht dich zu bücken.

Johannes Trojan in „Kindergedichte“, Margret Rettich, Ravensburger, 1994

Spatzensalat

Auf dem Kirschbaum Schmiroschmatzki
Saß ein Spatz mit seinem Schatzki,
spuckt die Kerne klipokleini
Auf die Wäsche an der Leini.
Schrie die Bäuerin Bulowatzki:
„Fort, ihr Tiroteufelsbratzki!“
Schrie der Bauer Wirowenski:
„Wo sind meine Kirschokenski?
Fladerupfki! Halsumdratski!
Hol der Henker alle Spatzki“

Friedrich Hoffmann in „Dunkel war´s der Mond schien helle“, Rotraut Susanne Berner, Edmund Jacoby, Gerstenberg, 1999, S. 84

Bilderbücher nach Fabeln, Volks- und Kunstmärchen INFO 3

Etwa mit drei bis vier Jahren interessieren Kinder Bilderbücher mit einfachen Handlungen. Volksmärchen sind ab etwa 4–7 Jahren für Kinder von Interesse. Sie ermöglichen Kindern, tiefere Einsichten über das Leben und die Welt zu gewinnen. Die Symbol- und Bildsprache in Märchen aktiviert tiefere Bewusstseinsschichten bei Kindern. Kinder brauchen Erwachsene, um die Märchen zu verstehen (vgl. auch 7.6.4 Märchen).

Kunstmärchen hingegen sollten nicht vor dem 5.–6. Lebensjahr eingesetzt werden. Sie haben häufig einen differenzierten Handlungsablauf, sie sind vielschichtiger.

Fabeln erscheinen äußerlich als Geschichten aus der Tierwelt, doch es geht in Fabeln um das Wesen von Tieren. Menschliche Charakterzüge werden in Fabeln auf Tiere übertragen. Die knappe Erzählung gipfelt meist in einer moralischen Belehrung.

INFO 4 Wirklichkeitsnahe Bildergeschichten und Bücher mit problemorientiertem Inhalt

Diese Bildergeschichten setzen sich mit den realen Verhältnissen der Welt auseinander. Sie schließen in der Darstellungsform inhaltlich an die Szenenbilderbücher an. Kinder haben ab etwa vier Jahren ein großes Interesse, neben den märchenhaften Bildergeschichten auch Einblicke in die realen Vorgänge des Lebens zu bekommen. Markt, Straßen, Kinder, Familie, Dorf, Stadt, Fahrzeuge usw. sind Themen, die Kinder interessieren, weil sie Teil ihrer Erfahrungen sind.

Bücher mit problemorientierten Inhalten oder auch gesellschaftskritischen Themen geben den Kindern einen Eindruck über gegenwärtige und zukünftige Themen im Leben und Zusammenleben von Menschen und der Gesellschaft. Bereits im Vorschulalter kann hier Bewusstseinsbildung gefördert werden. Themen sind z. B. Umweltschutz. Komplexe Themen sind für Kinder nicht einfach zu verstehen und zu interpretieren, deshalb überwiegen in dieser Gruppe Bilderbücher, die Einzelthemen behandeln, z. B. menschliche Vorurteile, Einsamkeit, Tod, Angst, Krankheit und deren Bewältigung, Trennung, Scheidung. Diese Themenkreise können Kindern aus eigener Betroffenheit sehr nahe sein und bieten Verarbeitungshilfen, besonders wenn erwachsene Gesprächspartner Fragen beantworten.

Beispiel:
Jutta Bauer, „Opas Engel", Carlsen, 2001

INFO 5 Fantastische Bildergeschichten

Anregungen für die kindliche Fantasie dürfen nicht zu kurz kommen. Wunschvorstellungen, Träume und Projektionen in fantastischen Bilderbüchern haben die Funktion, dass Kinder das tun können, was sie möchten. Hier sind auch die fantastischen Tiergeschichten zu nennen.

Beispiele:
Sam McBratney/Anita Jeram, „Weißt du eigentlich, wie lieb ich dich hab?", Sauerländer, 1994

Wolf Harrant, Illustration Winfried Opgenoorth„ „Das ist eine wunderschöne Wiese", Ravensburger, 1992

Einen besonderen Stellenwert nehmen in dieser Kategorie die in jeder Hinsicht anspruchsvollen und liebevoll ausgestatteten „Briefe von Felix" (1994) von Annette Langen und Constanza Droop ein. In den einzelnen Bänden geht es um den Plüschhasen Felix, der dem Mädchen Sophie abhanden kommt und um die Welt reist. In seinen Briefen aus vielen Ländern schreibt er über Land und Leute, Sitten und Gebräuche. Es folgten „Neue Briefe von Felix. Ein kleiner Hase reist durch die Vergangenheit", „Zirkusbriefe von Felix" u. a. m. (alle Coppenrath Verlag, Münster) In allen Bänden wird für ein Miteinander der Kulturen auf der Basis von Kennen, Verstehen und dem Akzeptieren von Besonderheiten und dem Schätzenlernen geworben. Die Bücher richten sich an Kinder zwischen ca. 5 und 8 Jahren, wobei die Grenzen hier wie bei vielen Kinderbüchern fließend sind, da Interesse und Entwicklungsstand variieren.

Sachbilderbücher

INFO 6

In Sachbilderbüchern wird Kindern Wissen anschaulich vermittelt. Kindgerechte Themen, übersichtliche Bilder und grafische Darstellungen vermitteln erstes Fachwissen. Exemplarisch für viele gute Sachbilderbücher sei hier die Reihe des Ravensburger Buchverlags „Wieso? Weshalb? Warum?“ herausgegriffen. Hochwertige und auf die Interessen der Kindergartenkinder abgestimmte Themen werden methodisch leicht nachvollziehbar und aus den Augen der Kleinen entwickelt.

Religiöse Bildergeschichten

INFO 7

MATERIAL FÜR INTERKULTURELLE INTEGRATION

Hier werden religiöse Inhalte für Kinder erfassbar dargestellt. Religiöse Bilderbücher versuchen den Kindern einzelne Geschichten aus der Bibel verständlich nahe zu bringen.

Beispiel:
Norbert Lauda, Dieter Konsek, „Der verlorene Sohn“, Deutsche Bibelgesellschaft, Stuttgart 2001

Außerdem gibt es zahlreiche Kinderbibeln mit unterschiedlich anspruchsvollen Texten und Illustrationen auf dem Markt, ebenso kleine Kindergebetbücher. Die Auseinandersetzung mit diesen Bilderbüchern mit religiösen Inhalten eignet sich nicht nur für Kindergärten in kirchlicher Trägerschaft, sondern gerade auch für Kindergärten, die Integrationsarbeit zwischen den Kindern verschiedener Kulturen leisten wollen.

Bilderbücher für Erwachsene

INFO 8

Tomi Ungerer und Friedrich Karl Waechter haben u. a. Bilderbücher für Erwachsene herausgegeben, die nachdenklich machen und Gesprächsstoff bieten, um über Vorurteile, Rollenklischees und Erziehung ins Gespräch zu kommen.

Beispiele:
- F. Karl Waechter, „Das bin ich“, Diogenes Verlag, 1997
- Tomi Ungerer, „Flix“, Diogenes Verlag, 1997
- Detlev Kersten, „Hilde, dein Kind tropft“, Lappan Verlag, 1993
- Renate Alf, „Neue Cartoons für Erzieherinnen“, Herder Verlag, 1998

7.6.3 Vermittlung von Bilderbuchinhalten

Von den Eltern und den Erziehern hängt es maßgeblich ab, ob Kinder Interesse an Büchern haben. Nicht nur das Buchangebot, sondern vor allem die methodischen und didaktischen Vorgehensweisen sind deshalb wesentliche Voraussetzungen, damit die Kinder Bücher entdecken. Wie Eltern und Erzieher Kinder an Bücher heranführen, ob sie selbst gerne in Geschichten „eintauchen“ und wie sie Kindern helfen die Inhalte zu erschließen, ist entscheidend.

INFO 1 Kriterien zur Analyse von Kinderfiguren im Bilderbuch

Ob ein Kind ein Buch gerne in die Hand nimmt, liegt häufig nicht an der Gestaltung, Thema und Inhalt des Buches, sondern auch an der Darstellung des Kindes im Buch. Sympathie für den oder die Protagonisten entscheiden häufig über Sympathien für ein Buch.

Nachfolgende Kriterien zur Analyse von Bilderbüchern in Anlehnung an das sehr empfehlenswerte „Handbuch der Kinderliteratur“ von Jens Thiele (Herder, 2004, S. 86 ff.):

1. äußere Erscheinung des Kindes im Buch wie Alter, Kleidung, Attribute, Auffälligkeiten, Körpersprache, Mimik, Gestik
2. Bildstil, d. h., ist das Kind realistisch dargestellt, abstrakt, karikiert, verzerrt, verniedlicht?
3. Geschlechterrolle, geschlechtsspezifische Merkmale oder bewusste Uneindeutigkeiten
4. Gattung (Tier, Mensch, Zwischenform). In welcher Tradition steht die Darstellung?
5. Befindlichkeiten wie Gefühlslagen der dargestellten Personen
6. Soziale und ökonomische Definition der Darstellung: Lebensstil, Status, familiärer Bezugsrahmen
7. Handlungsorte und ihre Ausstattung: Milieu, Lebensräume, Lebensstil
8. Dargestellte Tätigkeit/Arbeit. Was tun Kinder? Zweckfreie oder funktionale Tätigkeiten.
9. Beziehungen der Kinder untereinander und zu den Erwachsenen. Welche Aussagen werden getroffen?
10. Welche Fragen, Probleme und Konflikte treten auf?
11. Weist die Kinderfigur im Text die gleichen Merkmale wie im Bild auf?
12. Welche Prozesse, Entwicklungen, Konflikte durchlaufen die Kinder im Verlauf der Erzählung?
13. Gibt es erkennbare Zielsetzungen, Botschaften und woran sind sie zu erkennen?

Fragestellungen, um geschlechtsspezifischen Rollen in Bild und Text auf die Spur zu kommen:

- Welches Geschlecht wird aus dem Titel ersichtlich?
- Welche Tätigkeiten führen die im Bilderbuch agierenden Personen aus?
- Mit welchem Spielzeug werden Jungen und Mädchen dargestellt?
- Sind Geschlechtsunterschiede in Bezug auf die äußere Erscheinung der im

Bilderbuch vorkommenden Figuren festzustellen?
- In welchen Berufen werden die weiblichen und männlichen Figuren beschrieben?
- Wer verdient, wer besitzt?
- Welche Eigenschaften und Gefühlszustände werden den handelnden Personen zugeschrieben?
- Wer ist älter: Jungen oder Mädchen?
- Welche Beziehungen haben die handelnden Hauptfiguren mit Einzelnen, mit Gruppen?
- Wie verhalten sich Mädchen und Jungen zueinander?
- Wie verhalten sich Erwachsene zu Mädchen und Jungen?
- Wie verhalten sich Geschwister zueinander?
- Werden im Bilderbuch Zukunftserwartungen angesprochen?
- Welche Klischees werden benutzt?

Beispiele:
Funke/Hein, „Die Glücksfee“, Fischer, 2004
Preußler/Lenz, „Die dumme Augustine“, 1972
Wolf Erlbruch, „Frau Meier, die Amsel“, Hammer Verlag, 1995
Miller/Tharlet, „Der beste Hofnarr“, Neugebauer, 1985
Paul Korky/Valerie Thomas, „Zilly. Die Zauberin“, Parabel, 1989
Barbara Moßmann/Werner Färber, „Hexenzauber“, Herder, 1991
Nikolaus Heidelbach, „Ein Buch für Bruno“, Beltz & Gelberg, 1997
Bruno Blume/Jacky Gleich, „Die kleine Piratin und die neuen 13“, Fischer Schatzinsel, 2004
Nikolaus Heidelbach, „Das machen die Buben“, Hammer Verlag, 2001
Nikolaus Heidelbach, „Das machen die Mädchen“, Hammer Verlag, 2001

Bilderbücher betrachten

INFO 2

Kinder schauen sich gerne Bücher zu zweit oder dritt an. Wichtig ist, dass dies in einer ruhigen Atmosphäre möglich ist. Die Leseecke bietet sich hier an, die freundlich und gemütlich gestaltet sein sollte. Es ist sicherzustellen, dass wirklich die nötige Helligkeit und Ruhe für die Betrachtung gewährleistet ist. Kinder unterhalten sich oft beim Bücher anschauen. Die Erzieherin kann hier viel über die Sprache der Kinder und ihr Interesse erfahren. Das Buchangebot sollte vielfältig und bewusst ausgewählt sein. Das Angebot sollte überschaubar und für Kinder in einem Regal zugänglich sein. Hin und wieder sollte das Angebot ausgetauscht werden. In einer kleineren oder größeren Gruppe ist es sinnvoll, wenn die Kinder auf Treppenstufen sitzen oder im Halbkreis, damit alle Kinder guten Einblick haben. Der Lichteinfall sollte aufs Buch treffen, damit die Kinder nicht geblendet werden. Es ist sehr wichtig, dass keine Nebengeräusche und andere Ablenkungen vorhanden sind. Wenn beim Vorlesen auf einer Doppelseite mehrere Bilder vorhanden sind, ist es günstig, wenn eine Seite abgedeckt wird, um die Blickrichtung der Kinder zu fokussieren.

Es gibt unterschiedliche Vorgehensweisen:

Die Erzieherin zeigt ein Bild.
- Die Kinder äußern sich spontan.
- Die Erzieherin liest den Text vor oder gibt ihn mit eigenen Worten wieder.

Bilderbuchkino
- Die Erzieherin zeigt eine Diareihe, die es inzwischen in großer Auswahl gibt.
- Die Erzieherin liest oder erzählt den Begleittext.
- Die Kinder stellen Fragen oder äußern sich zum Dia.

Laptop oder PC
- Die Erzieherin scannt die ihr wichtigen Bilder und Texte ein.
- Sie kann sie dann mittels PC oder Laptop den Kindern zeigen.
- Bei größeren Gruppen hilft ein Beamer.
- weiteres Vorgehen wie oben

INFO 3 Erwachsene als Begleitpersonen

Es ist wichtig, dass die vorlesende Person gut vorbereitet ist. Hier einige Fragen zur Vorbereitung einer gezielten Bilderbuchbetrachtung (nach Thiele, a. a. O., S. 89 f.):

- *„Warum will ich dieses Bilderbuch mit Kindern überhaupt vorlesen, anschauen, bearbeiten?*
- *Wo und wie knüpft es an Lebenssituationen von Kindern (und meine eigene) an?*
- *Was ist an diesem Buch das Besondere?*
- *Wo lege ich den Schwerpunkt im Gespräch, in der praktischen Arbeit?*
- *Mit welcher Begründung wähle ich den Schwerpunkt aus?*
- *In welcher Form soll auf das Bilderbuch eingegangen werden? (Gespräch, Rollenspiel, bildnerisches Arbeiten mit Kindern?)*
- *Wie kann ich die Kinder am Arbeitsprozess beteiligen?*
- *Welche Zeit soll für das Arbeitsvorhaben veranschlagt werden?*
- *Welche Einsichten, Erkenntnisse und Qualifikationen sollen Kinder in einem solchen Arbeitsvorhaben erlernen?"*

Die gute Vorbereitung gewährleistet, dass sich die Erzieherin während der Aktivität gelassen auf die Kindergruppe einstellen kann. Es hängt wesentlich von der Erzieherin ab, wie die Sprachanregung erfolgt. Sie sollte ein gutes Sprachvorbild sein, in ganzen Sätzen sprechen und die Kinder ermuntern ihre Eindrücke zu schildern. Sie sollte auch Pausen einlegen, damit Kinder Fragen stellen können. Es ist wirkungsvoll, Impulse und Denkanstöße zu geben. Durch gezielte Fragestellung kann sie erreichen, dass die Kinder tiefer in den Inhalt einsteigen, sogar ins Philosophieren kommen (Zoller, Freese u. a.). Voraussetzung hierfür sind geeignete Bilderbücher sowie die Kunst, geeignete Fragen zu stellen. Kinder stellen auch selbst Fragen und finden Antworten zu bestimmten Sachverhalten. Falls es zu Fehldeutungen kommt, kann der Erwachsene Impulse geben, weitere Fragen stellen und anregen den Sachverhalt zu erklären. Manche Deutungen wird auch die Erzieherin selbst geben. Die Vorgehensweise der Erzieherin hängt wesentlich von den Kindern, deren Interesse, der Gruppengröße, deren Alter, Konzentrationsfähigkeit und Verhaltensweisen ab. Es ist günstig, wenn die Erzieherin die Methoden auch mal wechselt.

FAZIT

Es gibt unterschiedliche Kriterien, Kinder- und Jugendliteratur zu ordnen:

- ✘ nach dem Alter der Leser bzw. Betrachter
- ✘ nach Inhalt
- ✘ nach der Zeit, in der es entstanden ist
- ✘ nach der Botschaft oder der Intention
- ✘ nach Gattung
- ✘ nach Zielgruppe

Die Vermittlung von Bilderbüchern durch Erzieher erfordert Auseinandersetzung mit:

- ✘ Inhalt
- ✘ Grafik
- ✘ Botschaft
- ✘ Sprache
- ✘ Zuhörer

Aufgaben und Anregungen

1 Lernen Sie ein paar Kniereiterverse und Kinderreime auswendig. Das gilt zwar heute oft als „uncool", aber probieren Sie es aus, wenn Sie Kontakt mit unter Vierjährigen haben.

2 Suchen Sie paarweise in einer Bücherei Kinderbücher, die Ihnen von der Illustration und der Aufmachung her besonders gefallen. Stellen Sie sie sich gegenseitig in einer Präsentation vor der Klasse vor.

3 Welche Bücher könnten Erwachsene mehr als Kinder ansprechen, welche Kinder mehr als Erwachsene und warum? Finden Sie Beispiele in Ihrer Bücherei.

4 Lesen Sie die Bücher, die Ihnen besonders gefallen, Kindern im Kindergarten oder in der Verwandtschaft vor. Achten Sie auf Ihr Tempo beim Vorlesen.

5 Verschaffen Sie sich einen Überblick über neue und ältere Klassiker, indem Sie auch das Kinderprogramm KIKA analysieren. Sie finden dort viele Trickfilme auf der Basis bekannter Kinderliteratur wie „Heidi", „Urmel aus dem Eis", „Biene Maja", „Nils Holgerson", „Peterson und Findus", „Jim Knopf", „Lauras Stern", „Felix" usw.

6 Finden Sie heraus, wie alt diese Geschichten in Aufgabe 5 sind. Warum sind sie bei Kindern offenbar noch immer beliebt?

7 Bereiten Sie eine Bilderbuchbetrachtung vor wie unter Info 3 beschrieben.

8 Analysieren Sie eine Kinderfigur in einem Bilderbuch wie unter Info 1 beschrieben. Wählen Sie dazu ein Kinderbuch aus, dessen Protagonist Sie anspricht.

9 Gibt es eine Leseecke in Ihrer Einrichtung? Wenn ja, lässt sie sich verbessern? Wenn nein, fragen Sie, ob Sie gemeinsam mit den Kindern eine gestalten können.

10 Vergleichen Sie die beiden Nikolaus Heidelbach Bücher „Das machen die Mädchen" und „Das machen die Buben". Was haben Darstellung und Inhalt mit der Wirklichkeit zu tun?

7.5.4 Es war einmal … Märchen

Märchen sind wichtig für die kindliche Sozialisation.

Märchen nehmen für Kinder bereits im vorschulischen Bereich einen festen Platz ein. Sie spielen auch noch in den ersten Schuljahren eine große Rolle. Nicht immer wurde der pädagogische Wert der Märchen gesehen. Insbesondere die Brutalität in manchen Grimm'schen Märchen wurde in den 70er-Jahren abgelehnt. Der Psychoanalytiker Bruno Bettelheim hat sich mit seinem Buch „Kinder brauchen Märchen" für das Vorlesen und Erzählen eingesetzt und die Bedeutung der Märchen für Kinder erkannt. Inzwischen ist unbestritten, dass Märchen für die kindliche Sozialisation einen hohen Stellenwert haben. Neben einer guten Auswahl ist die Begleitung durch Erwachsene wichtig, die auf Fragen der Kinder antworten und unklare Passagen erklären.

Volksmärchen und Kunstmärchen

Info 1

Ursprünglich waren Märchen mündlich weitergegebene Literatur. In unserem Kulturbereich wurden sie in Spinnstuben und Gesindestuben erzählt. Die Gebrüder Grimm haben diese Märchen 1812 aufgeschrieben, um sie der Nachwelt zu erhalten. Der zweite Band erschien bereits 1814, mit großem Erfolg. Die Grimmschen Märchen setzten sich erfolgreich durch, sodass sie noch heute verlegt wer-

den. Neben den Gebrüdern Grimm gibt es auch verschiedene weitere Märchensammler. Einer der bekanntesten deutschen Volksmärchensammler ist Ludwig Bechstein. Interessant ist, dass sich Inhalte von Märchen in verschiedenen Kulturkreisen wiederfinden (z. B. Rotkäppchen).

Im Unterschied zu den Volksmärchen, die im Volk weitererzählt wurden, gibt es so genannte Kunstmärchen. Wilhelm Hauff (1802–1827) und der Däne Hans Christian Andersen (1805–1875) gehören zu den bekannten Verfassern. Wilhelm Hauff's Märchen sind eher für Jugendliche geeignet, da die Handlung für Kindergartenkinder zu komplex ist. Beispiele: „Kalif Storch" und „Der kleine Muck".

Hans Christian Andersen erlangte Weltruhm mit seinen Märchen „Die Prinzessin auf der Erbse", „Das Mädchen mit den Schwefelhölzern". Biografische Anteile verbergen sich in seinem Märchen „Das hässliche junge Entlein". Variationen und Abweichungen bekannter Volksmärchen wurden von Janosch und Waechter verfasst. Für Vorschulkinder sind diese Märchen weniger geeignet, weil die Kenntnis der Grimm'schen Märchen vorausgesetzt wird.

Info 2 Woran kann man Volksmärchen erkennen?

Mithilfe des folgenden Kriterienkatalogs nach Max Lüthi, „Es war einmal", (Vandenhoek & Ruprecht, 1962, S. 31–41) lassen sich Volksmärchen – auch schon durch Kindergartenkinder – ganz leicht erkennen:

- **Formelhaftigkeit**
  Eingangs- und Schlussformel „Es war einmal" … „und wenn sie nicht gestorben sind …" geben Orientierung.
- **Dreizahl**
  Die Dreizahl hat symbolischen Charakter und ist die wirkungsvollste Form der Wiederholung „Heute back ich. Morgen brau ich …"
- **Bewährungsproben**
  Häufig müssen Helden Bewährungsproben bestehen, und zwar dreimal. Der Jüngste oder der Dümmste ist der Held. Er bekommt am Ende die Prinzessin oder die Krone.
- **Flächenhaftigkeit**
  Ohne Ortsangabe, ohne Zeitangabe und ohne Angabe von genauen Hintergründen, steigt der Leser/die Leserin in die Handlung ein. Das lässt Raum für Fantasie.
- **Isolation**
  Der Protagonist (Held) wird verbannt oder isoliert, um am Schluss gestärkt aus dieser Prüfung herauszukommen.
- **Polarisation**
  Figuren werden möglichst eindeutig beschrieben, z. B. arm oder reich, fleißig oder faul, gut oder böse, und bieten somit klare Orientierung und Identifikation.

Info 3 Märchen auswählen, erzählen und deuten

Das heutige Angebot an Märchenliteratur ist sehr vielseitig und bezieht sich neben den Buchpublikationen auch auf visuelle Medien. Bei der Auswahl ist darauf zu achten, dass die Struktur des Märchens erhalten bleibt. Es sollten Märchen ausgewählt werden, die für die Kinder entwicklungspsychologisch bedeutsam sind. Hier sind vor allem die Grimm'schen Märchen zu nennen, z. B. „Dornröschen", „Aschenputtel", „Schneewittchen", „Hänsel und Gretel". Es ist darauf zu achten, dass Kinder Vertrauen in die Welt gewinnen und mit eigenen Ängsten und Aggressionen fertig

LF 4

werden können. Sie sollen lernen Böses von Gutem zu unterscheiden. Die Fantasie der Kinder sollte nicht eingeschränkt werden. Illustrationen sollten deshalb einfühlsam den Text unterstützen.

Vorlesen ermöglicht den Kindern persönliche Nähe zu Erwachsenen und die Möglichkeit, Fragen zu stellen, Ängste zu äußern und Wünsche zu formulieren. Kinder erleben indirekt zentrale, kulturelle Erfahrungen, z. B. Einsamkeit, Tod, Armut usw. Wichtig ist, dass Erwachsene durch gutes Vorlesen oder Erzählen das Interesse der Kinder wecken, d. h. nicht zu schnell lesen oder erzählen, Pausen berücksichtigen, Stimme modulieren und die Lautstärke verändern. Gestik und Mimik spielen ein große Rolle, um die Handlung zu unterstreichen. Kinder werden angeregt die Handlung nachzuerzählen, die Formeln mitzusprechen und das mögliche Ende des Märchens vorauszusehen. Blickkontakt ist wichtig, damit sich die Kinder angesprochen fühlen.

Märchen erzählen erfordert vom Erwachsenen, dass er das Märchen gut kennt. Kinder achten sehr genau darauf, ob die Version stimmt, ob das Märchen in derselben Weise erzählt wird wie beim letzten Mal. Es lohnt sich, ein Märchen auswendig zu lernen und zu erproben, wie nah der Kontakt zu den Zuhörern sein kann, auch im Vergleich zum Vorlesen. Die Wirkung von erzählten Märchen unterscheidet sich deutlich von denen, die audiovisuell wahrgenommen werden. Das ist einen Versuch wert!

Symbole und psychologische Deutung

Beeinflusst von C. G. Jung und Bruno Bettelheim wurden Märchen zunehmend unter dem Aspekt des Symbolgehalts gesehen. Dornröschen gehört ebenso wie Hänsel und Gretel, Aschenputtel, Schneewittchen und Rotkäppchen zu den Entwicklungsmärchen. Ausgangspunkt ist eine Mangelsituation.

Im Märchen Dornröschen hat das Königspaar den vergeblichen Wunsch, ein Kind zu bekommen. Der Frosch, ein weiteres Symbol, der der Königin ein Kind verspricht, lässt auf einen unerwarteten Neuanfang hoffen. Der Frosch steht hier für Fruchtbarkeit und Wandlung. Wandlung bedeutet im Falle des Frosches, dass er selbst aus dem Wasser kommt, an Land lebt, ohne seinen Ursprungsort zu verleugnen. Die Königin bekommt, wie der Frosch prophezeit hat, ein Kind, was ebenfalls auf Wandlung hindeutet. Ein Kind zu bekommen, heißt einen Neuanfang wagen, hoffen auf Entwicklung. Der König ist erfreut, plant daraufhin ein Fest und lädt neben vielen Gästen die weisen Frauen des Landes ein. Er erhofft sich Wundergaben wie Schönheit, Reichtum, Tugend. Die Tradition soll erhalten bleiben. Doch da bricht Unglück über ihn herein. Das harmonische Fest wird gestört durch die dreizehnte Fee. Verärgert darüber, dass sie nicht eingeladen wurde, verflucht sie Dornröschen.

Im 13. Lebensjahr soll die Prinzessin an einer Spindel sterben. Diese Zahl ist eine symbolische und steht oft für Unheil, hier für das Böse. Dieses Alter wurde häufig auch mit der Pubertät gleichgesetzt und in manchen Versionen ist es auch der 15. Geburtstag. Die Prinzessin entwickelt sich prächtig und die Eltern tun alles, um die Prinzessin vor diesem Fluch zu bewahren, was aber nicht gelingt. Die Prinzessin ist alleine zu Hause und hat Gelegenheit, sich im Schloss umzusehen. Das wird gedeutet als zunehmende Selbstständigkeit. Sie nimmt ihr Leben in die Hand. Als sie eines Tages alleine im Schloss ist, findet sie bei einer alten Frau im Schloss eine Spindel. Die alte Frau zeigt Dornröschen die Kunst des Spinnens. Da passiert es: Sie sticht sich an einer Spindel, obwohl der Vater alle Spindeln im Lande nach ihrer Geburt verbrennen ließ. Die Spindel wird als Symbol weiblicher Sexualität gedeutet. Dornröschen ist jetzt eine fast erwachsene Frau. Das Blut wird als Monatsblutung gedeutet. Dornröschen hat sich selbstständig in diese Situation gebracht, was als Entwicklungsschritt gedeutet wird.

Die gute Fee kann den bösen Fluch nur durch einen hundertjährigen Schlaf abmildern, der als Reifungsprozess zur Frau gedeutet wird. Eine riesige Dornenhecke wächst ums Schloss. Die Erlösung aus der Starrheit des Schlafes lässt neue Entwicklungsschritte zu. Ein Mann, der Prinz, erlöst Dornröschen und ermöglicht ein neues gemeinsames Leben auf einer anderen Entwicklungsstufe. (nach Thiele, Handbuch der Kinderliteratur, Freiburg 2001, S. 189–194)

Beispielhaft lässt sich hier zeigen, dass Märchen in der Gegenwart Bedeutung haben können. Sie sind zeitlos. Sie konfrontieren den Zuhörer mit existenziellen Themen, menschlichen Nöten oder Schwierigkeiten, die gelöst werden müssen. Kommt es zu einer Bewältigung, spricht man auch von Entwicklungsschritt, manchmal auch Reife. Entwicklungsschritte, z. B. Ablösungsprozesse, spielen bereits im Kindergartenalter eine wichtige Rolle. Ablösung spielt in verschiedenen Entwicklungsphasen immer wieder eine Rolle. So lässt sich manchmal erst viel später erklären, warum bestimmte Märchen in bestimmten Lebensphasen besonders geliebt werden.

Fazit

Märchen ermöglichen zentrale kulturelle Erfahrungen. Sie enthalten Lebensweisheiten und „mythische Weltinterpretation“. Es handelt sich beim Märchenstoff um existenzielle Fragen des Lebens. Die Erzählsituation ist deshalb sehr geeignet, auf kindliche Bedürfnisse und Ängste angemessen einzugehen. Märchen können gut vorgelesen werden. Es gibt wunderbare Märchenausgaben, die ermöglichen kunstvolle Bilder zu zeigen. (Siehe auch Tipps zum Weiterlesen) Wichtig ist es, sich vorzubereiten, Pausen einzuhalten, die Lautstärke der Situation anzupassen und die Stimme zu modulieren. Blickkontakt ermöglicht eine gute Beziehung zu den Zuhörern. Mediale Märchenfassungen haben häufig hohen Unterhaltungswert und schränken die Fantasie durch sehr konkrete Vorgaben ein.

Aufgaben und Anregungen

1 Lesen Sie ein Märchen der Gebrüder Grimm und eines von Andersen. Welcher Stil gefällt Ihnen besser?

2 Lesen Sie Kindern ein Märchen vor.

3 Erzählen Sie Kindern ein Märchen, das Sie auswendig können. Welchen Vorteil hat das freie Erzählen für die kleinen Zuhörer?

7.6.5 Das Kinderbuch und seine Leser

Für Kinderbücher gibt es keine klar umrissene Definition. Der Begriff gilt als Sammelbezeichnung für alle Kinderbücher und Kindererzählungen, die für Kinder vom Erstlesealter bis etwa zum 12. Lebensjahr geschrieben sind.

Info 1 Erstlesealter

Das Kinderbuch stellt sich mit seinem Lesestoff und Motiven auf die Lesergruppen ein, d. h., Stoffe und Themen werden aus der Welt der Kinder entnommen, deren Umwelt, Wünsche, Probleme. Das Erstlesealter ist die Zeit, in der die noch magischen Vorstellungen des „Erstklässlers" zunehmend durch eine realistische Weltsicht verändert werden. In dieser Lebensphase wandelt sich das soziale Beziehungsfeld des Kindes. Neben der Familie wird die Klassengemeinschaft sowie die Beziehung zum Lehrer oder der Lehrerin wichtig. Kinder wetteifern zunehmend mit anderen und haben ein hohes Interesse an der Gruppe Gleichaltriger. Das spiegelt sich auch in der Themenvielfalt der Kinderliteratur wider.

Realistische Kindergeschichten

INFO 2

Hier werden besonders realistische Themen aus dem Lebenskreis von Kindern aufgegriffen, z. B. Elternhaus, Schule, Freundschaft. Auch besondere Lebensverhältnisse werden geschildert (Leben von Außenseitern), sozialkritische und ökologisch orientierte Themen sind zunehmend in Kindergeschichten zu finden. Tiergeschichten nehmen einen breiten Raum ein. In realistischen Kindergeschichten treten Kinder als Handelnde auf, die etwas zustande bringen und sich an kleinen Aufgaben bewähren. Kinder erleben in diesen Geschichten, dass sie Ängste und Leid überwinden können. Kinder in Kinderbüchern dienen den Lesern als Identifikationsfiguren und Vorbilder. Gute, realistische Kinderbücher zeigen den Kindern die Welt und bieten ihnen Möglichkeiten, die Welt zu gestalten und zu beeinflussen. Kindergeschichten sollen helfen die komplexe Welt für Kinder durchschaubarer zu machen. Es geht hier nicht um Unterhaltung, sondern um emanzipatorische Ziele.

Beispiele:
Jutta Modler, „Frieden fängt zu Hause an", Deutscher Taschenbuchverlag, 2004
Ursula Wölfel, „Die grauen und die grünen Felder", Anrich, 1970

Fantastische Kindergeschichten

INFO 3

Nach 1945 gab es einen großen Aufschwung an fantastischen Kindergeschichten in der Bundesrepublik. Besonders die o. g. Bücher von Astrid Lindgren mit ihrer „Pippi Langstrumpf" sind hier zu nennen. Neben der Unterhaltung spielt in den fantastischen Geschichten auch das Bedürfnis, die Wirklichkeit zu erweitern, eine große Rolle. Fantasie ist eine nicht zu unterschätzende Kraft, vorhandene Wahrnehmungen und Erfahrungen in eigene Vorstellungen umzuwandeln. Diese müssen sich nicht unbedingt an der Realität orientieren. Fantastische Geschichten erscheinen in besonderer Weise geeignet die Lesefreude der Kinder zu wecken, da sie neben der realen Welt auf Träume, Sehnsüchte, Hoffnungen und Wünsche der Kinder eingehen. Mit der Identifikation mit den Buchhelden können Träume und Wünsche wahr gemacht, befriedigt und ausgelebt werden. Fantastische Geschichten sind gleichberechtigt mit realen Kindergeschichten zu sehen. Sie dienen der Unterhaltung und können kompensatorisch wirken.

Beispiel:
Maritgen Matter/Anke Faust, „Ein Schaf fürs Leben", Oetinger Verlag, 2003

Sachbücher

INFO 4

In Sachbüchern werden verschiedene Sachgebiete, Dinge, Ereignisse oder Zusammenhänge unterhaltsam oder in bebildeter Form dargestellt.

Grundsätzlich gibt es zwei Unterschiede in der Gestaltung: eher erlebnishaft gestaltete oder sachlich informierende Darstellungen. Der Autor muss darauf achten, dass die Sache oder der Gegenstand Laien vermittelt werden kann und sich selbst erschließt. Darüber hinaus soll der Inhalt unterhaltsam dargestellt werden. Häufig werden Sachbücher in der Freizeit gelesen. Das Angebot an Sachbüchern hat in den letzten Jahren geradezu explosionsartig zugenommen. Es gibt inzwischen kaum ein Sachgebiet, das unberücksichtigt bleibt. (Vgl. 7.6.2 Info 7 Sachbilderbücher)

Ein gelungenes Beispiel zum Thema gesunde Ernährung ist das Bilderbuch „Bert, der Gemüsekobold oder Warum man gesunde Sachen essen soll" von Julia Volmert und Susanne Szesny, Albarello Verlag, 2003. Hier erklärt ein zum Leben erwachter Brokkoli den erstaunten Kindergartenkindern Lena und Jonas die Nahrungspyramide mithilfe eines Zaubertricks am Kaufladen im Kinderzimmer, ganz heimlich natürlich, damit er von der Mutter der beiden nicht entdeckt und womöglich für eine Maus gehalten wird.

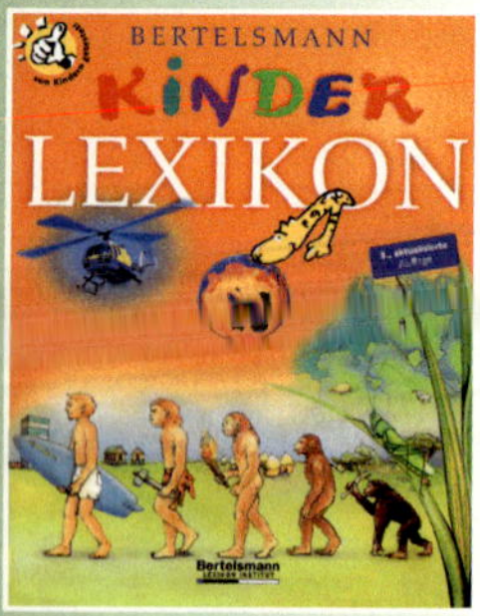

Folgende Kriterien können bei der Beurteilung angelegt werden:
Das Sachbuch muss

- sachlich richtig sein,
- das zu vermittelnde Wissen soll ausgewählt und akzentuiert dargestellt sein,
- strukturiert sein undl erzählerisch nacheinander aufgebaut sein,
- so aufgebaut sein, dass sich der Leser am Aufbau beteiligen kann,
- eindeutig, einfach und anschaulich sein,
- die Sprache muss klar und verständlich sein,
- den Leser, den Mensch als eigentlichen Beziehungspunkt im Blick haben.

Einige lesenswerte Beispiele sind:

Hans J. Dossenbach, „Achtung ich bin giftig", Sauerländer, 1993

Malahy Doyle, illustriert von Angelo Rinaldi, „Muh sagt die Kuh", Gerstenberg, 2003

„Bei den Indianern", Arena Verlag, 2002

Burghard Bartos, „Wenn die Natur erwacht", Bertelsmann, 1993

Axel Weiß/Franz Peter Burghardt, „Geheimnisvoller Kosmos", 1994

M. Cuisin/O. von Frisch, „Das geheimnisvolle Leben der Tiere der Urzeit", Esslinger, 1994

Bernd Schuh, „Das visuelle Lexikon der Umwelt", Gerstenberg, 2002 (Deutscher Jugendliteraturpreis 2002)
In acht Hauptkapiteln mit annähernd 200 auf jeweils einer Doppelseite dargestellten Einzelthemen gibt dieses hervorragende Lexikon einen unfassenden Überblick über unterschiedlichste Facetten des weit verzweigten Themas „Umwelt", so die Jurybegründung.

Marcus Würmli, „Kinder-Brockhaus", Brockhaus, 2003

Achim Bröger, „Meyers großes Kinderlexikon", Bibliographisches Institut, 2005

Joachim Hermann u. a., „Meyers großes Sternbuch für Kinder", Bibliographisches Institut, 1998

INFO 5 Jugendbücher

Jugendbücher für Jungen und Mädchen sind etwa ab dem zwölften Lebensjahr gedacht und umfassen überwiegend Texte mit problemorientierten Inhalten, die sich aus der spezifischen Situation dieser Jugendlichen ergeben. Jugendbücher geben Hilfen bei der Bewältigung ihrer konfliktreichen Lebensphase. Durch ihre Inhalte können sie die Integration der Jugendlichen in diese Welt unterstützen, sie können aber auch spannend und unterhaltend wirken. Themengruppen sind z. B. Identitäts- und Rollensuche, Ausreißer und Fluchtmotiv, erste Liebesbeziehungen, Freunde, Freundschaften, Krankheit, Behinderung, Tod, Aggressivität und Gewalttätigkeit, Dritte Welt, Politik und Gesellschaftspolitik.

Der bekannte Jugendbuchautor Klaus Kordon beschreibt in seinem Roman „Krokodil im Nacken“ (Beltz & Gelberg, 2002) die bewegende Lebensgeschichte des Manfred Lenz, der nach einem missglückten Fluchtversuch aus der DDR ein Jahr im Stasigefängnis verbringt. Er erinnert sich an seine Kindheit und Jugend in Ostberlin und an die Verzweiflung, die ihn eines Tages zur Flucht in den Westen zwingt. Ein Zeitpanorama, wie es authentischer und packender kaum sein kann.

Jugendbücher sollen Jugendlichen bei der Lösung eigener Konflikte helfen, ihnen Entscheidungs- und Lebenshilfen bieten und sie in Problemsituationen unterstützen. Die Bücher sollten Jugendlichen Identifikationsmöglichkeiten bieten, ohne Rezepte zu geben. Sie sollten Jugendliche in ihrer konfliktreichen Lebensphase unterstützen, spannend, unterhaltsam sein und Hilfestellung bieten für eine sinn- und wertorientierte Lebensgestaltung.

Beispiele:

Nina Schindler, „INPUT – Eine Liebesgeschichte“, Beltz & Gelberg, 1992

Doris Meißner-Johannknecht, „Amor kam in Leinenschuhen“, Ravensburger, 1999

Kirsten Boie, „Ich ganz cool“, Oetinger Verlag, 2001

Mädchenbücher

INFO 6

Als Mädchenbücher werden alle literarischen Produkte verstanden, die als Instrumente zur Sozialisation von Mädchen zu interpretieren sind. Mädchentypen in Mädchenbüchern lassen sich in zwei Kategorien unterscheiden: Traditionelle Mädchentypen, die eher schutz- und anlehnungsbedürftig sind, sich passiv treiben lassen, dem Leben gegenüber eine abwartende Haltung einnehmen und sich überraschen lassen von dem, was das Leben ihnen so bringen mag. Die Rolle dieser Mädchen ist eher darauf ausgelegt, andere glücklich zu machen. Ihr eigenes Glück ist eher sekundär.

Andere Mädchenbücher zeigen eher selbstbestimmte Mädchentypen und wollen damit den jungen Leserinnen helfen, sich ihrer Situation bewusst zu werden und ihnen die Möglichkeit der Emanzipation eröffnen. Mit zunehmender Kritik von Mädchen und Frauen an der traditionellen Frauenrolle gewinnt die Mädchenliteratur an öffentlichem Interesse. Als positive Ansätze einer fortschrittlichen Mädchenliteratur können die Bücher von Dagmar Chidolue genannt werden, z. B. in „Aber ich werde alles anders machen“ (1981) beschreibt sie die Schwierigkeiten der sechzehnjährigen Christina, einen geeigneten Beruf und gleichzeitig ihren eigenen Weg zu finden. Der Zusammenhang zwischen eigener Sozialisation und beruflicher Entscheidung wird hergestellt. Ihre Eltern leben in einer Ehe mit traditioneller Rollenverteilung und betrachten die Berufstätigkeit der Tochter nur als Übergang für eine spätere Heirat. Christina teilt diese Ansicht nicht und flüchtet in Fantasiewelten. Da sie wegen ihrer weiblichen Sozialisation realitätsfremd, passiv und konfliktscheu ist, erwartet sie die Lösung ihrer Probleme von einem Märchenprinzen. Nur mühsam und mit Anstößen von außen gewinnt sie eine Zukunftsperspektive, die ihr ein eigenständiges Leben verspricht. Sie will das Abitur machen, um einen qualifizierten Beruf zu ergreifen. Sie zieht aus dem Elternhaus aus, trennt sich von ihrem Freund, der ihr die Wiederholung des mütterlichen Schicksals in Aussicht gestellt hätte. Chidolue setzt sich kritisch mit der traditionellen Mädchen- und Frauenrolle und der Berufstätigkeit auseinander.

Weitere Beispiele von Dagmar Chidolue:
„Lady Punk“ (Deutscher Literaturpreis 1986)
„Nicht alle Engel sind aus Stein“ (2000)
„PLUMPS, da fällt ein Bär vom Stuhl“ (2001)
„London, Liebe und all das“ (2001)

Lesenswerte Mädchenbücher sind:
Christine Nöstlinger, „Gretchen Sackmeier“, Oetinger Verlag, 2005
Cornelia Funke, „Die wilden Hühner“, Dressler Verlag, 2000
Isolde Heyne, „Der Sommer, der alles veränderte“, Erika Klopp Verlag, 1994
Susie Morgenstern, „Als ich erstmal sechzehn war“, Sauerländer, 1992

INFO 7 Comics

Comics zählen weltweit zu den populärsten Literaturproduktionen. Sie gehören zum bevorzugten Lesestoff von Kindern und Jugendlichen und haben als eine eigene spezifische Literaturform, nämlich die der gezeichneten Bilderfolge, eine große Lesegemeinde und einen beachtlichen Erfolg.

Gestaltungselemente in Comics sind Sprechblasen, Bild und Text sind unmittelbar miteinander verbunden. Die Sprechblasen enthalten Dialoge, Gedanken und Gefühlsäußerungen in knappster Form (Wut, Schmerz, Trauer). Textbalken geben in kurzer Form Erklärungen zum Verständnis des Handlungsablaufs.

Es gibt verschiedene Comicarten und Motive:

Zur Gruppe der „Funnies“ gehören heitere, witzige und ironische Comics, z. B. die Disney-Produktionen „Micky Maus“ und „Donald Duck“ sowie „Fix und Foxi“ und andere Produktionen aus dem Kauka Verlag. „Asterix und Obelix“ gehört auch zu dieser Gruppe, die sich jedoch an erwachsene Leser wendet.

Die klassischen Abenteuer- oder Adventure-Comics verzichten weitgehend auf Humor, sind eher ernst. Beispiele hierfür sind „Prinz Eisenherz“, „Superman“, „Die fantastischen Vier“, um nur einige zu nennen.

Kinder beurteilen Comics häufig als schön, lustig, spannend oder komisch. Sie sind schnell am Kiosk mit Taschengeld zu erwerben. Die Buntheit spricht viele Kinder an, sie sind schneller zu „lesen“ als ein Buch. Jüngere Kinder fühlen sich von den bunten Figuren angezogen, auch wenn sie häufig die komplette Handlung noch nicht erfassen können. Comics haben sich in den letzten beiden Jahrzehnten vielfältig weiterentwickelt, aber ihre Struktur bleibt relativ überschaubar: Schadenfreude, Gut gegen Böse sind stereotype Wiedererkennungsmerkmale und bestätigen bestimmte Vorurteile durch ihr festgelegtes Aussehen.

INFO 8 Manga, der japanische Comic

Japan hat den größten Comicmarkt der Welt. Über ein Drittel der Druck-Erzeugnisse gehören zu diesem Genre, das sich zu einer eigenen Form entwickelt hat. Im Manga werden Action, Fantasy, Sport, Romantik und Sex thematisiert.

Ein klassisches Manga-Magazin umfasst um die 300 Seiten und wird in hoher Auflage, meist schwarz-weiß gedruckt, um die Produktionskosten niedrig zu halten. Obwohl Mangas in Japan eine so große Popularität genießen, konnten sie sich bisher nicht in gleicher Weise in anderen Ländern durchsetzen. Japanische Comics haben ihren eigene Entwicklung durchlaufen. Es existieren immer noch Vorurteile, dass japanische Comics gewalttätig und pornografisch seien, eher jugendgefährdend. Dem ist aber nicht generell so. Viele

9612268

Trickfilmserien sind allerdings auf dem deutschem Markt zu finden, von denen kaum jemand weiß, dass sie aus Japan stammen, wie Biene Maja (Maya no Bouken), Heidi (Alps no Shojo) u. a.

Grundlegender Unterschied zu westlichen Comics sind z. B. die äußere Form, die Reihung der Bilder und Textteile, die immer vertikal verlaufen, und zwar entsprechend der japanischen Schreibweise: von oben nach unten und von rechts nach links. Einem ungeübten Leser fällt es oft nicht leicht, sich zurechtzufinden, Orientierung und Zusammenhänge zu erschließen. Für viele Menschen ist jedoch diese Bilderwelt ein selbstverständliches Zeichensystem zum Erfassen von Sachverhalten neben der üblichen Schriftsprache. Die japanische Schrift ist aus Bildern entstanden, im Manga wird die Grenze zwischen Schrift, Text und Bild aufgehoben. In kaum einem Comicgenre verläuft die Trennung zwischen männlicher und weiblicher Zielgruppe so traditionell wie beim Manga.

Pädagogischer Umgang mit Comics — INFO 9

Im pädagogischen Umgang ist es wichtig zu differenzieren. Neben anspruchsvollen Comics gibt es viele banale, triviale Hefte. Es ist wichtig, dass sich Erzieher selbst ein Bild darüber verschaffen, was auf dem Markt angeboten wird. Gemeinsames Lesen und mit Kindern über den Inhalt sprechen fördert kritisches Urteilvermögen. Fantasie, Spielfreude und Unterhaltung sollten im Umgang mit Comics nicht zu kurz kommen. In Gesprächen kann die Erzieherin dazu beitragen, Kinder zum kritischen Umgang mit Comics zu befähigen. Kinder unterhalten sich über Gags, sie lernen satirische Passagen kennen, die sie möglicherweise noch nicht verstehen. Sie können dann Fragen stellen. Über Konfliktlösungsstrategien und Verhaltensmuster der Helden kann nachgedacht und kommuniziert werden. Darüber hinaus können Kinder durch Comics angeregt werden, selbst eigene herzustellen. Sie können Bildelemente ausschneiden und neue Sprechblasen gestalten. Sie können bekannte Inhalte im Comicstil wiedergeben.

Beispiele für empfehlenswerte Comics sind:

„Walt Disneys Micky Maus", „Donald Duck" und „Strolchi", EHAPA Verlag, Stuttgart

„Tim und Struppi", Carlsen Verlag, Hamburg

„Snoopy und die Peanuts" von Charles M. Schulz, Carlsen Verlag

„Lucky Luke", EHAPA Verlag, Stuttgart

„Hägar der Schreckliche", Goldmann Verlag

„Die Schlümpfe", Bastei Lübbe

Kinder- und Jugendzeitschriften — INFO 10

Kinder- und Jugendzeitschriften werden als Medien verstanden, die aktuelle Trends und Entwicklungen aufgreifen und verarbeiten. Sie erscheinen wöchentlich, monatlich, zweimonatlich oder vierteljährlich. Sie werden speziell für Kinder und Jugendliche produziert und enthalten meist eine Mischung aus Unterhaltung, Wissensvermittlung und Verhaltensregeln.

Erscheinungsformen lassen sich wie folgt unterscheiden.

Eigenständige Ausgaben:
„Spatz", „Teddy", „Flohkiste", „Sesamstraße", „Benni", „Bussi-Bär", „Der bunte Hund" usw.

kostenlose Ausgaben als Werbeträger von Banken, Drogerien, Apotheken, anderen Geschäften wie „Lurchis Abenteuer", „Junior", „Der kleine Pelikan", „MEDI-ZINI"

Kinderseiten in Zeitungen und Zeitschriften

Der Kinderpressemarkt ist unübersichtlich. Kinder und Jugendzeitschriften können durchaus eine Lesemotivation für Kinder und Jugendliche bedeuten und einen Zugang zum Lesen ermöglichen.

Fazit

Kinder brauchen Bücher

„Ob überhaupt, wie bald, wie leicht und gut das Kind lesen lernt, hängt bis zu einem gewissen Grad von seiner natürlichen Begabung und in beträchtlichem Maß von seinem Elternhaus ab. Hierzu gehört auch, wie gut seine Fähigkeit, Sprache zu verstehen, anzuwenden und seine Freude daran zu haben, bereits entwickelt ist. Ob das Lesen etwas ist, was man ihm als etwas Erstrebenswertes hingestellt hat und wie viel Vertrauen man ihm zu seiner Intelligenz und seinen schulischen Fähigkeiten eingeflößt hat. (…) Seine Erfahrungen in der Schule können bestenfalls den Einfluss dieser Faktoren ändern, jedoch nur allmählich. Entscheidend ist, wie das Lesen und der Lesestoff, ihr Wert und ihre Bedeutung von Erziehern und Lehrern erfahrbar gemacht werden. Erlebt das Kind Lesen als etwas Interessantes, Wertvolles und Erfreuliches, so wird ihm die Mühe, die das Lesenlernen kostet, im Vergleich zu den Vorteilen, die es einbringt, kein zu hoher Preis sein. Es ist ziemlich einfach, dem Kind diesen Eindruck zu vermitteln, falls es dabei von seinem Elternhaus unterstützt wird.“

Bruno Bettelheim „Kinder brauchen Bücher – Lesen lernen durch Faszination“, Deutsche Verlagsanstalt, 1982, S. 14

Der Zugang zur Literatur kann über Bücher, aber genauso über andere Medien erfolgen. Unbestritten ist, dass das Vorbildverhalten der Erwachsenen einen erheblichen Einfluss darauf hat, wie Kinder Bücher rezipieren.

Aufgaben und Anregungen

1 Geeignete Illustrationen bieten Kindern vielfältige Möglichkeiten bildnerischer Sozialisation. Wählen Sie ein Beispiel der vorgestellten Illustratoren aus, beschreiben Sie Ihren Eindruck und vergleichen Sie Ihre Erfahrungen untereinander. Welchen Unterschied können Sie zu Billigproduktionen feststellen?

2 *„Kinder brauchen Märchen.“* Welche Gründe sprechen dafür, dass diese These von Bettelheim auch heute noch stimmt?

3 Legen Sie sich drei Lieblingsbücher zum Vorlesen zu. Machen Sie die Auswahl von der Gruppe, mit der Sie derzeit arbeiten, abhängig.

4 Fragen Sie Kinder nach ihren Lieblingsbüchern und haken Sie nach, was dem Kind an dem Buch so gut gefällt.

5 Stöbern Sie in der Stadtbücherei oder in einer großen Buchhandlung – nicht nur in der Abteilung von Kinder- und Jugend-

büchern, sondern auch bei Romanen und Hörbüchern.

6 Lernen Sie ein Märchen auswendig und erzählen Sie es frei einer kleineren Gruppe von Kindern.

7 Fragen Sie Eltern und Großeltern nach den Klassikern ihrer Kinderzeit. Sind Ihnen die Titel bekannt? Sind die dargestellten Themen heute noch aktuell?

8 Malen Sie mit Kindern eine Figur oder Szene aus einem Bilderbuch nach, z. B. „Die kleine Raupe Nimmersatt".

9 In Märchen spielen z. B. die Drei, die Sieben und die Dreizehn eine wichtige Rolle. Finden Sie Beispiele dafür und recherchieren Sie im Internet die Symbolik von Zahlen.

Tipps zum Weiterlesen

Alle im Kapitel erwähnten Bücher sind lesenswert! Sie sind hier nicht gesondert aufgelistet.

Märchenausgaben:

Rotraut Susanne Berner, „Märchenstunde", Büchergilde, 1999

„Märchen der Gebrüder Grimm", Bilder von Nikolaus Heidelbach, Beltz & Gelberg, 1995

Catrin Fischer (Hrsg.), „Das Märchenbuch zum Vorlesen", Fischer Schatzinsel, 2003

Bernhard Oberdieck, „Die allerschönsten Märchen der Brüder Grimm", ars edition, 2004

„Hans Christian Andersen Märchen", Bilder von Nikolaus Heidelbach, Beltz & Gelberg, 2004

Rafik Schami, „Der Wunderkasten", „Der ehrliche Lügner", „Erzähler der Nacht"

B. Bedrischka-Bös, „Das Märchenschiff", Gidon Horowitz Herder Illustration, Herder, 1996

Informieren Sie sich über Neuerscheinungen und aktuelle Trends auf dem Büchermarkt, z. B. auf Buchmessen bspw. in Frankfurt, Leipzig, Bologna und anderen Städten, auf Kinderbuchmessen, durch Broschüren der Verlage, die in Buchhandlungen ausliegen, in Buchhandlungen und Biliotheken, auf Autorenlesungen.

Adressen, die weiterhelfen:

Arbeitskreis Kinder- und Jugendliteratur e. V. München
Metzstr. 14 c
81667 München
info@jugendliteratur.org
www.jugendliteratur.org

Arbeitsstelle für Leseförderung und Kinder- und Jugendmedien (ALEKI)
Universität Köln
Bernhard-Feilchenfeld-Str. 11
50969 Köln
www.uni-koeln.de/ew-fak/Deutsch/Aleki/h_leki.html

Arbeitsgemeinschaft Jugendliteratur und Medien (VJA) in der GEW
Postfach 9 00 44 09
60444 Frankfurt/M.
www.gew.de
www.aol-verlag.de/ajum

Börsenverein des Dt. Buchhandels
Postfach 10 04 42
60004 Frankfurt/M.
www.vorlesewettbewerb.de

Bundesvereinigung Kulturelle Jugendbildung
Deutsche Akademie für Kinder- und Jugendliteratur e. V.
Hauptstr. 42
97332 Volkach
www.bkj.de

Forschungsstelle Kinder- und Jugendliteratur Ol-FoKi
Carl von Ossietzki Universität, Fakultät III
Postfach 25 41
26015 Oldenburg
www.uni-oldenburg.de/olfoki

Friedrich-Bödecker-Kreis
Landesverband Baden-Württemberg
Schloss Solitude, Haus 3
70197 Stuttgart

Internationales Institut für Jugendliteratur und Leseforschung
Mayerhofgasse 6
1040 WIEN
ÖSTERREICH
office@jugendliteratur.net
www.jugendliteratur.net

Institut für Jugendbuchforschung der Johann-Wolfgang von Goethe Universität
Grüneburgplatz 1
60323 Frankfurt
jubufo@rz.uni-frankfurt.de
www.uni-frankfurt.de/fb10/jubufo

Stiftung Lesen
Fischtorplatz 23
55116 Mainz
www.stiftunglesen.de

Hier werden Hilfestellungen gegeben für die Auswahl von Kinderbüchern, Bilderbuchern und anderen Schriften für Kinder und Jugendliche. Unabhängige Fachleute stellen diese Literaturempfehlungen zusammen, die in einem Katalog veröffentlicht werden.

Bulletin

Kritisches Magazin für Kindermedien, Leseförderung und Lesekultur, Nachrichten, Beiträge und Kritiken für Erzieher, Eltern, Leser, Lehrer, Sozialpädagogen, Bibliothekare, Buchhändler, Kritiker, Studenten, Verleger, Autoren, Illustratoren und Redakteure.
Neuland Verlagsgesellschaft mbh, Gestnacht
Redaktion Bulletin Jugend und Literatur
www.neuland.com/bulletin

Eselsohr
Fachzeitschrift für Kinder- und Jugendmedien
Dr. Ina Nefzer
Kopernikusstr. 12
70565 Stuttgart
www.ESELSOHR-Online.de

Beiträge Jugendliteratur und Medien
Herausgegeben von der Arbeitsgemeinschaft Jugendliteratur und Medien in der GEW, Juventa Verlag Weinheim

Jugendliteratur
Zeitschrift des Schweizerischen Bundes für Kinder- und Jugendliteratur, Cham
www.swissbooks.ch/sbj
www.lesebacillus.ch

Informationen des Arbeitskreises Jugendliteratur München
info@jugendliteratur.org
www.jugendliteratur.org.

Europäische Märchengesellschaft e. V.

Landesarbeitsgemeinschaft für Jugend und Literatur NRW e. V.

Und wer es selbst mal mit Schreiben versuchen will:

Heidemarie Brosche, Detlev Kersten (Illustrationen), „Erfolgreich Kinderbücher schreiben". Von der Idee zum gedruckten Buch, Moses Verlag, 2004

8 Medienpädagogik – Medien sind überall

Einstiegssituation

„Montags habe ich immer den Horror. Ich gehe dann schon mit so einem mulmigen Gefühl in den Kindergarten,“ berichtet Susanne. *„Die sind wie aufgedreht.“*

Nadine ergänzt: *„Gerade wenn das Wetter schlecht war, hängen die das ganze Wochenende vor der Glotze und sind dann völlig zappelig.“* Auch die anderen haben ähnliche Erfahrungen. Zirafeta druckst etwas herum: *„Also ich habe da etwas beobachtet. Also wie soll ich es sagen. Der Felix, 7 Jahre alt, erzählte den anderen, wie er einen Porno gesehen hat. Und machte das dann vor, so die Bewegungen, an einem Mädchen.“*

Auch Kinder leben in der Medienwelt. Soll man sie möglichst lange vor ihr beschützen oder gibt es eine Möglichkeit, den Umgang mit Medien zu vermitteln?

8.1 Die Botschaft muss zum Empfänger

Ständig sind wir von medialen Einflüssen umgeben. In der Wohnung läuft ständig das Radio oder der Fernseher, ein Auto ohne Musikanlage ist undenkbar und im Kaufhaus ist man der permanenten Musikberieselung ausgesetzt. Selbst beim Walken wird der MP3-Player mitgenommen. Im Straßenbild und selbst in U- und Straßenbahnen kann man auf TV-Displays treffen, in denen sich Werbung und Informationen abwechseln. Medien sind überall. Dieser Umstand ist zunächst weder negativ noch positiv. Es kommt eben darauf an, ob die Medien ihre Funktion erfüllen, ob der Mensch sie nutzbringend anwendet.

INFO 1

Medien dienen der Kommunikation zwischen Sender und Empfänger

Sender, der eine Information weitergeben will → **Informationsträger/ Medium** → **Empfänger,** der die Information entschlüsselt

Nun kommt es immer wieder zu Kommunikationsmissverständnissen. Der Empfänger versteht etwas anderes, als der Sender weitergeben wollte. Dies kann an Übertragungsproblemen, aber auch an Verständnisproblemen liegen. Wie Übertragungsprobleme zustande kommen, zeigt eindruckvoll das Spiel „Stille Post“. Ohne die Missverständnisse beim Verstehen, also zwischen Sender und Empfänger, würde das Spiel einfach nicht funktionieren. Der Kabarettist Wolfgang Neuss spielte mit einer solchen Kettenreaktion von Missverständnissen, um seine beißende Kritik am Militarismus zu verdeutlichen:

Der Oberst zum Adjutanten:
„Morgen früh ist eine Sonnenfinsternis, etwas, was nicht alle Tage passiert. Die Männer sollen im Drillich auf dem Kasernenhof stehen und sich das seltene Schauspiel ansehen. Ich werde es ihnen erklären. Falls es regnet, werden wir nichts sehen, dann sollen sie in die Sporthalle gehen.“

Der Adjutant sagt zum Hauptmann:
„Befehl vom Oberst: Morgen früh um neun ist eine Sonnenfinsternis. Wenn es regnet, kann man sie vom Kasernenhof aus nicht sehen, dann findet sie im Drillich in der Sporthalle statt. Etwas, was nicht alle Tage passiert. Der Oberst wirds erklären, warum das Schauspiel selten ist …"
Der Hauptmann zum Leutnant:
„Schauspiel vom Oberst: Morgen früh neun Uhr Einweihung der Sonnenfinsternis in der Sporthalle! Der Oberst wirds erklären, warum es regnet. Sehr, sehr selten so was."
Der Leutnant zum Feldwebel:
„Morgen neun Uhr wird der Oberst im Drillich die Sonne verfinstern, wie es alle Tage passiert in der Sporthalle, wenn ein schöner Tag ist. Wenns regnet: Kasernenhof!"
Der Feldwebel zum Unteroffizier:
„Morgen um neune Verfinsterung des Obersten im Drillich wegen der Sonne. Wenn es in der Sporthalle regnet, was nicht alle Tage passiert, antreten auf dem Kasernenhof. Äh … sollten Schauspieler dabei sein, solln sich selten machen."
Gespräch unter Soldaten:
„Haste schon gehört, wenns morgen regnet? Tja, ich weiß – der Oberst will unseren Drillich verfinstern. Das dollste Ding: Wenn die Sonne keinen Hof hat, will er ihr einen machen. Schauspieler sollen Selter bekommen, typisch. Dann will er erklären, warum er aus rein sportlichen Gründen die Kaserne nicht mehr sehen kann. Schade, dass das nicht alle Tage passiert."
„Wen wundert es da noch, dass auf den Truppenübungsplätzen die Manöverbeobachter nie voll getroffen werden!"

Der Medienbegriff

INFO 2

Man unterscheidet zwischen Medien im weiteren und engeren Sinn. Der weitere Medienbegriff bezieht den Menschen als Medium, als Informationsvermittler ein. Diese Kommunikation von Person zu Person, die so genannte personale Kommunikation, bezieht auch Mimik, Gestik und die jeweils eigene Art und Weise eines Menschen, sich auszudrücken, mit ein.

Der engere Medienbegriff schließt den Menschen als Medium dagegen aus. Medien im engeren Sinn sind Informationsträger, die auf visueller, auditiver, audiovisueller, taktiler (Fühlen) und olfaktorischer (Riechen) Art und Weise Informationen vermitteln.

Medien im engeren Sinn sind:
- Buch, Zeitung, Zeitschrift, Plakat (Print)
- Fernsehen, Film, Video (audiovisuell)
- Radio, Kassette, CD, MP3
- Computer, Spielkonsolen
- Internet
- Telefon, Fax, Handy
- Spielwaren

In der Werbung spielen Medienverbundsysteme, der Medienmix, eine immer größere Rolle. Zum Absatz eines Produktes werden mehrere Medien genutzt. Es werden Anzeigen geschaltet, Werbespots in Radio und Fernsehen gesendet, ergänzt durch die direkte Ansprache der Verbraucher am Telefon (Direktmarketing). Gerade in Kinderzimmern spielen Medienverbundsysteme eine immer größere Rolle. Da steht Benjamin Blümchen leibhaftig als Plüschtier neben dem Benjamin-Blümchen-Kopfkissen, während er gleichzeitig sein „Töö-röööh!" aus dem Kassettenrekorder dröhnt. Zuvor hatte die Mutter zugesichert, dass morgen wieder das Video von Benjamin angeschaut werden darf.

INFO 3 Was machen Menschen in ihrer Freizeit?

Mediennutzung und Freizeitbeschäftigung 2000
Tätigkeiten nach Altersgruppen
Personen ab 14 Jahren, Montag bis Sonntag, Angaben in Prozent

Tätigkeiten …	**mehrmals pro Woche**						
	Gesamt	**Männer**	**Frauen**	**14–19**	**20–39**	**40–59**	**60 +**
Zeitungen lesen	84,3	84,5	84,0	58,5	78,8	90,2	90,8
Zeitschriften lesen	40,5	39,1	41,9	38,1	35,5	41,2	46,3
Bücher lesen	33,9	25,3	41,7	30,9	31,9	33,6	37,3
fernsehen	90,0	89,0	91,0	90,4	85,5	90,0	95,2
Radio hören	84,3	83,8	84,7	81,4	83,9	86,8	82,5
Schallpl., Kass., CD hören	44,3	45,4	43,3	80,1	58,6	40,7	22,1
Videokassetten ansehen	8,3	9,2	7,4	13,2	9,6	7,7	6,0
ins Kino gehen	0,5	0,6	0,4	1,5	0,8	0,2	0,1
ins Theater, Konzert gehen	0,3	0,3	0,3	0,4	0,3	0,4	0,3
basteln, stricken, häkeln	22,0	21,1	22,9	10,5	18,5	22,6	28,5
Sport treiben, sich trimmen	35,1	37,5	33,0	63,5	36,7	31,5	29,7
ausgehen (Kneipe, Disko)	13,8	17,1	10,5	35,0	19,8	9,2	6,3

Quelle: Media Analyse 2000 [illegible] Erhebung, Media Perspektiven, SWR Medienforschung
www.ard.de/ard_intern/mediendaten/index.pthml?4_2

INFO 4 Die Medienkindheit beginnt im Kreißsaal

Medien begleiten den Menschen auf Schritt und Tritt, auch Kinder jeden Alters. Die Bund-Länder-Kommission für Bildungsplanung und Forschungsförderung (BLK) stellt denn auch fest: „In den Alltag vieler Kinder, Jugendlicher und junger Erwachsener sind Medien ganz selbstverständlich integriert; junge Menschen kennen in der Regel wenig Vorbehalte gegenüber neuen Medienangeboten und nehmen sie in ihre Erlebnis-, Gestaltungs- und Informationswelt auf." (BLK, S. 6) Dichanz hat die Nutzung von Medien protokollieren lassen. Mütter fertigten ein Protokoll der Mediennutzung ihrer Kinder an. An einem ganz gewöhnlichen Schultag sah die Medienbilanz des achtjährigen Daniel so aus:

Tagesprotokoll von Daniel, 8 Jahre:

Zeit	Tätigkeit	Medium
06:00–06:45	Aufstehen, Fernsehen (Cartoons) oder Videos	Fernsehen, Videos
06:45–07:00	Waschen, Anziehen	
07:00–07:15	Frühstücken mit Radio (Nachrichten und Musik)	Radio
07:15–07:20	Ausrüsten der Schultasche mit Radio	Radio
07:20–07:30	Zähneputzen mit Radio	Radio
07:30–08:00	Gang zur Schule	
08:00–12:00	Schule (Unterrichtsmittel verschiedenster Art)	Unterrichtsmittel
12:00–12:30	Heimweg	
12:30–12:45	Ausziehen, Waschen	
12:45–13:15	Mittagessen mit Radio	Radio
13:15–13:25	Tisch abräumen	
13:25–16:00	Freunde treffen, Sport	
16:00–18:00	innerhäusl. Aktivitäten (u. a. Playstation), Fernsehen (Comedy)	Computer, Fernsehen
18:00–18:40	Abendessen und Tisch abräumen	
18:40–19:30	Hausaufgaben	Bücher
19:30–20:00	Freizeit (Fernsehen)	Fernsehen
20:00–20:15	Ausziehen, Waschen	
20:15–21:00	Freizeit vor dem Einschlafen, Lesen, Musik hören	Bücher, MC, CD

aus: H. Dichanz, „Medienkompetenz im Alltag – Medienkompetenz in der Schule", in: H. Kleber (Hrsg.), Spannungsfeld Medien und Erziehung, KoPäd, München 2000, S. 106

8.2 Medienkompetenz fällt nicht vom Himmel

Wenn man sich so umhört, so könnte man glauben, Ziel guter Pädagogik müsste die Eindämmung der Mediennutzung, vor allem des Fernsehens sein. So stellt denn auch Hans Eirich in seinem Beitrag für die Bundesarbeitsgemeinschaft Kinder- und Jugendschutz fest: „Die historisch älteste Zielkategorie von Medienpädagogik ist das Bewahren. Medien werden grundsätzlich als Bedrohung der Jugend aufgefasst, vor der sie geschützt oder eben bewahrt werden muss. Medienpädagogik hat nach dieser Auffassung präventiven Charakter und arbeitet mit Geboten und Verboten." (Eirich, S. 14) Dieser Aspekt spielt auch in der öffentlichen Diskussion eine übergeordnete Rolle. Der Ansatz ist deshalb problematisch, da vor allem die symptomorientierte isolierte Betrachtung

medialer Gewalt, die nicht in Verbindung mit der Lebenswirklichkeit der Kinder und Jugendlichen gesetzt wird, im Mittelpunkt steht. Hinzu kommt die Begrenztheit von Verboten, die möglicherweise durch das Verbot aufgewertet werden und so an Attraktivität gewinnen.

In der Sozialpädagogik unterscheidet man drei Formen der Medienerziehung:

1. Die reproduktionsorientierte Medienarbeit, die die Verarbeitung von Medienerlebnissen in den Mittelpunkt stellt.
2. Die rezeptionsorientierte Medienarbeit, die die Nutzung der Medien betrachtet.
3. Die produktionsorientierte Medienarbeit, die das eigene Produzieren von Medien vermitteln will.

Das Beobachten der Kinder beim Spielen, das Entdecken von Hinweisen auf die Verarbeitung von Medienerlebnissen ist die Basis der Medienerziehung. Die reproduktionsorientierte Medienarbeit ist Teil des Beobachtens, denn die Medienwelt gehört eben zum Erfahrungsraum des Kindes. Allerdings: Vorsicht vor zu schnellen Schlussfolgerungen. Die rezeptionsorientierte und produktorientierte Medienarbeit stellt eher medientechnische Lernziele wie den Umgang mit der Technik, die Wirkung, die zu erzielen ist, oder auch medienästhetische Lernziele in den Vordergrund.

Ziel der Medienpädagogik ist die Medienkompetenz. Die Bund-Länder-Kommission beschreibt für die Schule den Spannungsbogen, in dem sich Medienerziehung heute bewegt und postuliert zusammenfassend die Forderung nach Medienkompetenz. Dieses gilt sicher nicht nur für die Schule, sondern auch für die Kindertagesstätte, für die außerschulische Jugendarbeit und für die Familie:

„Medienerziehung in der Schule kann weder von der einen noch der anderen Position allein ausgehen. Sie muss die rasche technische Entwicklung, Medienfaszination und medialen Gestaltungsmöglichkeiten ebenso in Rechnung stellen wie Gefährdungen und Risiken, die aus Nutzung und Wirkung der elektronischen Medien resultieren können.

Medienerziehung sollte sich aus dieser Grundspannung der Entwicklung heraus verstehen. Dabei werden vor allem die für das Aufwachsen von Kindern und Jugendlichen und ihre Persönlichkeitsbildung im Vordergrund stehenden Widersprüchlichkeiten bestimmend sein müssen:

- *die ganz erhebliche Ausweitung der wahrgenommenen Welt einerseits, die Einschränkung der unmittelbaren und sinnlichen Erfahrung von Realität sowie der komplexen Wahrnehmung von Dingen, Situationen und Menschen andererseits;*
- *die Begegnung mit unterschiedlichen Verhaltensformen und Verhaltensnormen im Sinne einer pluralen Welterfahrung, einer vielfältigen gesellschaftlichen und persönlichen Lebensgestaltung einerseits und die Schwierigkeit der Beurteilung unterschiedlicher Handlungs- und Wertmuster sowie die Gefahr der Orientierungslosigkeit andererseits;*
- *die Intensivierung von Erlebnismöglichkeiten und die Konfrontation mit komplexen, problembezogenen Situationen einerseits, die Gefahr einer Flucht in Scheinwelten und die Vermeidung von Entscheidungssituationen, die für die eigene Lebensgestaltung und die Wahrnehmung sozialer Verantwortung wichtig sind, andererseits.*

Ziel einer auf diese Widersprüche hin orientierten Medienerziehung ist die ‚Medienkompetenz' des Einzelnen als Bestandteil allgemeiner und beruflicher Bildung sowie die ‚Medienkultur' als Ausdruck eines aufgeklärten Nutzungsverhaltens."

(BLK, S. 7)

Im Sinne einer umfassenden Bildung sollen die Vorraussetzungen für die Aneignung, Vermittlung und Weiterentwicklung von Medienkompetenz geschaffen werden. Medienkompetenz darf nicht verengt werden. Detlef Ruffert vom Frankfurter Institut für Medienpädagogik und Kommunikation fordert:

„Medienkompetenz beinhaltet vielmehr die Entwicklung von Fähigkeiten und Fertigkeiten, die in aktiven, selbstbestimmten und kreativen Prozessen den Umgang und die Produktion von Medien im Rahmen einer gesellschaftlich breiten Kommunikation ermöglichen. Medienkompetenz stellt sich dar als kommunikative Kompetenz, die sich in der Lebens- und Alltagswelt von Menschen realisiert. Medienkompetenz umfasst unterschiedliche Einzelkompetenzen:

- **technische Kompetenz** *als Voraussetzung für medienkompetentes Verhalten (Bedienung technischer Geräte, Einwählen in Netze, Abruf von Diensten usw.);*
- **Aneignungskompetenz** *zur kritischen Bewertung der Angebote und Dienste, Sendungen und Informationen nach funktionalen, normativen und emotionalen Kriterien; Kenntnisse über Angebotstypen, Genres, technische und ästhetische Gestaltungs- und Manipulationsmechanismen;*
- **Verarbeitungskompetenz** *zur kognitiven und emotionalen Verarbeitung der vielfältigen Medienangebote und -inhalte;*
- **soziale und kommunikative Kompetenz** *als Voraussetzung für individuelle und gesellschaftliche Kommunikation; gerade angesichts der Vielfalt der neuen Medientechnologien und der Kommunikationswege sind Kenntnisse erforderlich, um sich verantwortlich mit den kommunikativen, publizistischen und informationellen Möglichkeiten auseinander zu setzen;*
- **Gestaltungskompetenz** *zur aktiven Handhabung von Medien und damit der Möglichkeit zur eigenen Ausgestaltung von Inhalten; das ‚Begreifen' von Produktionsprozessen trägt zur Transparenz von Meinungsbildungsprozessen und damit zur Bewertung komplexer gesellschaftlicher Zusammenhänge bei; aus passiven Medienkonsumenten werden aktive Medienrezipienten;*
- **Handlungskompetenz** *eröffnet individuelle und soziale Handlungsspielräume, die z. B. zur Nutzung neuer medialer Kommunikations- und Partizipationsmöglichkeiten genutzt werden können und die es ermöglichen, sich über die technischen, ökonomischen, kulturellen und ästhetischen Medienentwicklungen und die mit ihnen einhergehenden Veränderungen in der Alltags-, Freizeit- und Arbeitswelt zu informieren;*
- **Nutzungskompetenz** *ermöglicht es, Medien nach funktionalen und normativen Kriterien zu nutzen und sensibilisiert dafür, sich bewusst für oder gegen bestimmte Inhalte, Angebote, Anwendungen zu entscheiden."*

(Ruffert 2001)

8.3 Im Mediendschungel

Medien gibt es mehr, als man gemeinhin denkt. So ist das Telefon ein alltäglicher Wegbegleiter und seit der Erfindung des Handys ist es auch jederzeit verfügbar (und Kinder sind auch jederzeit kontrollierbar). Der Anrufbeantworter ist ein Medium, die Zeitung ist ebenso eines wie das schwarze Brett, was vermutlich neudeutsch Infoboard heißt. Exemplarisch sollen hier einige Medien genannt und die medienpädagogische Herausforderung skizziert werden.

8.3.1 Irgendetwas dudelt immer

„Vor allem in den dunklen Wintertagen rückten wir vor dem großen Blaupunkt-Gerät mit dem geheimnisvollen magischen Auge und den elfenbeinfarbenen Klaviertasten bei Schummerlicht eng zusammen und lauschten unseren Lieblingsprogrammen: Quizsendungen wie ‚Mach mit', Kriminalserien wie ‚Es geschah in Berlin' oder ‚Paul Temple und der Fall …' (unvergleichlich in der Hauptrolle René Deltgen) oder das legendäre Berliner Kalte-Krieger-Kabarett ‚Die Insulaner' waren unsere Programmrenner. Apropos, ‚Die Insulaner'.

Ich glaube, sie haben mich unterschwellig mit so manchem Feindbild und Vorurteil gegenüber dem Osten versorgt. Denn die Mischung von Frontstadt-Mentalität und Berliner Schnauze, die von so populären Berliner Mimen wie Bruno Fritz, Walter Groß, Agnes Windeck oder Tatjana Sais unters Volk gewitzelt wurde, kam voll bei mir an.

Ein außergewöhnlicher Radiohöhepunkt fand jedoch jeden Sonntagvormittag um 10:00 Uhr für mich statt. Dann kam die Kinderfunksendung ‚Onkel Tobias' (vom RIAS), die meist mit einem Kasperlespiel endete und die ich fast nie ausließ. Das Radio faszinierte mich schließlich so, dass ich im Wortsinne in das Radio hineinwollte. Ich wollte nicht nur hören, sondern auch sprechen und mitmachen …"

Schill/Baacke, S. 10

In den 50er- und 60er-Jahren war das Radio der Mittelpunkt des familiären Medienerlebnisses. Das Radio oder der Musikschrank hatten einen zentralen Platz im Wohnzimmer. Und dort versammelte sich zu bestimmten Sendungen die ganze Familie. Es konnten Sportübertragen Quizsendungen oder Hörspiele sein. Heute ist Radio bzw. Hören ein Nebenbei-Medium geworden. Irgendetwas dudelt immer im Hintergrund. Meist Musik. Ob im Kaufhaus, im Restaurant oder im Auto. Der moderne Mensch kommt ohne Klangteppich nicht mehr aus.

Kinder dagegen wollen ihre Märchenkassetten (oder CDs) genau hören. Für sie steht das Medium noch im Mittelpunkt. Ob „TKKG", „Benjamin Blümchen" oder „Die drei ???", Kinder hören genau hin. Für sie steht das auditive Medium im Mittelpunkt. Und offenbar erinnern sich die heutigen Erwachsenen wieder stärker an ihre kindliche Hörgewohnheit. Der Siegeszug der Hörbücher ist ein Anzeichen hierfür. Aber auch Serien wie „TKKG" erzielen eine derart hohe Auflage, dass Beobachter vermuten, dass die Tonträger keineswegs nur von oder für Kinder gekauft werden.

Intensives Hören ist also ein eigenes Medienerlebnis, da hier – ähnlich wie beim Buch – der eigenen Fantasie Raum gegeben wird. Gleichwohl produzieren Hörspiele mit ihren Geräuschen und veränderten Stimmen Atmosphäre. Wer intensiv hören und das Gehörte vergleichen will, kann den umfangreichen Kriterienkatalog von Claudia Peinecke anwenden:

Kriterien zur Beurteilung von Hörspielen

1. **Problematik, Inhalt des Hörspiels**
   - Basiert das Hörspiel auf einem bekannten Kindermedium (z. B. Buch, TV-Serie)?
   - Wo spielt das Hörspiel – ist ein konkreter Ort erkennbar oder nicht?
   - Hat das Hörspiel einen ernsten oder lustigen Grundcharakter?
   - Enthält die Geschichte einen Konflikt und wie wird er gelöst?
   - Werden Hintergründe und Perspektiven des Geschehens deutlich?
   - Regt das Kinderhörspiel zur Identifikation, zum Mitdenken und Mitfühlen an?
   - Provoziert das Hörspiel zur Auseinandersetzung mit dem Gehörten?
   - Wodurch?
   - Werden Probleme glaubwürdig aus der Sicht der Kinder/Jugendlichen dargestellt?

2. **Personen im Hörspiel**
   - Welche Personen spielen mit?
   - Werden Personen dargestellt oder sind nur Stimmen zu hören?
   - Werden die Charaktere der handelnden Figuren herausgearbeitet?
   - Sind die Figurenbeziehungen deutlich erkennbar?
   - Sind die einzelnen Figuren auf Identifikation oder Distanzierung hin angelegt?
   - Ist ihre Darstellung glaubwürdig in Text und Sprachgestus?
   - Kann man sich die handelnden Personen vorstellen?

3. **Dramaturgie, Aufbaustruktur**
   - Ist der Einstieg interessant?
   - Wie wird Spannung im Hörspiel erreicht?
   - Lösen sich spannende und unterhaltende Elemente ab?
   - Wie ist der Aufbau der Geschichte gestaltet (analytisch, synthetisch, in Momentaufnahmen)?
   - Gibt es Haupt- und Nebenhandlungen?
   - Ist der Handlungsablauf klar und folgerichtig gestaltet?
   - Hat das Hörspiel einen offenen Schluss?
   - Ist das Mittel der Montage bestimmend im Handlungsablauf?
   - Gibt es verschiedene Realitätsebenen?
   - Gibt es einen Erzähler?
   - Wird mit dem Mittel des „inneren Monologs" gearbeitet?

4. **Verwendung und Funktion von Musik**
   - Dient Musik der Vorstellungsbildung von Zeit und Raum sowie handelnden Personen?
   - Ist die Musik ein eigenständiges Hörspielelement?
   - Ist die Musik bereits aus Pop oder Klassik, aus anderen Kindermedien bekannt?
   - Gliedert die Musik das Geschehen, schafft sie Pausen?
   - Erzeugt die Musik bestimmte Stimmungen bzw. lässt diese nachklingen?
   - Bündeln Lieder eine Aussage oder verweisen auf Kommendes?
   - Werden charakterisierende musikalische Leitmotive und Musikinstrumente verwendet?

- Hat die Musik die Funktion, ein Geräusch zu imitieren?

5. **Verwendung und Funktion von Geräuschen**
   - Kann man erkennen, wie die Geräusche hergestellt wurden (naturalistische Geräusche „vor Ort“ oder stilisierte Geräusche auf mechanischem Wege)?
   - Haben die Geräusche realistischen, symbolhaften oder Atmosphäre schaffenden Charakter?
   - Sind die Geräusche ökonomisch, die Einbildungskraft fördernd oder als „Geräuschteppich“ eingesetzt worden?
   - Gliedern die Geräusche das Geschehen (Akzent)?

6. **Anwendung von Wort und Stimme**
   - Sind Geräusche und Musik bedeutsamer als die Sprache selbst?
   - Entspricht die Sprache dem Entwicklungsstand der Kinder/Jugendlichen?
   - Wie charakterisieren sich die Figuren durch ihre Sprache (Wortschatz, Syntax, Dialekt)?
   - Welche Rolle spielen Dialoge/Monologe im Hörspiel?
   - Sind die Dialoge oberflächliche „Pingpongspiele“, oder wirkt der Text lebensecht (z. B. durch Pausen, Stille)?
   - Wie glaubwürdig ist die Stimmgebung (Erlebnisintensität, Tempo, Lautstärke)?
   - Sind die Stimmen dem Alter der Figuren angemessen?
   - Sind die Stimmen deutlich unterscheidbar?
   - Haben die Stimmen noch eine andere Funktion, als den Text/Dialog zu transportieren (z. B. als Geräusch)?

7. **Technische Gestaltungsmittel**
   - Welche Aufnahmesituation lässt sich nachvollziehen (Studioräume, evtl. Stereoeffekt)?
   - Wie sind die Szenen miteinander verbunden (Blende, Schnitt)?
   - Haben die Schnitte ein sehr hohes Tempo?
   - Sind Stimmen/Geräusche z. B. durch Hall verändert/verfremdet worden?
   - Wie sind gegebenenfalls verschiedene Realitätsebenen oder innerer Monolog akustisch deutlich gemacht worden?

8. **Rahmenbedingungen**
   - Sind Autor und Verlag bekannt?
   - Welchen geistig-künstlerischen Standort hat der Autor, welche Themenbreite hat der Verlag?
   - Wie sind die Begleitmaterialien gestaltet?
   - Enthält die MC-Hülle Informationen zur Produktion, Anregungen zu Aktivitäten?
   - Welche Spieldauer hat die Kassette?
   - Für welche Altersstufe lässt sich die Geschichte/MC einsetzen?
   - Sind Vorkenntnisse nötig?
   - Mit welchen anderen Medien lässt sich der MC-Einsatz kombinieren (z. B. Bilder, Buch)?

Peinecke, S. 166

8.3.2 Hörfunkwerkstatt

Kinder sind nicht nur anders, sie machen auch Radio anders, weil sie anders hören. Leider fristen auditive Medien in der Medienpädagogik ein Stiefmutterdasein. Dabei sind sie technisch leicht beherrschbar und lassen für Kreativität viel Raum. Kassettenrekorder sind quasi überall verfügbar und mit MD-Recordern kann man nahezu verlustfrei hervorragende Qualität produzieren. Geschnitten wird heute nicht mehr an großen Bandmaschinen im Studio, sondern digital am Computer. Einfa-

che Software ist kostenlos im Internet verfügbar. So etwa das durchaus komfortable Programm audacity. Es ermöglicht, beliebig viele Tonspuren nebeneinander zu bespielen, sodass es leicht fällt, verschiedene Personen, Hintergrundgeräusche oder Musik zuzuspielen. Audacity ist ein kostenloser Audio-Editor, der mit den bekanntesten Audioformaten zurechtkommt (MP3, Ogg/Vorbis, WAV, MIDI, AIFF). Man kann Musikstücke mixen, Klangeffekte hinzufügen oder die Abspielgeschwindigkeit verändern. Die Aufnahmefunktion erlaubt es, sämtliche Audiosignale festzuhalten und auf der Festplatte abzuspeichern. Und mit dem mitgelieferten Lärm- und Rauschfilter können etwaige Störungen rasch herausgefiltert werden. In der neuen Version 1.2 ist die Benutzeroberfläche jetzt komplett in Deutsch verfügbar.
www.chip.de/downloads/c_downloads_10967931.html

8.3.3 Hilfe – Kinder lieben Fernsehen!

Fernsehen wird gerne verteufelt. Vor allem von Pädagogen und Pädagoginnen. Macht Fernsehen wirklich dumm und dick? Oder sitzen nicht eher Erwachsene jeden Abend drei Stunden vor der Glotze, trinken Wein und Bier und essen Chips dazu?

So richtig weiter führen solche Fragestellungen nicht. Sie zeigen aber, wie emotionalisiert die Diskussion über das Fernsehen der Kinder geführt wird, denn sie hat immer etwas mit den Gewohnheiten und den Ängsten der Erwachsenen zu tun. Kinder lernen durch Nachahmung. Dies gilt auch bei der Mediennutzung. Wenn die Eltern sich vor den Apparat setzen und sich durchs Programm zappen, dann werden die Kinder dies nachahmen. Wählen die Eltern ihre Sendungen durch sorgsame Lektüre der Programmzeitschriften aus, so werden dies auch die Kinder als Verhaltensmuster akzeptieren und nachahmen. Der Fernsehkonsum sollte also bewusst erfolgen. Sicher führt dies auch für manche Eltern zu Verhaltensänderungen.

Das Fernsehen besitzt auch einen wichtigen Informationscharakter und sollte daher dementsprechend genutzt werden. In der Praxis ist immer häufiger zu beobachten, dass Eltern, die zum „alten Trend“ tendieren und das TV am liebsten „ungesehen“ machen würden, sprich: die den Kindern das TV verbieten, ihre Kinder in Außenseiterrollen drängen und wesentlich mehr Schaden anrichten, als wenn sie mit ihren Kindern zusammen auch einmal fragwürdige Sendungen schauen.

Besser ist es natürlich, die Sendungen sorgfältig auszuwählen. Doch ist bewusst fernsehen gar nicht so einfach, da gerade die (vermeintlichen) Kindersendungen in den Programmzeitschriften nicht einzeln abgedruckt sind. Abhilfe schafft hier vor allem „Flimmo“, eine Programmzeitschrift für Kinder, die zudem noch Informationen rund ums Medium und dessen Wirkung enthält (siehe Kasten). Die öffentlich-rechtlichen Sender bieten zahlreiche Informationen zu ihren Kindersendungen an. Meist sind diese zudem nett aufbereitet und mit kleinen Spielen versehen. Hilfreich ist hier die Suchmaschine www.blinde-kuh.de.

Eine Form, wie Kinder- und Jugendsendungen tabellarisch erfasst werden können, ist nebenstehend für die Sendung Raumschiff Enterprise – Star Trek wiedergegeben.

Faszinierende Welten, zwischenmenschliche und intergalaktische Konflikte und Freundschaften, interstellare Abenteuer, undurchschaubare Technik und immer wieder: Teamgeist

Inhalt		←→				
Rollenbilder	konservativ	○	○	●	gleichberechtigt	● Unterhaltung
Lebenswelt	lebensnah	○	○	●	fantastisch	● Familiennutzung
Konfliktlösung	friedlich	○	●	○	gewalttätig	○ Alltagshilfen/Wissen
Charaktere	facettenreich	○	●	○	stereotyp	○ Kreativität/Eigeninitiative

Umsetzung	→			
Witz/Humor	●	●	○	○ kindliche Lebenswelt
Spannung	●	●	●	○ pädagogisches Konzept
Tempo	●	●	●	● Sonstiges: ethn.-kulturelle Vielfalt
Verständlichkeit	●	○	○	● Werbeumfeld
Originalität	●	●	●	
Dramaturgie	●	●	○	
ästhetische Qualität	●	●	●	

Informationen über das Kinderfernsehen

Flimmo – Programmberatung für Eltern
C/o bayerische Landeszentrale
für neue Medien
Heinrich-Lübke-Straße 27
81737 München
www.flimmo.de

Suchmaschine:
www.blinde-kuh.de

8.3.4 Die Angst vorm Kinderfilm

„Paul ist sieben Jahre alt, als ihm seine Eltern einen Kinobesuch zum Geburtstag schenken. Es läuft gerade der Walt-Disney-Erfolgsfilm ‚Der König der Löwen'. Stolz geht Paul mit seinem Vater das erste Mal ins Kino. Der Film erzählt die Entwicklungsgeschichte des jungen Löwen Simba. Er erlebt viele Abenteuer. Pauls Vater hat ein gutes Gefühl, denn es sind ganz viele andere Kinder und Eltern im Kino. Als dann aber in dem Film der Vater von Simba auf dramatische Weise stirbt und Simba allein ist, beginnt Paul bitterlich zu weinen. Pauls Vater ist völlig überrascht und weiß nicht, wie er reagieren soll. Paul lässt sich nicht beruhigen und will nur noch aus dem Kino raus. Der Vater gibt dem Wunsch seines Sohnes nach. Er ist ratlos denn er hat überall gelesen, dass es sich bei dem Film um einen ‚Kinderfilm' handelt."

Bundeszentrale für politische Bildung, S. 11

Die Situation kennen alle. Man geht in einen „Kinderfilm" und doch ängstigen sich die Kinder derart, dass einige Eltern mit ihren Sprösslingen das Kino fluchtartig verlassen. Dies gilt etwa für die Harry-Potter-Filme. Kinder nehmen Filme anders wahr als Erwachsene. Wenn Filme die inneren Themen, mit denen sich Kinder im Vor- und Grundschulalter auseinander setzen, emotional berühren, kann der Film tiefe Gefühlswelten entfachen. Die „inneren Themen" wie „Alleingelassenwerden" oder „Tod der Eltern" können selbst bei scheinbar harmlosen Sendungen wie Jim Knopf, Biene Maya oder Heidi berührt werden. Die Folge sind heftige Reaktionen der Kinder. Eine Mutter berichtet: *„Wir müssen als Eltern versuchen die Kinder grob vor aggressiven Inhalten zu schützen. Aber was die Kinder im Endeffekt als schrecklich ansehen, das kann man nicht im Voraus erkennen, das kommt erst raus, wenn die Kinder das irgendwie äußern. Dann können wir ihnen helfen das Gesehene zu verarbeiten. Das bedeutet, man muss sich nach dem Fern-*

sehgucken mit den Kindern beschäftigen, mit ihnen darüber reden und am Ball bleiben.“ (Bundeszentrale für politische Bildung, S. 11)

Kinder erleben Fernsehen, sie schauen nicht einfach nur zu. Die wichtigste Regel ist daher, Kinder nicht alleine mit dem Medium zu lassen, was auch die Frage des eigenen Fernsehapparates im Kinderzimmer für das Vor- und Grundschulalter beantwortet.

„Ich sehe was, was du nicht siehst“, so könnte man die unterschiedliche Wahrnehmung von Filmen und Fernsehsendungen von Kindern und Erwachsenen in Kurzfassung beschreiben. Auch Erwachsene nehmen Sendungen unterschiedlich wahr. Jeder und jede sieht das, was er und sie sehen wollen (selektive Wahrnehmung). Bei Kindern ist die Entwicklung noch nicht abgeschlossen. Ihre Verstehensfähigkeiten entwickeln sich ihrem Alter entsprechend.

Vorschulkinder können keine Handlungsstränge verfolgen. Sie nehmen nur einzelne Szenen wahr. Deshalb begeistern kleine Kinder Werbespots. Deren Aufbau ist nicht kompliziert, sondern reduziert auf eine klare Botschaft. Kinder lernen erst nach und nach komplizierte Handlungsstränge wahrzunehmen. Allerdings sind sie leicht ablenkbar. Fährt etwa ein Segelboot im Hintergrund vorbei, so kann es passieren, dass dieses Boot für das Kind in den Vordergrund des Interesses rückt und die Spielhandlung nicht weiterverfolgt wird.

Kinder im Vorschulalter verstehen also nur einfache Handlungsstränge. Rückblenden, Zeitsprünge und parallel laufende Handlungen können sie nicht zu einer Spielhandlung zusammensetzen. *„Je mehr Perspektivenwechsel, Vieldeutigkeiten*

und Sprünge ein Film enthält, umso unverständlicher wird er für Kinder. Sie konstruieren sich falsche Zusammenhänge von Ursache und Wirkung.“ (Lenssen, S. 287) Bis etwa zum Alter von vier Jahren machen sie keine Unterschiede zwischen gezeichnetem und realem Film. In ihrer Wahrnehmung agieren im Zeichentrickfilm reale Personen.

Zentrale Bedeutung für Kinder haben die Figuren. Je näher sie an den Befindlichkeiten und Bedürfnissen der Kinder sind, desto eher werden sie wahrgenommen. Die jüngeren Kinder achten mehr auf die Äußerlichkeiten. Ältere Kinder können schon Gefühle der Figuren erkennen und sich mit ihnen auseinander setzen. Erst ab dem Schulalter gelingt es Kindern, sich in die Denk- und Gefühlswelt anderer zu versetzen. Sie können jetzt Verständnis für die Handlungen im Film aufbringen. Sie verstehen Erzählstrukturen, können Rückblenden als solche wahrnehmen und die Filmmusik entsprechend der Dramaturgie interpretieren. Je älter sie werden, desto größer wird ihre Kompetenz, auch was Filmtricks angeht. Sie können genau zwischen filmischer Wirklichkeit und Realität unterscheiden.

Gewaltsendungen sehen vorwiegend Jungen — Info 1

Kinder sehen keineswegs nur Kindersendungen. Im Gegenteil. Parallel zur Gesamtheit aller Zuschauer liegt auch für die 10- bis 15-Jährigen die Hauptfernsehzeit zwischen 18 und 22 Uhr. Etwas früher liegt der so genannte „Reichweiten-Peak“

bei der Altersgruppe der 10- bis 13-Jährigen. Die Hauptfernsehzeit liegt also so um die 20-Uhr-Marke. Zu diesem Zeitpunkt sind ein Viertel aller Jugendlichen vor dem Bildschirm versammelt.

Dragon Ball und vor allem **Dragon Ball Z** ist eines der Formate, die bei Kindern gut ankommen. **Dragon Ball Z** erreicht in der Abendausstrahlung Spitzenquoten. Dies sehen täglich etwa 640 000 Kinder im Alter von 3 bis 13 Jahren, obgleich es … keine Kindersendung ist. Drei Viertel der jungen Zuschauer sind männlich.

Das Internationale Zentralinstitut für das Jugend- und Bildungsfernsehen beschreibt die Sendung so:

*„Aus medienanalytischer Sicht fallen vor allem zwei Dinge auf: die sehr komplexen Erzählstrukturen und die brutalen Kämpfe. Abgehackte Körperteile, Blut und Tod gehören bei **Dragon Ball Z** selbstverständlich dazu. Was fasziniert Kinder und Pre-Teens an dieser Serie? Welche Momente stellen sie in den Vordergrund und was nehmen sie aus diesem Format für sich mit? Das Internationale Zentralinstitut für das Jugend- und Bildungsfernsehen (IZI) führt hierzu eine qualitative Studie durch. In Einzelinterviews mit 70 regelmäßig **Dragon Ball Z** sehenden Kindern und Pre-Teens (6 bis 15 Jahre) wird der Bedeutung dieser Serie für Kinder nachgegangen. Die Ergebnisse zeigen: Kampf ist für die Jungen das zentrale Thema. Dabei geht es um Aggression und ihre Grenzen, eine Faszination für die Ästhetik der Gewalt, Kämpfe als Wettkämpfe und Stärke, die es zu gewinnen gilt. Grundschulkinder spielen es auf dem Schulhof bewegungsorientiert und ritualisiert nach und tauschen sich über die neuesten Ereignisse aus.*

*Kinder und Pre-Teens haben das Gefühl, aus der Serie u. a. Kampftechniken zu lernen und Kompetenzen für Auseinandersetzungen zu gewinnen. Zum Teil beschreiben Jungen sich selbst als aggressiver, seit sie **Dragon Ball Z** sehen: Sie würden nun schneller und gezielter schreien und zurückschlagen. Für sie ist dieses Format ein Weg, um stärker und wehrhafter zu sein. Dies passt sich sehr gut in die männliche Sozialisation ein. Jungen fühlen sich oft bedroht (vor allem von anderen Jungen) und haben das Bedürfnis, wehrhaft zu sein. Die Serie gibt ihnen das Gefühl, stark zu werden, indem sie zeigt, wie man besser und gezielter zurückschlägt. Dass die Jungen selbst so zur Bedrohung für andere werden, übersehen sie. Neben durchaus positiven Momenten, die Jungen, aber auch Mädchen aus der Serie gewinnen, wie eben das individuelle Gefühl der Stärke, entsteht hier eine Gewaltspirale. In Kombination mit anderen Momenten, wie der sexistischen Abwertung von Frauenfiguren, werden hier problematische Zusammenhänge deutlich, die von Pädagogik und Presse derzeit viel zu wenig kritisch diskutiert werden.“*

Internationales Zentralinstitut für das Jugend- und Bildungsfernsehen

„Eltern und Kinder sollten möglichst viel zusammen machen. Das gilt auch für das Fernsehen. Meine Kollegen und ich beim Kinderfernsehen geben uns viel Mühe, Sendungen zu produzieren, die auch Eltern Spaß machen, sodass Fernsehen ein Fenster zur Welt sein kann und nicht unbedingt nur Kinderparkplatz ist. Und wenn wieder mal Schrott kommt: Gemeinsam lästern kann auch Riesenspaß machen.“

Christoph Biemann,
Sendung mit der Maus

Bundeszentrale für politische Bildung, S. 11

9612286

„Gewaltdarstellungen können Kindern Angst machen. Doch was ist Gewalt? Ist es auch Gewalt, wenn Tom & Jerry sich gegenseitig in Stücke hauen oder wenn Bud Spencer jemanden windelweich prügelt? Entschärft das Lustige die Gewalt? Eine Studie, an der 60 Kinder im Alter zwischen sechs und 13 Jahren beteiligt waren, kam zu dem Schluss: Kinder der genannten Altersgruppe unterscheiden zwischen ‚schlimmen' und ‚weniger schlimmen' Gewaltformen. ‚Schlimm' fanden sie Szenen, bei denen Waffen verwendet wurden oder zwei gegen einen Gewalt ausübten. Als weniger dramatisch wurde psychische Gewalt eingeschätzt. Jüngere Kinder amüsieren sich eher über Situationskomik, ältere Kinder verstehen auch Wortwitz."

Bundeszentrale für politische Bildung, S. 11

Das Verständnis von „lustiger Gewalt" ist in den Altersstufen ebenfalls sehr unterschiedlich.

Jüngere Kinder nehmen beispielsweise an, dass die Figuren in Zeichentrickfilmen tatsächlich Schmerzen erleiden. Ältere Kinder dagegen erkennen den fiktiven Charakter von Zeichentrickfilmen. Sie können schon zwischen Realität und Fiktion unterscheiden. Allerdings wird dieses auch für ältere Kinder in dem Maße schwieriger wie die Darstellung realistischer wird. So ist etwa beim Wrestling das Vorgespielte, die Inszenierung, kaum zu erkennen. Der Kampf wird täuschend echt präsentiert.

Was ist los im Teletubby-Land?

INFO 2

„Hinter den Hügeln und keinem bekannt, hier liegt das Teletubby-Land."

Die Presse sprach von der „Seifenoper für Windelträger" (Stern) und Ärzte warnten vor der Serie mit den vier bunten Plüschpummeln. Doch die Serie ist weltweit ein Erfolg. Dieser Erfolg begründet sich durch die passgenaue Produktion für die Altersgruppe der Zwei- bis Dreijährigen. *„Grundlegend für die Begeisterung ist zunächst die Darbietungsform der Sendung, die kindliche Wahrnehmungsmuster berücksichtigt, stellt Maya Götz fest"* (Götz, S. 94). Als faszinierend arbeitet Götz basierend auf einer Untersuchung des Internationalen Zentralinstituts für das Jugend- und Bildungsfernsehen von 1999 folgende Kennzeichen heraus:

- **Schnitt/Perspektive**
  langsam, keine hastigen Bewegungen und Perspektivenwechsel
- **Bühnenbild**
  Das Teletubby-Land ist grün, die Figuren und Blumen sind eindeutig in ihrer Farbe.
- **Figuren**
  Die Figuren sind durch Farbgebung und Accessoires gut identifizierbar.
- **Bewegungen**
  Die tapsigen Bewegungen sind sozusagen ein Markenzeichen der Serie. Kinder versuchen diese Bewegungen lustvoll zu imitieren.
- **Inhalte**
  Die Serie lebt von der Wiederholung und der Vorhersehbarkeit. Dies erleichtert die Orientierung. Die Handlungsentwicklung ist extrem langsam und durchschaubar. Kinder können dadurch die Handlung nicht nur gut nachvollziehen, sondern sie können sie quasi schon erahnen. Für ältere Kinder sind die Einspieler mit Kindern von großem Interesse. Bei Kindern unter 2,5 Jahren reißt dagegen die Konzentration ab.
- **Direkte Ansprache**
  Die Serie wendet sich direkt an die Kinder. Die Kinder reagieren so, wie wir es vom Spiel mit Puppen kennen. Sie tun so, als ob sie mit den Figuren direkt kommunizieren könnten. Man nennt dies eine parasoziale Interaktion.

INFO 2
Fortsetzung

Zusammenfassend lässt sich feststellen: „Die ‚Teletubbies' bieten etwas Neues an. Durch die immer wieder andere, meist aber direkte Ansprache entstehen Räume zum Mitmachen, Mitdenken und Vorausdenken. Die lange Aufmerksamkeitsspanne und die emotionale (Ein-)Bindung der Kinder entsteht, weil die Kinder von farblich geschickt gewählten Figuren mit einer attraktiven Körperlichkeit und interessanten Bewegungen immer wieder neu und direkt angesprochen werden und durch den Aufbau der Sendung immer wieder unterschiedliche Rezeptionsräume angeboten bekommen. Die „Teletubbies" sind für die jungen Zuschauenden ein Magazin. Es besteht aber nicht, wie sonst im Kinderfernsehen üblich, aus verschiedenen Geschichten, die verfolgt werden müssen, sondern aus einer Ansammlung von Aneignungsräumen, die unterschiedliche Aneignungsformen nahe legen." (Götz, S. 105) Selbst Kinder unter 2 Jahren sind von der Serie gefesselt.

Offenbar treffen die Teletubbies den Nerv zum einen der Kinder und zum anderen die oft blank liegenden Nerven der Eltern. Spätestens bei diesem Programmformat wird vielen klar, dass sie nicht selbstverständlich diese Kinderkultur aufgrund der eigenen Erfahrungen nachvollziehen können. Ihnen fehlen Deutungsmuster, um dieses Programm deuten und einordnen zu können. So bleibt nichts anderes, als zu warten, bis die Kinder aus der Serie herauswachsen. Dann werden die vier ungelenken Wichtel abgelöst durch Figuren und Serien, die vermutlich die Eltern nicht weniger fordern.

Carola Michaelis

Mami – darf ich heute „Teletubbies" gucken?

Erfahrungsbericht einer Mutter

Ich erinnere mich noch genau, wie es begann. Morgens, als mein dreijähriger Sohn kaum die Augen aufgeschlagen hatte, ging die Fragerei schon los: *„Mami, darf ich heute Abend ‚Teletubbies' gucken?"* Bingo, das waren genau die richtigen Worte, mit denen es Béla schaffte, mich innerhalb kürzester Zeit an den Rand meiner Nerven zu bringen. Sondern die „Teletubbies" der große Renner im Kindergarten waren, musste ich mir bereits im Morgengrauen darüber Gedanken machen, ob sich Béla diese stets gut gelaunten Gestalten nun angucken durfte oder nicht. *„Mami, darf ich heute ‚Teletubbies' gucken?"*, immer wieder stellte er diese Frage und zwang mich durch ständiges Wiederholen zu einer Antwort. *„Nein"*, sagte eine Stimme in mir, *„warum soll dein Kind diesen Schwachsinn anschauen? Willst du das deinem Kind antun? Nein, sag Nein!"* *„Warum eigentlich nicht, alle gucken doch diese Sendung"*, entgegnete eine andere, etwas lautere Stimme, die sich direkt aus meinem stets um Harmonie und Freude bemühten Mutterherzen zu Wort meldete. Ich ging wie so häufig in unangenehmen Situationen den Weg des geringsten Widerstandes und willigte zähneknirschend ein. Das Thema war vorerst vom Tisch. …

Angesichts der Faszination, die die Teletubbies auf meinen Sohn ausübten, habe ich mich wirklich um Verständnis bemüht. Aber ich konnte es einfach nicht nachvollziehen. Der Funke sprang einfach nicht über. Ganz anders bei meinem Kind. Es liebte diese vier Gestalten. Und natürlich auch Noo-Noo, den Staubsauger mit Eigenleben, *„Noo-Noo, dieser freche Noo-Noo"*.

Immer wenn die Kurzgeschichte anlief, die sich ja bekanntermaßen auf den kleinen Bildschirmen der Bäuche der Teletubbies abspielt, überkam mich dieses Unbehagen. Der Bauch als emotionales Zentrum des Körpers mutiert zur Mattscheibe. Das war zu viel für mich.

Béla hingegen war hochkonzentriert, diese kleinen Episoden gefielen ihm. …

Bélas Begeisterung war über Monate ungebrochen. Tapfer schaute ich, sooft es ging, die „Teletubbies“ mit ihm. Obwohl ich die eine Sorge um die sprachliche Entwicklung meines Kindes relativ schnell los war, beunruhigte mich diese Sendung weiterhin. Was war das nur für eine Welt? Nichts war dort dem Zufall überlassen. Niemals stolperte mal einer der pummeligen Wichte über diese riesigen Hasen. Das hätte mir gefallen, das wäre wie im wirklichen Leben. Aber nein, immer nur diese heile, sterile Plastikwelt, in der die Sonne mit dem Babygesicht ewig strahlt. Was sollte mein Sohn sich da nur herausziehen? Aber gerade dies schien ihm zu gefallen. Er kannte sich bestens aus im Teletubby-Land. Jedes Element nebst spezifischer Funktion war ihm vertraut. Während ich noch mit diesem duschkopfartigen Rohr fremdelte, hatte Béla dieses mittlerweile selbstverständlich in seinen Alltag integriert. Völlig perplex stellte ich fest, dass mein Kind ohne zu murren in die Badewanne ging. Was war das sonst für ein Drama gewesen. Aber wie durch ein Wunder spielte er auf einmal gerne in der Badewanne und gab Kommandos mit der Handbrause. Es war schwierig, ihn zum Rauskommen zu bewegen. Als sich einmal seine Lippen schon leicht violett verfärbten, griff ich zur Handbrause, tauchte sie ins Wasser, ließ sie langsam nach oben kommen und sagte: *„Winke, winke, Béla“.* Und siehe da, es funktionierte. Allmählich fing ich an meinen Frieden mit den Teletubbies zu schließen …

8.3.5 Die Tricks beim Trickfilm

Kinder können aber nicht nur Fernsehen schauen, sie können auch selbst Fernsehen machen. Videokameras gehören in die Hände von Kindern. Lässt man Kinder eine Kindertagesstätte filmen, so ist man erstaunt über das Ergebnis des Perspektivenwechsels.

Trickfilme lassen sich leicht herstellen. So kann man etwa die Einzelbildschaltung einer Videokamera nutzen. Mit Legosteinen und Playmobilfiguren lassen sich Bewegungsabläufe darstellen. Rückt man die Figuren immer ein klein wenig weiter und nimmt dann die einzelnen Bilder auf („Stop-and-go“-Technik), entsteht ein kleiner Trickfilm.

Aufwändiger ist die Aufnahme der Einzelbilder mit einer Webcam am Computer. Hier können die Bilder bearbeitet, vervielfältigt oder sonst wie nachbearbeitet werden. Selbst eine Vertonung ist hinterher möglich. Und die Software gibt es im Internet umsonst. Auch wenn es kompliziert klingt, es ist gar nicht so schwer. Bereits Grundschulkinder sind bei der Produktion von solchen Trickfilmen hochkonzentriert dabei.

Trickfilmen mit kostenloser Software (Show 2004) INFO 1

Zwei Beispiele für Trickfilme. Jan-Niklas (10) und Till-Jonas (8) lassen einen Drachen Feuer spucken und einen Adler über den Dächern fliegen. Sie wurden in einer Gruppe von acht Kindern dieses Alters innerhalb von zwei Stunden angefertigt.

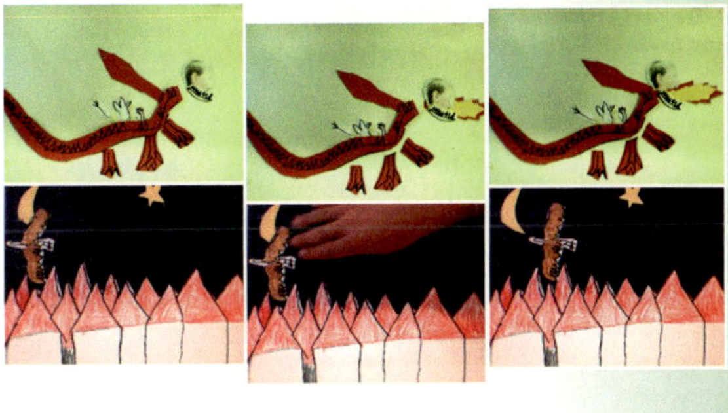

Trickfilme am Computer zu erstellen, ist aufgrund der großen Auswahl an kostenlosen Programmen und der günstigen

Kameras heute kein Problem mehr. Neben Legetrickfilmen kann man auch Knetmasse oder Hartplastikfiguren spielend animieren.

8.3.6 Internet inzwischen beliebter als Fernsehen

„Internet ist bei Kindern inzwischen beliebter als Fernsehen. Das hat die Studie ‚Kinder Online 2004' ergeben. Die Forscher haben 277 Kinder im Alter von sechs bis sechzehn Jahren danach gefragt, wie sie mit Computer und Internet umgehen. Heraus kam, dass acht von zehn Kindern zu Hause Zugang zu einem Computer haben. Vor zwei Jahren waren es nur sechs von zehn Kindern. Heute hat mehr als die Hälfte der befragten Kinder sogar einen eigenen Computer. Neun von zehn Kindern nutzen das Internet: Sie spielen, schreiben E-Mails und suchen Informationen für die Schule.

Die Kinder wurden auch danach gefragt, was sie am liebsten in ihrer Freizeit tun. Fernsehen landete auf Platz sechs, das Internet einen Platz davor. Am liebsten treffen Kinder aber immer noch Freunde (Platz eins) und treiben Sport (Platz zwei)."

Schäfer 2004

Auch wenn diese Meldung aus der Frankfurter Rundschau nichts über die tatsächliche Verweildauer der Computer- und Internetnutzung im Vergleich zu anderen Freizeitaktivitäten aussagt, so gibt sie doch ein Ranking wieder. Die Möglichkeit, selbst über die Mediennutzung zu bestimmen, und auch die Möglichkeit, mit anderen in Kommunikation zu treten, gewinnt immer stärker an Attraktivität. Und die technischen Vorraussetzungen werden immer besser. So kommt die Studie zu dem Ergebnis:

„Mittlerweile haben 80 Prozent der Kinder zu Hause Zugang zu einem Computer (gegenüber 59 Prozent im Jahr 2001/02). Jedes dritte Kind nutzt heute den Computer der Eltern, mehr als die Hälfte der befragten Kinder verfügt sogar über einen eigenen Rechner.

Drucker, Soundkarte, Internetanschluss sowie ein Brenner – das gehört zur Standardausstattung dieser PCs. Für die Teenager unter den Befragten ist eine eigene E-Mail-Adresse selbstverständlich: Beinahe drei Viertel der über 13-Jährigen haben ein elektronisches Postfach, von allen befragten Kindern ist es mittlerweile knapp die Hälfte (vgl. zu 22 % im Jahr 2001/02). Sonst nutzen die Kinder das Internet besonders gerne für Spiele und Rätsel oder um für die Schule nach Informationen zu suchen. Auch zum Kommunizieren (Chat und E-Mail) wird das Internet häufig genutzt."

Neue Digitale, S. 31

INFO 1 Chatten bis die Finger glühen

Ein besonderes Problem ist der beliebte Chat. Die Kommunikation mit fremden Personen erscheint trotz der Mühsal der Benutzung einer Schreibmaschinentastatur hoch attraktiv. Allerdings tummeln sich in solchen virtuellen Räumen genau wie im wirklichen Leben Menschen mit unredlichen Absichten bis hin zu Pädophilen. Deshalb sollte nie der richtige Name in solchen Chatrooms angegeben werden und Eltern und Erzieherinnen sollten bei sich anschließenden Treffen informiert sein. Die Studie warnt dann auch:

„Manchmal treffen sich die Kinder auch tatsächlich mit so genannten Chatbekanntschaften: 36 von 277 befragten Kindern gaben an ‚sich schon einmal in echt mit Leuten getroffen zu haben', die sie ‚im Internet kennen gelernt haben'. Überwiegend haben die Kinder mit solchen Chatbekanntschaften aber gute Erfahrungen gemacht. Vermutlich haben die Kinder dabei andere Kinder getroffen, mit denen sie sich beim Chatten verabredet hatten. Nur ein einziges Kind berichtet von negativen Erfahrungen, die es beim Treffen einer Chat-Bekanntschaft gemacht hat. Alarmierend: Jedes siebte Kind gibt beim Chatten immer seine wahre Identität preis."

Neue Digitale, S. 32

Daneben wird der PC völlig normal genutzt für die Dinge, die Kinder und Jugendliche in dem Alter interessieren.

„Neun von zehn Kindern waren schon einmal im Internet und kennen sich immer besser aus: Mehr als die Hälfte der Kinder lädt sich Musik aus dem Internet herunter, während sie wissen, dass dies meistens verboten ist. Allerdings interessieren sich die Kinder nicht für ‚verbotene' Inhalte."

Neue Digitale, S. 31

Das Fernsehen als „liebste Freizeitbeschäftigung" liegt weit hinten (6 %), während es noch bei KIM 2003 die drittbeliebteste Tätigkeit ist (bei KIM waren Mehrfachantworten möglich). Dies lässt vermuten, dass die Kids, wenn sie sich wirklich entscheiden müssen, eher auf den TV-Konsum als auf andere Dinge verzichten. Erstmals vor dem Fernsehen liegt nun das Internet: Acht Prozent der Kinder gaben an, dass sie in ihrer Freizeit am liebsten im Internet surfen, insgesamt 23 Prozent der Kinder beschäftigen sich am liebsten mit dem Computer. Diese steigende Bedeutung der digitalen Medien gegenüber dem Fernsehen bestätigt einen vermuteten Trend hin zum Internet. Allerdings sind die Kinder keine Stubenhocker: Jedes dritte Kind trifft sich in seiner Freizeit am liebsten mit Freunden, jedes siebte treibt gerne Sport. Und drei von vier Kindern aus Frankfurt spielen lieber draußen als drinnen. Viele Eltern sind besorgt, dass ihre Kinder zu lange vor dem Fernseher sitzen, am Computer spielen oder im Internet surfen. Das Frankfurter Kinderbüro empfiehlt, mit den Kindern ein Zeitbudget zu vereinbaren.

Der Computer wird zunehmend auch für Hausaufgaben genutzt; die Arbeit zu Hause am Computer von den Schulen sogar vorausgesetzt. Vielleicht könnte die Beliebtheit der Arbeit am Computer genutzt und Lernsoftware verstärkt eingesetzt werden, insbesondere für Hauptschüler, die mitunter ohne ausreichende Schreib- und Lesekenntnisse die Schule verlassen.

Zudem sollten in den Schulen und Freizeiteinrichtungen Kinder und Jugendliche darauf hingewiesen werden, dass sie ihre persönlichen Daten nicht im Internet nennen. Wichtig: Die Kinder müssen unbedingt eine Vertrauensperson einbeziehen, bevor sie sich mit unbekannten Personen treffen.

8.3.7 Der PC als Spielautomat

Bevor es mit dem Computer losgeht, werden mit für Erwachsene kaum nachvollziehbarer Geschicklichkeit und Geschwindigkeit die Steuerungstasten des Gameboys oder der Spielkonsole bewegt. Die Auswahl der Spiele ist unüberschaubar. Sicher ist ein Problem bei solchen Spielen, dass es zum Spielprinzip gehört, dass der Spieler und die Spielerin angespornt werden, ständig besser werden zu wollen. Ehrgeiz ist in der Leistungsgesellschaft sicher kein schlechtes Lernziel. Kinder (und auch Erwachsene) werden aber durch dieses Prinzip dazu verführt, immer wieder einen neuen Versuch zum Erreichen des Spielziels oder des nächsten Levels zu unternehmen. Deshalb erscheint es im Umgang mit Videospielen vor allem notwendig, den zeitlichen Rahmen genau einzugrenzen.

Ein besonderes Problem stellen Spiele dar, die eigentlich Jugendlichen nicht zugänglich sein sollten. Wie brutal diese Spiele sind, hat Rainer Fromm in einem Filmbeitrag für das ZDF (gesendet am 9. November 2004) dokumentiert:

„Doom 3' ist eines der brutalsten Computerspiele. Es gibt nur ein Ziel: Töte deine Gegner! Das Horrorspiel ist nicht indiziert und gilt als nicht jugendgefährdend und das mit staatlichem Stempel. Das Gemetzel ist beliebt bei Jugendlichen: Stundenlanges ‚Splattern', wie das Verstümmeln von Opfern in der Computerszene genannt wird, ist die einzige Handlung.
Wir schauen Jugendlichen beim Spielen zu: ‚Schieß ihm in die Birne", sagt einer. Ein anderer meint: ‚Das Spiel ist realistischer beim Lebensverlust. Wenn man zum Beispiel mit einem Schraubenschlüssel geschlagen wird, sieht man richtig wie das Blut spritzt.' Wieder ein anderer sagt: ‚Es ist brutaler als bei den anderen Spielen.' Die Unterhaltungssoftware Selbstkontrolle (USK) ist jetzt gemeinsam mit den obersten Landesjugendbehörden für die Alterseinstufung verantwortlich. 3 500 Spiele sind hier geprüft worden, fast alle sind im Handel. Nur 23 Spiele haben keine Freigabe bekommen. Im Amt herrscht Selbstzufriedenheit. Jürgen Hilse, Vertreter der Länder im USK, sagt: ‚Man kann über einzelne Sachen immer diskutieren, man kann immer unterschiedlicher Auffassung sein. Aber ich denke, dass sich die Freiwillige Selbstkontrolle in diesem Bereich absolut bewährt hat'.
Sie soll sich bewährt haben? Ein Hohn bei Spielen wie ‚Hit Man Contracts': Sinnloses Morden im Sanatorium ist hier Spielinhalt. Eine Vorgängerversion hat die damals zuständige Bundesprüfstelle noch indiziert, das heißt, es konnte nicht offen gekauft werden, das Spiel gab es nur unter der Ladentheke. Die aktuelle Fassung ist mindestens so brutal und frei erhältlich ab 18 Jahren. Das bedeutet: Für ‚Hit Man Contracts' und ähnliche Gewaltspiele können die Hersteller offen werben. Und was noch bedenklicher ist: Die Metzelspiele sind überall im Handel und in den Hitlisten ganz oben. In den Kaufhäusern wird aggressiv dafür geworben."

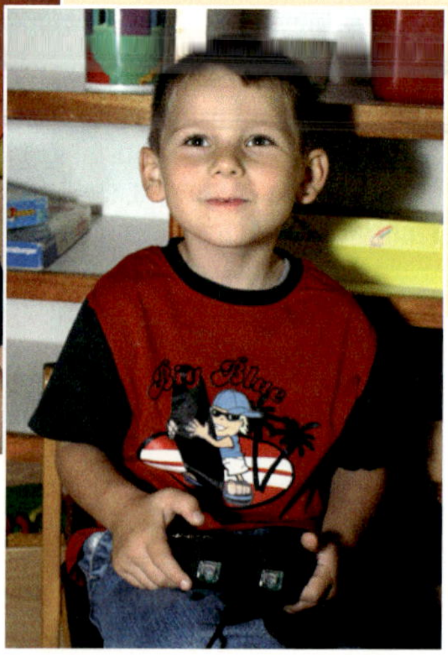

Der Jugendschutz ist auf den Handel verlagert worden. Die Folge: Jugendliche haben keine Probleme, an solche Spiele heranzukommen. Beim Videospiel gilt das Gleiche wie beim TV-Konsum: Genau hinschauen, was da eigentlich gespielt wird.

Von Stimulation bis Katharsis

INFO 1

Lässt sich die Frage des zeitlichen Aufwandes noch leicht darstellen, ist es bei den Inhalten der Spiele viel schwieriger. Gerade die Gewaltdarstellungen zahlreicher Spiele sind abstoßend und mit dem Wertekanon der deutschen Gesellschaft nicht vereinbar. Sicher allerdings ist: Würde nur ein kleiner Teil der Spieler weltweit zu mordenden Bestien, würde die Kriminalitätsrate sprunghaft steigen. Auf der anderen Seite ist es unstrittig, dass es einzelne Fälle von blutigen Amokläufen gegeben hat. In der Wissenschaft werden derzeit vier Theorien diskutiert:

1. **Stimulationstheorie**
   Die aggressiven Computerspiele fördern die Gewaltbereitschaft.
2. **Inhibitationstheorie**
   Nach dieser Theorie erzeugen die aggressiven Computerspiele Angst und hemmen dadurch die Gewaltbereitschaft.
3. **Habitualisierungstheorie**
   Nach dieser Vorstellung bewirkt das Spielen solcher aggressiven Spiele eine Gewöhnung an Gewalt.
4. **Katharsistheorie**
   Durch das aggressive Spiel werden eigene Gewaltvorstellungen und Spannungen abgebaut, sodass die Aggressionsbereitschaft gemindert wird.

Die Diskussionen der Medienwirkung, insbesondere auch die über die Wirkung von Fernsehen, beziehen sich auf die Argumentationsstränge dieser vier Theorien.

Möglicherweise ist es ein Streit um des Kaisers Bart. Hohe Plausibilität hat ein Zugang, wonach solche Gewaltspiele den Menschen abstumpfen lassen. Rainer Fromm fasst dieses Phänomen so zusammen: *„Nahezu unbestritten ist aber die Wirkung von Gewalt-Videospielen auf die Empathie eines Menschen. Empathie steht für die Fähigkeit, sich auf andere Menschen einzustellen und zu erkennen, was ein anderer empfindet. So dokumentieren Studien bei intensivem Konsum von blutigen Filmen oder brutalen Videospielen eine steigende Teilnahmslosigkeit von Kindern und Jugendlichen im Umgang mit Leid und Not von Dritten“* (Fromm, S. 11).

Der PC als Abenteuer – ein Interview

INFO 2

Ein Interview mit dem Pädagogen Jens Wiemken über die Gewaltspiele „Ego-Shooter“, „Quake“ und „Doom“ (Fromm, S. 8).

An welches Bedürfnis von Jugendlichen knüpfen Ego-Shooter wie „Quake“ oder „Doom“ an?

Sie knüpfen an Abenteuer. Abenteuer ist ein wichtiges Stichwort in diesem Zusammenhang. Kinder und Jugendliche brauchen Raum für Abenteuer. Und unsere Gesellschaft bietet immer weniger Räume, um diese Erfahrung zu sammeln. Abenteuer, Reize bekommen – diese Nische besetzen die Spiele. Da habe ich Abenteuer, da habe ich Lebensräume, die nicht von Erwachsenen besetzt sind und auch nicht von Erwachsenen reglementiert werden – außer von den Programmierern, die diese Spiele machen. Aber das sehen die Jugendlichen in diesem Moment nicht.

Gibt es noch weitere Bedürfnisse, an denen Shooter andocken?

Durch die Feminismuswelle ist dieses männliche Prinzip ein bisschen ins Wanken gekommen. Diese Spiele knüpfen an den Beschützerinstinkt an, der auch einen Kampfinstinkt in sich birgt. Bezeichnend für diese Spiele ist immer wieder seltsamerweise, dass einer alleine gegen alle kämpft. Einer alleine gegen alle Monster – das ist ein altes Prinzip. Das ist das Hänschenklein-Prinzip, das ist „kleiner Mann ganz groß“. An diese Prinzipien knüpfen die Spiele an.

Das heißt „ Quake“ und „Doom“ als eine Art virtuelle Mutprobe?

In unserer Gesellschaft gibt es keine Rituale mehr. In sehr vielen alten Kulturvölkern gibt es noch Initiationsrituale – vom Jungen zum Mann. Diese Rituale gibt es in unserer Gesellschaft nicht mehr oder die, die es gibt, sind ausgehöhlt: die Konfirmation, vielleicht ein Schulabschluss, der Autoführerschein. Aber irgendwo steht am Ende dieser Prozesse nie ein Mann, der dem Jungen sagt: Es ist okay. Du kannst aufhören, du bist jetzt ein Mann, du hast es geschafft. Und die Jungen versuchen immer wieder, nicht nur beim Bildschirmspielen, auch in anderen Disziplinen, S-Bahn-Surfen oder betrunken zur Diskothek fahren, diesen Reifungsprozess zu durchleben, ein Mann zu werden. (…)

1. Medien dienen der Übertragung von Informationen. Sie sind nur Mittler und deshalb als solche weder „gut“ noch „schlecht“, vielmehr kommt es auf die übermittelten Inhalte und auf die Nutzung an.
2. Medienverbundsysteme spielen eine immer größere Rolle. Kinder und Jugendliche sind begehrte Adressaten entsprechender Artikel.
3. Radio und Fernsehen sind bei allen Altersgruppen die beliebteste Freizeitbeschäftigung. Neuere Studien gehen allerdings davon aus, dass das Medium Internet bei Jugendlichen inzwischen beliebter ist als Fernsehen.
4. Medien umgeben den modernen Menschen stetig, Kinder wachsen mit ihnen auf.
5. Ziel der Medienpädagogik ist die Medienkompetenz. Medienkompetenz beinhaltet die Fähigkeit, aktiv und kreativ Medien zu nutzen und herzustellen.
6. Radio und Fernsehen sind heute „Nebenbei-Medien“. Kinder dagegen sehen und hören intensiv und konzentriert. Kinder erleben Medien.
7. Kinder lernen durch Nachahmung. Dies gilt auch fürs Fernsehen. Wenn die Eltern bewusst Sendungen anschauen, werden es die Kinder auch tun, zappen sie, werden die Kinder auch zappen. Medienerziehung hat deshalb auch immer elterliche Gewohnheiten im Blick.
8. Die Herstellung von Medien ist zwar nicht kinderleicht, kann aber leicht von Kindern erlernt werden. Entsprechende Geräte (PC, Rekorder) dürften vielfältig vorhanden sein.
9. Gewalt ist vor allem bei Jungen beliebt. Dies gilt sowohl für Filme als auch für Videospiele. Die Wirkung solcher Spiele ist für die Beziehung von Menschen fatal, da offenbar ein hohes Maß an Empathie für den Mitmenschen verloren geht.
10. Das Spielen mit dem Computer kann auch eine neue Form der sozialen Interaktion darstellen.

Tipps zum Weiterlesen

Bundeszentrale für politische Bildung, *Über Medien reden – Eine Broschüre für Eltern,* S. 2, Bonn 2003

Rainer Fromm, *Digital spielen – real morden? – Shooter, Clans und Fragger – Computerspiele in der Jugendszene,* Schüren 2003

Joachim von Gottberg, Lothar Mikos, Dieter Wiedmann (Hrsg.), *Kinder an die Fernbedienung – Konzepte und Kontroversen zum Kinderfilm und Kinderfernsehen,* Vistas, 2002

Michael Kobbeloer, *Internethandbuch für Erzieherinnen und Erzieher – Einstieg, Ausbildung und berufliche Praxis,* Cornelsen 2002

Norbert Neuß, Claus Koch (Hrsg.), *Teletubbies & Co, Schadet Fernsehen unseren Kindern?* Beltz, 2001

Im Internet

Bundeszentrale für politische Bildung, Search&Play Plus, Interaktive Datenbank für Computerspiele, Beurteilungen für über 300 Spiele, zu beziehen über: www.bpb.de/snp

Flimmo, die Programmberatung für Eltern mit zahlreichen Beiträgen rund ums Kinderfernsehen und dem Programm, zu finden unter: www.flimmo.de

9 Naturwissenschaften erfahrbar machen

Einstiegssituation

Nun hatte sich Laura so angestrengt. Die Kinder wollten ein großes Begrüßungsbild in den Eingangsbereich ihres Kindergartens malen. Dazu hatte sie zwei große Holzplatten, Farben und viele Naturmaterialien besorgt und war mit den Kindern frisch an die Arbeit gegangen. Aber die Platten waren so groß und es dauerte lange, bis die Farben trocken genug waren, um weitermalen zu können. *„Was tun?"*, fragte sie sich und die Kinder. *„Wir machens wie mit den Haaren im Winter"*, schlug eines vor, *„wir müssen unser Bild immer wieder trockenföhnen."*

Am nächsten Tag hatte jedes Kind einen Föhn dabei. „Toll", dachte Laura – und fand gerade mal zwei Steckdosen. So konnten sie nicht anfangen. Es musste ein Verlängerungskabel mit zusätzlichen Steckdosen her. Wo war das nur? Schließlich fand sich eine Kabeltrommel. Von der Küche zum Eingang 7 Meter. Das reichte. Dazu eine Mehrfachsteckdose und los gings. Das Malen machte einen Riesenspaß, die erste Schicht war fertig, die Föhns wurden angeschlossen und dann das: Nichts ging mehr. Kein Föhn, kein Licht, nicht einmal der Türsummer. Auf den Kindergesichtern zeigte sich zuerst Enttäuschung – dann aber Spannung.

Was war passiert? Wieso kommt kein Strom mehr aus der Steckdose? Kann man ihn reparieren? Wo kommt der Strom überhaupt her? Wie macht der Föhn die Luft warm? Wieso war eigentlich das Verlängerungskabel so warm? Da hatte doch niemand hingeföhnt. Auf einmal waren da tausend neugierige Fragen … und Laura überlegte, wo der Sicherungskasten sein könnte.

9.1 Was bedeutet „Naturwissenschaftliche Bildung"?

„So ein bisschen Bildung ziert den ganzen Menschen."
H. Heine

In seinem Buch „Bildung" befasst sich Dietrich Schwanitz mit sehr bedeutsamen Themen: Geschichte, Literatur, Kunst, Musik. Ohne Kenntnisse in diesen Bereichen kann man unsere heutige Kultur nicht verstehen. Viele alte Geschichten bieten brauchbare Hilfen bei der Bewältigung heutiger Probleme. Für persönliche Entscheidungen kann es hilfreich sein, wenn man die Geschichten eines Odysseus oder Sokrates kennt. Hier werden Erfahrungen vermittelt, die sich wahrscheinlich seit Menschengedenken wiederholen. Zur Lösung vieler menschlicher Probleme braucht man den Rat früherer Generationen. Der Untertitel *„Alles, was man wissen muss"* ist vielleicht zu streng. Aber man **sollte** diese Dinge wissen, weil sie eine gute Hilfe sein können.

Ernst Peter Fischer geht in seinem Band „Die andere Bildung" (Berlin 2003) der Frage nach, ob die Bildung, die Schwanitz vorschlägt, heute ausreichend sei. Genügt es,

9612296

große Opernwerke zu kennen, die bedeutenden Gemälde der abendländischen Kunst und die Gedichte unserer großen Dichter? Man kann man ohne weiteres eine gepflegte Konversation führen, wenn man in diesen Bereichen beschlagen ist – und gleichzeitig nur wenig weiß von den physikalischen und chemischen Vorgängen, mit denen wir täglich zu tun haben. Ob wir nun ein Handy benutzen oder Auto fahren: Viele Menschen wissen nicht, wie diese Dinge funktionieren und welche Wirkungen sie haben. Zu guter Letzt gab und gibt es nicht nur Dichter und Denker, sondern auch Naturwissenschaftler und Forscher.

Das ist in einer „Wissensgesellschaft“ von großer Bedeutung. Unsere Gesellschaft lebt nicht nur von der Erfahrung früherer Generationen, sondern auch von der innovativen Kraft neuer Entwicklungen. Und schlichtweg davon, dass die Menschen verstehen, was sie tun und was um sie herum vorgeht. Nur so können sie letztlich mündig an den Entscheidungsprozessen in der Gesellschaft mitwirken.

Hier soll nun nicht die eine gegen die andere Position („Allgemeinbildung“ gegen „Ausbildung“) aufgerechnet werden. Es geht darum, den Kindern möglichst viel von der sie umgebenden Welt zu erschließen, damit sie mündig werden können. Kinder brauchen beides: die alten Erfahrungen und das moderne Wissen!

Entsprechend Kapitel 4, in dem es um die Kreativität geht, bekommen Sie in diesem Kapitel keine Experimentrezepte. Die finden Sie in den vielen Experimentierbüchern, die zurzeit auf den Markt kommen, und Sie sollten möglichst viele dieser Experimente selbst durchführen. In diesem neunten Kapitel geht es darum, welche Bedeutung naturwissenschaftliche Bildung für die Förderung der Entwicklung und Bildung der Kinder hat. Dazu werden grundsätzliche Überlegungen angestellt, die es Ihnen ermöglichen sollen, beispielsweise gezielt Experimente für Kinder auszuwählen und entsprechende Aktivitäten vorzubereiten.

Kinder brauchen beides: die alten Erfahrungen und das moderne Wissen!

Unsere Gesellschaft lebt davon, dass die Menschen verstehen, was sie tun und was um sie herum vorgeht.

Forderungen an die Kindergärten

Info 1

Ausbildung
Entwicklung
Bildung

Von der Gesellschaft werden heute viele Anforderungen an die Kindergärten gestellt. Das geschieht häufig unter dem Begriff der „Qualität“. Es stellt sich dann die Frage, ob eine Einrichtung auch ihrem Bildungsauftrag gerecht wird. Entsprechend werden die (Aus-)Bildungsziele formuliert, die Forderungen nach dem, was Kinder lernen und schließlich können sollen von der Gesellschaft her gedacht. In vielen Diskussionen geht es entsprechend darum, was ein Kind später wohl brauchen wird. Die Kinder sollen in ihrer Zukunft möglichst gute Chancen haben. Auch mit dem Gedanken, dass die Gesellschaft letztlich etwas davon haben soll. Das macht auch Sinn – aber eben nur „auch“.

Bei der Förderung von Entwicklung und Bildung der Kinder sollten drei Fragen im Vordergrund stehen:

- Was sollen Kinder wissen, verstehen und können? (Ausbildung)
- Was können Kinder wissen, verstehen und können? (Entwicklung)
- Was wollen Kinder wissen, verstehen und können? (Bildung)

Zum letzten Punkt erläutern Laewen/Anders: *„Kinder … kann man nicht bilden. Sie bilden sich selbst, von Anfang an. Die Pädagogik muss endlich zur Kenntnis nehmen, dass wir Informationen nicht passiv wie Computer verarbeiten, sondern sie aktiv erobern …“* (Laewen/Anders, S. 25) Gleichzeitig schließen sich diese drei Fragen nicht gegenseitig aus. Oft wollen Kinder wissen, was sie sollen, und sie können es auch.

Es lohnt hier ein Blick auf das unterschiedliche Verständnis des Lernens. Lernen auf den Vorgang der Informations-

INFO 1
Fortsetzung

aufnahme zu beschränken, hieße den Begriff zu verkürzen. Lernen geht über den Erwerb von deklarativem Wissen weit hinaus. Es bedeutet vor allem eine dauerhafte Verhaltensänderung. Man könnte auch sagen, es kommt nicht nur darauf an, was ein Mensch weiß. Mindestens so wichtig ist, was er kann und schließlich tut.

Lernprozesse finden im ganzen Leben statt. Unsere Erfahrungen wirken auf uns ein und beeinflussen unser zukünftiges Verhalten. Sehr prägende Prozesse finden im Kindergarten und in der Grundschule statt. Auch die entscheidenden Erlebnisse, die Einfluss auf eine spätere Berufswahl haben, liegen oft im Kindergarten und der Grundschule, in den Jahren vor der Pubertät (vgl. G. Lück, 2003).

INFO 2

Was Kinder wissen sollen – Weltwissen

Mit den Ergebnissen von PISA begann in Deutschland eine neue Bildungsdebatte. Donata Elschenbroich ging in ihrem Buch „Weltwissen der Siebenjährigen“ (München 2001) wohl als erste umfassend darauf ein, was Kinder eigentlich können und wissen sollten. Dazu befragte sie zwischen 1996 bis 1999 Menschen jeden Alters aus den unterschiedlichsten Bildungsschichten. Es ging hier also um von außen an die Kinder herangetragene Erwartungen, um das „*Was sollen die Kinder wissen?*“. Das Ergebnis dieser Befragung war eine umfangreiche Liste, die später überarbeitet und ergänzt wurde. Sie enthält neben vielen anderen Themen auch Inhalte aus dem naturwissenschaftlichen Bereich und dem Bereich des Lernens. Unter anderem sollen siebenjährige Kinder:

- *eine Erinnerung daran haben, dass der eigene Lernfortschritt bei anderen Behagen auslöst.*
- *dem Vater beim Rasieren zugeschaut haben.*
- *mit dem Vater gekocht, geputzt, Betten bezogen, gewerkelt … haben.*
- *die Erfahrung gemacht haben, dass Wasser den Körper trägt*
- *schaukeln können.*
- *einen Schneemann gebaut haben, eine Sandburg, einen Damm am Bach, Feuer anzünden und löschen können, Windlicht, Windrad erproben.*
- *die Erfahrung gemacht haben, dass ein eigener Verbesserungsvorschlag in die Tat umgesetzt wurde.*
- *Wunderkammer Museum (Aura des Alten …) erlebt haben.*
- *eine Sammlung angelegt haben.*
- *Notfalltelefonnummern kennen.*
- *eine Methode des Konservierens gegen Verfall kennen.*
- *etwas repariert haben.*
- *einem Erwachsenen etwas erklärt haben.*
- *mit einem Erwachsenen eine ungelöste Frage geteilt haben.*
- *auf einen Baum geklettert sein, in einen Bach gefallen sein.*
- *gesät und geerntet haben.*
- *einen Reißverschluss untersucht haben, mit Schlössern und Riegeln umgehen können.*
- *Geräte aufschließen und untersuchen können (Rekorder …).*
- *eine Botschaft geschrieben haben (E-Mail).*
- *ein Buch von Deckel zu Deckel kennen.*
- *blauen Schatten sehen.*
- *eine Frucht bewusst geschält, freigelegt, den Kern gespalten haben.*
- *die Adern eines Blattes und die der eigenen Hand studiert haben.*
- *Obstsorten kennen und sie am Duft unterscheiden können.*
- *die eigene Kraft dosieren können.*
- *einen Nagel einschlagen, eine Schraube eindrehen können.*
- *einige Blattformen kennen und wissen, was man in der Natur essen kann und was nicht.*

9612298

LF 4

- *Mengen in Maßeinheiten erlebt haben.*
- *Reflexion: Was kann der Computer? Erste Konzepte von Intelligenz … haben.*
- *Schein-und-Sein-Experimente kennen und durchgeführt haben.*
- *Erfahrungen mit einem Experiment … haben (geregelte Versuchsanordnung, systematisches Wiederholen).*
- *Butter machen, Sahne schlagen (elementare Küchenchemie).*
- *die Farbe der eigenen Augen kennen.*
- *den eigenen Pulsschlag gefühlt haben.*
- *einem Meister, einem Könner begegnet sein.*
- *…*

Elschenbroich, S. 30 ff.

Diese Liste ist mittlerweile ein bescheidener Anfang. Zähme ergänzt sie spielend um einige Seiten. Bücher, die sich darum kümmern, *„was Kinder wissen **müssen**"*, füllen inzwischen meterweise die Regalflächen der Buchhandlungen. Selbst ein Erwachsener tut sich schwer hier einen Anfang zu finden und sich schließlich nicht in den unzähligen Details zu verlieren. Es stellt sich unmittelbar die Frage, wie Kinder dieses riesige Pensum leisten sollen und ob sie es überhaupt können.

Die Frage nach dem, was Kinder können können, beinhaltet zwei Fragestellungen. Die eine richtet sich auf die Methoden, auf die Art und Weise, wie Kinder lernen, wie sie Wissen und Fähigkeiten erwerben. Auf sie soll weiter unten eingegangen werden. Die andere fragt nach der Entwicklungspsychologie und dem zugrunde liegenden **Menschenbild.**

Vor Rousseau galt das Kind als kleiner Erwachsener, als ein leeres Gefäß, welches

Las Meninas (Die Hofdamen), Diego Rodriguez de Silva y Velázquez (1599–1660)

nach und nach mit Wissen gefüllt wird. Kindheit, wie wir sie heute kennen, gab es nicht. Damals, man kann das gut auf alten Gemälden sehen, gab es entsprechend beispielsweise keine spezielle Kleidung für Kinder. Kinder wurden möglichst schnell in die Produktions- und Arbeitsprozesse einbezogen.

Rousseau und Pestalozzi entwickelten schließlich je ein erstes Konzept, eine Theorie von Kindheit und befassten sich mit einer gewissen Methodik mit der Entwicklung des Menschen. Bei ihnen spielte die Natur, das „Zurück zur Natur" und der „Mensch als Werk der Natur" eine Rolle. Pestalozzi beschreibt den Sozialisationsprozess als „Mensch als Werk der Gesellschaft". Letztlich moralisch und frei kann ein Mensch aber nur als „Werk seiner selbst" sein – eine Entwicklungsstufe, die längst nicht alle erreichen.

Pawlow und Skinner unternahmen erfolgreiche Konditionierungsversuche („Pawlows Hund", klassische Konditionierung), leiteten daraus die Theorie des Behaviorismus ab und übertrugen sie auf den Menschen. Andere wiederum übertrugen die Evolutionstheorie Darwins auf den Menschen und leiteten daraus den Sozialdarwinismus ab. Rudolf Steiner ging von siebenjährigen Entwicklungsstufen aus, Maria Montessorie entwickelte beeindruckende Materialien, die das Lernen der Kinder unterstützen sollten … (vgl. Bd 1, LF 3) Lange Zeit galt das Stufenmodell von Piaget, das auch heute noch eine Rolle spielt. Erik Erikson nahm in seiner Entwicklungspsychologie als Erster den Menschen mit seiner gesamten Lebensspanne in den Blick.

Fazit

Gesellschaften leben davon, dass die Menschen verstehen können, was um sie herum vorgeht und was sie tun. Verstehen geht über das faktische Erklären hinaus. Es beinhaltet moralische und ethische Dimensionen. Verstehen ist auf Sinn hin ausgerichtet und sucht Verständnis.

Bei der Förderung von Entwicklung und Bildung der Kinder stehen drei Fragen im Vordergrund:

- ✘ Was sollen Kinder wissen, verstehen und können?
- ✘ Was können Kinder wissen, verstehen und können?
- ✘ Was wollen Kinder wissen, verstehen und können?

Info 3 Was ist wissenschaftliches Arbeiten? – Wissenschaftsverständnis

„Also lautet der Beschluss, dass der Mensch was lernen muss. Lernen kann man Gott sei Dank, aber auch ein Leben lang."
Wilhelm Busch

Es ist ein Problem für die Pädagogik heute, dass sie als beliebig erscheint. Bei den vielen Namen und Ansätzen scheint alles und nichts richtig zu sein. In Fragen der Erziehung scheinen sich alle auszukennen. Schließlich wurden wir alle erzogen und verfügen somit über die entsprechenden Erfahrungen. Es werden so auch viele Meinungen tradiert. *„Was Hänschen nicht lernt, lernt Hans nimmer mehr"* oder *„ein kleiner Klapps hat noch niemandem geschadet"* gehören in diese Rubrik.

Solche Aussagen werden dann als „wahr" erlebt. Damit wird es schwer, Erziehung als professionelle Tätigkeit zu vermitteln. Aus den persönlichen Erfahrungen wurden Theorien abgeleitet – und als **allgemein** gültig aufgefasst und dargestellt. Wenn dies ohne empirische Überprüfung geschieht, spricht man von „naiven Theorien". Die Pädagogik ist hingegen eine Wissenschaft, die sich wie die Naturwissenschaften im Allgemeinen ebenfalls empirischer Methoden bedient.

Den Naturwissenschaften wird oft mit einer gewissen Ehrfurcht begegnet. Hier gibt es Experten, die sich in einem schwierigen und komplexen Bereich auskennen. Deren Aussagen scheinen sakrosankt zu gelten, nicht hinterfragbar zu sein. Fischers Meinung ist, dass heute viele Menschen nicht in der Lage sind, Aussagen von Experten zu hinterfragen und ihren Gültigkeitsbereich zu erfassen, weil sie über zu wenig naturwissenschaftliches Wissen und vor allem über zu wenig naturwissenschaftliches Verständnis verfügen. Er ist der Meinung, dass ein gebildeter Mensch in der Lage sein muss, im gesellschaftlichen Dialog kritisch mitdenken zu können. Wenn ein großer Teil der Bevölkerung dazu nicht in der Lage ist, kann es auch zu keinen demokratischen und vernünftigen Entscheidungen mehr kommen. Will man darum Kindern als Bildungsinhalt Naturwissenschaften erfahrbar machen, kommt man nicht umhin selbst naturwissenschaftliches Wissen zu haben und vor allem die Regeln empirischer Forschung zu kennen. Man muss wissen, wie wissenschaftliche Erkenntnisse zustande kommen und wann wir eine

Weltbild, Mittelalter

9612300

Aussage als „wahr" annehmen dürfen. Man muss wissen, wie empirische Forschung im Prinzip funktioniert.

Die Darstellung der wissenschaftlichen Vorgehensweisen und der Methoden wissenschaftlichen Erkenntnisgewinns kann in diesem Kapitel nur sehr allgemein geschehen. Die heutigen Forschungsmethoden und die Empirie haben ihre Wurzeln in der **Renaissance.** Um 1500 verlor die römisch-katholische Kirche an Macht. Von Italien kamen neue künstlerische Impulse und Methoden nach Deutschland. Albrecht Dürer brachte von dort die **Perspektive** mit und entwickelte sie weiter. Vor allem viele Künstler (!) unternahmen naturwissenschaftliche Beobachtungen. Leonardo da Vinci wandte sich unter anderem der Anatomie zu und fertigte über 200 anatomische Studien, d. h. Detailzeichnungen, an. Nur 100 Jahre früher wäre es undenkbar gewesen, einen menschlichen Körper zu solchen Untersuchungszwecken zu öffnen.

Kolumbus entdeckte Amerika, die Erde wurde (wieder) zu einer Kugel. In großen Kompendien wurde zusammengetragen, was alles zu sehen war. Tiere, Pflanzen, Steine … wurden in endlosen Listen zusammengestellt. Mit der Neuzeit wurden diese Beobachtungen systematisiert. Verschiedene Organe wurden beispielsweise auf ihre Funktion im Organismus hin untersucht – Lungen, Kiemen, Trachäen – und unter bestimmten Kategorien zusammengefasst, hier: Atmungsorgane.

Immanuel Kant forderte die Menschen auf ihren eigenen Verstand zu benutzen. In den Wissenschaften wurden Gesetz-

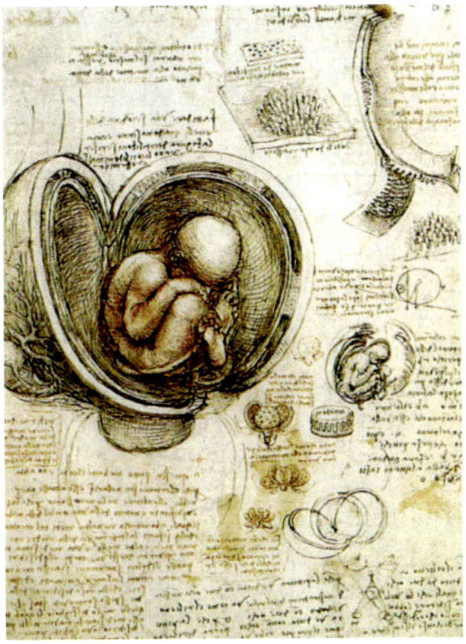

Leonard da Vinci, Kind im Mutterleib, um 1511

mäßigkeiten, vor allem kausale (Wenn-Dann-Beziehungen) Zusammenhänge bedeutsam.

Das waren sie natürlich auch schon früher. Das berühmte Beispiel ist Isaak Newton, der sich Gedanken darüber machte, warum Äpfel zu Boden fallen und wie sie das tun. Nun wurden jedoch verbindliche Methoden gefordert und entwickelt. In diese Zeit gehört die erste industrielle Revolution. Verbrennungsmaschinen, Eisenbahnen, Elektrizität wurden eher systematisch entwickelt als zufällig entdeckt. Aber auch die „alten" Ägypter hätten nie die Pyramiden bauen können, hätten sie sich nicht um kausale Zusammenhänge gekümmert.

„Sapere aude! Habe Mut, dich deines eigenen Verstandes zu bedienen!" Kant

Methoden empirischer Forschung

INFO 4

Forschung geschieht heute **methodisch.** Es werden Versuche und Versuchsreihen entwickelt, in denen gezielt einzelne Parameter verändert und damit ihre jeweiligen Wirkungen genau bestimmt werden können. Alles in einem solchen Versuchsaufbau soll möglichst genau kontrollierbar sein. Man nimmt eine genau bestimmte Masse (1 kg) und lässt sic aus verschiedenen Höhen fallen. Aus einem, aus 10, aus 20, aus 50 Metern. Man misst genau, wie schnell sie unten ankommt,

INFO 4
Fortsetzung

was für einen Krater sie im Sand hinterlässt. Das Messen ist hier die entscheidende Methode. Die Empirie ist eine Erfahrungswissenschaft. Ihr liegen die sinnlichen Erfahrungen (konkrete Beobachtungen) zugrunde. Man unternimmt den Versuch mit unterschiedlichen Materialien: mit Eisen, mit Holz, mit Federn – immer exakt 1 kg. Die Versuchsreihen werden in einem Turm durchgeführt und in einer luftleeren Röhre. Jede einzelne Veränderung im Versuchsaufbau wird genau festgelegt. Jeder Versuch wird genau vermessen. Am Ende stellt man fest, dass Blei und Federn im Turm unterschiedlich fallen – aber nicht in der luftleeren Röhre. Aus den Messergebnissen lassen sich eine Reihe von Erkenntnissen ableiten: Aussagen über den Luftwiderstand, über die Fallgesetze oder über die Gravitationskonstante g …

MODELLE BILDEN TEILE DER WIRKLICHKEIT IN VEREINFACHTER FORM AB.

Es entsteht ein so genanntes „Modell". Modelle bilden Teile der Wirklichkeit in vereinfachter Form ab und machen sie so verständlicher und handhabbarer. Bei einfacheren Zusammenhängen kann man eine kleine Maschine bauen, an der das Funktionsprinzip beispielsweise eines Krans (Hebelgesetze) deutlich wird. Oft sind die erforschten Zusammenhänge zu komplex, um sie in eine einfache Maschine umzusetzen. Dann werden heute zunächst Grafiken oder Animationsfilme verwendet, schließlich werden die Erkenntnisse in mathematische Formeln umgesetzt. Spätestens an dieser Stelle wird es abstrakt. Man geht davon aus, dass nur wenige Zeitgenossen von Albert Einstein in der Lage waren, die von ihm vorgestellte Relativitätstheorie zu verstehen.

$E = mc^2$

Grundsätzlich vereinfachen Modelle die Wirklichkeit. Sie sind nie vollständig und müssen ständig erweitert und den neuen Erkenntnissen angepasst werden.

Alles wird genauestens protokolliert und **dokumentiert**. Zum einen, damit unnötige Doppelungen vermieden werden, zum anderen, damit die Versuchsreihe auch für Außenstehende nachvollziehbar wird. Alles, was notiert wird, ist sinnlich, **„ästhetisch"** im Wortsinne, nachvollziehbar. Heute muss man hinzufügen: messbar. Für viele Phänomene haben die Menschen keinen Sinn entwickelt. Wir können beispielsweise kein Magnetfeld wahrnehmen, wie es der Hammerhai kann. Unsere Augen registrieren nur einen begrenzten Teil des Lichtspektrums. Wir haben keine innere Uhr, mit der wir Tausendstelsekunden exakt wahrnehmen können, was übrigens für viele Untersuchungen immer noch viel zu ungenau wäre. Für diese Fälle wurden zahlreiche Hilfsmittel, gewissermaßen Prothesen, erfunden, die Messgeräte. Messgeräte müssen überall unter denselben Bedingungen dasselbe Messergebnis vorweisen. Deshalb werden beispielsweise Waagen geeicht.

Naturwissenschaften haben etwas mit Messen zu tun. Eine Messung ist ein Vergleich. Das, womit verglichen wird, ist im Grunde eine willkürliche Festlegung. So liegen in Paris ein „Urkilogramm" und ein „Urmeter". Das sind sehr wertvolle, weil einmalige Gegenstände. An ihnen werden im Prinzip andere Messgeräte geeicht: der Zollstock, die Küchenwaage. Früher gab es andere Maße. Die Unze oder eine Elle oder einen Fuß. Bei der Messung von Zeit wird heute mit der Schwingungsdauer von Cäsiumatomen verglichen. Das ist ziemlich genau im Vergleich zur Sonne, an der man früher den Tag festgemacht hat. Messungen und Messinstrumente sind außerordentlich wichtig für naturwissenschaftliches Forschen. Mit der Entwicklung immer empfindlicherer Messgeräte können alte Messungen überprüft und damit alte Theorien verifiziert werden.

Kinder müssen nicht lernen alles Mögliche exakt zu messen. Sie sollten aber begreifen können, was eine Messung ist und welche Rolle sie für den naturwissenschaftlichen Erkenntnisgewinn spielt, und einfache Messungen (Vergleiche) durchführen können.

9612302

Die Dokumentation hat aber einen weiteren wichtigen Grund. Im Gegensatz zu den Tieren geben Menschen einmal erworbenes Wissen in großem Umfang an nachfolgende Generationen weiter. Früher geschah dies mündlich, seit einigen tausend Jahren wird dazu vor allem die Schrift verwendet. Dokumentationen sind „Gedächtnisspeicher". Wissen wird damit orts- und zeitunabhängig und es müssen nicht dieselben Erfindungen immer wieder von Neuem gemacht werden. Dadurch entsteht eine Dynamik. Man geht heute davon aus, dass sich das Wissen der Menschheit ca. alle 16 Jahre verdoppelt. Diese Geschwindigkeit nimmt weiter zu und entsprechend rasant ist der Verlauf unserer Entwicklungen.

Ein Versuch wird so genau beschrieben, dass ein beliebiger Wissenschaftler auf der Welt ihn nachbilden kann. Wenn er die Versuchsreihe dann durchführt, muss er zu denselben Ergebnissen kommen. Man sagt, die Aussagen müssen **überprüfbar,** falsifizierbar (stimmt nicht) oder verifizierbar (stimmt) sein. Diese „Wahrheitsprüfung" muss wiederholbar sein. Auch wenn der Versuch hundertmal durchgeführt wird, muss stets dasselbe Ergebnis herauskommen. Vor allem darf es keine Rolle spielen, wer den Versuch durchführt. Die Aussage muss **objektiv** sein:

Wurden schließlich eine ganze Reihe gleicher Versuche durchgeführt (man lässt viele Äpfel fallen) und es tritt immer dasselbe Ergebnis ein (sie kommen unten an), leitet man zunächst als Hypothese eine Gesetzmäßigkeit daraus ab: Äpfel fallen von oben nach unten. Auch dieser Apfel wird fallen, wenn ich ihn loslasse. Die Ableitung dieses besonderen Falles von den vielen allgemeinen Beobachtungen bezeichnet man als „Deduktion". Als Methode gibt es in den empirischen Wissenschaften auch das umgekehrte Vorgehen: Die „Induktion", der Schluss vom Besonderen auf das Allgemeine. Mein Apfel fällt nach unten. Stimmt es, dass alle Äpfel nach unten fallen?

Alle wissenschaftlichen Aussagen folgen den Regeln der (aristotelischen) Logik und Kausalität. Und sie sind vorläufig. Das heißt, sie gelten nur so lange, wie sie nicht widerlegt werden. Das spielt vor allem seit der Relativitätstheorie Einsteins eine Rolle. Seither wissen wir, dass beispielsweise die Fallgesetze Newtons nur in bestimmten Grenzen, bei „niedrigeren" Geschwindigkeiten, gelten. Eine Federwaage, wie sie Newton benutzt haben könnte, liefert nur innerhalb der Elastizitätsgrenzen des jeweiligen Materials exakte Messergebnisse. Bei extremer Überbelastung wird sie zerstört. Die berühmte Formel $E = mc^2$ bedeutet, dass der Unterschied zwischen Energie und Materie ein fließender ist. Auch eine „harte" empirische Wissenschaft wie die Physik hat mit dem Problem zu kämpfen, dass einzelne Messergebnisse zwar sehr exakt und nachvollziehbar, gleichzeitig aber auch vom Beobachter abhängig sind. (Heisenberg'sche Unschärferelation; da die Energie (e) gleich der Masse (m) eines Teilchens mal dem Quadrat der Lichtgeschwindigkeit (c) ist, hängt es davon ab, was man messen will, ob man im Ergebnis eine „Masse" oder eine „Welle" registriert.) …

Zu wissenschaftlicher Forschung gehören „Hypothesen". Der Wissenschaftler betrachtet einen Teil der Welt unter einer bestimmten Fragestellung (Fallen Äpfel immer nach unten?). Die Arbeitshypothese würde dann lauten: Äpfel fallen nach unten. Nur auf diese Frage kann Auskunft aus den Experimenten erwartet werden. Damit hat das Interesse des Wissenschaftlers konkrete Auswirkungen auf die Forschungsergebnisse. Andere Gesellschaften stellen andere Fragen und bekommen entsprechend auch andere Antworten.

Oft hängen die gestellten Fragen auch von den zur Verfügung stehenden Instrumenten und Messgeräten ab. Man stellt dann zunächst die Fragen, auf die man sich eine schnelle Antwort erhofft. *„DNA ist nicht alles … Bereits in den 1960er-*

„Keine noch so große Zahl von Experimenten kann beweisen, dass ich Recht habe; ein einziges Experiment kann beweisen, dass ich Unrecht habe."
Albert Einstein

Info 4
Fortsetzung

Jahren hatten jedoch genetische Experimente wichtige Informationselemente in anderen Bereichen der Chromosomen ans Licht gefördert, teils in ‚nichtcodierten' Teilen der Sequenz, teils ganz außerhalb von ihr. Die Methoden der dann aufkommenden Gentechnik funktionierten jedoch am besten bei konventionellen Genen und Proteinen. Daher suchten die Wissenschaftler verständlicherweise am intensivsten dort weiter, wo die Sache am klarsten schien.“ (Spektrum der Wissenschaft, März 2004, S. 68)

Zu jeder Hypothese gehört eine Antithese. Das bedeutet im Regelfall einfach, dass mit beobachtet werden muss, ob die in der Hypothese aufgestellte Behauptung nicht zutrifft. Man gestattet dadurch, die Hypothese auf ihre Richtigkeit hin zu überprüfen.

Fazit

Empirische Forschungsmethoden sind in vielen, aber nicht allen Lebensbereichen Grundlagen des Erkenntnisgewinns. Damit eine naturwissenschaftliche Aussage als „wahr“ anerkannt werden kann, muss sie eine Reihe von Bedingungen erfüllen:

- Die Forschungsfrage muss klar formuliert sein (Hypothese).
- Die Hypothese muss überprüfbar sein (Verifizierbarkeit und Falsifizierbarkeit).
- Die Argumentation muss den Regeln der Logik folgen.
- Versuchsaufbauten müssen klar nachvollziehbar sein.
- Empirie ist eine sinnliche Erfahrungswissenschaft. Den Aussagen liegen Messungen zugrunde.
- Das Versuchsergebnis muss wiederholbar sein.
- Es darf nicht von bestimmten Personen abhängen (Objektivität).
- Alle Forschungsergebnisse müssen dokumentiert werden.
- Empirische Aussagen gelten nur im vorher festgelegten Rahmen und nur bis zu ihrer Widerlegung.
- Forschungsreihen fälschen oder Messergebnisse schönen ist Betrug.

Info 5 Pädagogik mit empirischen Methoden

In der Pädagogik lassen sich sehr wohl gezielte Beobachtungen machen.

Oben wurde auch die Pädagogik als Wissenschaft bezeichnet, welche sich empirischer Methoden bedient. Das bedeutet, dass man dieselben Anforderungen an pädagogische Aussagen knüpfen kann wie beispielsweise an Aussagen der Physik. Die Aussagen müssen aus methodischen Beobachtungen hervorgehen, sie müssen objektiv und verifizierbar sein. Die entsprechenden „Versuche“ müssen wiederholbar sein. Die Versuchsanordnungen allerdings sind hier nicht ganz einfach, weil es die Ethik verbietet, mit Kindern und Menschen beliebige Versuche durchzuführen. Sehr wohl lassen sich aber gezielte Beobachtungen machen. Welche Erziehung haben Erwachsene genossen und was ist aus ihnen geworden? Wurden sie „autoritär“ erzogen? War der Erziehungsstil „laissez faire“ oder „demokratisch“? Das lässt sich erfragen. Die Biografie vieler Menschen ist nachvollziehbar. Bekamen erfolgreiche Wissenschaftler in ihrer Kindheit viele Anregungen? Blieben ihre Fragen unbeantwortet? Welche Folgen haben Strafen für die Persönlichkeit eines Menschen? Wie beeinflussen Belohnungen das Lernverhalten? … Man wird sich hier nicht auf die Aussagen Einzelner verlassen. Es müssen sehr viele Beobachtungen (Längsschnittuntersuchungen, Querschnittuntersuchungen, repräsentative Stichproben …) zusammengetragen werden, bevor eine Aussage gemacht, eine „Gesetzmäßigkeit“ formuliert werden kann. Da Menschen sehr indivi-

9612304

duell sind, haben viele Aussagen einen statistischen Charakter.

Es lässt sich dann feststellen, dass Belohnungen im Allgemeinen wirksamer sind als Strafen und dass es die Entwicklung der Kinder eher fördert, wenn ihre Fragen auch beantwortet werden. Solche statistischen Aussagen sind aber auch in anderen Naturwissenschaften üblich, beispielsweise in der Medizin, wenn es um die Wirksamkeit von Medikamenten oder deren Nebenwirkungen geht.

„Tag für Tag werden uns aus aller Welt Ausbrüche von Hass und Gewalt gemeldet. Und unweigerlich drängt sich die Frage auf, ob aggressives Verhalten zur menschlichen Natur gehört (Hypothese). *Vielleicht ist dies der Fall. Doch zum Ausgleich – so unsere These – gibt es auch eine ebenso starke Tendenz zur Kooperation* (Antithese)." So argumentierte schon vor einem Jahrhundert der russische Anarchist Pjotr Alesejewitsch Kropotkin: In seinem Werk „Gegenseitige Hilfe in der Tier- und Menschenwelt" (1904) postuliert er einen natürlichen Hang zur Hilfsbereitschaft (Überprüfung früherer Versuche).

Solche Ansichten relativieren die einseitige Vorstellung, nur aggressives Verhalten habe biologische Wurzeln. Molekularbiologen suchen bei Mäusen nach Genen, welche die Aggressivität steuern – in der Annahme, ähnliche Mechanismen seien auch beim Menschen wirksam (Hypothese der Molekularbiologen. Die Fragestellung beeinflusst die Richtung der Forschungsergebnisse, was auch gesellschaftliche Folgen hat). Immer wieder haben Naturforscher Parallelen zum Verhalten der Tiere gezogen, um die eher ‚wilden' Verhaltensmuster des Menschen zu erklären. Besonders populär wurde diese Idee durch den österreichischen Zoologen und Nobelpreisträger Konrad Lorenz; 1963 erschien sein Klassiker „Das so genannte Böse. Zur Naturgeschichte der Aggression". Nach Lorenz ist eine gewisse streitlustige Veranlagung bei den meisten Lebewesen eine notwendige, da ungemein nützliche Charaktereigenschaft: Sie hilft dem Männchen, Ressourcen zu erobern … (Hypothese, die im Weiteren überprüft wird) Doch gegen diese verbreitete Ansicht sprechen zahlreiche entwicklungspsychologische Studien. Bei Konflikten bricht unter Kindern nämlich keineswegs zwangsläufig aggressives Verhalten aus. Vielmehr nutzen sie vielfältige Strategien, um Streit zu vermeiden, zu mildern oder beizulegen und die Folgen für ihre Sozialbeziehungen möglichst gering zu halten (Was übrigens auch aus dem Blickwinkel Konrad Lorenz Sinn macht, da ein solches Verhalten in großem Maßstab Ressourcen schont, anstatt sie zu vernichten).

Beispiele für die sozialen Fertigkeiten von Kindern liefert eine Studie, die eine von uns (Killen) zusammen mit Elliot Turiel von der Universität Kalifornien in Berkeley durchgeführt hat. Wir ließen drei vierjährige Kinder jeweils 15 Minuten lang unbeaufsichtigt miteinander spielen. (Die Versuchsanordnung wird beschrieben. Dazu gehören auch Videoaufzeichnungen. Es folgt der Ausschnitt einer entsprechenden Transskription. Der Versuchsaufbau wird nachvollziehbar gemacht.)

Ruth, Lily und Michael (die oben beschriebenen Kinder) sind keine Ausnahmekinder. In mehr als 2 000 Gesprächen (Wiederholung des Versuches und Verifikation) zwischen Kindern, die ohne Erwachsene in einem Zimmer spielten, kamen Befehle und Unnachgiebigkeit seltener vor als kooperative Äußerungen, in denen ein Kind einen Vorschlag machte oder mit anderen verhandelte (Beobachtungsergebnisse).

in: Spektrum der Wissenschaft, März 2004, S. 64 ff., „Pjotr Kropotkin oder Konrad Lorenz", von Melanie Killen und Marina Cords, Aussagen in Klammern vom Autoren

Fazit

Empirische Methoden haben klare Grenzen. Vieles, was sich der empirischen Forschung entzieht, ist durchaus existenziell und wichtig für den Menschen: Glaube, Liebe, Hoffnung. Ein kleines Gedicht bringt das unter anderem zum Ausdruck:

„Ich leb' und weiß nicht, wie lang,
Ich sterb' und ich weiß nicht, wann,
Ich geh' und weiß nicht wohin,
Mich wundert, dass ich fröhlich bin."

Grabspruch des Martinus von Bieberach, gest. 1498

Info 6 Der „Forschergeist" in Windeln

Der Welterkundungsdrang von Kindern wird oft behindert.

„Der Welterkundungsdrang von Kindern, … wird im durchschnittlichen deutschen Kindergarten oft nicht nur ignoriert, sondern sogar behindert. Was Kinder umtreibt, was in ihren Köpfen vorgeht, wie und was sie lernen – davon haben die Menschen, die von Berufs wegen täglich mit ihnen umgehen, viel zu wenig Ahnung."

Laewen/Anders, S. 25

Wird der Kindergarten als „Schonraum" aufgefasst, geschieht genau das: Der Welterkundungsdrang wird ignoriert, nicht ernst genommen. Kinder erforschen die Welt von Geburt an. Sie erkunden ihre Umgebung Schritt für Schritt mit Ausdauer und Methode. Spätestens in ihren Warum-Fragen wird ihr Wissensdurst sichtbar.

Sie stellen Fragen zu allen möglichen Bereichen, auch zu naturwissenschaftlichen. Was ist Nacht? Wieso ist der Himmel blau? Wo sind die Schmetterlinge im Winter? Woher kommt der Regenbogen? Woher kommt der Strom? Was ist ein Stein? Was ist Zeit? …

Warum-Fragen fordern Antworten. Muss man als Kind zu lange auf die Antwort warten oder sind die Antworten unzureichend oder erweisen sich als falsch, kann das Interesse des Kindes verloren gehen. Das heißt nicht, dass die begleitenden Erwachsenen sofort jede Frage beantworten können müssen. Oft ist es viel spannender und fruchtbarer für das Kind, wenn sich die Erwachsenen zusammen mit ihnen auf die Suche nach Antworten machen. Es bedeutet aber schon, dass Erzieher und Erzieherinnen über eine möglichst breite Allgemeinbildung verfügen und die verschiedensten alltäglichen naturwissenschaftlichen Zusammenhänge in ihren Prinzipien kennen sollten.

Kinder erkunden die Welt in ihrem je eigenen Rhythmus. Man kann im Allgemeinen davon ausgehen, dass sie von sich aus die Fragen stellen, die für sie und ihre Entwicklung in diesem Moment wichtig sind. Kinder brauchen Zeit, um Fragen zu stellen, und sie brauchen Zeit, um die Antworten aufzunehmen. Dann wollen sie wieder mit Fragen in Ruhe gelassen werden. Aber Kinder brauchen und wollen auch Anregungen, Impulse, Gelegenheiten, immer wieder neue Erfahrungen zu machen und die vorhandenen Erfahrungen zu überprüfen. Das erfordert von den Erwachsenen, dass sie den Kindern auch immer wieder neue Themen „zumuten" und ihnen durch ein Feedback die Möglichkeit geben ihre Thesen zu überprüfen.

In ihren Erfahrungen stellen Kinder Beziehungen her zwischen sich und der Umgebung und zwischen den Dingen untereinander. Dabei stellen sie auch ohne weiteres kausale Zusammenhänge fest und bilden Hypothesen. Es sind dieselben Vorgänge, wie man sie von kreativen Prozessen her kennt.

Bei der Exploration der Welt entwickeln und trainieren die Kinder ihre Sinne, er-

„Das Höchste, was dem Menschen gelingen kann, ist das Erstaunen."
Goethe

forschen deren jeweilige Reichweite und Gültigkeit. Sie kombinieren ihre Sinne, verbinden und trennen sie wieder. Sie wollen z. B. alles anfassen, weil sie auch mit den Händen „sehen“.

Sie befassen sich mit Gegenständen und Geräuschen, mit verschiedenen Oberflächen, mit Formen und Farben, mit dem Ausdruck von Gesichtern. Erklärungen (und Ermahnungen) bewirken in der Regel nicht sehr viel. Sie müssen es **tun,** um aus der unmittelbaren eigenen und konkreten Erfahrung ihre ganz persönlichen Schlüsse zu ziehen. Erst auf der Grundlage eigener Erfahrungen können Erklärungsversuche sinnvoll sein. In diesem Zusammenhang machen strenge Verbote nur dann Sinn, wenn wirklich nur dadurch echter Schaden zu vermeiden ist.

Kinder interessieren sich sehr stark für naturwissenschaftliche Phänomene. Später, in der Adoleszenz, gilt das Interesse eher menschlichen Verhaltensweisen. Bekommen Kinder auf ihre Fragen nicht zur rechten Zeit Antworten, können sie entweder auf Medien zurückgreifen („Bildungssendungen“ im Fernsehen, Lexika u. a.) oder sie können bzw. müssen warten. Allerdings müssen sie sehr lange warten, wenn sie Informationen in der Schule erhalten wollen. Denn dort werden Physik und Chemie erst ab der Mittelstufe (zur Zeit der Adoleszenz) unterrichtet. Der Sachunterricht der Grundschule behandelt meistens eher biologische Themen.

FAZIT

Bei naturwissenschaftlicher Bildung im Kindergarten geht es weniger um ein festgelegtes Wissenscurriculum, welches man abarbeiten sollte. Vielmehr sollten an das angebotene Wissen und die Methoden qualitative Anforderungen gestellt werden:

- Das **Wissen** sollte wahr und relevant, für die Kinder von Bedeutung sein. Es sollte überprüfbar sein und hinterfragt werden können. Es sollte erfahrbar, nachvollziehbar und erklärbar sein und gleichzeitig neue Fragen provozieren. Es sollte erweiterbar und korrigierbar sein. Wissen sollte nicht schockieren. Das Wissen sollte ethisch vertretbar sein.
- Die Kinder sollten möglichst viel Wissen selbst erwerben und verstehen können. Die Wissensinhalte sollten sich an den Interessen der Kinder orientieren. Sie sollten geordnet werden und schließlich in Zusammenhängen stehen. Wissen sollte schließlich in einem Kontext stehen und den Kontext erschließbar machen.
- Kinder sind die Akteure ihrer eigenen Entwicklung und ihres eigenen Wissensweges.

Entwicklungsmodelle – Piaget und Erikson

INFO 7

Das Vorgehen in der Schule orientiert sich in der Regel am Stufenmodell Piagets. **Piaget** unterteilt die Entwicklung des Menschen in mehrere Phasen:
- die sensomotorische Phase (0–2 Jahre)
- die präoperationale Phase (2–4 Jahre: symbolisches, vorbegriffliches Denken und 4–7 Jahre: intuitives, anschauliches Stadium)
- die konkret operationale Phase (7–12 Jahre)
- die formal operationale Phase (12–15 Jahre)

Mit dem Abschluss der formal operationalen Phase gilt nach diesem Modell die Entwicklung des Menschen als beendet. Er ist dann erwachsen. Im Unterschied zu Steiners Philosophie, der den Menschen erst nach dem vierten Lebensjahrsiebt, also mit 28 Jahren, erwachsen nennt (vgl. Band 1, LF 3, Kap. 1: Ansätze und Konzepte).

Naturwissenschaften werden allgemein mit formal operationalen Prozessen in Verbindung gebracht. Es soll nach Formeln berechnet werden, mit welcher Geschwindigkeit der Apfel unten ankommen wird. Der Apfel wird dabei nicht mehr in die Hand genommen – geschweige denn gegessen.

Der formal operationale Umgang mit Naturwissenschaften ist jedoch nur **eine** Herangehensweise. Und wahrscheinlich wird sie nur dann richtig verständlich, wenn sie auf konkreten Erfahrungen und Erlebnissen aufbauen kann.

Bleibt man im Stufenmodell Piagets, ergeben sich zwei Schritte bei der Erarbeitung der Naturphänomene, wobei der zweite deutlich früher einsetzen kann, da heute eine Vorverlagerung der konkret operationalen Phase zu beobachten ist. Zunächst werden die Phänomene der umgebenden Natur erfahren. Die Kinder lernen möglichst viele Phänomene kennen und machen sich dabei eine Vorstellung von der Welt. Gleichzeitig entwickeln sie Konzepte und bilden Begriffe (z. B. was ist oben, unten, neben, vor, schwer, lang …). „Begriff" meint hier keine Vokabel, kein Wort, welches sich abfragen ließe. Es ist vielmehr zu verstehen als ein: *„Ich habe nun begriffen, was es bedeutet* (für mich, für die Welt)", *„ich habe nun verstanden, worum es hier geht und kann mich entsprechend verhalten."* Es geht um die Bildung kognitiver Konzepte. Die Kinder entwickeln eine Vorstellung von etwas, z. B. von „Masse", „Gleichgewicht" oder auch von „Fairness" und „Gerechtigkeit". Der zweite Schritt erst besteht dann in der naturwissenschaftlichen Deutung der Phänomene und im Entdecken und Nachvollziehen kausaler Zusammenhänge.

Bei der Begriffsbildung entwickeln die Kinder eine Vorstellung von etwas, z. B. von „Masse", „Gleichgewicht" oder auch von „Fairness" und „Gerechtigkeit".

Erik Erikson beschäftigt sich mit der **gesamten** Lebensspanne des Menschen vom Säuglingsalter bis zum Greis und sieht im Unterschied zu Piaget die kognitive Entwicklung nicht mit dem Ende der Adoleszenz als abgeschlossen an. Er vertritt eine ganzheitlichere Sichtweise des Menschen.

„Menschlicher Entwicklung liegt nach Erikson ein Prinzip des Wachstums zugrunde, das sich in allen Organismen beobachten lässt, nämlich eben jenes epigenetische Prinzip, das allgemein gesagt bedeutet, dass alles, was wächst, einen Grundplan hat, dem die einzelnen Teile folgen, wobei jeder Teil eine Zeit des Übergewichts durchmacht, bis alle Teile zu einem funktionierenden Ganzen zusammengewachsen sind."

Lück, S. 32

Nach dieser Auffassung verfügen auch kleine Kinder sehr wohl über kognitive Strukturen, mit denen sie die Welt auch rational erfassen können. Sie sind nicht so ausgeprägt, wie es bei Erwachsenen der Fall ist, aber sie sind auch vorhanden. Viele Beobachtungen stützen diese Auffassung. Wenn ein Kind beispielsweise bestimmte Handlungen oft wiederholt (es lässt Dinge aus dem Kinderwagen fallen) so lässt sich das ohne weiteres als eine konsequente Versuchsreihe interpretieren. Dabei werden immer wieder die Wirkungen einzelner Aktionen beobachtet – bis die Kinder wissen, wodurch sie eine bestimmte Wirkung hervorrufen können. Damit wiederum bewegen sie sich denkerisch bereits in kausalen Zusammenhängen.

9612308

Reifes Erwachsenenalter	Urvertrauen/ Misstrauen	Autonomie/ Scham	Initiative/ Schuldgefühl	Werksinn/ Minderwertigkeit	Identität/ Identitätsdiffusion	Intimität/ Isolierung	Generativität/ Selbstabsorption	**Integrität/ Lebensekel**
Erwachsenenalter	Urvertrauen/ Misstrauen	Autonomie/ Scham	Initiative/ Schuldgefühl	Werksinn/ Minderwertigkeit	Identität/ Identitätsdiffusion	Intimität/ Isolierung	**Generativität/ Selbstabsorption**	Integrität/ Lebensekel
Frühes Erwachsenenalter	Urvertrauen/ Misstrauen	Autonomie/ Scham	Initiative/ Schuldgefühl	Werksinn/ Minderwertigkeit	Identität/ Identitätsdiffusion	**Intimität/ Isolierung**	Generativität/ Selbstabsorption	Integrität/ Lebensekel
Adoleszenz	Urvertrauen/ Misstrauen	Autonomie/ Scham	Initiative/ Schuldgefühl	Werksinn/ Minderwertigkeit	**Identität/ Identitätsdiffusion**	Intimität/ Isolierung	Generativität/ Selbstabsorption	Integrität/ Lebensekel
Schulalter	Urvertrauen/ Misstrauen	Autonomie/ Scham	Initiative/ Schuldgefühl	**Werksinn/ Minderwertigkeit**	Identität/ Identitätsdiffusion	Intimität/ Isolierung	Generativität/ Selbstabsorption	Integrität/ Lebensekel
Spielalter	Urvertrauen/ Misstrauen	Autonomie/ Scham	**Initiative/ Schuldgefühl**	Werksinn/ Minderwertigkeit	Identität/ Identitätsdiffusion	Intimität/ Isolierung	Generativität/ Selbstabsorption	Integrität/ Lebensekel
Kleinkindalter	Urvertrauen/ Misstrauen	**Autonomie/ Scham**	Initiative/ Schuldgefühl	Werksinn/ Minderwertigkeit	Identität/ Identitätsdiffusion	Intimität/ Isolierung	Generativität/ Selbstabsorption	Integrität/ Lebensekel
Säuglingsalter	**Urvertrauen/ Misstrauen**	Autonomie/ Scham	Initiative/ Schuldgefühl	Werksinn/ Minderwertigkeit	Identität/ Identitätsdiffusion	Intimität/ Isolierung	Generativität/ Selbstabsorption	Integrität/ Lebensekel

Entwicklung des Menschen nach Erikson (vgl. Lück, S. 33)

Das Durchlaufen der verschiedenen Stadien steht in Wechselwirkung zu kulturellen und sozialen Gegebenheiten. Eine „Krise" tritt immer dann notwendig ein, wenn durch die Reifung einer neuen Fähigkeit eine frühere Form überformt wird. Krisen stellen für Erikson somit positive Entwicklungsimpulse dar.

Im Kindergarten lernen Kinder, sich freier und kraftvoller zu bewegen, und erweitern stark ihr Tätigkeitsfeld. Sie vervollkommnen ihr Sprachvermögen und erweitern zusammen mit der Bewegungsfreiheit und der Sprache auch ihre Vorstellungswelt. Die Kinder werden zunehmend autonomer und wollen auch „groß" werden. Sie wollen die „Dingwelt" in den Griff bekommen, selbsttätig sein und selbstständig werden. Parallel zu der Eroberung der Welt bauen sie hier auch ihr Selbstbewusstsein auf.

Das Experimentieren und das Deuten unterschiedlicher Experimente gibt den Kindern schließlich das Gefühl, Situationen beherrschen zu können. Gleichzeitig können sie so auch ihre (vorläufigen) Grenzen erfahren und begreifen. Sie erproben ihr handwerkliches Geschick, entwickeln ihre Grob- und Feinmotorik weiter und schaffen sich dabei eine breitere Basis für Wissen und spätere intellektuelle Fähigkeiten.

9.2 Die Rolle der Erzieherinnen und Erzieher

Erzieherinnen und Erzieher sind IMMER Vorbilder!

Erzieherinnen und Erzieher sind **immer** Vorbilder. Durch ihr Tun und ihr Verhalten – und sie können sich nicht nicht verhalten – geben sie immer Beispiel. Allein durch ihre Persönlichkeit vermitteln sie, was Erwachsene wissen und können und wie sie mit Problemen und Situationen umgehen. Die Art und Weise, in der sie sich mit naturwissenschaftlichen Dingen befassen, vermittelt den Kindern, wie „man sich mit naturwissenschaftlichen Dingen eben befasst“.

Das ist ein Problem in erzieherischen Berufen. Denn Personen, die solche Berufe ergreifen, tun das in der Regel, weil sie sich mehr für Kinder interessieren und weniger für Naturwissenschaften. Mitunter waren die eigenen Erfahrungen mit den Naturwissenschaften in der Schule nicht unbedingt nur positiv. Diese Erfahrungen beeinflussen die innere Einstellung gegenüber naturwissenschaftlichen Fragestellungen mit. Wie wurden die entsprechenden Lehrer erlebt? Welches waren die Lieblingsfächer und welches die Angstfächer in der Schule? Bei welchen Themen konnten Erfolgserlebnisse gesammelt werden?

Grundsätzlich sollten es Erzieherinnen und Erzieher schaffen, (wieder) ein grundsätzliches Interesse an den Phänomenen der Welt zu entwickeln, neugierig zu sein, Fragen zu stellen und Antworten zu suchen. Das sollte eine innere Grundhaltung sein, die mit der der Kinder korrespondiert. Eine solche Grundhaltung wäre gleichzeitig die Grundhaltung eines Forschers. Diese könnten die Kinder übernehmen und weiterentwickeln.

INFO 1 Sachwissen – Straßen-„Kreide“ herstellen

„Kreide“ oder auch die Kreidezeit war das erdgeschichtliche Zeitalter am Ende des Mesozoikums (Erdmittelalter). Sie begann vor ca. 135 Millionen Jahren im Anschluss an das Jura und endete vor ca. 65 Millionen Jahren mit dem Beginn des Tertiär. Während des Mesozoikums brach der Urkontinent Pangäa auseinander und gegen Ende der Kreidezeit hatten sich die jetzigen Kontinente mit ihren bekannten Umrissen geformt.

Die Kreidezeit war die Zeit der Saurier, die vor 65 Mio. Jahren ausstarben. Zur Erklärung gibt es verschiedene Theorien. Die gängigste ist, dass sich durch den Einschlag eines sehr großen Meteoriten die Umweltbedingungen so stark änderten, dass es den Sauriern nicht mehr möglich war, sich anzupassen.

Gipsfarben

Kreide, Kalziumkarbonat ($CaCO_3$), bildet in der Natur drei Gesteinssorten, die chemisch zwar gleich sind, die sich aber sonst in mancherlei Hinsicht unterscheiden.

Kreide ist ein feines Sedimentgestein, welches durch die Ablagerung von Schalen fossiler Kleinlebewesen entstanden ist.

Auch **Kalkstein** ist biologischen Ursprungs. Kalkstein ist wasserlöslich, weshalb sich in Höhlen Tropfsteine bilden können, sofern die höheren Gesteinsschichten kalkhaltig sind. Er ist aber stärker verfestigt und damit härter als die Kreide.

Marmor ist ein grobkristallines, metamorphes Gestein, welches entsteht, wenn Kreide oder Kalkstein unter dem Einfluss hoher Temperaturen und Drücke umkristallisiert werden. Das geschieht in der Regel im Erdinneren. Durch Vulkanismus gelangt das Material dann wieder an die Erdoberfläche. Der reinweiße „Statuario“, die Marmorsorte, aus der Michelangelo seine Skulpturen fertigte, kommt nur im italienischen Carrara vor. Daher ist er sehr wertvoll.

Gips ist ein weißes Sulfatmineral des Kalziums mit der Formel $CaSO_4 \cdot 2H_2O$. Man nennt es auch Kalziumsulfat (also nicht

9612310

Kalziumkarbonat). Es ist wasserunlöslich und weich. Gips kommt sowohl massiv als auch in feinkörniger Form als farbloser, weißer, roter oder grauer Alabaster vor (aus dem in manchen Kirchen wunderschöne Fenster gefertigt sind), feinfasrig als Fasergips oder als durchsichtiger Selenit. In Chihuahua (Mexiko) wurden bis zu 15 m lange Gipskristalle gefunden. Gips wurde schon seit der Antike und früher als Baumaterial verwendet. Er findet sich in den Pyramiden von Gizeh ebenso wie in der Alabastermoschee in Kairo oder unseren modernen REA-Gips-Platten.

Die Entdeckung, dass durch Erhitzen eine Substanz entsteht, die mit Wasser vermischt wieder aushärtet, verdanken wir den Römern. Wird der Gips auf über 110 °C erhitzt, so verliert er das Kristallwasser und es entsteht gebrannter Gips. Wird dieser wieder mit Wasser vermischt, so nimmt er das Wasser wieder auf und erhärtet dabei. Bei diesem chemischen Prozess entsteht spürbar Wärme. Im Prinzip härtet Gips auch unter Wasser, nur hat dann die Gesamtmasse für sich so wenig Verbund, dass sie zerfällt, wenn sie trocknet.

Da Gips ein weiches Material ist, welches relativ einfach verarbeitet werden kann, lassen sich damit unter Beimengung verschieden farbiger Pigmente auch gut Malblöcke herstellen, mit denen man gut auf Straßen oder steinigen Oberflächen zeichnen kann.

Man braucht:
- Gips
- Messbecher
- (Plastik-)Becher, Tassen o. Ä.
- Löffel oder Spatel
- Pigmente
- Klopapierrollen
- Kunststofffolie als Unterlage

Die Arbeitsweise:
Man mischt in einem Gefäß ca. 200 ml Wasser mit 14 gehäuften Esslöffeln Gips und 1–2 Esslöffeln Pigment (Farbpulver). Dabei gibt man zuerst das Wasser in das Gefäß und mischt dann Gips und Pigment unter, bis eine breiige Masse entsteht. Das dauert 2–3 Minuten. Anschließend wird die Masse in eine Klopapierrolle gefüllt oder mit den Händen zu Wulsten, Kugeln oder anderen Formen geformt. Der gesamte Arbeitsprozess sollte sehr zügig (aber nicht hektisch) vonstatten gehen, da der Brei relativ schnell härtet und dann nicht mehr formbar ist. Dabei handelt es sich um einen chemischen Prozess und nicht um ein einfaches Trocknen. Aus diesem Grunde sollte man auch nur so viel Gips anrühren, wie man in einem Arbeitsgang innerhalb von 10 Minuten verarbeiten kann. Der Gipsbrei, der nicht mehr verarbeitet werden kann, wird parallel im Gefäß aushärten.

Es ist gleichzeitig wichtig, auf ein relativ exaktes Mischungsverhältnis zu achten. Nimmt man zu wenig Wasser, so können einzelne Bereiche in der Gesamtmasse nicht mit dem Wasser reagieren und bleiben pulverig. Verwendet man zu viel Wasser, so zögert das nicht den Härtungsprozess hinaus, sondern die Gesamtmasse hat schließlich nur zu wenig Verbund und zerfällt mangels Festigkeit. Hat man das richtige Mischungsverhältnis verwendet, so ist der handgeformte Malblock in ca. 15 Minuten einsatzbereit. Bei dem gegossenen Malblock kann nach ca. 20 Minuten die Papprolle entfernt werden. Zum vollständigen Durchtrocknen brauchen die Blöcke je nach Wetter einen oder mehrere Tage. Sie können dann beliebig lange gelagert werden.

Achtung! Gips reizt die Haut! Es ist daher sinnvoll, entweder Gummihandschuhe zu tragen oder die Hände vor der Arbeit gut einzucremen. Man sollte auch den Kontakt mit den Augen vermeiden.

Machen Sie sich mit den unterschiedlichen Eigenschaften der Materialien und Werkzeuge vertraut, mit denen Sie täglich umgehen. Welche Farben sind wasserlöslich, welche nicht? Welche sind giftig? Welche Lösungsmittel gibt es in Ihrer Umgebung und wofür kann man sie verwenden? Was sind elektrische Leiter und womit kann man isolieren?

INFO 2 Was unsere Einstellungen prägt

Neben der Schule gibt es in vielen anderen Lebensbereichen prägende Erlebnisse, die unsere Einstellungen formen. Daraus entstehen Selbstkonzepte und unterschiedliche Deutungsmuster der Welt.

Das erste Mal am Meer: War es erschreckend, berauschend, beeindruckend? Ging der Kopf unter Wasser und brannte das Salz in den Augen? Oder war da eher der erfüllte Mittag zusammen mit den Eltern? Was löste diese Naturgewalt in mir aus? Machte sie neugierig oder schüchterte sie ein?

Wie wurde in der Familie damit umgegangen? Mahnten die Eltern oft zur Vorsicht? Waren sie selbst ängstlich? Welche Erwartungen wurden an mich als Kind herangetragen? Welche Rollen wurden zugeschrieben? Auch heute werden Klischees von typischem Mädchen- und Jungenverhalten vermittelt. Mädchen wird in der Regel weniger naturwissenschaftliches Verständnis zugebilligt und sie gehen seltener in technische Berufe. Welche Erwartungshaltungen und Rollen wurden übernommen?

Will man Kindern Naturwissenschaften näher bringen, so beginnt die Arbeit mit der Überprüfung des eigenen Standpunktes. Das kann aus Abstand und ohne den Leistungsdruck schulischer Noten leichter gelingen. Gegebenenfalls macht es Sinn, die eigenen Standpunkte zu wechseln oder anders zu gewichten. Gehen die Erzieher mit Vorbehalten an Naturwissenschaften heran, so ist die Gefahr groß, dass die Kinder zunächst eben diese Vorbehalte übernehmen. Damit sänken ihre Chancen, sich später konstruktiv und kritisch mit naturwissenschaftlichen Problemen auseinander setzen zu können.

Die Überprüfung der eigene Standpunkte meint nicht, dass allumfassend schulisches und naturwissenschaftliches Wissen nachgearbeitet werden sollte. Obwohl entsprechende Sachkenntnis die Arbeit mit den Kindern erheblich erleichtern kann, geht es vor allem darum, wieder grundsätzliche Neugier und Aufgeschlossenheit zu entwickeln. Mindestens sollten Erzieher und Erzieherinnen über naturwissenschaftliche Zusammenhänge so viel wissen, wie Kinder wissen können.

FAZIT

Die persönlichen Standpunkte der Erzieher beeinflussen die Standpunkte und Grundannahmen der Kinder. Erzieher und Erzieherinnen brauchen ein fundamentales Basiswissen über naturwissenschaftliche Zusammenhänge. Mindestens brauchen sie eine gewisse Offenheit gegenüber naturwissenschaftlichen Fragestellungen und Vorgehensweisen, um eben diese Offenheit an die Kinder weitergeben zu können.

„Um sein Nichtwissen wissen, ist das Höchste. Um sein Wissen nicht wissen, ist krankhaft.“ Lao Tse

INFO 3 Was Kinder wissen können

Der kleine Jakob lehnt über dem Spülbecken und lässt verschiedene Schiffe zu Wasser: Walnussschalen, einen Radiergummi, die Zitronenpresse, Plastik-

9612312

becher … „Was macht er da eigentlich? Unternimmt er gerade eine Erkundung zum Thema Masse, Dichte und Volumen? Vielleicht geht es ihm um das archimedische Prinzip. Oder versucht Jakob vielmehr Effekte der Schwerkraft auszuloten? Oder ist er am Ende zu einem ganz anderen Kontinent aufgebrochen? …“ (Laewen/Andres, S. 10).

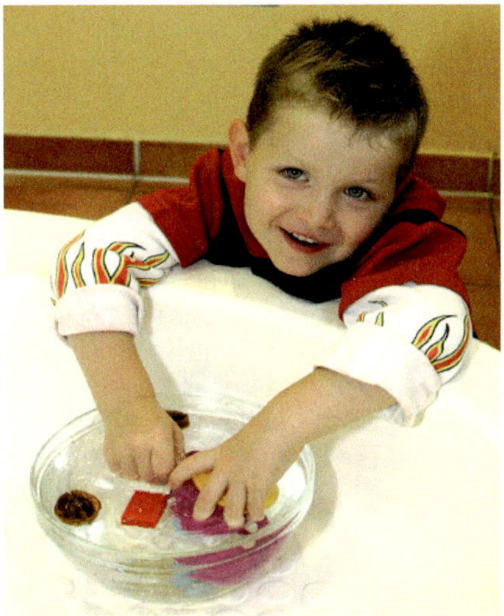

Bei seinem kindlichen Spiel eignet sich dieser Junge ein komplexes naturwissenschaftliches Wissen an. Gleichzeitig vergleicht er sein bisheriges Vorwissen mit den in den aktuellen Experimenten gewonnenen neuen Erfahrungen. Er arbeitet systematisch, konzentriert, ausdauernd und konsequent.

Es ist eine Sache, sich klar zu machen, zu welchen Wissenschaften ein Kind momentan in seinem „Spiel“ forscht. Mit hoher Wahrscheinlichkeit eignet es sich dabei auf den unterschiedlichsten Gebieten gleichzeitig Wissen und Erfahrung an. In der Physik (Auftrieb), der Chemie (Wasser), der Geschichte (neue Kontinente und Abenteuer) oder der Soziologie.

Eine andere Sache ist es, das auch zu sehen. Das erfordert von den begleitenden Erwachsenen wache Aufmerksamkeit. Es kommt darauf an, im richtigen Moment zu sehen, womit sich ein Kind wirklich beschäftigt, um dann mit Impulsen darauf eingehen zu können, mit entsprechenden Äußerungen dem Kind vielleicht nur bewusst zu machen, womit es sich gerade beschäftigt und welche Leistung es gerade vollbringt. Das bedeutet den Fokus der Beobachtung weg von den „Defiziten“ der Kinder hin auf ihre Kompetenzen und Lernchancen zu richten.

Ein Drittes ist es, selbst etwas zu diesen Dingen zu wissen und dieses Wissen präsent zu haben. Wieso kann man aus Eisen Schiffe bauen, obwohl Eisen an sich nicht schwimmt? Wer war eigentlich Archimedes? Wieso „kleben“ kleine schwimmende Gegenstände auf dem Wasser aneinander? Mögen sie sich? Wie kommt das Wasser von der Wurzel in die Spitze eines Baumes (Kapillarwirkung) und wieso kommt aus einem Wasserhahn im 2. Stock genauso Wasser wie im Erdgeschoss, obwohl es keine Pumpe gibt (Prinzip der kommunizierenden Röhren)? Wie funktioniert ein Stromkreis und wo befindet sich in der Einrichtung der Sicherungskasten?

Im Allgemeinen ist das Interesse für solche Fragen bei Menschen, die in sozialen Bereichen arbeiten und arbeiten wollen, leider (aber verständlicherweise) eher gering. Sonst hätten sie sich schließlich für einen anderen Beruf entschieden. Oft sind mit naturwissenschaftlichem Wissen entsprechend auch nicht gerade die besten Schulerfahrungen verbunden. Unangenehme Erfahrungen und Misserfolgserlebnisse sind keine gute Grundlage für erfolgreiche Lernprozesse. Erzieherinnen und Erzieher sind in einem solchen Fall

INFO 3
Fortsetzung

gut beraten hier als Erwachsene einen Neustart zu wagen. Es geht darum, sich wieder neu für unterschiedliche beobachtbare natürliche Phänomene zu sensibilisieren und die umgebende Welt nicht einfach als eine Selbstverständlichkeit hinzunehmen, sondern Fragen zu stellen. Es geht darum, sich einfache (oder auch etwas kompliziertere) Zusammenhänge neu klar zu machen. Es geht um konkrete Erkenntnisse und Erfahrungen. Es geht darum, sich selbst naturwissenschaftliche Erfolgserlebnisse zu verschaffen und zu gönnen und sich damit in die Lage zu versetzen, dies auch Kindern zu ermöglichen. Wie funktioniert der Wasserkreislauf der Erde und welche Rolle spielen dabei die Wolken? Wie sieht unser Blutkreislauf aus und wie kann ich den Puls messen? (Kleben Sie sich mit Plastilin einen Strohhalm auf die Pulsader am Handgelenk.) Wie heißen Pflanzen in der Umgebung der Einrichtung und welche davon sollte man nicht essen? Was ist ein Hebel und was kann man damit machen (Wippe)? … Der Lohn der Arbeit liegt neben einem erweiterten Verständnis für die Welt auch in den vielen neuen Projektideen, die mit hoher Wahrscheinlichkeit entstehen.

FAZIT

Wer Kinder im naturwissenschaftlichen Bereich fördern will, sollte sich einige (kindliche) Grundhaltungen wieder neu zu Eigen machen: Neugier, Unvoreingenommenheit, Offenheit und den Wunsch, immer wieder Neues dazulernen zu wollen.

9.3 Naturwissenschaften in Tageseinrichtungen für Kinder

Will man naturwissenschaftliche Erlebnisse in Kindergärten ermöglichen und als einen Aspekt der Bildungsarbeit berücksichtigen, so sind neben den Kindern, entwicklungspsychologischen Zusammenhängen und der Persönlichkeit des Erziehers oder der Erzieherin eine Reihe von **Rahmenbedingungen** zu bedenken. Zunächst sieht die pädagogische Arbeit bei unterschiedlichen pädagogischen Konzepten verschieden aus. Die unterschiedlichen Konzeptionen haben bereits Folgen für die räumlichen Bedingungen. Bei einer Einrichtung mit festen Stammgruppen wird sich vieles in einem Raum abspielen. Eine offene Einrichtung verfügt über verschiedene speziell ausgestattete Funktionsbereiche, die oft von spezialisierten Mitarbeiterinnen betreut werden.

Im Kindergartenteam wird es unterschiedliche Interessen und Erfahrungen geben, die nicht immer einfach in Einklang zu bringen sind. Eventuell gibt es Vorbehalte gegen eine „naturwissenschaftliche“ Bildung. Es kann motivationale Probleme geben, da die Umsetzung naturwissenschaftlicher Inhalte zunächst einen Arbeitsaufwand bedeutet. Grundsätzlich wird es schwierig, wenn kein gemeinsam getragenes Konzept zustande kommt.

Eltern bringen zum Teil Vorbehalte mit und wollen den Kindern ihre Kindheit erhalten. Sie meinen vielleicht, es genüge, wenn der Stress in der Schule beginnt. Manche Eltern finden solche Bildungsinhalte zwar gut, fühlen sich jedoch überfordert, weil sie selbst zu wenig zu wissen glauben. Andere Eltern wiederum tragen besondere Anforderungen an die Kinder und den Kindergarten heran und erwarten, dass die Kinder mit Wissen vollgestopft in die Schule kommen, um dort dann bessere Startchancen zu haben.

Ein Konzept, welches den Kindern Naturwissenschaften erfahrbar machen soll, braucht die Akzeptanz möglichst vieler Beteiligter, im Team, bei der Elternschaft

9612314

und beim Träger. Das heißt, es bedarf einer Reihe von Vorgesprächen und Elternarbeit. Dabei können auch die Ressourcen erkundet werden, die zur Verfügung stehen. Vielleicht sind Eltern Wissenschaftler und können die Kinder im Kindergarten besuchen. Oder es gibt Kontakte zu Hochschulen, Museen oder zu Künstlern. Vielleicht lassen sich über Kontakte einfacher und billiger verschiedene Materialien organisieren. Der Träger muss einen gewissen finanziellen Rahmen bereitstellen.

Man behält
10 % von dem, was man nur hört,
20 % von dem, was man nur sieht,
50 % von dem, was man hört und sieht und
80 % von dem, was man hört, sieht und tut!

Der Raum

INFO 1

NEBEN DEN ANDEREN KINDERN UND DEN BEGLEITENDEN ERWACHSENEN IST DER RAUM DER WICHTIGSTE „MITERZIEHER".

Naturwissenschaftliche Forschung geschieht normalerweise in Laboratorien. Für verschiedene Tätigkeiten braucht man oft spezialisierte Räume. Sportler üben in Hallen, Künstler arbeiten in Ateliers, Schauspieler benötigen eine Bühne, Musiker Proberäume. Der Raum stimmt auf die jeweilige Tätigkeit ein und unterstützt sie. Mit seiner Atmosphäre erzeugt er eine eigene Stimmung. Neben den anderen Kindern und den begleitenden Erwachsenen ist der Raum der wichtigste „Miterzieher".

Gleichzeitig muss der Raum den spezifischen Anforderungen der Tätigkeit entsprechen. Räume für naturwissenschaftliche Erfahrungen sollten gut beleuchtet werden können. Eine Neonbeleuchtung ist diffus und erzeugt ein kaltes, leicht flackerndes Licht, was bei genauen Beobachtungen störend sein kann. Günstig ist es, wenn einzelne Arbeitsplätze über eine eigene Lichtquelle verfügen. Das **Arbeitslicht** sollte in der Regel von links kommen, damit bei Rechtshändern nicht der Schatten der eigenen Hand auf die Arbeitsfläche fällt. Gut ist es, wenn der Raum über ausreichend Tageslicht verfügt. Fenster können groß sein und eine Fensterbank besitzen. Gleichzeitig ist es für viele Experimente und Erlebnisse von Vorteil, wenn man den Raum auch vollständig abdunkeln kann.

Arbeitsflächen brauchen eine kindgerechte Höhe. Sie müssen belastbar und gut zu reinigen sein. Die Größe richtet sich vor allem nach den Experimenten. Die Kinder sollten selbstständig als auch in kleinen Gruppen arbeiten können. Stehen Tische an der Wand, empfiehlt sich ein Spritzschutz (indem z. B. auf Schulterhöhe der Kinder eine Folie angebracht wird). Die Tische müssen standfest sein. Um besser sehen zu können, krabbeln Kinder schon auch einmal spontan auf den Tisch. Es müssen keine Werkbänke sein, aber es sollte möglich sein, bei Bedarf auch einmal eine Schraubzwinge anbringen zu können.

In einem Laboratorium braucht man **Wasser.** In einem tieferen Waschbecken mit schwenkbarem Hahn kann man auch Eimer oder Wannen leicht mit Wasser füllen. Da Wasser sehr schwer ist, braucht man Abstellflächen in gut erreichbarer Nähe. Der Abguss sollte stets frei sein.

Wenn Wasser in Wannen ist, geht es auch leicht auf den **Boden.** Bei vielen Bodenbelägen besteht dann erhöhte Rutschgefahr. Verschüttetes Wasser sollte man so rasch wie möglich aufnehmen. Das kön-

INFO 1
Fortsetzung

nen auch Kinder. Der Raum sollte im Allgemeinen den Belastungen standhalten, da es die Experimentierfreude stark hemmt, wenn zu viele Vorsichtsmaßnahmen und Regeln beachtet werden müssen.

Mit **Strom** sollte sehr überlegt umgegangen werden. Ein Laboratorium braucht Steckdosen an den richtigen Stellen, nämlich dort, wo Lampen, Computer, Bügeleisen, Wasserkocher usw. gebraucht werden. Das ist in der Regel in der Nähe der Arbeitsplätze, auch in der Nähe von Wasser. Alle elektrischen Installationen müssen unbedingt den Standards entsprechen und bei Beschädigungen sofort verschlossen und repariert werden. Die Erzieherinnen und Erzieher müssen wissen, wie sie sich bei Stromunfällen zu verhalten haben und auch, wo sich die entsprechenden Sicherungen befinden und wie damit umzugehen ist.

Manchmal braucht man Strom ausgerechnet dort, wo keine Steckdose ist. Man verwendet dann ein entsprechendes Verlängerungskabel. Dieses kann leicht zu einer Stolperfalle werden. Zur Planung von Funktionsbereichen gehört, dass man sich auch überlegt, auf welchen Wegen sich die meisten Personen im Raum bewegen werden. Solche Wegstrecken hält man besser frei und platziert dort keine Möbel oder Ablagen oder eben Verlängerungskabel.

FAZIT

Der Raum sollte entsprechend den in ihm ausgeübten Aktivitäten belastbar sein. Es behindert die jeweiligen Aktivitäten, wenn zu viele Regeln oder Verbote beachtet werden müssen.

INFO 2 Die Atmosphäre

Die Atmosphäre wirkt auf die Personen im Raum und regt bestimmte Verhaltensweisen an.

Die **Atmosphäre** wirkt auf die Personen im Raum und regt bestimmte Verhaltensweisen an. Das gilt nicht nur für Kinder, sondern auch für Erwachsene. Saubere und geordnete Arbeitsplätze regen zu strukturiertem und überlegtem Vorgehen an. Im Vorlauf einer Experimentierphase kann es allerdings leicht zu Unordnung kommen. Das behindert die Arbeit der Kinder und ihre Lernprozesse nicht unbedingt. Im Gegenteil: Oft ist es schädlicher, die Kinder mit irgendwelchen Ordnungshinweisen aus ihrer Konzentration zu reißen. Ein Experiment verläuft dann gut, wenn die Kinder sich so auf ihre Forschung einlassen, dass sie die Welt um sich herum vergessen, wenn sie sich ganz der Sache widmen. Wichtiger ist es, den Raum immer wieder, auch mit den Kindern zusammen, in einen einladenden Zustand zu bringen.

Ein Experiment verläuft dann gut, wenn die Kinder sich so auf ihre Forschung einlassen, dass sie die Welt um sich herum vergessen und sich ganz der Sache widmen.

Die Schrankinhalte sollten den Kindern zugänglich sein, es sei denn, es handelt sich um giftige oder sehr gefährliche Dinge. Es macht Sinn, mit den Kindern zusammen brauch-

9612316

bare **Ordnungssysteme** zu entwickeln und umzusetzen.

Wo bringt man am günstigsten Papiere, Stifte und Farben unter? Wo Schüsseln und Becher? Wo Löffel, Messer, Schaber ...? Wie sollen die Plätze beschriftet werden, welche Symbole will man verwenden? – Es gibt kein „richtiges" Ordnungssystem. Die Ordnung muss sich an den räumlichen Bedingungen, den Experimenten, den Interessen der Kinder und der Konzeption der Einrichtung ausrichten. Günstig ist es, Ordnungen und Regeln zusammen mit den Kindern zu entwickeln. Die unterschiedlichen Dinge sollten dann ihren Platz bekommen und auch dort zu finden sein. Im Laufe der Zeit wird man vielleicht feststellen, dass sich eine Ordnung nicht bewährt und dass sie verbessert werden kann. Wird der Raum dann entsprechend umstrukturiert, ist allein dieses Vorgehen bereits ein wissenschaftliches. Die gegebene Situation wird analysiert, positive und negative Aspekte werden herausgearbeitet. Dann werden Verbesserungsvorschläge erarbeitet (Hypothese) und in einer ersten Phase ausprobiert (Versuch). Haben sie sich bewährt (Verifikation), setzt man sie dauerhaft um – und behält die Gesamtsituation weiter im Auge.

Zu naturwissenschaftlicher Forschung gehört die Dokumentation. Dazu gibt es unterschiedliche Möglichkeiten. Eine besteht in Form von **Präsentationsflächen** im Raum. An ihnen können Zeichnungen, Skizzen oder Bilder angebracht sein, die zu unterschiedlichen Forschungen entstanden sind. Vielleicht ist ein Versuchsaufbau angezeichnet oder es befindet sich dort eine Anzahl von Fotos, die während einer Experimentierreihe entstanden sind. Eventuell wird dasselbe Experiment wiederholt durchgeführt und entsprechende Fotos untereinander angebracht. Solche Flächen schaffen auch Atmosphäre und würdigen die Arbeit der Kinder.

Letztlich kann die Verwaltung des Raumes natürlich nicht bei den Kindern liegen. Damit wären sie überfordert. Es muss im Team geklärt werden, wer für den Raum letztlich zuständig ist. Dazu gehört ein regelmäßiger Blick auf die Ausstattung und den Zustand von Installationen und Geräten.

Viele Experimente führt man am sinnvollsten im Freien durch. Für diesen Fall ist es gut, einen speziellen **„Koffer"** zu haben, in dem sich einige praktische Dinge befinden: Lupen, Messer, Skalpelle, Draht, Bindfaden und Garn, ein längeres Seil, Klebstoff, Nägel, Schrauben, Hammer und Schraubendreher, Papier und Stifte, ein Feuerzeug, Kompass, eventuell eine Karte der Gegend, ein Magnet, eine Plastikplane, Säge und Axt, Erste-Hilfe-Packung, das Handy. Die Ausstattung richtet sich nach dem, was man vorhat, sie sollte aber auch eine Bandbreite spontaner Forschungen und Aktionen ermöglichen.

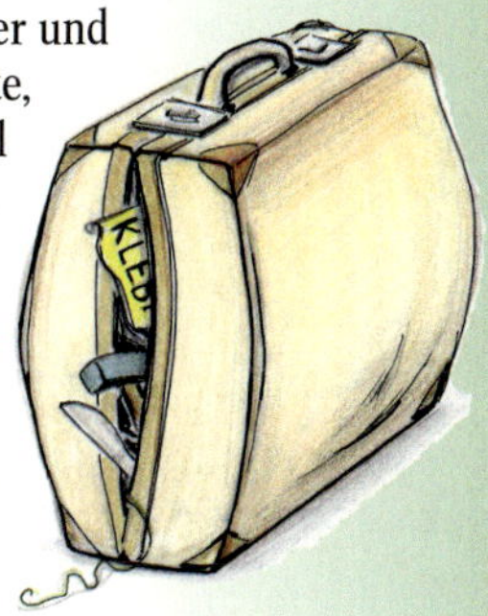

Das gilt auch für die **Ausstattung** des Experimentierraumes. Die meisten Dinge, mit denen experimentiert wird, sollten aus der direkten Lebensumwelt der Kinder stammen. Becher, Löffel, Metalle, Plastilin, Holz, Kämme, Tücher ... Für manche Experimente benötigt man allerdings etwas aufwändigere Geräte. Neben einem Satz guter und großer Lupen (aus Glas, Verkleinerungs- und Vergrößerungsgläser) sollte es eine genaue Waage geben (gute Küchenwaage und Personenwaage), für Messungen mit geringeren Gewichten eine Federwaage (gibt es im Bereich für wenige Gramm bis hin zu Waagen für einen Zentner). Diese Geräte sollen nicht daran hindern, mit den Kindern zusammen auch Messinstrumente, z. B. Waagen, zu erfinden. Die Wippe ist im Grunde eine Waage.

Ein Laboratorium braucht eine weiße Wand für Projektionen und ein Mikroskop. Inzwischen gibt es erschwingliche Mikroskope, die sich auch an einen Computer anschließen lassen. In diesem Fall können mehrere Kinder gleichzeitig die

Info 2
Fortsetzung

Vorlage im Mikroskop betrachten und bei Bedarf auch schnell ausdrucken. Allerdings muss man den Einsatz eines Computers sehr genau bedenken und planen. Zwar sollen Kinder keine Scheu vor dem Computer entwickeln und lernen ihn als eine Kulturtechnik einzusetzen. Aber es ist gut, wenn man den Computer beherrscht und ihm nicht ausgeliefert ist.

Info 3 Informationsquellen

Das „Blättern“ in Büchern ist für Kinder eine sehr effektive Such-, Finde- und Lernstrategie.

„Ich suche nicht – ich finde!“
Pablo Picasso

Es macht Sinn, in einem Laboratorium leicht zugänglich **Nachschlagewerke** zu haben. Das können zwar Lexika auf CD-Rom sein, Bücher haben aber den Vorteil, dass man sie entsprechend auswählen (kaufen) und in ihnen gezielter suchen kann. Das „Blättern“ ist für Kinder eine sehr effektive Such-, Finde- und Lernstrategie, da sie oft nicht wissen können, unter welchen Stichwörtern sie suchen sollen. Gleichzeitig lassen sich bereits aus Bildern viele Informationen gewinnen, auch wenn man noch nicht lesen kann.

Mit Büchern kann man sich in einen stillen Winkel zurückziehen und „schmökern“. In ihnen zu lesen, ist in der Regel weniger anstrengend als das Lesen am Bildschirm. Oft sind in Büchern auch mehr und umfangreichere Information zu finden. Bücher sind unkomplizierter und ihre Information schnell und spontan verfügbar. Und die Kinder können sie selbstständig nutzen (vgl. auch LF 4, Kap. 4: Literatur).

Es gibt „Visuelle Lexika“. In ihnen sind Bilder zu bestimmten Themenbereichen geordnet und erklärt. Dort können sich Kinder beispielsweise damit vertraut machen, aus welchen Teilen ein Fahrrad zusammengebaut ist und wie diese Teile heißen. Über die Abbildungen werden sie auch in die Lage versetzt die entsprechenden Teile an ihrem eigenen Fahrrad wiederzuerkennen. Kleinere Kinder haben hier die Möglichkeit, sich anstelle von Wörtern, die sie noch nicht lesen können, an Abbildungen zu orientieren, zu denen sie die Erzieherinnen dann befragen können. Lexika und Nachschlagewerke gibt es für unterschiedliche Altersgruppen. Das schlägt sich in der Auswahl der Themen nieder, in der Art der Bebilderung und vor allem in der Sprache. Man sollte darauf achten, dass die jeweiligen Zusammenhänge und Informationen korrekt sind. Das ist längst nicht immer der Fall. Manchmal sind Zusammenhänge so vereinfacht dargestellt, dass sie nicht mehr stimmen und nicht sinnvoll nachvollzogen werden können. Gute Bücher sollte man sehr sorgfältig hüten. Eine wichtige Informationsquelle für die Kinder sind allerdings nach wie vor die Erzieher und Erzieherinnen.

Neben Nachschlagewerken erweisen sich in einem Laboratorium auch Informationen zu verschiedenen Wissenschaftlern und Erfindern, z. B. in Form von Biografien, als hilfreich. Vor allem aber sollten hier Experimentierbücher sein. Auch von diesen ist der Markt inzwischen überschwemmt. Gute **Experimentierbücher** haben ausreichende Beschreibungen und Bebilderungen, sodass die Kinder die meisten Versuche selbstständig durchführen können. Die Experimente sollten im Großen dem Erfahrungsbereich der Kinder entnommen und die naturwissenschaftlichen Zusammenhänge sollten klar dargestellt sein. Eine Formelsammlung ist im Kindergarten nicht angebracht. Für die Kinder von Vorteil ist es aber, wenn auch die heutigen technischen Anwendungen eines naturwissenschaftlichen Phänomens verdeutlicht werden. Die Experimente sollten so offen sein, dass sie vielfältige Beobachtungen ermöglichen. Sie sollten zu weiteren Fragen anregen und weitere Experimente provozieren.

Leider sind viele Experimente nur mit hohem Aufwand durchführbar, was in manchen Experimentsammlungen nicht be-

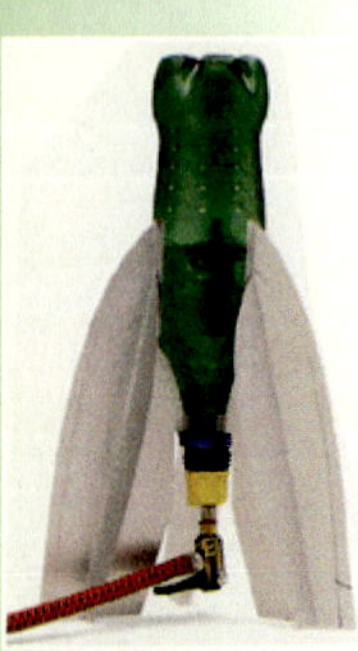

Rakete

9612318

rücksichtigt ist. So wird es in der Regel nicht ohne weiteres gelingen, mithilfe einer Kunststoffflasche, einem Korken, Karton und einer Fahrradpumpe selbst eine wasserbetriebene Rakete zu bauen. Die Probleme beginnen mit dem Anbringen der Leitwerke (Flügel) an der Flasche und reichen über die notwendige Dichtheit der Rakete bis hin zur Statik, da die gefüllte Flasche mit einem Kilogewicht stabil stehen muss und den freien Fall zurück zur Erde überstehen sollte.

Naturwissenschaften erleben

INFO 4

BEI DER NATURWISSENSCHAFTLICHEN BILDUNG IM KINDERGARTEN GEHT ES DARUM, DIE NATURWISSENSCHAFTEN ERFAHRBAR(!) ZU MACHEN.

Bei der naturwissenschaftlichen Bildung im Kindergarten geht es darum, die Naturwissenschaften **erfahrbar(!)** zu machen. Es sei hier unterstrichen, dass „erfahren“ direkt, unmittelbar, mit den eigenen Sinnen, körperlich erfahren, erleben bedeutet. Es gibt heute eine Menge von Lernsoftware zu naturwissenschaftlichen Themen, die man übrigens vor einem Einsatz gründlich auf ihre sachliche Richtigkeit hin überprüfen muss. Allerdings werden dann die Inhalte nur noch medial vermittelt und „gelernt“. Es geht dann letztlich um deklaratives Wissen. Deklaratives Wissen bekommt aber nur schwer einen wirksamen Bezug zur Wirklichkeit und verflüchtigt sich leicht. Es besteht ein bedeutender Unterschied, ob man ein Experiment selbst durchführt und dabei eine Reihe spontan auftauchender Probleme lösen muss, oder ob man nur einen entsprechenden Animationsfilm sieht.

Ob man nur lernt: „Druck ist gleich Kraft durch Fläche“ oder durch Versuch und Irrtum erfährt, dass man zwar mit Leichtigkeit einen Nagel in ein Holz hämmern kann, aber keinen stumpfen Bolzen, macht einen Unterschied. Das eine geht, das andere nicht. Warum? Welches Prinzip wirkt da? Jetzt ist es am Erwachsenen, anzuregen. Was lässt sich leicht in die Pinnwand drücken? Nägel, Nadeln, Zahnstocher – aber keine Schraubenköpfe, Korken oder stumpfe Bleistiftrückseiten. Wenn man einen Zahnstocher gegen die Haut drückt, piekst es, aber nicht bei einem Legostein (es sei denn, man nimmt die Ecke …). Hier kommt noch heute eine uralte Erfindung zur Anwendung: der Keil. Keile verwendet man, wenn man mit geringem Kraftaufwand in andere Materialien eindringen will. Der Holzfäller mit der Axt in den Baum, ein Kind mit der Schere in einen Karton. (Bei der Schere kommt auch der „Hebel“ zur Anwendung.) Erst beim wiederholten Machen, durch es selbst tun, können das Funktionsprinzip und die Anwendungsmöglichkeiten klar werden. Nur so kann man es letztlich „be-greifen“. Auf diesem Wege bekommen Erfahrungen eine Bedeutung und können zu Erkenntnissen werden. Das dient auch der Konzept- und Begriffsbildung bei den Kindern.

Je nach Größe der Einrichtung kann es praktisch sein, wenn von den jeweiligen Geräten mehrere vorhanden sind. Es ist auch wichtig, von welcher Beschaffenheit die unterschiedlichen Werkzeuge und Geräte sind. Edlere Materialien motivieren zu einem schonenderen Umgang. Schon das Material vermittelt Wert und Wichtigkeit. Man kann ohne weiteres Steingut anstelle von Kunststoff einsetzen. Schwerere Gegenstände besitzen mitunter mehr Standfestigkeit, was für viele Versuche eine Rolle spielt. Es ist auch von Vorteil, wenn die verwendeten Werkzeuge ein gutes Design haben. Gutes Design zeichnet sich aus durch eine gute Optik, durch ansprechende Proportionen sowie vor allem durch eine gute Funktionalität. Die Verletzungsgefahr ist bei scharfen Messern und Scheren geringer als bei stumpfen. Grundsätzlich sollten die Kinder in den korrekten Gebrauch der unterschiedlichen Werkzeuge und Geräte gut eingeführt werden. Zum richtigen Gebrauch gehört auch ein schonender Umgang. Das macht sie kompetent und letztlich selbstbewusster. Und es schont die Ressourcen der Einrichtung.

9.4 Methoden

Bei aller Globalisierung ist für Kinder die Welt sehr klein geworden. Viele Erfahrungen kommen aus zweiter und dritter Hand.

Es geht darum, Freude am Entdecken und Lernen zu entwickeln.

Die Erfahrungsräume der Kinder sind heute sehr begrenzt. Oft behindern beengte Wohnverhältnisse die Kinder bei ihrer Erkundung der Welt. Viele Wohnanlagen zeichnen sich neben ihrer architektonischen Fantasielosigkeit durch das berühmte „Spielen verboten“ oder „Betreten des Rasens verboten“ aus. Die Nachbarn stören sich mehr am Lärm der Kinder als am Lärm des Verkehrs. Der wiederum schränkt den Spielraum der Kinder weiter ein. Auch in verkehrsberuhigten Zonen gibt es immer weniger zu entdecken. An normal frequentierten Straßen können Kinder im Grunde nicht mehr spielen. Viele Spielplätze sind so weit von den Wohnungen entfernt, dass vor allem kleinere Kinder nicht selbstständig dorthin gelangen können. Dort wiederum sind in der Regel nur wenig anregungsreiche Standards geboten. In Städten ist es außerordentlich schwierig, in naturnahe Umgebungen mit Wiesen, Bäumen und Wasser zu kommen. Der Kontakt zu Tieren wird zu einer Ausnahmesituation.

Für Kinder ist es heute sehr schwer, Abenteuer zu erleben. Es gibt wenig Gelegenheit zum Klettern oder zum Brückenbauen. Das Übernachten im Freien ist eine fast beängstigende Ausnahme. Über vielen Städten gibt es keinen Sternenhimmel mehr, da in der üppigen Beleuchtung die Sterne kaum mehr zu sehen sind. Die Milchstrasse wird so zu einer grauen Theorie. Bei aller Globalisierung ist für viele Kinder die Welt sehr klein geworden. Ihre Erfahrungen sind nicht mehr ihre eigenen. Die Erfahrungen kommen aus zweiter und dritter Hand und sind nicht mehr originär. Damit ist auch nicht mehr sicher, wie zuverlässig sie sind.

Selbstverständlich gibt es auch viele Kinder, die über einen reichen eigenen Erfahrungsschatz verfügen, die von ihren Eltern und ihrer Umgebung viele Anregungen und Impulse bekommen. Damit spielt das Einzugsgebiet einer Einrichtung eine entscheidende Rolle bei der Planung naturwissenschaftlicher Bildung. Diese muss nämlich vom Entwicklungs- und Wissensstand der jeweiligen Kinder ausgehen.

Vorschulkinder haben nur wenig Interesse an nackten, abstrakten Daten, Fakten und Zahlen, Hintergründen und Zusammenhängen. Sie brauchen plastische Geschichten, die eine Identifikation, ein Miterleben, das Erfahren von Zusammenhängen ermöglichen. Daher ist es wichtig, dass die Erzieher und Erzieherinnen solches plastisches Geschichtswissen besitzen, dass sie auch über ein gewisses Maß an humanistischer Bildung (Schwanitz) verfügen, um Naturwissenschaften erfahrbar zu machen (Fischers Ansatz). Wer war Archimedes? Wann rief er „heureka“ und was ist eine „archimedische Schraube“? Wer war Kolumbus? Was ist „das Ei des Kolumbus“? (Wie bringt man ein Ei dazu, dass es auf der Spitze steht?) Wer war Galileo Galilei und was presste ihm sein trotziges „Und sie bewegt sich doch“ ab?

Herr Stirling war ein englischer Priester, der im 19. Jahrhundert eine Maschine entwickelte, mit der heute Satelliten mit Strom versorgt werden, den „Stirlingmotor“. Er funktioniert ohne Treibstoff. Eigentlich hatte er gehofft den Bergleuten ihre Arbeit erleichtern zu können und die Kinder aus den Schächten zu holen … Naturwissenschaftliche Entwicklungen ha-

9612320

ben immer auch einen gesellschaftlichen Kontext, in dem sie entstehen. Der Kontext, die Kenntnis von Personen, bietet die Möglichkeit zur Identifikation, zur Teilhabe. Kinder hören gerne Geschichten.

Fazit

Bei der Beschäftigung mit naturwissenschaftlichen Phänomenen steht nicht der Wissenserwerb im Vordergrund. Insofern macht es auch keinen Sinn, einem festen Curriculum zu folgen. Wichtiger als spezifisches (Fach-)Wissen ist es, die Ausbildung von Aufgeschlossenheit für das Forschen und für wissenschaftliches Denken zu entwickeln. Es geht darum, dass Freude am Entdecken und Lernen entsteht. Natürlich ist Wissen auch wichtig. Ohne Kenntnisse kann man nur schwer denken. Es entsteht hier jedoch gewissermaßen als schönes „Nebenprodukt".

Forschung im Kindergartenlabor

Info 1

Kinder sind sich ihrer „Forschungsmethoden" nicht unbedingt bewusst. Oft, und den Erwachsenen geht es leider häufig nicht anders, wiederholen sie Handlungsabläufe stereotyp, ohne sie methodisch zu variieren. Wenn etwas nicht funktioniert, suchen sie die „Schuld" meist beim entsprechenden Werkzeug. Kinder schimpfen dann auf die „doofe" Säge oder die Zange, die nicht richtig greifen will (genauso, wie wir öfter auf den „doofen" Computer schimpfen). Es ist daher sinnvoll, die Kinder in der korrekten Handhabung eines Werkzeuges zu unterweisen, ihnen zu zeigen, wie man eine Säge, eine Zange richtig benutzt, bei welchen Materialien eine Schere funktioniert und wo man besser ein anderes Werkzeug verwendet.

Miteinhergehen sollte aber vor allem eine **Sensibilisierung** für die jeweiligen Materialien und Werkzeuge sowie den eigenen Körper, mit denen man die entsprechenden Dinge manipuliert.

Selten werden umfangreichere Möglichkeiten ausgelotet: möglichst hohe Burgen bauen, mit Wasser experimentieren (Matsch, Bäche, ...), Armierungen mit Stöcken, wenn eine Wand mit bestimmter Größe oder einem bestimmten Verlauf entstehen soll. Die andauernde Beobachtung von Trocknungsprozessen mit ihren entsprechenden Folgen, Sieben und Suchen, Schmecken, Beobachten von verschiedenen Tieren, Graben in feuchtem und trockenen Sand, Höhlen und Tunnel bauen, Manipulation des Sandes mit unterschiedlichen Werkzeugen (Schaufeln, Baggern, Hände), Nachrichten hinterlassen ... Um ihr Repertoire effektiv zu erweitern, sind Kinder auf Anregungen aus ihrem Umfeld angewiesen. Sie geben sich gegenseitig Ratschläge weiter. Oft brauchen sie nur einen kleinen Tipp, um bei ihren Versuchen und Vorhaben weiterzukommen. Wenn sich die Erwachsenen auf Hinweise beschränken, bekommen die Kinder die Chance, eine eigene Lösung zu finden, selbst etwas herauszufinden. Das spielt für die Entwicklung ihres Selbstvertrauens und ihrer Kompetenz eine Rolle.

Machen Sie sich mit einem korrekten Werkzeuggebrauch vertraut.

Kinder werden in der Regel nicht selbst **systematische** Experimente erfinden, um bestimmte naturwissenschaftliche Phänomene zu ergründen. Sie werden nicht von sich aus auf die Idee kommen Gläser über brennende Kerzen zu stülpen, um zu überprüfen, ob sie dann ausgehen. Die begleitenden Erwachsenen werden solche Experimente an die Kinder herantragen, an denen naturwissenschaftliche Zusam-

INFO 1
Fortsetzung

menhänge erfahrbar und deutlich werden können. Ist ein solcher Anstoß erfolgt, sind Kinder allerdings schon in der Lage, selbst weitere Experimente zu entwickeln. Dann begeben sie sich auf den Weg, die Natur zu erforschen.

Trägt man Experimente an Kinder heran, so sollten sie verschiedene Kriterien erfüllen. G. Lück schlägt folgende vor:

- Die Experimente müssen funktionieren (Erfolg, Motivation).
- Sie müssen in einem Zeitrahmen von bis zu 25 Minuten durchzuführen sein.
- Die Materialien müssen ungefährlich sein.
- Die Materialien müssen einfach zu beschaffen sein.
- Die Kinder müssen die Experimente selbst durchführen können.
- Die naturwissenschaftlichen Zusammenhänge sollten den Kindern verständlich vermittelbar sein, um den Eindruck der Zauberei zu vermeiden.
- Die Versuche sollten in großen Teilen aufeinander aufbauen.

(vgl. G. Lück)

Wenn die Experimente funktionieren, haben die Kinder ein Erfolgserlebnis und sind motiviert weitere Experimente durchzuführen. Vor allem für jüngere Kinder ist das wichtig, damit sie nicht durch Frustration rasch das Interesse an naturwissenschaftlichen Dingen verlieren oder zu dem Selbstbild kommen, sie verstünden von diesen Dingen nichts. Älteren Kindern kann man auch etwas kompliziertere Versuchanordnungen zumuten. In diesem Fall geht es darum, sie zu sorgfältiger Arbeit und genauer Beobachtung anzuhalten. Die Kinder sollten bei einem etwaigen Misserfolg verstehen können, warum ein Versuch nicht gelingt und in der Lage sein den Versuch mit entsprechenden Korrekturen erneut durchzuführen. Auf Versuche, die im Allgemeinen nicht gelingen, weil z. B. die Versuchsanordnung zu diffizil ist oder das Gelingen von unkalkulierbaren Rahmenbedingungen (Luftfeuchtigkeit, Luftdruck, Konzentration von Chemikalien …) abhängt, sollte man verzichten.

Zeitrahmen und Auswahl der Experimente hängen vom Entwicklungsstand und der jeweiligen Konzentrationsfähigkeit der Kinder ab. Es muss den Kindern möglich sein, aufmerksam und wach dem Versuch zu folgen. Versuche haben auch einen Spannungsbogen, eine Dramaturgie. Was wird nun geschehen? Wird es funktionieren? Die Spannung, die die Neugier weckt, sollte sich aufbauen können, was auch eine gewisse Zeit benötigt. Dauert der Versuch zu lange, bricht der Spannungsbogen zusammen. Allerdings gibt es interessante Experimente, die sich nur über einen längeren Zeitraum durchführen lassen. Zum Beispiel das unterschiedliche Färben von Blüten oder das Züchten von Kristallen. Dabei erfahren die Kinder, dass Forschen auch etwas mit Geduld zu tun hat. Solche Versuche finden selbstverständlich an einem festen Ort statt, zu dem die Kinder immer wieder gehen können, um die Veränderungen zu beobachten. Das kann auch zusammen mit den Erziehern und Erzieherinnen geschehen. Verschiedene Stadien des Versuchsablaufes können dann dokumentiert werden (Notizen, Fotografien, Zeichnungen, …).

Die eingesetzten Materialien sollten ungefährlich sein. „Ungefährlich“ ist ein relativer Begriff, da bei falscher Handhabung fast alles gefährlich ist. Spülmittel sind giftig, Zahnstocher spitz, Trinkhalme können ins Auge gehen, Messer zu Schnittverletzungen führen, synthetische Kleidung fängt schnell Feuer, … Wichtig ist daher, dass die Kinder genau in den sorgfältigen und sachgerechten Umgang mit den verschiedenen Dingen eingeführt werden und dass die jeweiligen Kinder nur zu den Dingen Zugang haben, die sie auch beherrschen können. Kinder müssen auch die Erfahrung machen, dass es Dinge gibt, die gefährlich sind, und dass Dinge kaputt gehen können. Dabei erfahren sie, dass es sinnvoll ist, ein erhöhtes Maß an Achtsamkeit, Sorgfalt und Vorsicht zu entwickeln.

Selbstverständlich gehören starke Gifte oder Säuren nicht in den Materialfundus für Experimente für Kinder. Diese Gefahrenquellen können Kinder nicht einschätzen. Schon kleine Unachtsamkeiten haben dann eine katastrophale Wirkung. Laboratorium und Experimente sollten solcher Art sein, dass die Kinder keinen ernsthaften Schaden nehmen können.

Die verwendeten Materialen sollten einfach zu beschaffen sein. Das hängt zum einen damit zusammen, ob man geeignete Bezugsquellen kennt oder welche Kontakte man hat. Vor allem bedeutet es aber, dass die eingesetzten Materialien am besten aus der Lebensumwelt der Kinder kommen. Die eingesetzten Materialien sollten nicht exotisch, sondern den Kindern bekannt sein, damit die Kinder einen persönlichen Bezug zu dem aufbauen können, womit sie experimentieren. Metall- oder Kunststofflöffel, Salz, Wasser, Spühlmittel, Nadeln kennen die Kinder aus ihren jeweiligen Haushalten. Mit Kaliumpermanganat kann man auch schöne Experimente machen. Es ist jedoch nicht haushaltsüblich. Bei manchen Dingen lohnt es sich auch, sie ins Bewusstsein der Kinder zu bringen, beispielsweise Zink und Kupfer (Elektriziät) oder Aktivkohle (Wasserreinigung).

Wenn Kinder die Experimente selbst durchführen können, werden sie kompetent. Sie lernen Arbeitsabläufe zu planen und umzusetzen. Sie sind darauf angewiesen, sich selbst und ihre Handlungen zu kontrollieren. Bei Fehlern können sie dann selbst nach Lösungen suchen. Vor allem sind sie dann selbst aktiv und initiativ. Das jeweilige Handeln wird zu ihrem Handeln, die gewonnenen Erkenntnisse werden zu ihren Erkenntnissen. Sie können sich ihrer eigenen Kompetenz und Wirkung bewusst werden (Wirkbewusstsein). Dadurch können sie auch Selbstvertrauen entwickeln und lernen, inwieweit sie ihre Selbstständigkeit weiterentwickeln.

Wenn Kinder die Experimente selbst durchführen und kontrollieren können, haben sie auch bessere Chancen, die jeweiligen Zusammenhänge zu verstehen. Beim Umgang mit naturwissenschaftlichen Phänomenen geht es auch darum, einer Mystifizierung der Welt entgegenzuwirken. Naturwissenschaftliche Forschung ist keine „Zauberei" und die Kinder sollten sie auch nicht als solche erleben. Gleichwohl besitzen „Zauberer" sehr viel psychologisches und naturwissenschaftliches Wissen, mit dessen Hilfe sie schließlich die Zuschauer verwirren können.

In den Laboratorien lernen die Kinder die Eigenschaften unterschiedlicher Stoffe kennen. Dazu muss es ihnen möglich sein, die Substanzen in die Hand zu nehmen und sie mit möglichst vielen Sinnen zu erleben. Lernprozesse sind soziale Prozesse. Oft fällt es den Erwachsenen schwer, sich dabei zurückzuhalten. Manche „Testreihen" gehen nicht sehr schonend mit dem Material um. Es ist aber wichtig für Kinder, bei ihrer Forschung auch die Belastungsgrenzen von Materialien zu erproben.

Die Erwachsenen müssen die Kinder sehr sensibel und aufmerksam beobachten. Kinder müssen die Chance bekommen Zusammenhänge zu erfahren. Erzieherinnen und Erzieher sollten im Verlauf von kindlicher Forschung vorsichtig von einem Teilnehmer zu einem Zuschauer werden. Man sollte keine schnellen Lösungen und Erklärungen anbieten, sondern sich auf die Hinweise beschränken, die den Kindern helfen die Lösung selbst zu finden. Wichtig ist dabei die Sprache. Die Erzieher werden an manchen Stellen korrekte Bezeichnungen anbieten müssen und so Wortschatzarbeit leisten. Die Kinder erarbeiten sich Sprache, indem sie nach Formulierungen und Beschreibungen suchen. Insofern sind Experimente und das Sprechen darüber effektive Situationen für den Spracherwerb.

Eine besondere Rolle spielt die Metakognition. Sie bedeutet das Nachdenken über das eigene Denken und bildet die Basis

Beim Umgang mit naturwissenschaftlichen Phänomenen geht es auch darum, einer Mystifizierung der Welt entgegenzuwirken.

Wenn Kinder die Experimente selbst durchführen können, werden sie kompetent.

Info 1
Fortsetzung

für den Erwerb lernmethodischer Kompetenzen. *„Metakognition bezieht sich auf das eigene Wissen über die eigenen kognitiven Vorgänge (…) z. B. die lernrelevanten Eigenschaften von Informationen (…). Eingeschlossen in das Konzept der Metakognition sind die Aspekte ‚Wissen' und ‚Regulation' oder ‚Kontrolle' über die eigenen kognitiven Vorgänge. Es sind somit die eigenen kognitiven Prozesse, die zum Gegenstand der Reflexion und bewussten Steuerung gemacht werden. Die Bewusstheit dieser Vorgänge ist ein wesentliches Bestimmungsstück von Metakognition und unterscheidet diese von kognitiven Funktionen wie Denken, Gedächtnis oder Problemlösen, die auch, ohne dass das Subjekt sich Rechenschaft über sie ablegt, ausgeführt werden können. Metakognitives Bewusstsein erwerben Kinder unter Anleitung und mit Unterstützung. Werden sie nicht auf ihre gedanklichen Prozesse hingewiesen, bleiben diese im Wesentlichen unbewusst und unterentwickelt.“* (in: kindergarten heute, 2/2004, S. 8)

Fazit

Experimente sollten verschiedene Kriterien erfüllen:

- ✗ Sie sollten funktionieren (Erfolg, Motivation) und in einem Zeitrahmen von bis zu 25 Minuten durchzuführen sein.
- ✗ Die Materialien sollten ungefährlich und einfach zu beschaffen sein.
- ✗ Die Kinder sollten die Experimente selbst durchführen können.
- ✗ Die naturwissenschaftlichen Zusammenhänge sollten den Kindern verständlich vermittelbar sein, um den Eindruck der Zauberei zu vermeiden.
- ✗ Die Versuche sollten in großen Teilen aufeinander aufbauen.

Info 2 Wie man die Neugier zum Versiegen bringen kann

Auf dem Weg zu forschendem Entdecken und zur Neugier verfolgen Erwachsene leider auch viele Verhinderungsstrategien, die letztlich die Neugier zum Versiegen bringen können.

Auf dem Weg zu forschendem Entdecken und zur Neugier verfolgen Erwachsene leider auch viele Verhinderungsstrategien, die letztlich die Neugier zum Versiegen bringen können. Sie tun das allerdings oft in der festen Überzeugung, den Kindern im Sinne von Fürsorge Gutes zu tun. So gibt es eine Reihe immer wiederkehrender Redewendungen, die man als **„Negativen Beistand“** bezeichnet und auf die man nach Möglichkeit verzichten sollte:

- *„Pass auf – du fällst gleich herunter!“*
- *„Das kannst du noch nicht!“*
- *„Da habe ich Angst um dich!“*
- *„Spiel ruhig – aber mach dich nicht schmutzig!“*
- *„Ist das peinlich. Was denken denn da die Leute über dich!“*
- *„(Wenn du etwas tust …) gib Acht auf* … (es folgt eine beliebig lange Liste verschiedener Anweisungen und Regeln, die den größten Teil der Energie aufzehren)!“
- *„Spritz nicht so viel herum. Krempel die Ärmel hoch. Dreh den Wasserhahn zu …!“*

Sehr hemmend sind auch ständige Aufsicht und Beobachtung. Sie unterstellen zunächst, dass man dem Kind nicht trauen kann und dass es in erster Linie unselbstständig ist (Defizitorientierung). Diese Form des „Beistandes“ hat zu großen Teilen eine angenehme und funktionierende Umgebung für den Erwachsenen im Blick.

Interessanterweise geschehen in einer Umgebung mit einem etwas erhöhten Verletzungsrisiko weniger schwere Unfälle, als man es allgemein annimmt. Schwere Unfälle werden mitunter dadurch provoziert, dass eine Umgebung vorgaukelt, man wäre für die Folgen seiner eigenen Handlungen nicht mehr verantwortlich und es könne grundsätzlich nichts passieren. Es lässt sich auch beobachten, dass

9612324

LF 4

Erwachsene, die als Kind die eine oder andere Blessur davontragen durften, einem geringeren Verletzungsrisiko unterliegen. Das soll nun keine Ermunterung dazu sein, Kinder unnötigen Risiken auszusetzen. Selbstverständlich müssen sie vor Schaden bewahrt werden. Aber sie müssen auch erfahren können, dass beispielsweise ein Messer scharf ist. Das muss nicht unbedingt dadurch geschehen, dass sie sich schneiden.

9.5 Erleben in der Natur

Viele Naturphänomene erlebt man am besten im Freien. Allein eine Übernachtung unter freiem Himmel bietet Beeindruckendes. Die Sterne, viele Geräusche, Tiere, Sonnenauf- und -untergang, Wind, Tau, Grillen am offenen Feuer, Verbrennungsvorgänge, Verkohlung, Hitze, angenehme Wärme beim richtigen Abstand, Feuerlöschen. An Bächen lässt sich endlos vieles erforschen. Dort kann man Brücken bauen und Staudämme, Bewässerungsanlagen, Hebevorrichtungen für Wasser oder Wasserräder errichten. Man kann alles Mögliche schwimmen, untergehen und Steine springen lassen. Man kann Wasser versickern sehen und einen Brunnen graben. Wasser macht viele unterschiedliche Geräusche. Es gibt dort viele Tiere und Pflanzen.

Die Natur hat in der Regel einen hohen Erlebniswert und hinterlässt meist positive und dauerhafte Eindrücke. Viele naturwissenschaftliche Phänomene lassen sich hier spielerisch erfahren und erleben.

„Der Großteil der Kinder kommt heute nicht mehr oder nur noch in sehr eingeschränktem Maße direkt mit der belebten Natur in Kontakt. Wenn sie die Welt der Pflanzen erleben möchten, so müssen sie sich mit Parks oder deren Vorstufen beschäftigen, um Tiere kennen zu lernen, müssen sie einen Zoo besuchen, den Wandel der Natur im Verlauf der Jahreszeiten können sie oft nur anhand weniger Baum-Einsiedler am Rand der Wohnstraßen erfahren.
Das schönste und einflussreichste Erleben der Natur geschieht wohl in unkontrollierten Ecken, die sich fast überall finden lassen. Hier dürfen Kinder mit der ganzen Person zur Sache gehen, Bäche stauen, Hütten bauen, Tiere beobachten, sie dürfen sich besudeln und schon mal einen kleinen Flurschaden anrichten bei ihrem Tun. Früher gab es Abenteuerspielplätze, auf denen genau diese Dinge passieren durften, ja sollten.“

Zähme, S. 123

Regenbogen

Scham und Ekel werden oft weitergegeben. So sind viele Phobien wahrscheinlich erlernt: die Angst vor Spinnen, obwohl es in Deutschland in der Natur keine gefährlichen Spinnen gibt. Ebenso der Ekel vor Schnecken oder Schlangen. Im Regelfall geschieht hier Modelllernen. Die Kinder übernehmen die Verhaltensweisen der Erwachsenen. Und die sind nicht immer sinnvoll oder vernünftig. So verursachen manche panische Verhaltensweisen im Zusammenhang mit Bienen oder Wespen mehr Gefahren, als dass sie helfen.

Im Labor kann man nach einem Ausflug in die Natur unterschiedliche Phänomene dann gezielter erforschen. Die hier vorgeschlagenen Kategorien sind letztlich willkürlich. Es sind auch andere sinnvolle Ordnungen denkbar.

- Experimente mit dem Körper
- Versuche mit Wasser
- biologische Experimente
- chemische Experimente
- Experimente mit der Zeit
- Experimente aus den Bereichen der Physik (Mechanik, Kalorik, Optik, Akustik)
- Beobachtungen zum Klima

Ein Grossteil der Kinder kommt heute nicht mehr oder nur noch in sehr eingeschränktem Masse direkt mit der belebten Natur in Kontakt.

Aufgaben und Anregungen

1 Führen Sie eine Reihe einfacher und komplizierterer naturwissenschaftlicher Experimente selbst durch. Protokollieren und dokumentieren Sie Ihre Beobachtungen.

2 Legen Sie sich eine Sammlung solcher Versuche zu und führen Sie auch eine Liste der Materialien, welche Sie zu deren Durchführung benötigen.

3 „Durchsuchen" Sie Ihren Haushalt und die Einrichtung, in der Sie ein Praktikum machen. Erstellen Sie eine Liste von Gerätschaften und Chemikalien, die Sie für Experimente gebrauchen können.

4 Fertigen Sie Zeichnungen an von verschiedenen Fundstücken. Beobachten Sie sie mit einer Lupe oder, wenn möglich, unter einem Mikroskop.

5 Beschäftigen Sie sich mit der Biografie eines berühmten Erfinders oder Naturwissenschaftlers.

6 Notieren Sie naturwissenschaftliche Fragen, die Sie bei den Kindern hören oder die sie gezielt an Sie stellen. Können Sie sie beantworten? Suchen Sie Antworten darauf.

7 Notieren Sie naturwissenschaftliche Fragen, auf die Sie selbst keine Antwort wissen. Suchen Sie nach Antworten.

8 Schaffen Sie sich ein Lexikon an und lesen Sie regelmäßig darin.

9 Beschäftigen Sie sich mit einigen Lern-CDs für den Computer zu verschiedenen naturwissenschaftlichen Themen.

10 Nehmen Sie Alltagsgegenstände auseinander und untersuchen Sie deren Funktionsweise.

11 Reparieren Sie möglichst viel selbst.

12 Richten Sie sich eine Tüftlerecke ein.

Wandbild, Erdfarben auf Sperrholz, Kindermalerei, 1 x 3 m

10 „Edel sei der Mensch, hilfreich und gut“ (Goethe)

10.1 Kinder in ihrer Entwicklung und Bildung fördern

Einstiegssituation

Nach ihrem letzten Praxisbesuch unterhalten sich Laura, Renate, Zirafeta und Oliver. *„Bei meinem Angebot hatte ich eigentlich das Gefühl, es würde ganz gut laufen“,* meint Laura, *„aber bei der Nachbesprechung fragte mich mein Dozent, was denn das alles nun mit Bildung zu tun hätte. Dabei hatten die Kinder doch richtig Spaß an der Sache. Das kann man doch nicht kritisieren.“ „Mir ging es ähnlich“,* bringt Oliver ein, *„da sollte ich im Anschluss erklären, was die Kinder denn nun eigentlich gelernt hätten. Dabei ist ein Kindergarten doch keine Schule!“ „Ich kenne einen türkischen Kindergarten, in dem es viel strenger zugeht als in dem deutschen, in dem ich gerade mein Praktikum gemacht habe“,* kommt von Zirafeta. *„Die haben einen strengen Tagesablauf und die Kinder können sich nicht so einfach aussuchen, was sie machen wollen. Sie sollen dort lernen die Dinge gleich richtig zu machen.“ „Und? Findest du das gut?“,* fragt Oliver zurück. *„Da können sich die Kinder doch gar nicht frei entfalten.“ „Auf der anderen Seite brauchen Kinder auch Grenzen. Wir müssen ihnen eine Orientierung geben und sie auf das spätere Leben vorbereiten“,* bemerkt Renate. *„Schon. Aber da geht es wohl eher um Erziehung. Bildung hat doch etwas mit Schule zu tun. Der Kindergarten sollte noch ein Schonraum für die Kinder sein.“ „Aber es heißt doch, Kinder lernen in ihren ersten Lebensjahren so gut wie nie mehr sonst. Wenn ich mir nur anschaue, wie schwer ich mir heute manche Sachen merken kann. Da wäre es doch schlimm, wenn man diese ersten Jahre so ungenutzt verstreichen ließe.“ „Aber Wissen ist doch nicht alles! Im Leben sind doch auch ganz andere Dinge wichtig.“ …*

FRAGEN

Vergegenwärtigen wir uns noch einmal: Was bildet den Menschen? Welche Bildungsvorstellungen haben wir/wollen wir haben? Wer ist der gebildete Mensch? Welches Menschenbild liegt deiner/meiner Menschenbildung zugrunde? Welche Eigenschaften und Fähigkeiten, Tugenden und Qualifikationen braucht der heutige Mensch/die heutige Welt? – Diese Fragen kann man verständig nur beantworten, wenn man einvernehmlich und begründet weiß, was mit „bilden“ gemeint ist.

Hartmut von Hentig, in: Laewen/Andres, 2002, S. 16

Der gesetzliche Auftrag: Betreuung, Bildung und Erziehung des Kindes

INFO 1

Jedes Bundesland in Deutschland hat sein eigenes Gesetz, das den Rahmen für die Tageseinrichtungen für Kinder regelt. Seit 1990 liegt bei den Tageseinrichtungen für Kinder der gesetzliche Auftrag, die Entwicklung der Kinder zu einer eigenverantwortlichen und gemeinschaftsfähigen Persönlichkeit zu fördern. Diese Aufgabe umfasst die „Betreuung, Bildung und Erziehung des Kindes“ (§ 22 SGB VIII). Ab dem 3. Lebensjahr haben alle Kinder das Recht, eine Kindertagesstätte zu besu-

INFO 1
Fortsetzung

chen. Entsprechend ist der Bildungsauftrag allen Kindern gegenüber gleichermaßen einzulösen.

DER KINDERGARTEN IST EINE BILDUNGSINSTITUTION.

Heute setzt sich zunehmend die Erkenntnis durch, dass gerade in der frühen Kindheit und im Vorschulalter die Basis für alle weiteren Bildungs- und Entwicklungsprozesse gelegt werden. Was früher als nahezu alleiniger Auftrag der Schulen betrachtet wurde, wird so nun auch auf die Kindertageseinrichtungen ausgedehnt. Sie geraten zunehmend in den Fokus der Bildungsbemühungen und erfahren dadurch eine Aufwertung. Es geht längst nicht mehr einzig und allein um die „Aufbewahrung“ von Kindern während der Arbeitszeit der Eltern. Bereits der Kindergarten ist eine Bildungsinstitution.

„Bildung ist etwas, das man nicht machen kann.“
Gadamer

IM GRUNDE GIBT ES HEUTE IN DEUTSCHLAND KEINE GÜLTIGE BEGRIFFSDEFINITION VON „BILDUNG“.

Das war eine notwendige Entwicklung, die allgemein begrüßt und gefordert wird. Nur ist damit noch nicht viel gesagt. Denn im Grunde gibt es heute in Deutschland keine gültige Begriffsdefinition von „Bildung“. Es gibt auch keine verbindliche Formulierung, keine Sprachregelung, auf die man sich geeinigt hätte. Das hat zur Folge, dass, obgleich zurzeit allerorten über „Bildung“ gesprochen wird, es um sehr unterschiedliche Dinge geht.

Der Bildungsbegriff ist seit Wilhelm von Humboldt (1767–1835) umstritten und in der derzeitigen Diskussion wird nicht immer gleich deutlich, unter welchem Blickwinkel „Bildung“ betrachtet und gedeutet wird. Je nach Sichtweise kann daher auch die pädagogische Praxis, das Konzept einer Einrichtung und das konkrete Handeln der Erzieher und Erzieherinnen sehr unterschiedlich aussehen.

- Versuchen Sie für sich den Begriff Bildung zu definieren. Was verstehen Sie darunter?
- Machen Sie eine Umfrage: Wie stehen Ihre Freunde, Teamkollegen zu diesem Begriff?
- Legen Sie eine Sammlung an: Welche Meinungen werden dazu in der aktuellen Tagespresse vertreten?

INFO 2 Begriffsbestimmung: Entwicklung

Etwas leichter ist es mit dem Begriff der „Entwicklung“. „Entwicklung“ beschreibt den Prozess von Veränderungen im menschlichen Erleben und Verhalten. Dabei beziehen sich diese Veränderungen auf die körperliche und die soziale Ebene sowie das jeweilige psychische Erleben. Die Veränderungen werden zum einen durch körperliche Reifungsvorgänge, zum anderen durch äußere Einflüsse und deren innere Verarbeitung ausgelöst.

„Wird die Entwicklung im Säuglings- und Kindesalter noch weitgehend durch körperliche Reifungsprozesse bestimmt, wobei auch hier Umwelteinflüssen eine entwicklungsfördernde oder entwicklungshemmende Rolle zukommt, so gewinnen mit zunehmendem Alter soziale Einflüsse für den Entwicklungsfortschritt immer stärker an Bedeutung. Kleine Kinder sind z. B. nicht in der Lage, vor der endgültigen Ausreifung der Nerven- und Muskelzellen laufen und sprechen zu lernen, auch wenn dies mit ihnen geübt wird. Sind die organischen Voraussetzungen jedoch erfüllt, spielen Umwelteinflüsse eine bedeutende Rolle, wie schnell und wie gut ein Kind Laufen und Sprechen lernt.“

Kauffeld u. a., 1994, S. 10

Die körperlichen, sozialen und psychischen Entwicklungsprozesse verlaufen nicht parallel. Bei der Beschreibung menschlicher Entwicklungsprozesse ist festzustellen, dass zwischen einem kalendarischen, einem sozialen, einem biologischen und einem psychologischen Alter unterschieden werden kann. Vom kalendarischen Alter können dabei nicht ohne weiteres Schlussfolgerungen auf die anderen Bereiche gezogen werden. Die Entwicklungsverläufe sind individuell verschieden und weisen unterschiedliche Erscheinungsbilder auf. Es lassen sich nur schwer feste Altersgrenzen oder eine allgemein gültige Gesetzmäßigkeit über den Verlauf menschlicher Entwicklung formulieren. Die Entwicklung dauert von der Zeugung bis zum Tod eines Menschen. In diesem Zeitraum kommt es nicht nur zum Erwerb neuer Fähigkeiten, es gehen schließlich auch Fähigkeiten wieder verloren. Im Allgemeinen sind Entwicklungsprozesse nicht mehr umkehrbar, sie sind irreversibel. Jede gemachte Erfahrung prägt den weiteren Entwicklungsverlauf.

Fazit

Der Begriff „Entwicklung" besitzt einen Hang zum Prozesshaften, zur Gesetzmäßigkeit, zu so etwas wie „natürlichen Abläufen". Nicht als Kausalität oder Determiniertheit gedacht, sondern eher als ein Entwurf, als eine Skizze zukünftiger Möglichkeiten, die vom jeweiligen Menschen ganz individuell und unter den jeweiligen Bedingungen umgesetzt und verwirklicht wird. Dabei ist der Fächer menschlicher Entwicklungsmöglichkeiten zweifellos sehr breit, denn zu einer sehr menschlichen Eigenschaft gehört sein enormes Lernvermögen. Dieses hat aber auch seine Grenzen: Im Plan ist beispielsweise zunächst nicht vorgesehen, dass Menschen ohne weitere Hilfsmittel ultraviolettes Licht wahrnehmen, wie es Bienen tun.

Begriffsbestimmung: Bildung

Info 3

„Warum schlägt die Zwiebel aus?", fragt das Kind und wir erzählen etwas von Jahreszeiten, Stoffen, Zirkulation, kurzum: von Vergangenheit, während eine Antwort sinnvoll ist. *„Die Pflanze will blühen. … Die Gegenwart ist die sichtbare Zukunft."*

Gudjons, S. 45, Phänomenologische Pädagogik

Bildung wird heute in der öffentlichen Diskussion fast nur mit **Schul-Bildung** oder **Aus-Bildung** in Zusammenhang gebracht. Entsprechend wird regelmäßig gefordert, die Kinder sollten im Kindergarten möglichst gut auf die Schule vorbereitet werden. **Allgemein-Bildung** meint dann oft das, was wir in der Schule hätten lernen sollen. Darüber, was Bildung an sich ist oder sein sollte oder sein könnte, wird nur sehr vorsichtig gesprochen. Selbst auf der Homepage des Bundesministeriums für Bildung (www.BMBF.de, Mai 2004) wird keine Definition von „Bildung" vorgeschlagen. Dafür gibt es dort unter anderem sehr viele Informationen zur **Weiter-Bildung,** zur **Weiterqualifikation** und zu spezifischen Ausbildungsgängen und Anforderungen aus der Wirtschaft. Die Argumente für eine gute Ausbildung sind heute (zur Zeit der dritten industriellen Revolution) nahezu dieselben wie zu Zeiten der ersten industriellen Revolution: Zum Bestehen in der Konkurrenz auf einem mittlerweile weltweiten Markt braucht man „Qualifikationen", eine fundierte Ausbildung und die Bereitschaft zu ständigem Weiterlernen. Bildung wird hier vor allem im Kontext von Lehren und Lernen verstanden, in der Aneignung und Anhäufung von spezifischem (deklarativem) Fachwissen sowie Metawissen (Wissen über Wissen, was u. a. die Einordnung und Bewertung von Fachkenntnissen ermöglicht) und spezifischer Fähigkeiten und Fertigkeiten. Entsprechend werden Bildungspläne erstellt, die je nach Interessengruppe, die sie formulieren, unterschiedlich aussehen können. Es geht unter diesem Blickwinkel vor allem um Know-how. „Bildung" wird in diesem Zusammenhang auch als ein Handelsgut aufgefasst, das sich kaufen ließe.

„Die Natur erklären wir, das Seelenleben verstehen wir." Gudjons

INFO 3
Fortsetzung

„Wenn du denkst, Bildung sei zu teuer, versuchs mit Dummheit."
Derek Bok, Präsident a. D. der Universität Harvard/USA

Es wird problematisch, wenn die Tageseinrichtungen für Kinder in den Fokus eines solchen Bildungsverständnisses geraten. Das schon allein deshalb, weil Kinder in einer völlig anderen Art und Weise lernen und Fähigkeiten erwerben, eher entwickeln, als Erwachsene es tun. Lernen geschieht immer in Kontexten. Kinder müssen für sich allerdings zunächst die Kontexte erleben, begreifen, erfahren, in denen sich die Erwachsenen bereits bewegen und in denen sie lernen. Um etwas lernen zu können, muss man wissen, welche Bedeutung eine Sache im jeweiligen Kontext besitzt. Lernen bedeutet damit auch, einer Sache in einem Kontext eine bestimmte Bedeutung zu verleihen.

Dazu kommt, dass man beispielsweise Klavierunterricht zwar als Dienstleistung kaufen kann – aber eben nicht das Klavier-spielen-Können. Der Lehrer will es seinem Schüler zwar beibringen, lernen muss der es aber selbst. Und dieses Lernen ist ein Vorgang, der mit dem „Markt" nichts mehr gemein hat. Es hat viel mit dem jeweiligen Vermögen, Wollen und dem Charakter zu tun. Mitunter werden in solchen organisierten Lernsituationen auch Dinge gelernt, die überhaupt nicht beabsichtigt waren und die auch keineswegs zutreffend sein müssen. Beispielsweise, dass es immer ein „Freizeitangebot" geben muss, damit man sich nicht unsicher und gelangweilt fühlt. Oder dass man ohne fremde Hilfe nicht weiterkommt.

„Bildung" dient „nicht nur der bloßen Reproduktion der gesellschaftlichen Verhältnisse, sondern enthält auch das Potenzial der Befreiung des Menschen aus Naturabhängigkeit und aus Herrschaftszwängen: Die Qualifizierung von Arbeitskräften schlägt – bildungstheoretisch gesehen – um in **befreiende** Bildung." (Gudions, S. 44)

Da man nicht weiß und auch nicht wissen kann, was ein Kind schließlich selbst will, das aus ihm wird, muss die gesamte Persönlichkeit mit allen möglichen Interessen und Fähigkeiten auf möglichst vielen Gebieten gefördert werden. Da man zudem nicht wissen kann, was ein Kind in Zukunft letztlich an konkreten Fähigkeiten und an Wissen wirklich wird brauchen können, kommt es auf eine möglichst **allgemeine** Bildung an, die nicht nur spezielles Wissen und Fertigkeiten betreffen darf, sondern auch die Persönlichkeit miteinbeziehen muss. Daher gehört zur Förderung im Kindergarten auch die Zumutung von Themen aus möglichst vielen Lebensbereichen, was bedeutet, dass die Kinder immer wieder mit Neuem konfrontiert werden sollten, um ihren Horizont zu erweitern.

„Bildung" bedeutet zudem nicht nur, dass jemand alles Mögliche tun kann. Sie bedeutet gleichzeitig, dass jemand in der Lage ist verschiedene Dinge ganz bewusst **nicht** zu tun. Bildung heißt also auch, dass jemand in der Lage ist Handlungen und Handlungsentwürfe ethisch und moralisch zu bewerten. Es geht nicht nur um das **Know-how,** sondern auch um das **Know-why,** es geht nicht nur darum, **wie** man etwas tun kann, sondern auch **warum** man etwas tun sollte oder eben nicht. Damit besitzt Bildung einen religiösen Aspekt.

„Niemand geht ‚voraussetzungslos' an das Verstehen eines Textes oder einer Szene heran, jeder bringt schon ein Vorverständnis mit ein." (Gudions, S. 57) Mit neuen Erfahrungen kommt es zur Erweiterung von Vor-Erkenntnissen und der neuen Einordnung und Bewertung von Erfahrungen, woraus wieder eine neue vorläufige Erfahrung mit neuen Vor-Erkenntnissen entsteht. (…) Man nennt solche Lernprozesse auch einen hermeneutischen Zirkel. Die Dinge sind nicht einfach, was sie sind. Sie verändern sich mit unserer persönlichen Erfahrung. Entsprechend müssen die Sinngehalte verschiedener Inhalte befragt und auf mögliche Sollensgehalte erzieherischen Handelns ausgelegt werden.

Fazit

Bildung geht über Schul-Bildung oder Aus-Bildung hinaus. Jeder Mensch ist gebildet und besitzt Bildung, auch wenn er nie eine Schule besucht hat. Im Bildungsbegriff fließen viele Aspekte menschlichen Daseins zusammen: Wissen, Kenntnisse, Fertigkeiten, Fähigkeiten, Begabungen, charakterliche Eigenschaften, Wertvorstellungen, religiöse Überzeugungen, ... Persönlichkeit, Individualität, Würde. Einen Menschen in seiner Entwicklung und Bildung fördern bedeutet, ihn in seiner gesamten Persönlichkeit zu fördern. Da dies im Kontext einer Gesellschaft geschieht, bedeutet das für alle Beteiligten immer auch eine Auseinandersetzung mit den jeweiligen Werten und Normen.

Förderung ist nie abstrakt. Gefördert werden immer konkrete Fähigkeiten oder Verhaltensmuster. Förderung von Entwicklung und Bildung kann nicht in kleinen Teilbereichen geschehen. Sie ist immer für die Gesamtpersönlichkeit und die Persönlichkeitsentwicklung wirksam.

10.2 Der Bildungsbegriff im Wandel der Zeit

„Unser neuzeitliches Bildungsverständnis ist Erbe der antiken Welt, entstanden durch Überformung im Christentum, Säkularisierung in der Renaissance und Auseinandersetzung in der Aufklärung."
Gudjons, S. 73

Bildung in der Zeit vor Christi Geburt

Info 1

Zur Zeit der Pharaonen gehörten die „Schreiber" zu den angesehensten Personen des alten Ägyptens. Sie verkörperten gewissermaßen das Gedächtnis eines Staates, der über 5000 (!) Jahre lang ohne große innenpolitische und weltanschauliche Veränderungen existierte. Neben ihnen genossen die Priester enormes Ansehen und natürlich der Pharao. Aber der wurde nicht als Mensch gesehen. Er war ein „Gott". Während die Schreiber gewissermaßen den Kontakt zur irdischen Existenz der Menschen herstellten, waren die Priester für deren spirituelle Existenz zuständig. Über den Grad der Bildung begründete sich auch die Hierarchie im Staat und das Selbstverständnis der Menschen.

Die Zeiten vor der Schriftkultur bleiben notwendig im Dunkeln. Es sind Vermutungen, welche Rolle in der Gesellschaft und welche Bildung beispielsweise steinzeitliche Schamanen hatten.

Das Wort „Pädagogik" hat seine Wurzel im griechischen paideia, was mit „Erziehung" oder „Bildung" übersetzt werden kann. Praktisch bedeutete der Vorgang der Bildung die Vorbereitung auf das gesellschaftliche Leben in der polis, im griechischen Stadtstaat. Bildung war somit auch politische Bildung.

Platons (427 – 347 v. Chr.) Bildungsideal bestand darin, die jungen Menschen vom dumpfen Meinen zum Erkennen der höchsten Idee des guten und gerechten Lebens zu führen und dies mit den höchsten Tugenden (Besonnenheit, Gerechtigkeit, Tapferkeit, Frömmigkeit) zu verbinden. *„Dabei sind der Seele – vorgeburtlich – die Ideen des Wahren, Schönen und Guten eingeboren, wie Platon es im Dialog Menon entwickelt. Der Mensch tritt aus dem Reich der Ideen ins irdische Leben, strebt nach Wiedererinnerung (Anamnesis) der Ideen, stirbt und geht ins Ideenreich ein – ein ewiger Kreislauf im*

ägyptischer Schreiber

„Aus kleinem Anfang entspringen alle Dinge."
Cicero, 106 – 43 v. Chr., Zeitgenosse Cäsars

„Ich habe überhaupt keine Hoffnung mehr in die Zukunft unseres Landes, wenn einmal unsere heutige Jugend die Männer von morgen stellt. Unsere Jugend ist unerträglich, unverantwortlich und entsetzlich anzusehen."
Aristoteles, ca. 350 v. Chr.

Rahmen eines zyklischen Zeit- und Weltbildes." (Gudjons, S. 74)

„Bildung" war allerdings nur etwas für die freien Bürger dieser Gesellschaft. Sie besaßen Land und Güter. Ihre Tätigkeiten lagen vor allem im Handel, in der Politik und in der Kriegsführung. Mit den alltäglichen Arbeiten hatten sie nur wenig zu tun.

Die zweite und größere Bevölkerungsgruppe bestand aus Sklaven. Sie waren für den funktionalen Ablauf des täglichen Lebens zuständig, für Ackerbau und Ernte, für die Produktion und Pflege der Kleidung, für die Nahrungszubereitung, für die Herstellung von Werkzeugen, für den Häuserbau … Auch große Kunstwerke wurden von Sklaven gemacht. Künstler im heutigen Sinne gab es nicht. Auch sie waren Unfreie.

Damit hatte das Menschenbild einen unmittelbaren Einfluss auf das Bildungswesen (so wie heute auch). Es existierte kein organisiertes, öffentliches Schulwesen. Im antiken Griechenland (abgesehen von Sparta, das die Kinder in staatlichen Erziehungshäusern erzog) gab es zwar private Schulen, die eine elementare musische, gymnastische und manchmal auch literarische Bildung vermittelten – aber sie waren nur den freien Bürgern und auch nur den Jungen vorbehalten. Dabei schien sich damals wie heute die Jugend gegen eine zu starke Vereinnahmung durch die ältere Generation zu wehren.

Daneben gab es geistige Bildungszentren, Philosophenschulen (z. B. die Akademie des Platon). *„Erst im Hellenismus (also etwa ab 300 v. Chr.) gingen fast alle Kinder (auch die Mädchen) der freien Bürger zu irgendeiner Schule. Das ist verständlich, wenn man bedenkt, dass die griechische Gesellschaft weitgehend vom Handel lebte, und das hieß: von der schriftlichen Kommunikation, also von einer hochgradigen Alphabetisierung, abhängig war."* (Gudjons, S. 75)

In der nachklassischen Antike, dem „alten" Rom, wurde dann eher der Kreis des allgemeinen Wissens betont. So ist die „enkyklios paideia" die ethymologische (wortgeschichtliche) Wurzel der „Enzyklopädie".

Die römische Gesellschaft kannte elementare Schreib- und Leseschulen. In dem für damalige (und heutige) Verhältnisse gewaltigen römischen Reich war die Alphabetisierungsrate unter den Bürgern mit römischem Bürgerrecht relativ hoch. Fast alle konnten lesen und schreiben. Die weiterführenden Grammatikschulen und die abschließenden Rhetorikschulen waren das private Privileg der freien Bürger, insbesondere der Oberschicht. *„Die ‚emancipatio'* (das allmähliche Herauswachsen aus der väterlichen Gewalt) *ist mit dem Anlegen der ersten Toga für die 14- bis 17-Jährigen* (Jungen) *und der schrittweisen Übernahme öffentlicher Ämter geordnet. Das Hineinwachsen in Kultur und Gesellschaft geschah für das Volk weitgehend ohne organisierte Bildungsprozesse."* (Gudjons, S. 75)

Fazit

Bildung war bereits für die frühen Kulturen ein bedeutsamer Faktor. Neben der Schriftkultur und der Vermittlung von Wissen spielte der Erhalt der jeweiligen Gesellschaft und damit der Traditionen, der Religion und Wertvorstellungen eine große Rolle. Bildung vor allem in Form von speziellem Wissen war entsprechend den jeweiligen Gesellschaftsformen (elitär) nicht allen Menschen in gleichem Umfang zugänglich.

9612332

Bildung im Mittelalter

INFO 2

Das nachfolgende christliche Denken bedeutete einen radikalen Einschnitt. *„Die menschliche Existenz wird linear, nicht mehr zyklisch gedacht, es gibt eine Schöpfung und ein jüngstes Gericht. Nicht die Ideen sind das Höchste, sondern ein persönlicher Gott. Nicht die Erkenntnis weniger ist das Ziel, sondern die Erlösung aller Menschen. Die Bindung an Gott und die Vorstellung der Gottesebenbildlichkeit des Menschen (Imago Dei) werden im gesamten Mittelalter Grundlagen des Bildungsdenkens. Bildung ist Gestaltung des Lebens auf diesen Grundlagen.“* (Gudjons, S. 74)

So verstand Meister Eckhart (1260–1327) unter „Bilden“ das „Einbilden“ des Bildes Gottes in die menschliche Seele. Der Mensch wurde als das Ebenbild Gottes gesehen und der Bildung fiel die Aufgabe zu, diesem Ebenbild auch zur Verwirklichung, zur Realisierung in der diesseitigen Welt zu verhelfen.

Im Mittealter war Bildung für die Kleriker, den kirchlichen Nachwuchs, vorgesehen, nicht für das Volk. Alles, was man wissen konnte, galt im Prinzip als bekannt. Deshalb waren einige Lehrbücher jahrhundertelang in Gebrauch. Das wichtigste Buch, das Buch der Bücher, war die Bibel. Sie ist im Übrigen selbst eine „Bibliothek“, da sie eine Sammlung unterschiedlicher Schriften aus einem sehr langen Zeitraum darstellt.

Bildungsgrundlage waren die „sieben freien Künste“: Grammatik, Rhetorik (Redekunst), Dialektik (Logik und die Kunst des Argumentierens), Arithmetik, Geometrie, Musik und Astronomie. Erzieherisch und unterrichtlich kam es darauf an, eine christliche Nachfolge einzuüben.

Das galt auch für die mittelalterlichen Universitäten. Sie waren keine „Forschungsanstalten“, sondern sie dienten der Tradition, dem Erhalt und der Weitergabe von Wissen und Verhaltensweisen. Bei den Rittern, die dem weltlichen Herrenstand angehörten, ging es um körperliche Tüchtigkeit, Tugend, musische und ästhetische (!) Bildung – und um Kenntnisse in der Verwaltung. Die Handwerker erhielten keine Schulbildung, sondern wuchsen über den Dreischritt Lehrling – Geselle – Meister in ihre Zunft hinein. Dem Meister kamen dabei gegenüber seinen Lehrlingen und Gesellen Erziehungsaufgaben zu wie einem Vater. Er hatte auch darauf zu achten, dass sich die Seinen standesgemäß verhielten. Er wachte über den sittlichen Lebenswandel sowie über den regelmäßigen Kirchgang.

Für die Landbevölkerung gab es keine Schulen. Das Hineinwachsen in die Gesellschaft geschah durch Mittun, Liturgie und Brauchtum. Dabei kam es auf die emotionale Übereinstimmung an, nicht aber auf „Verstehen“.

Bei den Kaufleuten kam es bereits im 13. Jahrhundert zu einem Umbruch. Von Privatleuten und reichen Städten wurden „Deutsche Schreib-, Lese- und Rechenschulen“ eingerichtet, da der kaufmännische Verkehr zunehmend schriftlich abgewickelt wurde.

Kathedrale Notre Dame in Reims, erbaut 1211–1300

DIE BINDUNG AN GOTT UND DIE VORSTELLUNG DER GOTTESEBENBILDLICHKEIT DES MENSCHEN (IMAGO DEI) WAREN IM GESAMTEN MITTELALTER GRUNDLAGEN DES BILDUNGSDENKENS.

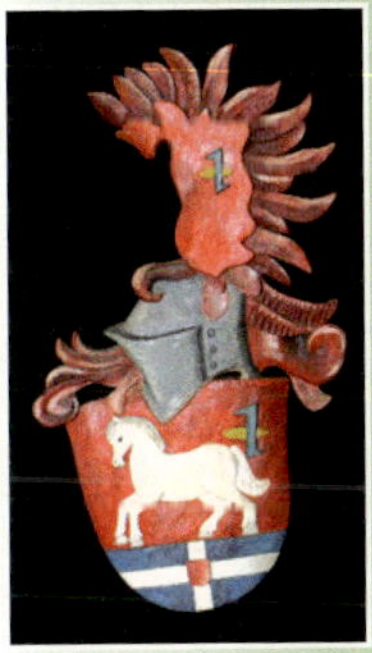

FAZIT

Mit der Zeitenwende (Christi Geburt) kam es zu einer anderen religiösen Ausrichtung der Bildung im europäischen Raum. Die individuellen Taten eines Menschen gewannen an Gewicht, insofern sie als einmalig und nicht in weiteren Leben korrigierbar aufgefasst wurden. Eine herausragende Rolle im Bildungsprozess kam der Kirche zu. Im Rahmen der herrschenden Ständegesellschaft blieben umfassendes Wissen und weiter reichende Kenntnisse einem geringen Teil der Gesellschaft vorbehalten. Wichtige Bildungsgrundlage war die Bibel.

INFO 3 Bildung in der Renaissance

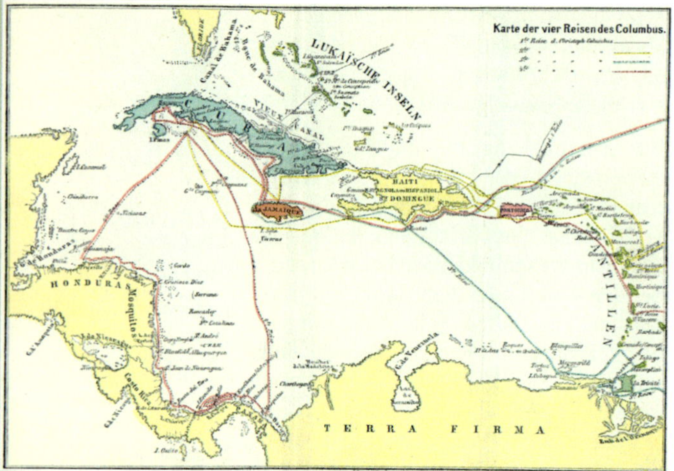

Karte der vier Reisen des Kolumbus

Mit der Renaissance kam es zu enormen Umbrüchen und Verwerfungen in der abendländischen Gesellschaft. Die Entdeckung neuer Kontinente und neue astronomische Erkenntnisse führten schließlich zu einem völlig neuen Weltbild.

In der Folge und durch die Folgen der Reformation verlor die röm.-kath. Kirche schließlich ihre staatstragende Funktion. Martin Luther übersetzte die Bibel erstmals ins Deutsche und machte den Text [illegible] einer breiteren Mehrheit zugänglich. Unterstützt wurde diese Entwicklung durch die parallele Entwicklung des Buchdrucks.

„Cogito, ergo sum!" Ich denke, also bin ich! Descartes

Die Vorstellung, der Mensch könne durch eigenes Denken die Welt gestalten, bis zum vorläufigen Höhepunkt bei Descartes (1596–1650) „Cogito, ergo sum!" (Ich denke, also bin ich!) spiegelt das Vertrauen in die menschliche Denkkraft als Garant des Seins. Die Vorstellung Francis Bacons (1561–1626), man solle die Natur wie eine Maschine erforschen, weist auf das einsetzende mechanistische Weltbild hin, das zugleich Grundlage der Entstehung der neuzeitlichen Wissenschaften ist.

In der Neuzeit entstanden also neue Auffassungen von Welt und Mensch – und Bildung. Mensch und Welt wurden als das Produkt einer eigenen Praxis, des eigenen Tuns gesehen und wurden nicht mehr mythologisch begriffen. Es kam weiter zu einer Differenzierung von Gelehrten und Klerikern und damit zu einer Trennung von (nachprüfbarem) Wissen und Glauben. Zum Dritten wurde Erziehung als ein eigener Mechanismus der Tradierung von Lebensformen begriffen und ausgeprägt, neben Religion und Tradition. Diese Entwicklung mündete schließlich in die Aufklärung.

Für den Engländer John Locke (1632–1704) war der menschliche Geist ein unbeschriebenes Blatt (tabula rasa), das es von außen zu füllen gilt. Locke wollte alle Stände gleichermaßen [illegible]. Alle sollten vernunftgemäß, leicht, kurz und Erfolg versprechend unterrichtet und die Menschen gleichermaßen zu Sittlichkeit und Berufstüchtigkeit geführt werden.

FAZIT

Mit der Entdeckung neuer Kontinente und einer Reihe neuer Erfindungen und Beobachtungen (Kolumbus, Kopernikus, Keppler, Galilei, … Kompass, Uhr, Fernrohr, Mikroskop, Buchdruck, … weitere Planeten, Saturnmonde, …) änderte sich das Weltbild der Menschen in Europa radikal. Der Einfluss der Kirchen ging zurück. Es entstand allmählich das, was heute als wissenschaftliche Methoden bezeichnet wird. Entsprechend begannen sich die Bildungsinhalte zu verschieben.

9612334

Aufklärung – Kant und der kategorische Imperativ

INFO 4

Den Grundgedanken der Aufklärung formulierte Immanuel Kant 1784:

„Aufklärung ist der Ausgang des Menschen aus der selbst verschuldeten Unmündigkeit. Unmündigkeit ist das Unvermögen, sich seines Verstandes ohne die Leitung eines anderen zu bedienen. Selbst verschuldet ist die Unmündigkeit, wenn die Ursache derselben nicht am Mangel des Verstandes, sondern der Entschließung und des Mutes liegt, sich seiner ohne die Leitung eines anderen zu bedienen. Sapere aude! Habe Mut, dich deines eigenen Verstandes zu bedienen!, ist also der Wahlspruch der Aufklärung. Faulheit und Feigheit sind die Ursachen, warum ein so großer Teil der Menschen, nachdem sie die Natur längst von fremder Leitung freigesprochen, dennoch gern zeitlebens unmündig bleiben und warum es anderen so leicht wird, sich zu deren Vormündern aufzuwerfen. Es ist so bequem, unmündig zu sein. (…)"

Gudjons, S. 80

Damit lag die letztendlich ausschlaggebende Entscheidungsinstanz beim jeweiligen Individuum selbst. Es war nun nicht mehr erstrebenswert, die Verantwortung für Handlungen äußeren Bedingungen zuzuschieben, dem König, einem Vorgesetzten oder auch Gott. Damit wurde es schwierig, gute von schlechten Handlungen zu unterscheiden, da nun ein neuer Begründungszusammenhang notwendig wurde. Der allerdings musste nun in sich logisch und stimmig, eben „vernünftig" sein. Vernunft meinte also nicht die Anwendung dessen, was allgemein als der „gesunde Menschenverstand" bezeichnet wird, oder das, was jemand gerade mal als gut oder brauchbar empfindet. Als Entscheidungskriterium entwickelt Kant in der „Kritik der praktischen Vernunft" den kategorischen Imperativ, den er auch als das „Grundgesetz der reinen praktischen Vernunft" bezeichnet:

„Handle so, dass die Maxime deines Willens jederzeit zugleich als das Prinzip einer allgemeinen Gesetzgebung gelten könnte."

Kant, S. 53

Bevor man etwas tut, schlägt Kant hier vor, sollte man sich überlegen, was geschehen würde, wenn es alle Menschen täten oder im Sinne einer Maxime sogar tun müssten. Man solle prüfen, ob diese Handlung dann überhaupt noch möglich wäre. Angenommen jemand wollte (müsste) etwas stehlen, müsste man sich entsprechend vorstellen, was geschähe, wenn alle Menschen immer stehlen würden. Es gäbe in der Folge gar kein privates und rechtmäßiges Eigentum mehr, das man schließlich stehlen könnte. Man könnte dann also nicht mehr stehlen, weshalb stehlen unvernünftig und somit zu unterlassen wäre. Würden alle Menschen lügen (müssen), so gäbe es schließlich keinen sinnvollen Gedankenaustausch mehr, ohne den auch niemand mehr lügen könnte. Entscheidend war hier, dass die Argumentation für oder gegen ein Gebot nicht mehr in einer äußeren Autorität lag (und damit letztlich durchaus willkürlich sein konnte), sondern in sich logisch schlüssig, eben vernünftig war.

Kant hat allerdings nicht nur den einzelnen Menschen im Sinn. Ihm geht es um die Höherentwicklung des gesamten Menschengeschlechtes.

Sapere aude! Habe Mut, dich deines eigenen Verstandes zu bedienen!

Kant

Aug' um Auge lässt die Menschheit erblinden.

Gandhi

Bildung in der ersten Industriellen Revolution

INFO 5

Zu dieser Zeit bahnten sich grundlegende Wandlungen in der Gesellschaft an. Eine neue Sicht der Welt und der systematische Wissensaufbau führten schließlich zur ers-

INFO 5
Fortsetzung

ten industriellen Revolution mit allen angenehmen und unangenehmen Begleiterscheinungen: große Erfindungen (Dampfmaschine, Fabriken, Elektrizität, ...) und das Proletariat, das sie herstellen musste (Kinderarbeit, Krankheit, Armut, ...).

Bildung bekam nun eine widersprüchliche Funktion. Auf der einen Seite sollte sie nach wie vor der Gesellschaft dienlich sein. Die begrenzten Möglichkeiten in einer Familie wurden daher durch formalisierte Bildungsgänge (Schulen) erweitert. Bildung wurde nun rational geplant und ging so im Konzept des Fortschritts auf, das alles für machbar hielt. Zweck dieser Bildung und Erziehung war indes auch ein für die Produktionsprozesse „brauchbarer" Mensch (Utilitarismus). Andererseits wurden auch die negativen Auswirkungen der modernen Gesellschaft deutlich. Bildung musste also ebenfalls zu einer angemessenen Reaktion und zum Kampf gegen diese negativen Entwicklungen werden.

Dieser Widerspruch, die Höherbildung des Menschen, die hoffnungsvolle Aufklärung auf der einen, die Sozialdisziplinierung und das rational geplante Eindringen in die kindliche Seele auf der anderen Seite, sind bis heute aktuell und prägen die derzeitige Bildungsdiskussion mit. Er spiegelt sich wider in dem Begriffspaar Bildung vs. Ausbildung.

INFO 6

Pädagogische Ansätze

Die folgende Zeit brachte eine ganze Reihe unterschiedlicher pädagogischer Ansätze und Konzepte hervor.

Jean-Jaque Rousseau (1712–1778) ging davon aus, der Mensch wäre von Natur aus „gut" und allein die Institutionen machten ihn schließlich „böse". In der Folge müssten die Menschen ohne die schädlichen Einflüsse von Kultur und Gesellschaft erzogen werden. Die Erziehung sollte dem Gang der Natur, der natürlichen Entwicklung und nicht von außen gesetzten Zielen folgen. Der „Contract social" (Gesellschaftsvertrag) zeigt, wie seiner Meinung nach die Natur und der Einzelwille mit der Gesellschaft in Einklang kommen können. Das Allgemeinwohl ergibt sich danach aus der freiwilligen, weil vernünftigen Unterordnung unter den gemeinsamen Willen.

Johann Heinrich Pestalozzi (1746–1827) ging von einem anderen Menschenbild aus. Wie Rousseau sah er, dass der Mensch sich gewissermaßen nach einem inneren, natürlichen Plan entwickelte. Gleichzeitig stellte er aber auch als Fakt fest, dass die Gesellschaft immer Einfluss auf seine Entwicklung nimmt. Beides, Natur und Gesellschaft, waren für ihn bestimmende Größen für die Entwicklung und Bildung des Menschen. Entsprechend sprach er vom Menschen als „Werk der Natur" und (!) vom Menschen als „Werk der Gesellschaft". Würde der Mensch allerdings in diesen Zusammenhängen verharren und verstrickt bleiben, so bliebe er hinter seinen wesentlichen Möglichkeiten, hinter dem, was ihn in seinem Wesen auszeichnet, zurück. Seine höchste Entwicklungsstufe erreicht er, wenn er den Mut aufbringt sich gewissermaßen in einem „Salto mortale" von Natur und Gesellschaft zu emanzipieren und als „Werk seiner selbst" moralisch zu handeln. Pestalozzi war klar, dass dies nur wenigen

9612336

Menschen gelingt und dass es kein andauernder Zustand ist, sondern dass diese Stufe immer wieder neu gewagt und riskiert werden muss.

Die Fähigkeit dazu sollte der Mensch schließlich durch eine allseitige Durchbildung, durch Anschauung und Selbsttätigkeit, durch Anwendung und Übung aller seiner Kräfte erlangen. Für Pestalozzi stand die allgemeine Menschenbildung an erster Stelle. Sie bedeutete die Bildung von „Kopf“ (intellektuelle Bildung) und „Herz“ (sittliche und emotionale Bildung) und „Hand“ (Ausbildung verschiedener Fertigkeiten und die Beherrschung des Körpers). Keiner der Aspekte sollte vernachlässigt werden.

Auch **Friedrich Fröbel** (1782–1852), der für die Entwicklung der Kindergärten eine besondere Rolle spielt, wirkte in dieser Zeit. Auf Fröbels Menschenerziehung (1826) mit ihrem romantischen Bild vom Kind als dem unverstellten Wesen, seinen Gedanken zur Vorschulpädagogik und seinen Spielgaben wird in Lernfeld 3, Kapitel 2 genauer eingegangen.

Parallel zu diesen Entwürfen entstanden auch viele „Industrieschulen“, die das Bildungsideal der „Industriosität“ verfolgten. Emsigkeit, Produktivsein, Fleiß, Erfindungsgabe, Geschick, Sparsamkeit wurden als ideale Fähigkeiten gleichermaßen für das Bürgertum wie für Bauernkinder und landlose Arme angesehen. **August Herman Francke** (1663–1727) gründete 1694 in Halle an der Saale eine Armenschule, die rasch wuchs und schließlich an die 3 000 Kindern eine Heimat bot, was sicherlich eine soziale Leistung ist. Seine negative Sicht des Menschen und die dadurch geprägte Pädagogik, die z. B. darauf ausgerichtet war, zunächst den „bösen“ kindlichen Eigenwillen zu brechen, war schon damals umstritten.

Eine allgemeine Schulpflicht wurde mehrfach versucht umzusetzen, im Kurfürstentum Bayern beispielsweise 1659, 1682, 1738, 1770 und 1792. Erst im Jahre 1802 wurde sie hier ernsthafter durchgesetzt (www.paed1.ewf.unierlangen.de/ka_410.htm, Mai 2004, Schulmuseum Nürnberg). Es setzte sich die Erkenntnis durch, dass ein industrieller Staat auf eine gute Allgemeinbildung und spezielle Kenntnisse bei einer breiten Öffentlichkeit angewiesen war, um erfolgreich im Wettbewerb bestehen zu können. Die Menschen mussten zu einem Mindestmaß des Lesens, Schreibens und Rechnens mächtig sein und sie mussten über die notwendige Disziplin und das notwendige Verantwortungsbewusstsein verfügen, damit die industriellen Produktionsprozesse möglichst reibungsfrei ablaufen konnten.

Für Pestalozzi stand die allgemeine Menschenbildung an erster Stelle. Sie bedeutete die Bildung von „Kopf“ und „Herz“ und „Hand“.

Humanismus – Wilhelm von Humboldt

Info 7

Für die Entstehung des heutigen Bildungsbegriffs spielt Wilhelm von Humboldt (1767–1835) eine herausragende Rolle. Nach dem preußischen Zusammenbruch gegen Napoleon 1807 entwarf er ein radikales Erneuerungskonzept, das die Idee einer allgemeinen Menschenbildung im Bildungswesen umsetzen sollte. Ab 1809 war er für einige Zeit Leiter der Sektion Kultus und Unterricht im preußischen Innenministerium, was den heutigen Kultusministerien entspricht. Er wehrte sich grundsätzlich gegen die gänzliche Vereinnahmung des Menschen durch die Gesellschaft.

„Bildung war für ihn der Weg des Individuums zu sich selbst. (…) Nicht unmittelbare Verwertung des Menschen für irgendwelche Zwecke darf Leitlinie der vom Staate einzurichtenden Bildung sein, sondern: ‚*Der wahre Zweck des Menschen (…) ist die höchste und proportionierlichste Bildung seiner Kräfte zu einem Ganzen. (…) Kein Mensch sollte bloßer Kulturdünger sein.*‘ Menschliche

INFO 7
Fortsetzung

Bildung – vom Handwerker bis zum Gelehrten – sollte bestimmt sein durch Individualität (also der Innerlichkeit der eigenen Subjektivität), Totalität (Bildung der Kräfte zu einem Ganzen statt Füllung mit Stoffen) und Universalität *([…] Auch Griechisch gelernt zu haben könnte dem Tischler ebensowenig unnütz seyn, als Tische zu machen dem Gelehrten.).*“

Gudjons, S. 90

Die 1809 gegründete Universität in Berlin trug deutlich Humboldts Handschrift. In ihr sollte Wissenschaft als ein System eigenständigen Denkens verstanden werden, für die keine andere Autorität gelten sollte als das eigene Denken. Die Studenten wurden zu zwar lernenden, aber dennoch gleichberechtigten Teilnehmern. Dagegen waren die mittelalterlichen Universitäten keine Forschungseinrichtungen in diesem Sinne. Sie waren Lehrstätten, die das Alte tradierten. In der neuen Universität stand Bildung durch Wissenschaft als Philosophie („Liebe zur Weisheit“) im Mittelpunkt. Das bedeutete auch die *„Ablehnung der Praxis unter dem Aspekt der ‚Anwendung‘, denn nur reine philosophische Erkenntnis dient der Selbstwerdung des Menschen.“* (Gudjons, S. 91)

Damit sind die beiden großen Pole formuliert, zwischen und mit denen „Bildung“ geschieht. Auf der einen Seite bedeutet Bildung die Selbstverwirklichung des Menschen, der Versuch jedes Einzelnen und die Gelegenheit, sich bestmöglichst zu entfalten. Auf der anderen Seite deutet Bildung auf die Brauchbarkeit eines Menschen für die jeweilige Gesellschaft hin, in der er lebt. Es scheint, als würden sich diese beiden Verständnisweisen gegenseitig ausschließen. Sie lassen sich aber auch als die beiden Seiten einer Medaille betrachten. Keine Seite allein wird dem Menschen und seinen Möglichkeiten vollständig gerecht.

FAZIT

Zwischen diesen beiden Polen spannt sich heute ein Fächer verschiedener Aspekte des Bildungsbegriffs und Aufgaben von Bildung auf:

- Bildung ist **formale** Bildung und umfasst sowohl die Schulung der inneren Kräfte als auch die Aneignung von Kenntnissen und die Erschließung von Welt (materiale Bildung).
- Bildung ist ein Prozess der **Selbstgestaltung** und der Eigenaktivität. Gleichzeitig ist sie aber auch ein Prozess der Wissensvermittlung durch Dritte.
- Bildung bedeutet Erwerb und Übernahme von Bildungsgütern wie Sprache, die Kulturtechniken, Natur- und Geisteswissenschaften, Technik und neue Informationstechnologien und die Kunst. Bildung bedeutet auch die kritische Auseinandersetzung mit diesen Dingen und deren Veränderung und Abwandlung aufgrund eigener Denkprozesse.
- Bildung dient als Selbstzweck der individuellen Entfaltung (Individualität) als auch der gesellschaftlichen Nützlichkeit. Das beinhaltet eine kritische Haltung gegenüber der Gesellschaft und die Bereitschaft zu deren ständigen Weiterentwicklung.
- Bildung umfasst Allgemeinbildung und Berufsbildung.
- Bildung ist gleichermaßen ein Prozess des kognitiven, moralischen, religiösen, sozialen und emotionalen Lernens, wie sie Resultat eigener „Studien“ ist.

(vgl. Textor, www.kindergartenpaedagogik.de/127, Mai 2004)

10.3 Bildung und Bildungspläne in Tageseinrichtungen für Kinder

10.3.1 Bildungsansätze

Derzeit werden in den verschiedenen Bundesländern jeweils eigene Bildungspläne für den Bereich der Tagesstätten für Kinder erarbeitet. Das Wort „Plan" lässt dabei erahnen, dass hier „Bildung" eher von der gesellschaftlichen, der pragmatischen Seite her gedacht wird und weniger von der individuellen. Das hängt mit verschiedenen Überlegungen zusammen. Unter anderem auch damit, dass sich die Einrichtungen zunehmend die Frage nach ihrer Qualität stellen müssen. Die Qualität einer Einrichtung hängt zweifellos auch davon ab, wie und in welchem Umfang „Bildung" in ihr geschieht, also ob die Kinder gebildet werden. Das Problem entsteht dann, wenn man die Bildungsqualität auch messen möchte.

Das geht relativ einfach, wenn man in Bezug auf Bildung einen Instruktionsansatz verfolgt, wenn man einen mehr oder weniger festen Kanon vorgibt, was Kinder wissen und können sollen. In einem Portfolio lässt sich festhalten, was mit einem Kind thematisiert wurde. Es lässt sich auch relativ einfach überprüfen, über welche Kenntnisse ein Kind verfügt. Sehr schwierig nachzuvollziehen sind dagegen die ethischen, sozialen, kreativen und individuellen, persönlichen Aspekte von Bildung. Eventuell lassen sie sich gar nicht messen, sondern nur unter unterschiedlichen Gesichtpunkten bewerten oder gewichten. Gleichwohl sind auch diese Aspekte eine unverzichtbare Basis für die Bildung der Kinder.

„Der Charakter ruht auf der Persönlichkeit, nicht auf den Talenten."
Goethe

Bildung als Instruktion

INFO 1

Bildung als Instruktion geht im Grunde von der Machbarkeit von Bildung aus. Bildung wird so gewissermaßen als herstellbares Produkt gesehen. Bildung wird vermittelt. Das Kind kommt hier in eine eher defizitäre und passive Position. Es muss ihm etwas gegeben werden, was es noch nicht hat. Was ihm „fehlt" wird dabei aus den unterschiedlichsten Interessengruppen und Verbänden heraus formuliert. Die vermeintlichen Defizite entstehen so aus dem Bedarf von gesellschaftlich relevanten oder auch nur lauten Gruppen. Die Zukunftsrelevanz solcher Forderungen bleibt fragwürdig.

Gleichzeitig birgt der Instruktionsansatz die Gefahr einer Verschulung der „Vorschulzeit" mit Lernprozessen und Methoden, die kindlichem Lernen nicht gerecht werden, abgesehen davon, dass die individuellen Aspekte von Bildung hinter einer Standardisierung von Bildung zurückbleiben.

„Es kann doch nicht der Sinn von Bildung sein, dass jeder Einsteins Relativitätstheorie erklären, aber keiner mehr einen tropfenden Wasserhahn reparieren kann."
Norbert Blüm

Kinder als Co-Konstrukteure ihrer eigenen Entwicklung

INFO 2

Tendenziell wird derzeit eher davon ausgegangen, dass das Kind bei seiner Bildung und in seinen Lernprozessen selbst eine sehr aktive Rolle spielt und spielen können muss. Das Kind strukturiert seine Erfahrungen und die Welt selbst. Es wird hier als ein autonomes, lebendiges und abgeschlossenes „System" gesehen, das sich selbst erhält und weiterentwickelt. In diesem Prozess konstruiert sich jedes Kind seine eigene Welt. Dieses Welterfassen und -deuten beginnt spätestens mit der Geburt, wenn es mit der Welt direkt in Kontakt gerät. Dabei muss es notwendig zunächst von seinen rein körperlichen Möglichkeiten ausgehen, da es noch nicht über Sprache verfügt.

„Erfahrung ist der Anfang aller Kunst und allen Wissens."
Aristoteles

Gleichzeitig und in zunehmendem Maße geschieht dieses Welterkunden in sozialen Beziehungen. Das Kind wird gewickelt, gefüttert, geschaukelt. Die Mutter oder der Vater schaut mit ihm ein Bilderbuch an und erzählt etwas zu den Bildern. Ohne diesen sprachlichen Anteil blieben die Bilder bedeutungslos. Auch die Art der Zuwendung spielt bei diesem Prozess eine herausragende Rolle (siehe LF 4: Gehirnentwicklung). In Hinblick auf diese soziale Komponente des Bildungsprozesses spricht man auch von Bildung als Co-Konstruktion von Welt bzw. von Deutungsmustern von Welt.

Das „System" Kind bekommt bei diesem Prozess Angebote, sich auf die Deutungsmuster eines anderen Systems, das der jeweiligen Bezugsperson, einzulassen und sie eventuell in das eigene System, für die eigene Persönlichkeit zu übernehmen und sich entsprechend zu verändern. Die Bedeutung dieser Betrachtungsweise kann man sich veranschaulichen, indem man die eigene Lerngeschichte reflektiert. Unter äußerem Zwang wird nur wenig und sehr schwer gelernt, vieles davon wird schnell wieder vergessen, was nichts anderes heißt, als dass es nicht dauerhaft in das eigene System integriert wurde. Anders sieht es bei Lernprozessen aus, die aus eigenem Antrieb stattfanden. Im Regelfall fällt Lernen dann sehr leicht und ist sehr dauerhaft. Neuere Überlegungen zu Bildungsplänen für den Kindergarten berücksichtigen inzwischen solche Überlegungen. Das führt zu Rahmenplänen, die den Einrichtungen erlauben mehr auf die individuelle Entwicklung der einzelnen Kinder einzugehen.

In diesem Sinne, Bildung als Co-Konstruktion, vergleicht Prof. Dr. Gerd E. Schäfer (13.03.2004, Freiburg) den Bildungsprozess mit einem Restaurantbesuch. Im „Bildungsrestaurant" Kindergarten spricht das Kind mit den „Köchen", den Erziehern und Erzieherinnen, über seine jeweiligen Wünsche und Bedürfnisse. Die Köche machen dazu entsprechende (Menü-)Vorschläge, regen Alternativen oder Verfeinerungen an und bereiten dann ein Mahl zu, das sie schließlich servieren. Essen und genießen muss das Kind seine Mahlzeit allerdings selbst. Die Qualität des Bildungsrestaurants hängt unter anderem davon ab, wie reichhaltig und gesund sein Angebot ist und wie individuell auf die Wünsche und Bedürfnisse der Gäste eingegangen werden kann.

FAZIT

Zur guten Erziehung braucht es ein ganzes Dorf.
afrikanisches Sprichwort

Damit sind Aussagen zu so etwas wie einer Methode gemacht, nach der Bildung geschehen könnte. Im Bezug auf frühkindliche Bildung stellt Gerd E. Schäfer 10 Thesen vor:

- Frühkindliche Bildung ist in erster Linie Selbstbildung.
- Frühkindliche Bildung sucht nach Bedeutungen.
- Frühkindliche Bildung ist zunächst ästhetische Bildung.
- Frühkindliche Bildung ist komplex.

- ✘ Frühkindliche Bildung beruht auf Beziehungen.
- ✘ Frühkindliche Bildung erzeugt innere Bilder.
- ✘ Frühkindliche Bildung ist notwendig kreativ.
- ✘ Frühkindliche Bildung hat mit innerer Verarbeitung zu tun.
- ✘ Frühkindliche Bildung ist ein sozialer Prozess.
- ✘ Frühkindliche Bildung braucht die Unterstützung von Erwachsenen.

(vgl. „klein&groß", 9/2001)

10.3.2 Bildung und Menschenbild

Wer pädagogisch handelt, hat notwendig ein mehr oder weniger bewusstes Menschenbild. Wird der Mensch als ein triebhaftes, instinktunsicheres biologisches Mängelwesen aufgefasst, werden andere erzieherische Entscheidungen getroffen werden, als wenn der Mensch als die Krone der Schöpfung betrachtet wird, in der alle Fähigkeiten und Anlagen nur auf ihre Entfaltung warten.

Lange Zeit betrachtete man Kinder als hilfsbedürftige, unselbstständige Wesen, die über so gut wie keine eigenen Möglichkeiten zu ihrer Entfaltung verfügen. Heute spricht man vom „kompetenten Säugling", nachdem aus systematischen Beobachtungen die Erkenntnis gezogen wurde, mit welch hoher Eigeninitiative bereits Säuglinge an ihrer Entwicklung beteiligt sind.

Die Interaktion zwischen Kind und Erwachsenem lässt sich im weitesten Sinn als Erziehung bezeichnen. Letztlich gibt es zwei Grundverständnisse von „Erziehung". Zum einen das herstellende Machen analog zur Produktion eines Gegenstandes. Zum anderen Erziehung als Entfaltung, analog zum organischen Wachstum. Gemeinsam ist beiden Haltungen, dass sie von einer Notwendigkeit und Regelhaftigkeit von Erziehung ausgehen. Menschen sind erziehungsbedürftig!

Viele Sprachen unterscheiden nicht zwischen „Bildung" und „Erziehung"

INFO 1

Bildung ist ohne Erziehung und Erziehung ohne Bildung nicht denkbar. Beide Vorgänge bedingen sich gegenseitig.

Der Erziehungsbegriff ist allerdings nicht sehr gut für eine wissenschaftliche Theoriebildung geeignet und er wurde auch des Öfteren moralisch missbraucht (Stichwort: schwarze Pädagogik). In Deutschland nahm daher der Begriff „Bildung" die Position des Erziehungsbegriffs ein. Viele Sprachen kennen keine Unterscheidung zwischen „Bildung" und „Erziehung". So bedeutet beides im Englischen das Wort „education". Gudjons sieht in einem gesonderten Bildungsbegriff allerdings den Vorteil, dass er als Leitbegriff für eine „zusammenbindende Sinnfindung für das pädagogische Geschäft" tauglich ist.

„Eine solche zentrierende Kategorie als übergeordnetes Orientierungs- und Beurteilungskriterium für alle pädagogischen Einzelmaßnahmen wurde ab etwa 1975 in einer Neuformulierung des Bildungsbegriffs gesucht. (…) Drei Argumentationslinien lassen sich dabei feststellen:

1. *Die zunehmende spezialisierende Verwissenschaftlichung unserer Lebensverhältnisse lässt einen Abbau gemeinsamer Anschauungen, Werthaltungen und Verhaltensweisen befürchten – Allgemeinbildung soll dem entgegenwirken.*
2. *Dem beobachtbaren Pluralismus werden Vorstellungen von möglicher Konzentration entgegengesetzt, wobei unter anderem Kirchen, Gewerkschaften (…) (und verschiedene politische*

INFO 1
Fortsetzung

Parteien, der Autor) den Bildungsbegriff jeweils inhaltlich zu füllen suchen und unter einer solchen Leitkategorie entsprechende Lernprozesse organisieren wollen.

3. *In der Erziehungswissenschaft wird versucht den Bildungsbegriff stärker theoriegeleitet, historisch-systematisch zu rekonstruieren und damit neu zu formulieren."*

Gudjons, S. 201

Allen diesen Bemühungen um den Bildungsbegriff ist die kritische Vergegenwärtigung seiner klassischen Tradition anzumerken. Danach meint „Bildung":

- *„die Befähigung zu vernünftiger Selbstbestimmung und Solidaritätsfähigkeit mit anderen,*
- *die Subjektentwicklung (...),*
- *die Gewinnung von Individualität und Gemeinschaftlichkeit,*
- *eine allgemein gültige, d. h. für alle Menschen gleich gültige Bildung, Vielseitigkeit, vor allem die moralische, kognitive, ästhetische und praktische Dimension."*

Gudjons, S. 202

Allgemein lassen sich so fünf Bildungsdimensionen unterscheiden, auch wenn es keine Übereinstimmung dazu gibt, was „Bildung" ist.

1. Die **Sache.** Bildung braucht Inhalte.
2. Der zeitliche Verlauf der Menschheitsgeschichte hat einen Sinn, der immer wieder ausgehandelt werden muss. Insofern braucht Bildung **Geschichte.**
3. Mit „Bildung" sind normative Zusammenhänge der menschlichen Gesellschaft verbunden. Bildung braucht **Zustimmung.**
4. Die Wissenschaft erwartet, dass Bildung **wissenschaftlich** und eben nicht dogmatisch ist.
5. Bildung hat eine **autobiografische Dimension.** Jeder Einzelne braucht Bildung für sein Selbstverständnis und entsprechend ist jeder in seiner Weise gebildet.

INFO 2 Bildungsbereiche in Tageseinrichtungen für Kinder

Um zum Bild des „Bildungsrestaurants" zurückzukehren, entsteht zurzeit durch die Bildungspläne für Kindertageseinrichtungen in den einzelnen Bundesländern gewissermaßen eine Speisekarte. Obwohl die unterschiedlichen Gremien und Ministerien jeweils eigene Pläne erarbeiten, so gibt es doch eine große Anzahl von Gemeinsamkeiten.

Im bayrischen Erziehungs- und Bildungsplan für Kinder in Tageseinrichtungen bis zu Einschulung schlägt Wassilios Fthenakis gewissermaßen als Grundzutaten eine Reihe von Basiskompetenzen vor, die mit den Kindern zusammen angestrebt, die in den Einrichtungen gefördert werden sollten. Der Plan wird an dieser Stelle aufgenommen, weil er im Vergleich zu denen anderer Bundesländer sehr umfangreich und ausführlich formuliert ist, was auch durchaus kritisch gesehen wird. Es ist anzumerken, dass es sich hier wie bei den Plänen der anderen Bundesländer im Regelfall bislang um Entwürfe handelt, die entsprechend den aktuellen Diskussionen überarbeitet werden.

Kinderzeichnung „Prinzessin"; Isabell, 5

1. Individuumsbezogene Kompetenzen und Ressourcen:
   a. Personale Kompetenzen:
      Selbstwertgefühl, positives Selbstkonzept, Autonomieerleben, Resilienz und Kohärenzgefühl.
      Kinder sollen die Möglichkeit bekommen ihre eigene Person möglichst positiv anzunehmen. Resilienz bedeutet, dass die Kinder sich gesund und positiv entwickeln können sollen, auch wenn sie zeitweilig oder ständig Risikobedingungen ausgesetzt sind und sie Stress bewältigen müssen. Das soll unter anderem dadurch ermöglicht werden,

dass dem Kind die hier aufgelisteten Kompetenzen mit auf den Weg gegeben werden sollen und sich das Kind der entsprechenden Fähigkeiten auch bewusst sein soll.

b. Motivationale Kompetenzen:
Selbstwirksamkeit, Selbstregulation, Neugier und individuelle Interessen.
Erich Fromm spricht von dem Wirkbewusstsein als einer notwendigen Basis für eine gesunde Psyche. Ein Mensch muss sich sicher sein, dass er auch etwas bewirkt und bewirken kann, damit er sein Leben spürt. Hier geht es auch darum, dass die Kinder auf sich selbst wirken können und beispielsweise nicht sofort jedem Impuls und jeder Ablenkung nachgeben müssen.

c. Kognitive Kompetenzen:
Differenzierte Wahrnehmung, Denkfähigkeit, Wissensaneignung, Gedächtnis, Problemlösefähigkeit, Kreativität.
Kinder sind darauf angewiesen, all die Dinge zunächst direkt und körperlich zu erfahren und zu erleben. Diese Erlebnisse sollten sich an ihren Interessen orientieren, was nicht heißt, dass die Erzieher nicht auch Interesse für unterschiedliche Zusammenhänge und Phänomene wecken sollten. Es geht hier nicht darum, dass die Kinder sich mit einem umfangreichen Kanon vorab festgesetzter Inhalte befassen sollten, dass sie ganz Bestimmtes lernen und wieder erinnern sollten. Diese Kompetenzen lassen sich in den unterschiedlichsten Bereichen trainieren. So weiß vielleicht das eine Kind viel über Astronomie, während ein anderes viel über Tiere weiß. Wahrnehmung, Denkfähigkeit, Gedächtnis, Problemlösefähigkeit und Kreativität haben sie beide geübt.

d. Physische Kompetenzen:
Übernahme von Verantwortung für die eigene Gesundheit und das körperliche Wohlbefinden, Grob- und Feinmotorik, Regulierung körperlicher Anspannung.

2. Kompetenzen zum Handeln im sozialen Kontext:
   e. Soziale Kompetenzen:
   Gute Beziehungen zu Erwachsenen und Kindern, Empathie und Perspektivübernahme, die Fähigkeit, verschiedene Rollen einzunehmen, Kommunikationsfähigkeit, Kooperationsfähigkeit, Konfliktmanagement.
   f. Entwicklung von Werten und Orientierungskompetenz:
   Werthaltungen, moralische Urteilsbildung, Unvoreingenommenheit, Sensibilität für und Achtung von Andersartigkeit und Anderssein, Solidarität.
   g. Fähigkeit und Bereitschaft zur Verantwortungsübernahme:
   Verantwortung für das eigene Handeln, Verantwortung anderen Menschen gegenüber, Verantwortung für Umwelt und Natur.
   h. Fähigkeit und Bereitschaft zur demokratischen Teilhabe: Erwerb von Grundkenntnissen über Staat und Gesellschaft, Akzeptieren und Einhalten von Gesprächs- und Abstimmungsregeln, Einbringen und Überdenken des eigenen Standpunkts.
3. Lernmethodische Kompetenzen:
   Lernen, wie man lernt. Sie bündeln jene Kompetenzen, die den bewussten Erwerb von Wissen fördern.

All diese Kompetenzen sind im Kontext der Entwicklungspsychologie und der Gehirnentwicklung zu sehen. Die Kinder können diese Kompetenzen nur im Rahmen ihrer individuellen Möglichkeiten annehmen und entwickeln. Der Katalog stellt aber auch Anforderungen an die Bildung der Erzieherinnen und Erzieher, die diese für eine professionelle Arbeit mitbringen sollten.

Aus solchen und ähnlichen Überlegungen zu Kompetenzen, die bei den Kindern

„Zähmen sollen sich die Menschen, die sich gedankenlos der Wunder der Wissenschaft und Technik bedienen und nicht mehr davon geistig erfasst haben als die Kuh von der Botanik der Pflanzen, die sie mit Wohlbehagen frisst."
Albert Einstein

grundgelegt werden sollten, leiten sich schließlich eine Reihe von **Bildungsbereichen** ab, in denen die verschiedenen Kompetenzen in den Tageseinrichtungen für Kinder gefördert werden sollen. Auch hier gibt es bei den verschiedenen Bundesländern viele Überschneidungen. (Eine Synopse findet sich in „klein&groß", 04/04, S. 14) Je nach Konzeption der Einrichtungen finden diese Bildungsbereiche auch ihren räumlichen Niederschlag.

1. Körper, Bewegung, Gesundheit (vgl. Kap. 6: Bewegung, Tanz und Spiel);
2. Sprachen, Kommunikation, Schriftkultur, Medien, Informationstechnologie (vgl. Lernfeld 4, Kap. 8: Sprachentwicklung und Kap. 7: Medienpädagogik);
3. Musik (vgl. Lernfeld 4, Kap. 5: Musik);
4. Darstellen und bildnerisches Gestalten (vgl. Lernfeld 4, Kap. 3: Gestalten);
5. Mathematik, Naturwissenschaften, Naturerfahrung und Ökologie, Technik, Welterkundung (vgl. Lernfeld 4, Kap. 9: Naturwissenschaften erfahrbar machen);
6. Lernmethodik (vgl. Lernfeld 4, Kap. 10: Gehirnentwicklung);
7. Soziales Leben, soziale Kompetenzen, Interkulturelles, geschlechtssensible Pädagogik;
8. Religion, Werteerziehung, Philosophie.

Fazit

„Von den Kindern:
Eure Kinder sind nicht eure *Kinder. Es sind die Söhne und Töchter von des Lebens Verlangen nach sich selber. Sie kommen durch euch, doch nicht* von *euch; und sind sie auch bei euch, so gehören sie euch doch nicht.*
Ihr dürft ihnen eure Liebe geben, doch nicht eure Gedanken. Ihr dürft ihren Leib behausen, doch nicht ihre Seele. Denn ihre Seele wohnt im Hause von morgen, das ihr nicht zu betreten vermöget, selbst nicht in euren Träumen.
Ihr dürft euch bestreben ihnen gleich zu werden, doch suchet nicht sie euch gleich zu machen. Denn das Leben läuft nicht rückwärts, noch verweilt es beim Gestern.
Ihr seid die Bogen, von denen eure Kinder als lebendige Pfeile entsandt werden. Der Schütze sieht das Zeichen auf dem Pfade der Unendlichkeit und Er biegt euch mit seiner Macht, auf dass Seine Pfeile schnell und weit fliegen.
Möge das Biegen in des Schützen Hand euch zur Freude gereichen; denn gleich wie Er den fliegenden Pfeil liebt, so liebt Er auch den Bogen, der standhaft bleibt."

Khalil Gibran

Aufgaben und Anregungen

1 Befassen Sie sich mit dem Bildungsplan Ihres jeweiligen Bundeslandes. Vergleichen Sie ihn mit einem entsprechenden anderen Bildungsplan.

2 Wo würden Sie persönlich Schwerpunkte setzen? In welchen Bereichen könnten Sie Kinder besonders gut fördern? Wo liegen Ihre Stärken?

3 Verfassen Sie einen Text: *„Bildung heißt für mich …"*

4 Reflektieren Sie Ihre eigene Bildung. In welchen Bereichen wollen Sie weiter wachsen? Wo wollen Sie für sich weitere Kompetenzen erarbeiten?

5 Verfolgen Sie in verschiedenen Zeitungen und Zeitschriften die Aussagen zum Bereich Bildung. Legen Sie sich eine Sammlung von Artikeln an und versuchen Sie sie zu ordnen. Untersuchen Sie, unter welchem Blickwinkel jeweils Bildung betrachtet wird.

6 Betrachten Sie unterschiedliche Angebote in der Praxis. Wie ist deren Bildungsgehalt? Was konnten die Kinder lernen? Inwiefern wurden sie durch das Angebot reicher?

9612344

Einführung in Lernfeld 5:

Professionalisierung des Berufsbildes

Inhaltlicher Überblick:

In diesem letzten Abschnitt geht es um die Professionalisierung Ihres zukünftigen Berufes und Ihres Berufsbildes. Es geht um die professionelle Umsetzung dessen, was Sie im Laufe Ihrer Ausbildung gelernt haben, und es geht um die professionelle Berufseinstellung als Erzieherin, also kein Kinderkram …

Die Bereiche im Kapitel Professionalisierung gehen teilweise über die jetzigen Anforderungen der Grundausbildung hinaus. Hier wird perspektivisch gedacht und gehandelt, ebenso themen- und zielgruppenübergreifend, vernetzend und institutionsbezogen. Dieses Lernfeld dient Ihnen endgültig als Übergang zu Ihrer späteren Berufstätigkeit.

In Kapitel 1 geht es um die Professionalisierung des Berufsbildes und es wird u. a. den Fragen nachgegangen, was der Professionalisierungsprozess für den Erzieherberuf bedeutet, welches berufliche Selbstverständnis heutige Erzieherinnen haben und welchen Stellenwert der Erzieherinnenberuf in der Gesellschaft hat. Es geht auch um Handlungskompetenzen und die berufliche Rolle heutiger Erzieherinnen.

Im zweiten Kapitel geht es um die Arbeit im Team. Es werden verschiedene Formen und Methoden der Teamarbeit vorgestellt. Sie werden sich mit der Bedeutung von Teamzusammensetzung, Kompetenz- und Rollenverteilung im Team auseinander setzen und es wird speziell auf die Leitungsfunktion eingegangen.

Kapitel 3 handelt von Professionalität und Selbstsicherheit im Umgang mit Eltern. Das spezielle Verhältnis zwischen Eltern und Erzieherinnen sowie verschiedene Formen der Elternarbeit werden thematisiert.

In Kapitel 4 geht es um die professionelle Notwendigkeit zur Vernetzung mit anderen Organisationen in der alltäglichen Arbeit einer Erzieherin. In engem Zusammenhang damit befasst sich Kapitel 5 mit unterschiedlichen Aspekten von Qualitätsmanagement und stellt die wichtigsten Konzepte vor.

Kapitel 6 bietet einen Blick über die Landesgrenzen hinaus und zeigt, wie professionellen Kinderbetreuung in anderen Ländern Europas organisiert ist.

Den Abschluss unseres zweibändigen Lehrbuches „Kein Kinderkram!“ bildet das Kapitel 7 „Perspektiven“. Es bietet Ihnen die Möglichkeit, auf Ihre bisherige (berufliche) Laufbahn zurückzublicken und Einblick in Ihre aktuelle (berufliche) Lebenssituation zu gewinnen bis hin zum Ausblick auf Ihre weiteres (berufliches) Leben.

1 Professionalisierung des Berufsbildes Arbeiten, um zu leben – Leben, um zu arbeiten?

1.1 Entwicklung des Berufsbildes durch Professionalisierung

„Singend und tanzend äußert sich der Mensch." Friedrich Nietzsche

Das tun Erzieherinnen auch, sie müssen jedoch noch mehr können. Davon wird in diesem Kapitel die Rede sein.

Nadine ist bald „fertige" Erzieherin. Sie hat erste Erfahrungen im Berufsfeld mit unterschiedlichen Zielgruppen gemacht und sich während der Ausbildung mit ihrer beruflichen Rolle als Erzieherin kritisch auseinander gesetzt. Sie hat sich mit unterschiedlichen pädagogischen Konzepten und sozialpädagogischen Handlungsmodellen beschäftigt und Erfahrungen in unterschiedlichen Teams gemacht.

Nadine sollte nun zum Ende ihrer Ausbildung zur Erzieherin in der Lage sein eigenverantwortlich und zielorientiert Erziehungs- und Bildungsprozesse durchzuführen und das bisher Gelernte in die Praxis umzusetzen und zu bewerten. Nadine sollte sich selbst und ihre Arbeit reflektieren und präsentieren. Zu Kollegen, Kindern und Eltern kann sie eine professionelle Beziehung gestalten.

Konkret kann Nadine z. B. Entwicklungsprozesse von Kindern und Jugendlichen beschreiben und analysieren. Sie kann einen persönlichen Standpunkt finden und darstellen, außerdem pädagogisches Handeln planen und durchführen. Nadine ist in der Lage, mit Eltern und Institutionen zu kommunizieren und betriebswirtschaftliche Zusammenhänge zu erkennen.

Alles in allem hat sie eine umfassende Ausbildung hinter sich.

Dennoch – jetzt geht es erst richtig los!

Nadine fragt sich:

- *Bin ich jetzt wirklich fit für die berufliche Praxis als staatlich anerkannte Erzieherin?*
- *Kann ich eigenverantwortlich eine Gruppe leiten?*
- *Erkennen mich und meinen Beruf jetzt wirklich alle an?*
- *Wo könnte ich schon bald an Grenzen stoßen?*

Die Lebenssituation von Kindern und Jugendlichen hat sich in den letzten Jahren grundlegend verändert.

Die Lebenssituation von Kindern und Jugendlichen hat sich in den letzten Jahren grundlegend verändert. Die Anforderungen an das Personal in sozialpädagogischen Einrichtungen haben sich gesteigert und erweitert. Frühkindliche Entwicklung, Weltwissen, PISA, Dienstleistung, kulturelle Vielfalt, Sprachförderung, Erziehungspläne und Bildungsauftrag sind nur einige Schlagworte, die Erzieherinnen, Eltern und Kinder (!) beschäftigen.

Einige Gedanken zum Berufsbild der Erzieherin:

„Erzieherinnen sind nach den Eltern oft die nächsten Bezugspersonen von Kindern. Sie sind Zuhörerinnen, Trösterinnen, Managerinnen und Organisatorinnen. Sie bereiten Kinder auf das Leben mit seinen Umbrüchen vor, sind Gesundheitsexpertinnen, Psychologinnen und aus Berufsgründen geduldig. Erzieherinnen sind Profis. Trotzdem schneiden sie im Vergleich mit anderen Professionen überaus schlecht ab, sind geradezu unsichtbar. Ungeklärte Traditionen der Institution ‚Kindergarten', diffuse Umrisse der Sozialpädagogik und unerforschte innere Strukturen bilden den Rahmen, in dem die Profession ‚Erzieherin' versinkt. Also: Raus aus dem Dunkel anonymer Leistungen im

9612346

Kindergarten! Raus aus dem Nebel unklarer Vorstellungen über das eigene Berufsbild! Nicht mehr sittsam, bescheiden und klein einem weiblichen Lebensmodell folgen, das in seiner verstaubten Unmündigkeit längst der Vergangenheit angehören sollte. Nicht mehr im Schatten von Wissenschaftlern, Politikern und Politikerinnen, von Organisationen und Verbänden hocken. Es ist an der Zeit, dass Erzieherinnen den öffentlichen Raum betreten, ihre Profession beschreiben und vertreten, Verantwortung übernehmen – nicht allein für die Kinder, sondern endlich für sich selbst – und den Anteil an gesellschaftlicher Macht erstreiten, der ihnen zusteht.

Warum ist ein neues Berufsbild für Erzieherinnen wichtig? Zuerst einmal, weil ein Berufsbild nicht unwesentlich zum Selbstbild des in diesem Beruf arbeitenden Menschen beiträgt. Des Weiteren, weil Gleichgültigkeit gegenüber dem, was im Kindergarten geschieht, zu Konsequenzen in Rahmenbedingungen und gesetzlichen Vorgaben führt. Weil Verbesserungen in der Ausbildung ein der Realität angepasstes Berufsbild voraussetzen. Und nicht zuletzt: Weil gesellschaftliche und politische Entscheidungen pädagogische und psychologische Entwicklungen nicht länger ignorieren, weil sie nicht über die Köpfe von Erzieherinnen hinweg gefällt werden dürfen. (…) Professionalität meint die Qualität der Berufsausübung und darüber hinaus den gesellschaftlichen Rang des infrage stehenden Berufes überhaupt. Gütemaßstab für Professionalität sind die Kompetenz der Berufsausübenden, ihre in der Ausbildung erworbenen Kenntnisse, ihr Marktwert als Fachkräfte. Für den Beruf der Erzieherin heißt das, sowohl die Fähigkeiten wie das Handwerkszeug und die sozialpädagogischen Möglichkeiten zu haben, um den gesellschaftlichen Anforderungen positiv begegnen zu können. Das aber setzt eine höhere gesellschaftliche und politische Anerkennung eines Berufsstandes voraus, der die Zukunft entscheidend mitprägt."

Aus einem Vortrag von Petra Adolph auf der Interschul/Didacta zur aktuellen Lage der Kindergarten-Diskussion.
Der vollständige Text kann unter www.kleinundgroß.de/inhalt/archiv/best-of/bestof1/0599_profession.html gelesen werden.

Warum Professionalisierung?

INFO 1

ERZIEHERINNEN ARBEITEN IN VIELEN BEREICHEN PROFESSIONELL UND STEHEN VIELEN ERWARTUNGEN GEGENÜBER.

Erzieherinnen arbeiten mit Kindern, Jugendlichen und jungen Erwachsenen. Sie arbeiten überwiegend in Kindertagesstätten, aber auch in der offenen Kinder- und Jugendarbeit, in Verbänden, der Kinder- und Jugendpsychiatrie und der (Schul-) Sozialarbeit. Erzieherinnen arbeiten also in den unterschiedlichsten Bereichen mit den unterschiedlichsten Menschen (vgl. Bd. 1, LF 1).

Erzieherinnen müssen empathisch, kongruent und akzeptierend sein. Sie sollen beraten, Eltern- und Teamgespräche führen, sich fortbilden, Öffentlichkeitsarbeit leisten. Sie müssen gezielt und durchdacht planen, hauswirtschaftliche Tätigkeiten beherrschen, Spiel- und Arbeitsprozesse koordinieren, versorgen, anregen, Vorbild sein, singen, Geschichten erzählen usw.

Erzieherinnen und Erzieher sollen all diesen Erwartungen gerecht werden. Dabei haftet dem Erzieherberuf immer noch das Klischee vom „Jederfrauberuf" an: eine Tante, nicht sehr gut bezahlt und zur Betreuung vornehmlich kleiner Kinder da.

Wenn auch die Tante als Erzieherin weitgehend aus dem Sprachgebrauch verschwindet, so sind doch die gesellschaftliche Anerkennung und Wertschätzung der täglichen Arbeit von Erzieherinnen mangelhaft. Deswegen sind die Weiterent-

Professionalisierung und ein neues berufliches Selbstverständnis sind unumgänglich.

wicklung eines professionellen Berufsbilds, neue Rollenidentifikationen und ein neues berufliches Selbstverständnis unumgänglich.

„Bildung ist ein wertvolles Gut, das Kindern von klein auf mitgegeben werden soll. Dazu braucht es besonders qualifizierte Bildungsexpert(inn)en, die die Bildungsprozesse und die Bildungsmöglichkeiten im Kleinkindalter erkennen und unterstützen. Es braucht aber auch ein förderndes Umfeld, in dem professionelle Bildungsarbeit geleistet werden kann. Dieses Umfeld gilt es einzufordern! Erzieherinnen müssen von der Professionalisierungsnotwendigkeit ihres Berufsstandes zutiefst überzeugt sein und konkrete Vorstellungen entwickeln, in welche Richtung die Professionalisierungsarbeit gehen könnte.“

Burtscher, S. 51

Dabei ist es nicht einfach, Professionalisierung im Erzieherberuf konkret zu benennen. Erzieherinnen fällt es oft schwer, ihre Berufstätigkeit zu beschreiben, geschweige denn das, was ihre Professionalität ausmacht, zu verdeutlichen. Das Berufsbild selbst bleibt für viele Erzieherinnen unklar. Ihnen wird gerade deswegen oft gar nicht zugetraut, dass sie professionell arbeiten und sich den Herausforderungen ihres beruflichen Alltags stellen.

Die aktive Beteiligung an der konkreten Auseinandersetzung mit dem beruflichen Selbstverständnis und dem Berufsbild der Erzieherin in der Gesellschaft sowie die Organisation der Berufsangehörigen in Berufsverbänden ermöglichen es, die Professionalisierung des Berufsbildes weiterzuentwickeln.

Info 2 Was bedeutet eigentlich Professionalisierung?

Wortwörtlich übersetzt bedeutet Professionalisierung „Verberuflichung“.

Ein Blick in das Fachlexikon der sozialen Arbeit (Seite 729):

„Professionalisierung beschreibt den Prozess der Begründung und Entwicklung einer eigenständigen beruflichen Identität (…).“

Professionalisierung beginnt mit der Ausbildung.

Liest man weiter, begegnet man zusätzlich Begriffen wie:

„Berufspraxis“, „Kompetenz“, „professionelle Einstellung“, „kontinuierliche Weiterbildung“ und „kollegiale Selbstkontrolle“.

Das Wörterbuch Soziale Arbeit (Kreft/Mielenz, 1996, S. 443) weist hin auf

„… die Herausbildung spezifischer Qualifikationsanforderungen an die Berufsausübung auf der Grundlage systematisierten Wissens.“

Professionalisierung beginnt also schon mit der Ausbildung. Die Herausbildung von beruflichen Qualitätsstandards gehört ebenso dazu wie die Entwicklung eines eigenen beruflichen Selbstverständnisses und die Überwachung eines „Berufsethos“ durch die Berufsverbände.

Professionalisierung bedeutet sich mit der eigenen Berufstätigkeit auseinander zu setzen.

Die Professionalisierung des Berufsbildes trägt mit dazu bei, dass der Beruf der Erzieherin einen höheren Stellenwert erreicht (und dass dieser Berufsgruppe die gesellschaftliche Anerkennung zuteil wird, die ihr schon seit langem gebührt).

Professionalisierung bedeutet auch persönliche Lernprozesse zu fördern und sich mit dem beruflichen Selbstverständnis und den Grenzen der eigenen Berufstätigkeit auseinander zu setzen, das heißt sich aktiv und eigenverantwortlich an der Ge-

9612348

staltung und Organisation des Arbeitsfeldes zu beteiligen, sich (berufs-)politischen Fragen zu stellen, den Beruf in der Öffentlichkeit zu vertreten und Verantwortung für seine Tätigkeit zu übernehmen.

Professionalisierung bedeutet berufspolitische Verantwortung zu übernehmen.

Professionalisierung ist als Prozess zu verstehen. Auch die Entwicklung, die das Berufsbild Erzieherin gerade jetzt vollzieht, ist irgendwann Geschichte. Der Erzieherberuf hat eine lange Tradition und Professionalisierung entwickelt sich vor dem Hintergrund dieser Geschichte (vgl. Bd. 1, LF 3, Kap. 1).

Die Gesellschaft, in der Kinder heutzutage aufwachsen, stellt vor allem eine große Herausforderung für jene dar, die mit Kindern und Jugendlichen beruflich zu tun haben. Die Berufsgruppe der Erzieherinnen ist in Bewegung, denn es entwickeln sich neue Bilder vom Kind und ein neues berufliches Selbstverständnis der Erzieherinnen (vgl. Elschenbroich S. 15 ff.).

Letztendlich bedeutet Professionalisierung auch, dass sich die Angehörigen dieses Berufs in Berufsverbänden organisieren. Es gibt verschiedene Berufsverbände mit unterschiedlichen Zielen (Aushandeln von Löhnen und Tarifen, Entwicklung des Berufsbildes, Einflussnahme auf Entscheidungsträger wie z. B. Wohlfahrtsverbände und Ausbildungseinrichtungen).

Erzieherinnen übernehmen Verantwortung – für die Kinder, aber auch für sich selbst und ihre Arbeit. Dafür ist es notwendig, gesellschaftlichen Einfluss zu nehmen. Dies kann durch Öffentlichkeitsarbeit, gesellschaftliches Engagement und in Berufsverbänden geschehen. Bisher ist es so, dass nur sehr wenige Erzieherinnen in Berufsverbänden organisiert sind. Wären mehr Erzieherinnen berufspolitisch organisiert, könnten sie lauter auf sich und ihren Beruf aufmerksam machen.

Fazit

Professionalisierung bedeutet
- qualifizierte Berufsausübung,
- konstruktive Auseinandersetzung mit dem beruflichen Selbstverständnis,
- Reflexion und Selbstdarstellung des Berufsbildes,
- Einhaltung eines „Berufsethos“,
- Organisation der Berufsangehörigen in Berufsverbänden,
- Entwicklung eines eigenständigen beruflichen Profils,
- Vernetzung und Öffnung,
- gesellschaftliche Anerkennung des Berufsbildes.

Profis am Werk

Info 3 Kindergarten mit Profil – Erziehung als Dienstleistung Was bedeutet der Professionalisierungsprozess für die Einrichtungen?

Für sozialpädagogische Einrichtungen bedeutet Professionalisierung, sich auf gesellschaftliche Veränderungen einzustellen.

Für sozialpädagogische Einrichtungen bedeutet der Prozess der Professionalisierung, sich auf gesellschaftliche Veränderungen flexibel, kompetent und qualitativ einzustellen, um Kindern ein Umfeld zu bieten, in dem sie die Welt spielerisch und aktiv erleben können. Beispielsweise haben sich Kindertageseinrichtungen mehr als früher zu eigenständigen Lebensräumen für Kinder entwickelt. Erzieherinnen sind Ansprechpartner bei Familienproblemen und der Kindergarten fester Bestandteil im sozialen Kontext von Gemeinden und Stadtteilen.

Sozialpädagogische Einrichtungen müssen sich verstärkt als Dienstleistungszentren verstehen.

„Kindertageseinrichtungen fördern andere Seiten und Möglichkeiten als die Familie. Hier macht das Kind erste Schritte ins öffentliche Leben, hier werden andere Fähigkeiten gebraucht als zu Hause, hier bekommt das Kind mit, was unter Kindern aktuell und wichtig ist, hier gewinnt es durch die Teilhabe am öffentlichen Kinderleben ‚kulturelles Kapital'. Die Leistung des Kindergartens bemisst sich daran, ob es gelingt, anregende und förderliche Erfahrungsbereiche zu gestalten, die die Kinder produktiv verarbeiten können. Ob es gelingt, die Optionsvielfalt der Kinder in einer individualisierten Welt zu gestalten. Ob es gelingt, solche Lernprozesse zu stützen, die wichtige Schlüsselqualifikationen grundlegen können für ein Leben in einer Gesellschaft, in der sich die Menschen in immer komplexer werdenden Zusammenhängen, in pluraler werdenden Lebensformen zurechtfinden und behaupten können müssen."

Colberg-Schrader, 1999, Seite 125 f.

Sozialpädagogische Einrichtungen müssen sich verstärkt als Dienstleistungszentren verstehen. Um dem Dienstleistungscharakter gerecht zu werden, hat dies in der konkreten Umsetzung beispielsweise zur Folge, dass regelmäßig flexible Öffnungszeiten angeboten werden, damit auch voll erwerbstätige Mütter, die im Einzelhandel oder Schichtdienst arbeiten, ihre Kinder täglich betreut wissen.

Spezielle pädagogische Angebote und räumliche sowie strukturelle Gestaltungsmöglichkeiten, die ein eigenständiges Profil erkennen lassen, und Konzepte mit besonderen Schwerpunkten können die Professionalität der Arbeit nach außen sichtbar machen. Dazu gehören die Entdeckung neuer Spielräume oder auch die Durchführung innovativer Raumkonzepte.

Beispiele hierfür sind Wald- und Naturkindergärten, der Einsatz von Computern, Projekte mit berufsfremden Mitarbeitern (z. B. Handwerker oder Köchin), Bewegungskindergärten oder spielzeugfreie Projekte. Auch die Orientierung an besonderen pädagogischen Konzepten wie z. B. Fröbel, Montessori oder Reggio-Pädagogik können zum eigenen Profil beitragen (vgl. Bd. 1, LF 3, Kap. 3 Konzeptionelle Entwürfe).

Hier muss auch die Einbeziehung von Männern in die sozialpädagogische Arbeit genannt werden. Männer sind in einem frauendominierten Arbeitsfeld für die Entwicklung der Kinder und Jugendlichen sehr wichtig (vgl. LF 5, Kap. 1.2, Info 4).

Darüber hinaus führt die Vernetzung mit anderen sozialen Einrichtungen und stadtteilnahen Institutionen (Büchereien, Schule, Polizei, Altenheim usw.) zu mehr Öffnung und Transparenz der Erziehertätigkeit. Außerdem bietet Vernetzung die

9612350

Möglichkeit, eigene soziale Kontakte einzugehen und die Beziehungsfähigkeit der Kinder zu fördern. Zudem fördert die Gemeinwesenorientierung auch bei Kindern und Jugendlichen starke Identifikationsmöglichkeiten mit ihrer unmittelbaren Umgebung und die Erweiterung des persönlichen Lebensspektrums.

Ergänzende Rahmenbedingungen wie altersgemischte Gruppen oder die Betreuung von Schulkindern runden das Bild einer professionalisierten Einrichtung ab.

Der Kindergarten soll ein Ort sein, *„an dem Kinder in ihrem Forschergeist als eigenständige Individuen ihren Platz zum Erkunden und zum Austauschen haben. Erwachsene/Erzieher/-innen bringen ihr Wissen, aber auch ihre Person mit ihren Möglichkeiten und Interessen ein. So entsteht Gemeinschaft. Ein Ort, an dem ernsthaft geschaut wird, was Kinder wollen und können. Das erfordert ‚Eingehen auf die individuelle Erfahrung im Erforschen der unmittelbaren Umgebung' und ‚ernsthaftes wissenschaftliches' Arbeiten am Konkreten (…). Ein Freiraum, ein Schonraum, ohne Vorgegebenes lernen zu müssen, ein Platz zum Ausprobieren, das heißt sich für sich und in Gemeinschaft erfahren. Ein Ort, an dem Kinder Gefahren und Risiken einschätzen lernen können. Dies geschieht empirisch durch Erfahrung, nicht durch warnende Hinweise. Ein Platz, an dem sich mehrere vertraute erwachsene Bezugspersonen intensiv um einzelne Kinder und kleinere Gruppen kümmern können. Ein Raum für Natur- und Kulturerfahrung, kurz Welterfahrungen: Lesen, Vorlesen, Exkursionen, Sprachen und Spracherwerb, Bewegung, Naturwissenschaften, Musik und Kunst. Wahrnehmung, Motorik, Körperverstehen, Gleichgewicht sind wichtig für die Entwicklung von Kindern, aber kein Selbstzweck. Sie helfen Kindern, sich und was sie zu sagen haben auszudrücken und sind Kommunikation in der Gemeinschaft. Ein Ort, der in die unmittelbare Umgebung (des Stadtteils/der Straße/des Dorfes) integriert ist. Der ideale Kindergarten braucht Räumlichkeiten, die genügend Platz für diese Visionen bieten."* (Tanja Kaller/Frauke Alber, Weitblick – Bremer Initiative für Vorschulbildung aus: KiTa aktuell 3/2004)

Aufgaben und Anregungen

1 Was hat Professionalisierung mit Ethik zu tun? Gibt es ein „Berufsethos" im Erzieherberuf?

2 Welche praktischen Beispiele können Sie zur Professionalisierung des Berufsbildes von Erzieherinnen beitragen?

3 Welche Auswirkungen hat die Auseinandersetzung mit dem Professionalisierungsprozess auf Ihre persönliche Einstellung zu Ihrem Beruf?

4 Nur vier Prozent aller Erzieherinnen sind in Berufsverbänden organisiert. Diskutieren Sie, welche Gründe dies haben kann. Finden Sie heraus, welche Berufsverbände es gibt. Welche vertreten Ihren Beruf?

5 Welche Konsequenzen sollten Einrichtungen aus dem Professionalisierungsprozess ziehen?

6 Veranstalten Sie eine Ideenbörse (die Methode ist im Kapitel über Teamentwicklung unter Info 6 beschrieben) und sammeln Sie Ideen für professionelle Angebotserweiterungen von Kindertagesstätten oder anderen sozialpädagogischen Einrichtungen als Dienstleistungsunternehmen.

1.2 Welches berufliche Selbstbild haben heutige Erzieherinnen und welches Bild hat die Gesellschaft vom Beruf der Erzieherin?

INFO 1 Der gesellschaftliche Auftrag

Die Grundsätze für den gesellschaftlichen Auftrag des Erzieherberufs lassen sich aus dem Paragraf 22 des SGB VIII entnehmen:

„(1) In Kindergärten, Horten und anderen Einrichtungen, in denen sich Kinder für einen Teil des Tages oder ganztags aufhalten (Tageseinrichtungen), soll die Entwicklung des Kindes zu einer eigenverantwortlichen und gemeinschaftsfähigen Persönlichkeit gefördert werden.

(2) Die Aufgabe umfasst die Betreuung, Bildung und Erziehung des Kindes. Das Leistungsangebot soll sich pädagogisch und organisatorisch an den Bedürfnissen der Kinder und ihrer Familien orientieren.

(3) Bei der Wahrnehmung ihrer Aufgaben sollen die in den Einrichtungen tätigen Fachkräfte und anderen Mitarbeiter mit den Erziehungsberechtigten zum Wohl des Kindes zusammenarbeiten. Die Erziehungsberechtigten sind an den Entscheidungen in wesentlichen Angelegenheiten der Tageseinrichtung zu beteiligen.“

Hier sind die wesentlichen Arbeitsschwerpunkte von Erziehern genannt: die Arbeit mit Kindern (betreuen, erziehen und bilden) und die Zusammenarbeit mit den Eltern.

Konkret bedeutet dies, dass Erzieherinnen kleine Näschen putzen, Pflaster aufkleben, Sparbüchsen basteln, Weihnachtslieder singen, mit Kindern Sommertänze tanzen, trösten, Geschichten erzählen, beraten, vernetzen, organisieren, Konzepte erarbeiten, präsentieren und vieles mehr.

Erzieherinnen arbeiten ... – Zahlen und Fakten zum Erzieherinnenberuf

INFO 2

Erzieherinnen nach Qualifikation in Deutschland

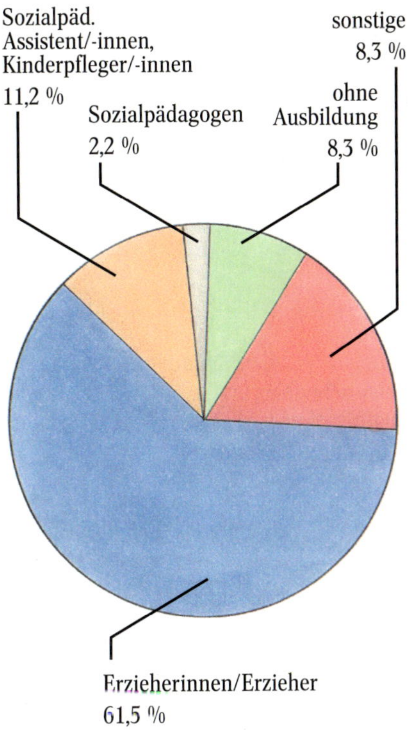

Knapp eine viertel Million staatlich anerkannte Erzieherinnen und Erzieher arbeiten in deutschen Kindertagesstätten. Das sind so viele wie noch nie. Wie die Grafik verdeutlicht, sind das etwa zwei Drittel des Gesamtpersonals. Ein Viertel des Erzieherinnenpersonals setzt sich aus Arbeitskräften zusammen, die für den sozialpädagogischen Bereich nicht oder nur wenig ausgebildet sind: Praktikantinnen, Hausfrauen, Mütter, „Berufsfremde", die irgendwie (meistens durch die Betreuung eigener Kinder) in das Berufsfeld Kindergarten „hineingerutscht" sind.

Knapp eine viertel Million staatlich anerkannte Erzieherinnen und Erzieher arbeiten in deutschen Kindertagesstätten.

Erzieherinnen werden immer älter. Vergleicht man die Altersstatistiken von Erzieherinnen, stellt man fest, dass die Anzahl der Erzieherinnen unter 35 Jahren von 1996 bis 2002 um fast 10 % (von 45,6 % auf 36,4 %) gesunken ist. Der Anteil der über Fünfunddreißigjährigen ist dagegen im selben Zeitraum von 54,4 % auf 63,5 % gestiegen (Quelle: Berufe im Spiegel der Statistik unter www.abis.iab.de/bisds/data/dseite)

Erzieherinnen werden immer älter.

Erzieherinnen arbeiten im Vergleich zu Frauen in anderen Tätigkeitsfeldern relativ kurz in ihrem Beruf. Die durchschnittliche Verweildauer beträgt 5–8 Jahre (vgl. Ebert in PFV). Umfrageergebnisse ergaben, dass jede dritte Erzieherin häufiger daran denkt, aufzuhören oder ihre Berufstätigkeit zu unterbrechen. Schlechte und unzureichende Ausstattung der Einrichtungen, zu große Gruppen in zu kleinen Räumen mit einer immer größer werdenden Anzahl schwieriger Kinder belasten Erzieher und Erzieherinnen am meisten. Dadurch ergeben sich Defizite in der Zeit mit den Kindern, für Fortbildungen, Kleingruppenarbeit und Vorbereitung (vgl. Hocke 1995). Darüber hinaus sorgen Teilzeitarbeitsverträge und mangelnde finanzielle Absicherung dafür, dass Erzieherinnen aus ihrem Beruf aussteigen.

Erzieherinnen arbeiten relativ kurz in ihrem Beruf.

So kommt es, dass Erzieherinnen ihren beruflichen Alltag mit Kindern und die hohen Anforderungen mit zunehmender Berufstätigkeit oft als desillusionierend und demotivierend erleben. Viele fühlen sich dann ausgebrannt und sind frustriert. „Schade, denn eigentlich ist Erzieherin ein sehr schöner Beruf", sagte eine Erzieherin in einem Fortbildungsseminar zu diesem Thema. Und der Beruf ist nicht nur schön, sondern auch interessant, vielseitig, anspruchsvoll und wichtig.

Der Erzieherinnenberuf ist interessant, vielseitig, anspruchsvoll und wichtig.

Info 3 Erzieherinnen zwischen Anspruch und Wirklichkeit

Die Tätigkeit einer Erzieherin ist vielfältig und anstrengend. Es werden hohe Erwartungen an ihre Arbeit gestellt. Schließlich geht es um die Kinder, den Nachwuchs, die Zukunft.

„Kinder sind ein Schlüssel zum Verständnis eines Landes, nicht nur der Sitten einer Gesellschaft, sondern auch ihrer kollektiven Intelligenz, ihrer Zukunftsfähigkeit. (...) Erzieher sind in Deutschland keine verwöhnte Berufsgruppe. In den vergangenen 30 Jahren haben sich die Beschäftigten in diesem Berufsfeld vervierfacht. Aber am Status der Erzieherinnen – zu 95 % sind es Frauen – hat sich nichts geändert, sie verdienen bestenfalls zwei Drittel des Gehalts von Grundschullehrerinnen und ihre Ausbildung an Fachschulen, fern von Kunst und Wissenschaft, macht es ihnen unmöglich, in einem anderen europäischen Land zu arbeiten. Deutschland bildet, was den Status der Erzieherausbildung angeht, mit Österreich das Schlusslicht der europäischen Länder."

Elschenbroich, S. 14–16

Flexibilität, Belastbarkeit und Kreativität gehören zu den Grundvoraussetzungen für den Erzieherberuf.

Die Ansprüche an Erzieherinnen steigen. Flexibilität, Belastbarkeit und Kreativität gehören inzwischen zu den Grundvoraussetzungen für den Erzieherberuf. Doch damit nicht genug, die Rahmenvereinbarung zur Ausbildung und Prüfung von Erziehern/Erzieherinnen sieht folgende Qualifikationen für Erzieher und Erzieherinnen vor:

Rahmenvereinbarung zur Ausbildung und Prüfung von Erziehern/Erzieherinnen

„Kinder und Jugendliche zu erziehen, zu bilden und zu betreuen erfordert Fachkräfte,

- *die das Kind und den Jugendlichen in seiner Personalität und Subjektstellung sehen.*
- *die Kompetenzen, Entwicklungsmöglichkeiten und Bedürfnisse der Kinder und Jugendlichen in den verschiedenen Altersgruppen erkennen und entsprechende pädagogische Angebote planen, durchführen, dokumentieren und auswerten können.*
- *die als Personen über ein hohes pädagogisches Ethos, menschliche Integrität sowie gute soziale und persönliche Kompetenzen und Handlungsstrategien zur Gestaltung der Gruppensituation verfügen.*
- *die im Team kooperationsfähig sind.*
- *die aufgrund didaktisch-methodischer Fähigkeiten die Chancen von ganzheitlichem und an den Lebensrealitäten der Kinder und Jugendlichen orientiertem Lernen erkennen und nutzen können.*
- *die in der Lage sind sich im Kontakt mit Kindern und Jugendlichen wie auch mit Erwachsenen einzufühlen, sich selbst zu behaupten und Vermittlungs- und Aushandlungsprozesse zu organisieren.*
- *die als Rüstzeug für die Erfüllung der familienergänzenden und -unterstützenden Funktion über entsprechende Kommunikationsfähigkeit verfügen.*
- *die aufgrund ihrer Kenntnisse von sozialen und gesellschaftlichen Zusammenhängen die Lage von Kindern, Jugendlichen und ihren Eltern erfassen und die Unterstützung in Konfliktsituationen leisten können.*
- *die Kooperationsstrukturen mit anderen Einrichtungen im Gemeinwesen entwickeln und aufrechterhalten können.*
- *die in der Lage sind betriebswirtschaftliche Zusammenhänge zu erkennen sowie den Anforderungen einer zunehmenden Wettbewerbssituation der Einrichtungen und Dienste und einer stärkeren Dienstleistungsorientierung zu entsprechen."*

Beschluss der Kultusministerkonferenz vom 28.01.2000

9612354

Dabei werden Erzieherinnen nicht sehr gut bezahlt (vgl. Bd. 1, LF 1) und die gesellschaftliche Anerkennung ist gering. Hinzu kommt, dass die Ausbildung der Erzieherinnen und Erzieher in Deutschland auf einem niedrigeren Niveau stattfindet als in anderen EU-Ländern (vgl. Kap. 6).

Sind Erzieherinnen also doof, wie es ein Buch über das Selbstverständnis von Erzieherinnen im Titel provokant behauptet (Berthold/Grüber, 1996), und kann es sich ein Land wie Deutschland eigentlich erlauben, Erzieherinnen auf einem niedrigerem Niveau auszubilden, als dies in anderen EU-Ländern der Fall ist? (vgl. LF 5, Kap. 6)

Die Verantwortung hierfür liegt sicher nicht in erster Linie bei den Erziehern und Erzieherinnen selbst. Es geht hier vielmehr um die mangelnde gesellschaftliche Anerkennung und Wertschätzung der täglichen Arbeit dieser Berufsgruppe, die sich (ganz praktisch und konkret) in der tariflichen Vergütung, der Finanzierung von Fort- und Weiterbildung und den Rahmenbedingungen der Einrichtungen zeigt. Hier müssen sich Politik und Berufsverbände (s. o.) verantwortlich zeigen.

Wie verhält sich dies alles nun im Hinblick auf den hohen Anspruch an die Tätigkeitsprofile von Erzieherinnen?

Es gibt wenig Berufsfelder, die widersprüchlicher sind. Setzt man die hohen beruflichen Anforderungen in Relation zur gesellschaftlichen Anerkennung, stellt man eine Diskrepanz fest, die scheinbar nicht leicht zu erklären ist.

Vielleicht hat es damit zu tun, dass Erziehung immer noch vor allem Frauensache ist. Frauen in Kindertagesstätten, früher die Kindergartentante, heute die Erzieherin, werden viel mehr als Männer mit Emotionalität und Wärme assoziiert. Menschen mit Eigenschaften also, denen man gern Kinder anvertraut. Von gesellschaftlicher Seite aus wäre also recht schnell geklärt, weshalb fast ausschließlich Frauen diesen Beruf ergreifen.

Kann es sich ein Land wie Deutschland eigentlich erlauben, Erzieherinnen auf einem niedrigeren Niveau als in anderen EU-Ländern auszubilden?

Ist Erziehung Frauensache? Über Frauen und Männer und die Berufswahl

Info 4

Der Frauenanteil beträgt 95 %. Der Beruf Erzieherin ist traditionell ein Frauenberuf. Erziehung ist also Frauensache!

Erziehung ist Frauensache.

Natürlich gibt es auch Männer, die als „Erzieherin" arbeiten. Es sind allerdings nur wenige, die sich mit „Kinderkram" beschäftigen. Die Aufstiegschancen sind relativ gering. Männer arbeiten meist mit anderen Zielgruppen als ihre weiblichen Kolleginnen, die traditionellerweise meistens im Kindertagesstättenbereich arbeiten.

Dabei bieten männliche Erzieher Kindern andere Orientierungsmöglichkeiten als

Männer als „Erzieherin"

Frauen. Sie sind Vorbild und wichtige Bezugsperson, wenn Jungen sich mit ihrer Rolle auseinander setzen. Die relativ häufige Abwesenheit von Vätern im Erziehungsalltag macht die Arbeit von professionellen Erziehern umso wichtiger. Untersuchungen haben beispielsweise ergeben, dass Jungen, die ohne feste männliche Bezugsperson aufwachsen, eher zu Gewalt neigen (vgl. Rohrmann und Thoma, 1998, und Biddulph, 2002).

Die meisten Kindertagesstätten werden von Frauen geleitet.

Darüber hinaus sind Männer unverhältnismäßig oft in übergeordneten Rollen anzutreffen (Jugendamt, Wohlfahrtsverbände, Kirchenvorstände usw.). In Teams werden Männer als sachbezogener, direkter, mutiger und kompromissloser als Frauen wahrgenommen. Trotzdem, die

überwiegende Anzahl aller Kindertagesstätten wird professionell von Frauen geführt (vgl. LF 5, Kap. 2.3). Welches andere Arbeitsfeld kann sich damit schon vergleichen lassen?

Warum ergreifen also meistens Frauen den Beruf der Erzieherin?

Viele junge Frauen, die sich für die Ausbildung zur Erzieherin entscheiden, vermuten in diesem Arbeitsfeld größere Spielräume als in anderen Berufen. Die Vereinbarkeit von Familie und Beruf scheint hier eher gewährleistet als woanders.

Frauen lassen sich bei der Berufswahl von sozialen Motiven leiten.

Hinzu kommt, dass der Beruf für junge Frauen viel mehr als früher eine wichtige Rolle spielt. Heute werden Frauen nicht mehr *„Erzieherin, um sich mit diesem Beruf auf die Familienphase vorzubereiten, sondern sie sind an der Arbeit im Beruf interessiert. Sie wollen sich als Frau auch über den Beruf definieren und sich beruflich erfolgreich qualifizieren."* (Ebert, 1994, S. 30)

Die Berufswahl von Frauen findet eher als bei Männern vor dem Hintergrund sozialer Motivation statt. Frauen möchten sich mit ihrer Berufstätigkeit identifizieren. Kommunikation und Beziehung sind wesentliche Merkmale bei der Berufsorientierung von Frauen. Gerade dies erfüllt der Erzieherinnenberuf.

Eine Umfrage aus dem Jahr 1994 ergab, dass Erzieherinnen ihre Arbeit hauptsächlich aus einer sozialen Motivation heraus schätzen. Sie finden ihre Arbeit sinnvoll, um Kindern die Möglichkeit zu geben ihre sozialen Fähigkeiten und sich außerhalb der Familie zu entwickeln. Des Weiteren nannten viele Erzieherinnen den Aspekt, durch ihren Beruf Müttern die Berufstätigkeit zu ermöglichen (vgl. Hocke, 1995).

Demnach kann man mutmaßen, dass es für viele auch eine Entscheidung aus dem Bauch heraus ist, als Erzieherin zu arbeiten. Die Liebe zu Kindern und die Freude an der Arbeit mit Menschen spielen hier eine ebenso große Rolle wie Vorstellungen von einer eigenen Mutterrolle (zu den Motiven für die Berufswahl vgl. LF 1, Kap. 2.2).

Der wahre Wert dieser Berufstätigkeit wurde lange Zeit nur auf reine Kinderbeschäftigungen (basteln, singen, malen) reduziert. Ein berufliches Profil schien nicht notwendig zu sein. Erst die Veränderungen der Gesellschaft, die Erweiterung des

9612356

Rollenspektrums der Frau erforderten (und ermöglichten) die Auseinandersetzung mit der Rolle der Erzieherin im Sinne professioneller Berufstätigkeit.

„Nicht unerwähnt bleiben soll bei der Betrachtung des Images von Erzieherinnen jedoch auch eines: So ärgerlich es ist, dass dem Beruf die verdiente Anerkennung versagt wird, vornehmlich weil eine Erzieherin keine messbaren Leistungen hervorbringt, so positiv ist es zumindest, dass sich der Beruf der Erzieherin in menschlicher Hinsicht einer freundlichen Akzeptanz erfreut. Erzieherinnen gelten als sozial, offen, belastbar und gemütvoll. Dazu haben sie durch eine breit angelegte und sehr qualifizierte Ausbildung besonders auch in kreativ-künstlerischer sowie darstellerisch-musikalischer Hinsicht vielerlei Möglichkeiten zur eigenen Lebensgestaltung mitbekommen. Das ergibt für die einzelne Person fraglos Ressourcen, die es ihr ermöglichen, ihrem Leben – auch beruflich – vielerlei Interpretations- und Gestaltungsvarianten abzugewinnen."

Merz, S. 46

ERZIEHERINNEN GELTEN ALS SOZIAL, OFFEN, BELASTBAR UND GEMÜTVOLL.

„Frauen-Arbeit"

AUFGABEN UND ANREGUNGEN

1 *„Erziehen kann doch eigentlich jeder!"*
„Jede Mutter beherrscht die Kunst der Erziehung!"
„Erziehen ist eigentlich gar kein richtiger Beruf."

Diskutieren Sie anhand dieser provokanten Aussagen die folgenden Fragen:

1.1 Welchen gesellschaftlichen Auftrag nehmen Erzieher und Erzieherinnen in ihren Arbeitsfeldern wahr?

1.2 Vergleichen Sie elterliche und professionelle Erziehung. Welche Unterschiede gibt es? Erläutern Sie die Vor- und Nachteile.

1.3 Erläutern Sie die Unterschiede im Berufsbild von männlichem und weiblichem Erzieherpersonal.

2 Fertigen Sie in der Gruppe ein Mindmap (Beschreibung der Methode im Kapitel 2.5, Info 5) zum Berufsbild Erzieher/Erzieherin an. Orientieren Sie sich dabei an folgenden Leitfragen:

2.1 Wo und mit wem arbeitet eine Erzieherin?

2.2 Welche Aufgabenbereiche muss eine Erzieherin erfüllen?

2.3 Welche Fähigkeiten muss eine Erzieherin haben?

2.4 Welche Einstellung sollte eine Erzieherin zu ihrem Beruf, zu Kindern, zu Eltern und zu sich selbst haben?

2.5 Welche Rolle spielt die Erzieherin in der Gesellschaft und was kann eine Erzieherin mit ihrer Arbeit bewirken?

3 Vergleichen Sie das Bild, das die Gesellschaft vom Beruf der Erzieherinnen und Erzieher hat mit dem beruflichen Selbstbild von Erzieherinnen heute.

4 *„Erziehen ist eine Arbeit, die kein Produkt vorzuweisen hat. Die Arbeit ist unstetig und wenig standardisierbar, zu einem großen Teil besteht sie aus Interaktionsprozessen. Wie andere Dienstleistungstätigkeiten, die wesentlich von Frauen erbracht werden, handelt es sich um eine Arbeit, die in ähnlicher Weise auch privat und unbezahlt erbracht werden könnte, d. h., es besteht eine gewisse Diffusion gegenüber Wissens- und Handlungsbereichen von beruflichen Laien. Dies wird dadurch verstärkt, dass Erziehen auch eine so genannte ‚Gefühlsarbeit' ist. Gefühl als Phänomen des individuellen privaten Verhältnisses von Menschen untereinander verändert sich dann zu Gefühlsarbeit, wenn es gesellschaftlich normiert und regelmäßig von einer bestimmten Personengruppe – hier der der Erzieherinnen – abverlangt und funktional eingesetzt wird.“*

Rabe-Kleberg, 1999, S. 21

Diskutieren Sie vor dem Hintergrund dieses Textes die Problematik der Professionalisierung des Erzieherberufs und erörtern Sie die verschiedenen Aspekte von Professionalität im Erziehungswesen.

5 Welche Bedeutung für den Professionalisierungsprozess hat die Tatsache, dass rund ein Viertel des Erzieherinnenpersonals aus Arbeitskräften besteht, die für den sozialpädagogischen Bereich nicht oder nur wenig ausgebildet sind? (vgl. Info 2)

6 Was bedeutet es für die Professionalisierung des Berufsbildes, wenn das Durchschnittsalter der Erzieherinnen steigt? (vgl. Grafik Info 2) Diskutieren Sie die „Vor- und Nachteile“ ihrer älteren Kolleginnen.

1.3 Damit ich weiß, was ich tue! – Handlungskompetenz im Kontext professioneller Sozialpädagogik und die besondere Beziehung von Theorie und Praxis

Erzieherinnen sollten sich als Anwalt von Kindern und deren Familien begreifen.

„Wenn ein Kind seinen angeborenen Sinn für Wunder lebendig halten soll, braucht es die Gesellschaft wenigstens eines Erwachsenen, dem es sich mitteilen kann, der mit dem Kind zusammen die Freude, die Aufregung und das Wunderbare der Welt, in der wir leben, wieder entdeckt.“ Rachel Carson

Gerade in der heutigen Zeit, in der Kinder in schwierigen und manchmal komplizierten Lebenssituationen aufwachsen, brauchen sie Menschen, die sie unterstützen und ihnen Orientierungshilfen bieten, um die Welt entdecken zu können. Erzieherinnen sollten sich also *„als Anwalt von Kindern und deren Familien begreifen“* (Thiel, S. 10).

Unsere Gesellschaft braucht Menschen, die zielorientiert, innovativ und flexibel auf die sich stetig verändernden Lebensumstände angemessen reagieren können.

Erzieherinnen müssen das schon von jeher, da sie mit Menschen zu tun haben, die sich naturgegebenerweise (noch) nicht in ihrem kreativen Potenzial und ihrer Grenzen sprengenden Denkweise eingeschränkt erleben: mit Kindern.

Um diesem Fundus der *„100 Möglichkeiten“* (Loris Malaguzzi, vgl. LF 3, Kap. 2) ein starkes Gegenüber zu bieten, ist es wichtig, persönliche Handlungskompetenzen zu entwickeln und zu erweitern.

9612358

Handlungs- und Kernkompetenzen von Erziehern und Erzieherinnen

INFO 1

Professionalisierung ist die qualifizierte Ausübung der Berufstätigkeit auf der Basis fachlicher, persönlicher und sozialer Kompetenzen. Der Begriff Handlungskompetenz fasst diese Fähigkeiten zusammen.

ERZIEHERINNEN BRAUCHEN ...

Im Einzelnen versteht man unter

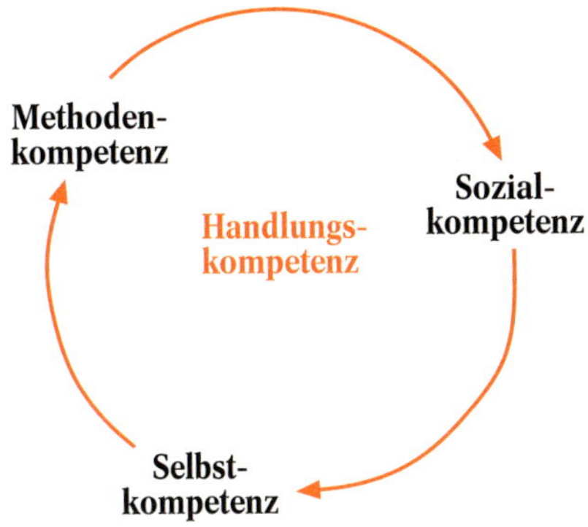

... METHODENKOMPETENZ.

- **Methodenkompetenz:**
  Die Fähigkeit, Aufgaben aufgrund fachlichen Wissens zielorientiert, methodisch und sachbezogen selbstständig auszuführen und zu reflektieren. Für Erzieherinnen bedeutet dies, ihr erworbenes pädagogisches Grundwissen in konkretes berufliches Handeln umzusetzen, sich ständig weiterzuentwickeln und neue Handlungsspielräume zu (er-)finden.

... SOZIALKOMPETENZ.

- **Sozialkompetenz:**
  Die Fähigkeit, im Zusammenleben mit anderen Menschen positive und negative Aspekte wahrzunehmen und dementsprechend zu handeln. Für Erzieherinnen bedeutet dies, mit Kindern und Mitarbeitern verantwortungs- und pflichtbewusst eine reflektierte Beziehung einzugehen.

... SELBSTKOMPETENZ.

- **Selbstkompetenz:**
  Die Fähigkeit, persönlichen Herausforderungen und Entwicklungschancen offen gegenüberzustehen, eigene Wertvorstellungen und eine eigenständige Lebensplanung zu entwickeln. Für Erzieherinnen bedeutet dies, eine berufliche Identität zu entwickeln und kritisch ihren persönlichen Handlungsspielraum zu reflektieren.

„Richtige, auf den Einzelfall bezogene Anwendung von Fachkenntnissen und Methoden meint, die konkrete Situation, das spezielle Problem zu verstehen. Dazu sind Fachkenntnisse, Erfahrungen und personale Fähigkeiten, wie die Bereitschaft zur kritischen Selbst- und Fremdwahrnehmung, die Fähigkeit, sich auf sich selbst wie auch auf andere emotional einzulassen, die Bereitschaft zur Verständigung wie auch die Bereitschaft, Verantwortung für sich und für andere zu übernehmen, erforderlich.."

Ebert, 1999, S. 4

All dies deutet auf zwei wesentliche Qualifikationsmerkmale von Erzieherinnen hin:

1. die pädagogische Handlungskompetenz und
2. die Entwicklung einer beruflichen Identität.

Beide Bereiche beeinflussen sich gegenseitig und die Auseinandersetzung damit trägt im Wesentlichen zu einer Professionalisierung des Erzieherberufs bei.

Diese Kernkompetenzen von Erzieherinnen spiegeln sich im Prinzip auch in der

Rahmenvereinbarung zur Ausbildung und Prüfung von Erziehern/Erzieherinnen (Beschluss der Kultusministerkonferenz vom 28.01.2000) wider:

„Ziel der Ausbildung ist die Befähigung, Erziehungs-, Bildungs- und Betreuungsaufgaben zu übernehmen und in allen sozialpädagogischen Bereichen als Erzieher oder Erzieherin selbstständig und eigenverantwortlich tätig zu sein."

Darüber hinaus sollten Menschen, die mit Kindern arbeiten, konkret möglichst viele der folgenden Eigenschaften haben:

- Flexibilität,
- Kontaktfreude,
- Liebe zu Kindern,
- Geduld,
- Selbstständigkeit,
- Selbstvertrauen,
- professionelle Beobachtungsgabe,
- Organisationstalent,
- Reflexionsfähigkeit,
- Klarheit,
- Kritikfähigkeit,
- Zivilcourage,
- Geduld,
- Humor,
- Eigenverantwortung,
- Zuverlässigkeit,
- Innovationsbereitschaft,
- Fähigkeit zu lösungsorientiertem Denken,
- Offenheit,
- Kreativität,
- Freude,
- Verantwortungsbewusstsein,
- Engagement,
- Planungsfähigkeit,
- Neugierde,
- Spielfähigkeit

und viele mehr.

Theorie ***und*** *Praxis befruchten die pädagogische Arbeit.*

Das Wichtigste ist jedoch das ständige Lernen in den wechselseitigen Bereichen von Theorie und Praxis. Beide Bereiche ergänzen sich und ermöglichen *„spiralförmige Lernprozesse"* (Ebert, 2003), wo sich theoretisch Erlerntes und praktische Arbeit gegenseitig befruchten. Dies ist ein guter Nährboden für die Entwicklung pädagogischer Handlungskompetenzen.

„Für die Professionalisierung einer Praxiseinrichtung ist es bedeutsam, wenn die Mitarbeiterinnen Vertrauen in ihre eigenen fachlichen Kompetenzen entwickeln können." Ebert, 1994

INFO 2 Kompetenzerweiterung durch Fortbildung – Möglichkeiten der Fort- und Weiterbildung

WEITERBILDEN! FÜNF TAGE IM JAHR.

„Älter werde ich stets, niemals doch lerne ich aus." Solon

Am Ende der Ausbildung etwas über *Weiter*bildung zu lesen, liegt vielleicht nicht in Ihrem Interesse. Gerade jetzt, wo Sie sich vielleicht intensiv auf Ihre Prüfung vorbereiten und sich auf die Zeit danach freuen …

Trotzdem soll hier kurz dieses Thema behandelt werden, weil es in einem Abschnitt über die Professionalisierung des Berufsbildes nicht fehlen darf. Bei den meisten Erzieherinnen, die seit längerem in der Praxis sind, entsteht früher oder später der Wunsch nach mehr Fortbildung. Konkret bedeutet dies meistens Weiterbildung in Gesprächsführung, Elternarbeit, Umgang mit Verhaltensauffälligkeiten, konkreten Praxisanregungen, theoretischem Umgang mit Konzepten, Persönlichkeitsbildung, Berufsreflexion usw.

Die gängige Praxis, mindestens fünf Tage Fortbildung jährlich zu besuchen, hat sich im Allgemeinen in den meisten Einrichtungen durchgesetzt. Dennoch kann es bei personellen Engpässen vorkommen, dass Erzieherinnen wenig oder gar keine Zeit für Fortbildungsveranstaltungen aufwenden (können). Hinzu kommt die Tatsache, dass Fortbildungskosten oft nicht oder nur zum Teil vom Träger finanziert werden.

Doch gerade in einem Berufsfeld, das durch gesellschaftliche Veränderungen stark beeinflusst wird und damit einhergehend einer ständigen berufsspezifischen Dynamik unterliegt, bekommt der Bereich Fort- und Weiterbildung einen hohen Stellenwert, um professionelle Arbeit kontinuierlich ausüben zu können.

Für professionelle Erzieherarbeit hat Fort- und Weiterbildung einen hohen Stellenwert.

Möglichkeiten der Fort- und Weiterbildung für Erzieherinnen

Es gibt sehr unterschiedliche Möglichkeiten für Erzieherinnen, sich fortzubilden. Beispielsweise gibt es ein- bis zweitägige Fortbildungsveranstaltungen bei anerkannten Weiterbildungsträgern, die speziell bestimmte Themenbereiche abdecken (z. B. Psychomotorik, Kreativitätsförderung, Elterngespräche, Kinderlieder, Basteln mit Naturmaterialien u. v. m.).

Wer sich intensiver weiterbilden und qualifizieren möchte, kann eine Zusatzqualifikation absolvieren, die über einen längeren Zeitraum geht und oft am Wochenende stattfindet, z. B. Weiterbildungen in den Bereichen

- Spielpädagogik,
- Sozialmanagement,
- Qualitätsmanagement,
- Familientherapie,
- Wald- und Naturpädagogik.

Darüber hinaus gibt es unter bestimmten Voraussetzungen für Erzieherinnen die Möglichkeit, ergänzende Berufsausbildungen, beispielsweise zur Heilerzieherin oder Sozialpädagogin, zu absolvieren.

Interessant können auch Tagungen oder Fachveranstaltungen sein, die zu bestimmten Themen stattfinden. Hier kann man u. U. pädagogische Koryphäen bei Vorträgen beobachten oder an Workshops teilnehmen.

Viele Weiterbildungsträger bieten zusätzlich sog. „Inhouse-Fortbildungen" an. Hier nimmt das gesamte Team zusammen an der Weiterbildung teil. Dies sind i. d. R. eintägige Seminare, zu denen ein Referent in die Einrichtung kommt. Diese Art der Fortbildung hat den Vorteil, dass alle Mitarbeiterinnen das gleiche Wissen erwerben und dies in die Praxis umsetzen können.

Letztendlich kann man sich auch privat durch die Lektüre von Fachzeitschriften, Theorie- und Praxisbüchern Wissen aneignen.

Fazit

Möglichkeiten der Fort- und Weiterbildung für Erzieherinnen:

- ✘ ein- bis zweitägige Fortbildungsveranstaltungen
- ✘ Zusatzqualifikationen
- ✘ ergänzende Berufsausbildungen
- ✘ In-house-Seminare
- ✘ Fachliteratur
- ✘ Tagungen, Fachveranstaltungen

Aufgaben und Anregungen

1 Welche Fähigkeiten braucht eine Erzieherin/ein Erzieher heutzutage? Nennen Sie wesentliche Schlüsselqualifikationen von Erziehern und diskutieren Sie diese im Zusammenhang mit der Aussage „*Erziehen kann doch eigentlich jeder …*“ aus dem Aufgabenblock von Kapitel 1.2.

2 Was ist der Vorteil der Verbindung von Theorie und Praxis? Nennen Sie Beispiele.

3 Wo liegen Ihre persönlichen beruflichen Stärken und Schwächen?

1.4 Die Berufsrolle von Erzieherinnen und ihre Rollenkonflikte

Die tägliche Arbeit einer Erzieherin wird beeinflusst durch …

Die Arbeit einer Erzieherin wird von verschiedenen Komponenten beeinflusst.

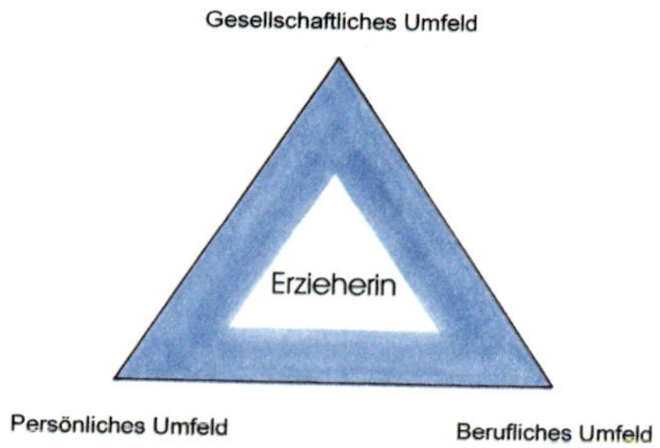

… das berufliche Umfeld.

Das berufliche Umfeld wirkt sich auf die Arbeit der Erzieherinnen direkt aus: die Arbeit im Team, die Kinder, die Eltern, die Größe und Organisation der Einrichtung, sowie Konzepte und Dienstpläne.

… das persönliche Umfeld.

Das persönliche Umfeld beeinflusst die Arbeit der Erzieherin ebenso. Wie ist die familiäre Konstellation? Ist die Erzieherin z. B. ledig oder verheiratet, wohnt sie allein, mit eigener Familie oder mit ihrer Mutter zu Hause? Wie ist die derzeitige Lebenssituation? Ist die Erzieherin frisch verliebt, das Geld knapp, ist sie reich verheiratet oder kurz vor der Rente, ist ihr Auto gerade kaputtgegangen oder kommt sie aus dem Urlaub? Die persönlichen Umstände ihrer Berufswahl, ihre Identität, Überzeugungen und ihre Werte spielen ebenso eine Rolle.

… das gesellschaftliche Umfeld.

Das gesellschaftliche Umfeld wirkt sich eher indirekt auf die konkrete Arbeit von Erziehern aus. Welchen Stellenwert hat der Beruf in der Gesellschaft? Welche Verhältnisse herrschen im Stadtgebiet? Wie ist der Standort der Einrichtung, Stadt, Land oder sozialer Brennpunkt?

Dies alles zusammen beeinflusst die tägliche Arbeit der Erzieherin. Sie wird deshalb wie alle Menschen im Laufe ihres Lebens unterschiedliche Rollen in verschiedenen Lebenssituationen einnehmen.

9612362

Rollen und Rollenerwartung

INFO 1

Im Kinderheim können z. B. folgende Rollen vorkommen: gute Erzieherin, schlechter Erzieher, kreative Aushilfe, zappeliges Mädchen, ruhiger Junge, fordernde Eltern, nervende Träger, unpünktliche Praktikantin, engagierte Sozialpädagogin, netter Hausmeister usw.

Rollen unterscheiden sich auch im Grad ihrer Gestaltungsmöglichkeiten. So hat die Rolle eines Wehrpflichtigen bei der Bundeswehr weniger Gestaltungsspielraum als die einer Mutter bei der Erziehung ihrer Kinder.

Menschen übernehmen nicht einfach ihre Rollen. Sie gestalten ihre Rollen nach ihrem persönlichen Rollenverständnis. Dabei befinden sie sich immer in einem spezifischen Kontext in einer sozialen Beziehung zu anderen.

An jede Rolle ist eine bestimmte Erwartung gebunden. Erzieherinnen müssen viele Rollenerwartungen erfüllen.

Rollenerwartung an Erzieher

Die **Kinder** erwarten

- lustige und fröhliche Erzieherinnen,
- neue Spiele, Spielzeug und Anregungen,
- Unterstützung dabei, ihre eigenen Vorstellungen zu entwickeln,
- gleiche Behandlung für alle Kinder,
- direkte Vermittlung von Spaß und Freude im Kindergartenalltag,
- Geduld, Trost und viel Zeit,
- Achtung, Verständnis und Anerkennung,
- Hilfe und Unterstützung bei Konflikten und Problemen,
- eine Erzieherin, die immer für sie da ist,
- u. v. m.

Die **Eltern** erwarten

- Förderung der geistigen und körperlichen Fähigkeiten ihrer Kinder,
- kompetente Erziehungsmethoden,
- gewissenhafte Erfüllung der Aufsichtspflicht,
- gute Vorbereitung der Kinder auf die Schule,
- Förderung des sozialen Verhaltens und der Individualität ihrer Kinder,
- Sauberkeit und Ordnungserziehung,
- Beratung und Unterstützung bei Erziehungsfragen,
- klare und freundliche Kommunikation,
- Unterstützung der Kinder dabei, eigenständige Persönlichkeiten zu werden,
- Kooperation und Transparenz,
- angemessene Anforderungen an ihre Kinder
- u. v. m.

Der **Träger** erwartet
- Erfüllung des Erziehungsauftrags nach den Grundsätzen der Einrichtung,
- sinnvolle Verwendung und Einhaltung der Finanzressourcen,
- Eigeninitiative und Selbstständigkeit,
- Verantwortungsgefühl für die Kinder und die Aufgaben der Einrichtung,
- Pünktlichkeit, Ordnung und Freude am Beruf,
- Beschaffung von sinnvollem Spielmaterial
- u. v. m. (vgl. Jilesen, 1982, S. 58 ff.)

INFO 2 Rollenkonflikte

INNERHALB EINER ROLLE MÜSSEN MENSCHEN UNTERSCHIEDLICHEN ERWARTUNGEN UND ANSPRÜCHEN GERECHT WERDEN.

Rollenkonflikte entstehen immer und überall, wenn unterschiedliche Interessen oder Erwartungen aufeinander treffen.

Wenn Lasse beim Ritterspielen von Lissis Schwert getroffen wird, sollte er eigentlich umfallen, damit Lissi nicht die Lust am Spielen verliert (Normenrollenerwartung). Findet das Spiel jedoch wie hier auf dem Gartengelände des Kindergartens statt, könnte es Ärger mit Irma, der Erzieherin, geben, die sich um die Früchte ihrer Friedenspädagogik gebracht sieht.
Lasse befindet sich in einem Rollenkonflikt.

Nicht weit davon entfernt beobachtet Renate aus unserer Ausbildungsklasse die beiden Kinder. Sie muss nun reagieren, da sie gerade hier im Spielbereich von Lissi und Lasse zuständig ist. Renate weiß, dass Lasses Eltern in der Friedensbewegung im Ort aktiv sind, sie weiß um die bevorstehende Beurteilung ihrer Vorgesetzten Irma und sie hat ihre persönliche Meinung zum Ritterspiel (sie findet, dass Ritter spielen eigentlich nicht schadet). Außerdem ist sie sehr müde, denn sie hat gestern Abend noch lange für die Prüfung gelernt.
Renate befindet sich also auch in einem Rollenkonflikt.

Bei so vielen Erwartungen und unterschiedlichen Rollen ist es logisch, dass es zu Rollenkonflikten kommt.

MENSCHEN SPIELEN IM LAUFE IHRES LEBENS VIELE ROLLEN.

Man unterscheidet zwei Arten von Rollenkonflikten: den Intra- und den Interrollenkonflikt.

Intrarollenkonflikt
Innerhalb einer Rolle muss der Mensch manchmal unterschiedlichen und teilweise widersprüchlichen Erwartungen und Ansprüchen gerecht werden (unterschiedliche Rollenerwartungen).

Renate muss reagieren. Sie muss ihren Erziehungs- und Bildungsauftrag gegenüber Lasse und Lissi erfüllen (Erwartung der Gesellschaft, des Trägers). Die Kinder erwarten von ihr, dass sie sie Ritter spielen lässt. Zudem möchte Renate auch der Rollenerwartung von Irma entsprechen, denn Irma ist ihre Vorgesetzte. Letztendlich hat Renate ein eigenes Rollenselbstverständnis. Dann gibt es da noch die Eltern.

Renate ist also innerhalb ihrer Rolle als Erzieherin unterschiedlichen Erwartungen ausgesetzt, die sie unmöglich alle erfüllen kann, da sie sich teilweise widersprechen.

Interrollenkonflikt
Beim Interrollenkonflikt soll eine Person mehreren Rollen gerecht werden. Sie spielt dabei unterschiedliche Rollen in unterschiedlichen Kontexten.

Renate soll den nächsten Elternabend mit vorbereiten (Rollenerwartung an die Rolle Erzieherin). Der Termin ist ungünstig. Ihr Sohn ist krank (Rolle Mutter), sie muss eine Kollegin vertreten (Rolle Kollegin), im Sportverein steht ein wichtiges Turnier an (Rolle Spielerin), für den Verein „Allein erziehende Mütter aus der ehemaligen DDR“ muss sie noch einige Telefonate erledigen (Rolle Vereinsvorsitzende), für die

Schule muss sie noch ein Projekt vorbereiten (Rolle Schülerin) und ihr Freund möchte endlich mal wieder mit ihr ins Kino gehen (Rolle Partnerin).

Renate ist nun also in einem Rollenkonflikt. Sie muss mehreren Rollenerwartungen entsprechen, die sie nicht alle erfüllen kann, da sich die Erwartungen teilweise widersprechen oder zeitlich nicht vereinbar sind.

Intrarollenkonflikt = Konflikt innerhalb einer Rolle

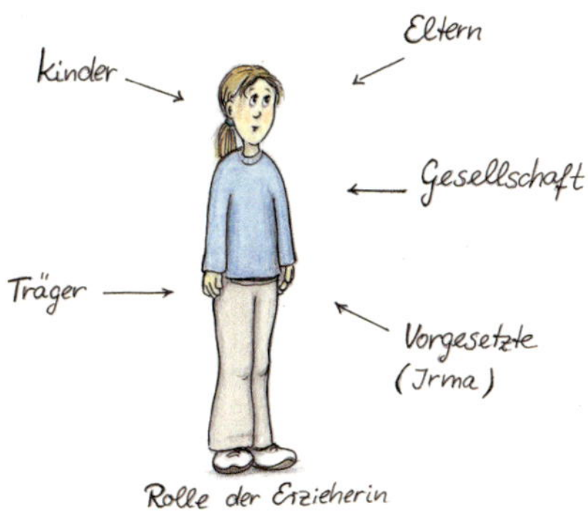

Interrollenkonflikt = Konflikt zwischen verschiedenen Rollen

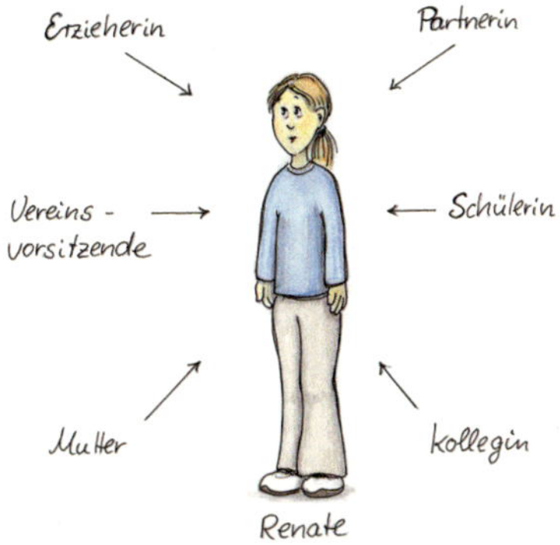

Aufgaben und Anregungen

1 Überlegen Sie, welche Rollen Sie in Ihrem (beruflichen) Alltag spielen. Welche Rollen mögen Sie, welche nicht?

2 Setzen Sie sich als Erzieherin/Erzieher mit Ihrem Rollenselbstverständnis und der Rollenerwartung auseinander. Wo stellen Sie Unterschiede oder Gemeinsamkeiten fest?

3 Finden Sie Beispiele für beide Arten von Rollenkonflikten in Ihrem Berufs- oder Privatleben.

4 Stellen Sie sich vor, Sie hätten die Aufgabe bekommen für den oskarverdächtigen Film *„Die Erzieherin"* die Hauptrolle zu besetzen. Was fällt Ihnen dazu ein?

Tipps zum Weiterlesen

Richard Auernheimer (Hrsg.), *Erzieherinnen für die Zukunft – Berufsprofil im Wandel.* Schneider Verlag, 1999

Peter Beer, Margret Langenmayr, *Lernfeldorientierung in der Erzieherinnenausbildung.* Don Bosco Verlag, 2003

Hedi Colberg-Schrader, *Erzieherin – Berufsbild mit neuen Konturen.* Don Bosco Verlag, 2000

Sigrid Ebert, *Zur beruflichen Situation der Erzieherinnen in Deutschland, eine Denkschrift.* Pestalozzi-Fröberl-Verband (Hrsg.), Profilverlag, 1994

Donata Elschenbroich, *Weltwissen der Siebenjährigen.* Verlag Antje Kunstmann, 2001

Wassilios E. Fthenakis, *Elementarpädagogik nach PISA.* Herder Verlag, 2003

M. Jilesen, *Soziologie.* Stam Verlag, Köln 1982

Christine Merz, *Das hatte ich mir ganz anders vorgestellt. Die erste Berufskrise und ihre Bewältigung.* Herder Verlag, 1998

Pestalozzi-Fröbel-Verband (Hrsg.), *Zur beruflichen Situation der Erzieher/-innen in Deutschland.* Materialien zur Denkschrift 1995

Thomas Rauschenbach, Karin Beher, Detlef Knauer, *Die Erzieherin – Ausbildung und Arbeitsmarkt.* Juventa Verlag, 1995

Tim Rohrmann, Peter Thoma, *Jungen Männer in Kindertagesstätten.* Lambertus, 1998

Theodor Thesing u. a., *Sozialpädagogische Praxisfelder.* Lambertus Verlag, 2001

Im Internet

gibt es mittlerweile einige Portale, die sich u. a. auch mit dem Berufsbild Erzieherin (und Erzieher) beschäftigen. Einige sind im Folgenden genannt:

www.bildungsserver.de
www.erzieherin.de
www.erzieherin-online.de
www.erzieherinnenausbildung.de
www.kindergarten-workshop.de
www.kindergartenpaedagogik.de
www.kigaportal.com
www.kindergarten-und-hort.de
www.kindertagesbetreuung.de
www.kigaweb.de
www.paediko.de
www.pfv-berlin.de

… und zum Anschauen gibt es einen guten Film von:

Donata Elschenbroich und Otto Schweitzer, *Erzieherporträts.* Film VHS, DJI 2002

2 Wie geht es zusammen? – Arbeiten im Team

Einstiegssituation

Laura Kosker (22) arbeitet im Kindergarten Regenbogen. Laura beschreibt ihr Team:

Manuela Carstens (37). Sie leitet den Kindergarten seit knapp einem Jahr. Sie ist nicht sehr entscheidungsfreudig und wirkt unzufrieden und angespannt. Dabei gibt sie vor, über den Dingen zu stehen. Sie wirkt unnahbar und kühl.

Cornelia Heinrich (36). Cornelia ist schon fast acht Jahre als Erzieherin in diesem Kindergarten beschäftigt. Die Arbeit macht ihr Spaß. Sie hat im Team eine starke Position. Wenn Entscheidungen anstehen, ist sie am meisten gefragt. Sie gilt als „geheime Leitung".

Sarah August (27). Sarah ist ebenfalls Erzieherin und arbeitet seit zwei Jahren hier. Sie ist kontaktfreudig und arbeitet gern im Team. Sie tut viel für das gemeinsame Ganze. Ihren Kolleginnen gegenüber verhält sie sich hilfreich und unterstützend. Sie übernimmt gerne Aufgaben und in Konfliktsituationen versucht sie auszugleichen und zu beruhigen.

Elvira Neri (23). Sie ist SPA. Sie ist oft nachlässig gekleidet, kommt manchmal zu spät und wird des Öfteren für Missverständnisse verantwortlich gemacht. Sie wirkt ein wenig unsicher, manchmal aber auch ein wenig rebellisch.

Paul Schröder (19). Er absolviert hier seinen Zivildienst. Er glänzt oft durch schlaue Worte und wirkt dabei etwas besserwisserisch. Paul macht gern Späße und ist auch witzig. Er ist sehr kontaktfreudig und arbeitet gern im Team und mit den Kindern. Nach dem Zivildienst möchte er Pädagogik studieren.

FRAGEN

- ✔ *Welche Erfahrungen kann Laura wohl in diesem Team mit diesen Personen machen?*
- ✔ *Ein Blick auf die Teamzusammensetzung lässt vielleicht schon Konfliktfelder erkennen. Wer übernimmt welche Rolle?*
- ✔ *Was glauben Sie, wie sich die Teammitglieder in ihren Rollen fühlen?*
- ✔ *Wo steckt das größte Konfliktpotenzial?*
- ✔ *Wer kann wohl gut mit wem zusammenarbeiten?*
- ✔ *Glauben Sie, dass dies eine gute Teamzusammensetzung ist?*
- ✔ *Kennen Sie ähnliche Teams?*

Gute Zusammenarbeit im Team ist die Voraussetzung für optimales Arbeiten.

Von Erzieher/-innen wird eine große Kooperationsbereitschaft erwartet. Eine gute Zusammenarbeit im Team ist die Voraussetzung für eine optimale Arbeit in allen sozialpädagogischen Arbeitsfeldern. Hinzu kommt, dass der direkte Umgang miteinander eine nicht unwesentliche Vorbildfunktion für die Eltern und Kinder Ihrer Einrichtung hat.

Team, Teamarbeit, Teamentwicklung sind heutzutage Bezeichnungen, die gerade bei der Arbeit von Erzieher/-innen kaum mehr wegzudenken sind. Doch eine Gruppe von Erzieherinnen ist nicht immer ein Team, geschweige denn zur Teamarbeit fähig.

Das folgende Kapitel beschäftigt sich mit grundlegenden Prinzipien der Arbeit im Team und setzt sich mit den besonderen Möglichkeiten und Problemen von Teamarbeit sowie Methoden der Teamentwicklung auseinander.

2.1 Team

TEAM ≠ Toll, Eine Andere Machts

Um es gleich vorwegzunehmen: Team ist nicht die Abkürzung für „**T**oll, **e**ine **a**ndere **m**achts!" Die meisten kennen die Bezeichnung Team vom Sport. Ursprünglich kommt das Wort aus dem Englischen und bedeutet Mannschaft. Im alltäglichen Sprachgebrauch hat sich die Bezeichnung jedoch auch außerhalb des Sportbereiches durchgesetzt und meint z. B. auch Arbeitsgruppe. Doch was ist eigentlich ein Team genau? Der folgende Abschnitt nimmt es unter die Lupe.

2.1.1 Was ist ein Team?

Ein Team ist zunächst einmal eine Gruppe von ca. 3–10 Personen. Es gibt auch Teams, die größer sind. Hier wird jedoch die Zusammenarbeit schwierig und es ist sinnvoll, Untergruppen (-teams) zu bilden, die dann eine geeignete Teamgröße haben.

Teams müssen eine gemeinsame Aufgabe haben (z. B. alle Mitarbeiter in einem Kindergarten betreuen eine Anzahl von Kindern), die über einen längeren kontinuierlichen Zeitraum zusammen erfüllt wird. Gerade dieser letzte Punkt ist in sozialpädagogischen Arbeitsfeldern leider nicht immer gewährleistet, da hier die Fluktuation recht groß ist.

Ein Team
- ist eine Gruppe von ca. 3–10 Personen.
- hat eine gemeinsame Aufgabe.
- arbeitet über einen längeren kontinuierlichen Zeitraum zusammen.

2.1.2 Wer arbeitet mit wem ... und warum? – die Teamzusammensetzung

Ein Blick auf die Teamzusammensetzung ist wichtig: Wer gehört zum Team und wer hat was zu sagen? Die Kompetenz- und Rollenverteilung im Team entscheidet über die Qualität der Arbeit im Team.

Info 1 Kompetenz- und Rollenverteilung im Team

Wie in jeder Gruppe gibt es auch in Teams unterschiedliche Persönlichkeiten. Je nach Gruppenzusammensetzung und Thema schlüpfen die Mitglieder dabei in unterschiedliche Rollen. Das Rollenspektrum ist groß. Die Rollen basieren u. U. auf Erfahrungen mit anderen Menschen in der Kindheit.

9612368

Im Folgenden werden einige Rollenmuster beschrieben. Dabei ist zu beachten, dass diese sicherlich nicht das gesamte Spektrum unterschiedlicher Rollen erfassen. Es gibt jedoch Rollen, die häufiger vorkommen als andere (z. B. gibt es in jeder Gruppe eine Führungsrolle). Außerdem können Rollen und die Rolleninhaber im Laufe der Zeit wechseln und ein und dieselbe Person kann je nach Situation mehrere Rollen besetzen.

In jedem Team gibt es unterschiedliche Menschen. Sie übernehmen unterschiedliche Rollen. Es gibt jedoch Rollen, die in fast jeder Gruppe vorkommen. Die folgenden Rollenbeschreibungen sind typisiert. Das bedeutet: Sie sind sehr allgemein beschrieben und es gibt unterschiedliche Ausprägungen und Gestaltungsmöglichkeiten dieser Rollen. Die Aufzählung erhebt keinen Anspruch auf Vollzähligkeit. Genannt werden nur die am häufigsten vorkommenden Rollenmuster in Teams.

Anführer, Mutter, Vater, Chef, Königin
Dies ist zunächst einmal eine starke Position. Wenn wichtige Entscheidungen anstehen, ist diese Rolle am meisten gefragt. Diese Personen stehen im Vordergrund. Diese Rolle kann auch von mehreren Personen ausgefüllt werden.

Die Ergänzung hierzu sind Rollen wie **Gefolge, Sohn, Tochter** usw., die das Verhalten der Führerin unterstützen. Sie stimmen oft zu, wirken unsicher und fühlen sich hilflos. Im Hintergrund einer starken Person/Rolle fühlen sie sich deshalb sicher.

Kasper, Clown, Ablenkerin
Diese Rollen haben zwei Komponenten. Zum einen unterhalten sie die Gruppe, sie machen Späße und sind witzig. Sie sind kontaktfreudig, erzählen gern und versuchen die Aufmerksamkeit der anderen auf sich zu ziehen. Von der Gruppe werden sie allerdings aufgrund ihres Verhaltens nicht sehr ernst genommen. Sie ignorieren zwar meistens das Unangenehme, fühlen sich aber trotzdem oft einsam und wertlos.

Sündenbock, Außenseiterin
Diese Rollen sind entweder selbst gewählt, weil sich die Personen nicht an die Normen, Erwartungen und Regeln der Gruppe halten, oder sie werden von der Gruppe für Missstände oder Fehler verantwortlich gemacht.

Der Ankläger, die Bewertende
Es ist nie ihre Schuld, wenn etwas passiert, Zustimmung ist nicht ihr Ding. Sie haben oft etwas auszusetzen und sie provozieren gern. Sie wirken aggressiv und verletzend. Sie geben vor über den Dingen zu stehen. Innerlich fühlen sie sich nicht anerkannt, einsam und erfolglos.

Die Schlaue, der Kopfmensch
Sie glänzen durch schlaue Worte, sie rationalisieren alles und wirken dabei unantastbar, arrogant und besserwisserisch. Sie geben sich distanziert, überlegen und kühl. In Teambesprechungen halten sie den Ablauf mit Kleinigkeiten auf.

Der Umtriebige, die Helferin
Sie tun viel für das gemeinsame Ganze. Der Leitungskraft gegenüber verhalten sie sich loyal, Mitarbeiterinnen gegenüber hilfreich und unterstützend. Sie übernehmen Aufgaben und Protokolle. In Konfliktsituationen versuchen sie auszugleichen und zu beruhigen.

Darüber hinaus gibt es Gegner, Rivalen, Geschwister, Omas, Freunde, Prinzessinnen, Verbündete, Selbstdarsteller, Blockierer, Suchende, Übergenaue, Lässige, Vermittler usw.

Noch unterschiedlicher als die beschriebenen Rollen sind die Menschen, die diese Rollen besetzen. Alle Menschen sind unterschiedlich. So gibt es in jedem Team auch verschiedene Persönlichkeitstypen. Sie unterscheiden sich vor allem in ihrer Art, wie sie ihre Umwelt wahrnehmen, Entscheidungen treffen und darin, ob sie

Die Zusammensetzung eines Teams hat unmittelbare Auswirkung auf die Teamarbeit.

Info 1
Fortsetzung

Das Ganze ist mehr als die Summe seiner Teile.

eher intro- oder extrovertiert sind (vgl. Stöger, S. 31 ff.).

Das Ganze ist mehr als die Summe seiner Teile. Ein Team wird auch immer beeinflusst von dem, was darum herum ist (z. B. dem Träger, den Eltern, den Kindern, den Räumlichkeiten, unter besonderen Umständen sogar auch einmal dem Wetter usw.).

Jedes einzelne Teammitglied trägt etwas zur Entscheidungsfindung und zum Gruppenprozess bei.

Wenn ein Mitglied ausscheidet oder hinzukommt, verändert sich die Teamzusammensetzung. Dies kann z. B. eintreten, wenn eine Mitarbeiterin ein Kind bekommt, für unbestimmte Zeit aus dem Team ausscheidet und durch eine neue Mitarbeiterin ersetzt wird. Nun kann das Teamgleichgewicht in Unruhe geraten. Man kann sich das vorstellen wie bei einem Mobile. Zieht man ein wenig an einer Position, gerät das ganze Objekt in Bewegung.

Die Regeln, Wertvorstellungen, Glaubenssätze, Überzeugungen und fachlichen Grundeinstellungen (z. B. Pädagogik) eines Teams sind abhängig von den einzelnen Teammitgliedern. Dabei ist das gesamte Personalteam verantwortlich für die Bedürfnisse und Individualitäten der Kinder sowie die Umsetzung der gesetzlichen Aufträge zur Erziehung, Bildung und Betreuung von Kindern in Kindertageseinrichtungen.

Das Gefühl der Ähnlichkeit (*„Das kenne ich! Das habe ich auch schon mal erlebt.“*) kann die Bereitschaft der Einzelnen erhöhen sich aufeinander einzustellen. Kooperation und Kompromissfähigkeit sind dann wahrscheinlicher.

Teams unterscheiden sich aufgrund ihrer Größe. Es gibt kleine Teams von vier oder fünf Personen und große Teams mit bis zu zehn oder zwölf Personen. Die Zusammensetzung eines Teams kann je nach Altersstruktur, Bildung und beruflichen Qualifikationen der einzelnen Mitglieder sehr unterschiedlich sein. Darüber hinaus gibt es wesentliche Unterschiede bei den Aufgaben und Zielsetzungen einzelner Teams.

Der Umgang miteinander gibt einen Hinweis darauf, wie die Zufriedenheit und die Arbeitseffektivität eines Teams sind. So gibt es z. B.

- die „Schmusegruppe“ nach dem Motto „Piep, piep, piep, wir haben uns alle lieb!“,
- die „Verschworenen“: „Wir gegen den Rest der Welt!“,
- die „Kampftruppe“: „Jeder gegen jeden!“.

Arbeit in einem gut funktionierenden Team macht Spaß. Zudem bewirkt ein gutes Team eine qualitativ hochwertige Arbeit. Dies trägt zur Professionalisierung und Aufwertung des Erzieherberufs bei.

Info 2

Kommunikation und Interaktion im Team „Was ist das Gute an anderen und was meinen Sie, was andere an Ihnen gut finden?“

Die Kommunikation und Interaktion im Team werden im Wesentlichen von der Teamzusammensetzung und den Beziehungen in einem Team beeinflusst.

Unter Interaktion versteht man wechselseitiges Handeln und Reagieren von Menschen aufeinander. Dies kann sich generell auf unser Verhalten oder auf unsere

Kommunikation beziehen. Wichtig ist dabei die Tatsache, dass wir uns untereinander durch unser Handeln und Reagieren aufeinander gegenseitig beeinflussen.

Kommunikation dient dem Austausch von Informationen, um die soziale Interaktion zu sichern. Umgekehrt ist Kommunikation nicht ohne soziale Interaktion möglich.

Die Frage, wer angefangen oder wer Schuld hat, ist somit in vielen Fällen so unbeantwortbar wie die Frage, was zuerst da war, Huhn oder Ei.

Aufgaben und Anregungen

1 In was für einem Team arbeiten Sie? Beschreiben Sie die Rollen der Mitglieder.

2 Welche Teams haben sich in Ihrer Ausbildungsgruppe ergeben? Kennen Sie ein kämpferisches, ehrgeiziges, ruhiges, harmonisches, spielerisches, durchgeplantes und organisiertes, spontanes oder ein stressiges Team?

3 Gibt es das ideale Team?

4 Welche Rolle übernehmen Sie in Gruppen und Arbeitsteams?

5 **Beziehungen am Arbeitsplatz** (Übung nach Gudjons und Maaß & Ritschl):
Ziel dieser Übung ist es, sich über die Beziehungen zu Ihren Mitarbeiterinnen klar zu werden. Sie können dabei der Frage nachgehen, ob es in früheren Phasen Ihres Lebens bereits ähnliche Beziehungskonstellationen (z. B. in der Familie und in der Schule) gab.

5.1 Tragen Sie in der Mitte eines A4-Blattes Ihren Namen ein und schreiben Sie alle anderen Teammitglieder um Ihren Namen herum auf. Die Teammitglieder, mit denen Sie ein sehr intensives Verhältnis haben, zeichnen Sie etwas näher an Ihre Position als diejenigen, denen Sie nicht so nahe stehen.

5.2 Beschreiben Sie ihre Beziehung zu den einzelnen Mitgliedern mithilfe von folgenden Pfeilen:

- Pfeil mit zwei Pluszeichen
= sehr positive Beziehung
- Pfeil mit einem Pluszeichen
= positive Beziehung
- Pfeil mit einem Minuszeichen
= negative Beziehung
- Pfeil mit zwei Minuszeichen
= sehr negative Beziehung

5.3 Unterteilen Sie ein Blatt Papier nach folgendem Schema:

Früher		Heute
Kindheit	**Schule/ Jugend**	**Beruf**
Onkel Otto, still usw.	Fritz, Angeber Tante Klara, autoritär usw.	Frau Schmidt, ruhig usw.

Notieren Sie in jeder Spalte ca. fünf Personen, die zum damaligen bzw. jetzigen Zeitpunkt wichtig für Sie waren.

Überlegen Sie, welches Stichwort/Gefühl zur jeweiligen Person passt und schreiben Sie es in einer anderen Farbe darunter.

5.4 Schauen Sie sich Ihre Listen nun zunächst einmal alleine an und überlegen Sie, was Ihnen auffällt, wenn Sie die Listen vergleichen. Suchen Sie Personen aus, zu denen Sie ein ähnliches Gefühl haben, und schauen Sie sich diese Beziehungen noch einmal genauer an. Sehen Sie Zusammenhänge oder Ähnlichkeiten zwischen früher und heute? Wie wirkt sich das auf Personen aus, zu denen Sie heute Kontakt haben?

5.5 Tauschen Sie sich zu zweit oder in Kleingruppen über Ihre Erfahrungen aus.

2.1.3 Probleme und Konflikte im Team

Einstiegssituation

Werfen wir noch einmal einen Blick auf Lauras Team:

Laura berichtet, dass Manuela, die Leitungskraft, nicht sehr entscheidungsfreudig ist. Cornelia entscheidet dann oft und Sarah setzt es direkt in die Tat um. Außerdem ist Cornelia schon am längsten in der Einrichtung. Sie genießt bei den Eltern das größere Vertrauen und dient deshalb den Eltern eher als Ansprechpartnerin als Manuela. So kommt es häufiger zu Konflikten. Manuela fühlt sich öfters übergangen und Cornelia fühlt sich unwohl, weil sie oft Aufgaben übernehmen muss, die eigentlich Manuela übernehmen müsste.

Info 1 — Ursachenforschung – Wie entstehen Probleme und Konflikte im Team?

Autoritätsprobleme und Teamkonflikte haben ihren Ursprung vor allem in den Kommunikations- und Beziehungsstrukturen im Team.

Je weniger klar die Beziehungsstrukturen im Team sind, desto größer ist die Gefahr, dass es zu Kommunikationsproblemen und Spannungen kommt, die den alltäglichen Ablauf in der Einrichtung und die Arbeit mit den Kindern erschweren.

In Konfliktsituationen ist es ratsam, zunächst die Sachebene anzusprechen.

Deshalb ist es ratsam, in Konfliktsituationen zunächst zu versuchen auf die Sachebene zu kommen. Die Sachebene erlaubt den Teammitgliedern nämlich nicht z. B. *„an der Sache vorbeizureden“* oder nicht auf den Punkt zu kommen. Dies würde dazu führen, dass wesentliche Dinge nicht angesprochen werden. Dadurch entstehen Informationsdefizite, die dann wiederum zu Spannungen auf der Beziehungsebene führen können.

Persönliche Probleme von Mitarbeiterinnen können die Stimmung in einem Team stark beeinflussen.

Ursache für Teamkonflikte können Rivalitäten im Team sein.

Eine weitere Ursache für Probleme und Konflikte sind Rivalitäten im Team. Treten z. B. Fragen danach auf, wer die bessere Erzieherin ist oder wen die Kinder lieber mögen, steht in einem Team der Konkurrenzaspekt im Vordergrund. Länger andauernde Konkurrenzsituationen sind nicht hilfreich und fördern z. B. die Angst, die Liebe der Kinder oder den Arbeitsplatz zu verlieren. Entwickeln sich daraus Spannungen oder Neidgefühle, sind diese ein unvermeidbarer Nährboden für Probleme und Konflikte im Team.

Ähnliche Situationen können auftreten, wenn etwas an der hierarchischen Ordnung nicht stimmt. Das Verhältnis zwischen Leitung und Mitarbeitern muss klar sein. Hat eine Leitungskraft beispielsweise Autoritätsprobleme, können ähnliche Probleme und Konflikte im Team wie oben beschrieben entstehen.

Es gibt noch mehr „gute“ Gründe, weshalb in einem Team Probleme und Konflikte entstehen können.

Vor allem Zeitprobleme werden hier sehr häufig von Erzieherinnen genannt. Tür-und-Angel-Gespräche und hastig absolvierte oder schlecht vorbereitete Teambesprechungen machen viele Erzieherinnen unzufrieden (vgl. 2.4 Teambesprechungen).

Das Gleiche gilt für Dienstvorschriften, die die praktische Arbeit von Erzieherinnen meist wenig mit einbeziehen.

Einen besonders elementaren Stellenwert bei der Entstehung von Problemen und Konflikten in Teams nehmen persönliche Probleme von Mitarbeiterinnen ein, die Einfluss auf das gesamte Team haben. Das Burn-out-Syndrom, Krankheit oder Sucht sowie psychische Probleme einer Kollegin können zu massiven Problemen in einem Team führen.

Weitere Faktoren, durch die es in Teams zu Problemen und Konflikten kommen kann, sind fehlende Selbstkritik bei Mitarbeitern, eine ungleiche Zusammensetzung des Teams (z. B. nur ein Mann) und individuelle Unterschiede der Erzieherinnen (z. B. Ausbildungsgrad, Alter, Berufserfahrung).

Logischerweise können auch unterschiedliche Auffassungen von Erziehung oder im konkreten Umgang mit Kindern zu Konflikten führen.

Teams, die durch Krankheit, Schwangerschaft, Versetzung usw. häufigen Mitgliederwechseln ausgesetzt sind, haben Probleme, einen reibungslosen Tagesablauf zu gestalten, weil sie ständig damit beschäftigt sind, sich aufeinander einzustellen. In solchen Teams fehlt eine wesentliche Grundvoraussetzung für Teamarbeit, nämlich die Zusammenarbeit über einen längeren kontinuierlichen Zeitraum. Diese Arbeitsgruppen können wenig „Wir-Gefühl" entwickeln und die Einzelnen haben Probleme, sich mit ihrer Arbeit und der Einrichtung zu identifizieren.

In Teams, die schon sehr lange zusammenarbeiten, können ebenfalls Probleme und Konflikte auftreten, und zwar aus genau gegensätzlichem Grund. In zu homogenen Gruppen kann beispielsweise durch wenig unterschiedliche Meinungen oder falsches Harmonieverständnis mangelnde Flexibilität entstehen, die den alltäglichen Ablauf zum Automatismus verkommen lässt, in dem Kreativität, Individualismus und eigenverantwortliches Handeln keinen Spielraum mehr haben. Doch gerade diese Eigenschaften gehören mit zu den Schlüsselqualifikationen von Erzieherinnen (mehr dazu im Kapitel 1.4).

Die unangenehmen Folgen von ungeklärten Konflikten in Teams können Kleingrüppchenbildung und Intrigen sein.

Kleingrüppchenbildung und Intrigen können Folgen von ungeklärten Konflikten in Teams sein.

Fazit

Konfliktquellen im Team:
- Kommunikation
- Beziehungsstrukturen
- mangelnde Bereitschaft zur Kommunikation auf der Sachebene
- unreifes Konkurrenzverhalten
- unklare Hierarchie, Autoritätsprobleme der Leitung
- Zeitprobleme
- Dienstvorschriften
- persönliche Probleme von Mitarbeiterinnen
- fehlende Selbstkritik
- ungleiche Zusammensetzung
- individuelle Unterschiede
- häufiger Mitgliederwechsel
- unterschiedliche pädagogische Auffassungen
- falsches Harmonieverständnis
- mangelnde Flexibilität

Konfliktbewältigung im Team

Info 2

Konflikte sind zunächst einmal etwas ganz Normales. Sie treten auf, wenn unterschiedliche Interessen aufeinander treffen. Man unterscheidet innere und äußere Konflikte.

Konflikte sind ganz normal.

Innere Konflikte:
Es gibt Konflikte, die Menschen in sich selbst haben. Beispielsweise muss sich ein Mensch entscheiden zwischen verschiedenen Urlaubzielen *(Fahre ich nach Frankreich, Portugal oder Griechenland?)*, zwischen zwei Menschen *(Fahre ich mit Karl oder Heinz?)* oder gar zwischen mehreren Möglichkeiten *(mit dem Auto, der Bahn, dem Flugzeug oder dem Fahrrad?)*.

Es gibt Konflikte, die Menschen in sich selbst haben.

Zu einem äußeren Konflikt gehören immer mindestens zwei Menschen.

Äußere Konflikte:
Zu einem äußeren Konflikt gehören immer mindestens zwei Menschen. Mit diesen Konflikten beschäftigt sich der folgende Abschnitt.

Zwei Konfliktbewältigungsstrategien
Menschen entwickeln grundsätzlich unterschiedliche Strategien, um ihre Konflikte zu bewältigen. Obwohl die Konfliktbewältigungsstrategien von Menschen so unterschiedlich scheinen, wie Menschen unterschiedlich sind, kann man jedoch zunächst einmal zwei grundsätzliche „Methoden" der Konfliktbewältigung unterscheiden:

1. **Die „Fluchtmethode"**
   Viele Menschen haben nicht gelernt, adäquat mit Konflikten umzugehen. Deshalb ziehen sie sich zurück und räumen das Konfliktfeld. Die Erscheinungsformen sind vielfältig. Manche Menschen flüchten in Gleichgültigkeit oder sie machen sich klein (ducken sich). Andere wiederum versuchen durch übermäßige Anpassung, einen Konflikt zu umgehen oder sie verleugnen sich, indem sie ihre eigenen Bedürfnisse bewusst oder unbewusst unterdrücken. Im Extremfall, wenn ein Konflikt beispielsweise über einen längeren Zeitraum Menschen quält, flüchten manche in Drogenabhängigkeit oder psychosomatische Krankheit.
   Wer im Konfliktfall mit Fluchttendenzen reagiert, vermeidet die Auseinandersetzung und letztendlich die Lösung des Konflikts. Die hauptsächlichen Gefühle hierbei sind Angst und mangelndes Selbstwertgefühl.
   Kurzfristig lässt sich ein Konflikt so vielleicht vermeiden, langfristig führt diese Bewältigungsstrategie jedoch meistens zu einer Verschlechterung der Situation. Es gibt Verlierer und Gewinner (siehe Grafik Info 3).

Je länger ein Konflikt vermieden wird, desto größer wird er.

2. **Die „Kampfmethode"**
   Zunächst sieht es hier danach aus, als handele es sich um Menschen, die durchaus konfliktfähig sind. Bei näherem Hinschauen entdecken wir jedoch auch hier Schwächen im System.

   Wer mit Kampf und Aggressivität reagiert, beschimpft andere, macht Vorwürfe, macht andere lächerlich oder nutzt sie aus. Gefühle von Wut, Feindseligkeit bis hin zu Hass stehen im Vordergrund. Anders als bei Menschen, die im Konfliktfall eher flüchten, bleibt der Kampfmensch um jeden Preis auf seiner Position stehen und beherrscht zur Not auch mit körperlichem Einsatz das Terrain.
   Subtilere Menschen wenden eher die indirekte Aggressivität an (Intrigen, Zynismus, Arroganz). Das Ergebnis ist jedoch auch hier eher kurzfristig. Ein Konflikt lässt sich so vielleicht vermeiden, langfristig führt diese Bewältigungsstrategie meistens jedoch zu einer Verschlechterung der Situation. Auch hier gibt es Sieg und Niederlage.

Beide „Methoden" sind i. d. R. nicht geeignet, langfristig zur Lösung von Konflikten beizutragen. Auch wenn ein Konflikt vielleicht auf diese Weise vorübergehend nicht offen zutage tritt, brodelt er doch unter der Oberfläche weiter und wird mit viel größerer Intensität wieder ausbrechen.

Info 3 Konfliktlösung

Wie lassen sich Konflikte also lösen, sodass alle Beteiligten etwas davon haben? Vorab: Sicher ist es manchmal sinnvoll, auf eine der vorgenannten Konfliktlösungsstrategien zurückzugreifen. In den meisten Konfliktfällen bewährt sich jedoch eine dritte Methode.

Führen wir uns nochmals unser Teambeispiel vor Augen: Manuela, die Leitungskraft, gilt als wenig entscheidungsfreudig. Cornelia entscheidet dann oft und Sarah setzt es direkt in die Tat um. Außerdem bevorzugen die Eltern Cornelia als Ansprechpartnerin. Hier treffen also unterschiedliche Meinungen und Erwartungen aufeinander.

Grundsätzlich geht es nicht darum, Konflikte zu vermeiden, sondern darum, zu lernen, damit zu leben. Dabei geht es zunächst um Klarheit: Was will ich? Und es geht darum, dass alle ein Recht auf ihre Gefühle, Meinungen und Wünsche haben. Es geht also zunächst einmal darum, sich selbst und andere zu akzeptieren. Wenn das geschieht, kann ein Dialog oder die Auseinandersetzung beginnen. Wer das beherrscht, kann selbst seine Meinung vertreten, ohne flüchten oder andere wegdrängen zu müssen. Die Vorgabe bei Konflikten im Team heißt demnach: Ich nehme mich und andere ernst und die anderen nehmen sich und mich ernst.

Die Konfliktparteien müssen
1. sich klar darüber sein, was sie wollen,
2. dies klar ausdrücken,
3. sich zuhören.

Danach geht es darum, gemeinsam abzuwägen und eine Lösung zu finden, die beide Seiten zufrieden stellt. Es entsteht eine Win-win-Situation.

Konfliktgespräche

INFO 4

Auch wenn es niemand gerne tut, Konfliktgespräche sind unumgänglich. Wie gestaltet man ein Konfliktgespräch konkret?

Zunächst einmal ist es sinnvoll, sich vor einem Gespräch zu vergewissern, ob der Konfliktpartner überhaupt bereit ist über den Konflikt zu sprechen *(„Ich möchte mit dir über die Situation von gestern sprechen, passt es dir heute nach dem Mittagessen?“)*. Die Gesprächsbereitschaft beider Teilnehmer ist die Grundvoraussetzung für eine spätere Einigung.

Ist dies der Fall, kann die konkrete Vorbereitung beginnen. Wo, wann und wie soll das Gespräch stattfinden? Es ist ein Unterschied, ob sich die Konfliktparteien allein treffen oder sich unter „Beobachtung“ miteinander auseinander setzen. Sie können sich in einen ruhigen Raum zurückziehen oder in einem Café in einer Fußgängerzone ihren Konflikt besprechen. Für alle Varianten gibt es Vor- und Nachteile. Manchmal kann eine Auseinandersetzung besser gelingen, wenn die Beteiligten unter sich sind. Eine öffentliche Atmosphäre kann einem Gespräch z. B. die Dramatik oder auch die Ernsthaftigkeit nehmen. Unbedingt ist darauf zu achten, dass das Gespräch ungestört stattfinden kann (abgeschlossener Raum, keine Anrufe usw.).

Nach der organisatorischen Vorbereitung muss sich dann jeder selbst auf das Gespräch einstellen und sich mit den eigenen Gefühlen zu der Situation und dem Konfliktpartner auseinander setzen.

Dann kann man sich Gedanken darüber machen, wie man das Gespräch beginnen will. (Erst einmal über das Wetter reden oder gleich zur Sache kommen?) Auf alle Fälle muss das eigene Ziel klar sein, sodass die eigene Position gut vertreten werden kann.

Das Gespräch beginnt. Worum geht es genau? Das Konfliktthema sollte möglichst präzise benannt werden. Beide Gesprächspartner sollten versuchen nicht nur ihre Position darzustellen, sondern auch die Bedürfnisse und Interessen ihres Gegenübers zu erfragen. *(„Wie siehst du das?“)* Sie klären gemeinsam, wodurch

INFO 4
Fortsetzung

der Konflikt entstanden ist, und versuchen gemeinsam Lösungen zu finden, um die Situation zu klären.

Am Ende des Gesprächs sollten sich die Konfliktparteien über gemeinsame Ziele verständigen und evtl. einen weiteren Termin vereinbaren, um noch bestehende Unklarheiten zu klären. Eine gemeinsame Zusammenfassung des Gesprächs hilft zu erkennen, was sie erreicht haben und was nicht.

Leitfaden Konfliktgespräch

Vor dem Gespräch
- Gesprächsbereitschaft klären
- Gespräch organisatorisch vorbereiten (Ort, Raum, Ruhe, Zeit)
- eigene Vorbereitung (Einstellung zu Konflikt und Partner, Zielklärung)
- Gesprächsbeginn überlegen

Während des Gesprächs
- Konfliktthema konkret benennen
- Bedürfnisse und Interessen des Konfliktpartners erfragen
- Konfliktursachen gemeinsam analysieren
- gemeinsam Lösungen erarbeiten
- über gemeinsame Ziele und Absprachen verständigen

Nach dem Gespräch
- Notizen
- Selbstwahrnehmung

AUFGABEN UND ANREGUNGEN

1 Suchen Sie Beispiele für Konfliktsituationen, in denen Sie
a) mit Flucht und Rückzug
b) sich kämpferisch und aggressiv verhalten haben.
Diskutieren Sie in Kleingruppen, ob und welches Verhalten sinnvoll gewesen wäre/war und was gut oder schlecht an Ihrer Strategie in diesem Moment war.

2 Erinnern Sie sich an eine (oder mehrere) erfolgreich gestaltete Konfliktsituation(en). Wie war die Situation, was ist geschehen, wer hat was zu wem gesagt, wie haben Sie sich gefühlt? Warum erinnern Sie sich gerade an diese Situation, welche Gründe hat es, dass Sie diese als eine erfolgreich gestaltete Konfliktsituation in Erinnerung haben? Es könnten Ihre persönlichen Fähigkeiten sein Konflikte auch in Zukunft „meistern“ zu können.

3 Nutzen Sie den Leitfaden in Info 4, um Ihr nächstes Konfliktgespräch vor- und nachzubereiten.

2.2 Teamarbeit

INFO 1 Teamarbeit wörtlich

Zu Beginn zwei Definitionen aus dem Lexikon:

Das „Fachlexikon der sozialen Arbeit“ definiert Teamarbeit als *„kooperative Arbeitsform, bei der mehrere Fachkräfte gemeinsam die Lösung von Aufgaben bearbeiten“.* Als Voraussetzungen für Teamarbeit nennt das Lexikon die *„Gleichordnung der Mitglieder, unabhängig von der Position in der Hierarchie“* und die Vernetzung von *„Kommunikation“* und *„Kooperation“* (S. 965).

Das „Wörterbuch Soziale Arbeit“ beschreibt Teamarbeit als *„Zusammenarbeit in einer Gruppe, in der unter Einsatz unterschiedlicher fachlicher und persönlicher Möglichkeiten der Mitglieder und bewusster Beachtung bestimmter Regeln auf ein gemeinsames Ziel hingearbeitet wird“* (Kreft/Mielenz, 1996, S. 612).

Aus diesen beiden Definitionen geht hervor, dass Teamarbeit bestimmten Voraussetzungen unterliegt:

1. Ein Team ist nicht gleich ein Team. Erst wenn die Mitglieder eines Teams sich und andere gleich behandeln, unabhängig von ihrer Position in der Einrichtung, ist effektive Teamarbeit möglich.
2. Ein Team hat ein gemeinsames Ziel. Je klarer die Zielvorgabe ist, desto besser sind die Voraussetzungen, es zu erreichen.
3. Teamarbeit braucht klare Kommunikation und eine funktionierende Zusammenarbeit. Für beides bedarf es konstruktiver Regelungen, die von allen Mitgliedern eingehalten werden.
4. Jedes Teammitglied bringt seine fachlichen und persönlichen Kompetenzen in die Arbeit mit ein.

Teamarbeit bedeutet demnach nicht, dass alle alles machen können oder müssen. Unter Teamarbeit versteht man eher die konkrete und effektive Zusammenführung der anfallenden Arbeiten und Fähigkeiten. Idealerweise soll jeder das tun, was er am besten kann.

JEDE TUT DAS, WAS SIE AM BESTEN KANN.

Das bedeutet jedoch auch eine besondere Aufmerksamkeit darauf zu legen, welche Ziele und Aufgaben der Reihe nach anstehen. Und es bedeutet auch, das Wichtige vom Unwichtigen, das Dringende vom weniger Eiligen, das Machbare vom Wünschenswerten sowie das Arbeitsaufwändige vom *„Das-kann-ich-mal-so-nebenbei"-Machenden* zu trennen. Teamarbeit fördert richtig angewendet Qualität und Innovation einer Einrichtung.

TEAMARBEIT FÖRDERT QUALITÄT UND INNOVATION EINER EINRICHTUNG.

FAZIT

Teamarbeit bedeutet:

- ✘ Gleichwertigkeit unter den Mitgliedern
- ✘ Kommunikation und Kooperation
- ✘ Bündelung aller Kompetenzen
- ✘ Organisation der Arbeit
- ✘ Arbeiten auf ein gemeinsames Ziel hin

Deutsche Fußballfrauennationalmannschaft nach WM-Sieg 2003

So geht es zusammen – Voraussetzungen für effektive Teamarbeit

INFO 2

Eine Übung vorab:
Stellen Sie in Ihrer Arbeitsgruppe etwas her, was möglichst hoch ist, bauen Sie z. B. einen Turm. Benutzen Sie dabei die Materialien, die Sie gerade zur Verfügung haben. Wenn Sie diese Übung gemacht haben, lesen Sie im folgenden Block „Aufgaben und Anregungen", wie es weitergeht.
Nicht jetzt!
Erst dann!

Das Gleichnis von den Blinden und dem Elefanten
Vor langer Zeit ließ ein König alle blind Geborenen der Stadt an einem Ort zusammenkommen. Als dies geschehen war, sagte er den Blinden: *„Das ist ein Elefant."* Einige Blinde betasteten nun den Kopf, andere das Ohr oder den Stoßzahn, den Rüssel, den Rumpf, den Fuß, das Hinterteil, den Schwanz, die Schwanzhaare. Dann fragte der König:

„Wie ist ein Elefant beschaffen?“ Da sagten die, welche den Kopf betastet hatten, *„er ist wie ein Topf“*, die das Ohr betastet hatten, *„wie ein geflochtener Korb zum Schwingen des Getreides“*, die den Stoßzahn betastet hatten, *„wie eine Pflugstange“*, die den Rumpf betastet hatten, *„wie ein Speicher“*, die den Fuß belastet hatten, *„wie ein Pfeiler“*, die das Hinterteil betastet hatten, *„wie ein Mörser“*, die den Schwanz betastet hatten, *„wie eine Mörserkeule“*, die die Schwanzhaare betastet hatten, *„wie ein Besen“*.

Sie stritten sich und kamen nicht überein.

nach Helmuth von Glasenapp, Die fünf Weltreligionen, Diederichs, München 1963, S. 439

Klare und offene Kommunikationsstrukturen sowie die Trennung von Sach- und Beziehungsebene sind der Schlüssel zu erfolgreicher Teamarbeit.

Wir wissen nicht, welche Absicht der König hatte, als er dieses Experiment machen ließ. Die Parabel von den Blinden und dem Elefanten weist in unserem Kontext darauf hin, wie gut es ist, alle Kräfte in einem Team zu bündeln, um die Gesamtheit sehen zu können. Der Einzelne kann immer nur einen Teil des Ganzen erkennen. Jeder trägt allerdings seinen Teil dazu bei. Aber die Zusammenführung allen Wissens kann ein gutes Resultat ergeben.

Wie geht es nun am besten zusammen und welche Voraussetzungen braucht eine effektive und gute Teamarbeit?

Wie anfangs schon erwähnt müssen Teams Ziele erreichen und Aufgaben erfüllen. Ein Kindergartenteam hat z. B. die Aufgabe, den Bildungs- und Erziehungsauftrag konkret umzusetzen. Hierzu bedarf es der Abstimmung gemeinsam festgelegter Ziele (Projekte, Tagesabläufe usw.). Ergänzend hierzu sind ebenso Teilabschnitte (kleine Ziele) sowie der Weg zum Ziel, also die Vorgehensweise im Team, abzuklären. Ergeben sich neue Aspekte oder Ziele, ist gemeinsam zu klären, welche neuen Aktivitäten sich daraus ergeben.

Klare und offene Kommunikationsstrukturen sind der Schlüssel zu effektiver Teamarbeit. Dabei ist zuhören genauso wichtig wie reden. Die Einigung auf bestimmte „Spielregeln“ ist sehr hilfreich. Die Einhaltung dieser Spielregeln muss ständig reflektiert und wenn nötig eingefordert werden.

Die Trennung von Sach- und Beziehungsebene erleichtert die Auseinandersetzung und verhindert möglicherweise die Vermischung persönlicher Animositäten im Team. Es müssen sich ja nicht alle lieb haben, aber eine vertrauensvolle und konfliktbereite Umgangsweise ermöglicht den Einzelnen, ihre Kompetenzen effektiv einzubringen und sich nicht verstecken zu müssen. Im Idealfall akzeptieren sich die Teammitglieder gegenseitig. Jede erkennt jede als gleichwertige Partnerin an.

Kooperationsbereitschaft, Vertrauen und Transparenz sind Grundvoraussetzungen, damit die Teammitglieder sich offen mit Problemen auseinander setzen und Konflikte konstruktiv lösen können.

Konflikte werden nicht verdeckt, sondern aktiv angesprochen und bearbeitet. Meinungen können frei geäußert werden. Meinungsverschiedenheiten können dabei als Informationsquellen dienen und den Arbeitsprozess befruchten. Sie werden also nicht als Störung wahrgenommen.

Um Unstimmigkeiten im Team zu verhindern, ist ein klarer Informationsfluss notwendig. Ein regelmäßiger Informationsaustausch sollte innerhalb festgelegter Strukturen stattfinden (z. B. regelmäßige Dienstbesprechungen). Entscheidungen und Ergebnisse sollten für alle erkennbar sein (Protokoll, schwarzes Brett). An wichtigen Entscheidungsprozessen sollten (möglichst) alle Teammitglieder beteiligt sein.

Einzelne Mitarbeiterinnen sollten für bestimmte Bereiche selbst verantwortlich sein. Das setzt eine Leitung voraus, die klare Verantwortlichkeiten an Mitarbeiterinnen delegieren kann. Dies erhöht das Verantwortungsbewusstsein einzelner Teammitglieder und schafft bessere Identifikationsmöglichkeiten mit der Arbeit.

Die Bereitschaft, eigene Vorstellungen infrage zu stellen und Ideen und Anregungen anderer Teammitglieder zu verfolgen, führt dazu, den eigenen Horizont zu erweitern. So gesehen hat das Team die Möglichkeit, eingefahrene Abläufe zu überdenken und neue Spielräume und Kompetenzen zu entwickeln.

Effiziente Teams überprüfen konsequent ihre Ergebnisse. Sie fragen sich in regelmäßigen Abständen: *„Was haben wir erreicht und was wollen wir noch erreichen?"* Sie überprüfen damit ihre Zielvorgaben und den Stand der Teamarbeit.

Weitere Voraussetzungen für eine gute Teamarbeit sind klare Zeitstrukturen und Flexibilität der Mitarbeiterinnen. Eine offene Hierarchie und ein gutes Verhältnis zwischen Leitung und Erzieherinnen helfen Autoritätskonflikte zu verhindern, denn, wie vorne schon einmal erwähnt, erst wenn die Mitglieder eines Teams sich und andere gleich behandeln, unabhängig von ihrer Position in der Einrichtung, ist effektive Teamarbeit möglich.

Ein Informationsfluss ist notwendig, um Unstimmigkeiten im Team zu verhindern.

Effiziente Teams überprüfen konsequent ihre Ergebnisse.

Klare Strukturen und Flexibilität gehören zu den Voraussetzungen für gute Arbeit im Team.

Fazit

Voraussetzungen für effektive Teamarbeit:
- ✘ gemeinsame Ziele
- ✘ klare Kommunikationsstrukturen
- ✘ Akzeptanz
- ✘ Kooperationsbereitschaft
- ✘ Vertrauen
- ✘ Offenheit
- ✘ Konfliktfähigkeit
- ✘ Informationsfluss
- ✘ klare Zeitstrukturen
- ✘ Flexibilität
- ✘ offene Hierarchie

Aufgaben und Anregungen

1 Welche Erwartungen haben Sie an die Zusammenarbeit mit Kollegen und Kolleginnen?

2 Wie sieht Ihrer Meinung nach die ideale Mitarbeiterin aus? Welche Persönlichkeit würden Sie einstellen?

3 Kindergartenteams sind oft Frauenteams. Männer sind in diesem Berufsfeld deutlich unterrepräsentiert. Welche Auswirkungen kann dies auf die Zusammenarbeit in einem Team haben?

4 Wenn Sie Ihren Turmbau im Team fertig gestellt haben, dürfen Sie jetzt weiterlesen.

Wenn Sie Ihren Turm wirklich jetzt fertig gebaut haben, setzen Sie sich zusammen und diskutieren Sie Ihre Teamarbeit auf der Metaebene vor dem Hintergrund folgender Fragen: Wer hatte welche Rolle? Wer hat was gesagt? Wie wurden Absprachen geregelt? Wurden sie überhaupt geregelt? Wie wurden Aufgaben verteilt? Durch wen? Wie haben Sie sich in Ihrem Team gefühlt?

2.3 Die Leitung – Das Besondere im Team?

Was kann eine Leitungskraft tun, um Teamarbeit zu fördern?

„Wer leitet, steht im Mittelpunkt eines großen Kommunikationssystems, muss ständig Brücken bauen zwischen verschiedenen Interessen und Standpunkten, Gruppen und Einzelpersonen. Gleichzeitig macht diese berufliche Position selbst oft einsam, weil man in der Einrichtung häufig keine ‚Gleichgesinnten' neben sich hat." Eva Kessler

Leitungskräfte nehmen eine besondere Position ein.

Leitungskräfte nehmen in Teams von Erzieherinnen eine besondere Position ein. Sie befinden sich mitunter im Spannungsfeld ihrer Doppelrolle als Mitglied des Teams und ihrer Position als Leitungskraft. Was kann eine Leitungskraft also tun, um die Arbeit in „ihrem" Team zu fördern?

Bevor wir dieser Frage nachgehen, beschäftigen wir uns im folgenden Abschnitt zuerst mit den Aufgaben einer Leitungskraft und dann mit unterschiedlichen Leitungstypen und Führungsstilen.

Info 1 Aufgaben der Leitung

Zunächst einmal ist eine Leitungskraft für die Erziehung der Kinder und Jugendlichen verantwortlich, die in ihrer Einrichtung sind. Darüber hinaus muss sie für die Umsetzung des gesetzlichen Auftrags und die Einhaltung pädagogischer Standards sorgen. Sie ist für die gesamte Einrichtung verantwortlich.

Da Leitungskräfte z. B. im Kindergarten vom normalen Gruppendienst ganz bzw. teilweise freigestellt sind, ist es möglich (und notwendig), dass die Leitung auch übergeordnete und repräsentative Aufgaben erfüllen kann.

Die Rollenerwartung erstreckt sich weit über eine umfassende Fachkompetenz hinaus. Eine Leitungskraft muss Ansprechpartner sein für ihre Mitarbeiterinnen und die Einrichtung gut nach außen vertreten. Sie muss in der Lage sein ihre fachliche Kompetenz an Mitarbeiterinnen zu vermitteln und diese in schwierigen Situationen zu beraten. Sie muss Konflikte klären und den alltäglichen Ablauf in der Einrichtung „im Griff haben".

Die Leitung ist Mitglied des Teams und hat durch ihre Aufgabenbereiche eine besondere Stellung in der Einrichtung. Sie muss Entscheidungen treffen und Weisungen erteilen. Dies verlangt eine Reihe von Kompetenzen und nicht selten kann dies zu Spannungen und Rollenkonflikten (vgl. Bd. 2, LF 1, Kap. 5, Info 2) führen.

Sie ist verantwortlich für die Auswahl von geeignetem Personal. Die Leitung muss nicht nur die Einrichtung und ihr Personal führen, sondern sie ist auch im Wesentlichen für den reibungslosen Ablauf des alltäglichen „Dienstleistungsgeschäfts Kindertagesstätte" verantwortlich. Dazu gehört auch die Anleitung von Erzieherinnen, die sich in der Ausbildung befinden.

Sie ist zuständig für die Gestaltung der Dienstpläne und der Kommunikationsstrukturen der Einrichtung. Leitungskräfte sind hohen Erwartungen und Ansprüchen ausgesetzt. Deshalb ist es notwendig, dass sie ihre Leitungskompetenz in qualifizierten Fort- und Weiterbildungslehrgängen (z. B. als Sozialfachwirtin) kontinuierlich weiterentwickeln.

Die wesentlichen Aufgaben sind in der Aufstellung auf der nächsten Seite aufgeführt:

9612380

FAZIT

Aufgaben der Leitung:
Von einer Leitungskraft wird erwartet, dass sie …

- den täglichen Ablauf der Einrichtung plant und organisiert,
- für die Einhaltung pädagogischer Standards sorgt,
- die Einrichtung in der Öffentlichkeit repräsentiert,
- fachkompetente pädagogische Arbeit leistet,
- Personal auswählt und führt,
- Mitarbeiter und Praktikantinnen berät und anleitet,
- Kommunikations- und Informationsstrukturen installiert,
- Entscheidungen trifft und Weisungen erteilt,
- Aufgaben delegiert und Teamarbeit fördert.

Leitungstypen

INFO 2

Leitungskräfte sind auch nur Menschen. Die Art und Weise, eine Einrichtung zu leiten, hängt größtenteils von der Persönlichkeit der Leitung ab. Im Folgenden werden Typen und Führungsstile vorgestellt.

Zwei unterschiedliche Leitungstypen:

Die Herrscherin
Dieser Typus beherrscht die Einrichtung oder Gruppe. Macht ist kein Fremdwort für sie. Sie ist die Stärkste und duldet wenig Widerspruch. Es wird gemacht, was sie sagt, diskutiert wird gar nicht bis selten und wenn, dann nur über Nebensächlichkeiten. Sie dominiert und unterdrückt, sie hat das Sagen, Punkt! Wenn es sein muss, vertritt sie ihre Interessen auch gegen die Gruppe ihrer Mitarbeiterinnen. Denn hier gibt es wenig Miteinander. Unter den Mitarbeiterinnen verursacht sie Angst und Schrecken. Manche werden begünstigt, manche ausgestoßen. Es gibt Sündenböcke, das Team wird gespalten. Kolleginnen spielen sich gegeneinander aus. Ein wunderbarer Nährboden für Neid und Missgunst, Macht und Ohnmacht und für den Ausbau des Machtzentrums der Herrscherin …

Die Führerin
Dieser Typus entwickelt sich aus der Berufserfahrung heraus. Sie ist die am besten geeignete Leitungsperson und wird von allen anerkannt. Sie ist kompetent und zuverlässig. Ihre soziale Motivation ist hoch. Sie legt besonderen Wert auf das Miteinander im Team. Ziele und Aufgaben der Einrichtung stehen hier ganz oben. Der Sinn und Zweck des Teams ist klar. Gemeinsame Interessen werden gefördert. Durch ihren Führungsstil schafft sie Vertrauen und Zusammenhalt in der Gruppe, sie bezieht alle in Entscheidungsprozesse ein. Kritik und Anerkennung verteilt sie gleichmäßig.

Beide Beschreibungen sind sicher ein wenig übertrieben. Wie so oft im Leben liegt die Wahrheit irgendwo in der Mitte, so auch bei diesen beiden „Typen“. Jeder von uns ist jedoch sicher schon Menschen begegnet, die der einen oder der anderen Beschreibung ziemlich nahe kamen.

Führungsstile

INFO 3

Der Führungsstil einer Leitung beeinflusst das Miteinander im Team, die pädagogische Arbeit mit den Kindern sowie die Außendarstellung (z. B. über die Elternkontakte). Gutes Leitungsverhalten ist nur begrenzt trainierbar. Führungskräfte müssen mit ihrer Persönlichkeit hinter dem stehen, was sie machen.

INFO 3
Fortsetzung

Im Grunde unterscheidet man vier unterschiedliche Führungsstile: den elterlichen, den autoritären, den Laissez-faire- und den partnerschaftlichen Führungsstil. Alle Stilformen unterscheiden sich hinsichtlich des Verhaltens der Leitungskraft und dessen Auswirkungen auf das Team und die Gruppenmitglieder.

Der autoritäre Führungsstil

Hier finden wir eine Leitung, die anderen wenig eigene Entscheidungsspielräume lässt. Es werden Befehle ausgegeben. Die Leitung „kommandiert". Kritik und Anerkennung werden auf der Beziehungsebene kommuniziert (*„Du bist blöd!"* oder *„Gut gemacht, Kleines."*). Eine autoritäre Leitung unterbricht oft die Arbeit und lässt wenig Arbeitsfluss zu. Sie „dirigiert" ihr Team und es gibt wenig Absprachen. Eine gemeinsame Arbeitsplanung ist schwer durchzusetzen.

Für die Mitarbeiterinnen sind Arbeitsaufträge oft nicht nachvollziehbar. Im Team herrscht eine erhöhte Reizbarkeit. Die Stimmung ist leicht aggressiv. Die Mitarbeiterinnen zeigen dabei wenig Eigeninitiative und sind anweisungsorientiert. Das Verhalten spannt sich dabei von übertriebener Unterwürfigkeit bis Rebellion.

Der patriarchalische Führungsstil

Der elterliche Führungsstil setzt eine sehr aktive Leitungskraft voraus. Sie leitet matriarchalisch und fürsorglich, lässt den Mitarbeitern dabei allerdings wenig eigene Entscheidungsspielräume. Diese ver-

fallen dadurch eher in ein kindliches Verhalten und sind dementsprechend angepasst oder aufsässig. Die Atmosphäre kann z. B. durch Respekt gepaart mit Angst vor Liebesentzug bestimmt sein. Das Team wirkt unselbstständig. Die Kommunikation im Team findet am ehesten auf einer familiären Ebene statt.

Der Laissez-faire-Stil

Laissez faire kommt aus dem Französischen und heißt „machen lassen". Hier zeigt sich die Leitungskraft sehr passiv. Sie äußert weder Kritik noch Anerkennung. Es gibt also wenig Rückmeldung. Die Leitungskraft wirkt gleichgültig. Es finden kaum Entscheidungsprozesse statt. Alles läuft eben so, wie es gerade läuft.

Im Team können sich unter einer solchen Leitung schnell Lustlosigkeit und Aggression breit machen. Da jeder macht, was er will, kann leicht eine Atmosphäre von Rücksichtslosigkeit entstehen. Die Arbeit hat wenig Kontinuität und wirkt bisweilen strukturlos. Übertragen auf die Erziehungsstile spiegelt sich diese Art der Leitung in der antiautoritären Erziehung wider (vgl. Bd. 1).

Der partnerschaftliche Führungsstil

Eine Leitung, die diesen Stil kultiviert, gibt ihren Mitarbeitern viel Spielraum zur Eigeninitiative und fördert somit die Selbstständigkeit des Teams. Bei Entscheidungsprozessen wird das gesamte Team mit einbezogen. Kritik und Anerkennung wird auf der Sachebene ausgesprochen und es wird ein verständnisvoller Umgang mit Gefühlen praktiziert.

Die Teammitglieder unterstützen sich gegenseitig, sind freundlich und hilfsbereit. Im Kontakt mit der Leitung besteht eine persönliche Ebene. Das Team zeichnet sich durch Konfliktfähigkeit und konstruktive Zusammenarbeit aus.

Wenn man mit der einen oder anderen beschriebenen Führungskraft bisher irgendwann zu tun hatte, wird man erkennen, dass es sich hierbei um Typisierungen handelt. Die Wahrheit liegt immer etwas daneben bzw. in der Mitte. Trotzdem lassen sich einige der beschriebenen Merkmale im Arbeitsalltag von Erzieherinnen finden.

Eine besondere Form von Leitung ist das Leitungsteam. Ein gutes Leitungsteam zeichnet sich dadurch aus, dass die Leitungspersönlichkeiten sich gut ergänzen und ihr kreatives Potenzial zielgerecht einsetzen. Sie müssen ähnliche Auffassungen vom Leitungsverständnis haben und dürfen nicht konfliktscheu sein. Ein gutes Leitungsteam hebt sich außerdem durch eine hohe fachliche, organisatorische und soziale Kompetenz hervor (vgl. LF 5, Kap. 1).

Nun also zurück zur Ausgangsfrage: Was kann eine Leitungskraft konkret tun, um die Arbeit im Team zu fördern?

Die *„wichtigste Aufgabe ist die Entwicklung von Teamarbeit, deren Ziel darin bestehen sollte, im Kindergarten ein gewisses Gleichgewicht zwischen einzelnen und gemeinsamen Interessen und Bedürfnissen herzustellen und zugleich selbstverantwortliches und solidarisches Verhalten der Erzieher untereinander zu ermöglichen."*

Fischer, S. 137

Eine Leitungskraft ist meistens für die gesamte Arbeit in der Einrichtung zuständig. Das heißt allerdings nicht, dass sie alles alleine tun muss. Im Gegenteil, sie sollte einige Arbeiten delegieren, um sich nicht zu überfordern und um die Effektivität der Arbeit nicht zu gefährden. Dafür ist eine gute Teamarbeit unter der Voraussetzung von Kooperation und Vertrauen notwendig.

Zunächst einmal kann die Leitung dafür sorgen, dass die Teammitglieder sich, ihre Arbeitsauffassungen und pädagogischen Perspektiven gegenseitig kennen lernen.

Sie fördert die Kooperationsbereitschaft ihres Teams, indem sie z. B. Arbeitsgruppen in Kleinteams initiiert. Darüber hinaus sollte sie für klare Kommunikationswege (regelmäßige Dienstbesprechungen, Informationsfluss usw.) und die Einhaltung dieser Strukturen sorgen.

Sie delegiert und überträgt Verantwortung auf ihre Mitarbeiterinnen. Dadurch wird die Motivation der Mitarbeiterinnen gefördert, die Ziele und Aufgaben der Einrichtung selbstverantwortlich zu verfolgen. Die Leitungskraft fördert einzelne Mitarbeiterinnen durch konstruktive Kritik und Anerkennung. Sie spricht z. B. besondere Fähigkeiten an und hebt Leistungen hervor.

Ein Leitungsteam ist eine spezielle Form der Leitung.

Sie sollte sich regelmäßig fortbilden und keine Autoritätsprobleme haben. Letztendlich und vor allem sollte sie sich selbst kontinuierlich und konstruktiv mit ihrer eigenen Persönlichkeit und ihrer Leitungsfunktion auseinander setzen.

Aufgaben und Anregungen

1 Diskutieren Sie die Vor- und Nachteile der beiden gegensätzlichen Leitungstypen (Info 2) und betrachten Sie die Situation aus zwei Perspektiven:

1.1 aus der Sicht der Leitung.

1.2 aus der Sicht der Mitarbeiter.

2 Wie sieht Ihrer Meinung nach die ideale Leitung aus? Welche Eigenschaften und Fähigkeiten sollte sie haben und welche nicht?

3 Vergleichen Sie die unterschiedlichen Führungsstile (Info 3). Welche Erfahrungen haben Sie bisher gemacht? Welcher Führungsstil eignet sich am besten für eine konstruktive Zusammenarbeit im Kindergarten oder Heim?

2.4 Teambesprechungen

Einstiegssituation

Laura hat gelernt, dass Teambesprechungen einen zentralen Aspekt von Teamarbeit bilden. Die Inhalte von Teambesprechungen sind vielfältig. Es werden Absprachen getroffen und die täglichen Arbeitsabläufe koordiniert. Hier kann es zu pädagogischen Abstimmungen kommen und Teamkonflikte können geklärt werden. Es wird über die Kinder oder die Eltern gesprochen und organisatorische Fragen können geklärt werden.

Als Laura an einer Teambesprechung teil nahm, wurde sie enttäuscht. Laura berichtet:

„Ich hatte mich auf die Besprechung gefreut. Ich bin ja noch nicht lange in der Einrichtung und war gespannt darauf, Neues zu erfahren und freute mich die Planungen für das Sommerfest mitgestalten zu dürfen. Zum Zeitpunkt des Besprechungsbeginns war ich die Erste, die im Besprechungsraum saß. Nach und nach trudelten die andern ein, Paul gehetzt und Elvira mit dem Frühstücksbrötchen in der Hand. Sarah und Cornelia waren in ein Gespräch vertieft und dann warteten alle auf Manuela, unsere Leitung. Sie kam dann auch mit vielen Aktenordnern unter dem Arm herein, saß kaum und sagte: „Wir haben nicht viel Zeit, also was liegt an?“ Sarah berichtete von den Vorbereitungen des Sommerfestes. Es entstand eine Diskussion über den Sinn und Zweck von Bratwürstchen und Wurfballgeschossen. Irgendwann ergab sich daraus dann ein weiteres Thema usw. Die letzten Themen wurden nur noch abgehakt mit Blick auf die große Uhr an der Wand. „Kommen wir zum nächsten Punkt, wer hat noch etwas?“ Vieles, was besprochen wurde, hatte ich schon mal gehört. Die meisten Beiträge waren konfus und nicht strukturiert. Ich wunderte mich. Es gab keine Vorlage, so konnte ich mich nicht auf die Besprechung vorbereiten. Ich hätte auch gerne etwas gesagt. Aber in der gehetzten Atmosphäre habe ich mich dann doch nicht getraut. Am Ende der Besprechung war ich ziemlich unzufrieden.“

Am nächsten Tag merkt Laura im Gespräch mit Sarah und Elvira, dass diese auch meistens nicht mit dem Ablauf ihrer Besprechungen zufrieden sind. *„Tja“*, sagt Elvira, *„da kann man wohl nichts daran ändern.“*

Fragen

- ✔ *Wie führt man Teambesprechungen sinnvoll durch?*
- ✔ *Welche Fehler werden oft gemacht?*
- ✔ *Wie vermeidet man sie?*
- ✔ *Welche Methoden sind hilfreich, um Teambesprechungen sinnvoll und effektiv zu gestalten?*

9612384

Fehleranalyse

INFO 1

Nicht selten gehen Mitarbeiterinnen wie in unserem Beispiel unzufrieden aus einer Teambesprechung. Woran liegt das? Es gibt verschiedene Gründe dafür, weshalb Teamsitzungen ineffektiv genutzt werden.

Fassen wir die Fakten aus Lauras Schilderung einmal zusammen:

- Die Themen der Besprechung waren vorher nicht klar. Es gab keine Absprache und keine Vorlage darüber, über welche Themen gesprochen wird. So kamen die Kolleginnen mit unterschiedlichen Erwartungen in die Besprechung und vieles, was zur Sprache kam, wurde schon einmal besprochen oder war nicht gut vorbereitet.
- Der Zeitrahmen war unklar. Die Zeit wurde nicht eingehalten. Es wurde am Anfang ausführlich diskutiert und gegen Ende der Besprechung alles Restliche noch gehetzt besprochen.
- Es gab keine Besprechungsleitung und keine Struktur.

Eine unbefriedigende Besprechung kann man nutzen, um die nächste Besprechung besser zu gestalten. Hier kann zunächst die Auseinandersetzung mit dem, was unbefriedigend gelaufen ist, helfen den Ursachen auf den Grund zu gehen. Dies ist dann eine Fehleranalyse. Es ist zu klären, ob die Themen und Inhalte allen Beteiligten vorher klar waren und ob alle wichtigen Punkte besprochen wurden. Ein realistischer Zeitrahmen und die Aufgabenverteilung müssen abgesprochen und eingehalten werden.

Teambesprechungen sollten regelmäßig während der normalen Arbeitszeiten stattfinden. Sie sollten gut vorbereitet und in einem angemessenen Zeitrahmen ablaufen. Die Themen sollten vorher allen bekannt sein, sodass die Erwartungen aller Beteiligten spätestens mit Beginn der Besprechung klar sind. Dies erleichtert die Organisation der täglichen Arbeit im Team. Die wichtigsten Voraussetzungen für erfolgreiche Besprechungen sind Offenheit und Kooperationsbereitschaft. Störungen wie Konkurrenzverhalten, Desinteresse, Hemmungen und Kritik können als Entwicklungschance für jede Teambesprechung gesehen werden, wenn die Ursachen der Störung erkannt und bearbeitet werden. Teambesprechungen können dann dazu beitragen, dass alle miteinander Spaß an der Arbeit haben (vgl. Fischer, S. 18 ff.).

EINE UNBEFRIEDIGENDE TEAMBESPRECHUNG KANN MAN NUTZEN, UM DIE NÄCHSTE BESPRECHUNG BESSER ZU GESTALTEN.

FAZIT

Unbefriedigende Teambesprechungen entstehen durch

- ✘ fehlende oder eine unklare Themenabsprache,
- ✘ eine unklare Zeitstruktur,
- ✘ unklare Erwartungen der Mitarbeiter,
- ✘ fehlende Besprechungsleitung.

Fehleranalyse

- ✘ War wirklich klar, was wir besprechen wollten?
- ✘ Waren alle wichtigen Punkte besprochen?
- ✘ Wurden Zeitpläne, Termine, Fristen vereinbart und eingehalten?
- ✘ Wussten alle, welche Aufgaben sie hatten?

Was kann Laura tun, um Teambesprechungen für sich selbst besser zu nutzen?

INFO 2

Für sich selbst kann Laura einiges tun, um Teambesprechungen effektiv zu nutzen. Zunächst ist es sinnvoll für Laura, zu wissen, was *sie* will. Dafür muss sie sich vorweg ihre eigenen Ziele klar machen. Vor oder zu Anfang der Teambesprechung

sollte sie deshalb im Rahmen der Themenvorgabe ihre eigenen Themenschwerpunkte setzen und sich klar machen, zu welchen Punkten sie Stellung nehmen möchte und zu welchen nicht.

Um Irritationen oder Konflikte zu vermeiden, ist es sinnvoll, wenn Laura deutlich zum Ausdruck bringt, wenn sie etwas stört und was sie gut findet. Hilfreich sind hierbei die Signale des eigenen Körpers. Sie sind ein guter Hinweis auf eigene Gefühle wie Langeweile, Ärger, Verletztheit usw.

Die folgende Tabelle listet die wesentlichen Themen und Fragestellungen für Teilnehmende einer Teambesprechung auf.

	Fragestellung
Machen Sie sich Ihre eigenen Ziele klar.	*Was will ich?*
Setzen Sie sich zu Anfang der Teambesprechung eigene Themenschwerpunkte und machen Sie sich klar, zu welchen Punkten Sie (nicht) Stellung nehmen wollen.	*Was will ich hier heute ansprechen?* *Was will ich (nicht) sagen?*
Achten Sie auf Ihre körperlichen Signale. Sie sind ein guter Hinweis auf Ihre Gefühle. Bringen Sie deutlich zum Ausdruck, wenn Sie etwas stört und was Sie gut finden.	*Wie fühle ich mich jetzt?*
Halten Sie die für Ihre Themen wichtigen Punkte fest. Notieren Sie sich wichtige Einfälle und Themen für das nächste Mal gleich nach der Teambesprechung.	*Was habe ich/haben wir heute hier erreicht?* *Was muss noch besprochen werden?*

INFO 3 Teamsupervision, kollegiale Beratung und Fallbesprechung

Eine besondere Art der Teambesprechung stellt die Teamsupervision dar. Supervision bietet die Möglichkeit, sich mit dem Arbeitsfeld und der eigenen Persönlichkeit im beruflichen Kontext auseinander zu setzen. Eine Teamsupervision findet unter Anleitung einer speziell in Supervision ausgebildeten Fachkraft (Supervisor/-in) statt.

In einer Teamsupervision wird das gesamte Team einer Einrichtung begleitet. In besonderen Fällen können auch Teile eines Gesamtteams die Supervision in Anspruch nehmen. Hier geht es meist um interne Konflikte, Verbesserungen der Teamarbeit oder der Organisationsstruktur. Meistens folgt daraus eine Qualifizierung der Mitarbeiter bez. sozialer und personaler Kompetenz.

Eine spezielle Form der Supervision ist die kollegiale Beratung. Das ist eine organisierte Form der gegenseitigen Hilfe im Team. Hier unterstützen sich ausschließlich Kolleginnen untereinander. Ein Supervisor oder Coach von außen nimmt hier nicht teil.

Bei der Fallbesprechung stehen im Gegensatz zur Teamsupervision, wo es i. d. R. um die Interaktion im Team geht, bestimmte „Fälle“, also ausgesuchte Probleme, z. B. mit Kindern oder Eltern, im Vordergrund. Die Gruppe oder das Team bespricht ein bestimmtes Problem. Unterschwellige Konflikte im Team können jedoch eine rein fallbezogene Besprechung erschweren. Die Fallbesprechung beinhaltet auch Fortbildungsanteile, da fachliches Wissen durch die Reflexion erweitert wird (vgl. Band 1, LF 1).

Worum geht es bei einer Falldarstellung? Vor allem geht es um die Trennung von Beobachtung und Interpretation. Eine

9612386

Struktur der Fallbeschreibung kann folgendermaßen aussehen:

1. Darstellung der Daten (Alter, Geschlecht, Geschwister, Familie, Besonderheiten usw.)
2. Beobachtung: Beschreibung des Verhaltens von z. B. Alexandra. Hier ist es wichtig, nur das zu beschreiben, was tatsächlich beobachtet wurde. (*„Alexandra wirft Klötzchen aus dem Fenster."*)
3. Interpretation: Hier können Sie Ihre Vermutungen über das Verhalten von Alexandra äußern. Beispielsweise: *„Alexandra ist wütend und unausgeglichen. Das könnte mit ihrer derzeitigen familiären Situation zusammenhängen."* usw.

Fallbesprechung in sieben Schritten

Eine besondere Form, Fallbesprechungen unter Einbeziehung mehrerer Mitarbeiterinnen offen und professionell zu gestalten, ist die im Folgenden beschriebene Methode. Sie eignet sich für Gruppen und Teams, die schon einige Erfahrung in der Arbeit miteinander haben und für die Vertrauen, Akzeptanz und Kooperation keine Fremdwörter sind.

Schritt 1. Vorstellung des „Falles"

(z. B. Alexandra)

Die Erzieherin (z. B. Laura), die den Fall vorstellt, berichtet spontan und assoziativ mit abschließender Zielformulierung.

Die Kolleginnen hören zu, beobachten und nehmen ihre eigenen Gefühle und Reaktionen wahr.

Schritt 2. Rückmeldung und Stellungnahme

Die Kolleginnen geben ein Feedback: Was fällt mir an dem Fallbericht auf, was nehme ich wahr (z. B. an der Körpersprache), was löst der Fallbericht bei mir für Erinnerungen, Ideen, Gefühle, Fantasien usw. aus?

Laura hört zu, nimmt die eigenen Gefühle und Reaktionen wahr und nimmt Stellung zu den Reaktionen aus der Gruppe (*„Was mir dazu einfällt … Was mich berührt … Was mir neu ist … Was mir klar wird …"*).

Schritt 3. Identifikation der Gruppe mit Laura und Alexandra

Die Kolleginnen äußern Gefühle, Wünsche, Hoffnungen als Ichaussage vor dem Hintergrund der Fragen: Was bewegt Laura? Was bewegt Alexandra?

Laura hört zu und nimmt Stellung zu den Reaktionen aus der Gruppe.

Schritt 4. Fallanalyse

Die Kolleginnen suchen Erklärungen, Rückschlüsse, (Be-)Deutungen, Interpretation. Laura kann sich in die Fallanalyse einklinken.

Schritt 5. Suche nach Lösungen

Das Team sammelt Ideen, Wege, Strategien und erarbeitet Lösungsmöglichkeiten. Gut geeignet für diesen Arbeitsschritt sind die Methoden Metaplan, Brainstorming und Ideensammlung (s. Kap. 5). Laura hört zu, lässt die Lösungsmöglichkeiten am „inneren Auge" vorbeiziehen und nimmt abschließend dazu Stellung.

Schritt 6. Realitätsüberprüfung

Laura überlegt, was sie von dem Erarbeiteten umsetzen kann oder will. (*„Was geht? Was geht nicht? Warum? Was spricht dagegen?"*)

Schritt 7. Schritt in die Zukunft

Laura stellt sich die Umsetzung der besten Möglichkeit in die Praxis aktiv vor.

Aufgaben und Anregungen

1 Bereiten Sie die nächste Teambesprechung vor und bewerten Sie diese nachher anhand der Fehleranalyse.

2 Führen Sie in Ihrer Arbeitsgruppe eine Fallbesprechung durch. Nutzen Sie die folgenden Fragen, um ihre Fallbesprechung zu strukturieren:

- Wer ist Alexandra?
- Was habe ich beobachtet?
- Was denken die anderen Kinder?
- Was will Alexandra?
- Wie geht es mir mit Alexandra?
- Was will ich?

2.5 Teamentwicklung

Teamentwicklung bedeutet gemeinsam zu lernen und sich auf andere einzulassen.

Teamentwicklung fördert die Professionalisierung des Erzieherinnenberufs.

Wie wir bisher gesehen haben, ist effektive und kreative Zusammenarbeit in sozialpädagogischen Arbeitsfeldern nicht selbstverständlich. Eine Gruppe von Kolleginnen, z. B. in einem Kindergarten, ist nicht automatisch ein gut funktionierendes Team. Die Entwicklung von Teamarbeit hat daher einen hohen Stellenwert. Teamentwicklung bedeutet gemeinsam zu lernen und sich auf andere einzulassen. Die Entwicklung in einem Team setzt offenes und vertrauensvolles Umgehen miteinander voraus.

Für die einzelne Erzieherin und den einzelnen Erzieher ergibt sich durch die Arbeit im Team die Möglichkeit zur Auseinandersetzung mit dem beruflichen Selbstverständnis und der eigenen Persönlichkeit. Erzieherinnen, die sich in einem Team wiederfinden und sich dort mit ihrer Arbeit identifizieren können, fördern die Anerkennung des Erzieherinnenberufs und die Professionalisierung des Berufsbildes.

Um beispielsweise Teamabläufe und -besprechungen effektiv zu gestalten, gibt es hilfreiche Methoden, von denen hier die wesentlichsten kurz vorgestellt werden.

Info 1 Moderation

Die klassische Moderationsmethode bezieht sich auf sechs Phasen: Einstieg, Themen sammeln, auswählen und bearbeiten, Maßnahmen planen und Abschluss.

Moderationszyklus

nach Hadero, Hellmann, S. 199

Der Einstieg dient der Orientierung der Mitarbeiter und ist mit einer kurzen Eröffnung über die Zeitstruktur und das Vorgehen getan. Die Vergegenwärtigung der Themen durch die Vorstellung der Tagesordnungspunkte (TOP) dient der erweiterten Orientierung und gehört schon zur zweiten Phase: dem Sammeln. Hier werden Themen abgesprochen oder ergänzt (Fehlt noch etwas?). Die nächste Phase (das Auswählen) dient der Entscheidungsfindung. Welches Thema ist am dringlichsten, in welcher Reihenfolge wollen wir die Themen besprechen? Dies ist gut mit Klebepunkten, beispielsweise an einer Moderationswand oder einem Flipchart sichtbar zu machen. In der Phase der Themenbearbeitung geht es darum, konkrete Ziele zu vereinbaren und auf Lösungsansätze oder evtl. Probleme hin zu durchleuchten. Hieraus ergibt sich die fünfte Phase des Moderationszyklus. Hier wird das weitere Vorgehen konkretisiert und Maßnahmen werden geplant: Was macht wer mit wem wann? Eine kurze Reflexion der Besprechung (z. B. Blitzlicht) bildet den krönenden Abschluss einer gelungenen Besprechung.

Ziel der Moderationsmethode ist es, strukturiert und für alle sichtbar Themen zu ordnen, zu bearbeiten und Planungen bis zu ihrer Umsetzung zu konkretisieren. Mithilfe der Metaplanmethode (siehe Info 2) können die einzelnen Arbeitsschritte für alle Beteiligten sehr schön visualisiert werden.

Metaplan

INFO 2

Die Metaplanmethode ist keine Besprechungsmethode an sich. Sie kann ergänzend in jeder Besprechung eingesetzt werden. Das Besondere der Metaplanmethode sind die (meist bunten) Karten. Auf diesen Karten werden Stichworte zu Arbeitsthemen oder Tagesordnungspunkten gesammelt, danach gemeinsam thematisch sinnvoll zusammengefasst und für alle sichtbar (z. B. an einer Moderationswand) unter einem Überbegriff eingeordnet.

Danach kann eine Bewertung erfolgen. Hier werden Klebepunkte vergeben, die die Karten in eine Rangfolge bringen. Dabei bekommt das Thema, das allen Beteiligten am wichtigsten erscheint, die meisten Punkte. Daraus lassen sich dann Arbeitsaufträge oder neue Themen usw. ableiten. Durch diese Visualisierungsmethode können auch die eher stillen oder unsicheren Teammitglieder einbezogen werden.

Blitzlicht

INFO 3

Gerät eine Besprechung ins Stocken, dreht sich eine Diskussion im Kreis oder wird sehr emotional und nicht mehr sachlich diskutiert, können Störungen zugrunde liegen, die den Diskussionsablauf im Team hemmen.

Beim Blitzlicht nimmt jedes Teammitglied der Reihe nach kurz (!) Stellung: zur derzeitigen Situation, zum inhaltlichen Verlauf, zu einer vorgegebenen Frage oder zum eigenen Befinden. Der Impuls hierfür kann von der Leitung oder aus dem Team kommen.

Die Methode heißt Blitzlicht, weil alle Beteiligten kurz, möglichst in einem Satz, ihren Standpunkt äußern können. Es wird nichts erklärt, nichts kommentiert. Es geht nicht um langfristige Planungen oder die Aufarbeitung alter Konflikte. Hierfür müssen andere Zeiträume geschaffen werden. Die regelmäßigen Teambesprechungen sind hierfür nicht geeignet. Das Blitzlicht dient einzig und allein dazu, allen Beteiligten in einer unklaren Gruppensituation Raum zu geben ihr momentanes Gefühl kurz zu äußern.

Brainstorming

INFO 4

Brainstorming ist eine Methode, die Assoziationen freien Lauf lässt und ungewöhnliche Ideen fördert. Ziele des Brainstormings sind Ideen oder Lösungsmöglichkeiten zu finden, eingefahrene Strukturen zu öffnen und die Kreativität des Teams zu fördern (vgl. Bd. 1, LF 1).

Die Beteiligten sammeln alles, was ihnen zum Thema einfällt. Dabei ist es zunächst einmal egal, ob die Ideen realistisch und gleich umsetzbar sind – geordnet und strukturiert wird später. Killerphrasen wie *„Daraus wird ja doch nichts."*, *„Das geht nicht."* oder *„Haben wir schon mal …"*

sind hier verboten, da sie kreative Prozesse unmöglich machen. Schließlich sind auch aus scheinbar absolut verrückten und ungewöhnlichen Einfällen irgendwann ganz nützliche Dinge entstanden. Oder glauben Sie, die Erfindung des Rads war von Anfang an systematisch durchdacht?

Der Zeitraum sollte begrenzt sein, damit aus der produktiven freien Fantasietätigkeit keine Spinnereien oder Slapstickeinlagen werden. Um Brainstorming zu üben und um Ihre Kreativität zu fördern, können Sie die Übung 2 im Aufgabenblock machen.

INFO 5 Mindmapping

Eine Art „inneres Brainstorming“ ist die Methode des Mindmappings. Hier bildet man auf einem Blatt Papier sozusagen eine Gedankenlandkarte ab. Mindmapping nutzt die Fähigkeit des Menschen, in Bildern, Formen und Farben zu denken. Mit Mindmapping kann man Ordnung und Struktur in eine Ideensammlung aus einem Brainstorming bringen. Indem man alle Ideen auf einem Blatt Papier anordnet, kann man sie sehr schnell leicht und einfach gliedern. Weitere Punkte, die sich im Laufe der Überlegung ergeben, sind hierbei einfach anzufügen. Man kann auf diese Art ein Bild der Arbeitsergebnisse präsentieren und sie mit Symbolen und Bildern so gestalten, dass sie sich gut einprägen und auch nach langer Zeit noch erinnerbar sind.

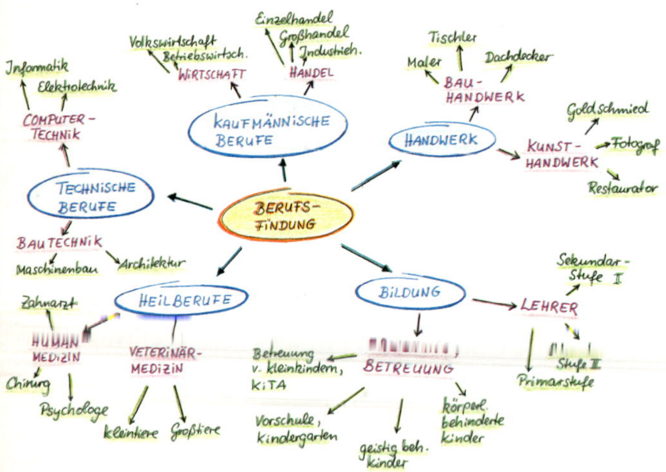

In der Mitte des Blattes wird der zentrale Begriff in einen Kreis geschrieben, von dem ausgehend sich die Hauptäste mit den Hauptüberschriften entwickeln können. Wichtig ist möglichst in Druckbuchstaben zu schreiben und unterschiedliche Farben zu benutzen. Nachdem die Hauptaussagepunkte auf den Hauptästen angeordnet sind, kann man ins Detail gehen und die Hauptaussagen in Unterpunkte und weitere „Unterunterpunkte“ gliedern. Um Gedanken auf einen Blick einprägsam zu machen, kann man kleine Piktogramme verwenden oder Zeichnungen, die den Sachverhalt verdeutlichen. Man kann mit Umrahmungen arbeiten, mit farbigen Stiften, mit Ziffern, man kann kleine Anmerkungen machen (nach Maaß & Ritschl, S. 159).

INFO 6 Ideensammlung

Die Ideensammlung ist eine Art strukturiertes Brainstorming. Im Zentrum dieser Methode steht die Sammlung von Ideen mit dem Ziel, konkrete Schritte zur Umsetzung neuer Organisationsstrukturen zu erarbeiten oder z. B. ein Leitbild zu entwickeln. Dabei werden die derzeit gegebenen Rahmenbedingungen berücksichtigt und auf die Umsetzung möglicher Veränderungen hin überprüft.

Die folgenden Phasen dienen zur Orientierung bei der Umsetzung einer Ideensammlung. Dabei können einzelne Phasen sich manchmal überschneiden. Das ist oft sinnvoll, trotzdem sollte man darauf achten, dass jede Phase ihre eigene Schwerpunktthematik hat und nach Möglichkeit sind diese getrennt zu bearbeiten. Das erleichtert die Erarbeitung eines zufrieden stellenden Ergebnisses.

Ziel bestimmen
Was wollen wir? Was ist unser Ziel? Die Auseinandersetzung mit diesen Fragestellungen sollte der erste Schritt sein. Das Ziel sollte immer im Vordergrund stehen, sodass sich die weitere Arbeit daran orientiert. Deshalb ist es wichtig, das Ziel so konkret wie möglich zu benennen. Im Kapitel Perspektiven (Info 2, Übung 2) sind drei hilfreiche Schritte zur genauen Zielbestimmung beschrieben.

Sammeln
Das Sammeln der Ideen bildet das eigentliche Zentrum der Ideensammlung. Hier wird nun alles an Ideen, Einfällen und Fantasien gesammelt. Die Methoden Brainstorming (Info 4) und Metaplan (Info 2) sind hierbei sehr hilfreich, um eine Systematik in die Vielfalt der Ideen zu bekommen. Zunächst geht es also darum, alle möglichen und unmöglichen Ideen zu sammeln, die den Beteiligten einfallen.

Umsetzungsphase
Danach geht es darum, die Ideen zu ordnen und auf ihre Realisierbarkeit hin zu überprüfen. Realistische Ideen werden dann bezüglich ihrer konkreten Umsetzbarkeit geprüft. In einem weiteren Schritt werden die konkreten Schritte zur Umsetzung geplant, es wird geklärt, wer was wann macht. Ein Zeitplan entsteht. Sinnvollerweise hält man das Ergebnis schriftlich fest, um in regelmäßigen Abständen kontrollieren zu können, ob der Zeitplan eingehalten werden konnte.

Alle hier im Abschnitt genannten Methoden können einzeln oder in Verbindung mit anderen genutzt werden. So kann z. B. ein Brainstorming in eine strukturierte Themen- oder Ideensammlung münden und mit entsprechenden Zielen erarbeitet werden. Dieser Arbeitsprozess kann dann mit der Metaplanmethode für alle sichtbar gemacht werden.

Fazit

Hilfreiche Methoden zur effektiven Gestaltung von Teambesprechungen und für die Entwicklung in Teams sind:
- Moderationsmethode
- Metaplan
- Blitzlicht
- Brainstorming
- Mindmapping
- Ideenbörse

Aufgaben und Anregungen

1 Nutzen Sie die Metaplanmethode für eines der nächsten Arbeitsgruppentreffen oder in der Klasse.

2 Stellen Sie sich vor, Sie haben mit Ihrem Team die Aufgabe, über zwei Millionen CD-ROMs mit Informationen, die uns heute nichts mehr nützen, zu verkaufen. Auch die Entsorgung der CDs soll Geld einbringen. Was kann man also damit machen? Nutzen Sie die Methode Brainstorming, um eine kreative Lösung

AUFGABEN
...
Fortsetzung

für Ihr Problem zu finden (nach Maaß & Ritschel, S. 153). Als Anregung kann Ihnen die folgende dpa-Meldung dienen:

Alte CDs sollen vor Wildunfällen schützen

Germersheim – Ein außergewöhnliches Projekt zur Vermeidung von Wildunfällen wird bis Mitte Juni in Rheinland-Pfalz erprobt. Auf drei als Teststrecken ausgesuchten Landstraßen werden an den Waldrändern entlang der Fahrbahnen alte CDs aufgehängt, die das Licht der Autos in den Wald spiegeln. Die blinkenden Scheiben sollen nicht nur den Wildtieren Gefahr signalisieren, sondern auch Autofahrer auf Gefahrenstellen aufmerksam machen, teilte gestern die Polizei in Germersheim mit.

aus: Kieler Nachrichten, 20. April 2004

3 Teamübungen

Über die im Text genannten Methoden hinaus werden im folgenden Abschnitt drei weitere Übungen und Möglichkeiten zur Teamentwicklung kurz vorgestellt.

3.1 Teamziele (nach Maaß & Ritschel, S. 101)
Ziel: Gemeinsame Ausrichtung und Motivation von Teams

1. Schritt:
Informationssammlung zum Istzustand
Alle Teammitglieder formulieren kurz ihre Sicht des gegenwärtigen Zustandes auf Metaplankarten. Wie sieht jeder die gegenwärtige Situation im Team in Bezug auf die Zusammenarbeit oder die Einrichtung? Danach werden alle Karten aufgehängt und eine Punktabfrage durchgeführt. Grüne Punkte bedeuten: Ist o. k.! Rote Punkte bedeuten: Ist problematisch! Dann werden die Karten zusammengefasst, die das Problemgebiet beschreiben.

2. Schritt:
Informationssammlung zum Sollzustand
Diesmal schreiben alle Teammitglieder auf die Metaplankarten Wünsche und Ziele für die Zukunft, Ideen und Vorstellungen, z. B. für das Team, die Zusammenarbeit oder die Einrichtung. Danach werden alle Karten aufgehängt und eine Punktabfrage durchgeführt. Grüne Punkte bedeuten: Hat Priorität! Nun können Sie die einzelnen Ideen und Vorstellungen zu gemeinsamen Wünschen zusammenfassen. Mit der Punktabfrage ist gewährleistet, dass Probleme und Prioritäten des Teams sichtbar werden und so schnell und zielorientiert bearbeitet werden können.

3. Schritt:
Formulierung von Teamzielen aus den Wünschen.
Im letzten Schritt formuliert das Team gemeinsam die Ziele.

3.2 Kreise ziehen (nach Maaß & Ritschel, S. 37)
Ziel: Problembestimmung, Erweiterung der Einflussmöglichkeiten

1. Schritt:
Zeichnen Sie auf dem Metaplanpapier einen Kreis und um diesen Kreis herum zwei weitere Ringe. Der innere Kreis steht für die Teamsphäre, die beiden äußeren Ringe für die Einflusssphären der Umgebung.

2. Schritt:
Jedes Teammitglied hat zehn Minuten Zeit, sich zu überlegen, welches im Moment die anstehenden Probleme sind, diese auf einem Notizzettel festzuhalten und dann die gefundenen Probleme in das große Plakat einzutragen.

- In den inneren Kreis tragen Sie alle jene Probleme ein, die Sie im Team oder der Gruppe selbst lösen können.
- In den Ring darum herum, also die Umgebungssphäre, sind all die Probleme einzutragen, auf die die Gruppe zwar Einfluss hat, die sie aber nicht alleine kontrollieren kann.
- In den äußeren Ring, den Ring „Umwelt", werden all die Probleme eingetragen, die das Team nicht steuern kann, bei denen relativ wenig Einfluss auf die Lösungsmöglichkeiten besteht.

3. Schritt:
Das Team hat nun 40 Minuten Zeit, nach neuen Möglichkeiten zu suchen, wie es

9612392

die Grenzen erweitern kann oder wie neue Möglichkeiten der Einflussnahme geschaffen werden können, um auch in der Lage zu sein auf Probleme einzuwirken, die vorher nicht im eigenen Einflussbereich lagen.

3.3 Skulptur (nach Maaß & Ritschel, S. 203)
Ziel: Beziehungen in einer Gruppe auszudrücken

1. Schritt:
Jeder nimmt eine Position ein, die seine Beziehung oder seine Rolle in der Gruppe ausdrückt. Die anderen beziehen sich in ihrer Position und Pose zu dem jeweils bereits Vorhandenen, sodass ein komplexes Ganzes entsteht.

2. Schritt:
Wenn alle Beteiligten zu einer Skulptur zusammengekommen sind, verharren sie dann ca. eine Minute in dieser Position und spüren nach, wie sich jeder Einzelne in dieser Position fühlt:

- In Beziehung zu den anderen und zur eigenen Körperhaltung
- Achten Sie auf Ihre Atmung und darauf, was wichtig ist in dieser Position.
- Sind Sie den anderen zu- oder von ihnen abgewandt?

3. Schritt:
Nach einer Minute darf jeder eine Kleinigkeit in seiner Position verändern, einen Schritt machen, eine Bewegung auf etwas zu oder von etwas weg. Danach wieder ruhen – eine Minute lang –, nachspüren, was diese Veränderung gebracht hat – nachspüren, was jetzt anders ist.

4. Schritt:
Diskutieren Sie die unterschiedlichen Gefühle, die unterschiedlichen Rollen, die unterschiedlichen Positionen und was es für die Einzelne bedeutet hat, wie sich jede Einzelne dabei gefühlt hat.

Oft wird schon durch die erste Skulptur deutlich, warum es manchmal zu Spannungen kommt und dass sie durch eine kleine Bewegung, eine kleine Veränderung leicht zu lösen sind.

Tipps zum Weiterlesen

Basiswissen Kita. Erfolgreiche Methoden für die Team- und Elternarbeit. Herder, 2003

Basiswissen Kita. Teamentwicklung. Herder, 2000

Fischer, Helga, *Teamarbeit im Kindergarten.* Herder, 1983

Höper, Claus-Jürgen, *Die spielende Gruppe.* Pfeiffer, 1996

Jilesen, M., *Soziologie – Eine Einführung für Erzieherberufe.* Stam, 1982

Lill, Gerlinde/Sauerborn, Jutta, *Königin im eigenen Reich.* FIPP-Verlag, 1995

Maaß, Evelyne/Ritschl, Karsten, *Teamgeist.* Junfermann, 1997

Rosenkranz, Hans, *Von der Familie zur Gruppe zum Team.* Junfermann, 1990

3 Kommunikation mit Eltern – Professionalität und Selbstsicherheit im Umgang mit Eltern

3.1 Eltern und Erzieher – Zwei Fronten treffen aufeinander?!

In der Teamsitzung wird überlegt, das Außengelände umzugestalten. Es ergibt sich folgendes Gespräch:

Erzieherin 1: *„Ich bin dagegen. Das ist doch viel zu viel Arbeit."*
Die Leiterin: *„Die Eltern können uns helfen!"*
Erzieherin 1: *„Die sind doch zu nichts zu bewegen. Die geben ihre Kinder hier ab und wollen sonst nichts mit uns zu tun haben."*
Erzieherin 2: *„Jetzt übertreibst du aber. Frau Meier hat schon oft ihre Hilfe angeboten."*

Die Leiterin: *„Ohne die Eltern gehts nicht. Ich denke schon, dass auch viele Eltern Interesse zeigen. Und mit Sicherheit haben sie auch viele Ideen, wie man das Außengelände verbessern könnte."*
Erzieherin 2: *„Wie wäre es, wenn wir die Väter mobilisieren? Wir laden sie zu einem Elternabend ein und erklären unsere Situation."*
Erzieherin 1: *„Beim letzten Elternabend war kaum einer da. Und die, die da waren, haben nur gemeckert."*
Erzieherin 3: *„Wir müssen uns eine ansprechende Form überlegen, etwas Praktisches – am besten findet der Elternabend gleich im Garten statt."*
Erzieherin 2: *„Hey, das ist eine gute Idee! Und auf die Einladung kommen Fotos von unserem Garten. So machen wir direkt auf die Missstände aufmerksam.*
Erzieherin 3 zu Olga: *„Sag mal, Olga, möchtest du nicht die Einladung erstellen und auch mal selbst einen Teil des Elternabends übernehmen?"*
Olga ist völlig überrascht: *„Was, ich? Ich weiß nicht, ich hab so was noch nie gemacht. Da hab ich ja jetzt schon ein flaues Gefühl im Magen."*

FRAGEN

- ✔ *Warum ist Elternarbeit überhaupt notwendig?*
- ✔ *Was weiß ich über die Kommunikation mit Eltern?*
- ✔ *Welche Möglichkeiten der Kommunikation mit Eltern gibt es?*
- ✔ *Welche Gefühle gehen mir dabei durch den Kopf?*
- ✔ *Woher kommt so oft die Angst vor Elternarbeit?*

INFO 1 Verständnis heutiger Elternarbeit

ELTERN ALS STÖRER

Das Verständnis von Elternarbeit hat sich in den letzten Jahrzehnten entscheidend gewandelt und wurde stets unterschiedlich gedeutet.

In den 80er-Jahren liegt das hauptsächliche Ziel der Elternarbeit noch in der Belehrung der Eltern, die ihr Verhalten Kindern gegenüber und ihre Erziehung verbessern sollen. „Einmischung" der Eltern in die pädagogische Arbeit ist meist unerwünscht.

9612394

Eltern als Erziehungspartner

In den 90er-Jahren entwickelt sich ein Verständnis von eher gleichberechtigter Partnerschaftlichkeit: Um des Kindes willen wird eine intensive Zusammenarbeit zwischen Erziehern und Erziehungsberechtigten als notwendig angesehen. Dazu gehören Mitbestimmung, Mitarbeit, Transparenz, Abstimmung von Erziehungszielen und die Zusammenarbeit der Eltern untereinander. Gegenseitige Information, Austausch und Hilfe sind die Grundlagen für ein vertrauensvolles Miteinander.

Oft gibt es starke Verunsicherungen bei Eltern, sie fragen nach der „richtigen" Erziehung. Hier heißt es, die Eltern zu stärken und sie ernst zu nehmen als Erziehungspartner und Experten für ihr Kind. In dieser Position ist es wichtig, zu sehen, was Eltern können und brauchen. Es ist nötig, ihnen pädagogische Unterstützung zu bieten, um die Elternrolle zu stärken. Geschehen kann dies durch Gespräche, Literaturhinweise, die Empfehlung von Fachzeitschriften und Vorträgen von Referenten zu gezielten Fragestellungen. Inhaltlich war und ist das eigentlich immer Aufgabe gewesen. Der Blick geht stärker in Richtung Beratung und Beratungshilfen sowie die Zusammenarbeit mit Fachdiensten.

Eltern als Kunden

Heute wird in Bezug auf die Eltern zunehmend von Kunden und Kundenorientierung gesprochen, denen die Einrichtung als Dienstleistungsunternehmen gegenübersteht. Im betriebswirtschaftlichen Sinne werden Wünsche und Interessen der Eltern/Kunden ermittelt und es wird versucht, sie umzusetzen. Gegenseitige Erwartungen werden abgeklärt und möglichst realisiert. Dies zeigt sich z. B. bei der Flexibilisierung der Öffnungszeiten. Die Einrichtung steht im Wettbewerb zu anderen „Anbietern" und muss versuchen sich gegen diese zu behaupten. Aktive Öffentlichkeitsarbeit und Qualitätsstandards gewinnen dabei zunehmend an Bedeutung.

In Elterninitiativen bilden die Eltern selbst den Träger, entwickeln ein eigenes Konzept, wählen Mitarbeiter aus, wirken selbst bei der pädagogischen Arbeit mit. Die Zusammenarbeit versteht sich von selbst.

Die Elternarbeit im Hort ist nicht so intensiv wie im Kindergarten. Hauptsächlich findet Elternarbeit statt, wenn es sich um schulische Probleme handelt. Die meisten Eltern der Hortkinder sind berufstätig und nehmen eher Termine in der Schule wahr als im Hort. Die Bring- und Abholsituation, wie sie aus dem Kindergarten bekannt sind, fallen weg. Die Kinder kommen und gehen meist alleine. Kontakte werden eher über das Telefon aufgenommen.

Im Heim gibt es besondere Formen der Elternarbeit. Sie spielen im normalen Alltag der Einrichtung keine Rolle. Nur bei Hilfeplangesprächen und eventuellen Wochenendbesuchen finden Treffen mit den Eltern statt. Oft sind die Beziehungen aufgrund vorheriger Geschehnisse erschwert, vielleicht nicht einmal vom Kind oder Jugendlichen gewollt.

Ziele der Kommunikation mit Eltern

Info 2

Ist Elternarbeit nur lästiges Übel oder macht sie auch Sinn? Mit Elternarbeit ist viel zusätzliche Arbeit verbunden, aber sie ist ein sehr wichtiger Bestandteil der institutionellen Erziehungsarbeit und Öffentlichkeitsarbeit. Sie ist im Kinder- und Jugendhilfegesetz (KJHG) rechtlich verankert:

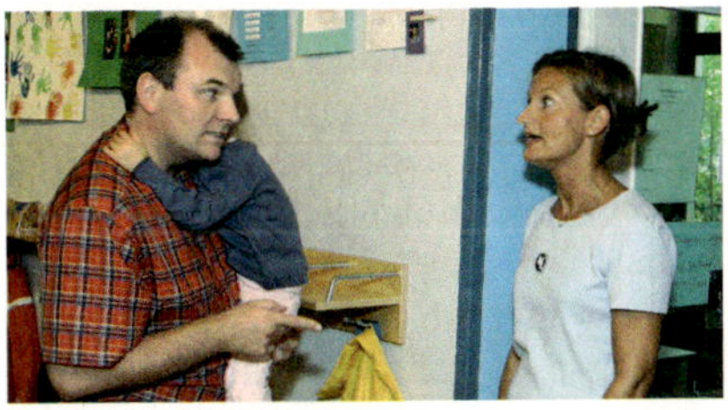

Rechtliche Verankerung im KJHG

§ 1 Abs. 3: *Jugendhilfe soll (...) Eltern und andere Erziehungsberechtigte bei der Erziehung und Beratung unterstützen.*

§ 22 Abs. 2: *(...) Das Leistungsangebot soll sich pädagogisch und organisatorisch an den Bedürfnissen der Kinder und ihrer Familien orientieren.*

§ 22 Abs. 3: *Bei der Wahrnehmung ihrer Aufgaben sollen die in den Einrichtungen tätigen Fachkräfte und anderen Mitarbeiter mit den Erziehungsberechtigten zum Wohl der Kinder zusammenarbeiten. Die Erziehungsberechtigten sind an den Entscheidungen in wesentlichen Angelegenheiten der Tageseinrichtung zu beteiligen.*

Information → Transparenz → Vertrauen → Engagement

Die Zusammenarbeit mit den Eltern ist eine Aufgabe, die von der Erzieherin in vielfältiger Weise gelöst werden muss. Zunächst gilt es, noch bevor das Kind den Kindergarten besucht, durch Informationen und gemeinsame Aktivitäten mit den Eltern in Kontakt zu treten. Die Information über das Konzept der Einrichtung ist wichtig, damit die Eltern die Arbeit der Erzieher verstehen, nachvollziehen und dann auch unterstützen können. Durch eine offene und herzliche Atmosphäre entsteht eine Beziehung, die tragfähig ist für die Jahre, in denen das Kind die Einrichtung besucht. Aber es sollte auch möglich sein, Probleme von Kindern mit den Eltern im Hinblick auf eine gemeinsame Lösung zu besprechen. Meinungsverschiedenheiten zwischen Elternhaus und Erziehern sollten produktiv überwunden werden. Dies ist wichtig angesichts der zunehmenden Zahlen von Verhaltensauffälligkeiten bei Kindern und sich verändernder Anforderungen (vgl. Bd. 1, LF 1).

Elternmitarbeit

In Krabbelgruppen/Krippen könnte aufgrund des jungen Alters der Kinder gar keine pädagogisch angemessene Arbeit ohne die Eltern geleistet werden. Dies wird vor allem am Beispiel der Eingewöhnungsphase deutlich. Der Trennungsschmerz und die Ablösung von den Bezugspersonen kann nur durch gegenseitige Zusammenarbeit überwunden werden. Die Eltern müssen sicher sein, dass ihr Kind in der Einrichtung gut aufgehoben ist. Das Kind muss sicher sein, dass auch in der neuen Umgebung seine Bedürfnisse berücksichtigt werden. Die Erzieherin muss sicher sein, dass sie alle notwendigen Informationen hat, um angemessen auf das Kind eingehen zu können. Um das ihr anvertraute Kind am besten fördern und verstehen zu können, muss sie seine Welt, die Menschen, unter denen es aufwächst, kennen. Gegenseitige Information und somit Transparenz können helfen, dass sich das notwendige Vertrauen auf allen Seiten entwickelt.

Zum Wohl des Kindes

Dann ist Engagement für die Einrichtung möglich und vielleicht sogar politisches Engagement mit dem Ziel, die Lebenssituation für Kinder weiter zu verbessern. Viele Entwicklungen in der Arbeit mit Kindern und Familien sind z. B. über Elterninitiativen entstanden, die den Bedarf an Veränderungen vor Ort erkannt haben und aktiv wurden. So entstanden z. B. Spiel- und Krabbelgruppen sowie Familienzentren.

Die Mithilfe der Eltern bei Ausflügen und Festen erleichtert den Erzieherinnen die Arbeit, sie vertieft den oft nur kurzen Kontakt. Einige Eltern lernt die Erzieherin dabei evtl. von einer ganz neuen – aktiven – Seite kennen. Eltern oder andere Angehörige übernehmen auch spezielle Angebote zur Unterstützung der Kinder, indem sie z. B. eine AG anbieten, die ihren Fähigkeiten entspricht. So erhalten die Kinder zusätzliche Lernmöglichkeiten. Aber auch die Eltern bekommen Anerkennung und erfahren Akzeptanz. Die Kontakte, die so zwischen Erziehern, Eltern und Kindern entstehen, sind besonders geeignet für die Entwicklung gegenseitigen Vertrauens.

Die vielen Chancen, die sich durch eine intensive Elternarbeit ergeben, werden aufgrund häufig bestehender Unsicherheiten bei den Erziehern im Umgang mit Eltern noch zu wenig gesehen. Vielleicht

9612396

auch die Befürchtung, entbehrlich und ersetzbar zu sein. Trotzdem muss ein gemeinsamer Dialog geführt werden, um das Wohl des Kindes zu schützen. Denn Kinder merken schnell, wenn Uneinigkeit herrscht zwischen den Eltern und Erziehern, und das wirkt sich immer auch auf das Kind aus. Diese Konflikte wirken sich aber weniger belastend aus, wenn sie direkt zwischen den Betroffenen geklärt werden und nicht unterschwellig brodeln.

Profis von zwei Seiten: Ich weiß was, was du nicht weißt! – Was weißt du, was ich nicht weiß?

INFO 3

Viele Erzieherinnen – vor allem Berufsanfängerinnen – zeigen große Befürchtungen und Nervosität im Umgang mit Eltern:

- Viele Eltern sind älter als ich selbst: Was ist, wenn ich von den Eltern nicht ernst genommen werde?
- Wie reagieren die Eltern eventuell auf jemanden, der selbst keine Kinder hat?
- Was kann ich tun, wenn ich mit Vorurteilen konfrontiert werde?
- Wie verhalte ich mich gegenüber Eltern, die sich beschweren, die sehr selbstbewusst sind (v. a. wenn diese selbst Erzieher oder Lehrer sind)?

Die Zusammenarbeit mit Eltern erfordert fachliche und persönliche Kompetenzen, um qualifiziert und partnerschaftlich miteinander umgehen zu können. Dazu gehören Fachwissen über Grundlagen der Gesprächsführung und auf der persönlichen Ebene vor allem ein reflektierter und bewusster Umgang mit den eigenen Verhaltensweisen und Einstellungen. Eine wichtige Voraussetzung ist es, sich in Eltern und ihre Problemlagen hineinversetzen und so Verständnis entwickeln zu können. Hinzu kommt die kritische Auseinandersetzung mit den eigenen Erwartungen und Befürchtungen.

Eine professionelle Haltung ist daran zu erkennen, dass Eltern, die andere pädagogische Grundsätze verfolgen oder den eigenen Gedanken zuwiderhandeln, nicht einfach abgewertet und abgelehnt werden, sondern dass man sich konstruktiv mit ihnen auseinander setzt. Gegenseitige Rangeleien und Konkurrenzdenken (wer hat Recht, wer hat Ahnung?) ist dabei nicht angebracht. Sowohl die Eltern als auch die Erzieher haben besonderes Wissen – aber in verschiedenen Bereichen:

„Die Eltern sind Experten für
- *den soziokulturellen Hintergrund der Familie,*
- *die Biografien der Herkunftsfamilie,*
- *die Biografie des Kindes,*
- *die Rolle des Kindes im familiären System,*
- *das Kind als Teil der elterlichen Identität,*
- *die aktuellen familiären Lebensbedingungen.*

Die pädagogischen Fachkräfte sind Experten für
- *das pädagogische Fachwissen,*
- *den Umgang mit Kindern allgemein,*
- *das Kind als Mitglied einer Gruppe von Gleichaltrigen,*
- *die Gruppendynamik/-prozesse,*
- *die aktuellen Arbeitsbedingungen in der Kindertagesstätte."*

Dusolt, Hans, Zusammenarbeit mit Eltern (1). Erziehungspartnerschaft zwischen Experten, in: Kindergarten heute 9/2004, S. 12

INFO 3
Fortsetzung

Das Gefühl, anerkannt und verstanden zu werden, fördert die eigene Bereitschaft, Positionen anderer Menschen anzuerkennen und zu verstehen. Die Erzieherin hat vielfältige Möglichkeiten, die gegenseitigen Beziehungen positiv zu beeinflussen und den Eltern ein realistisches Bild von der Rolle der Erzieherin zu vermitteln:

- Sie bemüht sich um einen guten persönlichen Kontakt zu den Eltern.
- Sie erweitert ihre fachliche Kompetenz ständig und bringt diese den Eltern gegenüber zum Ausdruck.
- Sie erläutert den Eltern das pädagogische Konzept und wirkt so auf das Bild der Einrichtung.
- Sie bemüht sich um eine offene Haltung den Meinungen der Eltern gegenüber. Beschwerden nimmt sie nicht persönlich oder als negative Kritik, sondern sieht sie als Chancen, die Arbeit ständig weiterzuentwickeln.
- Durch eine starke Öffentlichkeitsarbeit und die Mitwirkung in berufsständischen Vertretungen kann die Erzieherin daran mitwirken, die Interessen und Leistungen des Elementarbereichs bekannt zu machen und ihnen Anerkennung zu verschaffen.
- Sie kann ihre Haltung gegenüber Eltern klären, indem sie an ihrem eigenen Berufsverständnis arbeitet und dadurch mehr Rollensicherheit gewinnt. Dafür muss sie sich mit ihren Erwartungen und Forderungen an Eltern auseinander setzen.

INFO 4 Unterschiedliche Erwartungen

Die Eltern
… bilden eine Gruppe von Menschen, die sich nicht verallgemeinern lassen. Sie sind sehr unterschiedlich. Jeder Einzelne wird von so vielen individuellen Ereignissen und Bedingungen beeinflusst, dass man sehr viel Zeit benötigt, um sie kennen zu lernen und Zusammenhänge zu durchschauen.
… haben wie jeder andere Mensch Vorerfahrungen, haben ihr eigenes Schicksal. Dieses wird in die Beziehung zum eigenen Kind eingebracht. Vieles geben sie so weiter, wie sie es selbst erlebt haben. Bei manchem nehmen sie sich vor, es anders zu machen, als sie es selbst durchleben mussten.
… zeigen trotz dieser Vielschichtigkeit auch ähnliche Verhaltensweisen. Ihnen sind ihre Kinder – oder oft nur das eine Kind – sehr viel „wert“. Viele Eltern versuchen viel Zeit mit ihrem Kind zu verbringen und sind sehr bemüht ihr Kind „gut“ zu erziehen. Und sie haben ganz bestimmte Vorstellungen über den Verbleib ihres Kindes in der Einrichtung. Diese Vorstellungen können Vorurteile oder Anforderungen, Wünsche oder Ängste beinhalten.

WUNSCH NACH INFORMATION

Da liegt es nahe, dass sich die Eltern auch für das Geschehen in der Einrichtung interessieren. Sie möchten wissen, wie sich das Kind im Kindergarten verhält, wie es sich im Umgang mit anderen Kindern gibt. Sie möchten wissen, was das Kind die ganze Zeit macht – oftmals sind die Kinder ja zum ersten Mal länger von den Eltern getrennt.

WUNSCH NACH MITVERANTWORTUNG

Eltern haben für ihre Kinder eine große Verantwortung. Diese Verantwortung und die Liebe zu ihrem Kind lassen sie immer wieder Angst und Sorge erfahren. Eltern sind betroffen von allen Dingen, die mit ihrem Kind zusammenhängen. Deshalb sind viele Eltern bereit und wünschen sogar, in einer Einrichtung Mitverantwortung für die weitere Erziehung ihrer Kinder zu übernehmen. Wenn die Erzieher dies ablehnen, dann oft aufgrund des Gefühls, kontrolliert zu werden oder aus Angst vor ständigen Verbesserungsvorschlägen.

9612398

Wunsch nach Betreuung

Manche Eltern wollen einfach nur ihre Kinder betreut wissen. Vor allem Mütter haben durch die Betreuung ihres Kindes in einer Institution mehr persönlichen und beruflichen Freiraum. Nutzen sie die Betreuung z. B., um wieder arbeiten zu gehen, wird dadurch ein höherer Lebensstandard möglich. In vielen Familien ist die Berufstätigkeit der Frau zur Existenzsicherung aber auch notwendig. Besonders für allein Erziehende ist die Betreuung für den reinen Lebensunterhalt unerlässlich. Die Einrichtung soll eine Entlastung für die Familie darstellen, deshalb kommt es vor, dass diese Eltern eventuell nicht bereit sind, zusätzlich etwas für den Kindergarten zu tun (z. B. Feste vorbereiten). Die Einrichtung kommt diesen Wünschen z. B. durch eine Flexibilisierung der Öffnungszeiten entgegen.

Wunsch nach Kontakten zu anderen Kindern

Andere Eltern wollen, dass ihre Kinder endlich Kontakte zu Gleichaltrigen – überhaupt zu anderen Kindern – entwickeln. Dieser Wunsch nimmt mit der steigenden Zahl von Einzelkindern zu. Die Erziehung ihrer Kinder zu angemessenem Sozialverhalten und kommunikativen Fähigkeiten stehen für diese Eltern im Vordergrund.

Wunsch nach Bildung

Wieder anderen liegt die Förderung ihres Kindes besonders am Herzen: Oft wird dabei an die Vorbereitung auf die Schule gedacht. Angesichts der Bildungsdiskussion im Kindergarten steigt diese Erwartung ständig. Ein Beispiel sind Englischkurse für Kinder, die von einigen Einrichtungen angeboten werden. Erzieher müssen ihre pädagogische Arbeit in Bezug auf Bildung erklären. Hier leisten sie oft Bewusstseinsarbeit und vermitteln den Eltern z. B. die Bedeutung von Spiel, Gestaltung und Bewegung fürs Lernen.

Wunsch nach Beratung

Manche Eltern suchen qualifizierte Beratung: Endlich können sie mal mit einer Fachkraft reden, „die Ahnung hat". Kontakt zu anderen Beratungsinstitutionen, z. B. zum Jugendamt, werden oft von Eltern gemieden, da die Schwellenangst überwiegt – der Kontakt zu den Erziehern ergibt sich dagegen automatisch. So werden diese möglicherweise mit ganz privaten Problemen der Eltern konfrontiert, die sich indirekt auf das Kind auswirken, z. B. Arbeitslosigkeit, Trennung und Scheidung, Gewalterfahrungen. Aber auch der Kontakt zu anderen Eltern wird wichtig, da man gleich Gesinnte treffen kann, die vielleicht ähnliche Probleme haben.

Spätestens hier muss sich die Erzieherin Gedanken machen, was sie selbst leisten kann. Inwieweit kann sie sich abgrenzen, nicht zu distanziert wirken, aber auch nicht die beste Freundin der Mutter werden?

Die Erzieher

Erzieherinnen haben eine größere Distanz zu den Kindern als deren Eltern. Sie erleben die Kinder in einem anderen Umfeld und immer als Mitglied einer Gruppe. Sie haben dadurch Vergleichsmöglichkeiten, Erfahrung und können sich im Team absprechen. Zusätzlich besitzen sie fachliches Wissen durch ihre berufliche Ausbildung.

Trotzdem benötigen sie Informationen: Sie möchten etwas über das bisherige Leben des Kindes und über seine Entwicklung wissen, um sein Verhalten besser einschätzen zu können. Sie möchten wissen, wie sich das Kind zu Hause verhält oder ob ihre Beobachtungen mit denen der Eltern übereinstimmen.

Information, Interesse und Verständnis

Neben dieser Informationsbereitschaft erwarten Erzieher von den Eltern Interesse am Geschehen in der Einrichtung, z. B. hängen sie Pläne und Fotos verschiedener

Aktivitäten aus, damit die Eltern sich informieren können. Sie möchten die Eltern über ihre Arbeitsweise informieren, damit diese sie verstehen und unterstützen. Beispiel hierfür ist, dass die Erzieher ihr Konzept erläutern, zu dem u. a. gehören kann, dass Eltern die Bedeutung des Freispiels verstehen und nicht denken, die Erzieher würden nur Kaffee trinken.

Aktive Mitarbeit

Erzieher erwarten vor allem auch eine aktive Teilnahme der Eltern an Veranstaltungen, die sie für die Eltern anbieten. Es ist frustrierend, wenn viel Arbeit, Planung und Vorbereitung investiert wurde, letztendlich aber kaum Eltern kommen. In Horten und Jugendhäusern beklagen die Erzieher, dass die Eltern sich zum Beispiel nur bei Schulangelegenheiten melden – wenn überhaupt. Dann fragen sich die Erzieher: Wozu das Ganze überhaupt?

Aufgrund der oft geringen finanziellen Möglichkeiten der Einrichtung erhoffen sich die Erzieher auch persönliches Engagement von den Eltern für die Belange der Einrichtung: Es fängt schon bei kleinen Dingen an, wenn die Erzieher z. B. durch einen Aushang darum bitten, wertfreies Alltagsmaterial mitzubringen, neues Malpapier zu spenden oder Zutaten für ein gemeinsames Frühstück mitzubringen.

Finden Feiern oder Tage der offenen Tür statt, wünschen sich die Erzieher, dass die Eltern zahlreich erscheinen. Sie hoffen, dass der Elternbeirat (siehe Kapitel 3.2) sie unterstützt und gegenüber anderen für sie eintritt, z. B. bei der Beantragung neuer Gelder beim Träger, beim Wunsch nach einer besseren Personalsituation oder bei der Umsetzung eines neuen Konzeptes.

Regeln einhalten

Erzieherinnen wünschen sich natürlich auch, dass die Eltern sich an Absprachen und Regeln halten, z. B. an eine bestimmte Uhrzeit, bis zu der die Kinder gebracht und wieder abgeholt werden sollen. Eine andere wichtige Regel wäre in Bezug auf die Aufsichtspflicht, dass Kinder bei der Erzieherin morgens angemeldet und nicht einfach durch die Eingangstür geschoben werden, während die Eltern direkt wieder gehen. Besteht die Regel, dass die Kinder keine Süßigkeiten mitbringen dürfen, erwartet die Erzieherin, dass die Eltern dies berücksichtigen und den Kindern nicht heimlich etwas mitgeben.

Fazit

Die Einstellung gegenüber Eltern hat sich gewandelt vom „Störer" über den Partner zum Kunden. Eltern und Erzieher können als Experten gelten, die gemeinsam mehr erreichen können.

Elternarbeit beinhaltet laut Gesetz die Unterstützung, Beratung und Beteiligung der Eltern sowie eine partnerschaftliche Zusammenarbeit. Diese Vorgaben werden in der Praxis umgesetzt durch die Kooperation, die Abstimmung der Erziehungsziele, die Mitbestimmung der Eltern, Transparenz und Information, gegenseitigen Austausch sowie die Zusammenarbeit der Eltern untereinander.

Der hohe Aufwand der Elternarbeit ist durch deren Bedeutung zu rechtfertigen.

Es kommt dem Kind zugute, wenn Erzieher und Eltern eine vertrauensvolle Beziehung entwickeln, die es ermöglicht, auch über unterschiedliche Einstellungen offen zu sprechen, wenn sie kooperativ miteinander arbeiten und sich gegenseitig unterstützen.

Unterschiedliche Erwartungen der Eltern: Wunsch nach Information, Betreuung, Beratung, Kontakte ihrer Kinder zu Gleichaltrigen, Mitverantwortung, Bildung.

9612400

Erwartungen der Erzieher: Information, Interesse und Verständnis, aktive Mitarbeit und Regeleinhaltung sind nur einige Beispiele.

„Sich auf einen Dialog mit Eltern einzulassen, erfordert die Bereitschaft, sich auch auf die Lebenszusammenhänge anderer Menschen einzulassen, ihre Andersartigkeit auszuhalten und sich auf dialogischer Ebene konstruktiv mit ihnen auseinander zu setzen."

Dusolt, Hans, Zusammenarbeit mit Eltern [1]. Erziehungspartnerschaft zwischen Experten. In: Kindergarten heute 9/2004, S. 16)

Aufgaben und Anregungen

1 Es kommt auf die Einstellung an: Deshalb ist es wichtig, sich mit sich selbst auseinander zu setzen, sich über die eigenen Einstellungen und eventuellen Vorurteile, Ängste, Hoffnungen, Erwartungen klar zu werden. Beantworten Sie dazu für sich folgende Fragen:

- Wie haben meine Eltern die Kindererziehung geregelt?
- Hatte ich einen Kindergartenplatz?
- Wie lange war der Kindergarten geöffnet?
- Wie viel Zeit habe ich täglich dort verbracht?
- Wie war die Beziehung meiner Eltern zu Erzieherinnen, später zu Lehrerinnen?
- Welche Familienform bevorzuge ich für meine Lebensplanung?
- Welche Erwartungen der Eltern haben Sie in Ihrem Praktikum wahrgenommen?
- Welche Erwartungen halten Sie für gerechtfertigt – welche für ungerechtfertigt?
- Welche Einstellungen haben die Erzieherinnen in Ihrem Praktikum zur Zusammenarbeit mit Eltern?
- Welche Ziele halten Sie bei der Elternarbeit für wichtig?

3.2 Gesetzliche Vorgaben der Elternmitwirkung am Beispiel Nordrhein-Westfalen

Gesetz über Tageseinrichtungen für Kinder – GTK, 2. Abschnitt

§ 5 Elternversammlung
(1) Die Erziehungsberechtigten der die Einrichtung besuchenden Kinder bilden die Elternversammlung. Elternversammlungen können auch auf Gruppenebene stattfinden.
(2) Die Elternversammlung kann vom Träger und in pädagogischen Fragen von den in der Einrichtung pädagogisch tätigen Kräften Auskunft über alle die Einrichtung betreffenden Angelegenheiten verlangen. Sie hat das Recht, sich dazu zu äußern.

§ 6 Elternrat
(1) Der Elternrat wird aus mindestens zwei gewählten Vertreterinnen oder Vertretern der Eltern gebildet. Die Eltern jeder Gruppe der Einrichtung wählen aus ihrer Mitte ein Mitglied des Elternrates und ein Ersatzmitglied. In einer eingruppigen Einrichtung werden zwei Mitglieder und zwei Ersatzmitglieder gewählt. Der Elternrat tagt mindestens dreimal jährlich.
(2) Der Elternrat hat die Aufgabe, die Zusammenarbeit zwischen den Erziehungsberechtigten, dem Träger der Einrichtung und den in der Einrichtung pädagogisch tätigen Kräften zu fördern und das Interesse der Erziehungsberechtigten für die Arbeit der Einrichtung zu beleben.
(3) Der Elternrat arbeitet mit dem Träger und den pädagogisch tätigen Kräften vertrauensvoll zusammen. Er ist vom Träger über alle wesentlichen Fragen, die die Einrichtung betreffen, zu informieren.

(4) Der Elternrat ist vor der Einstellung und arbeitgeberseitigen ordentlichen Kündigungen von pädagogisch tätigen Kräften, soweit es sich nicht um Aushilfskräfte handelt, anzuhören. Über eine außerordentliche Kündigung ist er zu unterrichten. Dabei sind insbesondere datenschutzrechtliche Bestimmungen zu beachten.
(5) Hat der Elternrat gegen eine ordentliche Kündigung oder eine Einstellung Bedenken, so hat er diese dem Träger innerhalb einer Woche nach der Information durch den Träger schriftlich mitzuteilen.

§ 7 Rat der Tageseinrichtung
(1) Der Träger und in der Einrichtung pädagogisch tätige Kräfte bilden mit dem Elternrat den Rat der Tageseinrichtung. Dieser berät die Grundsätze für die Erziehungs- und Bildungsarbeit, bemüht sich um die erforderliche räumliche, sachliche und personelle Ausstattung und hat die Aufgabe, Kriterien für die Aufnahme von Kindern in die Einrichtung zu vereinbaren. Soweit im Wohnbereich andere Tageseinrichtungen für die jeweilige Altersgruppe nicht vorhanden sind, sollen die Grundsätze nach § 10 berücksichtigt werden. Die Aufnahmekriterien sind interessierten Erziehungsberechtigten, die im Einzugsgebiet der Einrichtung wohnen, auf Wunsch zur Einsicht zu geben. Der Rat der Einrichtung tagt mindestens dreimal jährlich. In Horten können auf Einladung Lehrerinnen und Lehrer der Kinder als Gäste teilnehmen.
(2) Weitgehende Formen der Elternmitwirkung sind möglich und anzustreben.

3.3 Vielfältige Formen der Kommunikation mit Eltern

Es gibt eine große Fülle möglicher Arbeits- und Kommunikationsformen. Hier werden mehrere vorgestellt, mit dem Ziel, dass Erzieher einen breiten Fundus kennen lernen, aus dem je nach Bedarf und Situation gezielt und bewusst ausgewählt werden kann. Nicht jeder Erzieherin gefällt jede Form, nicht jede Form entspricht den Bedürfnissen der Eltern einer speziellen Einrichtung.

3.3.1 Schriftliche Kommunikation

Kommen neue Eltern erstmals in die Einrichtung, sind neben dem persönlichen Gespräch schriftliche Informationen die wichtigste Grundlage für einen ersten Einblick in die Arbeit der Einrichtung.

Info 1 Informationsbroschüren

Kriterien für Infobroschüren

Meist erhalten die Eltern beim Aufnahmegespräch eine Informationsbroschüre mit allgemeinen Angaben über die Einrichtung, wie Öffnungszeiten, Tagesablauf oder Inhalte der pädagogischen Arbeit. Inzwischen haben die meisten Einrichtungen auch ihr pädagogisches Konzept schriftlich dokumentiert, in dem die Grundlagen, Ziele und Methoden der pädagogischen Arbeit festgehalten sind. So erhalten die Eltern Einblick in die Grundlagen der pädagogischen Arbeit und Erziehung ihres Kindes.

Bei der Erstellung solcher Informationsbroschüren müssen verschiedene Kriterien beachtet werden:

- **fehlerfrei**: Selbstverständlich muss sein, dass die Broschüren keine Rechtschreibfehler enthalten. Alle schriftli-

9612402

chen Informationen beeinflussen die Außenwirkung der Einrichtung, sie sind quasi das Aushängeschild. Manche Eltern nehmen darüber die ersten Informationen von einer Einrichtung wahr. Fehlerhafte Texte lassen auf unqualifizierte Arbeit und Unfähigkeiten schließen. Vor allem seit der PISA-Studie und der Bildungsdiskussion sind Eltern hierfür besonders sensibel geworden.

- **verständlich:** Die Broschüre muss allgemein leicht verständlich sein. Das erreicht man durch kurze Sätze, die nicht verschachtelt formuliert sind. Ebenso bieten sich stichwortartige Auflistungen an. Fremdwörter und Abkürzungen sollten vermieden werden. Klar gegliedert und überschaubar lädt das Blatt dazu ein, wenigstens einen kurzen Blick darauf zu werfen.
- **ansprechend:** Die allgemeine Informationsbroschüre sollte ansprechend gestaltet sein, z. B. durch einige Fotos von Kindern der Einrichtung, die draußen oder im Bewegungsraum toben, die im Kreativbereich tätig sind oder sich ein Bilderbuch ansehen. Zuvor muss dafür jedoch immer die Einwilligung der entsprechenden Eltern vorliegen.
- **identifizierbar:** Ein Einrichtungslogo, das auf allen schriftlichen Informationen zu finden ist, steigert den Wiedererkennungswert.
- **nachvollziehbar:** Die Einrichtungskonzeption muss besonders qualitätsvoll sein, denn sie ist oft die erste Information, die Eltern und andere über eine Institution erhalten. Sie muss verbindliche Angaben über die Arbeit enthalten, an denen die Erzieher sich auch messen lassen können. Nur so können die Eltern die Arbeit von Anfang an nachvollziehen und beurteilen, ob die tatsächliche Arbeit auch dieser Theorie entspricht. Hohe Transparenz ist der besondere Vorteil dieser Informationsform.
- **mehrsprachig:** Angesichts der vielen ausländischen Eltern, die ihre Kinder in einer Einrichtung betreuen lassen, ist es sinnvoll, solche Informationen möglichst in verschiedenen Sprachen anzubieten. So entsteht schon bei der Aufnahme eine förderliche Vertrauensbasis: Die ausländischen Eltern fühlen sich beachtet und anerkannt und können die pädagogische Arbeit verstehen und so besser nachvollziehen. Bei der Erstellung können die ausländischen Eltern, die die Einrichtung bereits gut kennen und über Kenntnisse in verschiedenen Sprachen verfügen, unterstützend helfen.

Neben diesen einrichtungseigenen Informationsbroschüren gibt es auch die Möglichkeit, Schriften anderer Institutionen auszulegen, die für die Eltern interessant sein können, z. B. von Jugendämtern, Beratungsstellen, Frühförderstellen, aber auch Musik- und Sportvereinen, Logopäden, Motopäden sowie Familienbildungseinrichtungen. Dadurch können Eltern auf Unterstützungsmöglichkeiten außerhalb der Einrichtung hingewiesen werden, auf die sie selbst eventuell nie aufmerksam geworden wären.

Informationsbroschüren liegen meist im Eingangsbereich der Einrichtung aus – auf einem Tisch, unter der Infotafel oder in Sitzecken für Eltern. Vorteil dabei ist, dass die Eltern sie sich einfach nehmen können, ohne z. B. ihre privaten Probleme erst mit einer Fachkraft besprochen zu haben. Andererseits kann auch ein Gespräch mit der Erzieherin dabei helfen, sich wirklich zu trauen zu anderen Institutionen Kontakt aufzunehmen, wenn die Erzieherin selbst oder die Einrichtung nicht weiterhelfen kann. Insofern stellen diese Broschüren und andere Fachliteratur auch eine Entlastung für die Fachkräfte in der Einrichtung dar. Nachteil dabei ist, dass einige Broschüren evtl. schnell vergriffen sind, sodass die Einrichtung sich permanet um Nachschub bemühen muss. Andererseits sollten die Blätter aber auch nicht durchgehend dort liegen, sonst werden sie nicht mehr beachtet. Ebenso kann eine große Fülle erschlagend und verwirrend wirken.

INFO 2 Elternbriefe

Eine weitere Form des schriftlichen Kontakts sind Elternbriefe. Sie informieren die Eltern z. B. über aktuelle Projekte in der Gruppe, regen zum Nachdenken über pädagogische Themen an, laden zu Veranstaltungen ein und vieles mehr. Vorteil dieser Kontaktform ist, dass die Eltern regelmäßig unterrichtet werden können. Es macht auch deutlich, dass die Eltern berücksichtigt werden, dass man an sie denkt und sie informieren möchte. Elternbriefe regen die Eltern an mit- und nachzudenken, z. B. über ihr eigenes Erziehungsverhalten oder die gesellschaftliche Situation von Kindern. Dafür geschieht dies nicht mit erhobenem Zeigefinger und belehrend, sondern allgemein, zeitunabhängig und nicht so zeitaufwändig wie z. B. bei einem Elternabend. Kurzbriefe können sich sowohl an einzelne als auch alle Eltern wenden. Somit handelt es sich um eine sehr flexible Form des Kontakts. Einzelne Eltern können Informationen bekommen, die nur selten in der Einrichtung sind oder deren Kinder durch einen Fahrdienst zur Einrichtung kommen.

KRITERIEN FÜR ELTERNBRIEFE

Für die Länge solcher Briefe gibt es keine Vorgaben, jedoch muss man sich bewusst sein, dass Briefe umso seltener von Eltern gelesen werden, je länger sie sind. Auch hierbei gilt das Kriterium eines deutlichen Ausdrucks mit einfachen Sätzen, die fehlerfrei sind. Eine höfliche Anrede ist Ausgangspunkt des Briefes. Das Thema sollte klar benannt werden. Kurze Überschriften fördern das Interesse. Der Tonfall und Gesamttenor des Briefes sollte freundlich sein.

Die Themen sind so vielfältig wie die Arbeit an sich. Vor allem persönliche Aspekte, die die Eltern selbst betreffen, sind geeignet:

- Aktivitäten der Kinder, z. B. Projekte, die durchgeführt wurden und werden (evtl. mit Fotos und Zitaten der Kinder).
- Allgemeine Erziehungsfragen, wie: *„Mein Kind ist eifersüchtig auf sein Geschwisterchen.“ „Sind Strafen sinnvoll?“*
- Aktuelle Ereignisse aus dem Umfeld der Einrichtung, ein Statement dazu, ein Aufruf an die Eltern sich zu engagieren.

Problem bei Elternbriefen allgemein ist, dass sich die Erzieherin nicht sicher sein kann, ob auch alle Eltern den Brief lesen und bewusst wahrnehmen oder ob sie ihn lediglich überfliegen und wegwerfen. Auch ist meist eine Diskussion nicht möglich, wenn die Briefe den Kindern in der Tasche mit nach Hause gegeben werden oder die Eltern den Brief in der stressigen Bring- oder Abholphase erhalten, in der die Erzieherin keine Zeit für längere Gespräche hat. Es handelt sich also um eine einseitige Kommunikationssituation – und dem entsprechend sollten die Überlegungen bei der inhaltlichen Gestaltung des Briefes sein.

Ein Meinungskasten bietet den Eltern die Möglichkeit, den Erziehern selbst Briefe zu schreiben und ihre Meinungen und eventuellen Anregungen auszudrücken.

INFO 3 Informationswand/schwarzes Brett

Alle haben sie: die Infowand. Selbst in der Familie kennt man sie. Mal ist es eine Pinnwand aus Kork, mal ist es einfach nur die Schiefertafel in der Küche. Ihnen gemein ist die stillschweigende Übereinkunft, dass man das Wichtigste aus der Gruppe an diesem zentralen Ort mitgeteilt bekommt, sei es die Nachricht, wann einzelne Familienmitglieder wieder eintreffen, sei es die Liste für den nächsten Einkauf.

In der Tageseinrichtung für Kinder verhält es sich nicht anders als in der Familie. Nur ist hier das schwarze Brett meist eine ausgewachsene Informationswand, die zudem unterschiedliche Zielgruppen an-

9612404

spricht. Sowohl Kinder als auch Eltern informieren sich hier über das Geschehen in der Einrichtung. Deshalb ist ein klare Gliederung hilfreich. Mögliche Rubriken sind:

- Essensplan
- Aktivitäten der Gruppen
- Elterninformationen
- Empfehlenswertes im Ortsteil
- private Kleinanzeigen

Die Informationen für Kinder sollten in deren Augenhöhe angebracht werden. Schön ist es, wenn beispielsweise der Speisenplan bebildert ist, was sicher nicht nur den Kindern, sondern auch Eltern einer anderen Muttersprache hilft. Die Aktivitäten in den Gruppen können klar nach Gruppen getrennt werden. Attraktiv sind konkrete Hinweise auf empfehlenswerte Veranstaltungen im Ortsteil, beispielsweise Vorträge der Volkshochschule zu pädagogischen Fragen oder besondere Aktivitäten für Kinder, etwa Kinderfeste anderer Einrichtungen, aber auch Nachhilfeangebote.

Der Mensch neigt dazu, den Wänden links und rechts wenig Aufmerksamkeit zu schenken. Anders ist das, wenn es sich lohnt und man ein kleines Schnäppchen machen kann. Eine Rubrik mit privaten Kleinanzeigen kann deshalb nicht nur den Eltern der Einrichtung beim Erwerb neuer Kinderkleidung helfen, sie hilft auch die Infowand insgesamt wahrzunehmen. Bei der Gestaltung der einzelnen Informationen sind die Regeln zur Plakatgestaltung zu beachten (vgl. Kapitel 5.2.2 Pressearbeit). Trotz aller Bemühungen zeigt die Erfahrung doch, dass sich Eltern selten von den Aushängen beeindrucken lassen. Wenn es darum geht, Eltern nochmals auf den am Abend stattfindenden Elternabend oder den morgigen Ausflug hinzuweisen, sind etwa elektronische Laufbänder oder beleuchtete Schreibflächen, wie wir sie aus der Schaufensterwerbung kennen, hilfreich, auch eine PowerPoint-Präsentation erregt Aufmerksamkeit, da in diesen Fällen zur schriftlichen Information noch die Bewegung kommt.

Insgesamt ist die Infowand ein Informationsmedium über die Tagesaktualität in der Einrichtung. Eine Grundstruktur hilft der Orientierung, beispielsweise Essensplan, Thema der Woche oder besondere Aktivitäten. Die Akzeptanz kann erhöht werden durch Anzeigen für Gebrauchtes.

Die Elternzeitung

INFO 4

Gerade Elternarbeit bedarf der systematischen Kommunikation. Nicht alle Eltern werden durch das schwarze Brett, durch die Infowand erreicht. Eine regelmäßige Publikation kann den Informationsfluss verbessern. Zudem dokumentiert eine eigene „Zeitung“ das Geschehen in der Einrichtung und die pädagogische Kompetenz des Teams auch gegenüber dem Träger und der Öffentlichkeit. Eine solche Information sollte regelmäßig erscheinen, mindestens sechsmal im Jahr, und sollte ein einheitliches Erscheinungsbild haben. Sie könnte etwa den Titel „Villa Kunterbunt – Das Nachrichtenmagazin“ tragen.

Die Zielgruppen sind beschrieben: in erster Linie die Eltern, aber auch Trägervertreter und Öffentlichkeit. Handlich ist ein A5-Format, ein A4-Format lässt sich einfacher gestalten. Beim Layout kann man auf preiswerte Software zurückgreifen.

Mit *Word* lässt sich eine Spaltenformatierung nicht gut verwirklichen.

Genau wie bei der Infowand empfehlen sich auch für die Zeitung Rubriken:

Thema des Monats
Hier können Themen, die auf kommende Projekte der Einrichtung hinweisen, behandelt werden, beispielsweise „Weihnachten im multireligiösen Umfeld" oder „Projekt Wasser".

Kindersprüche
„Kindermund tut Wahrheit kund", sagt der Volksmund. Jedenfalls lesen alle gerne, was die Kleinen so von sich geben.

Die 5 Ws:
Was?
Wer?
Wann?
Wo?
Warum?

Kinderzeichnungen/Fotos aus Projekten
Die Darstellung der Produkte und Fotos, auf denen das eigene Kind – aber auch die Freundinnen und Freunde – zu sehen sind, sind der größte Anreiz, eine Zeitung durchzublättern.

Spielzeugempfehlung
Das Angebot ist unüberschaubar. Eltern brauchen Hilfe bei der Auswahl. Hier kann man auf neue Trends eingehen, Ängste abbauen oder auch pädagogische Argumente gegen eine Übersättigung in den Ring werfen. Nicht nur zur Weihnachtszeit eine lohnende Aufgabe.

Buchtipps
Auch wenn es Bücher schwer haben, so haben sie doch eine Chance gegenüber den Videokassetten und CDs. Wie der Harry-Potter-Boom gezeigt hat, lesen Kinder gerne. Nur was, das fragen sich nicht nur Kinder. Buchbesprechungen können Orientierung bieten. Und wer es geschickt macht, bekommt vom Verlag ein kostenloses Rezensionsexemplar.

Veranstaltungshinweise
Wo kann man als Familie mit den Kindern hingehen? Welche Ausstellungen gibt es? Kann und sollte man ins Kino gehen?

Elternzuschriften
Wie in jeder Zeitung sind die Leserbriefe ein wichtiges Feedback. Aber nicht die Erwartungen zu hoch schrauben: Es dauert lange, bis jemand zum Stift greift und einen Beitrag schreibt.

Dic Rubriken wollen mit Artikeln gefüllt werden. Alle Artikel sollten einem Aufbau entsprechen, der es mir als Leser oder Leserin ermöglicht, schnell eine Information zu bekommen. Die berühmten fünf Ws müssen beantwortet werden, wobei sich die Reihenfolge nach der Wichtigkeit richtet.

Eigentlich ganz einfach: das Wichtigste nach vorn und sogleich die fünf Ws beantworten. Dies gilt übrigens auch für jede Pressemeldung, die in die Lokalzeitung kommen soll. Die Redakteurinnen und Redakteure belohnen solch gut formulierte Pressemeldungen mit einer höheren Abdruckquote.

Zehn Faustregeln für die Zeitung:

1. Auf die erste Seite gehört immer ein Foto.
2. Jede Seite braucht einen „Aufmacher".
3. Das Wichtigste steht auf der Seite oben rechts.
4. Zeichnungen sind sparsam zu verwenden, besser sind Fotos.
5. In jedem Artikel steht das Wichtigste ganz vorne.
6. Das Wort „unser" ist in der Zeitung tabu.
7. Danksagungen gehören nicht in die Zeitung.
8. Alle Namen werden ausgeschrieben, „Herr" oder „Frau" wird nicht dazugeschrieben.
9. Die Überschrift ist das Wichtigste am Artikel und sollte das Thema widerspiegeln.
10. Bei Veranstaltungen immer den Ort mit Adresse angeben.

9612406

3.3.2 Kommunikation mit Elterngruppen

Neben dem klassischen Elternabend gibt es mehrere alternative Formen:

- Elternfrühstück
- Elternnachmittage
- Elterncafé
- Elternstammtisch
- Müttergruppen
- Ausflüge
- Eltern-Kind-Wochenenden
- Feste

Allen gemeinsam ist, dass viel Wert auf Aktivität und Kooperation gelegt wird, auf echte Zusammenarbeit und Partnerschaftlichkeit (zwischen Eltern und Kind, zwischen Eltern und Eltern oder Eltern und Erziehern). Diese Angebote finden meist großes Interesse bei den Eltern.

Der Elternabend

INFO 1

Der Elternabend galt lange als die klassische Form der gruppenbezogenen Elternarbeit. Er bietet die Möglichkeit, die Eltern zu informieren, gemeinsam zu planen, miteinander ins Gespräch zu kommen. Problematisch ist beim Elternabend aber aus der Sicht der Erzieher der hohe Aufwand an Vorbereitungszeit, oft verbunden mit Überstunden am Abend. Frustrierend ist für sie dann, wenn nur wenige Eltern erscheinen.

Früher wurde der Elternabend oft zur Elternbildung genutzt, indem den Eltern Erziehungsratschläge gegeben wurden, Referenten eingeladen wurden und das Ganze einen sehr belehrenden Charakter aufwies. Dies wird von den Eltern nicht gerne angenommen. Wichtig und oft schwierig ist es, Themen zu finden, die die Eltern wirklich interessieren, bei der Durchführung Formen zu wählen, die den Eltern die aktive Teilnahme ermöglichen anstatt nur passives Zuhören und durch die die Eltern untereinander in Kontakt kommen. Zudem haben sich heutzutage unterschiedliche Formen mit stärkerer aktiver Beteiligung der Eltern durchgesetzt.

Ein Einführungselternabend eignet sich besonders zum ersten Kennenlernen und gemeinsamen Austausch. Ziel ist dabei die Integration der neuen Eltern in die bestehende Elterngruppe. Erst einige Zeit danach sollte die Wahl der Elternvertreter und des Elternrates erfolgen. Wenn die Eltern sich schon etwas kennen, sind manche Eltern eher bereit sich zu engagieren. Später sind auch thematische Elternabende sinnvoll, die sich mit Themen, die die Eltern besonders interessieren, auseinander setzen.

PLANUNG EINES ELTERNABENDS

Elternabende müssen nicht nach einem fertigen Konzept immer wieder gleich abgehalten werden. Verschiedenartige Abläufe erhöhen die Motivation der Eltern, überhaupt zu kommen, denn so können sie gespannt darauf sein, was sie an diesem Abend erwartet.

Bei der Planung eines Elternabends kann man genauso vorgehen wie bei der Planung der Angebote für die Kinder.

- So muss man sich zunächst die Ziele bewusst machen, die der Ausgangspunkt aller weiteren Überlegungen sind. Was möchte man also erreichen? Was ist wichtig für die Eltern?

- Daraus ergibt sich das Thema des Abends. Es folgt die eigene intensive Auseinandersetzung mit dem Thema oder Inhalt. Zu überlegen ist, ob weitere Fachleute eingeladen werden, wenn es sich um einen informierenden Abend handelt (z. B. beim Thema Zahnpflege kommt ein Zahnarzt). Es müssen allerdings eventuelle zusätzliche Kosten berücksichtigt werden.
- Für die genaue Raum- und Materialplanung muss klar sein, ob der Elternabend sich nur an die Eltern der Gruppe oder an die der gesamten Einrichtung wendet.
- Die Durchführung übernimmt in der Regel nicht eine Erzieherin allein, sondern erfolgt im Team, wenigstens mit der Gruppenkollegin.
- Das methodische Vorgehen muss sich an den Zielen orientieren und sollte besonders abwechslungsreich und anschaulich sein: Ein Kennenlernabend kann also sinnvollerweise mit Kennenlernspielen beginnen. Die Motivation wird gesteigert, wenn möglichst viele Sinne angesprochen werden, auch bei einem Vortrag: Fotos, Bücher, praktisches Material, Plakate veranschaulichen einen Vortrag und machen die Sache wesentlich interessanter. Wichtig ist es, erwachsenenorientiert vorzugehen, die Eltern am Geschehen zu beteiligen und nicht nur als Zuhörer einzuplanen. Die Eltern sollten untereinander ins Gespräch kommen können. Ein offener/flexibler Verlaufsplan enthält Zeit für spontane Ideen.
- Berücksichtigt werden muss bei der Terminfindung, dass er sich nicht mit anderen gesellschaftlichen Ereignissen oder besonderen Fernsehprogrammpunkten überschneidet. So macht es klassischerweise keinen Sinn, einen Vaterabend durchzuführen, wenn abends ein Fußballländerspiel oder Ähnliches im Fernsehen läuft. Auch wenn dies einem Klischee gleichkommt, so entspricht es doch immer wieder der Realität.
- Die Form der Einladung spricht viele Eltern an, wenn sie sich auch äußerlich schon auf das Thema bezieht oder provozierende Fragen gestellt werden.

Ein Beispiel für die Gestaltung von Elternabenden zeigt, wie Eltern aktiv teilnehmen und Themen ansprechend und anschaulich vermittelt werden.

Elternabend

„Spiele aus nichts – hat so genanntes wertloses Material auch Lerncharakter? Wären Lernspiele für unsere Kinder nicht besser?" Der Beweggrund für die Durchführung dieses Elternabends war die Tatsache, dass die Eltern kein Verständnis für den Sammeltrieb ihrer Kinder und für das wertlose Material in unserer Bastelkammer zeigten. Viel lieber hätten sie Beschäftigungen ihrer Kinder mit gutem und vor allem ‚sinnvollem' Spielmaterial mit ‚Lerncharakter' gesehen.

Die Einladung sprach viele Eltern an, sind sie doch am Lernfortschritt ihrer Kinder immer sehr interessiert. In der Eingangshalle des Kindergartens gab es eine ‚Bastelausstellung' der Kinder – wahre Fantasiegebilde aus alten Schachteln, Stoff- und Pelzresten. Nicht schön bemalte, beklebte oder überzogene, sondern ganz spontan entstandene Gebilde. Schilder gaben einen Hinweis auf den Titel des jeweiligen Werkes und auf das Alter des ‚Künstlers'. Hier konnten sich die Eltern umschauen und kamen dabei miteinander ins Gespräch. *‚Meiner, jeden Dreck sammelt er!'* Oder: *‚Nur weil er die Klopapierrolle wollte, hat er das ganze Papier abgerollt und ins Klo gespült.'* usw. Auch die Tür zur Bastelkammer stand offen. Die Reaktion der Eltern war ebenfalls ganz unterschiedlich …

Wir versammelten uns im Gruppenraum. Ich begrüßte als Erzieherin die Eltern und las ein kleines Gedicht über perfektes Spielzeug vor, das das Kind am Ende stehen lässt, weil es eigene Spielvorstellungen hat. Es folgten einige Dias von Kindern in ganz verschiedenen Spielsituationen. Wer Lust hatte, konnte sie kommentieren. Dann verteilten sich alle an Vierertische, auf die Körbe mit wertlosem Material gestellt wurden. Und dann konnte es losgehen! Die Aufgabenstellung war: ‚*Versuchen Sie die Materialien näher kennen zu lernen, Sympathie für sie zu entwickeln, mit ihnen gemeinsam zu bauen oder auch Gesellschaftsspiele zu entwickeln.*' Wem das Material nicht reichte oder für wen es nicht vielfältig genug war, dem stand auch unsere Bastelkammer zur Verfügung. Alles durfte benutzt werden – mit Ausnahme von Schere und Klebstoff. Kommentare der Eltern: ‚*Das sagen die Kinder auch immer, dass sie aus der Bastelkammer holen dürfen, was sie wollen!*' oder ‚*Das sind ja wahre Schätze!*' (die Mutter stand zwanzig Minuten in der Bastelkammer) oder ‚*Kann ich das Stückchen Fell mitnehmen, es ist so weich!*' (am Vormittag hatte ihre Tochter um ein Stückchen Schmusefell gebeten). In kürzester Zeit war an allen Tischen, aber auch auf dem Boden, viel Aktivität. Flohspiele mit Eierkartons, Türme-Wettbauen mit Zahnpastaschachteln usw. Nach eineinhalb Stunden wurde zur Beendigung der Spiele aufgefordert. Es war allen zu früh! Dann berichteten die Eltern noch kurz über ihre Erfahrungen. Das Ergebnis war durchgängig, dass sie nun viel mehr Verständnis für ihre Kinder hätten. Zum Abschluss hörten wir schließlich noch gemeinsam eine Kassette an: das Gespräch von vier Kindern, die in der Bastelkammer nach Material suchten. Nun waren es die Eltern, die wertloses Material für den Kindergarten sammelten. So sagte ein Kind: ‚*Meine Mami hebt jetzt alles auf!*'"

Becker-Textor, I., Elternarbeit in Kindergarten und Hort, in: Textor, M., Hilfen für Familien, 1992, S. 238–254

Unerfahrene Erzieherinnen haben oft richtige „Panik" vor der Arbeit mit größeren Elterngruppen, vor hitzigen Diskussionen. Sie befürchten von den Eltern nicht ernst genommen zu werden. Sie können dieser Unsicherheit entgegenwirken, indem sie sich vorab einige Aspekte bewusst machen:

- Wenn das Erzieherteam sich für ein Thema entschieden hat, weil die Erzieher meinen, dass dies „wichtig" für die Eltern sei, dann ist es zwar in Ordnung, dieses Thema den Eltern vorzustellen. Jedoch sollte man sich davor hüten, die Eltern unbedingt von der Bedeutung eines Themas für sie persönlich überzeugen oder manche Eltern in Bezug auf ihren Erziehungsstil gar bekehren zu wollen und Verhaltensänderungen zu erwarten. Diese ergeben sich sicherlich nicht durch die Teilnahme an einem Elternabend. Die Erzieher können einen Elternabend immer gut als Möglichkeit der Information ansehen. Doch die persönliche Auseinandersetzung mit einem Thema bleibt jedem selbst überlassen und kann nicht von vornherein vorausgesetzt werden.
- Eine Erzieherin sollte sich nicht unter Druck setzen lassen und glauben, sie müsse nun die Probleme der Eltern lösen, ihnen z. B. sagen, wie sie „richtig" erziehen können. Typische Antworten sind dann oft: „*Ja, aber* ..." Eltern weichen aus oder lehnen nicht selbst entwickelte Vorschläge ab.

Auch Ratschläge sind Schläge.

Eine Frage der Einstellung!

- Die Erzieherin muss den Eltern vorab klar machen, dass sie an so einem Abend nicht die Probleme Einzelner besprechen kann, sondern mit diesen Eltern eher einen Termin für ein gesondertes Gespräch vereinbart.
- Es ist sinnvoll, Diskussionszeiten vorab festzulegen, damit diese nicht ins Endlose ausarten.
- Können die Eltern viel miteinander sprechen und gemeinsam agieren und aktiv werden, muss sich eine Erzieherin auch nicht vor langen Vorträgen vor der großen Gruppe fürchten. Diese beschränken sich dann lediglich auf

INFO 1
Fortsetzung

die Begrüßung, Einführung ins Thema sowie Moderation.

- Eine hohe Teilnehmerzahl ist nicht das Hauptkriterium für einen gelungenen Elternabend, sondern eher die Qualität der Beteiligung und Diskussionen der Anwesenden.

INFO 2

Der Elternnachmittag

Kennenlernnachmittage bieten sich immer dann an, wenn viele neue Kinder und somit Eltern in die Einrichtung kommen. Damit die Eltern sich untereinander kennen lernen, ist es wichtig, ihnen die Möglichkeit und Zeit für gemeinsame Gespräche zu geben sowie durch Aktivität Hemmungen abzubauen und einfach zusammen Spaß zu haben. Deshalb sollten keine Kinder dabei sein. Viele Eltern konzentrieren sich sonst zu sehr auf ihr Kind oder werden durch ihr Kind eingenommen, sodass sich keine längeren Gespräche mit anderen Eltern ergeben würden. Eine Möglichkeit ist die Kinder in der Zwischenzeit in einer anderen Gruppe zu betreuen, sodass die Eltern nicht extra einen Babysitter bestellen müssen. An diesem Nachmittag kann die Erzieherin auch ausführlich auf das Konzept der Einrichtung und die momentane pädagogische Arbeit eingehen, eventuell entstandene Produkte der Kinder oder Fotos zeigen. So erhalten die Eltern nach einer ersten allgemeinen Information bei der Anmeldung nun tieferen Einblick in die praktische Arbeit.

Solche Nachmittage können mit einem gemeinsamen und zwanglosen Kaffeetrinken starten. Ein genügend großer Raum wird dementsprechend vorbereitet, auch sollten erwachsenengerechte Sitzmöglichkeiten vorhanden sein. Anschließend bietet es sich an, mit den Eltern einige Spielaktionen durchzuführen. Dafür kann z. B. vom Gruppenraum in den Bewegungsraum gewechselt werden, so werden die Eltern auch mit den Räumlichkeiten vertrauter. Bei den Spielen muss man aber berücksichtigen, dass Erwachsene wesentlich gehemmter reagieren als Kinder, nicht so spontan agieren und sich schnell schämen, wenn sie sich noch nicht gut kennen. So eignen sich Rollenspiele zu Beginn noch nicht.

Thematische Elternnachmittage können ähnlich wie Elternabende ablaufen, die Kriterien bleiben gleich.

Elternnachmittage können auch mit den Kindern oder Großeltern und Geschwistern zusammen stattfinden. Dann steht aber nicht das Kennenlernen im Vordergrund, sondern das gemeinsame Tun von Erwachsenem und Kind. So gibt es gemeinsame Gestaltungsaktivitäten, z. B. Laternen für den Umzug oder andere Dinge für einen Basar erstellen. Es kann gemeinsam gebacken und gekocht werden, ebenso können gemeinsam Spiele ausprobiert werden und vieles mehr. Dadurch soll der Kontakt zwischen Erwachsenem und Kind gestärkt werden. Die Eltern erhalten Anregungen für zu Hause, Zeit mit ihrem Kind zu verbringen und gemeinsam etwas zu unternehmen.

Berücksichtigt werden sollte auch bei solchen Elternnachmittagen, dass Zeit bleibt für Pausen und Gespräche mit anderen Eltern. Die Aktionen sollen dem Kind die Möglichkeit geben, eigenständig zu handeln und ihnen nicht nur eine Helferposition zuordnen. Die Erzieherin muss sich vorab überlegen, welcher Raum geeignet ist, welches und wie viel Material zur Verfügung stehen muss. Gut ist, wenn die Eltern die Wahl haben zwischen verschiedenen Angeboten und möglichst eigenständige Ideen entwickeln können. Die Förderung der Kreativität beschränkt sich so nicht nur auf die Angebote für Kinder. Schon im Einladungsschreiben erfahren die Eltern, wozu die Ergebnisse dienen, sodass es später keine Missverständnisse gibt.

Ausflüge

INFO 3

Mit den Eltern kann auch außerhalb der Einrichtung etwas unternommen werden, da viele pädagogische Konzepte die Öffnung der Einrichtung nach außen sowieso vorsehen. Wanderungen und Spaziergänge, Radtouren, Besuche in kinderfreundlichen Museen (mit kunstpädagogischen Angeboten oder vielen Sinneserfahrungen) usw. sind möglich, allerdings müssen die Kosten im Auge behalten werden, vor allem angesichts sozial schwacher Familien, die sich evtl. die Teilnahme nicht leisten können. Dies hätte verheerende Wirkungen auf das Kind, sein Selbstbildnis und seinen Stolz. Grundprinzip muss daher sein: Jedes Angebot muss für alle Eltern zugänglich sein!

Vorteile solcher Ausflüge liegen vor allem darin, die Eltern und auch umgekehrt die Erzieher mal in einem ganz anderen Rahmen zu erleben. Außerhalb einer Institution kann das Verhalten völlig anders aussehen. Hierarchien werden eher aufgelöst – schon nur auf einem Spielplatz wird man dies leicht feststellen können. Vorher muss aber der Aufgabenbereich festgelegt werden, sodass z. B. klar ist, wer die Aufsichtspflicht für die Kinder hat. In einer entspannten Atmosphäre außerhalb einer Institution sind zwanglose Gespräche viel eher möglich, gerade auch weil man nicht auf festen Plätzen sitzt, sondern in Bewegung ist und so leicht wechselnde Kontakte aufnehmen kann. Gemeinsame Erlebnisse schaffen ein Verbundenheitsgefühl, das sich sehr positiv auf eine vertrauensvolle und partnerschaftliche Zusammenarbeit auswirken kann.

Diese Ausflüge können sogar so weit geplant werden, dass ein ganzes **Eltern-Kind-Wochenende** durchgeführt wird. Dies ist natürlich mit sehr viel Aufwand verbunden und fällt in die Freizeit der Erzieher. Von daher ist so etwas nur möglich, wenn der Träger solche Vorhaben unterstützt und z. B. für angemessene Bezahlung und Personal sorgt. Eltern-Kind-Wochenenden haben einen noch stärkeren Effekt als kurze Ausflüge. Und vielleicht übernehmen Eltern ja einige Angebote, die zusammen mit den Kindern durchgeführt werden, mit in ihren Alltag.

Feste feiern

INFO 4

Sommerfest, Straßenfest, Nachbarschaftsfest, Pfarrfest, Tag der offenen Tür, Karnevalsfeier, Weihnachtsfeier, Zuckerfest, Familienfest, Nationenfest, Entlassungsfeier.

Die Liste ließe sich wohl beliebig fortsetzen. Bekanntlich gibt es immer einen Grund zu feiern, und sonst sucht man sich einen! Feste und Feiern stellen die Höhepunkte in der pädagogischen Arbeit mit Kindern und Jugendlichen dar. Sie orientieren sich an den Jahreszeiten, an kirchlichen Feiertagen, am Ablauf eines Kindergartenjahres. Sie können aber z. B. auch der Abschluss eines größeren Projektes sein. Dies macht vor allem Sinn, wenn

INFO 4
Fortsetzung

man bedenkt, wie viele Jahre manche Kinder in einer Einrichtung verbringen und wie langweilig es für sie werden kann, wenn jedes Jahr nur die gleichen Feste – möglicherweise auch noch mit dem gleichen Ablauf – stattfinden.

Manchmal scheint allerdings das ständige Feiern auch sehr stressig auf das Geschehen in der Einrichtung zu wirken. Dann bleibt den Kindern kaum Zeit für das freie

Spiel, da sie mit Theaterproben, dem Einstudieren eines Liedes und Bastelarbeiten beschäftigt sind. Da stellt sich die Frage nach dem Sinn des Ganzen. Feste sollten variieren, sie können auch einfach Spielfeste sein, wobei die Erzieher Spielstationen vorbereiten, die die Kinder mit ihren Eltern besuchen können. Es können Projektergebnisse ausgestellt werden, Spiele und Lieder vorgetragen werden, die die Kinder aus dem normalen Alltag kennen. Das reicht oft schon, damit die Kinder stolz ihr Können präsentieren. Die Eltern können in die Vorbereitung des Festes einbezogen werden, indem sie z. B. etwas backen, einen Spielstand betreuen, mit den Kindern Aktionen durchführen, beim Aufbau helfen. Vielleicht führen auch mal die Eltern ihren Kindern etwas vor. Letztendlich sollte ein Fest für die Kinder etwas Besonderes und nicht mit Stress verbunden sein sowie für alle Beteiligten eine Bereicherung darstellen.

Das gesellige Beisammensein schafft wiederum Vertrauen und Transparenz beim Betrachten der Gruppenräume und Projektergebnisse. Es ist ein wichtiger Aspekt der Öffentlichkeitsarbeit, da sich die Einrichtung mit einem Fest immer selbst präsentiert.

INFO 5

Sitzecken

Ruhige und gemütliche Sitzecken bieten die Möglichkeit, sich während des Trubels der Bringzeit etwas zurückzuziehen und ein ruhigeres Gespräch zu führen, Kontakte aufrechtzuerhalten, sich ausliegende Informationen anzuschauen, in pädagogischen Zeitschriften zu blättern. Während der Eingewöhnungsphase bleiben die Kinder je nach Alter noch nicht den ganzen Tag oder Vormittag in der Einrichtung, sondern zunächst einmal nur eine kurze Zeit. Je nachdem haben die Eltern in der Sitzecke die Möglichkeit zu warten. Auch wenn sie die Kinder abholen und es noch etwas früh ist, können sie sich dort treffen, ohne das Gruppengeschehen zu stören.

Bei der Gestaltung ist eine ansprechende und gemütliche Atmosphäre wichtig, die zum Verweilen einlädt. Dies kann z. B. durch Blumen, Regale und Raumteiler, eine Tischdecke mit Dekoration, gemütliche Sessel, Stühle oder Sofas gefördert werden. Der Bereich sollte nicht Durchgangsbereich sein und nicht direkt an der zugigen, sich häufig öffnenden Eingangstür liegen. Vielleicht ergeben sich Verabredungen außerhalb der Einrichtung, mancherorts haben die Eltern selbstständig einen Elternstammtisch eingerichtet. Hierbei sind dann auch die Väter öfter mal anzutreffen, wodurch ein neues Interesse an der Arbeit der Einrichtung entstehen kann – und das ist immer positiv für die Kinder.

9612412

3.3.3 Kommunikation mit einzelnen Eltern

Vorab sei erwähnt, dass der große Bereich der Elterngespräche aufgrund seiner Fülle und Bedeutung in einem gesonderten Kapitel im Anschluss an die Formen der Elternarbeit behandelt wird.

Das Aufnahmegespräch

INFO 1

Das Aufnahmegespräch vermittelt die ersten grundlegenden und wichtigsten Informationen und prägt den ersten Eindruck vom Gegenüber. Hier werden die Grundlagen für die weitere Zusammenarbeit und gegenseitiges Vertrauen geschaffen. Inhalte dieser Anfangsgespräche sind: Klärung des künftigen Ansprechpartners, Organisatorisches wie Öffnungszeiten oder Essensregelungen, Erklärung des pädagogischen Konzeptes. Ansonsten sollte möglichst viel Raum für Fragen der Eltern sein. Diese zu klären ist wichtiger, als die Eltern sofort mit einer Unmenge von Informationen zu überfrachten. Daher ist es sinnvoller, den Eltern mit der Zeit weitere Informationen zukommen zu lassen, z. B. durch die Informationsbroschüre oder Elternbriefe.

Wichtig ist das Gespräch in einer ruhigen und ungestörten Atmosphäre durchzuführen und während des Gesprächs alle grundlegenden Gesprächsregeln zu berücksichtigen sowie seinem Gegenüber Wertschätzung entgegenzubringen und Einfühlungsvermögen zu entwickeln.

Aufnahmegespräche werden gewöhnlich nur von der Einrichtungsleitung durchgeführt.

Telefonkontakte

INFO 2

Kontakte per Telefon aufzunehmen, ist vor allem eine einfache und unkomplizierte Möglichkeit. Der Nachteil dabei ist aber, dass man seinen Gesprächspartner nicht sieht, also nicht über seine Gestik, Mimik und Körperhaltung erkennen kann, wie er das Gesagte meint.

Erforderlich werden Telefonate immer, wenn schnell Informationen eingeholt oder weitergegeben werden müssen, wenn z. B. das Kind einen Unfall hatte und die Eltern sofort informiert werden müssen. In der Eingewöhnungsphase kann ein Kind so starkes Heimweh bekommen, dass die Erzieher beschließen, dass es besser wäre, das Kind abholen zu lassen, ebenso bei plötzlichen Krankheitsausbrüchen.

Noch häufiger als im Kindergarten sind Telefonate im Hort oder Heim, da die Eltern nur selten in der Einrichtung sind. Eltern von Heimkindern oder -jugendlichen wohnen oft weit entfernt.

Die Hospitation

INFO 3

Viele Einrichtungen bieten an, dass Eltern mit ihrem Kind vor Eintritt in den Kindergarten hospitieren können. Das Kind kommt üblicherweise mit einem Elternteil zum Spielen, dieser Elternteil bleibt dabei, spielt mit, beobachtet. So wird ein hoher Grad an Transparenz erzielt, die Eltern bekommen Einblick in den normalen Tagesablauf und Gruppenalltag. Für die Eltern wird es leichter, zu entscheiden, ob sie die pädagogische Arbeit akzeptieren und für ihr Kind geeignet halten.

Später lehnen Erzieherinnen diese Form der Elternarbeit oft ab mit der Begründung, es würde die Gruppe stören. Allerdings sind oft auch Unsicherheit und das unangenehme Gefühl, beobachtet zu wer-

INFO 3
Fortsetzung

den, entscheidend. Nicht so gekünstelt wirkt die Situation, wenn die Eltern sich aktiv in die Arbeit einbringen unter Beachtung bestehender Regeln und ohne die Erzieherin bei ihrer Arbeit zu stören: z. B. nehmen sie am Frühstück teil oder lesen Bilderbücher vor.

Hospitationen haben aber auch im Verlauf der Kindergartenzeit Vorteile. Eltern erleben ihr Kind in der Gruppe, nehmen sein Verhalten und seine Stellung wahr. Sie sehen z. B. wie Streit und Konflikte gelöst werden, Rollenspiele entstehen und sich entwickeln, Regeln ausgehandelt werden. Eventuell erhalten sie Anregungen für zu Hause. Die pädagogische Konzeption wird anschaulich und nachvollziehbar. Aber die Eltern vergleichen ihr Kind auch mit anderen Kindern. Dadurch können mögliche Entwicklungsauffälligkeiten den Eltern eventuell von alleine auffallen, ohne dass die Erzieherin selbst darauf hinweisen muss.

INFO 4 Der Hausbesuch

Hausbesuche sind sehr zeitaufwändig. Bei einer Regelgruppe mit 25 Kindern ist es der Erzieherin kaum möglich, alle zu besuchen. Zudem sollten die Besuche zu zweit durchgeführt werden – dann fehlen aber zwei Fachkräfte in der Einrichtung. Deshalb werden Hausbesuche nur durchgeführt, wenn wichtige Gründe vorliegen. Im Heim können Hausbesuche dazu dienen, den Kontakt zu den Eltern wieder aufzubauen. Immer dann, wenn nur sehr wenige Kontakte in der Einrichtung zwischen Erziehern und Eltern bestehen, sollte die Erzieherin sich darum bemühen, das Kind oder den Jugendlichen zu Hause zu besuchen, um sein Umfeld besser kennen zu lernen. Die Erzieherin vermittelt so auch, dass sie Interesse für das Leben des Kindes und der Familie zeigt. Die Kinder sind oft sehr stolz ihrer Erzieherin alles zu zeigen wie z. B. das eigene Zimmer oder das Spielzimmer.

Der erste Besuch bietet sich aber nicht an, um direkt Probleme mit den Eltern zu besprechen, z. B. Verhaltensauffälligkeiten oder Ablehnung des elterlichen Erziehungsstils (z. B. die Anwendung von Strafmaßnahmen). Die Eltern würden sich kontrolliert fühlen, den Besuch als einen Eingriff in die Privatsphäre betrachten. Deshalb muss ein Hausbesuch stets angemeldet erfolgen und mit Zustimmung der Eltern. Der Grund für den Besuch sollte klar sein und möglichst nur der Information und dem Austausch dienen. Die Gespräche sollten in Form von Dialogen stattfinden: Erziehungsfragen, persönliche Belastungen, Lebensumstände, die Entwicklung des Kindes können Gesprächsthemen sein. Verschwiegenheit gegenüber Dritten ist dabei absolute Pflicht.

INFO 5 Elternmitarbeit

Die praktische Elternarbeit muss nicht nur losgelöst von sonstigen Angeboten mit den Kindern laufen. Eltern können auch in die Aktivitäten eingebunden werden, z. B. in die Projektarbeit.

Eltern, die bereit sind selbst mit den Kindern etwas durchzuführen, kommen in die Einrichtung und können z. B. mit den Kindern backen, ihnen zeigen, wie man ein Fahrrad repariert oder Kostüme für ein Theaterstück nähen. Musikalische Eltern sind vielleicht bereit mit den Kindern zu singen oder Instrumente zu spielen. Andere Eltern können ihren Beruf oder sogar ihren Arbeitsplatz vorstellen oder bei anderen Projekten Außenkontakte herstellen. An der Infotafel hängen die Erzieherinnen z. B. einen Brief aus: *„Welches Elternteil arbeitet bei der Feuerwehr und*

9612414

würde eine Besichtigung mit unseren Kindern durchführen?" Oder die Eltern bieten von sich aus Projektideen an und sprechen diese mit den Erzieherinnen ab. Eltern können weiterhin unterstützende Aufgaben übernehmen, z. B. die Gruppe beim Schwimmen begleiten. Erzieher müssen nicht befürchten, ihre eigenen Fähigkeiten könnten nicht mehr anerkannt werden. Ideen der Eltern bereichern die pädagogische Arbeit, können sie aber nicht ersetzen.

Fazit

Elternarbeit ist gesetzlich verankert, vielfältige Formen sind aber bei der Umsetzung möglich. Dabei kann man unterscheiden zwischen schriftlichen, gruppenbezogenen und einzelpersonenbezogenen Formen.

Zur schriftlichen Form gehören:
- die Informationsbroschüre,
- der Elternbrief,
- die Informationstafel,
- die Elternzeitung.

Kriterien bei der Erstellung sind stets, dass sie fehlerfrei, ansprechend gestaltet und verständlich sind sowie die pädagogische Arbeit nachvollziehbar und transparent machen.

Gruppenbezogen sind Elternabende die klassische Form. Aktivere Möglichkeiten sind Elternnachmittage, Ausflüge bis hin zu Eltern-Kind-Wochenenden, Feste und Feiern, Sitzecken für informelle Zusammentreffen in der Institution.

Bei der Arbeit mit einzelnen Eltern wird unterschieden zwischen Aufnahmegesprächen, Telefonkontakten und den umfassenden Elterngesprächen (vgl. Kap. 3.4.2, Info 2: Leitfaden für die Durchführung eines Elterngesprächs). Weitere Möglichkeiten bieten die Hospitation, Hausbesuche und die Elternmitarbeit in der Einrichtung.

Je nach Situation in der Einrichtung und der unterschiedlichen Intensität der üblichen Elternkontakte muss eine Erzieherin abwägen, welche Formen sie einsetzen möchte und für sinnvoll hält.

Aufgaben und Anregungen

1 Reflektieren Sie Ihre bisherigen Erfahrungen mit verschiedenen Formen der Kommunikation mit Eltern:

1.1 Welche Formen haben Sie erlebt?
1.2 Welche Formen haben Sie eventuell schon selbst geleitet?
1.3 Welche positiven/negativen Erfahrungen haben Sie dabei gemacht?
1.4 Wo sehen Sie Gründe für diese positiven oder negativen Erfahrungen?
1.5 Welche Formen würden Sie persönlich bevorzugen?

Tauschen Sie sich im Plenum aus. Vergleichen Sie Ihre Ansichten. Entwickeln Sie für sich persönlich Ziele, die Sie bei der Bearbeitung dieses Themas erreichen möchten.

2 Bereiten Sie in Absprache mit dem Einrichtungsteam eine Form der Elternarbeit vor, die entweder zu einem aktuellen Thema Ihrer Einrichtung passt oder zur Lernsituation am Anfang des 3. Kapitels: Das Außengelände soll umgestaltet werden.

3 Welche Formen der Elternkommunikation bieten sich bei folgenden Situationen an? Diskutieren Sie Möglichkeiten, Vorteile und Nachteile:
Kommunikation mit ausländischen Eltern, mit Eltern in Scheidungssituationen, mit sozial schwachen Familien.

4 Gestalten Sie einen Elternbrief zum Thema „Spielzeugfreie Zeit im Kindergarten".

AUFGABEN
...
Fortsetzung

5 Bei den folgenden Aufgaben geht es darum, ganz konkrete Abläufe zu planen:

5.1 Wählen Sie in Kleingruppen verschiedene Themen, die auf einem Elternabend behandelt werden können (z. B. Eingliederung der neuen Eltern, Elternvertretungswahlen, Umgestaltung des Außengeländes, Vorbereitung auf die Schule o. Ä.).

a) Sie sind das Erzieherteam. Planen Sie die Vorbereitung, das notwendige Material, Ihr methodisches und inhaltliches Vorgehen. Erstellen Sie eine Einladung zu diesem Abend.
b) Führen Sie den Elternabend als Rollenspiel mit Ihrer Studiengruppe (als Elterngruppe) durch.
c) Reflektieren Sie im Plenum Ihre Erfahrungen in der Erzieher- und Elternrolle.

5.2 Planen Sie die Durchführung eines gemeinsamen Ausflugs mit Eltern, Erziehern und Kindern. Berücksichtigen Sie mögliche Ziele, Aufgabenteilungen, Aspekte der Aufsichtspflicht und finanzielle Möglichkeiten. Fragen Sie in Ihrer Praxisstelle nach, ob es möglich ist, Ihre Ausflugsplanung in die Tat umzusetzen.

3.4 Die Kunst des Elterngesprächs

Einstiegssituation
Morgens, kurz vor acht, im Flur der Kindertagesstätte:

Renate begrüßt Tom und seine Mutter. Tom ist ein lebhaftes Kind, drei Jahre, mitten in der Trotzphase. Er steht im Eingangsbereich und weigert sich die Gummistiefel auszuziehen. Die Mutter ist hilflos. Sie spricht Renate an: *„Ich fühle mich derzeit total überfordert mit der Erziehung von Tom.“* Renate antwortet: *„Machen Sie sich nichts draus, wird schon wieder …“* Die Mutter wirkt jetzt noch hilfloser, Renate weiß nicht, was sie machen soll. Jetzt fühlt auch sie sich hilflos. Niemand sagt etwas, Tom steht mit seinen Stiefeln auf der Sitzbank.

Eine Etage darüber: Nadine hat sich schon öfter über den Vater geärgert, der Michel meistens während oder sogar nach dem Frühstück bringt. Lange hat sie nichts gesagt, bis es eines Morgens aus ihr herausplatzte: *„Immer kommen Sie zu spät!“* Der Vater wird sofort sauer und blafft zurück: *„Du hast ja keine Ahnung!“*, verschwindet in seinem Auto und fährt davon. Nadine fühlt sich den ganzen Vormittag schlecht.

FRAGEN

- ✔ *Zwei Alltagssituationen im Erzieherinnenleben. Was ist falsch gelaufen?*
- ✔ *Wie gehen die Erzieherinnen und die Eltern miteinander um?*
- ✔ *Was hätte man anders machen können?*
- ✔ *Wie sollten sich Nadine und Renate verhalten?*
- ✔ *Gibt es bestimmte Methoden oder Tricks für Gespräche mit Eltern?*

3.4.1 Gesprächsgrundlagen

INFO 1 Verschiedene Formen des Elterngesprächs

ERZIEHERINNEN FÜHREN VIELE GESPRÄCHE.

Erzieherinnen führen ständig Gespräche: mit Kolleginnen, im Team, mit Eltern, mit Kindern, mit Vorgesetzten usw. Im Alltag kann dabei oft vieles durcheinander gehen, da es manchmal um mehrere Dinge gleichzeitig geht (Beratung, Information, Konflikt, Organisation, Kritik, Beziehung u. v. m.). In diesem Abschnitt geht es um die Gespräche mit Eltern.

9612416

Gespräche mit Eltern finden täglich zwischendurch, spontan oder gezielt im Alltag, am Elternabend oder bei Hausbesuchen statt. Man unterscheidet spontane und vorbereitete Gespräche. So verlaufen z. B. Tür-und-Angel-Gespräche anders als ein geplantes Elterngespräch.

Eine weitere Unterscheidung liegt in der Motivation für das Gespräch. Möchte die Erzieherin etwas mit den Eltern besprechen oder haben die Eltern den Wunsch nach einem Gespräch? Außerdem gibt es Telefongespräche, Aufnahmegespräche und Problemgespräche.

Nonverbale Kommunikation im Kontakt mit Eltern

INFO 2

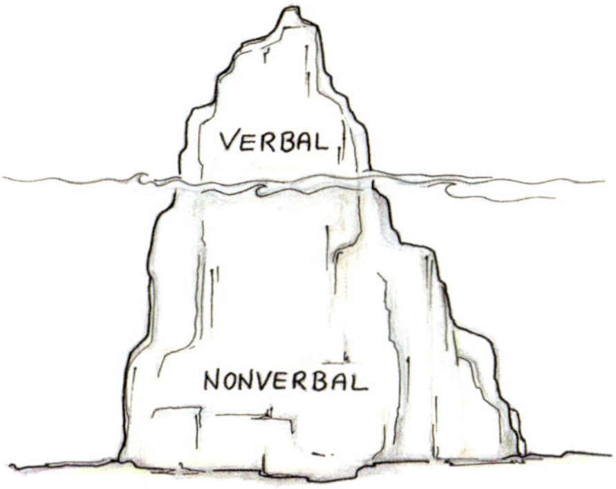

„Eisbergtheorie": Nur ein Drittel unserer Kommunikation ist verbaler Art.

Wenn Erzieherinnen und Eltern aufeinander treffen, dann können sie gar nicht anders: Sie kommunizieren miteinander.

Ein Drittel unserer Kommunikation wird davon bestimmt, was wir im Gespräch aus**sagen.** Den weitaus größeren Teil (ca. zwei Drittel) drücken wir nonverbal aus. Das geschieht i. d. R. unbewusst und bietet einen hervorragenden Zugang zu dem, was wir wirklich wollen.

Unter nonverbaler Kommunikation versteht man alles, was nicht sprachlich (= verbal) ausgedrückt wird. Da in diesem Fall sozusagen unser Körper spricht, nennt man dies Körpersprache.

Eltern empfangen nonverbale Signale schon allein dadurch, wie der Kindergarten beim Bringen und beim Abholen ihrer Kinder aussieht. Sind die Räume aufgeräumt, chaotisch oder geschmückt, hängen z. B. bunte Bilder oder Figuren an der Wand?

„Der Körper ist der Handschuh der Seele."
Samy Molcho

Dies kann schon eine Menge Botschaften enthalten: über die Art und Weise, wie die Kinder den Tag verbringen, wie willkommen Kinder und Eltern sind usw.

Leider wird der Einfluss nonverbaler Kommunikation oft unterschätzt. Dies führt in Elternkontakten mitunter zu Missverständnissen. So traut sich beispielsweise die Mutter von Elina, die erst seit ein paar Tagen im Kindergarten ist, nicht die Leiterin anzusprechen, da diese sich nie im Eingangsbereich zeigt und demnach offensichtlich nicht ansprechbar ist. Die Leiterin wundert sich dagegen, weswegen die Mutter von Elina nie mit ihr spricht.

MAN KANN NICHT NICHT KOMMUNIZIEREN.

NONVERBALE KOMMUNIKATION = KÖRPERSPRACHE

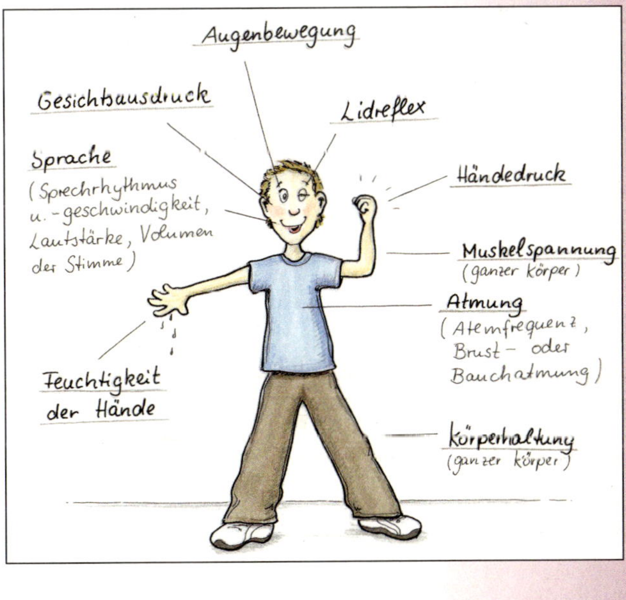

Info 3 Das WAS und das WIE – Sach- und Beziehungsebene in Elterngesprächen

Jedes Gespräch hat einen Inhalts- und einen Beziehungsaspekt.

Nadine spricht mit der Mutter von Nikola, als diese sie abholt.
Nadine: *„Nikola schubst und schlägt andere Kinder. Sie hat heute sogar mit Klötzchen nach ihnen geworfen."*
Mutter: *„Ach, du glaubst ja gar nicht, wie kaputt ich bin, als allein Erziehende bekommt man in diesem Land ja nur Steine in den Weg gelegt."*

Gespräche mit Eltern laufen hauptsächlich auf zwei Ebenen ab: auf der Sach- und der Beziehungsebene. Jede Mitteilung des Senders enthält eine inhaltliche Information und auch eine Aussage für den Empfänger über die Beziehung zwischen Sender und Empfänger.

Es ist also nicht nur wichtig, **was** gesagt wird, sondern auch (oft viel wichtiger) **wie** etwas gesagt wird. Das WAS bestimmt den Inhalt, das WIE die Beziehung, in der z. B. die Erzieherin und die Mutter zueinander stehen.

Im Idealfall sind sich beide Partner über den Inhalt ihrer Kommunikation **und** über ihre Beziehung zueinander einig. Der ungünstigste Fall tritt ein, wenn sich die Gesprächspartner weder über ihre Beziehung, noch über den Inhalt klar sind.

Nadine möchte mit der Mutter von Nikola über deren Verhalten in den letzten Tagen sprechen. Sie ist der Meinung, Nikola brauche Unterstützung und mehr Zuwendung. Die Mutter spricht von ihrer Erschöpfung und der allgemein schwierigen Situation der allein Erziehenden in Deutschland. Sie möchte Unterstützung und Zuwendung.

Sicher gibt es einen Zusammenhang zwischen all diesen Themen. Doch in diesem konkreten Gesprächsbeispiel wechseln die Gesprächsebenen zu sehr, als dass ein konstruktives Gespräch zustande käme. Hier hilft nur die klare Trennung der unterschiedlichen Gesprächsebenen.

Info 4 Was ist denn jetzt los? – Störungen in der Kommunikation mit Eltern

Beim Senden und beim Empfang einer Nachricht können Kommunikationsstörungen entstehen.

Gespräche, die nicht befriedigend verlaufen und unzufriedene Eltern und Erziehenden wie in den Beispielen sind keine Seltenheit. Im Prinzip gibt es zwei Zeitpunkte, zu denen Kommunikationsstörungen auftreten können: beim Senden und beim Empfang einer Nachricht.

„Um zu kommunizieren, muss der Sender seine zu übermittelnden Gedanken, Absichten, Kenntnisse – kurz: einen Teil seines inneren Zustandes – in vernehmbare Zeichen übersetzen. Diese Übersetzungstätigkeit heißt: Kodieren. Die Zeichen sind es, die zum Empfänger ‚auf die Reise' geschickt werden. Was nicht mit auf die Reise gehen kann, das sind die Bedeutungen, die der Sender mit den Zeichen verbindet. Vielmehr ist ein empfangendes Gehirn notwendig, das in der Lage ist Bedeutungen in die Zeichen neu hineinzulesen. Diese Empfangstätigkeit heißt: Dekodieren. Bei diesem Akt der Bedeutungsverleihung ist der Empfänger in starkem Maße auf sich selbst gestellt; das Ergebnis der Dekodierung hängt ab von seinen Erwartungen, Befürchtungen, Vorerfahrungen – kurzum: von seiner ganzen Person. So mag es geschehen, dass manche Botschaft überhaupt nicht ankommt (etwa wenn der Empfänger den ‚mürrischen Unterton' nicht mitkriegt); oder dass er mehr ‚hineinliest' in die Nachricht, als der Sender hineinstecken wollte (etwa wenn der Empfänger einen ‚Vorwurf' auf der Beziehungsseite heraushört, den der Sender nicht erheben wollte); oder dass er sich angegriffen fühlt, obwohl der Sender nur einen ‚lustigen' Gesprächsanlass suchte."

Schulz von Thun, S. 61

Eine Nachricht besteht demnach aus zwei Nachrichten, einer gesendeten und einer empfangenen.

Störungen beim Empfang einer Nachricht können sich z. B. durch unterschiedliche Vorstellungen äußern.

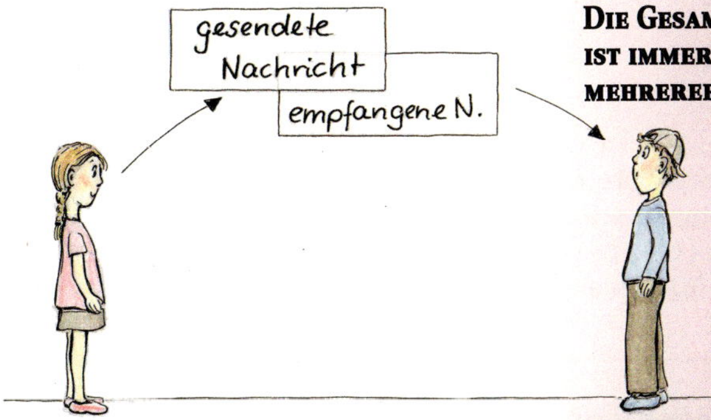

Die Gesamtbotschaft ist immer die Summe mehrerer Teile.

Beispiel:
Anton hat beim Naturprojekt nasse Füße bekommen. Die Erzieherin Katrin unterhält sich mit der Mutter: Katrin stellt sich unter einem Naturprojekt die intensive Auseinandersetzung mit den natürlichen Gegebenheiten (z. B. Matsch und Regenpfützen) vor, während die Mutter von Anton die Vorstellung hatte Natur an schönen Tagen zu genießen und Blumen zu pflücken.

Oft sind es unterschiedliche Erfahrungswelten und Bezugserfahrungen, die die einseitige oder unvollständige Aufnahme von Informationen hervorrufen. Mit der Äußerung *„... und plötzlich sah ich im Wald einen Hochmoorgelbling ...“* können nur diejenigen etwas anfangen, die sich unter einem Hochmoorgelbling etwas vorstellen können. Alle anderen müssen sich hier ein Fantasiebild machen. Man kann sich vorstellen, dass es da in problematischen Gesprächssituationen mit Eltern zu Konflikten kommen kann.

Dies ist ein Hochmoorgelbling.

Eine unvollständige Informationsaufnahme kann auch daher kommen, dass die Empfängerin nicht richtig zuhört. So hat die Mutter vielleicht nicht hingehört, als Katrin sagte: *„Zieht den Kindern morgen bitte wasserfeste Kleidung an.“*

Fazit

Störungen beim Empfang einer Nachricht:
- ✘ unterschiedliche Vorstellungen
- ✘ mangelhaftes Zuhören
- ✘ unterschiedliche Erfahrungswelten und Bezugsrahmen
- ✘ selektive Aufnahme von Informationen

3.4.2 Gesprächsorganisation

Voraussetzungen für einen guten Gesprächskontakt mit Eltern

Info 1

In Elterngesprächen geht es meistens darum, Sachverhalte klar und deutlich auszudrücken und zu klären, in welcher Beziehung die Gesprächspartner zueinander stehen.

Was kann die Erzieherin also tun, um ihre Elterngespräche konstruktiv und erfolgreich zu gestalten?

Grundsätzlich sind es zwei Fragen, die hierfür nützlich sind:

1. Wie kann sich die Erzieherin auf ein Elterngespräch einstellen?
2. Wie gestaltet die Erzieherin ein Elterngespräch aktiv?

Offenheit im Gespräch fördert den Kontakt zwischen Menschen.

Da Menschen in Verbindung treten mit einer bestimmten Absicht, um ein bestimmtes Ziel zu erreichen, spricht man von einer erfolgreichen Kommunikation, wenn die beteiligten Menschen ihr Ziel durch die Kommunikation miteinander erreichen und die beabsichtigte Wirkung eintritt. Wenn beide Gesprächspartner aus einem Gespräch einen Gewinn ziehen können, nennt man das eine Win-win-Situation (vgl. LF 5, Kap. 2).

Akzeptieren heisst, dass andere anders sein dürfen.

Einen großen Einfluss hat die innere Haltung, die Gesprächspartner zueinander haben. Mögen sie sich oder mag eine die andere nicht bzw. mögen sich beide nicht? Akzeptieren sie sich trotzdem als Gesprächspartner, obwohl sie Vorbehalte haben, können sie in einem Gespräch viel erreichen.

Eine gewisse Offenheit im Gespräch fördert den Kontakt zwischen Menschen. So fällt es beiden leichter, sich auf das Gespräch einzulassen und Vertrauen zu fassen. Erst dann ist eine erfolgreiche Gesprächssituation möglich.

Einfühlungsvermögen (Empathie), also die Fähigkeit, sich in andere hineinzuversetzen, fördert die Akzeptanz und das gegenseitige Verständnis. Dabei muss man nicht einer Meinung sein, denn akzeptieren heißt auch, dass andere anders sein dürfen. Sich und andere zu akzeptieren bildet in Gesprächen die Grundvoraussetzung für vertrauensvollen Umgang miteinander und ein erfolgreiches Gespräch.

Info 2 Leitfaden für die Durchführung eines Elterngesprächs

Viele Gespräche ergeben sich spontan und oft zwischen „Tür und Angel". In den meisten Fällen reicht das aus, um die wesentlichen Informationen auszutauschen. Gezielte Elterngespräche, vor allem die, die sich mit schwierigen Sachverhalten, Situationen, Kindern oder Eltern befassen, sollten dagegen gut vorbereitet werden.

Der folgende Abschnitt beschreibt einen Leitfaden zur Vorbereitung und Durchführung von Elterngesprächen.

Vor dem Elterngespräch

Die Gesprächsvorbereitung ist sehr wichtig. Dabei sind folgende Rahmenbedingungen für ein gutes Gespräch zu beachten:

Zeit: Es sollte ein Gesprächstermin vereinbart werden, zu dem alle Beteiligten Zeit haben. Der Zeitrahmen sollte vorher festgelegt sein (90 Minuten sind i. d. R. ausreichend, falls nicht, sollte ein weiterer Termin vereinbart werden, da nach $1^1/_2$ Std. bei allen „die Luft raus ist" und die Konzentration stark nachlässt).

Ort: Ein ruhiger Raum mit einer schönen und angenehmen Atmosphäre (Blumen, Licht) ist für ein gutes Gespräch immer förderlich. Das Gespräch sollte nicht durch ständiges Telefonklingeln oder durch umherlaufende Kolleginnen gestört werden.

Folgende Fragen erleichtern eine erfolgreiche Gesprächsvorbereitung:

Wer will das Gespräch, die Eltern, ich oder eine Kollegin?

Was ist das Ziel des Gesprächs?

Was will ich? Was will ich nicht?

Welche Vorinformationen haben die Gesprächspartner?

Was weiß ich über meine Gesprächspartnerin?

Was brauche ich für das Gespräch? (Unterlagen, Informationen usw.)

Wie will ich das Gespräch beginnen?

Womit rechne ich? (Widerstand, Zustimmung, Schweigen, Unverständnis usw.)

Während des Elterngesprächs
Die Gesprächseröffnung ist wichtig, da hier die Grundlage für den weiteren Gesprächsverlauf entsteht. Die Begrüßung sollte persönlich gestaltet werden, ein paar nette Worte zu Anfang sorgen für eine freundliche Atmosphäre.

Nachdem geklärt wurde, worum es geht, sollte im weiteren Gesprächsverlauf darauf geachtet werden, diesen roten Faden beizubehalten und beim Thema zu bleiben. Lassen Sie allen Beteiligten Zeit, auch mal nachzudenken und zu antworten, erfragen Sie auch Bedürfnisse der Eltern und achten Sie auf nonverbale Signale (Körpersprache). Nutzen Sie Ihre Kenntnisse des aktiven Zuhörens. Suchen Sie gegebenenfalls gemeinsam nach Lösungen. Achten Sie darauf, dass Sie Ihren vorgegebenen Zeitrahmen einhalten und kündigen Sie rechtzeitig das Ende des Gesprächs an (*„So, wir müssen dann unser Gespräch beenden …“*).

Klären Sie zum Abschluss des Gesprächs, was Sie gemeinsam erreicht haben und klären Sie evtl. weiteren Handlungsbedarf ab. Verständigen Sie sich über gemeinsame Ziele und geben Sie eine kurze Zusammenfassung des Gesprächs.

Legen Sie wenn nötig gleich einen weiteren Termin fest und beenden Sie das Gespräch mit kleinen persönlichen Äußerungen.

Nach dem Elterngespräch
Nehmen Sie sich dann möglichst direkt nach dem Gespräch ein paar Minuten Zeit, sich damit zu beschäftigen, wie Sie sich während des Gesprächs gefühlt haben, was gut und was schlecht war und was Sie das nächste Mal vielleicht anders machen wollen und machen Sie sich Notizen dazu.

Fazit

Checkliste Organisation eines Elterngesprächs
- ✘ freundliche Gesprächseröffnung
- ✘ beim Thema bleiben
- ✘ Zeit lassen
- ✘ Fragen stellen
- ✘ auf nonverbale Signale achten
- ✘ aktiv zuhören
- ✘ gemeinsam Lösungen suchen
- ✘ Zeitrahmen einhalten
- ✘ Handlungsbedarf klären
- ✘ kurz zusammenfassen
- ✘ eventuell weiteren Termin festlegen
- ✘ persönliches Beenden
- ✘ Gesprächsnachbereitung

3.4.3 Gesprächs„techniken“

Im folgenden Abschnitt sind einige Gesprächs„techniken“ beschrieben, die Gespräche mit Eltern erleichtern. Übungen dazu finden Sie im Abschnitt Fragen und Anregungen.

Aktives Zuhören

Info 1

Erinnern wir uns an Tom vom Anfang dieses Kapitels. Er weigert sich die Gummistiefel auszuziehen. Die Mutter ist hilflos und erwartet sicher einen Rat von der Fachfrau, als sie sagt: *„Ich fühle mich derzeit total überfordert mit der Erziehung von Tom.“* Indem Renate sagt: *„Machen Sie sich nichts draus, wird schon wieder …“*, möchte sie die Mutter sicher trösten, doch wie hilfreich ist Renates Antwort für die Mutter von Tom in ihrer Situation? Das Resultat ist unbefriedigend. Die Mutter wirkt resigniert. Renate ist verunsichert.

Zuhören will gelernt sein.

Auch Zuhören will gelernt sein. Es gibt Menschen, die hören sich am liebsten selbst reden. Renate gehört gewiss nicht dazu. Trotzdem lassen sich viele Missverständnisse und Kommunikations- oder Beziehungsprobleme darauf zurückführen, dass die Gesprächspartnerinnen sich nicht richtig zuhören. In der Gesprächsführung nennt man das gesprächsfördernde Zuhören „aktives Zuhören".

Aktives Zuhören geht, wie die Bezeichnung schon sagt, über das bloße Zuhören hinaus. Zuhören, weil wir uns dabei ganz auf die Gesprächspartnerin und ihre Perspektive konzentrieren und unsere Meinungen und Emotionen zurückstellen. Aktiv, weil wir nicht nur schweigend zuhören, sondern unserer Gesprächspartnerin eine Rückmeldung über unsere Wahrnehmung geben. Damit bringen wir Verständnis und Empathie zum Ausdruck. Aktives Zuhören ist weder Zustimmung noch Widerspruch.

Ziel des aktiven Zuhörens ist es, sich zu versichern die Gesprächspartnerin richtig verstanden zu haben, indem das Gesagte quasi wiederholt wird. Dabei geht es darum, das emotional Wichtige aus der Äußerung der Gesprächspartnerin herauszuhören und so mit eigenen Worten wiederzugeben, dass sie sich verstanden fühlt und das Gesagte akzeptieren kann. So können Missverständnisse verhindert werden.

Wie könnte nun also die Reaktion im vorhin genannten Beispiel lauten? Es gibt natürlich viele Möglichkeiten, die vom jeweiligen Kontext abhängen. Eine Möglichkeit könnte jedoch sein, dass Renate sagt: *„Ich nehme wahr, dass Sie sich zurzeit überfordert fühlen."* Die Mutter von Tom wird sich dadurch eher verstanden fühlen und das Gefühl haben, unterstützt zu werden.

Info 2 Ich anstatt du – zum richtigen Gebrauch von Ich-Botschaften

Erinnern wir uns an Nadine, die sich schon öfter über den Vater geärgert hat, der Michel zu spät bringt, und aus der es dann herausplatzte: *„Immer kommst du zu spät!"* Der Vater war sauer und Nadine fühlte sich schlecht. Was ist hier falsch gelaufen?

Du-Aussagen enthalten Wertungen.

Nadine benutzt eine Du-Botschaft. Du-Aussagen enthalten Wertungen und sind meistens abwertende Botschaften. Außerdem verbergen sie die eigenen Bedürfnisse und verhindern eine klare Kommunikation.

Ich-Botschaften vermitteln Aussagen über die eigenen Gefühle.

Was hätte Nadine besser machen können? Es geht ja nicht darum, den Vater anzuklagen, sondern darum, davon zu sprechen, wie Nadine die Situation erlebt und was sie sich wünscht. Eine Ich-Aussage als ehrliche Selbstaussage stellt eine klare Beziehung her.

Ich-Botschaften haben idealerweise drei Komponenten:

1. kurze Beschreibung des störenden Verhaltens meines Gegenübers
2. Beschreibung der bei mir ausgelösten Gefühle (ehrlich, authentisch, kongruent)
3. Konsequenz

Nadine könnte dann z. B. sagen: *„Michel kommt meist erst während des Frühstücks."* (Kurze Beschreibung dessen, was Nadine gestört hat.) *„Ich befürchte"* (Beschreibung der bei Nadine ausgelösten Gefühle), *„dass es ihm dann schwerer fällt, sich in der Gruppe wohl zu fühlen."* (Konsequenz).

Was steckt dahinter?
Beispiele für vorenthaltene Ich-Botschaften in ausgesprochenen Du-Aussagen

DU …	ICH …
… zeigst zu wenig Einsatz.	… wünsche mir mehr Einsatz von dir.
… nervst mich.	… brauche Ruhe.
… redest zu viel.	… möchte mal etwas sagen.
… bist zu laut, zu blöd.	… fühle mich überfordert.

Die Kunst, Fragen zu stellen

INFO 3

FRAGEN SPIELEN IM BEREICH DER GESPRÄCHSFÜHRUNG EINE ZENTRALE ROLLE.

Manchmal ist es nötig, Fragen zu stellen. Fragen spielen im Bereich der Gesprächsführung eine zentrale Rolle. Fragen können ein Gespräch strukturieren. Sie können ein Gespräch beeinflussen und lenken.

Was können Fragen?

Fragen sind ein geeignetes Mittel, um

- Kontakt herzustellen. *(Wie viel Uhr ist es?)*
- Interesse zu zeigen. *(Wo hast du diese schöne Bluse gekauft?)*
- Informationen zu erhalten.
- ein Gespräch zu führen/lenken. *(Wer fragt, führt, wer antwortet, folgt)*
- Zeit für eine Antwort zu bekommen.

Grundsätzlich unterscheidet man zwei Arten von Fragen:

die offene und die geschlossene Frage.

OFFENE FRAGEN ÖFFNEN.

Offene Fragen öffnen. Sie sind so formuliert, dass der Gesprächspartner seine Sichtweise frei darlegen kann:

- *„Wie siehst du die Situation, welche Möglichkeiten kannst du dir vorstellen?“*
- *„Wie ist das jetzt so für dich?“*
- *„Was geht jetzt in Ihnen vor?“*

Auch als Gegenfrage kann eine offene Frage in bestimmten Gesprächssituationen nützlich sein:

- *„Sag mal, wozu willst du das jetzt eigentlich wissen?“*

Die Antwort kann sehr ausführlich sein. Der Gesprächspartner wird aufgefordert zu sprechen.

GESCHLOSSENE FRAGEN BRINGEN INFORMATIONEN.

Geschlossene Fragen nutzt man, um Informationen zu bekommen.

- *„Bist du aus Kiel?“*
- *„Sind Sie selbstständig?“*
- Oder als Gegenfrage: *„Ist das jetzt so wichtig für dich?“*

Die Antwort lautet i. d. R. ja oder nein. Es ist also eine Möglichkeit, sich kurz und knapp zu verständigen. Der Nachteil an geschlossenen Fragen ist, dass man relativ wenig von seinem Gesprächspartner erfährt.

Drei Frageformen

1. Alternativfrage:
   „Bist du mit dem Auto oder dem Zug angereist?“
   „Möchtest du den Müll vor oder nach dem Essen hinuntertragen?“
   Die Alternativfrage bietet zwei Möglichkeiten und verlangt eine Entscheidung. Der Gefragte hat wenig Auswahl.
2. Bestätigungsfrage:
   „Dir geht es also um …?“
   „Habe ich noch etwas vergessen?“
   Eine Bestätigungsfrage fasst Aussagen zusammen, hilft Missverständnisse zu vermeiden und ermuntert zu weiteren Ausführungen.
3. Informationsfrage:
   „Was wollen wir tun?“
   „Wie funktioniert das?“
   „Wo steht der Eiffelturm?“
   „Was ist ein Wildschwein?“
   „An welchen Tagen arbeitest du?“
   „Wie oft findet ein Seminarwochenende statt?“
   Informationsfragen beginnen meistens mit W (wer, wie was, wo, …), hier sind reine Informationen gefragt. Das heißt, die Antwort auf diese Fragen wird zu mehr Klarheit verhelfen.

Fazit

Um sich z. B. in festgefahrenen Gesprächssituationen einen schnellen Überblick zu verschaffen, sind die neun Ws hilfreich:

- WER spricht mit und zu WEM?
- WORÜBER (Thema) wird WARUM (aus welchem Anlass, vor welchem Hintergrund),
- WOZU (mit welchem Ziel) gesprochen?
- WANN (Zeit) und WO (Ort) findet das Elterngespräch statt?
- WAS (Sachebene) wird WIE (Beziehungsebene, nonverbal) ausgedrückt?

Info 4 Der Umgang mit schwierigen Gesprächssituationen

Es gibt Situationen in schwierigen Gesprächen, da hilft keine noch so gute Vorbereitung, keine der gut erlernten Methoden und es gibt keine Werbepause.

Vielleicht doch. Ein paar „Tricks" hier am Ende dieses Kapitels werden helfen sich in diesen oft unangenehmen Gesprächssituationen sicherer zu fühlen.

„Tricks" in schwierigen Gesprächssituationen

1. Glaswand
In unangenehmen Gesprächssituationen kann es gut sein, zwar alles zu sehen und zu hören, aber das, was gesagt wird (z. B. Vor-Würfe, An-Schuldigungen, Vor-Schläge), an sich abprallen lassen zu können. Stellen Sie sich hierfür eine stabile Glasscheibe zwischen sich und Ihrem Gesprächspartner vor und lassen Sie alles Unangenehme abprallen.

2. Eigene Körperhaltung
Nutzen Sie die positiven Anhaltspunkte Ihres eigenen Körpers, um in verfahrenen oder unangenehmen Gesprächssituationen wieder in einen guten Zustand zu kommen. Achten Sie z. B. auf Ihre Körperhaltung, sitzen oder stehen Sie aufrecht, atmen Sie tief durch, achten Sie auf den notwendigen Abstand zu Ihrem Gegenüber. So bekommen Sie mehr Spielraum für die notwendigen Schritte, das Gespräch evtl. wieder in Gang oder in Ihre Richtung zu bekommen. Vergessen Sie nie Ihre innere Gelassenheit und Ihr inneres Lächeln.

3. Humorbrille
Setzen Sie sich eine Humorbrille auf, die die Person gegenüber vielleicht (nur vor Ihrem inneren Auge natürlich) in ein kleines grünes Männchen oder eine gackernde Henne verwandelt. Oft reicht auch nur ein Seppelhut oder eine ähnliche Kopfbedeckung. Lassen Sie Ihrer Fantasie freien Lauf.

4. Klarheit
Sorgen Sie für Klarheit. (*„Auf dieser Ebene habe ich keine Lust, mich mit Ihnen auseinander zu setzen!"* oder *„Wie/Was meinen Sie [das] genau?"*)

5. Sprechpause
Alle kennen das Sprichwort *„Reden ist Silber, Schweigen ist Gold"*, aber wie bringt man sehr schweigsame Menschen zum Reden? Machen Sie eine deutliche Sprechpause. Lehnen Sie sich zurück. Nehmen Sie sich zurück und schauen Sie Ihr Gegenüber erwartungsvoll an. (*„Was wolltest du gerade sagen?"*)

6. Quasselstrippenstopp
Auch das Gegenteil kann der Fall sein: Wie bringt man Quasselstrippen zum Schweigen oder sogar zum Zuhören? Das Signal, das Sie setzen müssen, heißt: Ich bin jetzt dran! Straffen Sie Ihren Körper, setzen Sie sich gerade, atmen Sie tief ein und beugen Sie sich ein wenig nach vorn. Nehmen Sie gezielt Blickkontakt auf und beginnen Sie zu sprechen. Wenn das alles nichts hilft (es gibt solche Menschen), dürfen Sie Ihr Gegenüber auch gerne unterbrechen. (*„Halt! Stopp!*

Nicht so schnell!") Werden Sie aktionistisch. Hauen Sie z. B. auf den Tisch, werfen Sie „aus Versehen" Ihre Tasse um oder lassen Sie Ihren Kugelschreiber fallen. Nehmen Sie, wenn Sie wollen, körperlichen Kontakt auf, berühren Sie z. B. sanft (!) den Arm. Machen Sie alles, was den anderen irritiert. Es soll ja nur heißen: Einen kleinen Moment bitte, ich bin jetzt dran!

7. Blickkontakt
Halten Sie Blickkontakt. (*„Schau mir in die Augen, Kleines …"*) Natürlich passt dies wie alle genannten und ungenannten Tricks nicht in jeder Situation. Aber wie das so ist mit der Trickkiste, je mehr drin ist und je mehr Übung und Erfahrung man hat, desto leichter und besser werden Gespräche gelingen.

8. Zeit gewinnen
Letztendlich hilft dann doch noch die Werbepause. Gewinnen Sie Zeit. (*„Meine Antwort gibts morgen."*)

Fazit

Der Umgang mit schwierigen Gesprächssituationen
- ✘ Glaswand
- ✘ eigene Körperhaltung
- ✘ Humorbrille
- ✘ Klarheit
- ✘ Sprechpause
- ✘ Sprecherwechsel
- ✘ Blickkontakt
- ✘ Zeit gewinnen

Aufgaben und Anregungen

1 Übung zur Körpersprache: Spiegeln
Bilden Sie Dreiergruppen und entscheiden Sie, wer A – B – C ist.
Schritt 1: A spricht, B hört zu, C beobachtet.
Schritt 2: B spiegelt nonverbale Signale, Körpersprache, Atem, Sitzhaltung usw., A hört zu, C beobachtet.
Schritt 3: Tauschen Sie danach die Rollen, sodass jede einmal in jeder Rolle (A, B, C) war und tauschen Sie sich nach der Übung über Ihre Erfahrungen aus.

2 Übung zum Phänomen unterschiedlicher Wahrnehmungen und Bezugsrahmen
Werfen Sie das Wort Ball in die Runde und lassen Sie sich den „Ball" beschreiben. Beachten Sie, wie viele unterschiedliche Vorstellungen von Bällen Sie in Ihrer Gruppe haben. (Sie können das auch mit dem Wort Baum machen oder die Frage aufwerfen, was grün ist.)

3 Übung zur klaren Verbalisierung von Sachverhalten
3.1 Setzen Sie sich Rücken an Rücken und beschreiben Sie Ihrer Gesprächspartnerin die folgenden Gegenstände: Fotoapparat, Segelboot, Rasenmäher, Teppich, Ausbildung, Welle, Eis, Frankreich. Wechseln Sie die Rollen und tauschen Sie sich nach der Übung über Ihre Erfahrungen aus.

3.2 Setzen Sie sich Rücken an Rücken und beschreiben Sie Ihrer Gesprächspartnerin die folgenden Tätigkeiten: malen, Blumen pflücken, Fahrrad fahren, bergsteigen, entspannen, Auto fahren, Geschirr spülen, schwimmen, duschen. Wechseln Sie auch hier die Rollen und tauschen Sie sich nach der Übung über Ihre Erfahrungen aus.

3.3 Hierzu brauchen Sie Papier und einen Stift. Setzen Sie sich wieder Rücken an Rücken und beschreiben Sie Ihrer Gesprächspartnerin die folgende Zeichnung so, dass sie diese nachzeichnen kann.

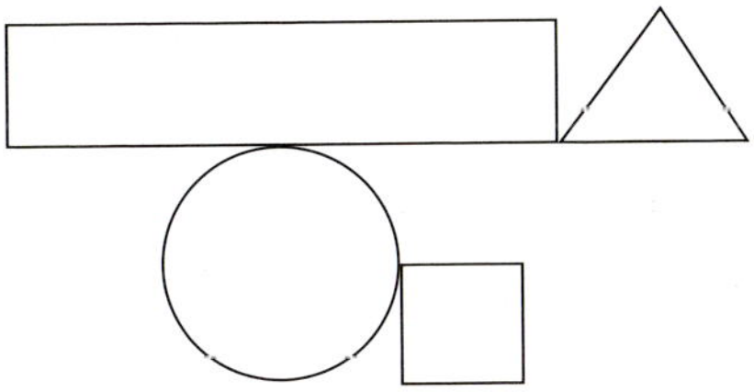

4 Übung: aktives Zuhören
Bilden Sie Dreiergruppen und entscheiden Sie, wer A – B – C ist.
Schritt 1: A spricht, B hört zu, C beobachtet
Schritt 2: B gibt das gehörte sinngemäß wieder, A hört zu, C beobachtet
Schritt 3: Feedback: Zu wie viel % hat sich A verstanden gefühlt?
Schritt 4: Tauschen Sie danach die Rollen, sodass jede mal in jeder Rolle (A, B, C) war und tauschen Sie sich nach der Übung über Ihre Erfahrungen aus.

5 Übung: Du-Botschaften in Ich-Aussagen verwandeln
(nach: Schulz von Thun, S. 80)
Schritt 1: Erinnern Sie sich an drei Menschen, die Sie kennen.
Schritt 2: Weisen Sie jeder Person je ein passendes positives und negatives Eigenschaftswort zu (das sind Ihre Du-Botschaften).
Schritt 3: Verwandeln Sie die Eigenschaftswörter in Ich-Botschaften.

6 Führen Sie sich ein Elterngespräch vor Augen, das Sie demnächst führen werden, oder bereiten Sie in der Ausbildungsgruppe ein Rollenspiel über ein Elterngespräch vor, das Sie gerne einmal führen würden, und erarbeiten Sie anhand des Gesprächsleitfadens (Kap. 2) eine konkrete Gesprächsvorbereitung. Spielen Sie die Situation dann durch.

Tipps zum Weiterlesen

Bachmair, Sabine et al., *Beraten will gelernt sein.* Beltz-Verlag, 1996
Becker-Textor, Ingeborg, *Der Dialog mit den Eltern.* Don-Bosco-Verlag, 1998
Conen, M.-L., *Elternarbeit in der Heimerziehung.* Internationale Gesellschaft für Heimerziehung (IGfH), Frankfurt 1990
Knisel-Scheuring, Bochem, S., *Interkulturelle Elterngespräche für Erzieherinnen in Kindergarten und Hort.* Kaufmann-Verlag, 2002
Leupold, Eva Maria, *Handbuch der Gesprächsführung.* Herder, 2006
Molcho, Samy, *Körpersprache.* Goldmann, 1996
Obersteiner, H., *Elternarbeit im Heim als pädagogische und präventive Maßnahme zur Verhinderung von Verhaltensstörungen.* in: Jugendwohl, H. 3, 1994, S. 137–142
Satir, Virginia, *Selbstwert und Kommunikation.* Klett-Cotta, 2002
Textor, M. R., *Elternarbeit mit neuen Akzenten.* Herder, 1995
von Thun, Friedemann Schulz, *Miteinander Reden, Band 1 und 2.* Rowohlt, 1999
Watzlawick, Paul, Janet H. Beavin, Don D. Jackson, *Menschliche Kommunikation.* Huber, 1990
Weber, Kurt, Herrmann, Mathias, *Basiswissen Kita. Erfolgreiche Methoden für die Team- und Elternarbeit.* Herder, 2003

Neben diesen berufsbezogenen Literaturhinweisen gibt es viele **Ratgeber für Eltern.** Diese sind sehr populär und führen seit langer Zeit einige Bestsellerlisten an. Deshalb ist es ratsam, sich auch als Erzieherin damit zu beschäftigen, um zu wissen, welche Informationen außerhalb von Ausbildung und Institutionen zum Thema Erziehung gegeben werden:

Biddulph, Steve, *Das Geheimnis glücklicher Kinder.* Heyne Verlag, 2001
Elschenbroich, Donata, *Weltwissen der Siebenjährigen. Wie Kinder die Welt entdecken können.* Goldmann Wilhelm GmbH, 2002
Gerster, P./Nürnberger, C., *Der Erziehungsnotstand. Wie wir die Zukunft unserer Kinder retten.* Rowohlt, 2003
Kast-Zahn, Annette, *Jedes Kind kann Regeln lernen. Vom Baby bis zum Schulkind: Wie Eltern Grenzen setzen und Verhaltensregeln vermitteln können.* Oberstebrink & Partner GmbH, 2004
Faber, A./Mazlish, E., *Nun hör doch mal zu – Elternsprache – Kindersprache.* Knaur Verlag, 1989

4 Vernetzung – Die Zusammenarbeit mit anderen Institutionen

Einstiegssituation

Die Kindergartengruppe, in der Nadine ihr Praktikum ableistet, beschäftigt sich zurzeit mit dem Projekt: *„Was gibt es alles in unserem Dorf?“* Die Erzieherin ist sehr erfreut, als sie erfährt, dass Nadine Mitglied bei der freiwilligen Feuerwehr ist und selbst eine Jugendgruppe dort leitet. Sie bittet Nadine, ein Angebot zu planen, durch das die Kinder auf einen Besuch bei der Feuerwehr vorbereitet werden.

Nadine nimmt Kontakt zu ihren Vorgesetzten auf und fragt nach möglichen Besuchsterminen.

Dann bringt sie eine Woche später ihre Uniform und ihre Ausrüstung mit, ebenso einige leichte Geräte, die sie sich leihen konnte. Die „echten“ Sachen begeistern die Kinder und sie wollen alles ausprobieren. Sie erzählen über ihre Vorkenntnisse und freuen sich schon auf den Besuch.

FRAGEN

- *Wann ist es sinnvoll, als Erzieher Kontakte zu anderen Institutionen zu suchen?*
- *Mit welchen Institutionen und Einrichtungen kann eine Erzieherin zusammenarbeiten?*
- *Warum ist die Zusammenarbeit für die pädagogische Arbeit wichtig?*
- *Worauf muss man bei der Zusammenarbeit achten?*

Die Notwendigkeit zur Kooperation mit anderen Institutionen

INFO 1

VERNETZUNG SCHAFFT BEZIEHUNGEN UND UMGEKEHRT.

Die Arbeit mit Kindern und Jugendlichen geschieht nicht isoliert. Die Erzieherin kann sie gar nicht allein leisten. Wie Eltern in der Familie mit ihren Kindern hinausgehen, ihr Umfeld erkunden, Verwandte und Freunde besuchen, reisen, einen Babysitter bestellen, Bekannte um Rat oder Hilfe bitten – so muss auch die Erziehung in der Einrichtung fortgeführt werden. Oft ist diese Öffnung nach außen in der Einrichtungskonzeption verankert, wird z. B. im Situationsansatz auch gefordert.

Aufgabe des Erziehers ist Kinder mit ihrer Umgebung vertraut zu machen, ihnen die Möglichkeit zu geben diese zu erkunden. So lernen Kinder, sich zurechtzufinden und erweitern ihr Wissen. Sie lernen Kontakt zu anderen Menschen aufzunehmen, Fragen zu stellen, Informationen einzuholen. Vor allem die Erkundung zu Fuß ist wichtig, da Kinder es heutzutage gewohnt sind, meist mit dem Auto irgendwohin gebracht zu werden. Dadurch fehlt ihnen die Vorstellung von den Zusammenhängen, der Lage der Orte zueinander. Sie müssen erst ein Gefühl dafür entwickeln, ebenso für das Verhalten im Straßenverkehr. Regelmäßige Ausflüge und Besuche sind notwendig, damit das Kind seine Umwelt ganzheitlich wahrnehmen kann und sich als Teil des Ganzen erlebt.

Im Umgang mit älteren Kindern und Jugendlichen ist es z. B. wichtig, diese an Möglichkeiten zur Freizeitgestaltung außerhalb der eigenen Einrichtung heranzuführen, auf Institutionen aufmerksam zu machen, die bei möglichen Problemen helfen, sie aber auch im Umgang mit Ämtern und Behörden zu unterstützen. Erzieher helfen dabei, Schwellenängste zu überwinden und fungieren bei der Nutzung als Vermittler.

Wünschen Eltern Rat und Unterstützung im Umgang mit ihren Kindern, fühlen sich vor allem Berufsanfänger oft überfordert. Das Wissen über entsprechende Beratungsstellen kann in diesen Situationen entlastend wirken. Oft erzählen Elternteile auch von privaten Problemen. Es ist natürlich nicht Aufgabe der Erzieher, diese Probleme zu lösen, aber sie können vermitteln, auf andere Beratungsmöglichkeiten verweisen. Wenn sie von der Arbeit anderer Institutionen erzählen, können sie den Eltern eventuell Ängste nehmen, die durch Unwissenheit entstanden sind. Hilfreich ist dabei, direkt Adressen und Telefonnummern bereitzuhalten, eventuell sogar schriftliche Informationsblätter der Ansprechpartner. Es ist dabei darauf zu achten, den Eltern nicht das Gefühl zu geben, man wolle sie abschieben mit ihrem Problem und nichts damit zu tun haben. Vertrauen die Eltern der Erzieherin, sind sie eher bereit andere Fachleute um Hilfe zu bitten. Zudem verdeutlicht das Wissen über andere Möglichkeiten die Fachkenntnis und Professionalität der Erzieherin.

Vernetzung zum Wohle der Kinder, Jugendlichen, Eltern und Erzieher

Schwieriger wird es, wenn es um Probleme bei der pädagogischen Arbeit geht. Die Erzieherin ist eventuell im Umgang mit einem Kind überfordert, weiß nicht mehr weiter. Sie wird aber nicht aktiv, um dieses Problem anzugehen – aus Unwissenheit oder Unbewusstsein. Hat eine Erzieherin den Verdacht, ein Kind würde missbraucht und geschlagen, weiß sie oft nicht, was sie tun soll. Aus Angst und Unsicherheit tut sie nichts, vor allem wenn ihr die Gefahr der Verleumdung bewusst ist. Sie erfährt, dass ein minderjähriges Mädchen schwanger ist oder dass ein Jugendlicher Drogen nimmt und weiß nicht, was sie tun soll.

Nimmt eine Erzieherin Auffälligkeiten wahr, hat sie die Verantwortung, darauf aufmerksam zu machen. Lässt eine Erzieherin diese Chance außer Acht, handelt sie nicht mehr zum Wohle des Kindes. Aber als Erzieher kann man nicht diagnostizieren – das ist dann die Aufgabe der Fachleute. Die Erzieherin kann versuchen die Eltern davon zu überzeugen, diese Fachleute aufzusuchen.

Erzieher haben auch die Möglichkeit, für sich selbst den Kontakt mit Außenstellen zu suchen. Supervision, Fallbesprechungen und Beratung bieten sich an. Viele Träger haben eigene Fachberaterinnen, die für Fragen zur Verfügung stehen. Der Austausch mit anderen Fachleuten kann der Erzieherin helfen zu einem Problem mehr Distanz zu gewinnen, um es z. B. objektiver beurteilen zu können oder realistischer mögliche Chancen zu sehen. Die Erzieherin muss auch aktiv werden, wenn es um ihre persönliche Arbeitssituation geht und sie diese verbessern möchte (vgl. LF 5, Kap. 2 „Teamarbeit").

Deshalb ist es sinnvoll, sich grundlegend über mögliche Formen der Zusammenarbeit zu informieren und ein Gespräch mit den dortigen Mitarbeitern zu suchen.

Eine intensive Zusammenarbeit mit anderen Institutionen ist meist sehr wirkungsvoll und zeigt oft positive Ergebnisse und Erfolg. Die Fähigkeiten verschiedenster Fachleute wirken zusammen, um Probleme zu lösen, die Arbeit zu erleichtern, den Alltag zu bereichern oder den Kindern und Jugendlichen die besten Bildungsmöglichkeiten zu bieten. Ziel ist, sich gegenseitig möglichst umfassend zu informieren und zu unterstützen. Dazu ist meist nur wenig Finanzierung nötig, hilfsbedürftige Kinder und Familien können gezielt vermittelt werden. Und auch für die Jugendhilfeeinrichtungen ist die Zusammenarbeit positiv, denn sie können frühzeitig in entwicklungshemmende Situationen eingreifen. So besteht wesentlich mehr Hoffnung auf Erfolg.

9612428

Viele Zusammenhänge und Vernetzungsmöglichkeiten

Möglichkeiten der Zusammenarbeit

INFO 2

Im Kindergarten werden Ausflüge in die nähere Umgebung unternommen, z. B. Besuche einer Bücherei, eines Supermarktes, eines Altenheims, bei der Feuerwehr oder in der Natur. Mit den Vorschulkindern werden erste Kontakte zur Schule aufgenommen, Gespräche mit den Lehrern geführt und Besichtigungen durchgeführt. Im Schulalter kommen Freizeiteinrichtungen wie Freizeithäuser, Schwimmbäder oder Vereine dazu. Bei Jugendlichen bieten sich Jugendzentren an, es müssen aber auch Kontakte zu Beratungsstellen vermittelt werden und zu weiterführenden Schulen, auch der Gang zur Arbeitsagentur gehört dazu.

Geht es um die Erziehung und Förderung des einzelnen Kindes, ist die Vernetzung vor allem in sonderpädagogischen Einrichtungen absoluter Alltag. Dort ist man daran gewöhnt, mit anderen Fachkräften zusammenzuarbeiten, seien es Physiotherapeuten, Logopäden, Motopäden, Ärzte. Ebenso wird im Heim beim Erstellen individueller Hilfepläne oft mit anderen Institutionen selbstverständlich zusammengearbeitet. Im Hort ist die Schule des jeweiligen Kindes wichtiger Gesprächspartner. In Kindergärten mit sozialem Brennpunkt ist die Zusammenarbeit mit Frühförderstellen grundsätzlich üblich. Aber auch in Regeleinrichtungen sind vor allem die Frühförderstellen die erste Anlaufstelle zur Beobachtung und Diagnostizierung eines Kindes. Auch das Gesundheitsamt kann bei vielen Fragen helfen. Weiterhin ist das Jugendamt von Bedeutung: Es koordiniert viele Dienste und ist oft verantwortlich für die Finanzierung von Jugendhilfemaßnahmen. Der Allgemeine Soziale Dienst (ASD) und die Sozialpädagogische Famili-

INFO 2
Fortsetzung

enhilfe (SPFH) sind mit Einverständnis der Eltern meist involviert.

Damit die rechte Hand weiß, was die linke tut!

Im Idealfall finden sich in Stadtteilkonferenzen alle Institutionen zusammen, die sich mit Kindern, Jugendlichen und Familien, deren Förderung, Beratung und Unterstützung beschäftigen. Sie besprechen unterschiedliche Themen und überlegen sich effektive Möglichkeiten der Zusammenarbeit.

Die Zusammenarbeit mit der Schule beginnt schon im Kindergarten. Eine Erzieherin kennt ein Kind zu Beginn des Schuleintritts im Idealfall mindestens drei Jahre, sie kennt seine Fähigkeiten, Bedürfnisse und Probleme. Ein Austausch zwischen Erzieher und Lehrkraft kann dem Kind den Übergang in die Schule sehr erleichtern. Gegenseitige Erwartungen können durch eine intensive Zusammenarbeit geklärt werden.

ZUSAMMENARBEIT MIT ANDEREN INSTITUTIONEN

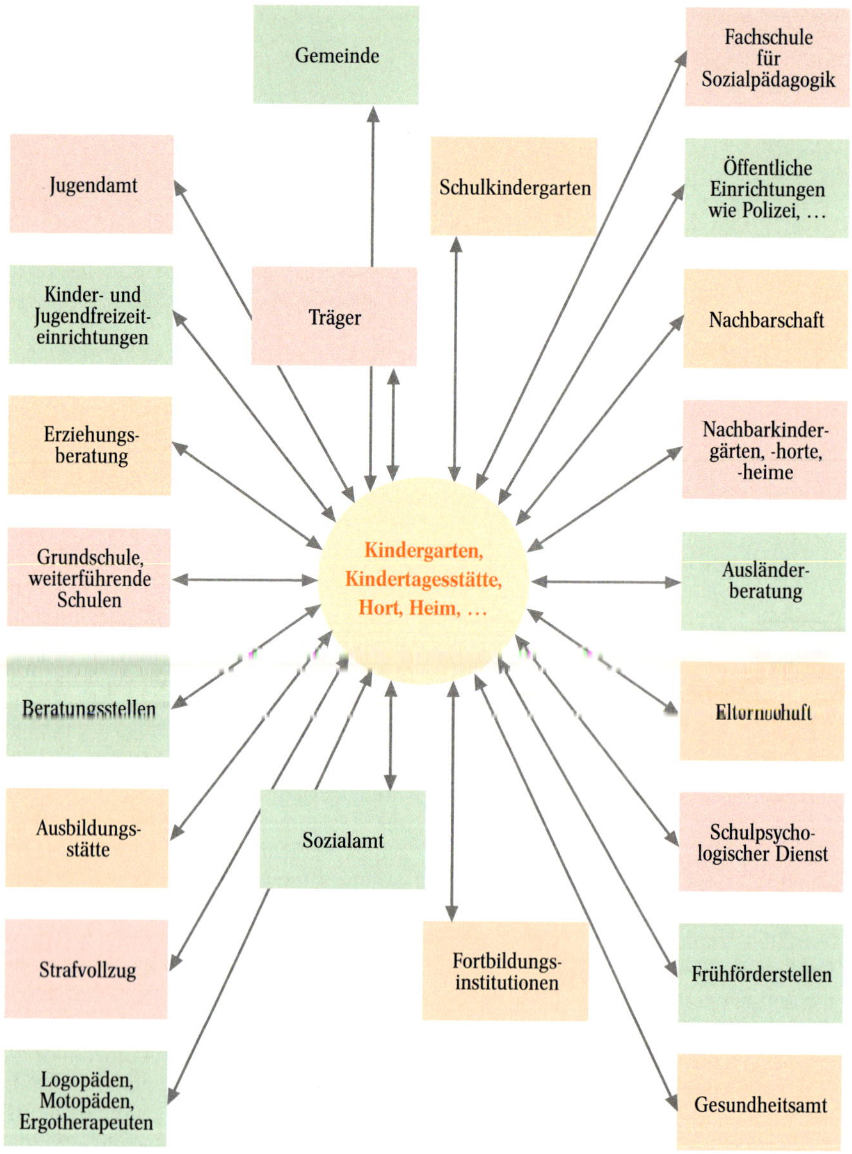

Der Kindergarten als Vermittler

INFO 3

„Herr S. ist 32 Jahre alt, Ingenieur, zz. arbeitslos. Frau S. ist 28 Jahre alt und von Beruf Bürokauffrau. Sie ist berufstätig und kommt für den Familienunterhalt auf. (...) Das gemeinsame Kind Tim ist mittlerweile sechs Jahre alt und besucht den Kindergarten.

Seit der Vater arbeitslos ist, verstärken sich die Auffälligkeiten von Tim. Seit bei Tim eine Entwicklungsverzögerung, insbesondere im sprachlichen Bereich, diagnostiziert wurde, beschäftigt sich der Vater täglich mehrere Stunden mit Tim. Zudem will er nachweisen, dass er seine Zeit daheim nützlich zubringt. (...) Die Spannungen in der Familie sind erheblich. (...)

Es wäre nun einfach zu sagen: Was geht das den Kindergarten an! Der Kindergarten teilt sich aber die Erziehungsverantwortung mit den Eltern, soll die familiäre Erziehung ergänzen und unterstützen. Im Fall von Familie S. sind – damit dies gelingen kann – verschiedene Hilfen notwendig: (...) Herr S. braucht Beratung in Bezug auf Berufschancen oder eine eventuelle Umschulung. (...) Für Tim sind Angebote der Frühförderung und eventuell die Zurückstellung vom Schulbesuch sowie der Besuch eines Schulkindergartens angezeigt. Eine Schuldnerberatung könnte helfen die prekäre Finanzsituation zu überwinden.

Eine Vielzahl von Problemen belastet die Familie. Das gemeinsame Kind Tim wird zum Symptomträger und entwickelt immer mehr Störungen. Geschieht nichts, so wird unter Umständen irgendwann die Trennung der Eltern folgen, das Kind aufgrund der Verhaltensauffälligkeiten in die Sonderschule eingeschult werden und bei zunehmender Problematik vielleicht sogar eine Fremdunterbringung erfolgen. Wenn nichts geschieht, so ist Tims „Jugendhilfekarriere" regelrecht vorgezeichnet.

In diesem Fall wurde mit einer sozialpädagogischen Familienhilfe begonnen und ein Hilfeplan für Tim erstellt. Der Kindergarten war der Vermittler und ohne den Einsatz der Erzieherin hätte die Familie die notwendigen Schritte und die Annahme der Hilfe nicht geschafft. Immer wieder berichteten die Eltern der Erzieherin von den eingeleiteten Maßnahmen. Das Verhalten von Tim veränderte sich. Er wird noch ein Jahr in seiner Kindergartengruppe bleiben. Seine derzeitige Entwicklung wird die Einschulung in die Regelschule möglich machen."

Becker-Textor, I., Vernetzung. in: Kindergartenpädagogik – Online-Handbuch, hrsg. von M. R. Textor

Voraussetzungen für die Zusammenarbeit

INFO 4

Die Kooperation mit anderen Institutionen ist mit viel Arbeit verbunden und zeitaufwändig. Dies ist nicht nur aus Sicht von Erziehern so, auch umgekehrt aus Sicht von Beratungen, Therapeuten, Ärzten u. a.: Die Kalender sind voll mit wichtigen Terminen, die Wartelisten sind lang, Beratungsstellen sind ausgelastet. Es besteht kaum Zeit für Kontakte außerhalb der regulären Arbeit. Oft bestehen Schwierigkeiten im organisatorischen Bereich, z. B. möchten Lehrer der Grundschule eventuell die zukünftigen Schulkinder im Kindergarten besuchen, haben aber vormittags Unterricht und nachmittags treffen sie nicht mehr alle Kinder im Kindergarten an.

BEREITSCHAFT UND INTERESSE

Trotzdem muss die Bereitschaft zur Zusammenarbeit bestehen. Ist von einer Seite kein Interesse erkennbar, folgen auf eine Anfrage Ausflüchte, ist die Arbeit zum Scheitern verurteilt. Manche erklären, aufgrund des Datenschutzes könnten sie nicht mit anderen zusammenarbeiten. Manche vermuten, der Kindergarten oder Hort wolle nur die schwierigen Kinder loswerden. Das Wohl des Kindes wird nicht mehr berücksichtigt.

INFO 4
Fortsetzung

AKZEPTANZ DER EIGENEN GRENZEN

Ein erster Schritt zur Kontaktaufnahme mit anderen Einrichtungen ist, dass der Erzieher und das Team feststellen, dass sie alleine an ihre Grenzen stoßen. Sie müssen akzeptieren, dass sie ein Problem alleine nicht meistern können und Hilfe benötigen. Dies fällt vielen Erziehern schwer. Sie wollen sich in bestimmten Situationen nicht eingestehen, dass sie nicht weiterwissen. Sie befürchten, andere könnten ihnen Unfähigkeit vorwerfen oder sie haben das Gefühl, sie würden versagen. In solchen Situationen versuchen Erzieher oft ein Problem „auszusitzen“, statt selbst aktiv zu werden.

FRÜHZEITIGER UND REGELMÄSSIGER KONTAKT

Sinnvoll ist es, schon vor dem Auftreten bestimmter Probleme Kontakte zu anderen Fachleuten aufzunehmen. Dann ist die Wahrscheinlichkeit größer, dass sich eine Vertrauensbasis zwischen den Beteiligten gebildet hat, gegenseitige Erwartungen abgeklärt sind und die Erzieherin weiß, was auf sie zukommt. Die Hemmschwelle ist nicht mehr hoch.

„Erinnern wir uns an ein Spinnennetz in der Natur. Hauchdünn und empfindlich sind seine Fäden. Ein starker Luftzug kann es zerreißen. In der Dunkelheit oder bei trübem Wetter sind die Fäden oft gar nicht zu erkennen, im Sonnenlicht glitzern und strahlen sie, werden zu einem Kunstwerk. Wie in der Natur stellt sich auch Vernetzung rund um den Kindergarten dar. Werden wir von Problemen überrollt, so erkennen wir oft nicht die nächstliegenden Hilfemöglichkeiten – obwohl wir wissen, dass es das Jugendamt, die Erziehungsberatungsstelle, die Frühförderstelle u. a. gibt. Wir sollten deshalb ‚bei gutem Wetter‘ den Gedanken der Vernetzung aufgreifen und uns über Hilfsangebote informieren, bevor eine akute Situation sofortige Hilfe erfordert.“

Becker-Textor, I., Vernetzung. in: Kindergartenpädagogik – Online-Handbuch, hrsg. von M. R. Textor

OFFENHEIT UND GLEICHBERECHTIGUNG

Eine Vertrauensbasis wird verhindert, wenn eine Seite versucht sich selbst in den Vordergrund zu spielen sowie Macht und Druck auszuüben. „Kompetenzgerangel“ kann leicht entstehen, wenn die Aufgaben und Ziele bei der Arbeit nicht klar feststehen. Eine Erzieherin fühlt sich womöglich im Umgang mit Lehrern, Ärzten und Therapeuten sehr unsicher, da diese einen „höheren“ Berufsabschluss haben. Erzieher sollten sich der eigenen Stärken bewusst sein und sich ein realistisches Bild von ihrem Beruf machen (vgl. Bd. 1). Selbstvertrauen und Identität, die daraus gewonnen werden, helfen anderen Fachleuten offen und kooperativ zu begegnen. Das Gegenüber als gleichberechtigten Partner bei der Arbeit am Kind zu betrachten, ist sinnvoll und effektiv.

Beobachtung

Viele Formen der Vernetzung finden regelmäßig statt, gehören schon zum Alltag dazu, bei Projekten, beim Übergang in die Schule, bei der Bewältigung des Alltags. Auf der anderen Seite kann eine Erzieherin plötzliche Auffälligkeiten bei einem Kind wahrnehmen. Eine umfassende Beobachtung des Kindes bildet die Grundlage für jede weitere Überlegung, z. B. ob der Bedarf an einer Therapie (beim Logopäden usw.) besteht.

Einverständnis der Eltern

Das Einverständnis der Eltern ist allerdings bei allen Bemühungen zur Zusammenarbeit in Bezug auf einzelne Kinder erforderlich. Die Eltern haben das Sorgerecht und können deshalb selbst entscheiden, ob Kontakte zu anderen Fachleuten und Institutionen aufgenommen werden. Ohne Erlaubnis der Eltern darf eine Erzieherin nicht eigenmächtig aktiv werden. Einzige Ausnahme: Das Leben eines Kindes ist akut gefährdet.

Zusammenarbeit im Team

Als Erzieher trifft man Entscheidungen zur Zusammenarbeit mit anderen Personen und Institutionen grundsätzlich nicht allein: Stets finden vorher Gespräche im Team statt und auch der Träger und das Jugendamt werden oft einbezogen.

Austausch und Reflexion

Während der Zusammenarbeit mit Therapeuten ist ein regelmäßiger Austausch zwischen pädagogischen Fachkräften und Therapeuten erforderlich, um die Gesamtsituation des Kindes zu sehen. Erzieher können Auskunft geben über bisherige Stärken und Schwächen eines Kindes, der Therapeut kann den Erziehern mitteilen, wie sie das Kind in ihrer Einrichtung fördern können. Die Erzieherin kann beobachten, ob sich Veränderungen beim Verhalten oder in der Entwicklung des Kindes, auch in der Gruppe einstellen. Dazu kommt die ständige Reflexion der Arbeit sowohl mit Kollegen als auch den anderen Diensten und der Ergebnisse, um die Entwicklung des Kindes zu sehen. Fehlende oder nur geringe Kooperation würde die Arbeit sehr erschweren, wenn die Erzieherin z. B. nicht erfährt, was der Therapeut mit dem Kind macht und worauf sie im Umgang mit ihm achten sollte.

Fazit

Pädagogisch qualitative Arbeit ist nur zusammen mit anderen Fachleuten zu leisten. Allein kann ein Erzieher einem Kind nicht immer helfen oder die Hilfe bieten, die es braucht. Ziele der Zusammenarbeit sind die Förderung des Kindeswohls und der Bildung.

Grundlegendes Wissen über die Möglichkeiten der Jugendhilfe und anderer Dienste verhindert sich als Erzieher bei der Arbeit mit Kindern, Jugendlichen und Eltern überfordert zu fühlen.

Es gibt vielfältige Möglichkeiten der Vernetzung: Die Zusammenarbeit kann mit verschiedensten Personen und Institutionen erfolgen, die die direkte Arbeit am Kind unterstützen und bei Problemen helfen (Lehrer, Ärzte, Therapeuten, Arbeitgeber, Trainer u. a.), es können auch Freizeiteinrichtungen sein (Bücherei, Schwimmbad, Jugendzentrum u. a.) oder Beratungsstellen. Ebenso stehen Einrichtungen zur Unterstützung der Familie zur Verfügung (Familienberatung und -bildung), wobei die Erzieherin diese Kontakte vermitteln kann. Und es gibt Anlaufstellen für die Erzieherin selbst (Fachberaterin).

Voraussetzungen für eine positive und effektive Zusammenarbeit sind:

- Bereitschaft und Interesse aller Beteiligten
- Akzeptanz der eigenen Grenzen
- frühzeitiger und regelmäßiger Kontakt
- Offenheit und Gleichberechtigung
- Beobachtung
- Einverständnis der Eltern
- Zusammenarbeit im Team
- Austausch und Reflexion

Aufgaben und Anregungen

1 Laden Sie einen Mitarbeiter des Jugendamtes ein, der über die Zusammenarbeit mit Kindergärten, Horten und Heimen berichtet. Informieren Sie sich, wie das Jugendamt bei familiären Problemen vorgeht und wie eine Erzieherin vorgehen kann, wenn sie Probleme erkennt.

2 Nehmen Sie Kontakt zu verschiedenen beratenden Institutionen auf. Dies kann über Telefon, Internet, Besuch usw. geschehen. Informieren Sie sich dabei über die Aufgaben und Tätigkeitsfelder dieser Einrichtung. Für welche Problemlagen ist sie zuständig? Welche Möglichkeiten gibt es, als Erzieher mit dieser Institution zusammenzuarbeiten?

2.1 Erstellen Sie in der Klasse eine übersichtliche Informationswand mit allen Ergebnissen. Vergleichen Sie Ihre Ergebnisse in einem Plenumsgespräch.

2.2 Reflektieren Sie Ihr Vorgehen:

- Gab es bei Ihnen eigene Hemmschwellen?
- Wie erklären Sie sich diese eventuell?
- Wie haben Sie versucht diese zu überwinden?
- Welchen Weg der Kontaktaufnahme haben Sie gewählt?
- Wie beurteilen Sie diesen Weg? Welche Vor- und Nachteile bestehen bei dieser Art der Kontaktaufnahme?
- Wie verlief der Kontakt?
- Welche Informationen mussten Sie über sich selbst geben?
- Welche Informationen waren für Sie hilfreich?
- Welche Informationen können Sie für Ihre Zukunft nutzen?
- Welche Informationen fehlen Ihnen noch?

3 Wählen Sie aus der folgenden Auflistung ein Thema aus oder wählen Sie ein eigenes Thema aus der Praxis. Überlegen Sie, mit welchen Personen oder Diensten eine Zusammenarbeit notwendig und sinnvoll wäre. Nehmen Sie entsprechend Kontakt auf und erkundigen Sie sich, ob die gewählte Einrichtung der richtige Ansprechpartner ist und wie diese vorgehen würde.

Schulfähigkeit, Behinderung, Verwahrlosung, Kindesmisshandlung, sexueller Missbrauch, Hochbegabung, motorische und sprachliche Auffälligkeiten, Mobbing im Team, Trennung der Eltern.

9612434

5 Qualitätsmanagement

5.1 Qualität ja, aber welche?

Einstiegssituation

Renate berichtet empört vom Hospitationstag. Die Leiterin des Hortes ließe kaum mit sich reden. Vielmehr ordne sie einfach an. Selbst sie als Studierende habe mit ansehen müssen, wie die Leiterin zur Erzieherin sagte: *„Planen Sie für nächste Woche den Ausflug ins Kommunikationsmuseum. Dies ist eine Dienstanweisung."* Dabei habe die Erzieherin im Rahmen des Projektes „Kommunikation damals und heute" eine Zeitungsredaktion besuchen wollen. Doch da die Leiterin wohl einen besonderen Draht zur Museumspädagogin habe, sei dies einfach angeordnet worden. Die Erzieherin habe erzählt, das sei oftmals so. Hier werde nicht lange diskutiert. Offenbar seien die Vorschläge des Teams nicht gewünscht, weshalb sie auch keine Initiative mehr erbringe.

Laura widerspricht. Sie habe gerade das Gegenteil erfahren. Da werde so lange diskutiert und abgewogen, dass man gar nicht zum Arbeiten komme. Sie fände es doch gut, wenn endlich auch mal jemand den Mut hätte Führungsverantwortung zu übernehmen.

5.1.1 Die Perspektiven sind unterschiedlich

Die Qualitätsfrage hat längst in die sozialen Einrichtungen Einzug gehalten. Doch während sich Qualität bei Waren leicht definieren lässt, ist das bei sozialen Dienstleistungen anders. Scheinbar objektive Kriterien oder Standards fehlen. Ist eine offene oder eine halb offene Arbeit besser? Gehört der PC zur Ausstattung eines Kindergartens oder sollte man damit lieber noch warten? Ist der Mittagsschlaf für die Kindergartenkinder ein notwendiges Angebot oder sollten sich die Kinder lieber in der Einrichtung austoben können? Auf diese Fragen gibt es kein klares Ja oder Nein, denn die Kinder sind verschieden, die Situationen sind unterschiedlich.

Und wie so oft kommt es auf die Perspektive an: Für Eltern, die einer Schichtarbeit nachgehen, wird die Qualität eines Kindergartens im hohen Maße von den Öffnungszeiten abhängen. Die dort tätigen Erzieherinnen dürften hingegen gegen eine Ausweitung der Öffnungszeiten sein, da sie ein legitimes Interesse an einem familienfreundlichen Arbeitsplatz haben. Und schließlich wird der Träger die Qualität seiner Einrichtung auch danach beurteilen, ob sie sich am Markt behaupten kann und zudem noch kostengünstig ist.

Die Qualität einer Einrichtung ist also bestimmt durch unterschiedliche Interessen. Qualität in sozialen Einrichtungen bedarf demnach einer Beschreibung. Hilfreich ist dabei eine Definition von Standards. Bernd Franken definiert den Qualitätsbegriff so:

„Eine einheitliche Definition von Qualität gibt es nicht. Qualität ist dynamisch, veränderbar und abhängig von den Zielvorstellungen, Wünschen und Vorstellungen des jeweiligen Betrachters. Jeder Kindergarten hat seine individuelle Qualität, die sich in den eigenen, individuell gestalteten Qualitätsmerkmalen ausdrückt." Franken

5.1.2 Normierte Qualität

Der Auftrag für die Kindertagesstätten ist eindeutig. Mit Blick auf den § 22 KJHG formulierte denn auch die Bundesarbeitsgemeinschaft der Landesjugendämter anlässlich ihrer Arbeitstagung vom 3. bis 5. Mai 2000 in Halle: *„In Tageseinrichtungen für Kinder soll die Entwicklung des Kindes zu einer eigenverantwortlichen und gemeinschaftsfähigen Persönlichkeit gefördert werden. Dies umfasst die Betreuung, Bildung und Erziehung des Kindes. Das Leistungsangebot orientiert sich pädagogisch und organisatorisch an den Bedürfnissen der Kinder und ihrer Familien“.* (Landesjugendämter)

Erst diese Perspektive verleiht den Tageseinrichtungen eine pädagogische Qualität. Im Mittelpunkt der Bemühungen steht das Kind. Aber auch der Blickwinkel der pädagogischen Qualität ist ein komplexes Gebilde. Es wird unterschieden zwischen

- Prozessqualität,
- Strukturqualität und
- Orientierungsqualität.

Prozessqualität

Prozessqualität meint die Gesamtheit der Erfahrungen und Interaktionen, die das Kind in der Gruppe mit seiner sozialen und sozial-räumlichen Umwelt macht. Eine angemessene pädagogische Prozessqualität zeichnet sich dadurch aus, dass sie dem Kind Sicherheit und emotionale Geborgenheit gibt. Die Interaktion ist angemessen, es wird ein breites Spektrum von Aktivitäten angeboten, das sich auch an dem Sozialraum orientiert. Die Familie des Kindes wird in die klaren Kommunikationsformen einbezogen.

Strukturqualität

Mit Strukturqualität werden die zeitlich stabilen Rahmenbedingungen beschrieben. Die Gruppengröße, der Erzieher-Kind-Schlüssel, die Ausbildung und Erfahrung der Mitarbeiterinnen, der Raum usw. sind Merkmale der Strukturqualität. Im Gegensatz zu den Merkmalen der Prozessqualität sind die Merkmale der Strukturqualität leicht veränderbar.

Orientierungsqualität

Der Begriff Orientierungsqualität umschreibt die pädagogischen Vorstellungen, Werte und Überzeugungen der am pädagogischen Prozess beteiligten Erwachsenen. Im weitesten Sinne meint er die weltanschauliche Prägung des Umfeldes. Es geht um die Auffassung von Erziehung, um die Aufgabe des Kindergartens im Gegensatz zur Familie, um pädagogische Ziele und Normen. Die Orientierungsqualität ist in der Regel ebenfalls zeitlich relativ stabil. Aber im Gegensatz zu den Merkmalen der Strukturqualität lassen sich die Merkmale der Orientierungsqualität nicht leicht verändern. Vielmehr sind sie selbst das Ergebnis eines langen Sozialisationsprozesses der beteiligten Erwachsenen und spiegeln kulturell verankerte Muster wider.

Pädagogische Qualität ist messbar.

Pädagogische Qualität ist messbar, zumindest beschreibbar. Verschiedene Verfahren wurden hierfür entwickelt bzw. aus der Industrie übernommen.

Info 1 Die Industrienorm: DIN ISO 9000 ff.

Es handelt sich um eine internationale Normenreihe. Es wird nicht inhaltlich normiert, sondern es werden formale Anforderungen an ein Qualitätsmanagementsystem gestellt. So wird etwa die Begrüßung des Kindes beschrieben, der Tonfall, in dem dieses geschieht, entzieht sich aber dieser Beschreibung. Die Umsetzung dieses Systems ist auf fast alle Dienstleistungsbereiche übertragbar. Aufgrund des

9612436

hohen Grades an Universalität gehen allerdings Spezifika des jeweiligen Bereiches verloren. Das Verfahren zeichnet sich durch folgende Merkmale aus:

- Definition von Standards zum Management von Organisationsprozessen
- Darlegung in 20 Elementen (Qualitätsmanagementhandbuch)
- Selbstbewertung möglich durch ein internes Audit
- externe Überprüfung in einem externen Audit
- Zertifikat für 3 Jahre, jährliche Nachprüfung
- Motto: *„Qualität der Organisation – nicht des Produktes – steht im Vordergrund"*.

Die ISO-9000-ff.-Reihe erfasst in erster Linie rein formale Gesichtspunkte und die Effektivität von Prozessabläufen. Sie erfasst keine ethischen oder moralischen Aspekte, sie fragt nicht nach dem Sinn der Prozesse oder der Produkte. In der Literatur wird immer wieder das Beispiel angeführt, dass nach dieser Methode sich auch ein Schwimmreifen aus Beton zertifizieren ließe. Die Norm ISO 9000 ff. fragt eben nicht nach der Zielsetzung des Handelns. Erziehung ohne Ziel ist aber nicht denkbar und wäre eben dann keine Erziehung mehr.

Inzwischen ist ein so genanntes QM-Elementar auf dem Markt: Es handelt sich hierbei um die Umsetzung eines QM-Systems nach DIN EN ISO 9002 in Kindertageseinrichtungen.

Das EFQM (European Foundation for Quality Management) ist die europäische Variante von TQM (Total Quality Management). Es geht über ISO 9000 ff. hinaus. Total Quality Management ist ein langfristig angelegtes, von der Unternehmensleitung organisiertes und von den Mitarbeitern getragenes ganzheitliches Managementkonzept. Ziel ist die Wettbewerbsfähigkeit des Unternehmens durch größeren Markterfolg und sinkende Kosten langfristig zu sichern. Im Mittelpunkt stehen dabei die konsequente Ausrichtung auf die Bedürfnisse der Kunden und eine kontinuierliche Verbesserung der Produktqualität. Dabei werden alle Bereiche und Prozesse des Unternehmens eingebunden. TQM fordert eine straffe Unternehmensleitung mit konsequenter Politik und Strategie nebst einer ausgeprägten „Corporate Identity".

Qualitätsentwicklung im Dialog

INFO 2

Als Instrumentarium der Qualitätsentwicklung ist vor allem der Kronberger Kreis mit seiner Methode „Qualität im Dialog entwickeln" bekannt.

Der Kronberger Kreis für Qualitätsentwicklung in Kindertageseinrichtungen ist eine interdisziplinäre Arbeitsgruppe von Fachleuten, die aus dem hessischen Projektring „Orte für Kinder" hervorging. Der Kreis hat sich 1995 gegründet. Er versteht sein Verfahren nicht als Katalog, sondern als Anregung für einen individuellen Qualitätsentwicklungsprozess. Es soll sich vor Ort die „beste Fachpraxis" entwickeln. Dabei sollen alle beteiligten Gruppen in einen Dialog einbezogen werden. In diesem dialogischen Prozess sollen die Erwartungen und Bedürfnisse geklärt werden. Bewusst wird hier auf jede Vorbestimmung dessen, was Qualität ist, verzichtet. Der Kronberger Kreis hat seine Anregungen in Anlehnung an den Situationsansatz entwickelt. Als Qualitätsbereiche werden

- Programm- und Prozessqualität,
- Leitungsqualität,
- Personalqualität,
- Einrichtungs- und Raumqualität,
- Trägerqualität,
- Kosten-Nutzen-Qualität und
- Förderung von Qualität

betrachtet.

INFO 2
Fortsetzung

In drei Schritten wird Qualität untersucht:
- Herausarbeitung allgemeiner Gesichtspunkte einer guten Fachpraxis (Qualitätsstandards)
- Formulierung von erkenntnisleitenden Fragen, die die Qualitätsuntersuchung in einer Einrichtung leiten könnten
- Erteilen von Hinweisen auf konkrete Indikatoren, Merkmale, die gute Fachpraxis beschreiben

INFO 3 Die KES – Kindergarten-Einschätz-Skala

Als ein Instrument der Qualitätsmessung ist die Kindergarten-Einschätz-Skala (KES- Skala) im Gespräch. Sie ist die deutsche Fassung der Early Childhood Environment Rating Scale (ECERS), die die Autoren Thelma Harms und Richard Clifford 1980 für die Bewertung der Qualität der Betreuung und Erziehung in Kindergärten entworfen haben. Erst 1997 erschien die deutsche Fassung. Ähnliche Einschätzskalen sind für Krippen und Horte in Vorbereitung. Inzwischen wird mit einer revidierten Fassung der KES, der KESR, gearbeitet. Sie umfasst 43 Merkmale, *„die sich auf die Förderung der Entwicklung der Kinder im physischen, sozialen, emotionalen und kognitiven Bereich beziehen und dabei Anforderungen an die Ausstattung der Einrichtung und deren Nutzung sowie an Aufgaben der Erzieherinnen zugrunde legen.“* (Tietze u. a.) Der Einschätzung liegen 43 Qualitätsmerkmale zugrunde. Dabei werden beurteilt (Tietze u. a., S. 9):

I. Platz und Ausstattung
1. Innenraum
2. Mobiliar für Pflege, Spiel und Lernen
3. Ausstattung für Entspannung und Behaglichkeit
4. Raumgestaltung
5. Rückzugsmöglichkeiten
6. kindbezogene Ausgestaltung
7. Platz für Grobmotorik
8. Ausstattung für Grobmotorik

II. Betreuung und Pflege der Kinder
9. Begrüßung und Verabschiedung
10. Mahlzeiten und Zwischenmahlzeiten
11. Ruhe- und Schlafpausen
12. Toiletten
13. Maßnahmen zur Gesundheitsvorsorge
14. Sicherheit

III. Sprachliche und kognitive Anregungen
15. Bücher und Bilder
16. Anregung und Kommunikation
17. Nutzung der Sprache zur Entwicklung kognitiver Fähigkeiten
18. allgemeiner Sprachausdruck

IV. Aktivitäten
19. feinmotorische Aktivitäten
20. künstlerisches Gestalten
21. Musik und Bewegung
22. Bausteine

23. Sand/Wasser
24. Rollenspiel
25. Naturerfahrungen/Sachwissen
26. mathematisches Verständnis
27. Nutzung von Fernsehen, Video und/oder Computer
28. Förderung von Toleranz und Akzeptanz von Verschiedenartigkeit/Individualität

V. Interaktionen

29. Beaufsichtigung/Begleitung/Anleitung bei grobmotorischen Aktivitäten
30. allgemeine Beaufsichtigung/Begleitung/Anleitung der Kinder
31. Verhaltensregeln/Disziplin
32. Erzieher-Kind-Interaktion
33. Kind-Kind-Interaktion

VI. Strukturierung der pädagogischen Arbeit

34. Tagesablauf
35. Freispiel
36. Gruppenstruktur
37. Vorkehrungen für Kinder mit Behinderungen

VII. Eltern und Erzieherinnen

38. Elternarbeit
39. Berücksichtigung persönlicher Bedürfnisse der Mitarbeiter
40. Berücksichtigung fachlicher Bedürfnisse der Mitarbeiter
41. Interaktion und Kooperation der Mitarbeiter
42. fachliche Unterstützung und Evaluation der Mitarbeiter
43. Fortbildungsmöglichkeiten

QM praktisch

INFO 4

Das Ausmaß der Veränderung, die die Teilnahme an einem Qualitätsmanagementprozess bewirkt, lässt sich bei der Schilderung einer Teilnehmerin erahnen:

„Qualitätsmanagement gehört einfach zum evangelischen Profil." Ingrid Marth wählt deutliche Worte, wenn sie von Qualitätsmanagement spricht. Für die Leiterin vom „Regenbogenland", der Kindertagesstätte der Frankfurter Regenbogengemeinde, ist Qualitätsmanagement schnell zu einem *„absoluten Highlight"* geworden. Zunächst jedoch, erinnert sie sich, habe es unter den Mitarbeiterinnen durchaus Unsicherheiten gegeben: *„Welche Arbeit kommt da auf uns zu, wie können wir den zusätzlichen Aufwand bewältigen? Doch schnell habe das Team die vielen Vorteile des Qualitätsmanagements erkannt."*
Der Qualitätsmanagement-Prozess wirkte sich entscheidend auf den Alltag aus: *„Wir haben beispielsweise einen Beobachtungsbogen eingeführt und besprechen mit den Eltern nach einem Vierteljahr, wo ihr Kind steht."* Überhaupt habe Qualitätsmanagement die Kommunikation intensiviert. Grundlage sind regelmäßige Befragungen von Kindern und Eltern. Daraus entstanden bereits ein Väterfrühstück und von Eltern angebotene Projekte wie Fußball, Backen oder Tanzen. *„Es wird eben nicht nur gebastelt – darauf legen die Kinder Wert"*, lacht die Leiterin und ergänzt: *„Wir machen auch kein Fest mehr, an dem die Eltern nicht intensiv mitarbeiten."* Schon länger, erklärt sie, sei es der ausdrückliche Wunsch des Teams gewesen, den Vätern und Müttern die Arbeit ausführlich zu dokumentieren: *„Was macht ihr eigentlich genau?"*, ist eine häufige Frage, die dank Qualitätsmanagement nun leicht zu beantworten ist.
Neu in der Kindertagesstätte ist auch ein Reklamationsverfahren: Im Eingangsbereich können Eltern ein Formular ausfüllen und es in einen Briefkasten werfen. *„So läuft das nicht über Gerüchte nach dem Motto: Der und die hat gesagt …"*, erklärt Ingrid Marth. Der Name des Verfahrens „Das offene Wort" ist auch in anderen Bereichen der Kindertagesstätte zum Programm geworden. *„Jeder im Team weiß um verbindliche Regelungen und kann sie jederzeit im Qualitätsma-*

INFO 4
Fortsetzung

nagement-Handbuch einsehen", betont die Leiterin und ergänzt: *„Wenn etwas verbessert werden soll, setzen sich alle zusammen und entscheiden. Nichts geschieht planlos."* Insgesamt minimiere Qualitätsmanagement die Abhängigkeit der Entscheidungen von einzelnen Personen. So entstand auch eine „Fehlermängelliste", die Fragen klärt: Was ist zu bemängeln? Wann und wo trat das Problem auf? Welche Sofortmaßnahme wurde eingeleitet? Welche Vorschläge zur Verbesserung gibt es? *„Kritik"*, so Ingrid Marth, *„geschieht nicht mehr mit erhobenem Zeigefinger, sondern bleibt auf einer sachlichen Ebene."*
Besonders beschäftigt hat das Team vom „Regenbogenland" die Frage, wie es interkulturelle Arbeit in einem sozialen Brennpunkt mit evangelischem Profil verbinden kann. In diesem Zusammenhang verstärkte die Kindertagesstätte auch die Kontakte zu einer benachbarten islamischen Einrichtung. Ein gemeinsames Fest gehört nun zu den regelmäßigen Terminen im Jahr. Ingrid Marth, seit 1975 Leiterin der Kindertagesstätte, möchte auch andere zum Qualitätsmanagement ermutigen. *„Meine Vision ist, dass alle Frankfurter Einrichtungen sich beteiligen und wir bald auf einem gleichen Level stehen"*, erklärt sie. Schließlich helfe Qualitätsmanagement, flexibel zu bleiben und sich auf neue Gegebenheiten einzustellen. *„Als lang gediente Leiterin muss auch ich mich immer wieder hinterfragen: ‚Wo bin ich betriebsblind?'"*, konstatiert sie. Das falle ihr nun viel leichter, denn: *„Umdenken und neu anfangen – das geht mit Qualitätsmanagement hervorragend."*
Diakonisches Werk für Frankfurt, S. 14

5.1.3 Auf den Führungsstil kommt es an

BEI EINER GUT FUNKTIONIERENDEN ORGANISATION GREIFT EIN RAD INS ANDERE.

Auch soziale Organisationen bedürfen der Leitung. Dabei geht es nicht nur um Personalführung, sondern auch um die Gestaltung organisatorischer Strukturen, die Strategie und den Einsatz der Ressourcen. Klassisch ist die Auffassung, dass eine Organisation wie eine Maschine funktioniert. Hier greift ein Rad ins andere. Und an der Spitze steht jemand, der die Maschine lenkt. Eine solche Organisation bedarf der Arbeitsteilung, der Disziplin, der Unterordnung, einer klaren Hierarchie und eines Gemeinschaftsgeistes. Vor allem in den 30er- und 40er-Jahren wurde dieses Prinzip in verschiedene Theorien verpackt.

Die Stärken dieses Ansatzes der Maschinenmetapher liegen in der „technischen" Effizienz, der Präzision der Arbeitsabläufe und der klaren Struktur und Ordnung. Für die Leitung bedeutet dies: „Plane, organisiere und kontrolliere, kontrolliere, kontrolliere." Jedes Detail ist vom Manager vorzubestimmen. Alexander Pfeiffer kommt denn auch zu dem Ergebnis:

„Mechanische Organisationssysteme sind geschlossen, unflexibel, starr und auf Sicherheit ausgelegt. Nur unter Schwierigkeiten können sie sich veränderten Bedingungen anpassen. Auf Innovation sind sie nur unzulänglich eingestellt."
Pfeiffer

Initiative versus Ordnung

INFO 1

Die beiden Autoren Bosetzky und Heinrich haben in wunderbarer Überspitzung das Prinzip des Top-down-Managements auf ein Fußballspiel übertragen:

„Der gegnerische Außenverteidiger, ein ansonsten unüberwindbarer Spieler, wartet vergeblich auf den Abseitspfiff des Schiedsrichters und zögert einen Augenblick zu lange, sodass der deutsche Rechtsaußen urplötzlich freie Bahn hat. Dies sieht der deutsche Libero, der in dieser Sekunde den Ball führt. Seine generelle Weisung, die er vor dem Spiel vom Bundestrainer bekommen hat, lautet, den Ball stets nach links zum deutschen Mittelfeldregisseur zu schlagen. In einer streng bürokratischen Organisation müsste er nun bei seinem Trainer nachfragen, was jetzt zu tun sei, und zwar schriftlich, um sich – sollte seine Aktion womöglich einen ertragreichen Gegenangriff der anderen Mannschaft auslösen – gegen spätere Vorwürfe und Sanktionen abzusichern. Die Anfrage wäre allerdings unter Einhaltung des Dienstweges über den Mannschaftsführer (den Kapitän) zu leiten, da der nicht ohne Kenntnis des Vorgangs bleiben kann und im Zweifelsfalle den Trainer zu beraten hat. Der Trainer seinerseits müsste, zumal dies – beim Stande von null zu null und zehn Minuten vor Schluss – ein Fall von erheblicher Brisanz ist, eine Aktennotiz anfertigen und damit den DFB-Präsidenten informieren, selbstverständlich mit der Bitte, die Sache baldestmöglich zu entscheiden. Doch der Präsident beeilt sich vorerst nur andere Dienstgeschäfte vorzuschützen, denn das Ganze ist für ihn wenig erfreulich, weil sich im letzten Jahr Torwart und Mittelfeldregisseur in entscheidenden Fragen ein gewisses Mitspracherecht erkämpft haben und man sich nun erst zur gegenseitigen Abstimmung zusammensetzen müsste. So bleibt im Augenblick nur, den Libero um eine ausführliche schriftliche Begründung für seinen geplanten Spielzug zu bitten. Daran anschließend wären dann zwei bis drei Sachverständigengutachten anzufordern. Das Wissen um diese sich zwangsläufig ergebenden Schwierigkeiten lässt den Trainer die Siegeschance verfluchen, die sich da so gänzlich unerwartet aufgetan hat, er zögert aber auch, weil der Libero erst gestern vom Torwart, dem dienstältesten Spieler und Vorsitzenden des örtlichen Personalrats, zur Beförderung vom Reserve- zum Stammspieler vorgeschlagen worden ist und nun auf keinen Fall zum Versager gemacht werden darf, das gäbe unnötigen Ärger. Wenn der geplante 40-m-Pass nun ins Aus ginge oder den gefürchteten Konter des Gegners ‚auslöste' … Höflich gefragt, wie es denn nun mit der noch immer ausstehenden Entscheidung im Falle seines 40-m-Passes zum Rechtsaußen stünde, zuckt der Trainer die Schultern: Er habe den Dienstweg eingehalten und im Übrigen wolle er sich nicht mehr aufregen, schließlich werde er im nächsten Jahr pensioniert. Daraufhin spielt der Libero den Ball zum Torwart zurück und begibt sich auf eine Stelle des Platzes, wo er in der nächsten Zeit keine weitere Ballberührung zu befürchten hat …"

Bosetzky/Heinrich, S. 69 f.

Anders verhält es sich, wenn man die Organisation als Mechanismus begreift. Im Gegensatz zur Maschine hat der Organismus ein eigenes Ziel, nämlich das Überleben. Verändern sich die Bedingungen, so wird sich der Organismus anpassen. Der Organismus muss als dynamischer Zustand begriffen werden.

Pfeiffer unterstreicht fünf Stärken dieser Metapher:

„Die Hauptstärke der Organismusmetapher liegt in der Betonung der Beziehungen zwischen Organisationen und ihrer Umwelt. System und Kontingenzansatz

machen deutlich, dass die Anpassung an die Umwelt kein einmaliger Akt ist, sondern ein laufender Prozess des ständigen Abgleichs, der durch das Management gesteuert werden muss.
Für eine effektive Organisation kommt es darauf an, ein Gleichgewicht oder eine Vereinbarkeit zwischen Strategie, Struktur, Technologie, den Pflichten und Bedürfnissen der Menschen (Human Relations) sowie den äußeren Bedingungen des Umfeldes zu erzielen. Sonst ‚leiden' Offenheit, Produktivität und Effektivität des Gesamtsystems.
Eine zweite Stärke der Metapher liegt darin, dass sie das Überleben als Grundziel jeder Organisation betont. Dadurch kommen einerseits die Beharrungskräfte jeder Organisation in den Blick (...), andererseits wird damit auch die Gefahr des ‚Isolationismus' und der Selbstbezüglichkeit eingeblendet, die dazu führen kann, dass die Notwendigkeit einer Veränderung (d. h. Umweltanpassung) nicht oder zu spät wahrgenommen wird. Selbstbezüglichkeit entsteht, wenn die Organisation auf neue Probleme immer wieder mit den bewährten alten Lösungen reagiert. Aufgabe des Managements ist es, dem entgegenzusteuern. Sonst kann es zu existenziellen Problemen kommen.
Ein dritter Vorteil liegt in dem Hinweis, dass es bei der Organisationsgestaltung immer mehrere Wahlmöglichkeiten gibt und dass eine effektive Passung zwischen Subsystemen, System und Umwelt von Entscheidungen des Managements abhängt.
Die vierte Stärke der Organismusmetapher besteht darin, dass sie auf den Vorteil organischer Organisationsformen in Innovationsprozessen aufmerksam gemacht hat: Überall dort, wo Innovation Priorität hat, sind flexible, organische Organisations- und Managementformen den mechanisch-bürokratischen überlegen.
Und fünftens ist durch die Metapher – vor allem durch den Situationsansatz – der Blick auf die Bedeutung von Organisationsentwicklung gerichtet worden. Wenn es einen wissenschaftlich begründbaren One-best-Way und immer gültige Managementprinzipien nicht geben kann, weil sich die Organisation ‚situativ' strukturieren, anpassen und erneuern muss, dann stellt sich die zentrale Frage, wie in der Praxis eine gute Passung zu erreichen ist."
Pfeiffer, S. 38 f.

Organisationen als Organismus bedürfen Führungspersönlichkeiten, die aktiv zuhören, andere Einstellungen und Meinungen respektieren, die Rahmenbedingungen schaffen, die es normal intelligenten Mitarbeiterinnen und Mitarbeitern ermöglichen, ihre Aufgaben selbstständig zu erledigen. Die Führungskräfte brauchen nicht mehr die Arbeit vorzubereiten, zu verteilen und das Tagesgeschäft zu koordinieren. Vielmehr sehen sie in der Mitarbeiterin, dem Mitarbeiter ein Gegenüber mit Kompetenzen und vertrauen ihr bzw. ihm einen Teil des Arbeitsbereiches an. Für die Umsetzung sorgt dann die Mitarbeiterin, der Mtitarbeiter in eigener Verantwortung.

Gerade Träger sozialer Einrichtungen neigen in Zeiten, in denen sie unter finanziellem Druck stehen, dazu, im Stile klassischen Top-down-Managements per Anordnung Anpassung zu erzwingen. Dies ist oftmals kontraproduktiv, führt die Mitarbeiterinnen in die innere Emigration und nutzt deren Kompetenz für Veränderungsprozesse nicht.

5.2 Klappern gehört zum Handwerk

Die Notwendigkeit von Öffentlichkeitsarbeit wird kaum jemand bestreiten. Schließlich muss man sich ins Gespräch bringen, so die landläufige Meinung. Doch dies reicht nicht als Begründung für den Einsatz von Ressourcen. Klappern um des Klapperns willen ist keine ausreichende Begründung. Öffentlichkeitsarbeit ist mehr als ein „Sich-ins-Gespräch-bringen". Öffentlichkeitsarbeit ist eine Form der Teilhabe an dem öffentlichen Diskurs, der Vernetzung im Stadtteil. Stadtteilorientierung, Gemeinwesenorientierung, wie im Situationsansatz gefordert, ist ohne Öffentlichkeitsarbeit, ohne Kommunikation nicht möglich. Dies gilt aber auch für andere pädagogische Handlungsfelder. Wie soll eine Elternarbeit ohne systematische Kommunikation funktionieren? Wie soll pädagogisches Handeln ohne Kommunikation möglich sein?

Öffentlichkeitsarbeit bedeutet die Herstellung von Kommunikation mit bestimmten Zielgruppen. Sie bedarf der Systematik. Sie kann nicht „nebenher mitgemacht" werden. Sie ist ein Arbeitsbereich, der wesentlich zur Profilierung der Einrichtung beitragen kann. Aus diesem Grund ist Öffentlichkeitsarbeit eine Leitungsaufgabe.

Die Ziel-, besser: die Dialoggruppen können Teilgruppen der Einrichtung (Träger, eine Kindergruppe, Eltern) oder eben Dialoggruppen außerhalb der Einrichtung wie etwa politische Gruppen, andere Einrichtungen der Sozialpädagogik oder kommunale Öffentlichkeit sein. Öffentlichkeitsarbeit bedient sich dabei unterschiedlicher Medien, die quasi in allen sozialpädagogischen Einrichtungen anzutreffen sind:

- schwarzes Brett
- Elterninformation
- Anrufbeantworter
- Schaukasten
- Zeitung des Trägers
- Plakate
- öffentliche Berichterstattung
- Internetauftritt

Die Infowand/das schwarzes Brett wurde bereits in LF 5, Kap. 3.3.1, Info 3 ausführlich besprochen. Auch die Elterninformation/Kindergartenzeitung wurde dort bereits behandelt (gleiches Kapitel, Info 4). Deshalb werden in diesem Kapitel Plakat, Pressearbeit, Schaukasten, Anrufbeantworter und Internet als Medien der Öffentlichkeitsarbeit beschrieben.

FRAGEN

- ✔ *Was bedeutet Öffentlichkeitsarbeit für das pädagogische Konzept?*
- ✔ *Was versteht man unter Öffentlichkeitsarbeit?*
- ✔ *Was ist damit gemeint, dass Öffentlichkeitsarbeit nicht einfach nebenher gemacht werden kann?*

5.2.1 Sags doch plakativ

Das Adjektiv plakativ wird meist negativ gebraucht. So meint etwa die Dozentin, dass die Studierende zu plakativ argumentiere, also nicht alle Argumente genügend anführe und abwäge. Genau dies ist beim Plakat gefordert. Aus der Werbung ist bekannt, dass die einzelnen Plakate nur wenige Tausendstelsekunden gesehen werden. In dieser kurzen Zeit lässt sich keine differenzierte Werbebotschaft wahrnehmen. Hier kommt es darauf an, die Aussage optisch und schriftlich auf ein Minimum zu beschränken. Wer etwa ein Plakat sieht mit einer Banane und dem Schriftzug, dem Firmenlogo, Chiquita, der assoziiert sofort: Gute, gelbe Bananen, sollte ich haben.

Ein Plakat als Einladung zu einem Fest in der Tageseinrichtung für Kinder sollte sofort die Assoziation auslösen: Da ist was los, da muss ich hin. Und dies bei nur kurzem Augenkontakt. Da ist nicht viel Zeit für Details, für erklärende Hinweise und höfliche Formeln wie „Die Villa Kunterbunt lädt herzlich ein!". Wer ein Plakat aushängt, lädt ein. Das versteht sich von selbst. Auch beim Plakat ist die Dialoggruppe zu berücksichtigen. Ein Plakat, das sich nur an die Eltern richtet, wird sich in Form und Inhalt von einem Plakat, das im Ort aufgehängt wird, unterscheiden. Auch die Funktionen sind unterschiedlich. Will das Plakat für die Eltern nochmals an das Fest erinnern und die Spendenbereitschaft erhöhen, so wird das Plakat im Ort andere Eltern mit ihren Kindern einladen wollen. Wenn sich das Plakat an alle Leute im Ort richtet, sollten vor der Herstellung die Plätze für den Aushang geklärt werden. Im Einzelhandel werden oft nur A4-Aushänge, allenfalls A3-Aushänge akzeptiert. Preiswert können solche Plakate in kleinen Auflagen mittels Computer und Farbkopie hergestellt werden.

Der Adressat, die Zielgruppe ist also entscheidend. Wie bei allen Formen der systematischen Kommunikation muss zunächst ein klares Kommunikationsziel festgelegt werden. Eine gar nicht so einfache Aufgabe. Will man Gäste werben, sich bekannt machen oder die Leistungsfähigkeit der eigenen Einrichtung darstellen?

Wenn das Kommunikationsziel festgelegt ist, müssen auf dem Plakat die 5 Ws beantwortet werden:

- Wer?
- Was?
- Wann?
- Wo?
- Warum?

Beispiel:
Die Villa Kunterbunt, Tageseinrichtung für Kinder, will ihr Sommerfest am Samstag, dem 3. Juni
auf der Wiese hinter dem Bürgerhaus feiern.
Es gibt ein umfangreiches, buntes Programm mit kleinem Kinderkarussell.
Das Fest beginnt um 15 Uhr und endet um 18 Uhr. Ein Flohmarkt gehört dazu.
Motto: „Die Kleinen ganz groß“

Ein Plakat könnte nun die zentrale, auf ein Wort reduzierte Botschaft aufnehmen: Kinderfest. Optisch wäre ein Kinderkarussell als Blickfang geeignet. Ferner sollte als besonders attraktiv der Flohmarkt hervorgehoben werden. Das Motto erscheint eher verzichtbar, da es zu wenig Aussagekraft hat. So lautete die große Überschrift „Kinderfest“, darunter „mit Flohmarkt, am Samstag, dem 3. Juni von 15 Uhr bis 18 Uhr auf der Wiese am Bürgerhaus. Veranstalter: Villa Kunterbunt.“

Auch bei der Typografie gilt der Grundsatz: Weniger ist oft mehr. Das Wichtigste ist mit der größten Punktzahl (die Schriftgröße wird in Punkten gemessen) zu schreiben. Bei der Verwendung verschiedener Schriftgrößen ist aber Vorsicht geboten: Zu viele Schriftgrößen machen ein Blatt sehr schnell unübersichtlich.

Plakate

1. Plakate sollten eine Information transportieren. Am besten ist es, wenn sie in einem Wort zusammengefasst werden kann.
2. Die Optik sollte mit der Information in Verbindung stehen.
3. Klarheit ist besser als Differenzierung.
4. Vor der Herstellung sollte eine Liste der Aushangorte erstellt werden. Danach kann die Zahl der Plakate und die Größe ermittelt werden.
5. Eine günstige Art der Herstellung sind Computerausdruck und Kopie (bis A1 möglich).

5.2.2 Pressearbeit

Unter Öffentlichkeitsarbeit wird meist dieser kleine Teil öffentlicher Darstellung verstanden. Denn wichtig ist etwas erst, wenn es in der Zeitung steht, und es wird noch wichtiger, wenn es im Fernsehen zu sehen war. So funktioniert nun mal eine Mediengesellschaft. Der Pressearbeit kommt deshalb eine besondere Bedeutung zu. Neben der journalistischen Ansprüchen genügenden Presseinformation ist die regelmäßige Kontaktpflege zu den Medien wichtig. Keine Angst, man braucht nicht ständig persönlich in der Redaktion zu erscheinen. Doch kann ein Gespräch mit der Redaktion, bei dem die Erwartungen und die Produktionsabläufe geklärt werden, dauerhaft hilfreich sein. Denn bis wann eine Nachricht in der Re-

9612444

daktion sein muss, hängt von den unterschiedlichen Redaktionsschlusszeiten ab. Professionell ist es, wenn man etwas zu sagen hat, es alle wissen zu lassen. Wenn die Sozialministerin tatsächlich einmal die Einrichtung besuchen würde, sollte man alle Medien mit dieser Information versorgen. Also ist der Aufbau eines guten Presseverteilers das A und O der Pressearbeit. Die kostenlosen Anzeigenblätter sind dankbar für solche Infos und werden gern gelesen.

1. Ein Gespräch mit der Redaktion vor Ort klärt deren Wünsche. Anzeigenblätter und die Zeitungen des eigenen Trägers nicht vergessen!
2. Die eigene Zeitung kann auch regelmäßig an die Presse geschickt werden.
3. Bei besonderen Anlässen wie Ausstellungen, Aktionen zum Bau eines Spielplatzes, Sammelaktionen können kurze Pressetexte rechtzeitig per Fax oder Mail an die Medien geschickt werden.
4. Presseinformationen müssen die fünf Ws beachten: Wer? Wann? Wo? Was? Warum?
5. Bei größeren Organisationen kann Hilfe bei den Presseabteilungen eingeholt werden. Oftmals ist eine eigenständige Pressearbeit ohne Beteiligung der Pressestellen untersagt.

5.2.3 Was tun, wenn keiner hinschaut? – der Schaukasten

Alle Vereine haben sie, mal groß, mal klein, mal beleuchtet, mal stockdunkel. Die Schaukästen sollen Aufmerksamkeit erregen und werden doch von vielen Organisationen selbst kaum beachtet. Wenn der Einzelhändler so mit seinen Schaufenstern umginge, könnte er sehr schnell Insolvenz anmelden. Die Schaukästen sind die Schaufenster der Organisationen. Und wer ein Schaufenster hat, sollte es attraktiv gestalten. Ein Schaukasten, in dem sich noch im Herbst die Sommerdekoration ausbleicht, ist kontraproduktiv. Ein Schaukasten muss permanent neu gestaltet werden. Das hat er mit einer Internetpräsentation gemeinsam. Schaukästen sollten genügend groß sein, mindestens A2. Bei der Anschaffung ist darauf zu achten, dass der Schaukasten genügend tief ist, damit man ihn dreidimensional gestalten kann. Bei der Gestaltung ist der Standort zu berücksichtigen: Hilft denn ein Schaukasten direkt an der Einrichtung beim Informieren der Öffentlichkeit, wenn dort überwiegend die Eltern vorbeigehen? Wäre es nicht besser, auf solche Schaukästen zu verzichten und sich nach geeigneteren Standorten umzuschauen? Oftmals haben die Träger, beispielsweise die Kommune oder die Kirchengemeinde, Grundstücke an von Fußgängern stark frequentierten Orten. Dort könnte sich die Aufstellung eines Schaukastens als lohnend erweisen. Allerdings muss er attraktiv gestaltet werden.

4 Regeln für die Schaukastengestaltung

1. Der Schaukasten sollte regelmäßig neu gestaltet werden. Spätestens nach 4 Wochen haben sich die Passanten daran gewöhnt, dass dort immer das Gleiche hängt. Darum am besten den Schaukasten alle 14 Tage verändern.
2. Der Schaukasten kann thematisch gestaltet werden. Es muss dort nicht für das nächste Sommerfest geworben werden, sondern das Thema könnte „Wie Kinder den Sommer erleben“ sein.
3. Der Schaukasten verfügt über eine bestimmte Tiefe. Man kann so Sterne aufhängen oder ein Boot auf einem imaginären See fahren lassen.
4. Bei der Gestaltung ist die Dialoggruppe immer im Auge zu behalten. Also genau hinschauen, wer den Schaukasten wahrnimmt.

5.2.4 „Hallo, bitte melde dich" – der Anrufbeantworter

Anrufbeantworter sind allgegenwärtig. Kaum ein Büro ist ohne. Aber sie sind auch sehr praktisch, wenn sie mich ermuntern meine Nachricht zu hinterlassen oder wenn sie mir verraten, wann ich jemanden erreichen kann. Doch leider schrecken viele Anrufbeantworter mit langen und überflüssigen Informationen ab. *„Sie sind verbunden mit der Nummer 50855327"* ist zwar gut gemeint, aber in der Regel hat der Anrufende zwar gerade in diesem Moment diese Nummer gewählt, sie aber dennoch nicht im Kopf. Warum nicht einfach mit einem *„Guten Tag, Sie sind verbunden mit dem Hermann-Hesse-Heim"* begrüßen? Da weiß man, wo man gelandet ist. Wichtiger als der Grund für die Abwesenheit ist ein klares Kommunikationsangebot, das man sich auch beim einmaligen Hören merken kann. *„Wir sind montags bis donnerstags von 9 bis 12 Uhr für Sie da, freitags bleibt unser Büro geschlossen."* Dies wäre eine solche klare Aussage. Falls die Bürozeiten sich täglich verändern, sollte man diese überprüfen, denn nicht nur Anrufende können sich unterschiedliche Zeiten schlecht merken. Im sozialpädagogischen Bereich wollen womöglich Eltern etwas ausrichten oder Verabredungen treffen. Da ist es hilfreich, wenn man nicht nur sagt, wann man da ist, sondern auch garantiert, dass die Mailbox abgehört wird. *„Sie können uns eine Nachricht auf Band sprechen, der Anrufbeantworter wird mehrmals täglich abgehört"* wäre eine solche Mitteilung, die der Mutter, die nur Bescheid sagen will, dass die Kleine heute vom Opa abgeholt wird, einen nochmaligen Anruf erspart.

1. Der Anrufbeantworter ist ein weithin unterschätztes Medium.
2. Er sollte mit Blick auf die Dialoggruppen besprochen werden.
3. Es bedarf vor allem eines klaren Kommunikationsangebots: *„Wir sind zu erreichen von …"*

5.2.5 Was nicht im Netz ist, ist auch nicht vorhanden! – das Internet

Das Internet ist heute nicht mehr wegzudenken. Immerhin verfügt bald die Hälfte aller Privathaushalte über einen Zugang. Eine Internetplattform kann man nutzen

- zur Darstellung der eigenen Dienstleistung,
- als Kommunikationsmedium mit Eltern und Kunden,
- als Medienprojekt der Kinder und Jugendlichen.

Idealerweise nutzt die Einrichtung die eigene Homepage für genau diese drei Aufgaben. So können dort das Konzept, das Leitbild sowie weitere notwendige Rahmenbedingungen abgelegt sein, beispielsweise die generellen Öffnungszeiten und die Information über Betriebsferien. Möglicherweise sind solche Grundinformationen oder sogar der gesamte Internetauftritt einzubetten in den Auftritt der Träger. So informieren etwa Kommunen im Internet über ihr Angebot an Tageseinrichtungen für Kinder. Schon ist es immer, auch Fotos von den letzten Feiern und Ausflügen einzustellen. Eine diesbezügliche Unterseite kann man leicht anlegen und die Adresse den Eltern aushändigen, sodass nicht alle Surfer die Seite finden. Grundsätzlich sollten solche halb öffentlichen Seiten nach einigen Wochen wieder gelöscht werden. Hilfreich ist es, wenn Jugendliche und Kinder (ab 10 Jahren) eine Internetredaktion gründen und dort entsprechende Informationen ablegen. Das können auch kleine Filme sein. Tatsächlich sind dort kaum Grenzen gesetzt. Um die Internetpräsentation bekannt zu machen, ist die Internetadresse im Briefkopf der Einrichtung zu führen.

Die Gestaltung einer Homepage
1. Die Startseite muss übersichtlich sein.
2. Lange Texte sollten in einzelne Abschnitte gegliedert werden. Scrollen ist nicht nutzerfreundlich.
3. Wie bei der Zeitung gehört auch hier auf jede Seite ein „Hingucker". Bilder sind immer gut.

AUFGABEN UND ANREGUNGEN

1 Ordnen Sie erlebtes Führungsverhalten einer der beiden Metaphern zu. Begründen Sie dies.

2 Sie sind zuständig für 80 Kindertagesstätten, die von 4 600 Kindern besucht werden. Der Gesamtetat beträgt 33 Millionen Euro, 80 Prozent davon sind Personalkosten. Sie müssen als Leiterin der Gesamteinrichtung zwei Prozent Kostensteigerung abfangen und wollen deshalb den Erzieherinnen eine gewährte Zulage streichen. Beschreiben Sie, wie sich ein solches Vorhaben in den jeweiligen Modellen (Metaphern) durchführen lässt und welche Auswirkungen das hätte.

3 Sie gehören zu einem für Finanzen zuständigen Gremium und wollen für Ihren Hort eine neue Erzieherin einstellen. Vergegenwärtigen Sie sich die BAT-Tabelle (vgl. Bd. 1, LF 1) und überlegen Sie, wen Sie einstellen. Zur Auswahl haben Sie:
a) eine 23-jährige Berufsanfängerin, ledig
b) eine 45-jährige Erzieherin, die nach der Familienphase (3 Kinder) wieder in den Beruf einsteigen will. Sie hat bis zu ihrem 30. Lebensjahr im Hort gearbeitet und ein ausgezeichnetes Zeugnis, verheiratet
c) eine 29-jährige Erzieherin, die bisher halbtags im Kindergarten gearbeitet hat und jetzt aufgrund ihrer Scheidung gezwungen ist ganztags zu arbeiten, keine Kinder

4 **Übung 1**
Das Hermann-Hesse-Kinderheim erhält von der hessischen Sozialministerin den Innovationspreis „Innovatio" für die Vernetzung von ökologischer Technologie und Pädagogik. Die Sozialministerin wird den Preis am Dienstag, dem 11. Mai im Kinderheim überreichen. Dabei wird sie die technische Anlage in Augenschein nehmen. Im Heim leben 67 Kinder und Jugendliche im Alter von 8 bis 18 Jahren. Unter Leitung des Sozialpädagogen Michael Müller hatten die Heimbewohner als Umweltdetektive unnötigen Stromverbrauch aufgespürt, im Herbst eine Solaranlage zusammengebaut und mit fachmännischer Unterstützung auf dem Dach installiert, sodass der Stromverbrauch des Heims um 15 Prozent gesenkt werden konnte.
4.1 Ordnen Sie die Informationen nach Wichtigkeit.
4.2 Formulieren Sie eine Überschrift.
4.3 Schreiben Sie eine Pressemeldung.

5 **Übung 2**
Der Kindergarten der Miriamgemeinde lädt zu einem Kinderfest ein. Er will die Familien mit Kindern im Stadtteil ansprechen. Zu diesem Zweck wird man sich am Samstag, dem 2. Juni auf der Wiese im Schlosspark treffen. Bereits ab 11 Uhr wird aufgebaut. Es gibt Buden zum Dosenwerfen, Tauziehen, eine Tombola zugunsten der Obdachlosenarbeit der Kirchengemeinde, eine Safttheke und für die Erwachsenen Kaffee und Kuchen. Der Kindergarten kann besichtigt werden. Zum Festbeginn um 14 Uhr spielt der Jugendposaunenchor auf und Pfarrerin Erna Henrich-Dosswinkel wird über die Bedeutung des Kindergartens für den Stadtteil sprechen. Gegen Festende um 17 Uhr wird ein Elternteil, Herr Emil Krauskopf, ein kleines Zauberprogramm zum Besten geben. Herr Krauskopf gewann im letzten Jahr den Europacup der Magier in Turin.
5.1 Ordnen Sie die Informationen nach Wichtigkeit. (Aufgepasst: Was ist wirklich außergewöhnlich attraktiv?)
5.2 Formulieren Sie eine Überschrift.
5.3 Schreiben Sie eine Pressemeldung.
5.4 Gestalten Sie ein A1-Plakat.

6 Blick über den Tellerrand – Professionelle Kindererziehung in Europa

Einstiegssituation

Susanne Gehbauer möchte nach der Ausbildung als Erzieherin in Spanien oder Frankreich arbeiten. Während der Schulzeit war sie einmal in Paris zum Schüleraustausch und auf Mallorca hat sie ein wenig Spanisch gelernt. Sie hat in Frankreich nette Leute kennen gelernt und mit ihrer Austauschpartnerin heute noch einen engen Kontakt. Außer in Französisch hat Susanne gute Kenntnisse in Englisch. Zurzeit frischt sie ihre Spanischkenntnisse in einem Volkshochschulkurs auf.

Eine Tätigkeit im Ausland vermittelt konkrete Einblicke in dortige pädagogische Arbeitsfelder. Sie erweitert die eigene pädagogische Fachkompetenz, den persönlichen „Horizont" und verbessert die Chancen auf dem Arbeitsmarkt. Letztendlich fördert der gezielte „Blick über den Tellerrand" die gesamte berufliche Entwicklung.

Europa wächst zusammen und nie war es unkomplizierter, in einem anderen EU-Land zu arbeiten. Neben den vielen Gemeinsamkeiten gibt es jedoch auch sehr große Unterschiede. Das folgende Kapitel bietet einen Überblick über die Berufe, die Einrichtungen und die Art der Kinderbetreuung in den einzelnen Ländern der EU. Abschließend werden kurz noch einige Hinweise für die Vorbereitung eines Auslandsaufenthaltes gegeben.

FRAGEN

- ✔ *Welche Chance hat Susanne Gehbauer, in Spanien oder Frankreich zu arbeiten?*
- ✔ *Welche Einrichtungen gibt es dort und wer ist für die Kinderbetreuung zuständig?*
- ✔ *Haben Sie berufliche Erfahrungen im Ausland gemacht? Tauschen Sie innerhalb der Ausbildungsgruppe Ihre Erfahrungen aus.*

6.1 Geschichtliche Hintergründe

Die meisten EU-Länder haben ähnliche Traditions- und Entwicklungslinien der Vorschulpädagogik.

In den meisten EU-Ländern gibt es ähnliche Traditions- und Entwicklungslinien der Vorschulpädagogik. Im Zuge der Industrialisierung im 19. Jahrhundert und der damit verbundenen steigenden Erwerbstätigkeit von Frauen außer Haus ergab sich ein erhöhter Bedarf an institutioneller Kinderbetreuung.

So entstanden zunächst einmal in größeren Industriezentren und Großstädten Betreuungseinrichtungen, die vorwiegend zum Schutz und zur Versorgung bedürftiger Kinder dienten. Diese sog. „Bewahranstalten" hatten meist religiös-moralische Hintergründe und handelten auf private Initiative. Vor allem Kinder aus Familien der neuen Arbeiterschicht profitierten von dieser Entwicklung.

In der Folge entwickelte **Friedrich Fröbel** (1782–1852) ein erstes Konzept des Kindergartens, das die Entwicklung, Bildung und Förderung der Kinder berücksichtigte.

Dieses erste frühpädagogische Konzept ging weit über die bis dahin bekannten bloßen Bewahranstalten hinaus. Von Deutschland aus verbreitete sich die Idee des Kindergartens über ganz Europa (vgl. Bd. 1, LF 3, Kap. 2).

Viele spätere Pädagogen orientierten sich an Fröbel. Der deutsche Begriff Kindergarten wurde entweder direkt übernommen (z. B. in England) oder in die jeweilige Landessprache übersetzt (jardin infantil, jardin d'enfants, …).

6.2 Alle machen es anders – Konzeptvielfalt, unterschiedliche Einrichtungen und Betreuungsangebote

In fast allen europäischen Ländern gibt es jeweils getrennte Konzepte und Entwicklungslinien für die Altersgruppen der Null- bis Dreijährigen und der Drei- bis Sechsjährigen.

Betreuung für Kleinkinder – die Altersgruppe der Null- bis Dreijährigen

INFO 1

FÜR NULL- BIS DREIJÄHRIGE KINDER GIBT ES IN FAST ALLEN EUROPÄISCHEN LÄNDERN EINE BETREUUNG IN FAMILIÄREN STRUKTUREN.

Für die null- bis dreijährigen Kinder gibt es in fast allen europäischen Ländern eine frühkindliche Betreuung in familiären Strukturen. Vielfach wird die Betreuung hier als Ausgleich für defizitäre Familienverhältnisse angeboten.

In den meisten Ländern sind die Einrichtungen für die Null- bis Dreijährigen deshalb dem sozialen System zugeordnet. Im Allgemeinen gibt es hier europaweit eine schlechtere Versorgungslage als bei den Drei- bis Sechsjährigen. Allerdings gibt es hier große Unterschiede.

Beispiel Dänemark

Die Eltern des zweijährigen Sven aus Silkeborg haben wenig Probleme, ihr Kind in einer *vuggestue* (Kinderkrippe) oder einem *børnehave* (Kindergarten) unterzubringen, denn in Dänemark gibt es für diese Altersgruppe eine Versorgungsquote von fast 50 %.

Beispiel Niederlande

Der zweijährige Nico aus Groningen geht ebenfalls wie jedes zweite Kind in den Niederlanden in eine Spielgruppe *(peuterspeelzaal)*.

Zum Vergleich:
In Deutschland ist die Versorgungsquote in dieser Altersgruppe wesentlich niedriger. In den neuen Bundesländern hat zwar jedes dritte Kind unter drei einen Krippenplatz, in Westdeutschland sind es derzeit jedoch nur 3 % (vgl. www.eltern.de).

Die Tendenz der letzten Jahre zeigt, dass der Betreuung für die Altersgruppe der null- bis dreijährigen Kinder immer mehr Bedeutung beigemessen wird. Es entstehen vermehrt Tagespflegeeinrichtungen und altersübergreifende Konzepte.

Info 2 Kinderbetreuung bis zur Schule – die Altersgruppe der Drei- bis Sechsjährigen

Die Drei- bis Sechsjährigen genießen europaweit eine vorschulische Erziehung. Hier stehen Bildungs- und Vorschulerziehung auf dem Programm. Viele dieser Einrichtungen orientieren sich am Schulsystem. In vielen Ländern sind diese Einrichtungen den Bildungsbehörden zugeordnet. Diese Einrichtungen haben meist eine hohe gesellschaftliche Akzeptanz. Der Besuch ist teilweise obligatorisch (z. B. in Luxemburg) oder gebührenfrei wie z. B. in Frankreich.

Beispiel Frankreich

Marie-Claire (2 Jahre), Pierre (3) und Amélie (5) gehen in eine *école maternelle.* Diese Vorschulen sind seit dem neunzehnten Jahrhundert etabliert und können auf eine lange Tradition zurückblicken. Die Vorschulerziehung wird öffentlich gefördert. Fast jedes Kind dieser Altersgruppe (98 %) geht in Frankreich in eine *école maternelle.* Kindergärten in unserem Sinne gibt es nur vereinzelt. Diese sind auf private Initiativen zurückzuführen.

In Deutschland besuchen 88 % der Drei- bis Sechsjährigen einen Kindergarten und nur ca. 5 % der Null- bis Dreijährigen eine Tageseinrichtung. Dies hat unmittelbare Auswirkungen auf die Berufstätigkeit von Frauen. In Frankreich sind 73,4 % aller Frauen zwischen 25 und 50 Jahren berufstätig. In Deutschland sind es dagegen nur 56,1 % (vgl. Goetze, S. 103).

Beispiel Schweden

Britta (4 Jahre) aus Göteborg geht in eine Kindertagesstätte *(daghem)* für Null- bis Sechsjährige. Ihre Eltern sind beide berufstätig und sie kann dort auch zu Mittag essen. In Schweden legt man großen Wert auf öffentliche Kinderbetreuung, um die Vereinbarkeit von Familie und Beruf zu fördern.

Info 3 Kinderbetreuung für alle – einheitliche Konzepte für alle Null- bis Sechsjährigen

Altersübergreifende Einrichtungen

Das Beispiel von Britta aus Schweden zeigt ein weiteres Konzept: altersübergreifende Einrichtungen.

Dies bedeutet einheitliche Konzepte für alle Null- bis Sechsjährigen. Etabliert sind solche Einrichtungen erst in wenigen Ländern. In Schweden gibt es ein nationales Curriculum für die Arbeit mit Ein- bis Sechsjährigen, in England gibt es einen Bildungsplan für die Null- bis Fünfjährigen.

Auch in Deutschland arbeiten viele Bundesländer an Konzepten für Bildungspläne für den gesamten Vorschulbereich. Einheitliche Konzepte für alle Null- bis Sechsjährigen gibt es außerdem bereits in Finnland, Dänemark und seit den 90er-Jahren auch in Spanien.

Beispiel Spanien:

Catarina ist 5 Jahre. Seit über 3 Jahren geht sie in eine *escuela de educación infantil.* Hier wird sie bis zum Schulbeginn bleiben können.

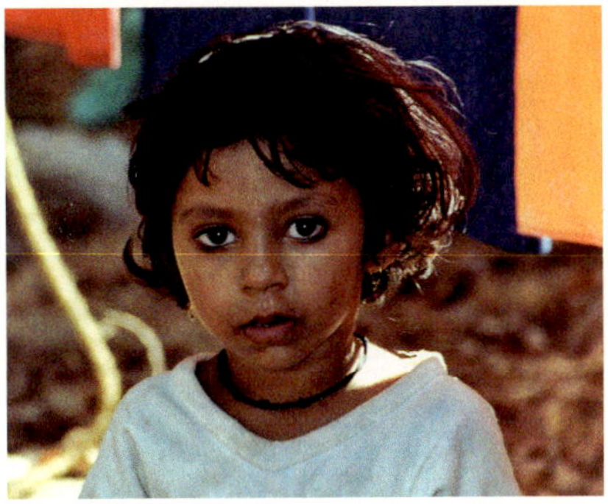

Einrichtungsvielfalt

INFO 4

IN EUROPA GIBT ES VIELE UNTERSCHIEDLICHE BETREUUNGSANGEBOTE.

Die Einrichtungen, in denen Kinder bis zur Schule betreut werden, sind europaweit sehr vielfältig. Über die bereits genannten Einrichtungsformen hinaus gibt es viele weitere Modelle. Auch innerhalb einiger Länder existieren unterschiedliche Konzepte und Einrichtungen nebeneinander.

Beispiel Dänemark

Die Eltern der fünfjährigen Gretha können zwischen einem Kindergarten, einer altersübergreifenden Tageseinrichtung und einer Vorschulklasse wählen. Es bestünde sogar die Möglichkeit, Gretha bei einer Tagesmutter unterzubringen.

Beispiel Finnland

Auch hier gibt es die Auswahl zwischen Kindertagesstätte, Spielgruppe oder Familientagespflege. Ein besonderes Angebot gibt es in sehr ländlichen Gebieten: den sog. „mobilen Kindergarten“. Hier reisen Erzieherinnen umher und bieten stundenweise Vorschulerziehung an.

Nicht alle Länder verfügen über diese Vielfalt von Kinderbetreuungseinrichtungen. So ist z. B. in Luxemburg der Besuch der Vorschule obligatorisch und in Belgien und Frankreich gehen fast alle Kinder in eine *école maternelle.*

Um einen Überblick über die Einrichtungsvielfalt in Europa zu bekommen, sehen wir uns einmal das Beispiel des vierjährigen Jean an. In welcher Einrichtung Jean einen Teil des Tages verbringt, hängt ganz davon ab, in welchem Land er wohnt.

Die Tabelle zeigt, in welchem Land welche Art der Betreuung für Jean infrage käme:

Land / **Einrichtungsform**	F	GB	DK	S	NL	IRL	L	B	I	GR	P	E	D	A	FIN
Schule		X			X	X									
Vorschule	X		X				X	X		X		X			
Kindergarten	(X)		X					(X)	X	X	X	X	X	X	
altersübergr. Tagesstätte		X	X	X						X			X		X
Tagesfamilie	(X)		X	X							X		(X)		

(X) = diese Einrichtungsform ist in diesen Ländern deutlich unterrepräsentiert.

Wir sehen also, dass der vierjährige Jean in den meisten Ländern einen Kindergarten oder eine Vorschule besuchen würde. In Großbritannien und den Niederlanden *könnte* und in Irland *würde* Jean schon zur Schule gehen (vgl. Oberhuemer/Ulich, 1997, S. 18 f.).

6.3 Vorschule oder Kindertagesstätte?

Grundsätzlich gibt es in Europa zwei vorherrschende Kinderbetreuungskonzepte: **Vorschule** und **Kindertagesstätte.**

Die hauptsächliche Unterscheidung liegt in der administrativen Zuordnung. Während die Vorschule dem Bildungssystem zugeordnet ist, sind Kindergärten und ähnliche Einrichtungen meist den Sozialbehörden zugewiesen. Dies hat weit reichende Folgen bezüglich der Finanzierung der Einrichtungen und ihres Personals.

Durch die unterschiedlichen Systeme kommt es auch zu vollkommen unterschiedlichen Gesetzesregelungen und Bewertungen der gesellschaftlichen Akzeptanz. Es ist ein Unterschied, ob die Kinderbetreuung privat von den Eltern finanziert werden muss oder ob staatliche Zuschüsse Elternbeiträge nicht erforderlich machen.

Die folgende Tabelle veranschaulicht die grundlegenden Unterschiede:

Vorschule	Kindertagesstätte
meist in das Bildungssystem integriert	im Sozialsystem verankert
Versorgungsquote sehr hoch	meist schlechte Versorgungsquote
gebührenfrei	kostenpflichtig
verschult, bildungsorientiert	familienergänzend, gemeinwesenorientiert
Lehrpersonal	Erzieher/-innen
Schließzeiten in den Schulferien	ganzjährig geöffnet

Beispiel Finnland

Für Marjatta (2 Jahre) aus Helsinki ist es z. B. kein Problem, einen Kindergartenplatz zu bekommen. In Finnland gibt es einen Rechtsanspruch auf einen Betreuungsplatz für Kinder von 0–6 Jahren (in Deutschland von 3–6 Jahren). Möchten die Eltern von Marjatta keine Fremdbetreuung in Anspruch nehmen, bekommen sie eine Familienbetreuungszulage für die häusliche Betreuung.

In Österreich *(Kindergarten* und *Krippe),* Finnland *(päiväkoti),* Schweden *(förskola)* und Dänemark *(børnehave)* werden vorschulische Einrichtungen (wie auch in Deutschland) weitestgehend dem Sozialsystem zugeordnet.

Länder, deren Vorschulerziehung sich stark am Bildungssystem orientiert, sind z. B. die Niederlande *(Basisschool),* Irland, Luxemburg, Belgien und Frankreich *(école maternelle).* Dies gilt übrigens auch für die Schweiz. (Die Schweiz ist allerdings nicht in der Europäischen Union.)

Trotz dieser unterschiedlichen Orientierungen gibt es in den letzten Jahren eine Annäherung der EU-Länder. So nehmen z. B. Länder, deren Vorschulkonzept bislang überwiegend sozialpädagogisch orientiert war, zunehmend schulpädagogische Elemente in ihre Bildungs- und Erziehungspläne mit auf.

Beispiel Schweden

Im Jahre 1996 erfolgte ein Wechsel der administrativen Zuständigkeit für Kinderbetreuung von der Sozialbehörde zum Bildungsministerium. Die vierjährige Inga aus Malmö wird in ihrer vorschulischen Einrichtung nun auch mit mathematischen Zusammenhängen und naturwissenschaftlichen Phänomenen konfrontiert werden.

6.4 Zur Situation der Schulkinder

Die Betreuung von Schulkindern gehört in vielen Ländern ebenfalls zum Aufgabenbereich von Erzieherinnen. Das hängt zum einem mit den unterschiedlichen Formen der Schulkinderbetreuung zusammen (Hort, Ganztagesschule, Freizeitheim) und zum anderen mit dem unterschiedlichen Schuleintrittsalter.

Pflichtschulalter — INFO 1

Die meisten Kinder Europas haben ihren ersten Schultag wie in Deutschland auch im Alter von sechs Jahren. Ausnahmen bilden Dänemark und Finnland, wo die Kinder mit sieben Jahren eingeschult werden, und Großbritannien sowie die Niederlande, wo die Kinder i. d. R. im Alter von fünf Jahren in die Schule kommen.

Ist nach der Schule außerhalb der Schule? – die Betreuung von Schulkindern — INFO 2

Bei der Betreuung von Schulkindern zeigt Europa ein vollkommen uneinheitliches Bild. Zunächst einmal unterscheiden sich die Schulsysteme in Ganz- und Halbtagsschulen.

Das System von Ganztagsschulen gibt es z. B. in Frankreich, Belgien und England. Dementsprechend sind Schulkinder hier überwiegend durch die Schule betreut.

Länder mit Halbtagsschulsystem gewährleisten die Betreuung außerhalb der Unterrichtszeiten sehr unterschiedlich. Während z. B. Dänemark und Schweden wie Deutschland eigenständige Einrichtungen zur Betreuung von Schulkindern (Hort, Freizeitheim) haben, gibt es beispielsweise in Luxemburg, Portugal und den Niederlanden Angebote, die verstärkt an sozialen Brennpunkten angesiedelt sind. In Griechenland und Österreich gibt es kein geregeltes Hortsystem.

Dänemark verfügt über das flächendeckendste Betreuungssystem. Hier sind 80 % der Sechs- bis Neunjährigen in entsprechenden Einrichtungen untergebracht. In vielen Ländern ist es jedoch so, dass die Nachfrage das Angebot übersteigt. Beispielsweise ermittelte das Deutsche Jugendinstitut in München 1998 eine Versorgungsquote für Hortplätze in Deutschland von 16 %.

Beispiel Finnland

Eino (8 Jahre) geht nach der Schule in ein so genanntes „Spielzentrum". Das ist ein großer Spielplatz mit Räumlichkeiten, der öffentlich bezuschusst wird. In den Sommerferien sind diese Einrichtungen ebenfalls geöffnet, sodass Eino auch in dieser Zeit betreut ist.

6.5 Wer arbeitet wo? – die Vielfalt der Berufsprofile

Neben der Vielfalt an Kinderbetreuungseinrichtungen gibt es europaweit auch sehr unterschiedliche Berufsprofile. Wenn Susanne Gehbauer sich als ausgebildete Erzieherin über das Arbeitsangebot in Frankreich erkundigt, wird sie feststellen müssen, dass die Arbeitskräfte in einer **école maternelle** vielmehr als Lehrer, denn als Erzieher gelten. Sie haben durch die andere administrative Zuordnung (siehe Abschnitt 3) ein völlig anderes Berufsprofil und Berufsverständnis als Susanne Gehbauer mit ihrem deutschen Erzieherdiplom.

Die Berufsbezeichnungen orientieren sich meistens an der jeweiligen administrativen und pädagogischen Ausrichtung. So heißen Erzieher/-innen in Großbritannien z. B. *teacher*, in Frankreich *professeur*, in Belgien und Luxemburg *institutrice*. In Schweden arbeiten *förskollärare*, in Finnland *lastentarhanopettaja* und in Dänemark der *paedagog*.

Nach Oberhuemer können pädagogische Fachkräfte folgendermaßen unterschieden werden (vgl. Colberg-Schrader/Oberhuemer, 2000, S. 35 ff.):

Fachkräfte mit
- frühpädagogischer Orientierung,
- vorschulischer Orientierung,
- schulpädagogischer Orientierung,
- sozialpädagogischer Orientierung.

Pädagogische Fachkräfte mit frühpädagogischer Orientierung betreuen Kinder ab dem ersten Lebensjahr bis zum Schuleintritt. Diejenigen mit vorschulischer Orientierung betreuen Kinder in den letzten 2–3 Jahren **vor** der Einschulung und Fachkräfte mit schulpädagogischer Orientierung betreuen Kinder **in** den Vor- und Grundschulen. Erzieherinnen mit sozialpädagogischer Orientierung (wie in Deutschland) betreuen nicht nur Kinder, sondern auch andere Alters- und Zielgruppen.

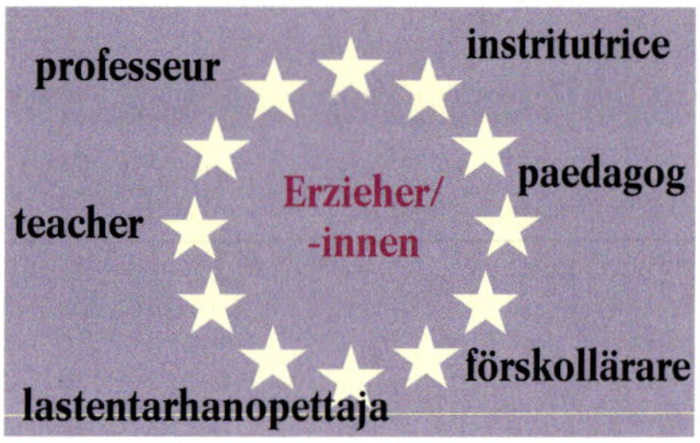

6.6 Unterschiedliche Ausbildungsformen

Info 1 Die Ausbildung in den EU-Ländern

Die Ausbildung zur Erzieherin dauert in den EU-Ländern zwischen drei und fünf Jahren.

Die Berufsausbildung für das Personal in Kinderbetreuungseinrichtungen ist europaweit nicht einheitlich geregelt. Es gibt unterschiedliche Zulassungsbedingungen, Ausbildungsstrukturen und -abschlüsse. Unterschiede gibt es ebenfalls bei der Zuordnung zu den späteren Tätigkeitsfeldern.

Die Tabelle auf der nächsten Seite verdeutlicht, wie vielfältig die Berufsprofile und Ausbildungsniveaus in den EU-Ländern derzeit sind.

Für die Zulassung zur Ausbildung benötigt man in fast allen Ländern einen höheren Schulabschluss (Fach- oder Hochschulabschluss). Nur in Deutschland und Österreich reicht bislang noch ein mittlerer Schulabschluss. Die Ausbildungsdauer variiert zwischen drei und fünf Jahren. Ebenso unterschiedlich wird die Dauer der praktischen Ausbildungsabschnitte geregelt.

In fast allen Ländern gleicht die Ausbildung einem (Fach-)Hochschulstudium mit den entsprechenden Abschlüssen. Nur in Deutschland und Österreich schließt die Ausbildung mit dem mittleren Berufsfachschulabschluss ab.

Die Zuordnungen zu den Einrichtungen bezüglich der Altersgruppe unterscheiden sich enorm. Am stärksten eingeschränkt ist die Zielgruppe in Luxemburg. Die angehende *institutrice* Marie wird einmal für Kinder zwischen vier und sechs Jahren zuständig sein. Die größte Spannbreite bietet Dänemark. Der *paedagog* Sören kann sich für das gesamte Spektrum sozialer Einrichtungen bewerben.

Zum Vergleich: Susanne Gehbauer aus unserer Ausbildungsklasse wird für die Arbeit mit Null- bis Siebenundzwanzigjährigen ausgebildet und ist damit im europäischen Vergleich für einen relativ breiten Tätigkeitsbereich qualifiziert.

Ausbildung der Fachkräfte mit Gruppenverantwortung in den jeweils meistbesuchten Tageseinrichtungen für Kinder in den EU-Ländern

Land/Fachkraft	Ausbildungs-niveau	Ausbildungs-jahre	Für die Altersgruppe
Finnland	Universität	3	0–7
Frankreich[5]		5 (3 + 2)[3]	2,5–11
Griechenland (1)[1]		4	3,5–5,5
Irland[5]		3	4–11
Schweden		3	0–7
Spanien		3	0–6
Großbritannien		4	3–11
Italien[2]		4	3–6
Belgien	Hochschule	3	2,5–6
Dänemark		3,5	ohne Einschränkung
Griechenland (2)[1]		3,5	0–5
Luxemburg		3	4–6
Niederlande[5]		3	4–12
Portugal		3	0–6
Deutschland	Sekundarbereich II	3	0–27
Österreich	Sekundarbereich I	5 (2)[4]	3–6

Quelle: Oberhuemer/Ulich, 1997

1 duales Ausbildungssystem für Halb- (1) und Ganztagseinrichtungen (2)
2 Seit 1990 als universitäre Ausbildung gesetzlich verankert, die ersten zwei Jahre sind für Kindergarten und Grundschule gleich, ab dem 3. Studienjahr trennen sich diese Bereiche (vorher gab es eine dreijährige Ausbildung zur Erzieherin)
3 2 Jahre Ausbildung zur Vorschullehrerin nach abgeschlossenem Hochschulstudium (insgesamt 5 Jahre)
4 zwei Ausbildungsjahre mit Matura
5 Ausbildung auch für die Primarschule

Im europäischen Vergleich: die staatlich anerkannte Ausbildung zur Erzieherin in Deutschland — INFO 2

Das formale Ausbildungsniveau ist hierzulande niedriger als in allen anderen Ländern (außer in Österreich). Die Organisationsform und die Lehrmethoden sind tendenziell verschult. In den Ländern mit Ausbildungen auf Hochschulniveau sind andere, eher an der Erwachsenenbildung ausgerichtete Lehrformen die Regel. Im Unterschied zu den meisten anderen Ländern gibt es in Deutschland keine landesweit verbindliche Form der Ausbildung. Ein Praktikum vor der eigentlichen Ausbildung gibt es nur in Deutschland. Die Spannbreite der Altersgruppe ist im Vergleich zu anderen Ländern mit null bis siebenundzwanzig Jahren relativ groß.

6.7 Persönliche Voraussetzungen für einen Auslandsaufenthalt – damit aus dem Traum kein Albtraum wird

Obwohl es noch nie so leicht war, in einem anderen EU-Land zu arbeiten, gibt es dennoch einiges zu bedenken, wenn man einen Auslandsaufenthalt plant. Neben den vielen Gemeinsamkeiten der EU-Länder gibt es auch große Unterschiede in den Lebens- und Alltagsgewohnheiten. Grundsätzlich hat jede(r) EU-Arbeitnehmer(in) das Recht, in einem anderen EU-Land zu den gleichen Bedingungen zu arbeiten wie Einheimische.

Unbedingte Voraussetzung sind allerdings gute Kenntnisse der Landessprache. Darüber hinaus sollte man sich gut über die Kultur, das soziale und wirtschaftliche Leben des Gastlandes informieren. Eine grundsätzliche Offenheit anderen Menschen gegenüber und die Bereitschaft, sich auf andere Kulturen und Lebensbedingungen einzulassen, fördern den Kontakt zu Einheimischen und man bekommt konkrete Einblicke in die dortige Gesellschaft und deren Arbeitswelt.

FAZIT

Dies sollte man haben:
- ✘ Sprachkenntnisse
- ✘ Informationen über Land und Leute
- ✘ Neugier anderen Kulturen gegenüber

Einige Tipps zur Verwirklichung einer Tätigkeit im europäischen Ausland

Ein Auslandsaufenthalt kann eine sehr bereichernde Erfahrung sein, wenn man sich gut vorbereitet hat. So muss man evtl. unter „härteren" Bedingungen arbeiten als zu Hause. Man muss in einer „fremden" Sprache kommunizieren und in einer ungewohnten Kultur leben und arbeiten. Darüber muss man sich vorher im Klaren sein, denn es geht ja nicht nur darum, im Ausland für einige Zeit zu überleben. Der Auslandsaufenthalt soll vor allem eine gute Erfahrung sein, an die man sich gerne erinnert und die die berufliche Perspektive erweitert. Es ist gut, wenn man sich vor der Abreise darüber im Klaren ist, was man im Ausland möchte und was nicht.

Landeskunde
Erkundigen Sie sich über die Lebens- und Arbeitsbedingungen in Ihrem zukünftigen Gastgeberland: Gibt es dort überhaupt Arbeit für mich?, Wo kann ich wohnen?, Wie sind die konkreten Arbeitsbedingungen?, Welche bürokratischen Hürden muss ich bewältigen? usw. Auskunft und Beratung gibt es u. a. bei Botschaften und Konsulaten, Kulturinstituten und Auslandsgesellschaften.

Finanzierung
Sichern Sie ihren Auslandsaufenthalt finanziell ab. Vielleicht wollen Sie Ihre Wohnung, Versicherungen oder Ihr Auto erst einmal behalten. Die Verdienstmöglichkeiten können sich sehr von denen in Deutschland unterscheiden. Erkundigen Sie sich nach Stiftungsgesellschaften und EU-Programmen, bei denen Sie evtl. eine finanzielle Unterstützung beantragen können.

Für manche ist es vielleicht sinnvoll, zunächst einmal ein Praktikum zu machen. Ein Praktikumsplatz ist leichter zu bekommen und nicht so bindend wie eine feste Anstellung. Allerdings wird man i. d. R. nicht bezahlt. Diese Möglichkeit ist geeignet, wenn man sich noch nicht ganz sicher ist, ob und wo man im Ausland arbeiten möchte.

Stellensuche
Planen Sie Zeit für die Stellensuche ein. Verschaffen Sie sich einen Überblick über die Zeitungen und Fachzeitschriften, die für Sie interessante Stellenangebote haben, um sich gezielt zu bewerben. Bewerben Sie sich bei der Arbeitsagentur. Für jedes EU-Land ist eine andere Zweigstelle zuständig. Auskunft erteilen die Euro-Berater und die Zentralstelle für Arbeitsvermittlung (ZAV).

Suchen Sie in den Branchentelefonbüchern der jeweilige Orte und im Internet. Nutzen Sie persönliche Kontakte, die Ihnen vielleicht helfen können eine geeignete Einrichtung zu finden. Die Suche „vor Ort" ist meistens sehr schwierig, es sei denn man hat gute Ortskenntnisse und Kontakte am Wunschort.

Aufgaben und Anregungen

1 Welche Merkmale weisen die jeweiligen administrativen Zuordnungen (Bildungs- oder Sozialsystem) in Europa auf? Welche Tendenzen verfolgen die EU-Länder?

2 Erörtern Sie die Vor- und Nachteile der unterschiedlichen Konzepte für die Altersgruppe der
a) Null- bis Dreijährigen,
b) Drei- bis Sechsjährigen und
c) altersübergreifenden Einrichtungen
im europäischen Vergleich.

3 Welche Einrichtungen könnten
a) der vierjährige Leonidis aus Saloniki und
b) die gleichaltrige Paula aus Lissabon besuchen?

4 Diskutieren Sie die Vor- und Nachteile der unterschiedlichen Ausbildungsstrukturen (vor allem in Bezug auf die deutsche Erzieherausbildung). Nutzen Sie hierzu Ihr Wissen aus LF 5, Kap. 1.

5 Besorgen Sie sich Informationen über ein EU-Land Ihrer Wahl und versuchen Sie folgende Fragen zu beantworten:
5.1 In welchen Einrichtungen könnte ich dort arbeiten?
5.2 Mit welchen Berufsgruppen würde ich zusammenarbeiten?
5.3 Welche Behörde ist für die Kinderbetreuung zuständig?

Tipps zum Weiterlesen

EU-Kommission (Hrsg.), *Die Europäische Union in Zahlen.* Brüssel 2000

Pamela Oberhuemer/Michaela Ulich, *Kinderbetreuung in Europa.* IFP Handbuch, Beltz, Weinheim und Basel 1997

Werner Weidenfeld/Wolfgang Wessels, *Europa von A – Z.* Bundeszentrale für politische Bildung, Bonn 2004

Werner Weidenfeld (Hrsg.), *Die Staatenwelt Europas.* Bundeszentrale für politische Bildung, Bonn 2004

Nützliche Internetadressen:

www.agentur-für-arbeit.de/zav/
www.auswaertiges-amt.de/www/de/laenderinfos/
europa.eu.int/citizens
www.horte-online.ch/fachliteratur/hortwesen.html#Europa

7 Perspektiven – Rückblick, Einblick, Ausblick

Das folgende und letzte Kapitel soll Sie anregen sich nun, am Ende der Ausbildung, überwiegend persönlich mit der Rolle als Erzieherin oder Erzieher und mit der beruflichen Identität auseinander zu setzen.

Der Blick kann dabei zunächst an den Anfang Ihrer beruflichen Laufbahn zurückgehen (Rückblick). Sie können eine Istanalyse vornehmen (Einblick) und Sie können einen Blick auf Ihre weitere berufliche Karriere werfen (Ausblick).

Immer jedoch ist es eine Sache Ihres Standpunkts und Ihrer persönlichen Perspektive

„Wenn wir unsere Ursprünge nicht kennen, werden wir unsere Ziele nicht erfahren." Otto Henschele

INFO 1 Rückblick

WESHALB WOLLTEN SIE ERZIEHER/ ERZIEHERIN WERDEN?

Irgendwann haben Sie sich entschieden in diesem Beruf zu arbeiten und Sie hatten Vorstellungen von dieser Arbeit und Ziele für die Zukunft.

Für viele war es vielleicht der Wunschberuf. Sie wollten mit Kindern spielen und Spaß haben. Andere wiederum haben Freude daran, andere zu „bemuttern". Bei einigen haben soziale Berufe Familientradition, andere haben vielleicht schon frühzeitig kleinere Geschwister betreut. Sie haben Spaß an diesem kreativen Tätigkeitsbereich, sie malen gern, machen Musik, spielen Theater und bewegen sich gerne (vgl. LF 1).

FRAGE

✔ *Welche Personen oder welche Faktoren hatten Einfluss auf Ihre Ausbildungs- oder Berufsentscheidung?*

Aufgaben und Anregungen

Die folgende Übung hat zum Ziel, herauszufinden, welche Personen oder Faktoren Einfluss auf Ihre Ausbildungs- oder Berufsentscheidung hatten und wie wichtig diese im Einzelnen waren. Vielleicht kommt Ihnen diese Übung bekannt vor. Es gibt sie in ähnlicher Form in Band 1 (LF 1, Kap. 2.1, eigene Biografie). Machen Sie diese Übung ruhig noch einmal, jetzt am Ende Ihrer Ausbildung. Vielleicht kommt Ihnen einiges bekannt vor, vielleicht entdecken Sie neue Aspekte. (*„Aha, so war das damals, so hab ich das also damals gesehen, Mensch, habe ich mich weiterentwickelt …“*)

Übung Berufswahl
(nach: H. Gudjons, vgl. LF 1)

1 Übernehmen Sie nebenstehende Skizze auf ein großes Zeichenblockpapier.

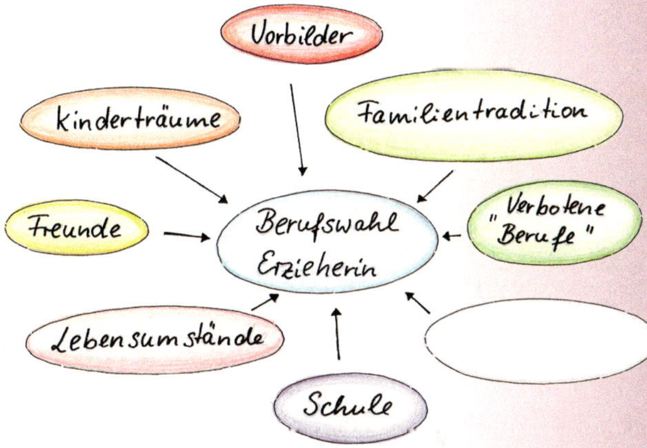

2 Versetzen Sie sich dann zurück in die Zeit, als Sie sich entschieden haben Erzieher oder Erzieherin zu werden, und tragen Sie neben die Kreise ein, was Ihnen zu den einzelnen Bereichen einfällt. (*„Was meine Eltern immer sagten“* oder *„das durfte ich auf keinen Fall werden“* oder *„so möchte ich auch sein“* oder *„als Kind wollte ich immer … werden“* usw.) Der freie Kreis ist für persönliche Ergänzungen gedacht.

3 Anschließend ziehen Sie Pfeile von den Kreisen ausgehend zum Mittelkreis (Berufswahl: Erzieher[in]). Je dicker der Pfeil, desto wichtiger waren einzelne Bereiche für Ihre Berufswahl.

4 Betrachten Sie nun Ihre Zeichnung. Überlegen Sie, was aus Ihnen geworden wäre, wenn z. B. ein Bereich nicht vorhanden oder anders gewesen wäre. (*„Was wäre, wenn …“*)

5 Setzen Sie sich danach zu zweit oder in Kleingruppen zusammen und tauschen Sie sich vor dem Hintergrund der folgenden Fragen aus:

5.1 Weshalb wollten Sie Erzieherin werden? Hat der Beruf bisher gehalten, was Sie sich vor der Ausbildung davon versprochen haben? Wie zufrieden sind Sie mit Ihrer Berufswahl jetzt?

5.2 Welche fachlichen Fähigkeiten haben Sie während der Ausbildung wann erworben (Theorie/Praxis) und was können Sie heute davon für Ihre Tätigkeit nutzen? (Erinnern Sie sich, was Sie zu Beginn Ihrer Ausbildung zur Übung in LF 1, Kap. 2.1, Eigene Biografie, 1. Lernzielformulierung geschrieben haben.)

5.3 Wer bin ich jetzt nach fast 3 Jahren Ausbildung? Würde ich mich noch einmal für den Erzieherberuf entscheiden, wenn ich heute in der damaligen Situation wäre?

INFO 2 Einblick

Kommen wir zur Gegenwart. Wie geht es Ihnen heute mit Ihrer damaligen Entscheidung, als Erzieher/-in zu arbeiten? Wo arbeiten Sie? Wie? Mit wem? Diese Fragen orientieren sich am Hier und Jetzt.

Eine Istanalyse dient der Überprüfung und Reflexion des persönlichen Berufsbilds. Sie arbeiten in einem Team. Sie arbeiten mit Kindern. Sie arbeiten mit Eltern, Institutionen und Behörden. Sie setzen sich täglich mit Ihrer Arbeit als Erzieherin auseinander. Sie organisieren, beobachten, kommunizieren. Sie erfüllen Erziehungs- und Bildungsaufträge, Sie spielen und singen, wischen Tränen ab, kleben Pflaster auf kleine Knie, toben und lachen mit Kindern.

FRAGEN

- ✔ *Was reizt Sie an diesem Beruf?*
- ✔ *Wie sieht Ihre professionelle Arbeit aus?*
- ✔ *Welche Stärken und Fähigkeiten haben Sie jetzt?*
- ✔ *Wo liegen Ihre Arbeitsschwerpunkte?*
- ✔ *Wie gehen Sie mit den Anforderungen des Arbeitsfeldes, Ihren Ansprüchen an sich selbst und Ihre Arbeit, den Wünschen der Kinder und den Erwartungen der Eltern um?*

Die folgenden beiden Übungen unterstützen Sie bei der Auseinandersetzung mit diesen Fragen und der Erarbeitung einer Istanalyse mit Blick in die Zukunft.

AUFGABEN UND ANREGUNGEN

1 Übung 1: Berufsentwicklung
Ziel dieser Übung ist es, Ihre berufliche Entwicklung zum gegenwärtigen Zeitpunkt zu betrachten. Sie können daraus Ziele und Veränderungswünsche für Ihre berufliche Zukunft entwickeln.

1.1 Schreiben Sie Ihre derzeitige berufliche Situation auf ein Blatt Papier. Sie können sich hierzu vorstellen, Sie würden einem Marsmenschen von Ihrer Tätigkeit erzählen.

1.2 Überlegen Sie, welche beruflichen Ideen, Visionen und Wünsche Sie schon immer hatten. Jetzt können Sie alle aufschreiben.

1.3 Legen Sie beide Papierbögen nebeneinander und vergleichen Sie.

1.4 Was davon wollen Sie erreichen? Überlegen Sie aus der heutigen realistischen Position heraus, in welchen Bereichen Sie Ihre größten Entwicklungschancen für die berufliche Zukunft sehen und notieren Sie sich Stichpunkte (Sie können auch eine Zeichnung machen).

1.5 Entwickeln Sie daraus eine Liste und nummerieren Sie die Aspekte.

1.6 Überprüfen Sie Ihre Liste und beginnen Sie jetzt mit der Entwicklung des ersten Punktes. Hierzu können Sie die nächste Übung nutzen.

2 Übung 2: Zielbestimmung
In dieser Übung geht es darum, Ihr Ziel so konkret wie möglich zu benennen. Sie geben Ihrem Ziel damit eine Form. Malen Sie sich Ihr Ziel möglichst genau aus. So können Sie alle Ihre Energien und Fähigkeiten auf Ihr Ziel hin ausrichten.

9612460

„Sobald der Geist auf ein Ziel gerichtet ist, kommt ihm vieles entgegen“
J. W. Goethe

1. Schritt: Formulierung

Ein Ziel muss gut formuliert werden. Je konkreter Sie Ihr Ziel beschreiben können, desto leichter und genauer werden Sie es erreichen. Im ersten Schritt finden Sie einige Voraussetzungen für die konkrete Formulierung eines Ziels.

Formulieren Sie Ihr Ziel positiv. Unser Unterbewusstsein versteht kein „nicht“ und kein „nein“. Denken Sie beispielsweise jetzt nicht an einen Strand am Meer und nicht an den grünen Elefanten mit lila Streifen, der dort in der Brandung steht … Also keine Verneinung wie z. B.: *„Ich will nicht mehr rauchen!“*, sondern z. B.: *„Ich will gesund leben und einen angenehmen Atem haben!“*

Es ist **Ihr** persönliches Ziel, also erreichen **Sie** es. Die Verantwortung muss bei Ihnen liegen und unabhängig von anderen sein. Sie können zwar wollen, dass die Kollegin netter mit Ihnen umgeht, aber letztendlich muss die Kollegin das tun. Wenn die Kollegin nicht will, wird sie sich nicht ändern. Also könnten Sie beispielsweise etwas an **Ihrer** Einstellung ändern – nur das liegt in Ihrem Einflussbereich. Also z. B.: *„Ich grenze mich meiner Kollegin und Ihren Launen gegenüber ab.“* Ihr Ziel muss also Eigenverantwortlichkeit und Unabhängigkeit ausdrücken.

„Am Samstag gewinne ich im Lotto!“ ist zwar ein schönes Ziel, aber eher unwahrscheinlich. Außerdem ist es nicht eigenverantwortlich zu erreichen. Sie können zwar Ihren Lottozettel pünktlich abgeben, die Zahlenkugeln zieht aber die Lottofee, nicht Sie …

Ein Ziel muss in einem Satz, konkret, knapp und klar, ohne Wenn und Aber formuliert sein. (*„Ich will morgen vor der Arbeit fünfzehn Minuten joggen.“*) Ihr Ziel muss also auch wirklichkeitsnah und realisierbar formuliert sein.

Basteln Sie so lange an der Formulierung Ihres Ziels, bis alle genannten Kriterien erfüllt sind und gehen Sie dann zu den weiteren Schritten über.

2. Schritt: Kontext

Haben Sie Ihr Ziel formuliert, müssen Sie die Umgebung Ihres Ziels betrachten. In welcher beruflichen Situation, in welchem Kontext will ich mein Ziel erreichen? Wie kann ich es erreichen? Mit wem, wann und wo? Hierzu ist die Istanalyse aus der vorherigen Übung hilfreich.

3. Schritt: Überprüfung und Zeitrahmen

Woran werden Sie erkennen, dass Sie Ihr Ziel erreicht haben? Was werden Sie sehen, fühlen, hören? Wie wirkt sich das Erreichen Ihres Ziels auf Ihre Umwelt aus? Bis wann genau wollen Sie Ihr Ziel erreicht haben?

Um ein Ziel zu erreichen, ist es manchmal sinnvoll, wie ein Wanderer den Weg zum Gipfel in möglichst kleine und überschaubare Schritte zu zerlegen.

Beide Übungen können Sie zu unterschiedlichen Zeitpunkten Ihres Berufsle-

bens so oft Sie möchten wiederholen. Es werden dann vielleicht andere oder ähnliche Aspekte oder Ziele für Sie wichtig sein. Wichtig ist, dass Sie die Übungen aus Ihrer jetzigen Perspektive betrachten, denn es ist Ihr Einblick in Ihre derzeitige berufliche Situation mit dem Blick in die Zukunft (die Übung stellt so auch den Übergang zum nächsten Abschnitt, Ausblick, dar).

Fazit

Kriterien zur Zielformulierung:

Ein Ziel muss
- positiv,
- eigenverantwortlich,
- realistisch,
- konkret, knapp und klar

formuliert werden.

Info 3 Ausblick – zehn Jahre Erzieher(in)!

Mit dem Blick in die Zukunft beschäftigt sich dieser letzte Abschnitt. In Kürze werden Sie die Ausbildung zur Erzieherin bzw. zum Erzieher beendet haben. Sie gehen mit einem Berufsabschluss in die Praxis. Sie haben Wünsche und Ängste, Ziele und Visionen. Sie haben Ansprüche an sich selbst und an Ihre Arbeit. Sie sind gespannt auf Ihre zukünftige Arbeit.

Das war unsere Studierendengruppe zu Beginn der Ausbildung.

„Ausstiegssituation"
Ein Blick in die Zukunft:
Stellen Sie sich vor, Ihre Klasse trifft sich nach zehn Jahren wieder. Ein Raum ist gemietet, mit Fotos geschmückt, ein Büfett vorbereitet und fast alle sind gekommen. Stellen Sie sich vor, Sie treffen Menschen wieder, die Sie lange nicht gesehen und die vor zehn Jahren den gleichen Berufsabschluss erworben haben.

Lesen Sie, wie es unseren Bekannten, die Sie durch Ihre gesamte Ausbildung in diesen zwei Bänden begleitet haben, in den letzten zehn Jahren erging.

Zirafeta (32 Jahre):
„Ich heiße jetzt Zirafeta Lasnic, denn ich bin verheiratet und lebe seit drei Jahren wieder hier in Sarajevo. Ich habe eine fünf- und eine zweijährige Tochter. Nach der Ausbildung habe ich eigentlich immer in mehreren Kindertagesstätten gearbeitet, bis ich bei einem meiner ‚Heimaturlaube' in Bosnien meinen Mann kennen lernte. Nun arbeite ich gerade seit ein paar Wochen wieder vormittags in einem Kindergarten. Meine Eltern passen dann auf die Kleinen auf. Ich finde es schade, dass Susanne, Ercan und Nadine nicht kommen konnten."

Oliver (32):
„Ich lebe mit meiner Freundin in einer Altbauwohnung in meiner Lieblingsstadt.

9612462

Seit einem halben Jahr bin ich Vater. Dadurch hat sich mein Leben total verändert. Ich arbeite als Sozialpädagoge in einem Jugendtreff. Nach der Ausbildung spielte ich hauptsächlich Gitarre in meiner Band (kennt ihr ja). Teilweise konnte ich davon leben. Gejobbt habe ich auch. Manchmal in Kindergärten als Springkraft. Vor sechs Jahren bin ich ein Dreivierteljahr durch Südamerika getourt, mit der Gitarre versteht sich. Danach begann ich Sozialpädagogik an der Fachhochschule zu studieren. Seit einem Jahr bin ich fertig und Gitarre spiele ich natürlich immer noch. Und jetzt mache ich mal ein Foto von euch …"

Laura erzählt, während Oliver alle fotografiert …

Laura (33):
„Ich habe vor ein paar Wochen mit **Susanne** *gesprochen. Sie hat ihren Zweiunddreißigsten gefeiert … Susanne heißt jetzt Susanne Waldeck. Sie ist verheiratet und hat eine vier- und eine zweijährige Tochter. Sie wohnt in einem Reihenendhaus am Stadtrand. Zurzeit arbeitet sie nicht, möchte aber wohl in zwei Jahren wieder in den Beruf einsteigen. Das geht ja ganz gut als Erzieherin mit Berufserfahrung. Nach der Ausbildung war sie übrigens ein Jahr in Frankreich, um dort als Erzieherin zu arbeiten. Sie hat dort nette Leute getroffen und die Sprache gelernt. Danach ist sie hierher zurückgekehrt, hat als Erzieherin gearbeitet und eine Fortbildung in Psychomotorik gemacht. Zuletzt hat sie als stellvertretende Leitung in einer Kindertagesstätte gearbeitet. Dort möchte sie auch wieder hin. Sie wäre gerne gekommen, aber sie ist diese Woche im Urlaub.*

Tja, und ich, **Laura** *… Ich bin noch nicht verheiratet und habe auch noch keine Kinder. Aber, wie ihr ja seht: Ich bekomme bald ein Baby! Ich bin Projektleiterin eines großen Kindertagesstättenträgers. Nebenbei arbeite ich als Fortbildungsreferentin. Mein Spezialgebiet ist Teamentwicklung. Darauf lege ich auch in meiner Arbeit großen Wert, da ich die Erfahrung gemacht habe, wie wichtig gut funktionierende Teamstrukturen für unsere Arbeit mit den Kindern sind. Ich lebe mit meinem Freund zusammen. Nach der Ausbildung habe ich zunächst im Kindergarten ganz normal gearbeitet. Nebenbei habe ich mich kontinuierlich fortgebildet: Sozialmanagement, Team- und Organisationsentwicklung. Ein Studium habe ich auch mal begonnen. Das war mir dann aber zu theoretisch und zu abgehoben – da habe ich wieder aufgehört. Ich bin ja eher praktisch veranlagt …"*

Renate (47):
„Ich hatte wohl die weiteste Anreise, deswegen habe ich lange überlegt, ob ich komme. Jetzt bin ich froh hier zu sein. Mein Sohn ist vor kurzem ausgezogen. Er wird ja bald neunzehn. Ich arbeite immer noch als Erzieherin und es macht mir Spaß. Ich glaube, ohne Spaß an diesem Beruf kann man diese Arbeit vergessen. Ich habe einen guten Kontakt zu den Kindern und den Eltern. Nach der Ausbildung habe ich gleich eine Stelle bei der Stadt bekommen. Dort hat es mir gut gefallen und ich wäre vielleicht heute noch da, wenn ich nicht weggezogen wäre. Ich habe immer nur im Kindergarten gearbeitet, bis auf eine Ausnahme. Direkt nach unserem Umzug arbeitete ich ein Jahr im Heimbereich. Manchmal frage ich mich schon, ob ich nicht langsam zu alt bin für diesen Beruf, aber solange es mir und den anderen Spaß macht …"

Olga (37):
„Ich bin immer noch hier in der Stadt und immer noch verheiratet. Seit drei Jahren arbeite ich als Leitung einer fünfgruppigen Einrichtung. Meine Tochter Mia ist jetzt zwölf und einen Sohn habe ich auch bekommen. Er wird bald acht. Nach der Ausbildung habe ich in einem Kindergarten und mit russischen Emigranten gearbeitet. Dann kam mein Sohn auf die Welt und ich blieb zwei Jahre zu Hause. Während dieser Zeit entstand das Bedürfnis, mich fortzubilden. Das habe ich dann auch gemacht und bin jetzt zusätzlich Gestaltpädagogin. Meine gestaltpädagogischen Kenntnisse kann ich prima in die alltägliche Arbeit mit einfließen lassen. Ich versuche trotz meiner Leitungstätigkeit möglichst viel Kontakt zu den Kindern zu halten.

Übrigens soll ich euch schöne Grüße von **Nadine** *ausrichten. Ich habe mit Nadine telefoniert. Sie ist leider total erkältet. Nadine ist auch verheiratet und heißt jetzt Müller. Toll, nicht? Sie lebt in dem gleichen kleinen Ort, wo sie auch aufgewachsen ist in der Nähe ihres Elternhauses. Sie hat zwei Söhne – acht und sechs Jahre alt – und arbeitet seit der Geburt ihres ersten Sohnes nicht mehr. Sie sagte, sie sei glücklich als Hausfrau und Mutter und betreue bei der freiwilligen Feuerwehr die Jugend. Stellt euch vor, Nadine möchte nicht mehr als Erzieherin arbeiten, vielleicht, sagte sie, mache sie später, wenn die Jungs größer sind mal was anderes, wer weiß …“*

Hallo, liebe Leute, schöne Grüße aus der Türkei!

Ich fahre immer noch regelmäßig hierher. Ich bin auch immer noch nicht verheiratet und habe keine Kinder. Ob ich welche haben will, weiß ich nicht. Bisher habe ich noch nicht die richtige Frau gefunden. Ich lebe in einer WG mit zwei Kumpels, arbeite im türkischen Zentrum mit Kindern und helfe Familien, die nicht richtig zurechtkommen in Deutschland, wegen der Sprache und so. Nach der Ausbildung habe ich eine Zeit lang so rumgehangen und war oft in der Türkei. Irgendwann habe ich dann diesen Job gekriegt. Ich bin froh diesen Job zu machen … zu etwas anderem, außer Fußball, hätte ich auch keine Lust. Hier in der Türkei werde ich auch meine zukünftige Frau kennen lernen. Schade, dass ich beim Treffen nicht dabei sein kann, trotzdem schöne Grüße an alle und viel Spaß …

Euer Ercan

Einer fehlt noch, **Ercan** (33). Er konnte auch nicht kommen, aber er hat einen Brief geschrieben und eine Postkarte beigelegt:

Aufgaben und Anregungen

1 Spielen Sie mit Vorstellungen Ihres persönlichen Klassentreffens und beschäftigen Sie sich mit den folgenden Fragen:

1.1 Wie würde Ihr Treffen nach zehn Jahren aussehen?
1.2 Wer, was und wie möchten Sie dann sein?
1.3 Mit welchen Menschen sind Sie dann zusammen?
1.4 Wo arbeiten Sie und wie würde Ihre Umgebung aussehen?
1.5 Wie sehen Sie aus, welche Kleidung tragen Sie?
1.6 Was ist aus Ihren Mitschülerinnen und Mitschülern geworden?

2 Welche Zukunft hat der Erzieherinnenberuf z. B. gesellschaftspolitisch? Versetzen Sie sich in die Zukunft, zehn Jahre voraus, und setzen Sie sich mit folgenden Fragen auseinander. Erarbeiten Sie daraus eine Vision für den Erzieherberuf und die Kindertagesstätte der Zukunft.

2.1 Genießen Erzieherinnen jetzt die gleiche gesellschaftliche Wertschätzung wie Lehrerinnen?
2.2 Sind die Personalschlüssel so ausgestaltet, dass Erzieherinnen für alle Kinder Zeit haben und da sein können?
2.3 Ist die öffentliche Kinderbetreuung obligatorisch und voll finanziert für alle Altergruppen, also auch für die Null- bis Dreijährigen?
2.4 Ist auch die Betreuung von Schulkindern gewährleistet?
2.5 Ist der Einsatz von Qualitätsmanagementsystemen obligatorisch und vergleichbar?
2.6 Gehören betriebswirtschaftliche Kenntnisse mittlerweile zur Grundausbildung der Erzieherin?
2.7 Haben sich alternative Finanzierungsmodelle durch soziales Marketing (z. B. Essen kochen für den Stadtteil, Spielzeug und Kinderbücher verkaufen usw.) etabliert?
2.8 Gibt es neue Konzepte?
2.9 Hat sich die Erzieherausbildung dem europäischen Niveau angepasst?
2.10 Findet die Ausbildung weiterhin an Fachschulen statt?
2.11 Haben sich die Fortbildungsmöglichkeiten für Erzieherinnen erweitert?
2.12 Sind vielleicht neue und interessante Berufsbilder oder spezielle Fachqualifizierungen entstanden (z. B. Elementarpädagogin oder die Vorschullehrerin oder die Facherzieherin für die betreute Grundschule)?

Tipps zum Weiterlesen

Auernheimer, Richard (Hrsg.), *Erzieherinnen für die Zukunft – Berufsprofil im Wandel.* Schneider Verlag, 1999

Fthenakis, Wassilios E., *Elementarpädagogik nach PISA.* Herder, 2003

Rauschenbach, Thomas/Beher, Karin,/Knauer, Detlef, *Die Erzieherin – Ausbildung und Arbeitsmarkt.* Juventaverlag, 1995

ARD/ZDF, Media-Analyse 2000, www.ard.de/ard_intern/mediendaten/index.phtml?4_2
Auernheimer, Richard (Hrsg.), Erzieherinnen für die Zukunft – Berufsprofil im Wandel, Schneider, Hohengehren 1999
Ayres, A. Jean, Bausteine der kindlichen Entwicklung, Springer Verlag, Berlin 2000
Baacke, Dieter/Lenssen, Margit/Röllecke, Renate, Von Mäusen und Monstern – Kinderfernsehen unter der Lupe, Gep-Buch, Bielefeld 1997
Baake, Dieter, Die 0–5-Jährigen, Beltz Verlag, Weinheim 1999
Bachmann, Winfried und Fiona, Im Team zum Ziel, Junfermann, Paderborn 1997
Baer, Ulrich, Spielpraxis, Kallmeyer'sche Buchhandlung, Seelze-Velber 1995
Bandler, Richard/Grinder, John/Satir, Virginia, Mit Familien reden, Klett-Cotta, München 1993
Bareis, Alfred, Vom Kritzeln zum Zeichnen und Malen, Auer, Donauwörth 1972
Batz, Michael/Schroth, Horst, Theater zwischen Tür und Angel, Rowohlt, Reinbek 1983
Baum, Andrea, Leicht wie eine Feder, Kreatives Tanzen mit Kindern, Kösel Verlag, München 1997
Baumgärtner, Alfred/Pleticha, Heinrich (Hrsg.), Kinder- und Jugendliteratur Lexikon, dtv, München 1995
Bayerisches Staatsministerium für Arbeit, Sozialordnung, Familie und Frauen, Staatsinstitut für Frühpädagogik, München, Der Bayerische Bildungs- und Erziehungsplan für Kinder in Tageseinrichtungen bis zur Einschulung, Beltz, Weinheim, Basel, Berlin 2003
Becker-Textor, Ingeborg, Elternarbeit in Kindergarten und Hort, in: Textor, M., Hilfen für Familien, Ein Handbuch für psychosoziale Berufe, Fischer Taschenbuch Verlag, Frankfurt/Main, 2. Aufl., 1992
Becker-Textor, Ingeborg, Kreativität im Kindergarten, Herder, Freiburg, Basel, Wien 1988
Beck-Neckermann, Johannes, Handbuch der musikalischen Früherziehung, Herder, Freiburg 2002
Berger, U. (Hrsg.), Spiel und Klang – Lehrerband, Bosse, Kassel 1998
Berne, Erik, Spiele der Erwachsenen, Rowohlt, Reinbek 1988
Bernitzke, F./Schlegel, P., Das Handbuch der Elternarbeit, Bildungsverlag Eins, Troisdorf 2004
Berthold, Erika/Grüber, Eva, Erzieherinnen sind doof, Luchterhand Fachbuch, Berlin 1996
Bettelheim, Bruno, Kinder brauchen Bücher – Lesen lernen durch Faszination, Deutsche Verlagsanstalt, Stuttgart 1982
Bettelheim, Bruno, Kinder brauchen Märchen, Deutsche Verlagsanstalt, Stuttgart 1977
Biddulph, Steve, Jungen! Wie sie glücklich heranwachsen, Heyne, München 2002
Boal, Augusto, Das Theater der Unterdrückten, edition suhrkamp, Frankfurt 1979
Boal, Augusto, Der Regenbogen der Wünsche, Kallmeyer'sche Buchhandlung, Seelze-Velber 1999
Bollenbeck, Georg, Bildung und Kultur, Suhrkamp, Frankfurt, Leipzig 1996
Bosetzky, Horst/Heinrich, Peter, Mensch und Organisation – Aspekte bürokratischer Sozialisation, Kohlhammer, Dt. Gemeinde Verlag, Köln 1994
Brandenberg, Aliki, Gefühle sind wie Farben, Beltz & Gelberg, Weinheim und Basel 1988
Braun, Daniela, Handbuch Kreativitätsförderung, Herder, Freiburg 1999
Brook, Peter, Der leere Raum, Alexander Verlag, Berlin 1994
Bundesarbeitsgemeinschaft der Landesjugendämter, Beschluss, Halle 2000
Bundesjugendwerk der Arbeiterwohlfahrt, Praxismappe, Spiele für Kinder, Jugendliche und Erwachsene, Bonn 1990
Bundesministerium für Familie, Senioren, Frauen und Jugend (Hrsg.), Schriftenreihe 158, Übersicht über die gesetzlichen Maßnahmen in den EU-Ländern bei Erziehung von Kleinkindern, Köln, Stuttgart 1998
Bundeszentrale für politische Bildung, Über Medien reden – Eine Broschüre für Eltern, Bonn 2003
Bund-Länder-Kommission für Bildungsplanung und Forschungsförderung (BLK), Medienerziehung in der Schule, Bonn 1995
Burtscher, Irmgard Maria, Der Kindergarten – Ein Ort zeitgemäßer Bildung?!, Dissertation, Leopold-Franzens-Universität, NG Kopierladen GmbH, Innsbruck 2002
Colberg-Schrader, Hedi, Erzieherinnen – Zukunftsberuf trotz leerer Kassen?, in: Richard Auernheimer (Hrsg.), Erzieherinnen für die Zukunft – Berufsprofil im Wandel, Schneider, Hohengehren 1999
Colberg-Schrader, Hedi/Oberhuemer, Pamela (Hrsg.), Qualifizieren für Europa, Jahrbuch 5, Schneider, Hohengehren 2000
Csikszentmihalyi, Mihaly, Kreativität, Klett-Cotta, Stuttgart 2001

9612466

Dartsch, Michael, Das Musikbuch für Kinder, Schott, Mainz 2001
Dartsch, Michael, Klangwerkstatt für Kinder, Don Bosco, München 2003
Dartsch, Michael, Spiel in der Elementaren Musikpädagogik, in Zeitschrift: Üben und Musizieren, Schott, Mainz 3/1999
de Saint-Exupéry, Antoine, Der kleine Prinz, Rauch, (Übers. Grete u. Josef Leitgeb), Düsseldorf 1983
Decker-Voigt, Hans-Helmut/Knill, Paolo J./Weymann, Eckhard (Hrsg.), Lexikon Musiktherapie, Hogrefe, Göttingen 1996
Delakova, Katya, Das Geheimnis der Katze – Eine Tänzerin weist Wege zum schöpferischen Üben, Brandes & Apsel, Frankfurt/Main 1991
Diakonisches Werk für Frankfurt am Main (Hrsg.), Qualitätsmanagement in Evangelischen Kindertagesstätten in Frankfurt am Main, Frankfurt 2003 – Bezugsanschrift: Rechneigrabenstraße 10, 60311 Frankfurt
Diskowski, Detlev, Neue Konzepte für die ErzieherInnenausbildung, in: Wassilios E. Fthenakis, Hans Eirich (Hrsg.), Erziehungsqualitäten im Kindergarten, Herder, Freiburg 1998
Dusolt, Hans, Zusammenarbeit mit Eltern (1). Erziehungspartnerschaft zwischen Experten, in: Kindergarten heute, Verlag Herder, Freiburg 9/2004, S. 10–16
Ebert, Sigrid, Breite und Tiefe einer weiterentwickelten Erzieherausbildung, in: Richard Auernheimer (Hrsg.), Erzieherinnen für die Zukunft – Berufsprofil im Wandel, Schneider, Hohengehren 1999
Ebert, Sigrid, Die ErzieherInnenausbildung, in: Kindergarten heute, 10/2003, Herder, Freiburg
Ebert, Sigrid, Zur beruflichen Situation der Erzieherinnen in Deutschland, Eine Denkschrift, Carl Hanser, München, Wien 1994
Ebert, Sigrid, Zur Reform der Erzieherinnenausbildung, in: Wassilios E. Fthenakis, Elementarpädagogik nach PISA, Herder, Freiburg 2003
Eggert, Hartmut/Garbe, Christine, Literarische Sozialisation, Metzler Verlag, Stuttgart 1995
Eirich, Hans, Kinder und Medien, Aufgabe für eine zeitgemäße Erziehung, in: Bundesarbeitsgemeinschaft Kinder- und Jugendschutz, Medien kompetent/z vermitteln, Berlin 2003
Eliot, Lise, Was geht da drinnen vor, Berlin Verlag, Berlin 2003
Elschenbroich, Donata, Weltwissen der Siebenjährigen, Kunstmann, München 2001
EU-Kommission (Hrsg.), Die Europäische Union in Zahlen, Brüssel 2000
Fachlexikon der sozialen Arbeit, Deutscher Verein für öffentliche und private Fürsorge, 5. Auflage, Verlag Soziale Theorie und Praxis, Frankfurt am Main 2002
Fischer, Ernst Peter, Die andere Bildung, Ullstein, Berlin 2003
Fischer, Ernst Peter, Leonardo, Heisenberg und Co. – Eine kleine Geschichte der Wissenschaft in Portraits, 2 Bände, Piper, München 2003
Fischer, Helga, Teamarbeit im Kindergarten, Herder, Freiburg 1983
Fischer, Renate, Tanzen mit Kindern, Gustav Bosse, Kassel 1998
Flitner, Andreas, Das Kinderspiel, München 1973
Flitner, Andreas, Spielen – Lernen, Praxis und Deutung des Kinderspiels, Piper, München 1996
„Forschung aktuell" ist eine Sendung des Deutschlandfunks. Zurzeit wird sie täglich zwischen 16:30 und 17:00 Uhr gesendet (UKW, 105,1 MHz). Auch hier werden aktuelle Forschungsergebnisse in kurzen Wortbeiträgen gut verständlich (für Erwachsene) vermittelt. Die Sendereihe wird auch auf CD-ROM herausgegeben.
Franken, Bernd, Qualitätsentwicklung – Kriterien, Dimensionen, Standards …, Basiswissen Kita, Herder, Freiburg, o. Jg.
Franz, Kurt, Kinderlyrik, in: Lange, Günther (Hrsg.), Taschenbuch der Kinder- und Jugendliteratur, Band 1, Grundlagen-Gattungen, Schneider, Hohengehren 1995
Franz, Kurt, Kinderlyrik. Struktur, Rezeption, Didaktik, UTB, München 1979
Friedemann, Lilli, Einstiege in neue Klangbereiche durch Gruppenimprovisation, edition, Wien 1973
Friedemann, Lilli, Gemeinsame Improvisation auf Instrumenten, Bärenreiter, Kassel 1964
Friedemann, Lilli, Kollektivimprovisationen als Studium und Gestaltung neuer Musik, edition, Wien 1969
Friedemann, Lilli, Trommeln Tanzen Tönen, edition, Wien 1983
Friedrich, Hedi, Auf Kinder hören, mit Kindern reden, Sprachförderung im Kindergarten, Herder, Freiburg 1997
Fritz, Jürgen, Theorie und Pädagogik des Spiels, Juventa, Weinheim, München 1993

Fromm, Erich, Die Kunst des Liebens, Gesamtausgabe, Ullstein, Stuttgart 1981
Fromm, Rainer, Digital spielen – real morden? Shooter, Clans und Fragger, Schüren Presseverlag, Marburg 2003
Fthenakis, Wassilios E., Elementarpädagogik nach Pisa, Herder, Freiburg 2003
Fuchs, Ragnhild/Siebers, Christiane, Sprachförderung von Anfang an, Ministerium für Frauen, Jugend, Familie und Gesundheit des Landes NRW, 2002
Fuhrmann, Manfred, Bildung – Europas kulturelle Identität, Stuttgart 2002
„Gehirn und Geist“, 1/2003, Magazin für Psychologie und Hirnforschung, Spektrum der Wissenschaft
Gembris, Heiner, Grundlagen musikalischer Begabung und Entwicklung, Wissner, Augsburg 1998
GEO WISSEN: Denken, Lernen, Schule, 1/1999
Gerstmeier, Roland, Welcher Schmetterling ist das?, Franck-Kosmos, Stuttgart 1989
GEW, Rahmenplan frühkindlicher Bildung – Diskussionsentwurf, Saarbrücken 2002
Geyer, Christian (Hrsg.), Hirnforschung und Willensfreiheit, Edition Suhrkamp, Frankfurt 2004
Gibran, Khalil, Der Prophet, Herder, Freiburg 1984
Goetze, Karl-Heinz, Französische Affairen, S. Fischer, Frankfurt/Main 1993
Goleman, Daniel/Kaufman, Paul/Ray, Michael, Kreativität entdecken, dtv, München, Wien 2000
Götte, Rose, Sprache und Spiel im Kindergarten, Beltz Verlag, Weinheim 1994
Götz, Maya, Die Teletubbies treffen den Nerv der Kinder, in: Neuß, Norbert/Koch, Claus (Hrsg.), Teletubbies & Co – Schadet Fernsehen unseren Kindern?, Beltz, Weinheim 2001
Greine, Rita, Erfindergarten, Beltz, Weinheim/Berlin/Basel 2002
Grimminger, Ella, Integrativer Tanz, unveröffentlichte Arbeit, Münster 1992
Grossmann Klaus/Grossmann Karin, Bindung und menschliche Entwicklung, Klett-Cotta, Stuttgart 2003
Gruhn, Wilfried, Kinder brauchen Musik, Beltz, Weinheim 2003
Gudjons, Herbert, Pädagogisches Grundwissen, Klinckhardt, Bad Heilbrunn 2003
Gudjons, Herbert u. a., Auf meinen Spuren, Bergmann & Helbig, Hamburg 1996
Günther, Britta/Günther, Herbert, Erstsprache und Zweitsprache, Beltz Verlag, Weinheim 2000
Günther, Herbert, Sprachförderung/Die Fitness-Probe, Bausteine für einen erfolgreichen Schulanfang, Beltz, Weinheim 2003
Güntürkün, Onur (Hrsg.), Biopsychologie, Spektrum Akademischer Verlag, Heidelberg/Berlin 1998
Haders/Heilmann, Die Moderationsmethode – eine teilnehmerzentrierte Arbeits- und Lernform, Neue Perspektiven, 4, Nr. 1, 43–85
Hagemann, Meike/Rottmann, Cornelia, Selbst-Supervision für Lehrende, Juventa, Weinheim, München 1999
Hagen, Rose-Marie/Hagen, Rainer, Bildbefragungen, Taschen Verlag, Köln 1994
Harris, Thomas A., Ich bin o. k., Du bist o. k., Rowohlt, Hamburg 1993
Haselbach, Barbara u. a., Musik und Tanz für Kinder, Lehrerkommentar 1, Schott, Mainz 1985
Haselbach, Barbara, Improvisation – Tanz – Bewegung, Klett, Stuttgart 4/1987
Heimlich, Ulrich, Behinderte und nichtbehinderte Kinder spielen gemeinsam, Klinkhardt Verlag, Bad Heilbrunn, 1995
Herder-Lexikon, Symbole, Herder, Freiburg, Basel, Wien 1996
Herrmann, Christoph/Fiebach, Christian, Gehirn und Sprache, Fischer TB, Frankfurt 2004
Herschkowitz, Norbert/Herschkowitz-Chapman, Elinore, Klug, neugierig und fit für die Welt, Herder, Freiburg 2004
Hocke, Norbert, Personalentwicklung und Personalförderung, in: Zur beruflichen Situation der Erzieher/-innen in Deutschland, Materialien zur Denkschrift, München 1995
Hocke, Norbert, Zu den strukturellen Voraussetzungen der Weiterentwicklung von Tageseinrichtungen, in: Fthenakis, Wassilios E., Elementarpädagogik nach PISA, Herder, Freiburg 2003
Hoerburger, Christian/Widmer, Manuela, Musik- und Bewegungserziehung, Auer, Donauwörth 1992
Honge, Erik, Freizeitangebote für alle, in: Kinder in Europa aus Klein und Groß, Beltz, Weinheim 2003
Huber, Ludovika/Kahlert, Joachim/Klatte, Maria (Hrsg.), Die akustisch gestaltete Schule, Vandenhoeck & Ruprecht, Göttingen 2002
Huber, Ludovika/Odersky, Eva (Hrsg.), Zuhören – Lernen – Verstehen, Westermann, Braunschweig 2000
Huizinga, Johann, Homo Ludens, Vom Ursprung der Kultur im Spiel, Rowohlt, Hamburg 2001

9612468

Hüseman, Anita, Spiel- und Theatermethoden im Konflikttraining, erschienen in „gewaltfreie aktion“, Heft 4/2000
Internationales Zentralinstitut für das Jugend- und Bildungsfernsehen zur Studie von Maya Götz und Carolina Ensinger, Faszination Dragon Ball (Z) – Zwischen starken inneren Bildern und Aggressionsbereitschaft, veröffentlicht im Internet unter www.izi.de (Pressetext)
Isert, Bernd, Die Kunst schöpferischer Kommunikation, Junfermann, Paderborn 1996
Jacoby, Mario, Märcheninterpretationen aus der Sicht C. G. Jungs, in: Jacoby/Kast/Riedel (Hrsg.), Das Böse im Märchen, Herder Verlag, Freiburg 1994
Jilesen, Martien, Soziologie – Eine Einführung für Erzieherberufe, Stam, Köln 1982
Johnstone, Keith, Improvisation und Theater, Alexander Verlag, Berlin 1993
Jonas, Hans, Das Prinzip Verantwortung, Suhrkamp, Frankfurt/Main 1984
Kahlert, Joachim/Schröder, Michael/Schwanebeck, Axel (Hrsg.), Hören. Ein Abenteuer, München 2001
Kaleidoskop e. V. (Hrsg.), Traumjob – ja bitte?! Spiel- und theaterpädagogische Projekte zur Berufsorientierung von Mädchen, Hamburg 2000, zu beziehen über Kaleidoskop e. V., Billrothstr. 79, 22767 Hamburg
Kaller, Tanja/Alber, Frauke, Weitblick – Bremer Initiative für Vorschulbildung, aus: KiTa aktuell 3/2004
Kant, Immanuel, Kritik der praktischen Vernunft, Stuttgart 1980
Kauffeld, S./Kühnert, S./Wittrahm, A., Psychologische Grundlagen der Altenarbeit, Bonn 1994
Keller, Wilhelm, Ludu Musici, Spiellieder, Bd. 1, Fidula, Boppard 1970
Kent, Sarah, Bildkomposition, Belser, Stuttgart, Zürich 1996
klein&groß, Zeitschrift, 09/01
klein&groß, Zeitschrift, 04/04
Klein, Gabriele, FrauenKörperTanz: Eine Zivilisationsgeschichte des Tanzes, Quadriga Verlag, Weinheim, Berlin 1992
Kliphuis, M., Die Hantierung kreativer Prozesse in Bildung und Hilfeleistung, in: Wils (1977), S. 60 ff.
Kluge, Jürgen, Schluss mit der Bildungsmisere, Campus, Frankfurt 2003
Kolonko, Beate, Sprachpädagogische Arbeit im Kindergarten. Eine Arbeitshilfe für Ausbildung und Praxis, E. B. Verlag, 1997
Korte, Hermann/Schäfers, Bernhard (Hrsg.), Einführung in die Hauptbegriffe der Soziologie, UTB, Stuttgart 2002
Kreft, Dieter/Mielenz, Ingrid, Wörterbuch Soziale Arbeit, Juventa, Weinheim und Basel 1996
Krempen, Christiane/Theisen, Peter (Hrsg.): 50 Bildnerische Techniken, Beltz, Weinheim, Basel 2004
Krenz, Armin, Ist mein Kind schulfähig?, Kösel, München 2003
Kreusch-Jakob, Dorothée, Musikerziehung, Don Bosco, München 1995
Kruse, Matthias (Hrsg.), Interkultureller Musikunterricht, Bosse, Kassel 2003
Künkel, Almuth, Gegen-, Neben-, Miteinander, Herder, Freiburg 1999
Küspert, Petra/Schneider, Wolfgang, Würzburger Trainingsprogramm. Hören Lauschen Lernen, Beltz, Weinheim 2000
Laewen, Hans Joachim/Andres, Beate (Hrsg.), Bildung und Erziehung in der frühen Kindheit, Weinheim, Basel, Berlin 2002
Laewen, Hans-Joachim/Andres, Beate (Hrsg.), Künstler, Forscher Konstrukteure, Weinheim, Basel, Berlin 2002
Langenberg, Mechthild, Vom Handeln zum Behandeln – Darstellung besonderer Merkmale der musiktherapeutischen Behandlungssituation im Zusammenhang mit der freien Improvisation, Gustav Fischer, Stuttgart 1988
Largo, Remo H., Babyjahre, Piper Verlag, München 2003
Largo, Remo H., Kinderjahre, Piper Verlag, München 2002
Lenssen, Margit, Pippi, Popeye, Power Rangers – Die Fernsehnutzung der Kinder und die Fragen der Eltern – Anregungen für medienpädagogische Elternabende in Kindergarten und Grundschule, in: Baacke, Dieter/Lenssen, Margit/Röllecke, Renate, Von Mäusen und Monstern – Kinderfernsehen unter der Lupe, Gep-Buch, Bielefeld 1997
Leupold, Eva Maria, Handbuch der Gesprächsführung, Herder, Freiburg
Liedtke, Rüdiger, Die Vertreibung der Stille. Wie uns das Leben unter der akustischen Glocke um unsere Sinne bringt, dtv, München 1996

Lill, Gerlinde/Sauerborn, Jutta, Königin im eigenen Reich – Zum Berufsrollenverständnis von Kindertagesstättenleiterinnen, Luchterhand, Berlin 1995
Linke, Detlef, Kunst und Gehirn, Rowohlt TB, Suhrkamp, Hamburg 2001
Lorenzer, A., Zur Begründung einer materialistischen Sozialisationstheorie, Suhrkamp, Frankfurt 1973
Loughton, Jennifer, Hör doch endlich mal zu! Wie Zuhören funktioniert und wie man es verbessert, Verlag a. d. Ruhr, Mülheim/Ruhr 2003
Lück, Gisela, Handbuch der naturwissenschaftlichen Bildung, Herder, Freiburg 2003
Lück, Gisela/Gaymann, P., Eiweisheiten, Experimente rund ums Ei, Herder, Freiburg, Basel, Wien 2005
Luther, Michael/Maaß, Evelyne, NLP-Spiele – Spectrum Basisarbeit, Junfermann, Paderborn 1996
Lüthi, Max, Es war einmal, Vom Wesen des Volksmärchens, Sammlung Metzeler, Stuttgart 1962
Maaß, Evelyne/Ritschl, Karsten, Teamgeist, Junfermann, Paderborn 1997
Mahler, Madeleine, Tanz als Ausdruck und Erfahrung, Zytologge, Oberhofen (CH) 1987
Mahns, Beate, Musiktherapie bei verhaltensauffälligen Kindern. Praxisberichte, Bestandsaufnahme und Versuch einer Neuorientierung, Fischer, Stuttgart 1997
Maiello, Suzanne, Die Bedeutung pränataler auditiver Wahrnehmung und Erinnerung für die psychische Entwicklung – eine psychoanalytische Perspektive, in: Nöcker-Ribaupierre 2003
Martens, Gitta (Hrsg.), Feministische Theaterpädagogik, Akademie Remscheid, 1992
Maschwitz, G./Maschwitz, R., Stille-Übungen mit Kindern. Ein Praxisbuch, München 1993
Maturana, Humberto R./Varela, Francisco J., Der Baum der Erkenntnis, Scherz, Bern/München 1984
Mayer, Frederick, Mut zur schöpferischen Fantasie: Kreativität entdecken und wagen, Finken-Verlag, Oberursel 2002
Merö, Laszlo, Die Grenzen der Vernunft, Rowohlt TB, Hamburg 2002
Merrit, Stephanie, Die heilende Kraft der klassischen Musik, Kösel, München 1996
Merz, Christine, Das hatte ich mir ganz anders vorgestellt. Die erste Berufskrise und ihre Bewältigung, Herder, Freiburg 1998
Metzenthin, Rosmarie, Schöpferisch Spielen und Bewegen, Orell Füssli, Zürich 1983
Metzger, Barbara, Handout Stichpunkte zum Hören lernen in der Elementaren Musikpädagogik, o. J.
Michaelis, Carola, Mami – darf ich heute „Teletubbies" gucken? – Erfahrungsbericht einer Mutter, in: Neuß, Norbert/Koch, Claus (Hrsg.), Teletubbies & Co – Schadet Fernsehen unseren Kindern?, Beltz, Weinheim 2001, S. 11–15
Molcho, Samy, Körpersprache, Mosaik bei Goldmann, München 1996
Museum für Kindheits- und Jugendwerke bedeutender Künstler, Kirchplatz 3, 33790 Halle
Neue Digitale, Kinder online 2004, Frankfurt 2004, die Studie, die in Zusammenarbeit mit dem Kinderbüro Frankfurt und der Johann-Wolfgang-Goethe-Universität erstellt wurde, ist im Internet unter www.kinderbuero-ffm.de abrufbar.
Neuß, Norbert/Koch, Claus (Hrsg.) Teletubbies & Co – Schadet Fernsehen unseren Kindern?, Beltz, Weinheim 2001
Nichols, Michael P., Die wiederentdeckte Kunst des Zuhörens, Klett-Cotta, Stuttgart 2000
Nöcker-Ribaupierre, Monika, Hören – Brücke zum Leben. Musiktherapie mit früh- und neugeboreren Kindern, Vandenhoeck & Ruprecht, Göttingen 2003
Nöllke, Matthias, Kreativitätstechniken, Haufe, Planegg 1998
Oberhuemer, Pamela, Bildungsprogrammatik für die Vorschuljahre: Ein internationaler Vergleich, in: Fthenakis, Elementarpädagogik nach PISA, S. 38–56, Herder, Freiburg 2003
Oberhuemer, Pamela/Ulich, Michaela, Kinderbetreuung in Europa, Beltz, Weinheim und Basel 1997
Oberhuemer, Pamela/Ulich, Michaela, Personal in Tageseinrichtungen für Kinder in den 15 Ländern der Europäischen Union – Ausbildungen und Arbeitsfelder, in: Fthenakis, Wassilios E./Eirich, Hans (Hrsg.), Erzieherinnenqualitäten im Kindergarten, Herder, Freiburg 1998
Oerter, Rolf/Montada, Leo (Hrsg.), Entwicklungspsychologie, Verlagsunion, Walluf 1998
ohne Autor, Das große Buch der Experimente, Weltbild, Augsburg 2000
Ossowski, Herbert, 1999, Sachbilderbücher, Von Bildern, die Wissen schaffen, in: Franz, Kurt/Lange, Günter (Hrsg.), Taschenbuch der Kinder- und Jugendliteratur, Schneider, Hohengehren o. J.
Otto, Gunter, Lehren und lernen zwischen Didaktik und Ästhetik, Kallmeyer, Seelze-Velber 1998

9612470

Paker, S., Spannendes Wissen über den menschlichen Körper, Kaleidoskop Buch, München 2000
Peinecke, Claudia, Kriterien zur Bewertung von Tonträgern für Kinder, in: Schill/Baacke (Hrsg.), Kinder und Radio, Gep-Buch/Kopäd, Frankfurt 1996
Pesch, Ludger/Sommerfeld, Verena, Teamentwicklung, Beltz, Weinheim 2002
Pestalozzi-Fröbel-Verband (Hrsg.), Zur beruflichen Situation der Erzieher/-innen in Deutschland, Materialien zur Denkschrift, München 1995
Petzold, Leander, Märchen, Mythen, Sagen, in: Lange, Günther (Hrsg.), Taschenbuch der Kinder- und Jugendliteratur, Bd. 1, Schneider Verlag, Hohengehren 2000
Pfeiffer, Alexander, Managementkonzepte auf dem Prüfstand, Studienbrief 2-020-1003, Berlin 2001
Pretzell, Eva, Sprech- und Spracherziehung mit Kindern, Schott, Mainz 1980
Priestley, Mary, Analytische Musiktherapie, Fischer, Stuttgart 1983
Rabe-Kleberg, Ursula, Zum veränderten Berufsprofil der Erzieherinnen in Richard Auernheimer (Hrsg.), Erzieherinnen für die Zukunft – Berufsprofil im Wandel, Schneider, Hohengehren 1999
Radigk, Werner, Andi erlernt das Lernen, Scriptor Verlag, Berlin 1982
Rahmenvereinbarung zur Ausbildung und Prüfung von Erziehern/Erzieherinnen (Beschluss der Kultusministerkonferenz vom 28.01.2000)
Rau, Johannes, Den ganzen Menschen bilden – wider den Nützlichkeitszwang, Beltz, Weinheim und Basel 2004
Rauschenbach, Thomas u. a., Die Erzieherin – Ausbildung und Arbeitsmarkt, Juventa, Weinheim und München 1995
Reichel, Gusti, Lebendig statt brav, Handbuch für das Leben und Arbeiten mit Kindern in Gruppen, Ökotopia Verlag, Münster 1988 und 1995
Reiner Wild (Hrsg.), Geschichte der Deutschen Kinder- und Jugendliteratur, 2. Auflage, Metzler, Stuttgart 2002
Renner, Michael, Spieltheorie und Spielpraxis, Lambertus Verlag, Freiburg 1995
Ribke, Juliane/Dartsch, Michael (Hrsg.), Facetten elementarer Musikpädagogik, ConBrio, Regensburg 2002
Ribke, Juliane/Dartsch, Michael (Hrsg.), Gestaltungsprozesse erfahren – lernen – lehren, ConBrio, Regensburg 2004
Ribke, Juliane, Elementare Musikpädagogik. Persönlichkeitsbildung als musikerzieherisches Konzept, ConBrio, Regensburg 1995
Richter, Klaus Peter, Soviel Musik war nie – Von Mozart zum digitalen Sound. Eine musikalische Kulturgeschichte, München 1997
Rieder, Barbara, Harmonielehre für Kinder, Breitkopf & Härtel, Wiesbaden 2000
Röcker, Anna E./Spiegel, R., Klangreisen in die Seele, Ullstein, Berlin 2001
Rogers, Carl R., Die klientenzentrierte Gesprächspsychotherapie, Fischer, Frankfurt 1989
Rogge, Jan-Uwe/Rogge, Regine, Zuhören macht Spaß, Rowohlt, Reinbek 1999
Rohrmann, Tim/Thoma, Peter, Jungen in Kindertagesstätten, Lambertus, Freiburg 1998
Rolff, Hans-Günter/Zimmerman, Peter, Kindheit im Wandel, Sozialisation im Kindesalter, Beltz, Weinheim und Basel 1985
Rosenkranz, Hans, Von der Familie zur Gruppe zum Team, Junfermann, Paderborn 1990
Ruffert, Detlef, Kritisch, kreativ, kompetent – wie vermittelt man Medienkompetenz? Vortrag bei der Fachtagung „Gesund in die digitale Welt“ der Hessischen Arbeitsgemeinschaft Gesundheitserziehung am 17.10.2001 in Frankfurt am Main (ffm.junetz.de/muk/fachbeitraege/1/1.htm)
Ruspoli, Mario, Lascaux, Heiligtum der Eiszeit, Herder, Freiburg 1986
Satir, Viginia, Selbstwert und Kommunikation, Klett-Cotta, München 1992
Satir, Virginia, Kommunikation, Selbstwert, Kongruenz, Junfermann, Paderborn 1996
Schad, M., Frauen, die die Welt bewegten, Pattloch, München 2000
Schäfer, Gerd E. (Hrsg.), Bildung beginnt mit der Geburt, Beltz, Weinheim, Basel, Berlin 2003
Schäfer, Gerd E., Bildungsprozesse im Kindergarten, Juventa Verlag, Weinheim 2003
Schafer, Richard Murray, Anstiftung zum Hören, HBS Nepomus, Aarau 2002
Schäfer, Monika, Internet inzwischen beliebter als Fernsehen, Frankfurter Rundschau vom 09.09.2004
Schaufelberger, Hildegard, Märchenkunde für Erzieher, Herder Verlag, Freiburg 1992
Schill, Wolfgang/Baacke, Dieter (Hrsg.), Kinder und Radio, Gep-Buch/Kopäd, Frankfurt 1996

Schill, Wolfgang/Baacke, Dieter, Zwei „radio-biografische Spotlights“, in: Schill, Wolfgang/Baacke, Dieter (Hrsg.), Kinder und Radio, Gep-Buch/Kopäd, Frankfurt 1996
Schmidt, Georg, Umgang mit Kunst, Reinhardt, Basel 1976
Schönfeld, Sybil Gräfin, Astrid Lindgren, Rowohlt, Reinbek 2000
Schulz von Thun, Friedemann, Miteinander Reden, Band 1 und 2, Rowohlt, Reinbek 1994
Schwabe, Matthias, Spiel und Klang, Lehrerband, Bosse, Kassel 1998
Schwanitz, Dietrich, Bildung, Eichborn, Frankfurt 2000
Seifert, Josef W./Lothar, Gay Friedbert, Besprechungsmoderation, Gabal, Offenbach 1994
Seitz, Rudolf, Phantasie und Kreativität, Don Bosco, München 1998
Seitz, Rudolf, Zeichnen und Malen mit Kindern, Ravensburger Buchverlag, München 1983
Senatsverwaltung für Jugend und Sport (Hrsg.), Bärenstark, Berliner Sprachstandserhebung und Materialien zur Sprachförderung für Kinder in der Vorschul- und Schuleingangsphase, Beuthstr. 6–8, 10117 Berlin Mitte
Sendak, Maurice, Wo die wilden Kerle wohnen, Diogenes, Zürich 1967
Shaw, Marcus, Trickfilme, unveröffentlichtes Arbeitsblatt, Kiel 2004
Sherborne, Veronica, Beziehungsorientierte Bewegungspädagogik, Ernst Reinhardt Verlag, München 1998
Singer, Wolf, Der Beobachter im Gehirn, Suhrkamp, Frankfurt/Main 2002
Solms, Wilhelm, Die Moral von Grimms Märchen, Wissenschaftliche Buchgesellschaft, Darmstadt 1999
„Spektrum der Wissenschaft“. Die Zeitschrift erscheint monatlich und informiert über die unterschiedlichsten Themen heutiger Forschung. Zurzeit gehören dazu auch viele Forschungen aus den Bereichen Lernen, Soziologie und Gehirnforschung.
Spitzer Manfred, Lernen – Gehirnforschung und die Schule des Lebens, Spektrum Verlag, Berlin 2000
Spitzer, Manfred, Geist im Netz, Spektrum Akademischer Verlag, Heidelberg, Berlin 2000
Spitzer, Manfred, Lernen – Gehirnforschung und die Schule des Lebens, Spektrum Akademischer Verlag, Heidelberg, Berlin 2002
Staatsinstitut für Frühpädagogik, Der Bayerische Bildungs- und Erziehungsplan für Kinder in Tageseinrichtungen bis zur Einschulung, München 2003
Stadtentwicklungsbehörde der Freien und Hansestadt Hamburg, Kids gestalten mit, zu beziehen über STeB Hamburg, Alter Steinweg 4, 20459 Hamburg
Steinebach, Christoph, Entwicklungspsychologie, Klett-Cotta, Stuttgart 2000
Stellbrink, Jessica, Die Bedeutung von Waldpädagogik im Hinblick auf die psychomotorische Förderung 3–6-Jähriger in einer Kindertagesstätte, unveröffentlichte Arbeit, Hamburg 2002, zu beziehen über Kindertagesheim St. Markus, Heiderstr. 1, Hamburg
Stiller, Barbara u. a., Spielräume Musikvermittlung, Konzerte für Kinder, ConBrio, Regensburg 2002
Stöger, Gabriele, Besser im Team, Beltz, Weinheim 1996
Svantesson, Ingemar, Mindmapping und Gedächtnistraining, Gabal, Offenbach 1997
Szagun, Gisela, Sprachentwicklung beim Kind, Beltz Verlag, Weinheim/Basel 2000
Tenta, Heike, Schrift- und Zeichenforscher, Don Bosco, 2002
Thesing, Theodor u. a., Sozialpädagogische Praxisfelder, Lambertus, Freiburg 2001
Thiele, Jens, Handbuch Kinderliteratur, Herder, Freiburg 2003
Thomann/Schulz von Thun, Friedemann, Klärungshilfe, Rowohlt, Reinbek 1994
Tietze, Wolfgang u. a., Kindergarten-Einschätz-Skala – Revidierte Fassung (KES-R), Luchterhand Fachbuch, Neuwied 2001
Tophinke, Doris, Sprachförderung im Kindergarten/Materialien und praktische Anwendung, Beltz, Weinheim/Basel 2003
Tschamler, Herbert, Wissenschaftstheorie – eine Einführung für Pädagogen, Klinckhardt, Bad Heilbrunn 1983
Ulich, Michela/Oberhuemer, Pamela, Die Welt trifft sich im Kindergarten, Beltz, Weinheim/Basel 2005
Ulich, Michaela/Mayr, Toni, Sismik. Sprachverhalten und Interesse an Sprache bei Migrantenkindern in Kindertageseinrichtungen, Begleitheft und Beobachtungsbogen, Herder, Freiburg 2003
Utz/Martin, Verblüffende Experimente, Weltbild, Augsburg 1998
van der Beck, Angelika/Buck, Matthias/Rufenach, Amelie, Kinderräume bilden, Luchterhand, Berlin 2001
Vester, Frederic, Unsere Welt – ein vernetztes System, dtv, München 1987
Vogel, Thomas, Über das Hören. Einem Phänomen auf der Spur, Taschenbuch Attempto, Tübingen 1996

Vom Schwinden der Sinne (Video), Wer sich nicht bewegt, bleibt sitzen, DT Verein für öffentliche und private Fürsorge, Berlin 1998
von Balluseck, Hilde, Ausbildung von Erzieherinnen und Erziehern in der Fachhochschule, in: Wassilios E. Fthenakis, Elementarpädagogik nach PISA, Herder, Freiburg 2003
von Glasenapp, Helmuth, Die fünf Weltreligionen, Diederichs, München 1963
von Hentig, Hartmut, Bildung, Carl Hanser, München, Wien 1996
von Hentig, Hartmut, Warum muss ich zur Schule gehen?, Carl Hanser, München 2001
von Hentig, Hartmut, Kreativität, Carl Hanser, Wien 1998
von Oech, Roger, Denkanstoß. Ein Kreativitäts-Workshop, Hugendubel, München 1991
Vortisch, Stephanie, Keine Angst vor dem Theater, Werkstattbuch mit 100 Spielideen und mehr, Luchterhand, Neuwied, Kriftel und Berlin 2000
Walter, Gisela, Sprache, der Schlüssel zur Welt, Herder, Freiburg 2003
Wardenburg, W., Musik, in: Wils (1977), S. 223 ff.
Watzlawick, Paul/Beavin, Janet H./Jackson, Don D., Menschliche Kommunikation, Huber, Bern 1990
Watzlawick, Paul, Anleitung zum Unglücklichsein, Piper, München 1988
Weber, Erich (Hrsg.), Pädagogik – eine Einführung, Auer, Donauwörth 1982
Wendlandt, Wolfgang, Sprachstörungen im Kindesalter, Thieme Verlag, Stuttgart 2000
Wermke, Jutta (Hrsg.), Hören und Sehen. Beiträge zu Medien- und Ästhetischer Erziehung, Kopäd, München 2001
West, Michael, Kreativität und Innovation, Beltz, Basel 1999
Weymann, Eckhardt, Improvisation, in: Decker-Voigt/Knill/Weymann (1996), S. 133 ff.
Wiedenmann, Marianne (Hrsg.), Handbuch Sprachförderung mit allen Sinnen, Beltz Verlag, Weinheim 1997
Wils, Lex, Spielenderweise: Theorien als Ausgangspunkte für methodisches Arbeiten mit Aktivitäten, die kreative Prozesse im Menschen zu befördern vermögen, Putty, Wuppertal 1977
Winnicott, Donald W. (Übersetzer Michael Erman), Vom Spiel zur Kreativität, Klett-Cotta, Stuttgart 1989
www.kindergartenpaedagogik.de
Textor, Martin R. (Hrsg.), Kindergartenpädagogik – Online-Handbuch, Artikel: Becker-Textor, Ingeborg., Vernetzung, aus: Becker-Textor, Ingeborg, Textor, Martin R., Der offene Kindergarten – Vielfalt der Formen. Herder, Freiburg, Basel, 2. Aufl., 1998, S. 107–120. Die Internetseite von Martin Textor wird ständig mit verschiedenen Fachartikeln erweitert und aktualisiert. Sie ist sehr umfangreich, aber gut nach unterschiedlichen Rubriken geordet.
www.mckinsey-bildet.de/html/01_home/home.html
McKinsey ist eine Unternehmensberatung. In jüngster Zeit befasst sie sich aber auch mit Deutschland als Bildungsstandort und der Verbesserung der frühkindlichen Bildung. Unter dem Arbeitstitel „Früh investieren, anstatt spät reparieren" wird unter anderem mit guten Gründen vorgeschlagen in den nächsten Jahren 2,2 Milliarden € zur Schaffung von mehr Krippenplätzen- und Ganztagesplätzen bereitzustellen. McKinsey zeigt deutlich, dass diese Investition sehr gut angelegtes Geld wäre.
Zähme, Volker, Was Kinder wissen müssen, Dumont, Köln 2002
Ziegenrücker, Wieland, Allgemeine Musiklehre, ABC Musik, München 1980
Ziese, Axel-A., Kunst und Medizin, arte factum, Nürnberg 1988
Zimbardo, Philip G., Psychologie, Springer Verlag, Berlin 1995
Zimmer, Dieter E., So kommt der Mensch zur Sprache, Heyne Verlag, 1996
Zimmer, Renate, Handbuch der Bewegungserziehung, Herder, Freiburg 1993
Zimmer, Renate, Handbuch der Psychomotorik, Herder, Freiburg 2002
Zimmer, Renate, Toben macht schlau, Herder, Freiburg 2004
Zuhören e. V. (Hrsg.), Ganz Ohr. Interdisziplinäre Aspekte des Zuhörens, Göttingen 2002, weitere Hinweise unter www.hr-online.de/zuhoeren/literatur_allgemein.html

A

Absorption
das Aufsaugen, das In-sich-Aufnehmen von etwas

Abstraktion
Reduktion auf die wesentlichen Aussagen und Informationen. Zeichnen bedeutet immer notwendig eine Abstraktion, da aus einer unendlichen Menge von Informationen jene ausgewählt werden müssen, die für die Bildaussage notwendig sind.

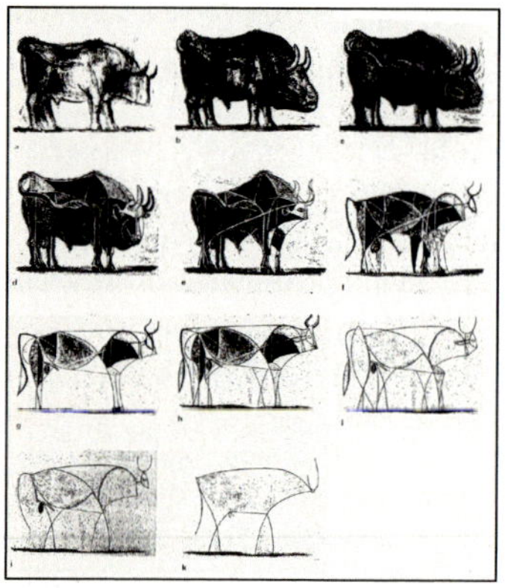

Bei dieser Reihe von Stierzeichnungen ist die oberste noch relativ naturalistisch. Im Weiteren konzentriert sich Picasso zunehmend auf elementare Grundformen und Zusammenhänge im Stierkörper. Schritt für Schritt entfernt er Detailinformationen und räumt damit dem Betrachter zunehmend Interpretationsspielraum ein. Am Schluss bleibt ein Tier mit einem großen Körper, mit Hörnern auf einem verschwindend kleinen Kopf. Es steht auf zerbrechlichen Beinen und erscheint auch nicht mehr sehr potent. Dieser ursprünglich anscheinend machtvolle Stier wird schließlich in der Arena gebrochen und getötet werden. Letztlich hat er diesem Schicksal nichts entgegenzusetzen.

Akkord
Zusammenklang mehrerer Töne

Akkulturation
Übernahme von kulturellen Normen im Sozialisationsprozess

Animistisches Denken
die Tendenz von Kindern, in Gedanken Dinge mit Leben zu erfüllen

Antizipieren
Geistiges Vorwegnehmen. So kann man sich z. B. aufgrund verschiedener Kenntnisse vorstellen, was bei einer Aktion geschehen wird, auch ohne diese selbst durchzuführen.

Archimedes (285 – 212 v. Chr.)
„Gebt mir einen festen Punkt und ich werde die Erde aus den Angeln heben." Archimedes gilt als „Erfinder" der Hebelgesetze. Mit einem Hebel lassen sich im Prinzip beliebige Massen ohne großen Kraftaufwand bewegen. Mit einem speziell konstruierten Flaschenzug soll er alleine eine ganze Galeere auf das Ufer gezogen haben.
Das archimedische Prinzip ist heute das tägliche Brot der Schiffsbauer.

Areal
ein bestimmtes Gebiet

Assoziation
Verknüpfung von verschiedenen Bewusstseinsinhalten (Gedanken, Erinnerungen, Bilder, Ideen, Faktenwissen, …) in der Weise, dass das Auftreten einer Vorstellung, eines Begriffs usw. das Bewusstsein der mit ihr/ihm assoziierten Vorstellungen, Begriffe usw. hervorruft.

Audit
Systematische Überprüfung und Bewertung durch Fachleute nach vorgegebenen Checklisten. Definition in der Qualitätsnorm ISO 9000: „Systematischer, unabhängiger und dokumentierter Prozess zur Erlangung von Nachweisen und zu deren objektiver Auswertung, um festzustellen, inwieweit Auditkriterien erfüllt sind." Audit kann durch eigene Kräfte als internes Audit (= Selbstbewertung) und externes Audit verwendet werden. Letzteres, durch akkreditierte Stellen durchgeführtes Audit, ist Voraussetzung für eine Zertifizierung, z. B. im Qualitätsmanagement.

Auditive Wahrnehmung
Die Aufmerksamkeit als auch die Fähigkeit, Reize zu unterscheiden, zu lokalisieren und in einen Bedeutungszusammenhang (z. B. Sprachverständnis) zu bringen. Dieser Vorgang kann unterschieden werden in:

- auditive Aufmerksamkeit: sich auf Gehörtes konzentrieren können.
- Auditive Figur-Grundwahrnehmung bedeutet Reize aus dem Hintergrund zu isolieren.
- Auditive Lokalisation bedeutet Geräuschquellen räumlich zuzuordnen (Richtungshören).
- Auditive Diskrimination bedeutet verschiedene Laute zu vergleichen und unterscheiden (p–t) zu können. Gehörtes inhaltlich einordnen können: Kirsche oder Kirche (Sinnzusammenhang)
- Auditive Merkfähigkeit bedeutet etwas Gehörtes zu speichern, wieder zu erkennen und abrufen können, z. B. eine Reihenfolge von Buchstaben oder Wörtern behalten.

authentisch
echt

B

Begabung
Anlage zu bestimmten Leistungen. Die Entfaltung einer solchen Anlage, beispielsweise Musikalität, hängt u. a. stark von der jeweiligen Umwelt ab, in der ein Mensch aufwächst.

Betriebsblindheit
Unangemessene Wahrnehmungs- und Beurteilungstendenzen, die oft durch Routine verursacht werden. Klassisches Merkmal der Betriebsblindheit ist die eingeschränkte Wahrnehmung betrieblicher Abläufe und Zusammenhänge.

Bordun
ein ständig mitklingender, gleich bleibender Ton oder Intervall, meist die Quinte oder Oktave

Burn-out-Syndrom
ausgebrannt sein, Krankheit von Menschen, die über einen zu langen Zeitraum großen Belastungen ausgesetzt waren

C

Choreografie
früher die Tanzschrift, heute der Regieentwurf, die Bewegungsabfolge eines Tanzes oder Balletts

Codierung
Darstellung einer Nachricht in anderer Form. Das bedeutet die Umsetzung einer Information in eine „andere Sprache".

Collage
Bild aus aufgeklebten Stücken von Papier

Community
Gruppe von PC-Nutzern (User), die sich zusammenschließen

Cutaner Sinn
Oberbegriff für den Tast- und Berührungssinn (taktil, haptisch)

D

Denotation
Gegensatz zu Konnotation: die klare, abgeleitete Bedeutung, über die Einigkeit besteht

determiniert
festgelegt

Determiniertheit
auf eine bestimmte Lösung, auf ein bestimmtes Vorgehen alternativlos hin festgelegt sein

Dezibel (dB)
Maßeinheit in der Akustik für die Lautstärke (Schalldruckstärke); die Sprache während einer normalen Unterhaltung hat eine Schalldruckstärke von etwa 35–45 Dezibel; in einer Diskothek können sich bis zu 120 Dezibel entfalten; genauso viel erzeugt der Probelauf von Düsenflugzeugen. Der intrauterine Geräuschteppich kann bis zu 90 Dezibel erreichen.

Diskrepanz
Missverhältnis

Disstress
Eine Situation, die zu einem erhöhten Adrenalinspiegel im Blut führt und als belastend, beängstigend oder unangenehm empfunden wird. Disstress ist alltäglich und gesunde Menschen können mit den meisten solcher Situationen umgehen und sie bewältigen, zum Beispiel im Straßenverkehr oder bei einer Prüfungssituation. Anhaltender Disstress kann krank machen. (Gegenteil: Eustress, positiver Stress)

Dramaturgie
Dramaturgie bezeichnet die Kunst im Bereich Literatur, Theater, Filmkunst und Fernsehen, Spannung zu erzeugen, zu erhalten und zu steigern.

Drillich
strapazierfähiger Leinenstoff, aus dem Uniformen gearbeitet wurden

Dritte industrielle Revolution
Seit den 70er-Jahren des letzten Jahrhunderts lässt sich eine zunehmende Nutzlosigkeit menschlicher Arbeitskraft beobachten. Die Produktionsprozesse werden zunehmend automatisiert. Gleichzeitig spielen die Informationstechnologie und der Computer eine immer bedeutendere Rolle.

Dur
Tongeschlecht in westlicher Musikkultur. Klang wird häufig mit hell, freundlich, klar, … assoziiert.

Dynamik
Lehre von der Bewegung unter dem Einfluss innerer oder äußerer Kräfte (dynamisch – in Bewegung sein – im Gegensatz zu statisch – unbewegt sein)

E

Echolalie
Das Kind hört sich erstmals bewusst sprechen und ahmt sich selbst nach.

Edutainment
Vermittlung von Wissen auf unterhaltsame und spielerische Weise, z. B. durch Computerlernprogramme

Effektivität
untersucht das Verwaltungshandeln im Hinblick auf seine Wirksamkeit. Im Vordergrund steht, was getan wird, ohne dabei aus-

drücklich auf die Art und Weise einzugehen, wie die angestrebten Ziele erreicht werden. Damit verfolgt die Effektivitätsbeurteilung eine auf das grundsätzliche Handeln ausgerichtete und damit eher langfristige Perspektive. Oder anders formuliert: Effektivität heißt die richtigen Dinge zu tun.

Effizienz
untersucht das Amtshandeln im Hinblick auf seine Leistung. Im Vordergrund steht, wie bestimmte Ziele erreicht werden, ohne die Ziele dabei ausdrücklich infrage zu stellen. Damit verfolgt die Effizienzbeurteilung eine eher kurzfristige, auf direkte Tätigkeiten ausgerichtete Perspektive. Effizienz heißt die Dinge richtig zu tun.

eichen
Ein Messgerät genau einstellen. Zum Beispiel werden die Waagen auf einem Markt regelmäßig geeicht und mit einem entsprechenden Siegel versehen.

Empathie
Bereitschaft und Fähigkeit, sich in die Erlebnisweise anderer Menschen einzufühlen (Einfühlungsvermögen)

Empirische Studien
wissenschaftliche Untersuchungen, bei denen die Ergebnisse aus Beobachtungen und Erfahrungen gewonnen werden

Ensemble
Plan- und wirkungsvoll zusammen handelnde Gruppe. Der Begriff wird besonders im Theater oder in der Musik gebraucht.

Entität
Seinsweise; die Art und Weise, wie etwas ist

Enzyklopädie
Nachschlagewerk über alle Wissensgebiete in lexikalischer Form

Erste industrielle Revolution
Die Erfindung der Dampfmaschine durch James Watt 1769 führte zu einer starken Umstellung der Produktionsmethoden. Ein Schienennetz wurde entwickelt und damit ein leistungsfähiges Transportsystem. Vor allem in der Textilindustrie wurde nun mit großen Maschinen gefertigt. Fabriken entstanden. In der Folge kam es zur fast vollständigen Auflösung des Zunft- und Handwerkswesens mit allen sozialen Folgen.

Ethos
moralische Grundhaltung, Einstellung

Eustress
Positiver Stress. Auch Eustress führt zu einer höheren Adrenalinausschüttung. In diesem Fall wird der Stress allerdings als angenehm, anregend, spannend empfunden. Kreative Menschen empfinden Probleme eher positiv als eine Herausforderung, als etwas, was dem Leben seine Würze verleiht. Weniger kreative sehen eher die belastende Seite und erleben eine solche Situation dann als Disstress.

exo
(griechisch) außen, außerhalb

explorativ
Forscherhaltung, experimentierend erkunden

extrovertiert
So bezeichnet man Menschen, deren Verhalten nach außen gerichtet ist.

F

Fähigkeit
beinhaltet auch eine Reihe von Fertigkeiten. Die Fähigkeit bedeutet darüber hinaus, dass jemand von seiner Persönlichkeit her zu den entsprechenden Aktionen auch imstande und bereit ist.

Feedback
Rückmeldung

Fertigkeit
Können, Gewandtheit

Flipchart
Stelltafel mit Papierblock

Fluktuation
häufiger Wechsel (z. B. von Personal)

Fokus
Brennpunkt. Etwas in den Fokus nehmen: etwas genau betrachten.

fokussieren
etwas eingehend in den Blick nehmen

Fonem
Laut, kleinste bedeutungsdifferenzierende sprachliche Einheit

Fonologische Bewusstheit
ist die Fähigkeit, Sprache losgelöst von ihrem Inhalt zu betrachten, ihre lautlichen Einheiten wahrzunehmen und damit analytisch und synthetisch umzugehen.

Diese Fähigkeit kann unterstützt werden, z. B. durch rhythmisches Sprechen, Reimen, Silbenklatschen. Sie ist eine wichtige Voraussetzung für das Schreibenlernen. Es macht Sinn, wenn die Kinder möglichst anschaulich Begriffe lernen (Fisch – Tisch, Topf – Zopf). Gegenstände und Bilder ermöglichen bestimmte Dinge wieder zu erkennen und zu benennen. Ein kleiner Unterschied verändert den Wortsinn. Erst dann ist es sinnvoll, Zeichen und Buchstaben einzuführen.

9612476

G

Genre
Gattungsstück, z. B. Operette, Sinfonie, Rock

Grafem
kleinste bedeutungsunterscheidende Einheit der geschriebenen Sprache
Rose-Hose, Tor-Ton, …

Grafische Notation
eigenständige Notationsform für alle Geräusche, Klänge oder Formen

Gretchenfrage
Nach der Frage Gretchens an Faust: „Wie hast dus mit der Religion?“ aus Goethes „Faust I“. Die Frage nach dem Verhältnis zur Religion, übertragen: nach der politischen Überzeugung; allgemein auch Gewissensfrage oder die Frage nach dem persönlichen Standpunkt.

Grundton
erster Ton einer Tonleiter, Grundlage einer Tonart

Gruppendynamik
Kräfte und Prozesse, die in einer Gruppe wirken

H

Halbtonschritt
der kleinste Abstand zwischen zwei Tönen (e – f, c – cis, …). Zwei Halbtonschritte bilden einen Ganztonschritt.

Haptik
Lehre vom Tastsinn

Hellenismus
Begriff für die Zeit, in der das Griechentum Weltgeltung errang. Die griechische Kultur des klassischen Hellas (Griechenland), die durch die Eigenart der Stadtstaaten (Polis) geprägt und nur auf diese bezogen war, drang in der Epoche Alexanders des Großen und seiner Nachfolger weit über die Grenzen und Einflussgebiete Griechenlands hinaus und gewann dabei neue charakteristische Züge. Als typische Merkmale des Hellenismus gelten die Wendung zu kosmopolitischem Denken und eine hoch entwickelte Zivilisation. Vermehrung von Produktion und Wohlstand, Ausweitung von Handel, Bank- und Börsengeschäft und Pflege des Kriegswesens standen neben Proletarisierungstendenzen und sozialen Spannungen.

Hemisphäre
Gehirnhälfte

Hierarchie
die über Rangstufen auf Über- und Unterordnung aufgebaute Organisaton in allen sozialen Bereichen

I

Ideenflüssigkeit
bedeutet die Fähigkeit, schnell und sicher viele Ideen und Gedanken zu einem bestimmten Problem zu produzieren.

Identifikation
Hineinversetzen, Gleichsetzen, Übernahme von Einstellungen anderer

Ikonografie
griechisch „Bildbeschreibung“.
In der Kunstwissenschaft versteht man unter Ikonografie die Kunde vom Inhalt und vom Sinn bildlicher Darstellungen, besonders solcher, die der christlichen Kunst angehören. Sie erforscht die Entstehung der christlichen Bildthemen in den Katakombengemälden und Sarkophagreliefs, verfolgt ihren Wandel in Mosaiken, Wand- und Buchmalereien, die Aufnahme neuer Inhalte im frühen, hohen und späten Mittelalter, die Zusammenhänge mit theologischer Literatur und religiösen Bewegungen (z. B. Marienkult), deutet Symbole und Allegorien der christlichen Kunst und zeigt den Darstellungsplan auf, wie er den großen Bilderkreisen des Kirchengebäudes oder dem Aufbau eines Flügelaltars zugrunde liegt. (Jahn/Haubenreisser: „Wörterbuch der Kunst“, Stuttgart 1995)

Implementierung
Einführung, Einrichtung

Information
In engerem Sinne eine Auskunft, Nachricht, Unterweisung. In weiterem Sinne ein Ereignis oder eine Zeichenfolge. Eine Information ist eine Mitteilung über einen Sachverhalt.

Instruktion
Anweisung

Integration
Integration meint die Teilhabe von Menschen an allen Bereichen des öffentlichen Lebens.

Intelligenz
Allgemein Klugheit, Auffassungsgabe, die Fähigkeit des Begreifens und des Urteilens. Intelligenz bedeutet einen Komplex verschiedener Fähigkeiten, die es einem schließlich ermöglichen, verschiedene konkrete oder abstrakte Probleme zu lösen.

Howard Gardner ermittelt zunächst sieben Bereiche (vgl. Laewen/Andres, „Forscher Künstler, Konstrukteure“, 2002). Ein achter Bereich wurde später von Laewen/Anders als notwendig ergänzt. Daraus leitet er schließlich auch acht Bildungsbereiche für den Kindergarten ab: Sprache, Logik und Mathematik, Bewegung, Musik, soziale Bezüge, Praxis und praktisches Handeln, Wissenschaft sowie Spiritualität und Künste.

Intelligenzquotient
IQ =
Intelligenzalter : Lebensalter · 100
Das Intelligenzalter wird in Tests ermittelt, bei denen im Grunde die Leistungen in verschiedenen Bereichen mit denen einer vergleichbaren Altersgruppe verglichen werden. Damit beträgt der durchschnittliche IQ immer 100.
Im Laufe der Zeit scheinen die Menschen allerdings immer intelligenter geworden zu sein, was bedeutet, dass heute 15-Jährige bei einem 30 Jahre alten Intelligenztest wesentlich besser abschneiden als die damaligen Jugendlichen (Flynn-Effekt). Daher müssen Intelligenztests immer weiterentwickelt und neu „geeicht“ werden.

inter
zwischen

Interaktion
wechselseitiges Handeln und Reagieren

interdisziplinär
Erkenntnisse aus verschiedenen Wissenschaftsdisziplinen integrierend

interpersonell
Zusammenhang zwischen zwei oder mehreren Personen; Gegenteil intrapersonell

Intervall
Abstand zwischen zwei Tönen

intra
innerhalb

intrapsychisch
psychisches Geschehen oder Erleben im Innern einer Person; Gegenteil interpsychisch = das psychische Erleben, das zwei oder mehrere Personen miteinander teilen

Introvertiert
bezeichnet man Menschen, deren Verhalten nach innen gerichtet ist.

Invariante
unveränderliche Größe

K

Kalter Krieg
Der Begriff wurde von dem Journalisten Herbert Bayard Swope geprägt. Kalter Krieg (engl. Cold War) bezeichnet die Auseinandersetzung zwischen den Machtblöcken nach dem Zweiten Weltkrieg. Die Auseinandersetzung zwischen West (Nato) und Ost (Warschauer Pakt) wurde mit politischen, ideologischen, wirtschaftlichen und kulturellen Mitteln geführt.

kategorisch
unbedingt gültig, keinen Widerspruch duldend

kausal
Wenn-dann-Beziehung

Kausalität
Begründungszusammenhang, Zusammenhang von Ursache und Wirkung

Kinderspieltherapie
Therapieverfahren mit Kindern, das auf den Grundlagen der Psychoanalyse aufbaut und Spiel als Medium zwischen der Therapeutin und dem Kind einsetzt. Die Kinderspieltherapie geht davon aus, dass emotionale Verletzungen und Traumata im Spiel des Kindes sichtbar werden, aber auch mithilfe spielerischer Thematisierung und Aufarbeitung geheilt werden können.

kinetisch
auf die Bewegung bezogen, den Bewegungssinn betreffend

Klangästhetik
die Wahrnehmungsdimensionen alles Musikalisch-Klanglichen

Kompetenz
Sachverständnis

Komplementäre Interaktion
sich ergänzendes Zusammenspiel von Gesprächspartnern unterschiedlicher Ebenen (z. B. Lehrer – Schüler)

Kongruenz
Stimmigkeit, Übereinstimmung

Konnotation
der Bedeutungshorizont (Haloeffekt) um einen Grundbegriff herum, also die begleitenden emotionalen, expressiven, stilistischen Vorstellungen, die einem das Wort persönlich bedeutsam machen

Konstellation
Lage, Stellung, Position von Dingen oder Menschen zueinander

Kontext
der Sinnzusammenhang, in dem etwas wahrgenommen wird, z. B. die Umgebung und Situation, in der eine Handlung stattfindet

kontraproduktiv
Kontraproduktiv ist eine Sache dann, wenn sie das Gegenteil der beabsichtigten Wirkung erzielt.

9612478

Kooperation
Zusammenarbeit

Korrelation
Wechselbeziehung, Zusammenhang

Kortex
Großhirnrinde

kumulativ
sich anhäufend

L

Liedform
Aneinanderreihung von Motiven, Sätzen zu einem größeren Gebilde.

- Einteilige Liedform: Melodie besteht aus einer Periode mit Vorder- und Nachsatz.
- Zweiteilige Liedform (A B): umfasst zwei gleiche, ähnliche oder gegensätzliche Perioden.
- Dreiteilige Liedform (A B A): hat einen rhythmisch oder melodisch gegensätzlichen Mittelteil, an den sich der erste Teil, manchmal auch verändert, wieder anschließt.

Liedperiodik
acht- bis zwölftaktige Liedform mit klarer Taktuntergliederung und festgelegter Harmonik.

Monochrome Klänge: Klänge, die eine einzige Klangfarbe haben und nur aus dieser Klangfarbe heraus wirken; rhythmisches Spiel oder differenzierte Gestaltungen sind mit monochromen Klängen kaum möglich und ihnen auch wesensfremd; bewährte und beliebte Instrumente, auf denen monochrome Klänge erzeugt werden können, sind Gongs, das Monochord, die Schamanentrommel, das Didgeridoo, die Klangschale usw.

Literacy
Einführung in die Erzähl-, Lese- und Schriftkultur. Es geht hierbei um Lese- und Schreibkompetenz, um Text- und Sinnverständnis, sprachliche Abstraktionsfähigkeit, Lesefreude, Vertrautheit mit Büchern und die Fähigkeit, sich schriftlich auszudrücken, bis hin zu Medienkompetenz, dem sicheren Umgang mit verschiedenen Medien. Literacy wird als ganzheitliche Sprachförderung verstanden. Dabei ist entscheidend, dass diese Erfahrungen sehr früh beginnen, lange bevor das Kind aktiv spricht. Gewohnheiten werden von Kindern früh übernommen, das Kind sieht, dass die Eltern lesen, und will diese nachahmen.

Liturgie
alle ordnungsmäßig bestehenden gottesdienstlichen Handlungen

M

makro
(griechisch) groß, lang

Manipulation
Beeinflussung fremden Denkens, Fühlens und Verhaltens, meist ohne dass sich die Betroffenen dieser Fremdsteuerung bewusst werden.

Maxime
oberste Regel, Richtschnur; zuerst in der Logik als oberster Grundsatz, dann als Grundsatz einer ethischen Haltung

Meso
(griechisch) mittel, zwischen

Metaebene
Kommunikationsebene, auf der über die Kommunikation gesprochen wird; die Situation wird sozusagen „von oben“ analysiert.

Metapher
Bei der Metapher werden zwei getrennte Sinnbereiche in einen ungewohnten, oft kreativen Zusammenhang gerückt.

Metrum
Grundschlag, der durch regelmäßig wiederkehrende Betonungen untergliedert ist

mikro
(griechisch) klein, gering, fein

Modulation
Übergang von einer Tonart in eine andere und Abstufung der Tonstärke und Klangfarbe

Moll
Tongeschlecht in westlicher Musikkultur. Klang wird im Unterschied zu Dur mit dunklen, weichen, … Eigenschaften assoziiert.

Motivation
fragt nach dem „Warum“ und „Wozu“ menschlichen Verhaltens; Sammelbezeichnung für alle Zustände oder Prozesse, die als Antrieb oder Beweggründe des Handelns gelten; die „innere Ursache des Verhaltens“.

Motorik
Gesamtheit der willkürlich gesteuerten Bewegungsvorgänge

Multioptionalität
Vielfalt an Wahlmöglichkeiten

Myelin
Gemisch aus fettähnlichen Stoffen; wesentlicher Bestandteil des

Nervenmarks, der die Isolierschicht um die Nervenzellen des Rückenmarks bildet

N

Neuron
Nervenzelle

non-direktiv
Therapeuten- oder Erzieherverhalten, das dem Patienten/Klienten weitgehend die Führung überlässt

nonverbal
nichtsprachlich, körpersprachlich

Note
Symbol für die Musikaufzeichnung. Ihre Tonhöhe erkennt man an der Platzierung, die Tondauer an der äußeren Gestalt. Der Buchstabe (c, d, e, …) steht als Notenname, ein mathematisches Verhältnis als Wert (1/2-Note, 1/4-Note, …).

Notenschlüssel
steht am Anfang des Notensystems, bestimmt das Ablesen der genauen Tonhöhe.

Notenwert
Bezeichnung für die Tondauer einer Note

O

Odyssee
im übertragenen Sinne: Irrfahrt oder Weg voller Widrigkeiten

Odysseus
Nach der Eroberung der Stadt Troja kehrte er nach einer sehr langen Fahrt in seine Heimat Ithaka zurück. Auf dieser Fahrt musste er viele Gefahren bestehen. Er besiegte den Zyklopen Polyphem, der ihn und seine Leute fressen wollte, widerstand den Sirenen und segelte zwischen den Ungeheuern Skylla und Charybdis hindurch.

olfaktorisch
den Geruchssinn betreffend

Ostinat
ein immer wiederkehrendes Motiv oder Thema

P

Pädophile
Menschen, die ihre sexuelle Befriedigung durch den Kontakt mit Kindern erreichen

Pandora
Pandora wurde auf Geheiß des griechischen Gottes Zeus von Hephaistos geschaffen. Vom Götterboten Hermes wurde sie dann auf die Erde gebracht, um die Menschheit für den Feuerdiebstahl des Prometheus zu bestrafen. Zeus gab ihr dazu eine Büchse mit auf den Weg, in der sich auch alle Übel befanden.

Es heißt, Pandora sei sehr schön gewesen. Auf der Erde nahm sie Epimetheus zur Frau. Die Büchse der Pandora wäre besser geschlossen geblieben, aber Pandora erfüllte ihren Auftrag und öffnete sie, worauf alle erdenklichen Übel und Leiden über die Menschheit kamen. Nur die Hoffnung, die sich zuunterst in der Büchse befand, kam nicht heraus …

Der Ausdruck „die Büchse der Pandora" wird heute in übertragenem Sinne gebraucht, um zu beschreiben, welche Übel und Zugzwänge eine Erfindung mit sich bringt.

Pantomime
darstellende Kunst, bei der die Handlung oder der Charakter ohne gesprochene Sprache ausschließlich durch Mimik, Gestik und Bewegung ausgedrückt wird

Paradigma
Beispiel, Muster; Erklärungsansatz auf einer bestimmen Verständnis- und Erkenntnisebene

Parameter
Klangeigenschaft der Musik, eine der Dimensionen des musikalischen Wahrnehmungsbereichs

Partitur
Aufzeichnung aller Instrumental- und Vokalstimmen einer Komposition oder Bearbeitung, Hinweise zur Aufführung, Angaben über instrumentale oder vokale Umsetzung

Peergroup
die Gruppe der Gleichaltrigen, in der sich jemand aufhält

peripher
am Rande befindlich

Perspektivenwechsel
Eine Sache nicht nur von einem, in der Regel dem eigenen, sondern auch von unterschiedlichen Standpunkten aus betrachten.

Potenzial
Möglichkeit, Vermögen

prädestiniert
für etwas besonders gut geeignet, veranlagt sein

Pre-Teen
Kind bis 12 Jahre

Print
Druck-Erzeugnisse aller Art, beispielsweise Bücher, Zeitschriften, Zeitungen

Priorität
Wichtigkeit. Eine Sache hat dann höchste Priorität, wenn sie als Ers-

9612480

tes zu erledigen oder zu behandeln ist.

Prosodik
Lehre von der Behandlung der Sprache im Vers; Verhältnis zwischen Ton und Wort, Betonung mithilfe von Musik und Rhythmus

Prosodische Muster
Unterschiede in der Sprachmelodie und Intonation gesprochener Sprache, die es Neugeborenen ermöglicht, verschiedene Stimmen auseinander zu halten (Modulation, Rhythmus)

Protagonist
Held oder Sympathieträger in einer Geschichte; weibl. Form: Protagonistin

Q

Qualität
ursprünglich „Beschaffenheit". Zum Beispiel Beschaffenheit eines Löffels: Er ist aus Metall. Der Löffel soll aber aus einem bestimmten Metall bestehen, eine bestimmte Größe und ein bestimmtes Gewicht haben und so verarbeitet sein, dass er glänzt, glatt ist und keine scharfen Kanten mehr hat. Ist er so, dann nennt man die Qualität des Löffels „gut". Nach diesem Prinzip wären auch Schwimmwesten gut, selbst wenn sie aus Beton gefertigt würden. Hauptsache, die Beteiligten konnten sich vorher auf diese gemeinsame Bedingung auch einigen.
Bei Bildung und Forschung wird es zunehmend schwierig, sich auf solche gemeinsame Bedingungen zu einigen. Hier spielen auch ethische und moralische Aspekte eine große Rolle. Oft geht es um Grundsatzentscheidungen, bei denen man Stellung beziehen muss, was man will.

R

Regression
das Wiederauftreten eigentlich schon vergangener oder dem derzeitigen Entwicklungsstand nicht mehr angemessener Erlebnis- oder Handlungsweisen

Renaissance
Wiedererweckung der antiken Kultur seit ca. 1500 in Europa (frz., „Wiedergeburt")

Requisiten
Gegenstände, die in Theater, Film, Fernsehen als Zubehör oder Dekoration verwendet werden

Resilienz
Widerstandsfähigkeit. Resilienz bezeichnet die Fähigkeit, auch mit schwierigen Lebenssituationen konstruktiv umgehen zu können.

Rezeption (Musikrezeption)
Musikhören als aktiver Vorgang mit den folgenden Bezügen:

- individuelle Reaktionen (Einsatz verschiedener Wahrnehmungsfunktionen, emotionales Reagieren, Bedeutung in der persönlichen Lebensgeschichte)
- soziale Reaktionen (Musikausübung, Musikerleben als Gemeinschaftserleben, der Mensch als Konzert-/Opernbesucher)
- historischer Kontextbezug (historisierendes Hören, Bildungsaspekte, Musikkultur)

Rhythmus
entsteht aus der Aufeinanderfolge von unterschiedlichen kurzen und langen Tondauern.

Rückblende
Mit Rückblende wird die Betrachtung eines zurückliegenden Ereignisses bezeichnet. Im Film wird dieses Mittel gerne eingesetzt, um beispielsweise Erlebnisse aus der Kindheit eines erwachsenen Darstellers zu erläutern.

rudimentär
rückgebildet, verkümmert

S

Sakrosankt
bedeutet ursprünglich hochheilig, unverletzlich. Heute eher i. S. v. nicht hinterfragbar, nicht zu kritisieren, absolut gültig.

Säkularisierung
Verweltlichung. Im Rahmen der Säkularisierung kam es zur Enteignung von Kircheneigentum in großem Stil.

Sensomotorik
Gesamtheit der Nervenprozesse, bei denen sowohl sensorische, das heißt „aufnehmende", wie auch motorische, also „bewirkende" Fasern aktiviert sind. Begriff für eine Lernform des Kindes mit Koppelung von Sinneswahrnehmung und Bewegung.

Sensomotorische Entwicklung/ sensomotorische Intelligenz
Die Entwicklung der Sinne beginnt bereits im Mutterleib. Der Sinn, der sich als Erster herausbildet, ist der Tastsinn. Auch der Gleichgewichtssinn und das Hören funktionieren schon in den ersten Monaten der Schwangerschaft. Das Sehen entwickelt sich zuletzt, sodass nach der Geburt alle Sinne „arbeitsfähig" sind.
Ebenso wichtig wie die Funktionsfähigkeit der Sinne ist ihre Zusammenarbeit. Hier gibt es unterschiedliche Auffassungen darüber, wann die Koordination mehrerer Sinneseindrücke möglich ist. Der

Entwicklungspsychologe Piaget vertritt die Auffassung, dass die Welt des Säuglings, der noch nicht nach dem „Gesehenen" greifen kann, aus getrennten „Seh-, Hör- Tast- und Schmeckerfahrungen" besteht, aus interessanten Einzelerfahrungen. Erst im Laufe der Auseinandersetzung mit der Umwelt werden einzelne Wahrnehmungen miteinander koordiniert. So bilden sich „kognitive Strukturen" heraus, die die Grundlage für die geistige Entwicklung des Kindes bilden. Piaget nennt die Art der Bewältigung von Problemen in den ersten beiden Lebensjahren „sensomotorische Intelligenz". Sie basiert ausschließlich auf Handlung und Wahrnehmung der Dinge im Umgang mit ihnen, nicht aber auf der Vorstellung und dem Denken. Diese Zeit zwischen Geburt und Spracherwerb sieht Piaget u. a. für die weitere Entwicklung als entscheidend an, da sich der Säugling durch Wahrnehmung und Bewegung seiner Umwelt bemächtigt.

Sensomotorische Integration
laut A. Jean Ayres „Prozess des Ordnens und Verarbeitens sinnlicher Eindrücke" (sensorischer Impulse), sodass das Gehirn eine brauchbare Körperreaktion und ebenso sinnvolle Wahrnehmungen, Gefühlsreaktionen und Gedanken erzeugen kann. Durch sensomotorische Integration wird erreicht, dass alle Regionen des Zentralnervensystems zusammenarbeiten und damit eine sinnvolle Auseinandersetzung des Menschen mit seiner Umwelt möglich ist.

sensorisch
die Aufnahme von Sinneswahrnehmungen und -empfindungen betreffend

signifikant
Begriff aus der Statistik, mit dem die Sicherheit einer statistischen Aussage charakterisiert wird. Testet man z. B. eine Hypothese über die Wahrscheinlichkeit eines bestimmten Ereignisses aufgrund einer Stichprobe, so will man wissen, ob die Abweichungen der Ergebnisse in der Stichprobe signifikant dafür sind, die Hypothese zu verwerfen. Dabei spricht man genau dann von Signifikanz, wenn die Wahrscheinlichkeit dafür, eine richtige Hypothese fälschlicherweise abzulehnen, kleiner ist als eine vorgegebene Irrtumswahrscheinlichkeit, die üblicherweise unter 5 % liegt. Die maximale Irrtumswahrscheinlichkeit, die man zu akzeptieren bereit ist, wird auch als Signifikanzniveau bezeichnet.

Sokrates (470 – 399 v. Chr.)
„Sokrates frevelt und treibt Torheit, indem er unterirdische und himmlische Dinge untersucht …" Das wurde ihm vor dem Gericht in Athen vorgeworfen. Er sollte sich dort von seiner Lehre distanzieren, was er nicht tat. Zur Strafe wurde er zum Tode verurteilt. Er musste den Schierlingsbecher, ein Gift, trinken. Sokrates hatte als Methode des Erkenntnisgewinns die Mäeutik entwickelt. Durch gezielte Fragen versuchte er seinen Schülern ihre Erkenntnisse bewusst zu machen. Das bedeutete, dass er althergebrachte Positionen infrage stellte und zum Teil auch klar widerlegte.

Sozialraum
Als Sozialraum wird der Raum definiert, in dem sich der Mensch üblicherweise bewegt.

Soziologie
Wissenschaft, die sich mit den Bedingungen und Formen menschlichen Zusammenlebens beschäftigt; dazu gehören soziale Normen, Rollen und Wertorientierungen ebenso wie Struktur und Funktionsweisen von Institutionen und Gesellschaft.

Stich
Der Kupferstich ist eine Drucktechnik, bei der mit einem scharfen Werkzeug die Zeichnung in die Metallplatte geschnitten und gestochen wird. Es drucken die so erzeugten Vertiefungen (Tiefdruck).

Stimulation
Anregung

Subsysteme
untergeordnete oder nachgelagerte Systeme, z. B. in der Verwaltung

Symmetrische Interaktion
sich ergänzendes Zusammenspiel von Gesprächspartnern gleicher Beziehungsebene

T

Takt
gliedert den rhythmischen Ablauf durch das Zusammenfassen mehrerer Zählzeiten.

taktil
auf das Tasten bezogen, den Tastsinn betreffend

Technik
Verfahren und Einrichtungen zur Beherrschung und zweckmäßigen Nutzung der Naturgesetze und der von der Natur gebotenen Energien und Rohstoffe.

Techniken betreffen aber auch verschiedene Fähigkeiten und Fertigkeiten. So verfügen Pianisten oder Hochspringer über spezifische Techniken, was heißt, dass der Pianist beispielsweise sein Instrument auch beherrscht. Die

„Mäeutik“ des Sokrates wäre eine Technik des Erkenntnisgewinns, die Hermeneutik eine des Textverständnisses, die Rhetorik eine der Überzeugungskunst. Künstler entwickeln oft eigene gestalterische Techniken, die sie als Betriebsgeheimnis wahren – das können materiale Techniken sein, aber auch Techniken der Ideenfindung (Kreativitätstechniken).

Tonart
Bezeichnung für das Tongeschlecht Dur oder Moll, das auf einem bestimmten Ton aufgebaut ist. Die Tonart ist zu erkennen am Vorzeichen und meistens am letzten Ton.

Transfer
Übertragung. Von einer Transferleistung spricht man, wenn jemand in der Lage ist Kenntnisse aus einem Lebens- oder Wissensbereich auf einen anderen zu übertragen und dort auch anzuwenden.

Transparenz
Durchsichtigkeit. Bedeutet in Bezug auf die Teamarbeit eine offene Kommunikation und Arbeitsatmosphäre.

U

Utilitarismus
Nützlichkeitslehre. Bezeichnung für eine Denkrichtung, die den Zweck alles menschlichen Handelns in dem Nutzen sieht, der dadurch für den Einzelnen oder die Gemeinschaft gestiftet wird.

V

verbal
sprachlich

Vestibularapparat
Gleichgewichtsorgan im Ohr

W

Win-win-Situation
Konfliktsituation, aus der alle Beteiligten zufrieden oder als Gewinner hervorgehen

Z

Zählzeit
Grundschlag, Puls: gleichmäßig fortlaufende akustische Ereignisse, die nicht untergliedert sind. Die drei Begriffe können synonym verwendet werden.

Zweite industrielle Revolution
In der Weiterentwicklung der ersten industriellen Revolution wurde nun die Massenfertigung ausgebaut. Henry Ford entwickelte die erste Fabrik mit Fließbandfertigung. Als Energiequelle bekam Strom eine zunehmend bedeutende Rolle.

9612484

9612486

Bildquellenverzeichnis

Akg-images 123, 163, 246, 332, 334, 335, 336, 337
Albarello Verlag GmbH, Wuppertal 266 (o.)
Heinz Albert, Dietzenbach 453
Artothek, Weilheim 194, 299
Auer Verlag GmbH, Donauwörth/Bareis, Vom Kritzeln zum Zeichnen und Malen (2005) 186
AURA/Emanuel Ammon 166
Avenue Images/Index Stock/Bressert, Kristi 333 (o.)
Beltz Verlag, Weinheim/Bauer, Schreimutter (2000) 243
Beltz Verlag, Weinheim/ Härtling, Ben liebt Anna 245
Beltz & Gelberg, Weinheim/ Aliki, Gefühle sind wie Farben (1988) 34
Beltz & Gelberg, Weinheim/Janosch, Oh, wie schön ist Panama (1978) 243
Beltz & Gelberg, Weinheim/Bauer/Boie, Juli, der Finder (1993) 243
Beltz & Gelberg, Weinheim/Andersen Märchen (2004) 264
Beltz & Gelberg, Weinheim/Chidolue, Aber ich werde alles anders machen (1981) 267
Bertelsmann Lexikon Institut 266 (u.)
Bilderberg/Eberhard Grames 329
Angelika Blumig-Holler, Leverkusen 204
Carmen Brandes, Dietzenbach 143
Eric Carle, Die kleine Raupe Nimmersatt ©1969 Eric Carle, © Deutsche Ausgabe Gerstenberg Verlag, Hildesheim 242, 271
Carlsen Comics, Hamburg 286
CARLSEN Verlag GmbH, Hamburg 250, 256
Caro/Dobiey 450
Coppenrath Verlag KG, Münster 256 (u.)
Katy Couprie/Antonin Louchard, Die ganze Welt © 1999 Éditions Thierry Magnier, © Deutsche Ausgabe 2001 Gerstenberg Verlag, Hildesheim 243
Das Fotoarchiv/Markus Matzel 333 (u.)
Diogenes Verlag AG, CH-Zürich (1967) 243
Susanne Döppel, Taunusstein 224
K.-H. Eimuth, Frankfurt 289
Michael Ende, Momo © 1973 by Thienemann Verlag 248
Hans Gärtner, Aesop 12 Fabeln © 1989 NordSüd Verlag AG, CH-Gossau/Zürich 255
Peter Hammer Verlag Wuppertal, 1989 - Holzwarth/Erlbruch, Vom kleinen Maulwurf, der wissen wollte, wer ihm auf den Kopf gemacht hat 254
Peter Hammer Verlag Wuppertal, 1992 – Erlbruch, Das Bärenwunder 259
Gabriele Holler 14 (u.), 18, 27 (u.), 79, 158 (li.), 184, 198, 202, 205, 214, 220, 240, 274, 313, 321, 342, 429 (li.)
Isabell Holler, Rödermark 153, 182
Anita Hüseman 31, 35, 49, 51, 61, 66, 67, 73, 74, 77, 83 84, 89, 92, 93, 97
Images.de/Broneske 112
Imago/Bernd König 349 (re.)
Imago/PKP/John Todd 377
Sabine Jörg/Ingrid Kellner, Der Ernst des Lebens © 1993 by Thienemann Verlag 259
Lappan Verlag GmbH, Oldenburg 262, 263
Roy Lichtenstein 197
Sam McBratney/Anita Jeram, Weißt du eigentlich, wie lieb ich dich hab? 1994 © Deutsche Ausgabe 1994 Patmos Verlag GmbH & Co. KG/Sauerländer Verlag, Düsseldorf 256
Moritz Verlag, Frankfurt 243
Michael Neugebauer Edition GmbH, Kiel 244
Rolf Oeser, Frankfurt 238
Verlag Friedrich Oetinger GmbH, Hamburg 239, 265
Michael Ott, Freiburg 152 (re), 157, 164 (o.), 185, 187 (o. und u.), 296, 310, 318, 325
Celestino Piatti, Eulenglück © 1993 NordSüd Verlag AG, CH-Gossau/Zürich 242
picture-alliance/dpa-Fotoreport 238, 287
Piper Verlag/Largo, Kinderjahre (2003) 218
Ingolf Pompe, LOOK GmbH 464
Otfried Preußler, Der Räuber Hotzenplotz © 1962 by Thienemann Verlag 246
Otfried Preußler, Die kleine Hexe © by Thienemann Verlag 248
Ravensburger AG, Ravensburg 257
Travel Ink/VISUM 448 (li.)
TV-Yesterday 336
Voller Ernst/Gerd Pfeiffer2 440
Ullstein – Granger Collection 171
Ullstein – KPA 285
Markus Wehner, Kolpingfamilie in Ober-Roden 411, 412 (2)
Annette Winkler 451

Alle anderen Fotos:
Fotodesign Heinz Hefele, Darmstadt
Alle anderen Illustrationen:
Corinna Kottmann, Lage-Hörste

Dank an den Kindergarten Ober-Roden, Potsdamer Straße und die Kita in Rodgau-Rollwald und an alle beteiligte Kinder und Erwachsene aus Ober-Roden und Dietzenbach für die Mitarbeit an den Fotos.

9612488